2021 SEGUNDA EDIÇÃO

ALIENAÇÃO FIDUCIÁRIA DE BEM IMÓVEL E OUTRAS GARANTIAS

TATIANA BONATTI PERES

JOSÉ GUILHERME GREGORI SIQUEIRA DIAS

MARCELO TERRA

COORDENADORES

2021 © Editora Foco

Coordenadores: Tatiana Bonatti Peres, Marcelo Terra e José Guilherme Gregori Siqueira Dias
Autores: Alessandro Segalla, Alexandre Junqueira Gomide, Amanda Visentini Rodrigues, Augusto Jorge Cury, Carina Cancela, Carla Wainer Chalréo Lgow, Carlos Galuban Neto, Daniel Willian Granado, Danilo Weiller Roque, Eduardo Arruda Alvim, Eduardo Correa da Silva, Erik Frederico Gramstrup, Erik Frederico Oioli, Everaldo Augusto Cambler, Fernando Crespo Queiroz Neves, Gabriel Lelis Cardoso dos Santos, Gisela Sampaio da Cruz Guedes, Herbert Morgenstern Kugler, Ivo Waisberg, João Batista Vilhena, José Afonso Leirião Filho, José Guilherme Gregori Siqueira Dias, Lucas Gomes Mochi, Luiz Antonio Scavone Junior, Luiz Fernando de Camargo Prudente do Amaral, Marcelo Terra, Marcio Lamonica Bovino, Marcos Lopes Prado, Martin Canepa, Matheus Colacino, Paulo Roberto Athie Piccelli, Rafael Tocantins Maltez, Ralpho Waldo de Barros Monteiro Filho, Renata O. Pires Castanho, Roberta Densa, Sílvio de Salvo Venosa, Susete Gomes, Tatiana Bonatti Peres, Thiago de Lima Machado, e Thiago Ferreira Cardoso Neves e Thiago Rodovalho

Diretor Acadêmico: Leonardo Pereira
Editor: Roberta Densa
Assistente Editorial: Paula Morishita
Revisora Sênior: Georgia Renata Dias
Capa Criação: Leonardo Hermano
Diagramação: Ladislau Lima
Impressão miolo e capa: GRAFNORTE

Dados Internacionais de Catalogação na Publicação (CIP) (Câmara Brasileira do Livro, SP, Brasil)

A398

Alienação fiduciária de bem imóvel e outras garantias / Alessandro Segalla ... [et al.] ; coordenado por José Guilherme Gregori Siqueira Dias, Marcelo Terra, Tatiana Bonatti Peres. - 2. ed - Indaiatuba, SP : Editora Foco, 2021.

470 p. : il. : 17cm x 24cm.

Inclui índice e bibliografia.

ISBN: 978-65-5515-094-0

1. Direito. 2. Direito imobiliário. 3. Alienação fiduciária. I. Segalla, Alessandro. II. Gomide, Alexandre Junqueira. III. Cury, Augusto Jorge. IV. Rodrigues, Amanda Visentini. V. Lgow, Carla Wainer Chalréo. VI. Galuban Neto, Carlos. VII. Cancela, Carina. VIII. Granado, Daniel Willian. IX. Roque, Danilo Weiller. X. Alvim, Eduardo Arruda. XI. Silva, Eduardo Correa da. XII. Gramstrup, Erik Frederico. XIII. Oioli, Erik Frederico. XIV. Cambler, Everaldo Augusto. XV. Neves, Fernando Crespo Queiroz. XVI. Santos, Gabriel Lelis Cardoso dos. XVII. Guedes, Gisela Sampaio da Cruz. XVIII. Kugler, Herbert Morgenstern. XIX. Waisberg, Ivo. XX. Vilhena, João Batista. XXI. Leirião Filho, José Afonso. XXII. Dias, José Guilherme Gregori Siqueira. XXIII. Mochi, Lucas Gomes. XXIV. Scavone Junior, Luiz Antonio. XXV. Amaral, Luiz Fernando de Camargo Prudente do. XXVI. Terra, Marcelo. XXVII. Bovino, Marcio Lamonica. XXVIII. Prado, Marcos Lopes. XXIX. Colacino, Matheus. XXX. Canepa, Martin. XXXI. Piccelli, Paulo Roberto Athie. XXXII. Maltez, Rafael Tocantins. XXXIII. Monteiro Filho, Ralpho Waldo de Barros. XXXIV. Castanho, Renata O. Pires. XXXV. Densa, Roberta. XXXVI. Venosa, Sílvio de Salvo. XXXVII. Gomes, Susete. XXXVIII. Peres, Tatiane Bonatti. XXXIX. Machado, Thiago de Lima. XL. Neves, Thiago Ferreira Cardoso. XLI. Rodovalho, Thiago. XLII. Título.

2020-1534

CDD 341.2739   CDU 347.23

Elaborado por Odilio Hilario Moreira Junior - CRB-8/9949

Índices para Catálogo Sistemático:

1. Direito imobiliário 341.2739   2. Direito imobiliário 347.23

DIREITOS AUTORAIS: É proibida a reprodução parcial ou total desta publicação, por qualquer forma ou meio, sem a prévia autorização da Editora FOCO, com exceção do teor das questões de concursos públicos que, por serem atos oficiais, não são protegidas como Direitos Autorais, na forma do Artigo 8º, IV, da Lei 9.610/1998. Referida vedação se estende às características gráficas da obra e sua editoração. A punição para a violação dos Direitos Autorais é crime previsto no Artigo 184 do Código Penal e as sanções civis às violações dos Direitos Autorais estão previstas nos Artigos 101 a 110 da Lei 9.610/1998. Os comentários das questões são de responsabilidade dos autores.

NOTAS DA EDITORA:

Atualizações e erratas: A presente obra é vendida como está, atualizada até a data do seu fechamento, informação que consta na página II do livro. Havendo a publicação de legislação de suma relevância, a editora, de forma discricionária, se empenhará em disponibilizar atualização futura.

Erratas: A Editora se compromete a disponibilizar no site www.editorafoco.com.br, na seção Atualizações, eventuais erratas por razões de erros técnicos ou de conteúdo. Solicitamos, outrossim, que o leitor faça a gentileza de colaborar com a perfeição da obra, comunicando eventual erro encontrado por meio de mensagem para contato@editorafoco.com.br. O acesso será disponibilizado durante a vigência da edição da obra.

Impresso no Brasil (03.2021) – Data de Fechamento (03.2021)

2021
Todos os direitos reservados à
Editora Foco Jurídico Ltda.
Avenida Itororó, 348 – Sala 05 – Cidade Nova
CEP 13334-050 – Indaiatuba – SP

E-mail: contato@editorafoco.com.br
www.editorafoco.com.br

SUMÁRIO

PREFÁCIO

Melhim Namem Chalhub VII

PARTE 1
TRIBUTOS E DESPESAS DO IMÓVEL

O ITBI NA ALIENAÇÃO FIDUCIÁRIA

Eduardo Correa da Silva 3

ALIENAÇÃO FIDUCIÁRIA DE COISA IMÓVEL: QUEM É O SUJEITO PASSIVO DO IPTU?

Erik Frederico Gramstrup 15

O CREDOR FIDUCIÁRIO RESPONDE PELAS DÍVIDAS CONDOMINIAIS INCIDENTES SOBRE O IMÓVEL OBJETO DA GARANTIA?

Alexandre Junqueira Gomide e Matheus Colacino 31

PARTE 2
AMBIENTAL

PASSIVOS AMBIENTAIS DO IMÓVEL DADO EM GARANTIA E A RESPONSABILIZAÇÃO AMBIENTAL DE INSTITUIÇÕES FINANCEIRAS

Renata O. Pires Castanho e Carina Cancela 47

PARTE 3
ASPECTOS REGISTRÁRIOS

O REGISTRO DA VENDA E COMPRA CONDICIONAL CELEBRADA JUNTAMENTE COM ALIENAÇÃO FIDUCIÁRIA EM GARANTIA

Marcelo Terra e José Guilherme Gregori Siqueira Dias 69

ALIENAÇÃO FIDUCIÁRIA DE IMÓVEL RURAL EM FAVOR DE ESTRANGEIRO

Amanda Visentini Rodrigues e Gabriel Lelis Cardoso dos Santos 79

CONTRATO DE ALIENAÇÃO FIDUCIÁRIA DE IMÓVEL EM GARANTIA DE DÍVIDA FUTURA OU INCERTA

Sílvio de Salvo Venosa e Roberta Densa 95

NEGATIVA DO REGISTRO DE ALIENAÇÃO FIDUCIÁRIA DE BENS IMÓVEIS E O RESPECTIVO PROCEDIMENTO DE SUSCITAÇÃO DE DÚVIDA

João Batista Vilhena 109

PARTE 4
ASPECTOS RELACIONADOS À EXECUÇÃO DA GARANTIA

PODE O IMÓVEL ALIENADO FIDUCIARIAMENTE SER PENHORADO?

Gisela Sampaio da Cruz Guedes e Carla Wainer Chalréo Lgow 127

A IMPENHORABILIDADE DO BEM DE FAMÍLIA LEGAL TAMBÉM ABRANGE O IMÓVEL EM FASE DE AQUISIÇÃO?

Marcio Lamonica Bovino e Danilo Weiller Roque 147

COMO FICA O CRÉDITO DO CREDOR FIDUCIÁRIO EM CASO DE RECUPERAÇÃO JUDICIAL?

Tatiana Bonatti Peres 161

É POSSÍVEL A PURGAÇÃO DA MORA APÓS A CONSOLIDAÇÃO DA PROPRIEDADE EM NOME DO CREDOR FIDUCIÁRIO?

Susete Gomes 181

TEORIA DO ADIMPLEMENTO SUBSTANCIAL E ALIENAÇÃO FIDUCIÁRIA

Luiz Fernando de Camargo Prudente do Amaral 195

CONSTITUCIONALIDADE DO PROCEDIMENTO DE EXECUÇÃO EXTRAJUDICIAL DE BENS IMÓVEIS ALIENADOS FIDUCIARIAMENTE

Eduardo Arruda Alvim e Fernando Crespo Queiroz Neves 213

ALIENAÇÃO FIDUCIÁRIA DE BEM IMÓVEL E OS REQUISITOS PARA A EXECUÇÃO VÁLIDA DA GARANTIA

Daniel Willian Granado 243

SUMÁRIO

É POSSÍVEL COBRAR O SALDO DEVEDOR DO DEVEDOR FIDUCIANTE EM CASO DE SEGUNDO LEILÃO NEGATIVO, CONSIDERANDO O DISPOSTO NO PARÁGRAFO QUINTO DO ARTIGO 27 DA LEI 9.514/1997?

Marcos Lopes Prado e Thiago de Lima Machado 255

É PERMITIDA DAÇÃO EM PAGAMENTO DO IMÓVEL, SE O VALOR DESTE SUPE-RAR, EM MUITO, O VALOR DA DÍVIDA? APLICA-SE, NESTE CASO, O DISPOSTO NO § 4º DO ARTIGO 27 DA LEI 9.514/1997?

Luiz Antonio Scavone Junior.. 275

PARTE 5
CONSUMIDOR

DA POSSIBILIDADE DE EXTINÇÃO OU REVISÃO DOS CONTRATOS PELA ALTE-RAÇÃO DA CAPACIDADE ECONÔMICA

Paulo Roberto Athie Piccelli 285

É POSSÍVEL A APLICAÇÃO DO ARTIGO 53 DO CÓDIGO DE DEFESA DO CONSU-MIDOR AOS CONTRATOS DE FINANCIAMENTO IMOBILIÁRIO GARANTIDOS POR ALIENAÇÃO FIDUCIÁRIA?

Rafael Tocantins Maltez 299

A ALIENAÇÃO FIDUCIÁRIA FIRMADA ENTRE A CONSTRUTORA E O AGENTE FINANCEIRO, ANTERIOR OU POSTERIOR À CELEBRAÇÃO DA PROMESSA DE COMPRA E VENDA, TEM EFICÁCIA PERANTE OS ADQUIRENTES DO IMÓVEL?

Thiago Rodovalho e Lucas Gomes Mochi.. 321

A PROBLEMÁTICA DA PRECIFICAÇÃO DOS JUROS REMUNERATÓRIOS NA ALIENAÇÃO FIDUCIÁRIA EM GARANTIA

Thiago Ferreira Cardoso Neves 331

DA RESOLUÇÃO DE COMPROMISSO DE COMPRA E VENDA COM ALIENAÇÃO FIDUCIÁRIA POR PERDA DA CAPACIDADE ECONÔMICA E DA APLICAÇÃO DO CÓDIGO DE DEFESA DO CONSUMIDOR AOS INVESTIDORES

Paulo Roberto Athie Piccelli 351

A RESOLUÇÃO POR INADIMPLEMENTO E A ALIENAÇÃO FIDUCIÁRIA EM GA-RANTIA DE BENS IMÓVEIS

Everaldo Augusto Cambler 369

PARTE 6
OUTRAS GARANTIAS

ALIENAÇÃO FIDUCIÁRIA DE BEM MÓVEL
Augusto Jorge Cury 385

QUAIS AS VANTAGENS E DESVANTAGENS DA ALIENAÇÃO FIDUCIÁRIA EM RELAÇÃO À HIPOTECA?
Erik Frederico Oioli, José Afonso Leirião Filho e Carlos Galuban Neto.................... 431

ALIENAÇÃO FIDUCIÁRIA *VERSUS* FIANÇA
Alessandro Segalla... 449

PENHOR DE SAFRA E A EXTENSÃO DOS SEUS EFEITOS
Ivo Waisberg e Herbert Morgenstern Kugler... 463

PENHOR INDUSTRIAL E A REGULAMENTAÇÃO DADA PELO CÓDIGO CIVIL
Ralpho Waldo de Barros Monteiro Filho... 473

A REGULAÇÃO DO FIDEICOMISSO DE GARANTIA NO NOVO CÓDIGO CIVIL E COMERCIAL ARGENTINO
Martin Canepa.. 481

PREFÁCIO

É uma grande honra prefaciar a obra coletiva Alienação Fiduciária de Bem Imóvel e Outras Garantias, organizada por Tatiana Bonatti Peres, Marcelo Terra e José Guilherme Siqueira Dias.

Os organizadores identificaram com precisão os aspectos mais relevantes da garantia fiduciária, além de outras importantes garantias, e elegeram para tratar da matéria juristas de reconhecida projeção não só pelos seus trabalhos doutrinários no Direito Privado, mas, também, pela intensa atuação na área do direito aplicável aos negócios imobiliários.

Cumprimento-os pela realização da difícil tarefa de idealização da coletânea, definição dos temas, escolha dos autores e coordenação dos trabalhos, que exigem extraordinário esforço desde a concepção da ideia até o momento culminante da edição.

Parabenizo os autores, também, pela excelência acadêmica dos textos. Conscientes da importância das garantias como elemento catalisador do desenvolvimento econômico, os autores trataram dos mais variados aspectos que envolvem essa categoria de direitos reais, notadamente a propriedade fiduciária de bem imóvel, fornecendo valiosos subsídios para o aprofundamento do estudo desse peculiar contrato de garantia.

A obra abarca os mais variados aspectos dessa relevante garantia real e mostra-se oportuna em razão do importante papel a ela reservado na economia, sobretudo em momento em que a sociedade anseia pela superação da crise deflagrada a partir de 2015 e pela retomada do desenvolvimento econômico.

Está dividida estruturalmente em seis partes, a saber (1) tributos e despesas do imóvel, (2) ambiental, (3) aspectos registrários, (4) execução do crédito com garantia fiduciária, (5) a alienação fiduciária no contexto da relação de consumo e (6) outras garantias.

No amplo contexto assim estruturado, os autores trataram de maneira percuciente dos mais relevantes aspectos envolvidos nas fases da formação, execução e extinção do contrato de alienação fiduciária em garantia, inclusive no complexo ambiente do procedimento de recuperação judicial de empresa devedora fiduciante.

Estão tratadas na obra questões relacionadas à alienação fiduciária nas mais diversas perspectivas. Aí estão os contratos que caracterizem relações de consumo; a identificação das situações que constituam fato gerador dos tributos que incidem sobre a transmissão fiduciária e sobre o exercício dos direitos dela resultantes; a identificação do sujeito passivo das contribuições condominiais vinculadas ao imóvel; os aspectos registrários relacionados ao contrato; a contratação de alienação fiduciária em garantia de dívida futura; a constrição dos direitos do credor fiduciário ou do devedor fiduciante; os aspectos constitucionais da incorporação do bem ao patrimônio do credor fiduciário, por efeito da falha da condição, e do procedimento extrajudicial de realização da garantia; as particularidades da purgação da mora, da dação em pagamento do direito eventual do devedor fiduciante, da teoria do adimplemento substancial e do modo de extinção da dívida garantida por propriedade fiduciária; o cotejo entre a garantia fiduciária e a garantia hipotecária; a alienação fiduciária de bem móvel; os efeitos da recuperação judicial de empresa em relação aos créditos garantidos por propriedade fiduciária.

Além desses e de outros aspectos relacionados à garantia fiduciária, cuidou-se também de outras espécies de garantias, tais como o penhor de safra e o industrial, entre outras.

A relevância da obra é evidenciada pelo efeito prático das normas sobre a garantia fiduciária, em razão do seu emprego preponderante no financiamento da comercialização de imóveis, em substituição à hipoteca, e da sua contratação em larga escala nas operações de crédito em geral.

Com efeito, desde sua regulamentação, a garantia fiduciária de bens imóveis passou a ocupar o lugar da hipoteca no mercado do crédito imobiliário, notadamente nas operações de financiamento da comercialização de imóveis integrantes de incorporações imobiliárias.

Além disso, com o advento da Lei 10.931/2004, essa garantia passou a ser empregada em larga escala nas operações de crédito das instituições financeiras em geral, tendo por objeto não só bens imóveis e móveis infungíveis, mas também direitos creditórios, títulos de crédito e bens móveis fungíveis.

A preferência por essa garantia é justificada pela sua superior efetividade em relação às garantias tradicionais, tendo em vista, de uma parte, a blindagem do objeto da garantia em face das situações de crise do devedor fiduciante, afastando-o do risco de constrição e da quebra do devedor fiduciante, e, de outra parte, a celeridade do procedimento de realização da garantia.

Observe-se, a propósito, que, tratando-se de negócio jurídico de transmissão condicional, seus efeitos operam-se de pleno direito, isto significando que, em caso de inadimplemento da obrigação garantida, o bem incorpora-se ao patrimônio do credor,

mediante consolidação da propriedade por simples efeito da falha da condição, independente de intervenção judicial, seguindo-se a realização de leilão extrajudicial do bem para satisfação do crédito em dinheiro com o produto aí obtido.

O emprego amplo e preponderante dessa garantia ao longo das duas décadas de vigência da sua regulamentação propiciou a formação de massa crítica que fornece elementos para avaliação da efetividade do seu regime jurídico. Além disso, inovações legislativas incorporadas ao direito positivo nesse período, introduzidas pelo

PREFÁCIO IX

Código Civil em 2002 e pelo Código de Processo Civil em 2015, vieram interferir, de modo direto ou indireto, nos efeitos da excussão da garantia fiduciária de bem imóvel, trazendo à baila questões merecedoras de atenção com vistas à adequação do seu regime jurídico ao novo ambiente normativo.

Disso é exemplo o modo de extinção da dívida, de que tratam o art. 27 e seus parágrafos da Lei 9.514/1997, que carece de adequação ao art. 1.366 do Código Civil, ao art. 51 da Lei 10.931/2004 e ao art. 891 do novo Código de Processo Civil.

Explica-se: a alienação fiduciária de imóveis foi regulamentada visando preponderantemente a superação da grave crise habitacional que levou à extinção do Banco Nacional da Habitação em 1986. Sob essa forte influência, a Lei 9.514/1997 adotou regra aplicável à execução de créditos do SFH, pela qual a dívida se extingue se não se obtiver no leilão quantia suficiente para sua amortização, exonerado o devedor de responsabilidade pelo saldo remanescente (§§ 2º, 5º e 6º do art. 27 da Lei 9.514/1997).

Trata-se de norma de exceção, compatível com os financiamentos habitacionais. Mas, sobrevindo o art. 51 da Lei 10.931/2004, que amplia o campo de aplicação da garantia fiduciária imobiliária para as operações de crédito em geral e admite sua prestação por terceiro, a exoneração da responsabilidade pelo pagamento do saldo remanescente, prevista nos parágrafos do art. 27 da Lei 9.514/1997, torna-se injustificável, devendo essas operações não habitacionais submeter-se ao princípio geral da responsabilidade patrimonial do devedor.

Além desse relevante aspecto, a regra da Lei 9.514/1997 que admite a arrematação/consolidação pelo valor do saldo devedor pode caracterizar transmissão do bem por preço vil. Com efeito, considerando que o § 5º do seu art. 27 dispõe que o credor deve aceitar lance que corresponda pelo menos ao saldo devedor, esse valor poderá caracterizar preço vil se corresponder a menos do que 50% da avaliação, tornando nula a arrematação (ou a consolidação) por força do art. 891, parágrafo único, Código de Processo Civil.

Situação igualmente merecedora de atenção é a omissão da Lei 9.514/1997 em relação à execução de crédito garantido por dois ou mais imóveis, que tem suscitado questionamentos e também recomenda regulamentação que ponha fim a controvérsias levadas ao Judiciário.

Para essas situações temos defendido a necessidade de alterações na Lei 9.514/1997 de forma a melhor adequá-la ao regime jurídico dos direitos reais de garantia[1].

---

1 Em artigos e na obra Alienação Fiduciária – Negócio Fiduciário apresentamos sugestões de alterações legislativas que adequem o procedimento de realização da garantia ao limite de 50% do valor da avaliação, previsto no art. 891 do CPC, e às normas sobre responsabilidade patrimonial do devedor nas dívidas garantidas por direito real, de que tratam os arts. 586, 1.366 e 1.419 do Código Civil e 789 do Código de Processo Civil, assim como ao leilão de dois ou mais imóveis.

A obra é lançada em momento oportuno para avaliação da efetividade da garantia fiduciária de bens imóveis e, bem assim, para reflexão sobre a conveniência de adequação de suas normas a inovações legislativas introduzidas no direito positivo ao longo dos vinte e dois anos de vigência da Lei 9.514/1997.

De maneira direta ou indireta essas questões são tratadas na obra, que atende não só ao interesse acadêmico de aprofundamento científico do Direito, mas, também, ao dos profissionais aplicadores do Direito com vistas à adequada formulação e administração das operações de crédito às quais estejam vinculada a garantia fiduciária, abrangendo a extinção do contrato por efeito da consolidação da propriedade e realização da garantia.

Dada a abrangência com que o tema é tratado e a percuciência com que os autores o apreciaram, estou certo de que a obra constituirá importante contribuição para o estudo e a reflexão sobre a função das garantias como elemento catalisador do desenvolvimento econômico.

Niterói, 11 de outubro de 2019

MELHIM NAMEM CHALHUB

PARTE 1
TRIBUTOS E DESPESAS DO IMÓVEL

Capítulo 1
O ITBI NA ALIENAÇÃO FIDUCIÁRIA

Eduardo Correa da Silva

Mestre em Direito Tributário pela Fundação Getúlio Vargas – FGV, Pós-graduado em Direito Tributário pela PUC-SP. Pós-graduado em Processo Tributário pelo Instituto Internacional de Ciências Sociais – IICS. Advogado Tributarista.

Sumário: 1. Introdução. – 2. O Fundamento Constitucional e Legal do ITBI e as hipóteses de não incidência do imposto nas transações que contornam a alienação fiduciária. – 3. Argumentos que tratam da ilegalidade e inconstitucionalidade da incidência do ITBI na consolidação da propriedade fiduciária. – 3.1. Ausência de competência tributária dos Municípios para instituição do ITBI sobre a consolidação da propriedade fiduciária em propriedade plena. – 3.2. Reserva de Lei Complementar para estabelecer fato gerador dos impostos. – 3.3. Consequências da incidência do ITBI na consolidação da propriedade fiduciária. – 4. Decisões Judiciais que afastaram a incidência no ITBI na consolidação da propriedade fiduciária. – 5. Considerações finais. – 6. Referências bibliográficas.

---

1. INTRODUÇÃO

O presente trabalho tem por objetivo apresentar alguns apontamentos sobre a incidência do Imposto Sobre Transmissão de Bens Imóveis – ITBI na consolidação de propriedade imobiliária, em caso de inadimplemento do devedor fiduciante em contratos de alienação fiduciária.

De acordo com o artigo 22, da Lei 9.514/97, a alienação fiduciária é o contrato pelo qual o devedor, ou fiduciante, com o escopo de garantia, contrata a transferência ao credor, ou fiduciário, da propriedade resolúvel de coisa imóvel.

Essa situação ocorre quando o adquirente de propriedade imobiliária (devedor fiduciante), para financiar a operação de compra de imóvel, celebra contrato de alienação fiduciária, transferindo o imóvel com o escopo de garantia ao credor fiduciário e registrando a propriedade fiduciária no Registro de Imóveis competente.

Verificar-se-á que não há incidência do ITBI na transferência do imóvel ao credor fiduciário com o escopo de garantia, nem tampouco na resolução do direito real, após o adimplemento do contrato pelo devedor fiduciante e consequente cancelamento do registro da propriedade fiduciária.

Pretendemos tratar nesse trabalho da incidência do ITBI na hipótese de consolidação da propriedade em nome do credor fiduciário, por ocasião do inadimplemento do adquirente do imóvel (devedor fiduciante), que, intimado, não realiza o pagamento das parcelas vencidas do contrato de alienação fiduciária e respectivos consectários legais.

Para fins didáticos, as etapas até a ocorrência dessa hipótese serão abaixo sintetizadas:

(a) Momento 1: Aquisição de imóvel e celebração de Contrato de Alienação Fiduciária, com o objetivo de garantir financiamento.

(b) Momento 2: Registro da propriedade fiduciária na certidão de matrícula do imóvel.

(c) Momento 3: Inadimplemento e não purgação da mora pelo devedor fiduciante (adquirente e possuidor direto do imóvel).

(d) Momento 4: *Consolidação da propriedade pelo credor fiduciário* (possuidor indireto da propriedade fiduciária).

Tratar-se-á dos aspectos constitucionais e legais que contornam o ITBI, das questões referentes a Lei que rege a alienação fiduciária e de decisões judiciais proferidas sobre a não-incidência do imposto na consolidação da propriedade pelo credor fiduciário.

2. O FUNDAMENTO CONSTITUCIONAL E LEGAL DO ITBI E AS HIPÓTESES DE NÃO INCIDÊNCIA DO IMPOSTO NAS TRANSAÇÕES QUE CONTORNAM A ALIENAÇÃO FIDUCIÁRIA

A Constituição Federal atribuiu competência para que os Municípios instituíssem o ITBI, conforme se pode verificar do inciso II, do artigo 156, a seguir transcrito:

Art. 156. Compete aos Municípios instituir impostos sobre:

(...)

II – transmissão *inter vivos*, a qualquer título, por ato oneroso, de bens imóveis, por natureza ou acessão física, e de direitos reais sobre imóveis, *exceto os de garantia*, bem como cessão de direitos a sua aquisição; (g.n.)

Importante registrar que o legislador constituinte não institui tributo, mas apenas outorga competência tributária para que os entes políticos o façam no âmbito de sua competência, de modo que cada Município brasileiro deve instituir o ITBI, mediante Lei aprovada no âmbito das Câmaras Municipais, sempre em observância aos limites constitucionais e legais.

Em âmbito legal, os Municípios devem observância à Lei 5.172/66 (Código Tributário Nacional), recepcionada pela Constituição Federal com *status* de Lei Complementar, especialmente ao artigo 35:

Art. 35. O imposto, de competência dos Estados, sobre a transmissão de bens imóveis e de direitos a eles relativos tem como fato gerador:

I – a transmissão, a qualquer título, da propriedade ou do domínio útil de bens imóveis por natureza ou por acessão física, como definidos na lei civil;

II – a transmissão, a qualquer título, de direitos reais sobre imóveis, *exceto os direitos reais de garantia*; (g.n.)

Em primeiro lugar, verifica-se da análise do texto constitucional e legal supratranscritos, que não incide o ITBI sobre os direitos reais de *garantia*. Assim, nos contratos de alienação fiduciária, não há incidência do imposto na transferência do imóvel do adquirente (devedor fiduciante) ao credor fiduciário. Noutras palavras, não há incidência do ITBI na *constituição* da propriedade fiduciária, concretizada com o registro na matrícula do imóvel.

Constituída a propriedade fiduciária, há o desdobramento da posse, tornando o fiduciante o possuidor direto do imóvel e o fiduciário o possuidor indireto (artigo 23, parágrafo único da Lei 9.514/97).

O adquirente (devedor fiduciante), é importante destacar, recolheu o ITBI na operação originária de compra do imóvel, tendo em vista a ocorrência do fato gerador do imposto. A não-incidência se dá na transmissão da propriedade ao credor fiduciário que garantirá o financiamento concedido ao adquirente do imóvel.

Também não haverá a incidência do ITBI no cancelamento do registro da propriedade fiduciária, após a liquidação integral da dívida pelo devedor fiduciante e fornecimento do termo de quitação pelo credor fiduciário, hipótese em que estará *resolvida* a condição estabelecida no contrato de alienação fiduciária.

Para corroborar a não-incidência do ITBI na *constituição* e *resolução* da propriedade fiduciária, importante colacionar o que dispõe a Lei 11.154/91, que instituiu o imposto no âmbito do Município de São Paulo:

> Art. 3º O imposto não incide:
>
> (...)
>
> VI – sobre a constituição e a resolução da propriedade fiduciária de coisa imóvel, prevista na Lei Federal 9.514, de 20 de novembro de 1997. (Redação acrescida pela Lei 13.402/2002).[1]

Assim, há de ser explorada a seguir a incidência do ITBI na hipótese de consolidação da propriedade em nome do credor fiduciário, no caso de inadimplemento e não purgação da mora pelo devedor fiduciante.[2]

---

1. "Decreto Regulamentador 51.357/10 – Município de São Paulo:

   Art. 117. O imposto não incide:

   (...)

   VI – sobre a constituição e a resolução da propriedade fiduciária de coisa imóvel, prevista na Lei Federal 9.514, de 20 de novembro de 1997."

2. Apelação cível – Direito processual civil e civil – Contratos – Alienação fiduciária – Bem imóvel – propriedade consolidada – Recurso não provido.

   – Nos termos da Lei 9.514/97, a constituição da alienação fiduciária em garantia de bem imóvel, importa em alienação do domínio e, *in casu*, como houve o inadimplemento, por parte da compradora fiduciante, somado à não ocorrência da purga da mora, ocorre o retorno da propriedade ao credor fiduciário, consolidando-a nos termos de ato notarial/registral revestido de fé pública. (TJMG, Acórdão Apelação Cível 1.0000.18.143353-3/001, Relator(a): Des. Mota e Silva, data de julgamento: 05/02/2019, data de publicação: 06.02.2019, 18ª Câmara Cível).

3. ARGUMENTOS QUE TRATAM DA ILEGALIDADE E INCONSTITUCIONALIDADE DA INCIDÊNCIA DO ITBI NA CONSOLIDAÇÃO DA PROPRIEDADE FIDUCIÁRIA

Primeiramente, é importante registrar que a alienação fiduciária de bens imóveis está prevista nos artigos 22 e seguintes da Lei 9.514/97 e 1.367 e seguintes do Código Civil.

Ocorre a consolidação da propriedade na alienação fiduciária de bens imóveis quando o devedor fiduciante se torna inadimplente, não purga a mora e, após os trâmites previstos na legislação, o imóvel é transmitido em caráter definitivo ao credor fiduciário, que passa a exercer a plena propriedade.[3]

Na vigência do contrato de alienação fiduciária, o devedor fiduciante é considerado possuidor direto do imóvel e o credor fiduciário o possuidor indireto.

Da leitura do § 7º, do artigo 26 da Lei 9.514/96, verifica-se que o pagamento do ITBI é condição para averbação, na matrícula do imóvel, da consolidação da propriedade em nome do credor fiduciário, confira-se:

> Art. 26.
>
> (...)
>
> § 7º Decorrido o prazo de que trata o § 1º sem a purgação da mora, o oficial do competente Registro de Imóveis, certificando esse fato, promoverá a averbação, na matrícula do imóvel, da consolidação da propriedade em nome do fiduciário, à vista da prova do pagamento por este, do imposto de transmissão *inter vivos* e, se for o caso, do laudêmio.

A seguir serão apresentados os principais argumentos utilizados para refutar a não-incidência do ITBI na consolidação da propriedade pelo credor fiduciário.

3.1 Ausência de competência tributária dos Municípios para instituição do ITBI sobre a consolidação da propriedade fiduciária em propriedade plena

Nesse ponto, se faz necessário trazer à colação as palavras do Professor Hugo de Brito Machado Segundo sobre competência tributária, para melhor expor o argumento que trata das razões da ausência de competência tributária dos Municípios para instituição do ITBI sobre a consolidação da propriedade, nos contratos de alienação fiduciária em garantia:

---

3. "Código Civil

Art. 1.368-B. (...)

Parágrafo único. O credor fiduciário que se tornar *proprietário pleno do bem*, por efeito de realização da garantia, mediante *consolidação da propriedade*, adjudicação, dação ou outra forma pela qual lhe tenha sido transmitida a *propriedade plena*, passa a responder pelo pagamento dos tributos sobre a propriedade e a posse, taxas, despesas condominiais e quaisquer outros encargos, tributários ou não, incidentes sobre o bem objeto da garantia, a partir da data em que vier a ser imitido na posse direta do bem. (g.n.)"

> A atribuição competência tributária, feita pela Constituição, envolve, necessariamente, a atribuição da competência para legislar a respeito do tributo correspondente, como consequência direta e necessária do princípio da legalidade tributária. Se o tributo somente por lei pode ser criado, é evidente que a pessoa jurídica de direito público competente para criá-lo há de ser, também, competente para sobre ele legislar. Essa competência legislativa, porém, sofre limitações, contidas na Constituição Federal, na Constituição (ou lei orgânica) do ente público correspondente (se se tratar de Estado, Distrito Federal ou Município), e na legislação complementar nacional. Por outras palavras, os Estados-membros, por exemplo, são competentes para legislar sobre ICMS, mas devem observar os limites contidos na Constituição Federal, nas Leis Complementares Nacionais (LCs 24/75, 87/96 etc.), e na Constituição Estadual. Trata-se da explicitação dos motivos pelos quais, por exemplo, os Estados-membros não são inteiramente livres para conceder isenção de ICMS, embora competentes para legislar sobre esse imposto. O mesmo pode ser dito em relação aos Municípios, que, ao legislarem sobre ISS, ITBI ou IPTU, devem obediência às normas gerais contidas no CTN, que desdobram as limitações à competência contidas no texto constitucional.[4]

De acordo com o argumento ora examinado, o legislador constituinte, ao outorgar competência tributária aos Municípios para instituir o ITBI (artigo 156, inciso II da Constituição Federal), não outorgou competência para instituição do imposto na hipótese de consolidação da propriedade, vez que representa mera transmissão decorrente de direito real de garantia.

De fato, tendo havido a cobrança e pagamento do ITBI na operação originária de compra e venda do imóvel, não haveria que se cobrar novamente o imposto na consolidação da propriedade ao credor fiduciário, sob pena de ocorrer o enriquecimento sem causa do Município.

A propriedade fiduciária é transmitida ao credor após a assinatura do contrato e seu registro na matrícula do imóvel, hipótese não alcançada pela incidência do ITBI, por previsão constitucional e legal.

Por consequência lógica, o Município não está autorizado a incluir na lei instituidora do ITBI, hipótese de incidência que tenha por objetivo alcançar a mera consolidação da propriedade fiduciária em propriedade plena, dada a ausência de competência tributária para fazê-lo.

Apenas como reforço argumentativo, reitere-se que o ITBI já foi recolhido em momento anterior, diga-se, na consolidação da propriedade pelo adquirente do imóvel (devedor fiduciante), não havendo razão para novo recolhimento, sob pena de bitributação.

3.2 Reserva de Lei Complementar para estabelecer fato gerador dos impostos

Suplantado o argumento que trata da ausência de competência tributária para instituição do ITBI sobre a consolidação da propriedade fiduciária, exsurge o argu-

---

4. SEGUNDO, Hugo de Brito Machado. *Código Tributário Nacional*: Anotações à Constituição, ao Código Tributário Nacional e às Leis Complementares 87/1996 e 116/2003. 6. ed. rev., atual. e ampl. São Paulo: Atlas, 2017. p. 440.

mento que trata da reserva de Lei Complementar para estabelecer fato gerador dos impostos.

A Constituição Federal, em seu artigo 146, inciso III, alínea "a", assim preconiza sobre o estabelecimento de normas gerais em matéria tributária:[5]

> Art. 146. Cabe à lei complementar:
>
> III – estabelecer normas gerais em matéria de legislação tributária, especialmente sobre:
>
> a) definição de tributos e de suas espécies, bem como, em relação aos impostos discriminados nesta Constituição, a dos respectivos fatos geradores, bases de cálculo e contribuintes.

Verifica-se que o legislador constituinte, ao tratar do Sistema Tributário Nacional, se fez claro ao estabelecer que cabe a Lei Complementar estabelecer normas gerais em matéria de legislação tributária, especialmente sobre fatos geradores, bases de cálculo e contribuintes, em relação aos impostos discriminados na Constituição.

Em outras palavras, reservou a Lei Complementar o estabelecimento de alguns dos critérios da regra matriz de incidência tributária, no tocante aos impostos. Sobre o tema, importante trazer as lições do autor Leandro Paulsen:

> A referência a impostos discriminados na Constituição abrange os outorgados a cada uma das pessoas políticas nos arts. 153 (União), 155 (Estados) e 156 (Municípios). Cabendo à lei complementar definir os fatos geradores, bases de cálculos e contribuintes dos impostos nominados, muito pouco resta para os entes tributantes. Já estando condicionados os principais aspectos, apenas a alíquota é que pode ser definida com maior margem de discricionariedade pelo legislador ordinário de cada pessoa política relativamente aos impostos de sua competência.[6]

Estabelecido esse argumento, será trazido a colocação o teor do § 7º, do artigo 26 da Lei 9.514/97, que condiciona a consolidação da propriedade fiduciária ao recolhimento do ITBI, confira-se:

> Art. 26. (...). § 7º Decorrido o prazo de que trata o § 1º sem a purgação da mora, o oficial do competente Registro de Imóveis, certificando esse fato, promoverá a averbação, na matrícula do imóvel, da consolidação da propriedade em nome do fiduciário, à vista da prova do pagamento por este, do imposto de transmissão *inter vivos* e, se for o caso, do laudêmio.

Considerando que não cabe ao legislador ordinário criar hipótese de incidência tributária do ITBI, dada a exigência de quórum qualificado no processo legislativo para estabelecer fatos geradores, bases de cálculo e contribuintes (Lei Complementar), se mostra inconstitucional a exigência do imposto na consolidação de propriedade fiduciária.

---

5. STF, RE 433.352 AgR, Rel. Min. Joaquim Barbosa, j. 20.04.2010, 2ª T, *DJE* de 28.05.2010.
"A observância de normas gerais em matéria tributária é imperativo de segurança jurídica, na medida em que é necessário assegurar tratamento centralizado a alguns temas para que seja possível estabilizar legitimamente expectativas. Neste contexto, 'gerais' não significa 'genéricas', mas sim 'aptas a vincular todos os entes federados e os administrados'".

6. PAULSEN, Leandro. *Direito Tributário Constituição e Código Tributário à luz da doutrina e da jurisprudência*. 15. ed. Porto Alegre: Livraria do Advogado, 2013. p. 79.

A corroborar, vale transcrever trecho de decisão proferida pela 2ª Turma do STF, no Recurso Extraordinário 193.380, de fevereiro de 1996:

> (...). No embate Estado/Contribuinte, a Carta Política da República exsurge com insuplantável valia, no que, em prol do segundo, impõe parâmetros a serem respeitados pelo primeiro. Dentre as garantias constitucionais explícitas, e a constatação não exclui o reconhecimento de outras decorrentes do próprio sistema adotado, exsurge a de que somente a lei complementar cabe à definição de tributos e de suas espécies, bem como, em relação aos impostos discriminados nesta Constituição, a dos respectivos fatos geradores, bases de cálculo e contribuintes, alínea a do inciso III, do artigo 146 do Diploma Maior de 1988 (...).

Ao abordar o tema da competência tributária, o Professor Paulo de Barros Carvalho deixa clara a *limitação dos entes políticos* (União, Estados, Municípios e Distrito Federal) ao prescrever que

> O tema das competências legislativas, entre elas o da competência tributária, é, eminentemente, constitucional. Uma vez cristalizada a limitação do poder legiferante, pelo seu legítimo agente (o constituinte), a matéria se dá por pronta e acabada, carecendo de sentido sua reabertura em nível infraconstitucional.[7]

Destarte, considerando a exigência de Lei Complementar para estabelecimento do fato gerador dos impostos, se mostra inconstitucional a exigência do ITBI na consolidação da propriedade, como previsto no § 7º, do artigo 26 da Lei Ordinária 9.514/97.

3.3 Consequências da incidência do ITBI na consolidação da propriedade fiduciária

A operação de transmissão originária do imóvel ocorre quando de sua venda, ocasião em que há a incidência do ITBI. Ato contínuo, o adquirente pode contratar financiamento para quitar o *quantum* deliberado com o vendedor do imóvel, normalmente com a celebração de contrato de alienação fiduciária em garantia firmado com instituição financeira, momento em que há a transmissão da propriedade fiduciária, até a quitação integral do financiamento.

Para trazer maior clareza acerca dos contornos jurídicos dessa natureza contratual, veja-se a seguir o que dispõe os artigos 22, § 1º e 23, da Lei 9.514/97:

> Art. 22. A alienação fiduciária regulada por esta Lei é o negócio jurídico pelo qual o devedor, ou fiduciante, com o escopo de garantia, contrata a transferência ao credor, ou fiduciário, da propriedade resolúvel de coisa imóvel.
>
> § 1º *A alienação fiduciária poderá ser contratada por pessoa física ou jurídica, não sendo privativa das entidades que operam no SFI,* podendo ter como objeto, além da propriedade plena: (...) (g.n.)
>
> Art. 23. Constitui-se a propriedade fiduciária de coisa imóvel mediante registro, no competente Registro de Imóveis, do contrato que lhe serve de título.

---

7. CARVALHO, Paulo de Barros. *Curso de Direito Tributário*. 21. ed. São Paulo: Saraiva, 2009. p. 249.

Parágrafo único. Com a constituição da propriedade fiduciária, dá-se o desdobramento da posse, tornando-se o fiduciante possuidor direto e o fiduciário possuidor indireto da coisa imóvel.

O credor fiduciário, que concedeu financiamento ao adquirente do imóvel (devedor fiduciante), passa a integrar a triangulação de compra e venda, pois aceita financiar o imóvel ao adquirente, com a expectativa de que as parcelas do contrato de alienação fiduciária sejam adimplidas e, ao final, seja cancelado o registro de garantia na matrícula do imóvel.

Originariamente, então, não há interesse do credor fiduciário no imóvel objeto do contrato de alienação fiduciária, servindo o imóvel meramente como garantia desse instrumento. É notório que seu interesse é meramente obter resultados com os juros decorrentes desse negócio jurídico.

Apenas na hipótese de não quitação do quanto avençado no contrato de alienação fiduciária, é que haverá a transmissão da propriedade plena ao fiduciário. E o credor fiduciário, para satisfação de seu crédito, ainda terá o trabalho de levar o imóvel a leilão público, nos termos do artigo 27[8] da Lei 9.514/97.

Destarte, nova incidência do ITBI (recolhido na operação originária) na consolidação da propriedade, representa um desincentivo ao crédito imobiliário, gerando impacto nessas transações. Por outro lado, com a segurança de que não incidirá o ITBI, o financiamento poderá ser acessado com taxas de juros mais atrativas, viabilizando muitas operações de compra e venda de imóvel com alienação fiduciária.

Reitere-se que, ao viabilizar compra e venda de imóvel com a celebração do contrato de alienação fiduciária em garantia, o credor fiduciário tem por objetivo lucrar com os juros cobrados nessas operações e não com a consolidação da propriedade na hipótese de inadimplemento do devedor fiduciário (cenário absolutamente incerto).

---

8. "Art. 27. Uma vez consolidada a propriedade em seu nome, o fiduciário, no prazo de trinta dias, contados da data do registro de que trata o § 7º do artigo anterior, promoverá público leilão para a alienação do imóvel.

§ 1º Se no primeiro leilão público o maior lance oferecido for inferior ao valor do imóvel, estipulado na forma do inciso VI e do parágrafo único do art. 24 desta Lei, será realizado o segundo leilão nos quinze dias seguintes.

§ 2º No segundo leilão, será aceito o maior lance oferecido, desde que igual ou superior ao valor da dívida, das despesas, dos prêmios de seguro, dos encargos legais, inclusive tributos, e das contribuições condominiais.

§ 2º-A. Para os fins do disposto nos §§ 1º e 2º deste artigo, as datas, horários e locais dos leilões serão comunicados ao devedor mediante correspondência dirigida aos endereços constantes do contrato, inclusive ao endereço eletrônico.

§ 2º-B. Após a averbação da consolidação da propriedade fiduciária no patrimônio do credor fiduciário e até a data da realização do segundo leilão, é assegurado ao devedor fiduciante o direito de preferência para adquirir o imóvel por preço correspondente ao valor da dívida, somado aos encargos e despesas de que trata o § 2º deste artigo, aos valores correspondentes ao imposto sobre transmissão *inter vivos* e ao laudêmio, se for o caso, pagos para efeito de consolidação da propriedade fiduciária no patrimônio do credor fiduciário, e às despesas inerentes ao procedimento de cobrança e leilão, incumbindo, também, ao devedor fiduciante o pagamento dos encargos tributários e despesas exigíveis para a nova aquisição do imóvel, de que trata este parágrafo, inclusive custas e emolumentos."

Seria inimaginável que o credor torcesse para que o devedor não honrasse com as parcelas pactuadas para, um dia, acessar a propriedade plena do imóvel. Essa hipótese nos parece esdrúxula!

As consequências jurídicas da incidência do ITBI na consolidação de propriedade devem ser consideradas na apreciação do caso concreto, em razão dos fundamentos jurídicos apresentados.

O consequencialismo jurídico pode ser entendido como uma forma de argumentar considerando uma condição vindoura, mediante um método descritivo, numa adequação entre meios jurídicos e fins normativos. Assim, uma determinada decisão judicial comporta consequências fáticas, causais e comportamentais, visto que uma decisão judicial pode causar um infortúnio a uma das partes. A questão é saber se esta consequência importa na justificação do juiz na tomada de decisão.

Pontualmente, Tathiane dos Santos Piscitelli, registra que os argumentos consequencialistas que importam são somente os argumentos jurídicos "parte do processo de justificação judicial";[9] onde a decisão e justificação de um caso vinculam-se ao princípio da universalidade, introduzindo "[...] um padrão normativo de conduta, que deve ser observado (do ponto de vista jurídico e não apenas moral) por todos os cidadãos e autoridades, por exigência do princípio de justiça formal".[10]

Destarte, o que realmente importa na justificação nas decisões é a consequência como implicação lógica, que tenha por suporte razões universais ou universalizáveis, em respeito ao princípio de justiça formal.

Tendo sido apresentadas as razões jurídicas que suportam a não-incidência do ITBI na consolidação da propriedade fiduciária, deve se ter especial atenção às consequências e impactos nas transações imobiliárias, quando da apreciação do caso concreto pelo Poder Judiciário.

4. DECISÕES JUDICIAIS QUE AFASTARAM A INCIDÊNCIA NO ITBI NA CONSOLIDAÇÃO DA PROPRIEDADE FIDUCIÁRIA

Após pesquisas nos Tribunais de Justiça do país, foram localizadas duas decisões que reconheceram a não-incidência do ITBI, na consolidação da propriedade fiduciária.

O trecho da sentença a seguir foi proferida pela 8ª Vara da Fazenda Pública do Distrito Federal, veja-se:

---

9. PISCITELLI, Tathiane dos Santos. *Argumentando pelas consequências no direito tributário*. São Paulo: Noeses, 2011. p. 11.

10. PISCITELLI, Tathiane dos Santos. *Argumentando pelas consequências no direito tributário*. São Paulo: Noeses, 2011. p. 24.

Cuida-se de ação Declaratória de Inexistência de relação jurídico-tributária c/c repetição de indébito e/ou compensação, com pedido de tutela antecipada, ajuizada por Emplavi Participações Imobiliárias LTDA. em desfavor do Distrito Federal, partes qualificadas nos autos.

Trata-se de Ação Declaratória de Inexistência de relação jurídico-tributária c/c repetição de indébito e/ou compensação para afastar a exigência indevida do recolhimento do ITBI no registro e consolidação da propriedade na alienação fiduciária, em razão do inadimplemento do devedor fiduciante (adquirente(s) indicado(s) na Escritura Pública de Compra e Venda com Alienação Fiduciária), visto que existe a mera transferência da posse direta à credora fiduciária (Autora), principalmente considerando a natureza jurídica da alienação fiduciária de garantia; a Constituição Federal (art. 156, II); Lei Orgânica do DF (art. 132, I, e); e, o Decreto 27.576, de 28/12/06 – Regulamento do ITBI (art. 1°, inc. II, §§ 2° e 3°) que trazem a imunidade ou a não incidência do ITBI na garantia, afastando, por conseguinte, a exigência tributária na(s) alienação(ões) fiduciária(s) recolhida(s) no(s) valor(es) de R$ 7.564,06 pago em 15/01/14 (Unidade 109); R$ 7.300,00 pago em 07/01/2014 (Unidade 209); R$ 6.237,02 pago em 24/01/14 (Unidade 418) – DAR's anexos, devidamente atualizado desde a data dos desembolsos, mais juros legais, vez que advém de conceito civil, na qual não se pode dá interpretação extensiva (art. 110, do CTN). (...)

Assim, imperioso que seja declarada a Inexistência de Relação Jurídico-tributária que imponha o recolhimento do ITBI, quando do registro e consolidação da(s) propriedade(s) na(s) alienação(ões) fiduciária(s) por parte da Autora, em razão do inadimplemento por parte do(s) devedor(es) fiduciante(s) adquirente(s) indicado(s) na(s) Escritura(s) Pública(s) de Compra e Venda com Alienação Fiduciária, visto que há apenas a transferência da posse direta à credora (Autora), oriunda de uma garantia, sob condição resolutiva.

Diante do exposto, julgo procedentes os pedidos para: a) declarar a inexistência de relação jurídica entre o Distrito Federal e a autora, no tocante a qualquer exigência para recolhimento do ITBI nas operações de Escritura Pública de Compra e Venda com Alienação Fiduciária, quando existir o inadimplemento por parte do devedor Fiduciante(s) – adquirente(s) indicado(s) na(s) Escritura(s) Pública(s), no ato do registro e consolidação da propriedade, relativo ao procedimento disposto no art. 26 da Lei 9.514/97; b) condenar o réu à devolução dos valores que foram quitados pela autora, a título de ITBI, nos montantes de R$ 7.564,06 pago em 15.01.2014 (Unidade 109); R$ 7.300,00 pago em 07/01/2014 (Unidade 209); R$ 6.237,02 pago em 24.01.2014 (Unidade 418) – DAR's anexos). Declaro resolvido o mérito, com base no art. 487, I, do CPC.

(Processo 0704505-40.2018.8.07.0018 – 8ª Vara da Fazenda Pública do DF – Data: 02.10.2018) (g.n.)

Em caso análogo, o Tribunal de Justiça do Estado de São Paulo proferiu decisão nos autos do Agravo de Instrumento 2163248-21.2017.8.26.0000 (às folhas 269), que tramitou na 15ª Câmara de Direito Público, deferindo parcialmente o pedido de antecipação de tutela para suspender a exigibilidade do ITBI. Importante ressaltar que, posteriormente, esse recurso foi julgado prejudicado por perda do objeto, em razão da superveniência de sentença, não tendo seu mérito sido apreciado pelo Tribunal.[11]

Por essa razão, e considerando os argumentos aqui expostos, poderá o credor fiduciário provocar o Poder Judiciário nos casos de inadimplemento do devedor

---

11. "Tributário. Agravo de instrumento. Mandado de segurança município de Sorocaba ITBI. Insurgência contra r. decisão que indeferiu a liminar – Superveniência de sentença que denegou a ordem ao mandado de segurança Perda de objeto do recurso Resta prejudicado o agravo de instrumento quando proferida a sentença em primeira instância antes do julgamento do recurso Recurso prejudicado."

fiduciante e consequente consolidação da propriedade do imóvel objeto do contrato de alienação fiduciária, com base nos argumentos constitucionais e legais trazidos nesse singelo trabalho.

5. CONSIDERAÇÕES FINAIS

O presente trabalho teve por objetivo demonstrar que não incide o ITBI na consolidação de propriedade (transmissão da propriedade plena ao credor fiduciário), na hipótese de inadimplência do devedor fiduciante, nos contratos de alienação fiduciária em garantia.

Basicamente, a não incidência do ITBI na consolidação da propriedade fiduciária, está sustentada nos seguintes argumentos:

(a) ausência de outorga de competência tributária pelo legislador constituinte a autorizar a instituição do imposto sobre essa hipótese, aliado ao fato de já ter ocorrido o pagamento do ITBI na transmissão originária do imóvel, pelo adquirente (devedor fiduciante);

(b) reserva de lei complementar para estabelecer fato gerador de imposto e consequente inconstitucionalidade do § 7º, do artigo 26 da Lei 9.514/97;

(c) consequências jurídicas que desincentivam esse modelo de negócio, gerando distorções negativas nessas operações e impacto nas taxas de juros; e,

(d) decisões judiciais que reconheceram a solidez dos argumentos acerca da não-incidência do ITBI na consolidação da propriedade (transmissão da propriedade plena ao credor fiduciário).

Resta, por fim, a expectativa de que o Poder Judiciário um dia aprecie a matéria pelo rito dos recursos repetitivos, enfrentando os argumentos aqui deduzidos e, assim, pacifique o entendimento sobre a não-incidência no ITBI na consolidação da propriedade fiduciária.

6. REFERÊNCIAS BIBLIOGRÁFICAS

ABELHA, André. *Alienação Fiduciária e ITBI*: a volta de quem não foi. Disponível em: [https://www.migalhas.com.br/]. Acesso em: 02.08.2019.

CARVALHO, Paulo de Barros. *Curso de Direito Tributário*. 21. ed. São Paulo: Saraiva, 2009.

MACCORMICK, Neil. *Argumentação jurídica e teoria do direito*. Tradução Waldéa Barcellos. Revisão da tradução: Marylene Pinto Michael. 2. ed. São Paulo: WMF, Martins Fontes, 2009.

PAULSEN, Leandro. *Direito Tributário Constituição e Código Tributário à luz da doutrina e da jurisprudência*. 15. ed. Porto Alegre: Livraria do Advogado, 2013.

PISCITELLI, Tathiane dos Santos. *Argumentando pelas consequências no direito tributário*. São Paulo: Noeses, 2011.

SEGUNDO, Hugo de Brito Machado. *Código Tributário Nacional*: Anotações à Constituição, ao Código Tributário Nacional e às Leis Complementares 87/1996 e 116/2003. 6. ed. rev., atual. e ampl. São Paulo: Atlas, 2017.

Capítulo 2
ALIENAÇÃO FIDUCIÁRIA DE COISA IMÓVEL: QUEM É O SUJEITO PASSIVO DO IPTU?

Erik Frederico Gramstrup

Doutor e Mestre em Direito pela PUC-SP. Bacharel em Direito pela USP. Juiz Federal na 3ª. Região. Autor de diversos livros e artigos jurídicos. E-mail: erikfg@pucsp.br

Sumário: 1. Introdução – objetivo, definição e partes – 2. Comparação e objeto. – 3. Espécies, constituição e regime – 4. Resolução pelo pagamento e resolução anômala. – 5. Algumas aporias – 6. Cessão e pedido de restituição – 7. A questão do IPTU na execução fiscal – 8. Hipótese de incidência e sujeição passiva – 9. A repartição do encargo entre os contratantes – 10. Comparação com outras hipóteses de incidência no direito privado – 11. Considerações finais – 12. Referências bibliográficas.

1. INTRODUÇÃO – OBJETIVO, DEFINIÇÃO E PARTES

Nosso objetivo é o de discutir a sujeição passiva tributária do IPTU, principalmente no que tange à posição do credor fiduciário, em alienação fiduciária de bem imóvel. Isso porque as características do contrato de alienação fiduciária de imóvel e da própria garantia por ele conferida levam à crença de que o único sujeito passivo, para fins tributários, seria o devedor fiduciante. Entendemos que essa seja uma asserção problemática e pretendemos esmiuçá-la. Para tanto, este trabalho compreenderá, em essencialmente, uma perquirição sobre os aspectos privados (ou seja, os elementos da alienação fiduciária de imóvel) e, em segundo momento, sobre os aspectos de direito público (o aspecto subjetivo da hipótese de incidência tributária).

É, a alienação fiduciária de imóvel, negócio jurídico teleologicamente orientado à formação de garantia,[1] consistente esta na propriedade resolúvel de bem imóvel.[2] A propriedade fiduciária formada como escopo pelo negócio não deve ser confundida com a propriedade plena, pois o proprietário fiduciário não dispõe de todas as faculdades inerentes ao domínio. Exemplo pode ser dado pela inexistência dos poderes de uso e fruição, pelo menos enquanto não consolidado o domínio pelo proprietário

---

1. Esse escopo é sempre destacado na doutrina e na jurisprudência, como veremos. A propósito: ALVES, José Carlos Moreira. *Da alienação fiduciária em garantia*. Rio: Forense, 1979. p. 113.
2. A doutrina costuma destacar a inserção do negócio em redes contratuais, aspecto que não poderemos desenvolver aqui. A respeito: LEONARDO, Rodrigo Xavier. *Redes contratuais no mercado habitacional*. São Paulo: Ed. RT, 2003. p. 137 e 146.

fiduciário.[3] O escopo de garantia, porém, não implica que necessariamente a propriedade fiduciária seja constituída para o financiamento do próprio bem.[4]

Referindo-se à natureza dessa propriedade, a doutrina sói mencionar um *patrimônio de afetação*[5] – pois a garantia fica vinculada de modo a escapar, até mesmo, aos efeitos da falência do devedor fiduciante -; ou ainda uma propriedade *resolúvel e limitada* (dado que o proprietário fiduciário não detém, enquanto tal, todos os poderes inerentes ao domínio pleno). Do outro lado, olhando-se do ponto de vista do devedor fiduciante, resta-lhe direito aquisitivo semelhante, *certo modo*, ao do promitente comprador de imóvel ou, em outra comparação, similar a de um proprietário sob condição suspensiva – pois tem a expectativa de reaver a titularidade do bem, tão logo solva a obrigação garantida. São, portanto, partes, o devedor fiduciante, que o é por ter obrigação a solver e habitualmente constitui a garantia[6] – embora nada impeça que possa ser constituída por terceiro – e o credor fiduciário, que se investe na propriedade resolúvel com o propósito de garantia. Qualquer pessoa pode investir-se em um dos polos citados,[7] não sendo mais a propriedade fiduciária prerrogativa de instituição financeira. A dívida garantida é comumente a que tem por objeto obrigação de pagar quantia certa em dinheiro, mas seria lícito constituir alienação fiduciária para segurança de qualquer tipo de obrigação, inclusive a de fazer.

2. COMPARAÇÃO E OBJETO

É comum comparar-se a propriedade fiduciária ao *trust,* mas em nosso modo de ver, o instituto da *common law* é mais abrangente e flexível.[8] Na constituição

---

3. "Consoante relatado, a ora recorrida ajuizou ação de reintegração de posse pretendendo a imissão na posse do imóvel e a condenação dos ora recorrentes ao pagamento de taxa de ocupação equivalente ao período compreendido entre a entrega das chaves e a consolidação na posse do bem. Contudo, nos termos da jurisprudência desta Corte Superior, a taxa de ocupação é devida somente após a alienação do imóvel em leilão, haja vista que a propriedade fiduciária não se equipara à propriedade plena, estando vinculada ao propósito de garantia da dívida, nos termos do art. 1.367 do CC. Desse modo, o proprietário fiduciário não dispõe de todos os poderes inerentes ao domínio, notadamente os direitos de usar e de fruir, pois a consolidação da propriedade em favor do credor fiduciário se dá exclusivamente com o propósito de satisfazer o débito" (STJ, AgInt nos EDcl no REsp 1378468/SP, Rel. Ministro Marco Aurélio Belizze, terceira turma, julgado em 08.05.2018, DJe 21.05.2018).

4. "A lei não exige que o contrato de alienação fiduciária de imóvel se vincule ao financiamento do próprio bem, sendo legítima a sua formalização como garantia de toda e qualquer obrigação pecuniária" (STJ, AgInt no AREsp 829.403/PR, Rel. Ministro Moura Ribeiro, terceira turma, julgado em 19/10/2017, DJe 31.10.2017)

5. CHALHUB, Melhim Namen. *Negócio fiduciário*. Rio, Renovar, 2006. p. 198.

6. "É legítima a celebração de contrato de alienação fiduciária de imóvel como garantia de toda e qualquer obrigação pecuniária, podendo inclusive ser prestada por terceiros, não havendo que se cogitar de desvio de finalidade." (AgInt no AgRg no AREsp 772.722/PR, Rel. Ministra Maria Isabel Galloti, quarta turma, julgado em 18.04.2017, DJe 25.04.2017).

7. A exceção está na pessoa jurídica estrangeira, porque a aquisição de terras no Brasil depende de propósitos que a lei tipifica: "implantação de projetos agrícolas, pecuários, industriais, ou de colonização, vinculados aos seus objetivos estatutários" (Lei n. 5.709/1971, art. 5°), projetos esses aprovados pelo órgão competente. *A contrario sensu*, não poderia adquirir como proprietária fiduciária.

8. Remontando ao *Statute of Uses* do séc. XVI, conforme SALOMÃO NETO, Eduardo. *O trust e o direito brasileiro*. São Paulo: Ltr, 1996, p. 14/7.

do *trust*, também há propriedade dividida entre o *trustee*, o gestor do patrimônio e o beneficiário (*cestui que trust*). Mas o *trust* também pode ser instituído – para além da finalidade de gestão – como garantia. Nesse caso, o devedor (*borrower*) continua dotado do título (*equitable title to the property*), enquanto que o *trustee* será investido do *legal title to the property*. O *trustee* é um terceiro imparcial com o poder de alienar extrajudicialmente o bem (*power of sale*), no caso de inadimplemento (*default*), por força do acordo de constituição (*deed of trust*) celebrado com o credor (*lender*).

O objeto da alienação fiduciária de imóvel é o bem dessa natureza revestido de alienabilidade. Não importa que seja impenhorável, pois a eventual venda será extrajudicial – releva, apenas, que seja alienável. Portanto, o bem de família legal (Lei n. 8.009/1990) pode ser objeto de alienação fiduciária.[9]

Apenas por cautela, deve-se reparar que não se deve confundir essa questão com a da penhorabilidade dos direitos do devedor fiduciante, ou seja, sua posse e expectativa de retornar à propriedade plena do bem.

Enfim, tornando ao ponto, o que geralmente se aliena fiduciariamente é o direito de propriedade sobre bem de raiz dentro do comércio jurídico. Outros direitos reais imobiliários podem, igualmente, ser objeto de alienação fiduciária de imóvel: a superfície, a enfiteuse, o direito de uso e o uso especial para fins de moradia.

3. ESPÉCIES, CONSTITUIÇÃO E REGIME

Pode-se distinguir duas espécies básicas de alienação fiduciária de imóvel, conquanto não explicitadas na legislação de regência (Lei n. 9.514/1997): (a) a alienação para fomento empresarial ("propriedade transmitida"), em que o devedor levantou capital para sua atividade econômica e conferiu o imóvel em garantia; e (b) a alienação fiduciária com propósito de financiar a aquisição do próprio imóvel que a garante ("propriedade retida"). Geralmente, a lei refere-se ao segundo tipo, pois seu objetivo era o de organizar o sistema financeiro imobiliário, o que não significa

---

9. "(...) 3. O propósito recursal é dizer se é válida a alienação fiduciária de imóvel reconhecido como bem de família. 4. A questão da proteção indiscriminada do bem de família ganha novas luzes quando confrontada com condutas que vão de encontro à própria ética e à boa-fé, que devem permear todas as relações negociais. 5. Não pode o devedor ofertar bem em garantia que é sabidamente residência familiar para, posteriormente, vir a informar que tal garantia não encontra respaldo legal, pugnando pela sua exclusão (vedação ao comportamento contraditório). 6. Tem-se, assim, a ponderação da proteção irrestrita ao bem de família, tendo em vista a necessidade de se vedar, também, as atitudes que atentem contra a boa-fé e a eticidade, ínsitas às relações negociais. 7. Ademais, tem-se que a própria Lei 8.009/90, com o escopo de proteger o bem destinado à residência familiar, aduz que o imóvel assim categorizado não responderá por qualquer tipo de dívida civil, comercial, fiscal, previdenciária ou de outra natureza, mas em nenhuma passagem dispõe que tal bem não possa ser alienado pelo seu proprietário. 8. Não se pode concluir que o bem de família legal seja inalienável e, por conseguinte, que não possa ser alienado fiduciariamente por seu proprietário, se assim for de sua vontade, nos termos do art. 22 da Lei 9.514/97. 9. Recurso especial conhecido e não provido" (REsp 1560562/SC, Rel. Ministra Nancy Andrighi, terceira turma, julgado em 02.04.2019, DJe 04.04.2019).

que o primeiro tipo ("propriedade transmitida") não seja possível juridicamente. A jurisprudência pátria reconhece-o e chega mesmo a destacar suas peculiaridades.[10]

A constituição da alienação fiduciária de imóvel dá-se por escrito, particular ou público, seguido do registro,[11] como convém aos direitos imobiliários. Seu efeito típico é o desdobramento da posse entre direta (do fiduciário) e indireta (do fiduciante). Os direitos do devedor fiduciante (às vezes chamados impropriamente de direitos de posse do devedor fiduciante), é dizer, sua expectativa de retornar à propriedade não limitada do bem são cedíveis e penhoráveis.[12] A penhorabilidade da posição contratual do devedor fiduciante – é dizer, a constrição sobre seus direitos aquisitivos e condicionais – pode ser obstada, apesar de tudo, pela condição de bem de família da propriedade fiduciária[13]. Isso não deve ser confundido com a suscetibilidade de esse bem de família ser objeto de alienação fiduciária – possibilidade da qual já tratamos.

Há, pelo menos, três regimes jurídicos de propriedade fiduciária no Brasil: (a) o mais antigo, tendo por objeto bens fungíveis e infungíveis, regido, no âmbito do mercado financeiro, pela Lei n. 4.728/1965; (b) o regime do Código Civil de 2002, art. 1.361, tendo por objeto a propriedade resolúvel de coisa móvel infungível e escopo de garantia; e (c) o que nos interessa mais de perto, tendo por objeto imóveis e regido pela Lei n. 9.514/1997, organizadora do sistema financeiro imobiliário (SFI) mas, como já foi dito, regente tanto da alienação fiduciária voltada ao financiamen-

---

10. É possível a constituição de alienação fiduciária de bem imóvel para garantia de operação de crédito não vinculada ao Sistema Financeiro Imobiliário (SFI). "Resta indubitável, portanto, que a finalidade do instituto é o de fomentar o sistema de garantias do direito brasileiro, dotando o ordenamento jurídico de instrumento que permite, nas situações de mora – tanto nos financiamentos imobiliários, como nas operações de créditos com garantia imobiliária – a recomposição em prazos compatíveis com as necessidades da economia moderna." (REsp 1.542.275-MS, Rel. Min. Ricardo Villas Bôas Cueva, julgado em 24.11.2015, DJe 02.12.2015). Confira-se ainda: "A agravante, em suas razões recursais, às fls. 366/371, reitera a alegação de ocorrência de violação ao art. 1º, da Lei 9.514/97, sob o argumento de impossibilidade da alienação fiduciária de imóvel como garantia de empréstimo para capital de giro. (…) Não há sentido em restringir-se a garantia de que se cuida aos contratos de financiamento imobiliário quando a lei que a erige em momento algum restringe a sua utilização" (AgInt no Agravo em Recurso Especial n. 711.778 – MS (2015/0110692-6), Rel. Min. Paulo de Tarso Sanseverino).

11. Como em todos os contratos no Direito Brasileiro, o instrumento, em si, gera efeitos unicamente obrigacionais. Vide, a propósito: CARVALHO DE MENDONÇA, Manuel Inácio. *Contratos no direito civil brasileiro*. Rio: Forense, 1951. p. 316.

12. "O bem alienado fiduciariamente, por não integrar o patrimônio do devedor, não pode ser objeto de penhora. Nada impede, contudo, que os direitos do devedor fiduciante oriundos do contrato sejam constritos" (REsp 679821/DF, Rel. Min. Felix Fisher, Quinta Turma, unânime, DJ 17.12.2004 p. 594). No mesmo sentido: "Não se admite a penhora do bem alienado fiduciariamente em execução promovida por terceiros contra o devedor fiduciante, visto que o patrimônio pertence ao credor fiduciário, permitindo-se, contudo, a constrição dos direitos decorrentes do contrato de alienação fiduciária. Precedentes" (AgInt no REsp 1840635/SP, Rel. Ministro RICARDO VILLAS BÔAS CUEVA, TERCEIRA TURMA, julgado em 16/03/2020, DJe 19/03/2020).

13. "Os direitos que o devedor fiduciante possui sobre o contrato de alienação fiduciária de imóvel em garantia estão afetados à aquisição da propriedade plena do bem. E, se este bem for o único imóvel utilizado pelo devedor fiduciante ou por sua família, para moradia permanente, tais direitos estarão igualmente afetados à aquisição de bem de família, razão pela qual, enquanto vigente essa condição, sobre eles deve incidir a garantia da impenhorabilidade à que alude o art. 1º da Lei 8.009/90, ressalvada a hipótese do inciso II do art. 3º da mesma lei" (REsp 1629861/DF, Rel. Ministra NANCY ANDRIGHI, TERCEIRA TURMA, julgado em 06/08/2019, DJe 08/08/2019).

to como também da voltada ao fomento empresarial. Advirta-se que a propriedade fiduciária estabelecida no âmbito do SFI não é privativa de instituições financeiras, podendo todos valer-se dela.[14]

São cláusulas obrigatórias do contrato constitutivo a *especialização* (individuação do objeto da garantia e da própria dívida garantida), a conferência da posse direta e do uso do imóvel pelo devedor, a indicação do procedimento extrajudicial de alienação e a avaliação do imóvel. No que se refere à avaliação, a lei em sua versão vigente procura afastar-se de práticas viciosas do passado ao estipular, como mínimo, a base de cálculo do imposto de transmissão *inter vivos*, para alienação em primeiro leilão. Essa solução é criticável sob diversos pontos de vista, mas tenta ao menos obviar praxes de mercado que se afastavam da função social do contrato[15] e que já comentamos em outro trabalho.

A Lei n. 9.514 acabou por omitir a cláusula relativa ao valor *máximo* ou *estimado*, para caso de alienação fiduciária com o propósito de garantir obrigação de fazer – mas até onde sabemos essa omissão não tem incomodado o mercado, pois tal negócio, se praticado, é raro.

4. RESOLUÇÃO PELO PAGAMENTO E RESOLUÇÃO ANÔMALA

A resolução da garantia dá-se com o pagamento, possibilitando o cancelamento do registro, atribuindo-se ao credor a obrigação de fornecer o termo de quitação em trinta dias.

Essa seria a forma de extinção apropriada e saudável. No caso de mora do devedor, ela terá de ser formalizada *ex persona*, por notificação – que a lei inadequadamente refere como "intimação" – via Registro de Imóveis. O registrador pode delegar essa atribuição, por conveniência, ao Registro de Títulos e Documentos. Dita notificação, procedimentalmente, pode ser postal, por hora certa ou por edital, mas esses detalhes ultrapassam o interesse do presente trabalho. Cingimo-nos a dizer que a jurisprudência tem dado destaque à finalidade e à eficiência dessa notificação, mais do que à forma.[16]

---

14. Art. 22, § 1º, Lei n. 9.514/1997.
15. O contrato é entendido hoje como voltado à promoção de valores sociais. A respeito, *vide*: GODOY, Claudio Bueno de. *Função social do contrato*. São Paulo: Saraiva, 2007. p. 134/6.
16. Por exemplo: "Não é razoável exigir do credor fiduciário a realização de diligências em estabelecimentos prisionais a fim de localizar o paradeiro do devedor. Por seu turno, cumpre ao devedor comunicar alterações relevantes de seu estado ao credor, inclusive porque a dívida não fica suspensa em razão do encarceramento e também porque o preso não fica incomunicável" (REsp 1449967/CE, Rel. Ministro Ricardo Villas Bôas Cueva, terceira turma, julgado em 17.09.2015, DJe 26.11.2015). Ou ainda: "Em alienação fiduciária de bem imóvel (Lei n. 9.514/1997), é nula a intimação do devedor para oportunizar a purgação de mora realizada por meio de carta com aviso de recebimento quando esta for recebida por pessoa desconhecida e alheia à relação jurídica" (REsp 1.531.144-PB, Rel. Min. Moura Ribeiro, julgado em 15.03.2016, DJe 28.03.2016). Outrossim: "A validade da intimação por edital para fins de purgação da mora no procedimento de alienação fiduciária de coisa imóvel, regrado pela Lei 9.514/97, pressupõe o esgotamento de todas as possibilidades de localização do devedor" (REsp 1367179/SE, Rel. Ministro Ricardo Villas Bôas Cueva, terceira turma, julgado em 03.06.2014, DJe 16.06.2014).

Purgada a mora em 15 dias,[17] "convalesce" o contrato, ou seja, elide-se a sua resolução com a caracterização do inadimplemento definitivo. A jurisprudência do Superior Tribunal de Justiça, anteriormente à reforma de 2017, admitia essa purgação até o momento da assinatura do auto de arrematação.[18] A reforma, introduzida pela Lei n. 13.465, tornou mais gravosa a situação do devedor em mora, dando-lhe, como contrapartida, o direito de preferência. Além disso, cumpre notar que a Lei n. 13.465/2017 proibiu a aplicação das normas relativas ao antigo Sistema Financeiro da Habitação[19] (Lei n. 9.514, art. 39, I), com base nas quais a jurisprudência anterior flexibilizava o prazo para purgação da mora.[20] Por outro viés, já decidiu o STJ que, se a mora for imputável à construtora e não ao devedor fiduciante, não se aplicam as disposições da Lei 9.514.[21]

Deve ser destacada, ainda, a posição jurisprudencial muito rigorosa do STJ com respeito às consequências da mora: uma vez caracterizada, não se admite a invocação de outro modo de purgação que não seja o da lei especial. Nem mesmo que se invoque o Código de Defesa do Consumidor![22] Assim se decide sob o fundamento de que a Lei n. 9.514 seria especial e posterior ao Código do Consumidor. E muito embora fosse possível objetar que se trata, o Código, de microssistema sob a tutela do art. 170 da Constituição Federal.

Não purgada a mora, converte-se em inadimplemento, dando azo à resolução do contrato e à averbação da consolidação da propriedade no Registro de Imóveis. Conquanto a propriedade do credor perca o seu caráter resolúvel nessa circunstância, ainda é limitada porque existe com o propósito de excussão. Desaparece, por outra parte, o direito aquisitivo do devedor. Desde a consolidação e até a imissão do credor (ou de seus sucessores[23]) na posse do imóvel fluirá taxa de ocupação, a cargo

---

17. Há exceção, quanto ao prazo, em certos financiamentos com recursos vinculados, mas não adentraremos nessa minúcia.

18. Por todos: REsp 1.433.031-DF, Terceira Turma, DJe 18.06.2014. REsp 1.462.210-RS, Rel. Min. Ricardo Villas Bôas Cueva, julgado em 18.11.2014. Aparentemente essa jurisprudência encontra-se superada.

19. Sem embargo disso, Marcelo Terra sustentava que a alienação fiduciária poderia garantir os contratos no âmbito do SFH: TERRA, Marcelo. *Alienação fiduciária de imóvel em garantia*. Porto Alegre: SAFE, 1998. p. 28.

20. Com base no que, parece-nos inaplicável a jurisprudência anterior do STJ, da qual damos como exemplo: "O devedor pode purgar a mora em 15 (quinze) dias após a intimação prevista no art. 26, § 1º, da Lei 9.514/1997, ou a qualquer momento, até a assinatura do auto de arrematação (art. 34 do Decreto-Lei 70/1966). Aplicação subsidiária do Decreto-Lei 70/1966 às operações de financiamento imobiliário a que se refere a Lei 9.514/1997" (REsp 1462210/RS, Rel. Ministro Ricardo Villas Bôas Cueva, terceira turma, julgado em 18.11.2014, DJe 25.11.2014).

21. AgInt no REsp 1742895/DF, Rel. Ministro ANTONIO CARLOS FERREIRA, 4ª. Turma, julgado em 23/03/2020, DJe 26/03/2020.

22. "A jurisprudência do Superior Tribunal de Justiça já firmou entendimento de que, ocorrendo o inadimplemento de devedor em contrato de alienação fiduciária em garantia de bens imóveis, a quitação da dívida deverá observar a forma prevista nos arts. 26 e 27 da Lei n. 9.514/1997, por se tratar de legislação específica, o que afasta, por consequência, a aplicação do art. 53 do CDC. Incidência da Súmula n. 83/STJ." (AgInt no REsp 1823069/SP, Rel. Ministro ANTONIO CARLOS FERREIRA, QUARTA TURMA, julgado em 14/10/2019, DJe 16/10/2019).

23. "A legitimidade ativa para a ação de cobrança da taxa de ocupação é, nos termos do art. 37-A da Lei n. 9.514/1997, do credor fiduciário ou do arrematante do bem dado em garantia fiduciária, a depender do momento em que proposta a demanda e o período de sua abrangência. Ajuizada a ação de cobrança em

do devedor e da ordem de 1%, por mês ou fração, do valor contratual (art. 37-A da Lei n. 9.514/1997). Pensamos que, nesse contexto é perfeitamente aplicável – desde que verificados os seus requisitos – a teoria do adimplemento substancial.[24] É dizer, se a obrigação de pagar foi substancialmente cumprida, havendo resíduo proporcionalmente pequeno a saldar, deve-se evitar as consequências da resolução, ressalvada ao credor a cobrança do saldo. A aplicação da doutrina do adimplemento substancial já foi considerada pela jurisprudência do STJ na hipótese de alienação fiduciária de bem móvel (veículo), embora o caso comportasse certas peculiaridades.[25]

De notar-se, outrossim, que a jurisprudência consolidada anteriormente à reforma de 2017 apontava para a fluência da taxa de ocupação, apenas, a partir dos leilões, mesmo que frustrados.[26] Essa concepção partia da premissa de que a propriedade fiduciária permanecia, até a alienação do bem, aferrada ao seu propósito de garantia, não conferindo ao credor fiduciário o direito de fruir do bem (e, portanto, de receber aluguel ou sucedâneo).[27] Essa fruição só surgiria após a realização da garantia. Segundo a literalidade da lei, após a redação atribuída ao art. 37-A da Lei n. 9514 pela Lei n. 13.465/2017, a fluência da taxa de ocupação tem como termo inicial a consolidação da propriedade pelo credor. Mas não é impossível que alguém venha a dissentir da interpretação literal, sob o argumento de que nada mudou, sob o ponto de vista da essência do instituto: a propriedade fiduciária prossegue limitada por sua teleologia[28] (sem *jus fruendi*) até a realização da garantia.

---

momento anterior à arrematação do bem, é o credor fiduciário o legitimado para a cobrança da taxa referida. Por outro lado, proposta em momento em que já havida a arrematação, é do arrematante a legitimidade ativa da ação de cobrança da taxa de ocupação" (REsp 1.622.102-SP, Rel. Min. Luis Felipe Salomão, por unanimidade, julgado em 15.09.2016, DJe 11.10.2016).

24. Representa violação da boa-fé o emprego desequilibrado do direito de resolver o contrato. A propósito: BUSSATA, Eduardo Luiz. *Resolução dos contratos e teoria geral do adimplemento substancial.* São Paulo: Saraiva, 2007. p. 83/4.

25. Confira-se: "(...) 6. Segundo a teoria do adimplemento substancial, que atualmente tem sua aplicação admitida doutrinária e jurisprudencialmente, não se deve acolher a pretensão do credor de extinguir o negócio em razão de inadimplemento que se refira a parcela de menos importância do conjunto de obrigações assumidas e já adimplidas pelo devedor. 7. A aplicação do referido instituto, porém, não tem o condão de fazer desaparecer a dívida não paga, pelo que permanece possibilitado o credor fiduciário de perseguir seu crédito remanescente (ainda que considerado de menor importância quando comparado à totalidade da obrigação contratual pelo devedor assumida) pelos meios em direito admitidos, dentre os quais se encontra a própria ação de busca e apreensão de que trata o Decreto-Lei 911/1969, que não se confunde com a ação de rescisão contratual – esta, sim, potencialmente indevida em virtude do adimplemento substancial da obrigação. 8. Recurso especial provido para, restabelecendo a sentença de primeiro grau, julgar improcedente o pedido indenizatório autoral" (REsp 1255179/RJ, Rel. Ministro Ricardo Villas Bôas Cueva, terceira turma, julgado em 25.08.2015, DJe 18.11.2015).

26. A propósito: REsp 1.401.233-RS, Rel. Min. Paulo de Tarso Sanseverino, julgado em 17.11.2015, DJe 26.11.2015.

27. Prestigiosa doutrina sempre defendeu que o poder do fiduciário é limitado pela conformidade ao fim do negócio. A propósito: GOMES, Orlando. *Alienação fiduciária em garantia.* São Paulo: Ed. RT, 1972. p. 50.

28. Lembrando o que dissemos anteriormente: a doutrina sempre insiste no escopo de garantia como essencial à caracterização da alienação fiduciária (VIANA, Marco Aurélio S. In: TEIXEIRA, Sálvio de Figueiredo (Coord.). *Comentários ao novo Código Civil:* dos direitos reais. Rio de Janeiro: Forense, 2003. v. 16, p. 524.

Desde a consolidação da propriedade, há ação para reaver a posse plena do bem, para a qual são legítimos o proprietário fiduciário, seus sucessores, cessionários ou o arrematante do bem. Nessa ação possessória cabe mandado liminar para desocupação em 60 dias.[29]

A excussão do bem, se não for possível evitar a resolução do contrato, é regulada da seguinte forma: (a) em primeiro leilão, em 30 dias da averbação da consolidação da propriedade, o bem deve ser alienado pelo valor contratualmente estipulado, não inferior ao da base do imposto de transmissão; (b) em 15 dias, se necessário, perfaz-se o segundo leilão, pelo valor mínimo da dívida mais encargos e despesas. É essencial que se comunique o devedor dos leilões, por correspondência física ou eletrônica. Tal comunicação nada tem a ver com a notificação para purgação da mora.[30] Os prazos legais visam a evitar o mau comportamento das instituições financeiras, que retardavam o procedimento de excussão indefinidamente, a pretexto de renegociar a dívida com o devedor. Nos leilões, o devedor fiduciante tem o direito de preferência, em igualdade de condições, na arrematação do bem. Trata-se da versão vigente da antiga remição. Faz jus, também, ao eventual sobejo, direito esse que costumava ser prejudicado pela prática viciosa de subavaliar-se o bem (o que facilitava a arrematação em 1º leilão) ou de superavaliar-se (o que levava à alienação em 2º leilão). Foi para contornar esses abusos que a legislação estabeleceu os valores para o leilão bem-sucedido.

No caso de lanço vitorioso inferior ao da dívida, mais despesa e encargos, estipulou a lei a extinção das obrigações ("quitação recíproca"). O ponto mais notável aqui está na ausência de responsabilidade do devedor por eventual saldo em aberto, desdobrando-se dois casos: (a) é óbvio que se trata de contrapartida dada pela lei – sem equivalente no caso de outras garantias reais, exceto no antigo Sistema Financeiro da Habitação – ao devedor, por conta do privilégio de excussão extrajudicial conferido ao credor, tendo em conta as finalidades sociais do contrato de financiamento para aquisição do imóvel; (b) pode-se argumentar, por corolário, que a "quitação recíproca" não teria cabimento no contrato de alienação fiduciária para fomento empresarial – embora a lei não faça tal distinção, é de bom aviso notar.

5. ALGUMAS APORIAS

Poderia o credor fiduciário ficar com a coisa para si, no fracasso total do segundo leilão? Essa solução parece contrariar uma velha tradição do direito brasileiro, que repudia o pacto comissório. Tanto no penhor, quanto na hipoteca é vedado ao credor

---

29. "(...) a consolidação da propriedade do bem no nome do credor fiduciante confere-lhe o direito à posse do imóvel" (REsp 1.155.716-DF, Rel. Min. Nancy Andrighi, julgado em 13.03.2012).

30. "Nos contratos de alienação fiduciária regidos pela Lei 9.514/97, ainda que realizada a regular notificação do devedor para a purgação da mora, é indispensável a sua renovação por ocasião da alienação em hasta extrajudicial. Precedentes do STJ" (AgInt no AREsp 1032835/SP, Rel. Ministro Moura Ribeiro, Terceira Turma, julgado em 21.08.2018, DJe 29.08.2018).

ficar com o bem, sendo nula cláusula nesse sentido. Mas algumas peculiaridades mais recentes parecem apontar em sentido contrário. Primeiro, em alienação judicial – pela qual o credor poderia optar, se a extrajudicial fracassasse – seria facultado ao credor adjudicar o bem pelo valor do crédito. Em segundo lugar, é expressamente permitido ao devedor dar em pagamento da dívida o seu direito eventual – portanto, antes mesmo de qualquer procedimento de excussão. Em terceiro, seria possível aventar que ao direito real de garantia sobre coisa própria não se aplicam, por analogia, regras concebidas para direitos reais sobre coisas alheias. Assim, mais correta parece a conclusão de que a legislação (e o próprio contrato) impõem (salvo dação em pagamento) a excussão extrajudicial. Mas, no fracasso dela, o credor poderia reter o bem para si[31]. Essa possível solução é polêmica, pois estaria em conflito com a tradição do Direito Brasileiro, no que se refere ao conjunto das garantias reais. O contraponto está na liberação do devedor, não responsável por eventual saldo – salvo, talvez, no caso da alienação fiduciária para fomento empresarial.

Uma velha dificuldade diz respeito à distribuição de despesas e responsabilidades entre as partes. E tal discussão tem forte afinidade com a que pretendemos encetar neste trabalho. Despesas condominiais são iniludivelmente do devedor fiduciante, porque elas estão relacionadas com a posse direta – e enquanto houver essa posse direta.[32] Mas e a responsabilidade civil por violação de direitos de vizinhança? Pode-se argumentar que o caráter limitado da propriedade fiduciária faria sentir-se, também, aqui: responde o possuidor direto, o envolvido no abuso de direito, porque o proprietário fiduciário o é com propósitos restritos. A mesma resposta não seria viável no caso de danos ambientais. Nessa hipótese, prevalece o interesse da sociedade, o fundamento constitucional da responsabilidade civil por danos ao meio-ambiente e seu caráter solidário. No máximo, poder-se-ia ressalvar que o proprietário fiduciário poderia reaver do devedor fiduciante o que pagou a título de dano ambiental, caracterizada a causação por fato exclusivo do possuidor direto. Essa discussão tem relação com a da responsabilidade tributária, a que chegaremos adiante.

---

31. A possibilidade de o credor ficar com o imóvel para si, em contraponto à extinção das obrigações do devedor já foi cogitada na jurisprudência do STF: "Consoante a jurisprudência desta Corte, "na hipótese, frustrado o segundo leilão do imóvel, a dívida é compulsoriamente extinta e as partes contratantes são exoneradas das suas obrigações, ficando o imóvel com o credor fiduciário" (REsp n. 1.654.112/SP, Relator o Ministro Ricardo Villas Bôas Cueva, Terceira Turma, julgado em 23/10/2018, DJe 26/10/2018).

32. "(...) 3. Nos contratos de alienação fiduciária em garantia de bem imóvel, a responsabilidade pelo pagamento das despesas condominiais recai sobre o devedor fiduciante enquanto estiver na posse direta do imóvel. 4. O credor fiduciário somente responde pelas dívidas condominiais incidentes sobre o imóvel se consolidar a propriedade para si, tornando-se o possuidor direto do bem. 5. Com a utilização da garantia, o credor fiduciário receberá o imóvel no estado em que se encontra, até mesmo com os débitos condominiais anteriores, pois são obrigações de caráter *propter rem* (por causa da coisa)" (REsp 1696038/SP, Rel. Ministro Ricardo Villas Bôas Cueva, terceira turma, julgado em 28.08.2018, DJe 03.09.2018). Em outro caso, mais curioso, o STJ reiterou sua orientação no mesmo sentido, apontado que o credor fiduciário não pode impor a extração do boleto de cobrança condominial em seu nome. O documento deve ser expedido em nome do devedor fiduciante, pois "nos termos do entendimento jurisprudencial adotado por este Superior Tribunal de Justiça, nos contratos de alienação fiduciária em garantia de bem imóvel, a responsabilidade pelo pagamento das despesas condominiais recai sobre o devedor fiduciante, enquanto estiver na posse direta do imóvel" (AgInt no AREsp 1584293/SP, Rel. Ministro MARCO BUZZI, 4ª Turma, julgado em 30/03/2020, DJe 01/04/2020).

6. CESSÃO E PEDIDO DE RESTITUIÇÃO

Antes disso, seja-nos permitido encerrar a caracterização da alienação fiduciária de imóvel com mais alguns pontos relevantes.

A cessão da posição contratual é admissível, por parte do credor fiduciário, bastando para tanto a simples cessão do crédito garantido. Segundo a lei (Lei n. 9.514, art. 28), a cessão do crédito implica na transferência de todos os direitos e obrigações relacionados com a propriedade fiduciária. Já o devedor fiduciante só pode transferir seus direitos e obrigações com a anuência do fiduciário. O terceiro interessado – inclusive fiador – que pagar a dívida assumirá a posição contratual por força da própria sub-rogação, como acontece também no direito comum. A legislação de regência (Lei n. 9.514, art. 31) cogita, ainda, de uma cessão peculiar, a transferência do financiamento para outra instituição financeira, possivelmente com o sentido de evitar a caracterização de novação subjetiva ativa.

Uma das vantagens inegáveis da alienação fiduciária de imóvel – a ponto de ter, praticamente, encerrado a utilidade da hipoteca – está na não-sujeição aos efeitos da insolvência do devedor fiduciante (Lei n. 9.514, art. 32). Havendo recuperação judicial, o credor pode pedir a restituição[33] do bem dado em garantia fiduciária, salvo durante o prazo de suspensão das ações dos credores e nos casos em que o bem seja essencial à atividade do estabelecimento em questão (Lei n. 11.101/2005, art. 49, § 3º). A avaliação da essencialidade do bem cabe ao Juízo da recuperação.[34] A hipoteca, em comparação com a alienação fiduciária de imóvel foi golpeada também pela jurisprudência, consolidada na forma de súmula, no sentido da inoponibilidade ao terceiro adquirente de imóvel, quando firmada a garantia entre instituição financeira e o construtor.[35] Essa orientação, no entanto, passou a ser aplicada, por analogia, à alienação fiduciária em alguns julgados recentes[36]. Afirma-se que há necessidade de

---

33. "O credor titular da posição de proprietário fiduciário ou detentor de reserva de domínio de bens móveis ou imóveis não se sujeita aos efeitos da recuperação judicial (Lei 11.101/2005, art. 49, § 3º), ressalvados os casos em que os bens gravados por garantia de alienação fiduciária cumprem função essencial à atividade produtiva da sociedade recuperanda" (AgInt no AgInt no AgInt no CC 149.561/MT, Rel. Ministro Luis Felipe Salomão, segunda seção, julgado em 22.08.2018, DJe 24.08.2018).

34. "Apesar de credor titular da posição de proprietário fiduciário de bens móveis ou imóveis não se submeter aos efeitos da recuperação judicial, o juízo universal é competente para avaliar se o bem é indispensável à atividade produtiva da recuperanda. Nessas hipóteses, não se permite a venda ou a retirada do estabelecimento do devedor dos bens de capital essenciais a sua atividade empresarial (art. 49, § 3º, da Lei 11.101/05)" (REsp 1660893/MG, Rel. Ministra Nancy Andrighi, Terceira Turma, Julgado em 08.08.2017, DJe 14.08.2017).

35. Súmula de jurisprudência dominante do Superior Tribunal de Justiça, enunciado n. 308: "A hipoteca firmada entre a construtora e o agente financeiro, anterior ou posterior à celebração da promessa de compra e venda, não tem eficácia perante os adquirentes do imóvel."

36. "(...) 6. De acordo com a Súmula 308/STJ, a hipoteca firmada entre a construtora e o agente financeiro, anterior ou posterior à celebração da promessa de compra e venda, não tem eficácia perante os adquirentes do imóvel. 7. A Súmula 308/STJ, apesar de aludir, em termos gerais, à ineficácia da hipoteca perante o promitente comprador, traduz hipótese de aplicação circunstanciada da boa-fé objetiva ao direito real de hipoteca. 8. Dessume-se, destarte, que a intenção da Súmula 308/STJ é de proteger, propriamente, o adquirente de boa-fé que cumpriu o contrato de compra e venda do imóvel e quitou o preço ajustado, até mesmo porque este possui legítima expectativa de que a construtora cumprirá com as suas obrigações

proteger o adquirente de boa-fé, que presta confiança à incorporadora, quanto ao cumprimento das obrigações junto à instituição financeira. A prevalecer tal posição no futuro, parte da superioridade prática da alienação fiduciária de imóvel, frente a outros institutos mais tradicionais será perdida.

Em resumo e visando a evitar mal-entendidos: a alienação fiduciária ainda supera, em termos de vantagens jurídico-econômicas a hipoteca, pois permite ao credor safar-se aos efeitos da falência e da recuperação judicial do devedor; no entanto, a se confirmar tendência jurisprudencial recente, não será mais oponível ao adquirente de unidade autônoma, quando celebrada entre o incorporador e o credor fiduciário.

7. A QUESTÃO DO IPTU NA EXECUÇÃO FISCAL

Feita a caracterização da alienação fiduciária de imóvel e de seus principais aspectos teóricos e práticos, pretendemos enfrentar a questão, que deixamos em aberto ao tratar brevemente das responsabilidades das partes e, a propósito da responsabilidade tributária pelo imposto predial e territorial urbano (IPTU). Essa questão aparece, em seu contorno mais pragmático, nas execuções fiscais movidas para cobrança do imposto já inscrito como dívida ativa, principalmente na forma de alegação de "ilegitimidade passiva" da instituição financeira que financiou a aquisição do imóvel. A questão não é verdadeiramente de "legitimidade" (preliminar) e sim de mérito, porque o que se discute na verdade é a sujeição passiva tributária. Portanto, tem certo parentesco com o que rapidamente discutimos acima a propósito da responsabilidade por despesas condominiais, por lesões de direitos de vizinhança e por danos ambientais, mas deve ser discutida nos seus termos próprios, isto é, os da legislação tributária.

8. HIPÓTESE DE INCIDÊNCIA E SUJEIÇÃO PASSIVA

Consoante o disposto no caput do artigo 32 do Código Tributário Nacional (CTN), um dos fatos geradores do imposto predial é a propriedade, sem distinção entre propriedade plena e limitada, ou mesmo a constituída com propósito de garantia:

> O imposto, de competência dos Municípios sobre a propriedade predial e territorial urbana tem como fato gerador a propriedade, o domínio útil ou a posse de bem imóvel por natureza ou por acessão física, como definido na lei civil, localizado na zona urbana do Município.

---

perante o financiador, quitando as parcelas do financiamento e, desse modo, tornando livre de ônus o bem negociado. 9. Para tanto, partindo-se da conclusão acerca do real propósito da orientação firmada por esta Corte – e que deu origem ao enunciado sumular em questão -, tem-se que as diferenças estabelecidas entre a figura da hipoteca e a da alienação fiduciária não são suficientes a afastar a sua aplicação nessa última hipótese, admitindo-se, via de consequência, a sua aplicação por analogia" (REsp 1837203/RS, Rel. Ministra NANCY ANDRIGHI, 3ª. Turma, julgado em 19/11/2019, DJe 22/11/2019).

A instituição financeira, já o discutimos, é proprietária resolúvel e a possuidora indireta do imóvel em virtude do instituto da alienação fiduciária em garantia, podendo ser apontada na legislação municipal como responsável pelo imposto real, porque assim o autoriza a lei complementar tributária, representada pelo CTN.

O mutuário, ao adquirir o bem sob a égide do Sistema Financeiro Imobiliário, alienou fiduciariamente o imóvel ao agente financeiro como garantia do valor do financiamento, passando a ser apenas o possuidor direto do bem.

Temos perfeita ciência de que a Lei n. 9.514/1997, em seu artigo 27, § 8º, estabelece que

> (...) responde o fiduciante pelo pagamento dos impostos, taxas, contribuições condominiais e quaisquer outros encargos que recaíam ou venham recair sobre o imóvel, cuja posse tenha sido transferida para o fiduciário, nos termos deste artigo, até a data em que o fiduciário vier a ser imitido na posse.

Em que pesem os dizeres desse Diploma Legal, não tem ele força para isentar de responsabilidade o fiduciário perante o Fisco, pois produz efeitos apenas entre os particulares contratantes da alienação fiduciária. Trata-se de dispositivo voltado à regulação do contrato de alienação fiduciária de imóvel e não de norma vocacionada à regência do tributo municipal.

A regra matriz de incidência do imposto predial e territorial é dada pela Constituição e tem seu acabamento moldado por lei complementar, função essa ocupada pelo Código Tributário Nacional[37]. Cabe à lei complementar designar o sujeito passivo do imposto em exame, enquanto *"norma di chiusura"* do sistema tributário nacional. Essa importante função não pode ser suprida pela lei ordinária que disciplinou o funcionamento do sistema financeiro imobiliário e as obrigações entre os contratantes.

9. A REPARTIÇÃO DO ENCARGO ENTRE OS CONTRATANTES

Conclui-se, assim, que a regra constante do art. 27, § 8º, da Lei n. 9.514 tem o condão de prover a repartição final do encargo econômico entre particulares. Dizendo de outra forma: se o credor fiduciário for tangido a pagar o tributo, pode mover ação regressiva contra o devedor fiduciante, *ex vi* do comentado art. 27. Mas não pode o fiduciário opor a existência de regra que estipula uma relação jurídica entre particulares ao Fisco, regra essa que se integra no seio de negócio jurídico de direito privado.

---

37. O Superior Tribunal de Justiça reconheceu a natureza constitucional da questão, deixando de conhecer de recurso nela lastreado, o que poderia, indiretamente, corroborar nossa posição: "A apreciação sobre a possibilidade de lei ordinária determinar quem é o contribuinte do IPTU refere-se a questão constitucional, prevista no artigo 146 da CF. Conforme dispõe o art. 105 da CF, a competência do Superior Tribunal de Justiça restringe-se à interpretação e uniformização do direito infraconstitucional federal, restando a impossibilidade de exame de eventual violação a dispositivos e princípios constitucionais, sob pena de usurpação da competência atribuída ao STF" (STJ, 2ª Turma, RESP n. 1670295/2017.01.04915-9, Relator Min. HERMAN BENJAMIN, DJE 13/09/2017). A seu turno, o STF não decidira o tema, ao tempo da composição deste texto.

A relação de direito público não é regida por contrato de alienação fiduciária, nem pela Lei n. 9.514 que ao negócio se reporta; é, sim, regida por lei complementar e, sob seu império e sombra, pela lei municipal que institui a cobrança do IPTU.

Nesse ponto, relembro a lição do ilustre Sacha Calmon Navarro Coelho:

A Lei n. 5.127, de 25.10.1966, em sua ementa dispõe sobre o sistema tributário nacional e institui normas gerais de direito tributário aplicáveis à União, Estados e Municípios.

Como se vê, surgiu no mundo jurídico como lei ordinária. Ocorre que, ao dispor, desde então, sobre matérias que hoje são privativas de lei complementar, tem-se por assente que é uma lei complementar ratione materiae. Significa que suas regras somente podem ser alteradas por outras leis complementares da Constituição.[38]

Ora, por um lado, o CTN (art. 32) instituiu como fato gerador do imposto em questão, dentre outros, a posse de imóvel por natureza ou por acessão, sem distinguir entre posse direta e indireta, mas fazendo alusão implícita a esse desdobramento porque conhecido pela lei civil. Por outro, estabeleceu a propriedade, também, como fato gerador, sem distinguir a propriedade plena da limitada ou daquela destinada ao fim de garantia de financiamento.

Basta, portanto, que a lei municipal instituidora do tributo aponte para o possuidor indireto ou para o proprietário fiduciário, nesse tipo de relação e o imposto será perfeitamente dele exigível.

Apenas a título de exemplo, a Lei Municipal Paulistana de n. 6.989/1966 é clara quanto ao sujeito passivo da obrigação tributária. Disciplinando a questão em pleno acordo e em consonância à lei complementar de normas gerais em matéria tributária (CTN), aponta como contribuintes (a) o proprietário; (b) o titular do domínio útil; (c) o possuidor direto e (d) o possuidor indireto, hipótese que subsume a situação jurídica da empresa pública federal executada. Como reza o art. 109 do Código Tributário Nacional:

Art. 109. Os princípios gerais de direito privado utilizam-se para pesquisa da definição, do conteúdo e do alcance de seus institutos, conceitos e formas, mas não para definição dos respectivos efeitos tributários.

Dessa forma, em virtude da previsão legal, pode-se inferir que responde o devedor fiduciante perante o credor fiduciário; e este pode ser responsabilizado perante o Fisco, recobrando o que pagou daquele primeiro (fiduciante). A relação contratual entre o credor fiduciário e o devedor fiduciante (e a lei que a regula) não pode ser objetada à pessoa dotada de competência impositiva. Nenhum negócio jurídico pode sê-lo, tendo-se em mira o que reza o art. 123 do CTN:

Art. 123. Salvo disposições de lei em contrário, as convenções particulares, relativas à responsabilidade pelo pagamento de tributos, não podem ser opostas à Fazenda Pública, para modificar a definição legal do sujeito passivo das obrigações tributárias correspondentes.

---

38. COELHO, Sacha Calmon Navarro. *Curso de Direito Tributário Brasileiro*. São Paulo: Forense, 2008. p. 417/8.

A "lei em contrário" a que alude o dispositivo transcrito é a lei com efeitos tributários e não aquela que cuida apenas da repercussão econômica final dos contratos, dirigindo-se propriamente à regulação destes, às obrigações das partes e não ao regramento da hipótese de incidência (até porque a Lei n. 9.514 não pode invadir a competência tributária municipal, sem atacar o princípio federativo, nem pode colidir com o CTN, que permite associar o possuidor à condição de sujeito passivo).

Comentando o art. 123/CTN, Luiz Alberto Gurgel de Faria anota a seguinte observação, do maior interesse:

> Em caráter excepcional, pode a lei de que disciplinar o tributo dispor a questão de modo diferente, permitindo que convenções particulares tratem acerca da responsabilidade tributária, sendo que, na prática, é difícil o legislador optar por tal caminho, pois perderia um importante instrumento no controle e fiscalização das exações, facilitando as fraudes.[39]

10. COMPARAÇÃO COM OUTRAS HIPÓTESES DE INCIDÊNCIA NO DIREITO PRIVADO

Fica claro que é a lei disciplinadora do tributo que pode criar situações especiais. Mas não a lei disciplinadora do contrato de direito privado.

A situação acima descrita repete-se em outras searas. No caso do direito real de superfície, aqui tomado a título exemplificativo, o Código Civil brasileiro atribui o encargo econômico final do tributo ao superficiário. Nem por isso pode-se opor essa regra que visa à relação de direito privado ao Fisco (dado que o Código Civil é formal e materialmente lei ordinária), desde que a lei tributária enumere o proprietário outorgante da superfície como sujeito passivo do tributo real. A regra civil não é de sujeição passiva direta ou indireta: tão-somente refere-se à distribuição do ônus econômico final entre os sujeitos da relação privada. Quem torna alguém sujeito passivo direto ou indireto é a lei complementar tributária, aliada à lei emanada pelo ente de direito público a quem compete, constitucionalmente, instituir o tributo.

Da mesma forma, tomando-se outro exemplo, a legislação locatícia permite ao locador passar ao locatário o ônus econômico final do tributo; mas isso não pode ser oposto ao Fisco em caso de cobrança de dívida ativa. Estamos cientes de que este caso é diferente do anterior, porque aqui apenas se permite ao negócio jurídico modificar o ônus econômico final, enquanto que no caso da superfície e da alienação fiduciária de imóvel a lei já dispõe dessa forma. O que todos os exemplos têm em comum é que não foi a lei tributária que excepcionou, de algum modo, a sujeição passiva tal como

---

39. FARIA, Luiz Alberto Gurgel de. In: FREITAS, Wladimir Passos de (Coord.). *Código Tributário Nacional Comentado*. São Paulo: Ed. RT, 1999. p. 508.

indicada pelo CTN; e é dessa lei tributária, editada pelo ente federativo dotado da competência constitucional, que o art. 123/CTN cuida.

Por fim, o Código Tributário Nacional indica o proprietário sem distinguir se o domínio em questão é perpétuo ou *pro tempore*. Se a instituição financeira admite ser credora fiduciária e, portanto, titular de propriedade dessa natureza, está aí mais uma razão para ser responsabilizada pelo tributo e não o contrário.

11. CONSIDERAÇÕES FINAIS

Por corolário de tudo que ficou dito, fica claro que: (1) a instituição financeira, credora fiduciária e possuidora indireta nos termos contratuais, é sujeito passivo do IPTU; (2) Ainda o é por ser proprietária *pro tempore* (art. 32/CTN); (3) A Lei ordinária n. 9.514, regente de um negócio jurídico privado, não pode modificar o aspecto subjetivo da hipótese de incidência; (4) A Lei n. 9.514 não é lei tributária; (5) A Lei n. 9.514 não pode atentar contra o princípio federativo, nem surrupiar a competência tributária municipal; e (6) A sujeição passiva atende aos termos da lei municipal em conjugação harmônica com o CTN, lei complementar de alcance nacional.

As observações que fizemos no que concerne à responsabilidade por débitos condominiais não têm cabida aqui, nem por analogia, porque a definição da hipótese de incidência do tributo, com seus aspectos subjetivo, objetivo, material e temporal cabem exclusivamente à legislação tributária, editada com observância da lei complementar de normas gerais. Assim sendo, é despicienda a objeção com base na função de garantia da propriedade fiduciária ou da posse indireta do credor, porque somente à lei tributária compete fixar quem seja sujeito passivo direto ou indireto.

12. REFERÊNCIAS BIBLIOGRÁFICAS

ALVES, José Carlos Moreira. *Da alienação fiduciária em garantia.* Rio: Forense, 1979.

BUSSATA, Eduardo Luiz. *Resolução dos contratos e teoria geral do adimplemento substancial.* São Paulo: Saraiva, 2007.

CARVALHO DE MENDONÇA, Manuel Inácio. *Contratos no direito civil brasileiro.* Rio: Forense, 1951.

CHALHUB, Melhim Namen. *Negócio fiduciário.* Rio: Renovar, 2006.

COELHO, Sacha Calmon Navarro. *Curso de Direito Tributário Brasileiro.* São Paulo: Forense, 2008.

FARIA, Luiz Alberto Gurgel de. In: FREITAS, Wladimir Passos de (Coord.). *Código Tributário Nacional Comentado.* São Paulo: Ed. RT, 1999.

GODOY, Claudio Bueno de. *Função social do contrato.* São Paulo: Saraiva, 2007.

GOMES, Orlando. *Alienação fiduciária em garantia.* São Paulo: Ed. RT, 1972.

LEONARDO, Rodrigo Xavier. *Redes contratuais no mercado habitacional.* São Paulo: Ed. RT, 2003.

SALOMÃO NETO, Eduardo. *O trust e o direito brasileiro.* São Paulo: Ltr, 1996.

TERRA, Marcelo. *Alienação fiduciária de imóvel em garantia.* Porto Alegre: SAFE, 1998.

VIANA, Marco Aurélio S. In: TEIXEIRA, Sálvio de Figueiredo (Coord.). *Comentários ao novo Código Civil:* dos direitos reais. Rio de Janeiro: Forense, 2003.

CAPÍTULO 3
O CREDOR FIDUCIÁRIO RESPONDE PELAS DÍVIDAS CONDOMINIAIS INCIDENTES SOBRE O IMÓVEL OBJETO DA GARANTIA?

Alexandre Junqueira Gomide

Mestre e doutorando em Direito Civil pela Faculdade de Direito da Universidade de São Paulo. Especialista e Mestre em Ciências Jurídicas pela Faculdade de Direito da Universidade de Lisboa, em Portugal. Professor e autor de artigos e obras jurídicas. Colaborador do Blog Civil & Imobiliário (www.civileimobiliario.com.br). Diretor Estadual de São Paulo do Instituto Brasileiro de Direito Imobiliário – IBRADIM. E-mail: alexandre@junqueiragomide.com.br

Matheus Colacino

Graduado pela Faculdade de Direito da Universidade de São Paulo. Membro da Comissão de Negócios Imobiliários do Instituto Brasileiro de Direito Imobiliário – IBRADIM. E-mail: matheus@junqueiragomide.com.br

Sumário: 1. Introdução – a problemática. – 2. As despesas condominiais e seus responsáveis sob a ótica do Código Civil e da jurisprudência – 3. As despesas condominiais e seus responsáveis na propriedade fiduciária – 4. A consolidação da propriedade e os responsáveis pelo pagamento das despesas condominiais na alienação fiduciária – 5. Questões jurisprudenciais controvertidas envolvendo o pagamento das despesas condominiais na alienação fiduciária – 6 Considerações finais. – 7. Referências bibliográficas.

1. INTRODUÇÃO – A PROBLEMÁTICA

Há, desde remotos tempos, a preocupação de criação de institutos de tutela ao crédito, conciliando-se a "proteção do direito do credor com a menor soma possível de inconvenientes para o devedor".[1]

É por todos sabido que a garantia da alienação fiduciária surgiu do fato de que as tradicionais garantias, cuja origem remonta ao direito romano, não mais atendiam às necessidades das relações creditícias modernas, seja pelo custo, seja pela morosidade que representavam.

Nos dias atuais, em evidente momento de solidificação da garantia fiduciária, surgem discussões acerca do tema da responsabilidade pelas dívidas condominiais

---

1. MOREIRA ALVES, José Carlos. *Da alienação fiduciária em garantia.* 3. ed. rev., atual. e aum. Rio de Janeiro: Forense, 1987.

em imóveis gravados com alienação fiduciária, questão que tem gerado acalorados debates doutrinários e jurisprudenciais, de modo a conferir, por vezes, distintos contornos às disposições legais atinentes à questão.

Nesse sentido, o objetivo do presente artigo é demonstrar as responsabilidades das partes nos contratos de alienação fiduciária quanto ao pagamento das despesas condominiais, de maneira que a razão e o modo de ser do instituto sejam preservados, a fim de que contemos com importante e sólida modalidade de garantia real.

Para tentarmos oferecer uma resposta satisfatória ao questionamento proposto, incumbe, ainda que de forma breve, tendo em vista as limitações do presente artigo, entendermos como os temas se entrelaçam, examinando-se as disposições gerais acerca das despesas condominiais, bem como a sistemática da consolidação da propriedade no fiduciário e a estrutura geral da alienação fiduciária.

2. AS DESPESAS CONDOMINIAIS E SEUS RESPONSÁVEIS SOB A ÓTICA DO CÓDIGO CIVIL E DA JURISPRUDÊNCIA

Estabelece o Código Civil, entre os deveres dos condôminos, o de "contribuir para as despesas do condomínio na proporção das suas frações ideais, salvo disposição em contrário na convenção" (art. 1.336, I, CC). No mesmo sentido, o artigo 12 da Lei 4.591/64, para o qual "cada condômino concorrerá nas despesas do condomínio, recolhendo, nos prazos previstos na Convenção, a quota-parte que lhe couber em rateio".

Natural que, sendo de interesse de todos a manutenção e a conservação do edifício, compete a todos os condôminos concorrer, na proporção de sua parte, para as respectivas despesas.[2] A inadimplência da despesa condominial traz consequências danosas ao condomínio e aos demais condôminos, que são obrigados a arcar com maior valor em decorrência da mora de alguns. A existência e conservação do Condomínio dependem do pagamento da despesa condominial.

A obrigação de concorrer para as despesas do condomínio trata-se de ônus real que incumbe ao condômino suportar, a princípio, "enquanto tiver a coisa em seu domínio".[3] Inobstante, bem destaca Pontes de Miranda[4] a natureza *propter rem* de tal obrigação:

> A obrigação que exsurge do dever de concorrer, em proporção, ou segundo a adjecção, para as despesas, é obrigação *propter rem*. Quem quer que adquira a coisa adquire-a com a obrigação pela despesa necessária. Por ela é obrigado o condômino, o cousufrutuário, e assim por diante.

Bem esclarece Maurício Bunazar[5] que o conceito de obrigação *propter rem* é exatamente o mesmo da tradicional definição de obrigação, havendo características

---

2. PEREIRA, Caio Mário da Silva. *Condomínio e incorporações.* 5. ed. Rio de Janeiro: Forense, 1985. p. 142.
3. GOMES, Orlando. *Direitos reais.* 10. ed. Rio de Janeiro: Forense, 1994. p. 215.
4. PONTES DE MIRANDA, Francisco Cavalcanti. *Tratado de direito privado.* 3. ed. reimpressão. Rio de Janeiro: Borsoi, 1971. t. XII, p. 77.
5. BUNAZAR, Maurício. *Obrigação propter rem:* aspectos teóricos e práticos. São Paulo: Atlas, 2014. p. 81.

CREDOR FIDUCIÁRIO E DÍVIDAS CONDOMINIAIS

especiais apenas resultantes de sua fonte e de sua função. No que se refere à sua fonte, trata-se de situação jurídica de direito das coisas, a qual, por seu turno, tem origem normativa. No entanto, destaca o autor que "é por sua função que a obrigação *propter rem* mais se especializa". Prossegue dizendo ser a verdadeira função dessa obrigação "a conservação da res objeto da situação jurídica, real ou pessoal, que deflagrou a obrigação".

Levando-se em conta essa natureza, dispõe o Código Civil, em seu 1.345, que "o adquirente de unidade responde pelos débitos do alienante, em relação ao condomínio, inclusive multas e juros moratórios".

Para a hipótese de compromissos de venda e compra em geral, entendeu o Superior Tribunal de Justiça que a correta interpretação do supracitado dispositivo do Código Civil seria a de que o promissário-comprador passa a responder pelos débitos condominiais a partir de sua imissão na posse do imóvel, desde que devidamente comprovada a ciência inequívoca do Condomínio a respeito do negócio jurídico celebrado.[6]

Contudo, mesmo sendo considerada obrigação *propter rem,* como é sabido, a propriedade fiduciária constitui peculiar situação de direito real, em muito se diferenciando da natureza jurídica do contrato preliminar de venda e compra. Passemos a analisá-la, para melhor compreensão da responsabilidade pelas dívidas condominiais em tais hipóteses.

3. AS DESPESAS CONDOMINIAIS E SEUS RESPONSÁVEIS NA PROPRIEDADE FIDUCIÁRIA

O estudo da responsabilidade pelas despesas condominiais oriundas de imóveis adquiridos com pacto adjeto de alienação fiduciária difere da análise geral, na medida em que o instituto da alienação fiduciária, conforme dito, apresenta diversas especificidades.

---

6. Interpretando tal dispositivo legal, o Superior Tribunal de Justiça, em sede de Recurso Especial repetitivo, para os fins do artigo 543-C do ainda vigente Código de Processo Civil de 1973, fixou como tese jurídica que o elemento definidor da "responsabilidade pelo pagamento das obrigações condominiais não é o registro do compromisso de compra e venda, mas a relação jurídica material com o imóvel, representada pela imissão na posse pelo promissário comprador e pela ciência inequívoca do condomínio acerca da transação". Nesse sentido: "(...) Compromisso de compra e venda não levado a registro. Legitimidade passiva. Promitente vendedor ou promissário comprador. Peculiaridades do caso concreto. Imissão na posse. Ciência inequívoca. 1. Para efeitos do art. 543-C do CPC, firmam-se as seguintes teses: a) O que define a responsabilidade pelo pagamento das obrigações condominiais não é o registro do compromisso de compra e venda, mas a relação jurídica material com o imóvel, representada pela imissão na posse pelo promissário comprador e pela ciência inequívoca do condomínio acerca da transação. b) Havendo compromisso de compra e venda não levado a registro, a responsabilidade pelas despesas de condomínio pode recair tanto sobre o promitente vendedor quanto sobre o promissário comprador, dependendo das circunstâncias de cada caso concreto. c) Se ficar comprovado: (i) que o promissário comprador se imitira na posse; e (ii) o condomínio teve ciência inequívoca da transação, afasta-se a legitimidade passiva do promitente vendedor para responder por despesas condominiais relativas a período em que a posse foi exercida pelo promissário comprador. (...)" (REsp 1345331/RS, Rel. Ministro Luis Felipe Salomão, Segunda Seção, julgado em 08.04.2015, *DJe* 20.04.2015).

A propriedade fiduciária, nos dizeres de Luciano de Camargo Penteado,[7] "consiste no domínio que se aliena ao credor para fins de garantia de dívida pecuniária, assegurando, mediante o translado da propriedade, o cumprimento da obrigação".

Segundo Melhim Chalhub,[8] quando constituída a alienação fiduciária:

> (...) o alienante (fiduciante) fica investido num direito expectativo, que corresponde ao direito de recuperar automaticamente a propriedade plena, uma vez verificada a condição resolutiva, que, na relação fiduciária, constitui a própria causa da transmissão subordinada à condição: o alienante será um proprietário sob condição suspensiva, autorizado a praticar os atos conservatórios do seu direito eventual.

Nesses termos, pelo sistema da alienação fiduciária, o devedor fiduciante torna-se proprietário *resolúvel* da coisa e, enquanto adimplente em suas obrigações, torna-se legítimo possuidor da coisa (reservando, ao credor fiduciário, a posse indireta). Na qualidade de possuidor e, portanto, ao usufruir a coisa, razoável que o devedor fiduciante seja o responsável pelo pagamento das despesas condominiais.

Justamente nesse sentido a determinação da Lei 9.514/97 que, de forma clara, estabelece a responsabilidade por tais despesas no sistema da alienação fiduciária de bens imóveis:

> Art. 27. (...) § 8° Responde o fiduciante pelo pagamento dos impostos, taxas, contribuições condominiais e quaisquer outros encargos que recaiam ou venham a recair sobre o imóvel, cuja posse tenha sido transferida para o fiduciário, nos termos deste artigo, até a data em que o fiduciário vier a ser imitido na posse (Incluído pela Lei 10.931, de 2004).

No mesmo sentido, em 2014, nova lei é promulgada, agora para incluir no Código Civil o artigo 1.368-B, também dispondo acerca do assunto:

> Art. 1.368-B. A alienação fiduciária em garantia de bem móvel ou imóvel confere direito real de aquisição ao fiduciante, seu cessionário ou sucessor. Parágrafo único. O credor fiduciário que se tornar proprietário pleno do bem, por efeito de realização da garantia, mediante consolidação da propriedade, adjudicação, dação ou outra forma pela qual lhe tenha sido transmitida a propriedade plena, passa a responder pelo pagamento dos tributos sobre a propriedade e a posse, taxas, despesas condominiais e quaisquer outros encargos, tributários ou não, incidentes sobre o bem objeto da garantia, a partir da data em que vier a ser imitido na posse direta do bem (Incluído pela Lei 13.043, de 2014).

Especificamente a respeito da responsabilidade dos contratantes responderem pelas despesas condominiais no sistema da alienação fiduciária, Melhim Chalhub[9] assevera:

---

7. PENTEADO, Luciano de Camargo. *Direito das coisas*. 3. ed. rev., atual. e ampl. São Paulo: Revista dos Tribunais, 2014. p. 554.
8. CHALHUB, Melhim Namem. *Alienação fiduciária*: negócio fiduciário. 6. ed. Rio de Janeiro: Forense, 2019. p. 104-105.
9. CHALHUB, Melhim Namem. *Alienação fiduciária*: negócio fiduciário. 6. ed. Rio de Janeiro: Forense, 2019. p. 286.

CREDOR FIDUCIÁRIO E DÍVIDAS CONDOMINIAIS

Na concepção da Lei 9.514/1997, o fiduciante é investido na posse direta do imóvel (parágrafo único do art. 23), assumindo-a por sua inteira conta e risco, daí por que é responsável por todos os impostos, taxas e contribuições que incidem sobre o imóvel, notadamente o imposto predial e as contribuições condominiais.

E a obrigação de recolhimento da taxa condominial persiste ao fiduciante, nos termos do artigo 27, § 8º, da Lei 9.514/97, até a data da efetiva imissão do fiduciário na posse do imóvel. Assim, tal como disposto na lei, somente é possível imaginar a possibilidade de o credor fiduciário responder pelas despesas condominiais quando, em caso de inadimplência do devedor fiduciante, for iniciada a execução extrajudicial da alienação fiduciária e, após a consolidação da propriedade, o fiduciário ser imitido na posse do imóvel.

4. A CONSOLIDAÇÃO DA PROPRIEDADE E OS RESPONSÁVEIS PELO PAGAMENTO DAS DESPESAS CONDOMINIAIS NA ALIENAÇÃO FIDUCIÁRIA

Consoante verificado acima, a legislação é bastante clara quanto às responsabilidades pelo pagamento das despesas condominiais na relação envolvendo credor fiduciário e devedor fiduciante.

Embora a Lei tenha redação bastante clara, é de se ressaltar a existência de posição doutrinária defensora que, em se tratando de obrigação *propter rem*, o credor fiduciário pode responder por essas despesas condominiais antes mesmo da imissão na posse. Destaque-se a posição do eminente jurista Flávio Tartuce[10]:

> Entendo que é preciso conciliar a regra com o teor do sempre citado art. 1.345 do Código Civil, que, ao ressaltar o caráter propter rem das dívidas condominiais, estabelece que o adquirente da unidade responde pelos débitos do alienante, em relação ao condomínio, inclusive multas e juros moratórios. Na verdade, o credor fiduciário não é alienante, mas o próprio dono da coisa, devendo responder pelas dívidas condominiais já originalmente, ou seja, antes mesmo da consolidação da propriedade.

Também nesse sentido a posição de Rafael Floriano[11]:

> Frise-se que os débitos condominiais deveriam ter preferência sobre os demais, inclusive sobre o fiduciário, pois o fato de haver gravame no apartamento não deveria impedir a penhora do imóvel, desde que intimado o credor fiduciário. (...) Com efeito, a característica de a despesa condominial ser dívida *propter rem* importa dizer que possui natureza real, de modo que o vínculo obrigacional acompanha o imóvel e, de certa forma, também onera o titular do domínio ou de direitos relativos à sua aquisição.

---

10. TARTUCE, Flávio. *Crédito condominial e a alienação fiduciária em garantia*. Revista Bonijuris. Ano 31. Nº 659, Ago/Set 2019, p. 278.
11. FLORIANO, Rafael. A ineficácia da penhora dos direitos contratuais dos imóveis nas ações de execução de despesas condominiais. Artigo disponível em <https://emporiododireito.com.br/leitura/a-ineficacia-da-penhora-dos-direitos-contratuais-dos-imoveis-nas-acoes-de-execucao-de-despesas-condominiais> Consultado em 09 ago. 2019.

Esse posicionamento, contudo, embora defensável, não nos parece tecnicamente correto a considerar a clareza da Lei. Filiamo-nos ao entendimento de que, regra geral, não se justifica a cobrança da taxa condominial ao credor fiduciário enquanto não consolidada a propriedade em seu nome e não havendo a imissão na posse, nos termos da legislação em vigor. Esse também é o entendimento de Rubens Carmo Elias Filho:[12]

> O devedor fiduciante responde pelo pagamento das contribuições condominiais até a data em que o credor fiduciário seja imitido na posse do imóvel, até porque não existe solidariedade entre credor-fiduciário e devedor-fiduciante, de modo que, enquanto perdurar o regime da alienação fiduciária, nada justifica a inserção do credor-fiduciário no polo passivo da demanda.

No mesmo sentido, Melhim Chalhub[13] exclui a responsabilidade do fiduciário pelo fato de que o credor fiduciário "não tira proveito do imóvel, na medida em que a lei não lhe defere a posse, pois a propriedade que lhe é atribuída é de natureza fiduciária e tem apenas função de garantia", justificando-se tal regra pela noção de comutatividade, pela qual "aquele que tem a fruição da coisa é que deve responder pelos encargos a ela correspondentes".

5. QUESTÕES JURISPRUDENCIAIS CONTROVERTIDAS ENVOLVENDO O PAGAMENTO DAS DESPESAS CONDOMINIAIS NA ALIENAÇÃO FIDUCIÁRIA

Embora a Lei seja bastante clara e, ainda, a doutrina em sua maioria entenda pela ausência de responsabilidade do credor fiduciário, fato é que a jurisprudência não se encontra uníssona.

Em nossa pesquisa, verificamos julgados que permitem até mesmo ao credor fiduciário figurar no polo passivo de ação de cobrança condominial, juntamente como o devedor fiduciante, como se fossem devedores solidários. Nestes termos:

> "Condomínio. Despesas. Cobrança. Ação julgada parcialmente procedente. Reconhecimento de ilegitimidade passiva "ad causam" do credor fiduciário. Responsabilidade do pagamento também pelo titular da propriedade, ainda que resolúvel. Honorários fixados com razoabilidade. Ausência de subsídios para elevação. Recurso provido em parte. O fiduciário também é parte legítima para figurar no polo passivo de ação de cobrança de despesas de condomínio, tanto assim que o bem é de propriedade do credor, ainda que resolúvel. Os honorários advocatícios fixados em 15% sobre o crédito pendente e mais as parcelas vincendas, mostram-se razoáveis e remuneram com dignidade o profissional que assiste a parte (TJSP; Apelação sem revisão 1.133.575-0/9; Relator (a): Kioitsi Chicuta; Órgão Julgador: 32ª Câmara de Direito Privado; Data do Julgamento: 18.10.2007; Data de Registro: 24.10.2007).

---

12. ELIAS FILHO, Rubens Carmos. *Condomínio edilício:* aspectos de direito material e processual. São Paulo: Atlas, 2015. p. 254.
13. CHALHUB, Melhim Namem. *Alienação fiduciária:* negócio fiduciário. 6. ed. Rio de Janeiro: Forense, 2019. p. 289-290.

Ação de cobrança condomínio. Legitimidade passiva do banco fiduciário para responder pelos encargos respectivos Condição jurídica de condômino sendo, portanto, solidariamente responsável com o devedor fiduciante pelo custeio dos encargos condominiais perante o Condomínio. Ônus de sucumbência a serem suportados pelos réus. Apelação provida. (TJSP; Apelação Cível 0198229-19.2008.8.26.0100; Relator (a): Sá Moreira de Oliveira; Órgão Julgador: 33ª Câmara de Direito Privado; Foro Central Cível – 13ª Vara Cível; Data do Julgamento: 08.08.2011; Data de Registro: 08.08.2011).

Despesas de condomínio – Cobrança – Credor fiduciário também ostenta a qualidade de condômino – Responsabilidade solidária – Inaplicabilidade do art. 27, § 8º da Lei 9.514/97 – Condenação do credor fiduciário a pagar as taxas condominiais, em solidariedade com os devedores fiduciantes – Sentença parcialmente reformada para tal fim – Apelo do autor provido (TJ-SP, Apelação 0141808-04.2011.8.26.0100, 35ª Câmara de Direito Privado, Rel. Des. Mendes Gomes, j. 25.03.2013).

Desde já manifestamos nossa discordância quanto ao posicionamento dos julgados acima destacados. Não nos parece que o Código Civil (art. 1.368-B) ou a Lei 9.514/1997 (art. 27, § 8º) permitam qualquer interpretação nesse sentido. Não há qualquer fundamento jurídico para a afirmação de que o Condomínio pode "exigir o pagamento de qualquer sujeito que tenha relação jurídica vinculada à unidade condominial, optando por aquele que mais prontamente puder cumprir com a obrigação, ressalvado a este o direito regressivo contra quem de direito".[14]

Outros julgados, por sua vez, embora não asseverem a responsabilidade solidária entre credor fiduciário e devedor fiduciante, permitem que a unidade imobiliária seja penhorada quando há inadimplência da taxa condominial pelo devedor fiduciante. A esse exemplo, cite-se:

Recurso – Agravo de instrumento – Despesas condominiais – Taxa condominial em atraso – Fase de cumprimento de sentença. Penhora da unidade condominial, que não pode ser obstada em razão de alienação fiduciária. Obrigação *propter rem*, que prevalece sobre o direito do credor fiduciário. Os interesses do condomínio devem ser resguardados, a fim de possibilitar a própria manutenção do edifício. Necessária, contudo, a ciência da instituição financeira. Decisão reformada. Recurso de agravo de instrumento provido para reconhecer a possibilidade de penhora do bem objeto da ação (TJSP; Agravo de Instrumento 2021267-67.2018.8.26.0000; Relator (a): Marcondes D'Angelo; Órgão Julgador: 25ª Câmara de Direito Privado; Foro Regional I – Santana – 1ª Vara Cível; Data do Julgamento: 18/05/2018; Data de Registro: 18.05.2018).

Agravo de instrumento. Interposição contra decisão deferiu apenas a penhora dos direitos sobre o imóvel, diante da alienação fiduciária para a Caixa Econômica Federal. Despesas condominiais. Obrigação *propter rem*. Possibilidade de penhora sobre bem alienado fiduciariamente. Interesses da coletividade condominial que se sobrepõem sobre os da instituição financeira. Pedido deferido. Decisão reformada. Agravo de Instrumento provido (TJSP; Agravo de Instrumento 2066395-13.2018.8.26.0000 – 33ª Câm. Dir. Privado – Rel. Des. Mario A. Silveira – J. 23.04.2018).

Tal posicionamento também não nos parece tecnicamente correto. Em primeiro lugar, porque na alienação fiduciária, há constituição de direito real de garantia e, assim, a propriedade fiduciária submete-se ao regime jurídico próprio

---

14. TJSP, Apelação 0141808-04.2011.8.26.0100, 35ª Câmara de Direito Privado, Rel. Des. Mendes Gomes, j. 25.03.2013.

dessa categoria de direito, ou seja, aos artigos 1.419 e seguintes do Código Civil. Nesses termos, segundo o art. 1.419 "o bem dado em garantia fica sujeito, por vínculo real, ao cumprimento da obrigação". O bem dado em garantia, portanto, tem por objetivo garantir o pagamento da dívida contraída com o credor fiduciário e não com terceiros. Como bem observado pelo Min. Félix Fisher, "o bem alienado fiduciariamente, por não integrar o patrimônio do devedor, não pode ser objeto de penhora".[15]

Isso não impede, evidentemente, que os *direitos* do devedor fiduciante sejam penhorados, mas, não, repita-se, o próprio bem que garante o cumprimento da obrigação. Enquanto vigente o Código de Processo Civil de 1973, a jurisprudência já admitia, corretamente, a impossibilidade de penhora do bem alienado fiduciariamente e a possibilidade de constrição dos *direitos* do devedor fiduciante.[16]

A possibilidade de penhora dos direitos do devedor fiduciante, inclusive, foi expressamente estabelecida no atual Código de Processo Civil que, em inovação legislativa, elencou, entre os bens passíveis de penhora, os direitos aquisitivos derivados de promessa de compra e venda e de alienação fiduciária (art. 835, XII, CPC).

Nesses termos, surpreendem as decisões judiciais que permitem a penhora da própria unidade (conferida em garantia ao credor fiduciário) para o pagamento de dívida contraída pelo devedor fiduciante, ainda que a dívida tenha origem da própria coisa. Os fundamentos fogem completamente do que é estabelecido pela legislação, trazendo enorme insegurança jurídica.

Felizmente, a jurisprudência (majoritária) do Tribunal de Justiça de São Paulo não permite a penhora da unidade dada em alienação fiduciária para o pagamento de dívida contraída pelo devedor fiduciante. Aplicando a legislação em vigor, diversos julgados afirmam que, nesses casos, não cabe a penhora da unidade, mas, sim, dos direitos do devedor fiduciante. Nesses termos:

> Agravo de instrumento – Despesas condominiais – Execução de título extrajudicial – Decisão de Primeiro Grau que indeferiu o pedido do Condomínio/exequente de penhora da unidade geradora do débito, por estar ela alienada fiduciariamente – Penhora pleiteada em razão da natureza *propter rem* do débito – Possibilidade apenas de penhora dos direitos dos condôminos/executados sobre a unidade objeto de alienação fiduciária, uma vez que eles são apenas e tão somente possuidores diretos do bem imóvel, enquanto o credor fiduciário detém a propriedade resolúvel e a posse indireta do bem – Decisão de Primeiro Grau mantida – Recurso improvido. (TJSP; Agravo de Instrumento 2138461-54.2019.8.26.0000; Relator (a): José Augusto Genofre

---

15. STJ, REsp 260.880/2000. Rel. Min. Félix Fisher, j. 13.12.2000.

16. "Processual civil. Penhora. Alienação fiduciária. Contrato. Direitos. Possibilidade. Inteligência do artigo 655, XI, do CPC. Recurso especial conhecido e provido. 1. 'O bem alienado fiduciariamente, por não integrar o patrimônio do devedor, não pode ser objeto de penhora. Nada impede, contudo, que os direitos do devedor fiduciante oriundos do contrato sejam constritos.' (REsp 679821/DF, Rel. Min. Felix Fisher, Quinta Turma, unânime, DJ 17.12.2004 p. 594) 2. Recurso especial conhecido e provido" (STJ, REsp 1171341/DF, Rel. Min. Isabel Gallotti, 4ª Turma, julgado em 06.12.2011, *DJe* 14.12.2011).

Martins; Órgão Julgador: 31ª Câmara de Direito Privado; Foro de Ribeirão Preto – 9ª Vara Cível; Data do Julgamento: 01/08/2019; Data de Registro: 01/08/2019).[17]

Imaginarmos o contrário seria esvaziarmos o sentido da alienação fiduciária, mesmo que a dívida do devedor fiduciante estivesse ligada à própria coisa. Sem prejuízo, embora alguns julgados defendam o sentido contrário[18] é de se reconhecer que o Superior Tribunal de Justiça traz a necessária segurança jurídica.

Segundo o Superior Tribunal de Justiça[19], nos "contratos de alienação fiduciária em garantia de bem imóvel, a responsabilidade pelo pagamento das despesas condominiais recai sobre o devedor fiduciante enquanto estiver na posse direta do imóvel. O credor fiduciário somente responde pelas dívidas condominiais incidentes sobre o imóvel se consolidar a propriedade para si, tornando-se o possuidor direto do bem".

Noutro julgado,[20] a Corte Superior destacou que "a responsabilidade do credor fiduciário pelo pagamento das despesas condominiais dá-se quando da consolidação de sua propriedade plena quanto ao bem dado em garantia, ou seja, quando de sua imissão na posse do imóvel, nos termos do art. 27, § 8º, da Lei 9.514/97 e do art.

---

17. No mesmo sentido: "Agravo de instrumento – Execução de título extrajudicial – Despesas condominiais – Penhora incidente sobre o próprio bem, restrita aos direitos aquisitivos do executado – Imóvel gravado com alienação fiduciária em garantia em favor da instituição financeira – Conforme entendimento jurisprudencial a penhora deve recair sobre os direitos que o executado possui sobre o bem, e não sobre o próprio bem que originou a dívida condominial – Recurso desprovido" (TJSP; Agravo de Instrumento 2124139-29.2019.8.26.0000; Relator (a): Claudio Hamilton; Órgão Julgador: 25ª Câmara de Direito Privado; Foro de Guarujá – 1ª Vara Cível; Data do Julgamento: 31.07.2019; Data de Registro: 31.07.2019).
"Agravo de instrumento. Ação de execução de título extrajudicial. Despesas condominiais. Penhora de imóvel cedido em garantia fiduciária. Impossibilidade. Propriedade resolúvel transferida ao credor fiduciário. Impossibilidade de constrição do bem para pagamento de dívida de responsabilidade do devedor fiduciante. Decisão mantida. Recurso desprovido. Com a alienação fiduciária, a propriedade resolúvel de bem móvel é transferida ao credor fiduciário. Assim, incabível a penhora de imóvel cedido em garantia fiduciária para pagamento de dívida de responsabilidade do devedor fiduciante, na medida em que o bem não integra o patrimônio dele" (TJSP; Agravo de Instrumento 2116324-78.2019.8.26.0000; Relator (a): Adilson de Araújo; Órgão Julgador: 31ª Câmara de Direito Privado; Foro Central Cível – 6ª Vara Cível; Data do Julgamento: 30.07.2019; Data de Registro: 30.07.2019).
18. Agravo de instrumento – Ação de execução de título extrajudicial – Despesas condominiais – Penhora da unidade condominial devedora – Imóvel objeto de alienação fiduciária – Possibilidade de a penhora recair sobre a própria unidade – Natureza *propter rem* da obrigação – Necessidade de cientificação do credor fiduciário, na forma do inciso V, do artigo 889, do CPC – Recurso provido (TJSP; Agravo de Instrumento 2100815-10.2019.8.26.0000; Relator (a): Luiz Eurico; Órgão Julgador: 33ª Câmara de Direito Privado; Foro de Taubaté, 5ª Vara Cível; Data do Julgamento: 05/08/2019; Data de Registro: 05.08.2019).
Execução de título extrajudicial – Despesas de condomínio – Penhora da unidade condominial geradora do débito – Admissibilidade, ainda que o valor do imóvel seja muito superior ao da dívida, tendo em vista a ausência de outros bens penhoráveis e por se tratar obrigação de natureza *propter rem* – Bem objeto de alienação fiduciária – Necessidade, tão somente, de intimação do credor fiduciário acerca da constrição – Agravo de instrumento provido. (TJSP; Agravo de Instrumento 2244249-91.2018.8.26.0000; Relator (a): Sá Duarte; Órgão Julgador: 33ª Câmara de Direito Privado; Foro de Mogi das Cruzes, 2ª Vara Cível; Data do Julgamento: 09.04.2019; Data de Registro: 09.04.2019).
19. REsp 1696038/SP, Rel. Ministro Ricardo Villas Bôas Cueva, Terceira Turma, julgado em 28.08.2018, *DJe* 03.09.2018.
20. REsp 1.731.735/SP, Rel. Ministra Nancy Andrighi, 3ª turma, julgado em 13.11.2018.

1.368-B do CC/02". Asseverou-se, ainda, que "a legitimidade para figurar no polo passivo da ação resume-se, portanto, à condição de estar imitido na posse do bem".

Por seu turno, palpitante é a questão atinente quanto à situação de o Condomínio tentar excutir os direitos aquisitivos do fiduciante, sem sucesso. Há quem defenda que, levando-se esses mencionados direitos aquisitivos à hasta pública, restando-a infrutífera, ante a existência de dívida remanescente, a ausência de alternativas permitiria a penhora da própria unidade.

Nesse sentido, a posição do eminente Desembargador Francisco Loureiro, segundo o qual "esgotada a possibilidade de recuperação do crédito mediante penhora do direito do devedor fiduciante, outra alternativa não restará, que não a penhora e excussão da propriedade plena", ressalvando que "tal prerrogativa, contudo, será reservada apenas aos credores de despesas geradas pela própria coisa". E prossegue:[21]

> O produto da arrematação servirá para satisfação das despesas geradas pela própria coisa, e o saldo será entregue ao credor fiduciário, necessária e previamente intimado da hasta pública. Satisfeito também o credor fiduciário, eventual sobra será então colocada à disposição de outros credores e, caso não existam, devolvida ao devedor fiduciante.

Em tal hipótese, o imóvel é, então, levado à hasta pública e o produto da arrematação se destina exatamente a ressarcir o Condomínio e a indenizar o credor fiduciário, havendo, segundo Loureiro, preferência do Condomínio. Na visão do Desembargador, "não admitir a penhora da propriedade plena – após esgotada a possibilidade de excussão do direito real de aquisição do devedor fiduciante – criaria situação insustentável aos credores de despesas geradas pelo próprio bem garantido".[22]

Outra interessante questão colocada por Francisco Loureiro é a hipótese de o devedor fiduciante restar adimplente em relação às parcelas do financiamento, mas inadimplir as despesas condominiais. Assim sendo, a observância à literalidade do artigo 1.368-B do Código Civil implicaria em eventual situação injusta.

Imagine-se, ainda, a hipótese de o credor fiduciário, não obstante a inadimplência do devedor fiduciante, alongar-se em demasia para executar a garantia fiduciária. Essa situação (bastante comum, diga-se), além de agravar os prejuízos do próprio devedor fiduciante, também intensifica os danos do Condomínio.

Reconhecemos que todas as situações narradas acima trazem sérios e lesivos prejuízos ao Condomínio. Tal fato não autoriza, contudo, que o credor fiduciário seja convocado para responder pela inadimplência do devedor fiduciante.

Por mais que tais situações possam ser consideradas injustas à massa condominial, a legislação atual não permite ao credor fiduciário responder pelos débitos condominiais enquanto não consolidada a propriedade em seu nome e não imitido

---

21. LOUREIRO, Francisco Eduardo. Comentário ao art. 1.368-B do Código Civil. In: PELUSO, Ministro Cezar (Coord.). *Código Civil comentado*: doutrina e jurisprudência: Lei n. 10.406, de 10.01.2002. 11. ed. rev. e atual. Barueri-SP: Manole, 2017.
22. Idem, ibidem.

CREDOR FIDUCIÁRIO E DÍVIDAS CONDOMINIAIS

na posse. Eventual entendimento contrário, em nossa visão, constitui razoável proposição de *lege ferenda*, eis que vai de encontro à dicção atual do dispositivo legal.

Há, contudo, uma única situação que nos parece permitir que o credor fiduciário possa responder pela despesa condominial, antes da consolidação da propriedade. É a hipótese de o credor fiduciário, não obstante a inadimplência do devedor fiduciante, alongar-se em demasia para executar a garantia fiduciária. Essa situação (bastante comum, diga-se), além de agravar os prejuízos do próprio devedor fiduciante, também intensifica os danos do Condomínio.

Entendemos configurado o abuso de direito por parte do credor fiduciário que se coloca numa posição confortável em executar a garantia no momento que melhor lhe aprouver. Nesse sentido, concordamos com Flávio Tartuce[23] de que a demora em demasia pelo credor fiduciário para iniciar o procedimento extrajudicial da execução da alienação fiduciária poderia caracterizar situação abusiva, permitindo, portanto, que o Condomínio cobrasse a taxa condominial do credor fiduciário.

Mas qual o prazo em que inércia do credor fiduciário poderia ser caracterizada como abusiva? Flávio Tartuce sugere que, a partir do 120º dia da inadimplência do devedor fiduciante, poderia ser caracterizado o abuso de direito caso a garantia não fosse executada pelo credor fiduciário[24].

Ao final, reconhecemos que a Lei 9.514/97 possa merecer alteração legislativa para, eventual e pontualmente, cuidar da excepcional responsabilidade do credor fiduciário para algumas hipóteses. Ressalte-se que a Lei já vem sendo debatida para alteração legislativa em outras questões (*v.g.* apropriação da coisa pelo credor fiduciário por preço vil[25]).

Ao longo de tais reflexões é necessário reconhecer que a facilitação da responsabilidade de o credor fiduciário responder pelas despesas condominiais inadimplidas pelo devedor fiduciante ampliará, em muito, o risco da operação de crédito. Essa majoração do risco, certamente, estará intimamente ligada ao aumento da taxa de juros dos financiamentos imobiliários.

Nesses termos, somente poderíamos admitir a eventual responsabilidade do credor fiduciário para hipóteses bastante específicas e pontuais, tais como as citadas acima e, evidentemente, após necessária alteração legislativa, ressalvada a hipótese

---

23. Segundo Flávio Tartuce: "o credor fiduciário que não consolida a propriedade de forma claramente abusiva pode ser responsabilizado solidariamente pelas dívidas condominiais frente ao devedor fiduciante". TARTUCE, Flávio. *Crédito condominial e a alienação fiduciária em garantia*. Revista Bonijuris. Ano 31. Nº 659, Ago/Set 2019, p. 274.
24. Flávio Tartuce faz analogia com o Provimento 11/2013 (item 316.1) da qual afirma que, após a intimação do devedor, se o credor fiduciário não pagar o imposto de transmissão 'inter vivos' (ou laudêmio), em 120 dias os autos serão arquivados. TARTUCE, Flávio. *Crédito condominial e a alienação fiduciária em garantia*. Revista Bonijuris. Ano 31. Nº 659, Ago/Set 2019, p. 273.
25. Cite-se a esse respeito, o artigo de Melhim Chalhub que sugere alteração da Lei 9.514/97 para impedir que o credor fiduciário possa se apropriar da coisa a preço vil. Disponível em: [https://www.migalhas.com.br/Edilicias/127,MI308199,21048-Desafios+atuais+da+alienacao+fiduciaria]. Acesso em: 12.08.2019.

de demora na execução da garantia pelo credor fiduciário, tendo em vista se tratar de situação já abarcada pela figura do abuso de direito.

6. CONSIDERAÇÕES FINAIS

A partir de todo o exposto, denota-se que a própria estrutura desenhada pelo legislador para o instituto da alienação fiduciária protege o credor fiduciário quanto à inadimplência do devedor fiduciante.

Isso porque a propriedade atribuída ao fiduciário, conforme mencionado, tem como função única a garantia do contrato entabulado entre as partes. O fiduciário não usa, não frui e não dispõe da coisa, tão somente mantém a propriedade resolúvel em sua titularidade até que advenha o adimplemento integral do contrato por parte do devedor fiduciante.

Na verdade, interpretações doutrinárias ou jurisprudenciais que entendam pela possibilidade de cobrança/responsabilidade do credor fiduciário pelas despesas condominiais enquanto ainda não tiver sido imitido na posse parecem, com renovado respeito, flagrantemente atentar ao quanto literalmente disposto nos artigos 1.368-B do Código Civil e 27, § 8°, da Lei 9.514/97.

Mas não só. Possibilitar a cobrança das despesas condominiais do fiduciário previamente à sua imissão na posse acaba, em certa medida, esvaziando a garantia representada pelo instituto da alienação fiduciária.

Conforme bem salientam Paulo Restiffe Neto e Paulo Sérgio Restiffe, "na propriedade fiduciária da Lei 9.514/97 buscou-se um instrumento novo inigualável de garantia dominial (direito em coisa própria), cuja eficiência está baseada na eliminação de obstáculos críticos que comprometeram a hipoteca (direito em coisa alheia)".[26]

A intenção do legislador foi exatamente a de conferir maior efetividade à garantia da alienação fiduciária, uma vez que restaria fragilizada a garantia se o credor fiduciário fosse corresponsável pelo pagamento das despesas condominiais. Como bem exposto pela Min. Nancy Andrighi "o legislador procurou proteger os interesses do credor fiduciário, que tem a propriedade resolúvel como mero direito real de garantia voltado à satisfação de um crédito".

Nesse sentido, em comentário ao artigo 1.368-B do Código Civil, o Desembargador Marco Aurélio Bezerra de Melo destaca que, enquanto a imissão do fiduciário na posse do imóvel não ocorrer, "ainda que juridicamente o bem seja do credor pela incidência da condição resolutiva dos direitos do devedor, será deste a responsabilidade por tais pagamentos".[27] E prossegue: "Essa regra [do artigo 1.368-B do CC]

---

26. RESTIFFE NETO, Paulo e RESTIFFE, Paulo Sérgio. *Propriedade fiduciária imóvel*. São Paulo: Malheiros, 2009. p. 71.
27. BEZERRA DE MELO, Marco Aurélio. Comentário ao art. 1.368-B do Código Civil. In: SCHREIBER, Anderson [et. al.]. *Código Civil comentado*. Rio de Janeiro: Forense, 2019. p. 1.006.

objetiva preservar os interesses patrimoniais do credor fiduciário, esclarecendo que enquanto este não estiver com o bem gravado em suas mãos, não poderá ser cobrado por dívida decorrente dessa titularidade."[28]

Como bem salienta o eminente Ministro Moreira Alves, a garantia da alienação fiduciária atende a exigências do direito moderno: "Para atingir esse objetivo, o direito moderno, atentando para o manifesto desapreço do crédito pessoal em nossos dias, em virtude do ritmo febricitante da circulação de bens aliado ao crescimento constante e progressivo da população, tem modelado, principalmente por meio de construção doutrinária, garantias reais que decorrem da conjugação da transferência da propriedade com o não desapossamento da coisa que era do devedor e que serve para garantir o pagamento do débito."[29]

Assim, a efetividade da garantia fiduciária atende ao bom funcionamento do sistema como um todo. A garantia fiduciária fortalecida, com a devida proteção ao fiduciário através do sistema instituído, implica em atendimento dos interesses coletivos dos adquirentes, eis que a garantia efetiva levará à verdadeira redução do custo geral dos financiamentos. Ganha a coletividade, o credor fiduciário e a garantia fiduciária.

Sem prejuízo, eventuais ajustes à Lei 9.514/97 poderão vir a ocorrer para as hipóteses mais específicas e injustas. É necessário, contudo, que a possível e eventual alteração legislativa não enfraqueça a garantia fiduciária, muito menos entenda pela corresponsabilidade entre credor fiduciário e devedor fiduciante. O credor fiduciário, caso alterada a legislação, somente poderá responder em hipóteses muito específicas e pontuais.

7. REFERÊNCIAS BIBLIOGRÁFICAS

BEZERRA DE MELO, Marco Aurélio. Comentário ao art. 1.368-B do Código Civil. In: SCHREIBER, Anderson et. al. *Código Civil comentado.* Rio de Janeiro: Forense, 2019.

BUNAZAR, Maurício. *Obrigação propter rem*: aspectos teóricos e práticos. São Paulo: Atlas, 2014.

CHALHUB, Melhim Namem. *Alienação fiduciária*: negócio fiduciário. 6. ed. Rio de Janeiro: Forense, 2019.

CHALHUB, Melhim Namem. *Desafios atuais da alienação fiduciária*. Disponível em: [https://www.migalhas.com.br/Edilicias/127,MI308199,21048-Desafios+atuais+da+alienacao+fiduciaria]. Acesso em: 12.08.2019.

CHULAM, Eduardo. *Alienação fiduciária de bens imóveis.* São Paulo: Almedina, 2019.

ELIAS FILHO, Rubens Carmo. *Condomínio edilício*: aspectos de direito material e processual. São Paulo: Atlas, 2015.

FLORIANO, Rafael. A ineficácia da penhora dos direitos contratuais dos imóveis nas ações de execução de despesas condominiais. Artigo disponível em: [https://emporiododireito.com.br/leitura/a-ine-

---

28. Idem, ibidem.
29. MOREIRA ALVES, José Carlos. *Da alienação fiduciária em garantia.* 3. ed. rev., atual. e aum. Rio de Janeiro: Forense, 1987. p. 02.

ficacia-da-penhora-dos-direitos-contratuais-dos-imoveis-nas-acoes-de-execucao-de-despesas-condominiais]. Acesso em: 09.08.2019.

GOMES, Orlando. *Direitos reais*. 10. ed. Rio de Janeiro: Forense, 1994.

LOUREIRO, Francisco Eduardo. Comentário ao art. 1.368-B do Código Civil. In: PELUSO, Ministro Cezar (Coord.). *Código Civil Comentado*: doutrina e jurisprudência: Lei n. 10.406, de 10.01.2002. 11. ed. rev. e atual. Barueri-SP: Manole, 2017.

MOREIRA ALVES, José Carlos. *Da alienação fiduciária em garantia*. 3. ed. rev., atual. e aum. Rio de Janeiro: Forense, 1987.

PENTEADO, Luciano de Camargo. *Direito das coisas*. 3. ed. rev., atual. e ampl. São Paulo: Ed. RT, 2014.

PEREIRA, Caio Mário da Silva. *Condomínio e incorporações*. 5. ed. Rio de Janeiro: Forense, 1985.

PONTES DE MIRANDA, Francisco Cavalcanti. *Tratado de direito privado*. 3. ed. reimpressão. Rio de Janeiro: Borsoi, 1971. t. XII.

RESTIFFE NETO, Paulo e RESTIFFE, Paulo Sérgio. *Propriedade fiduciária imóvel*. São Paulo: Malheiros, 2009.

TARTUCE, Flávio. *Crédito condominial e a alienação fiduciária em garantia*. Revista Bonijuris. Ano 31. Nº 659, Ago/Set 2019.

PARTE 2
AMBIENTAL

Capítulo 1
PASSIVOS AMBIENTAIS DO IMÓVEL DADO EM GARANTIA E A RESPONSABILIZAÇÃO AMBIENTAL DE INSTITUIÇÕES FINANCEIRAS

Renata O. Pires Castanho

Mestre em Direito Processual Civil pela Universidade de São Paulo (USP), 2009. Especialista em Gestão Ambiental pela mesma instituição, 2002. Graduada em Direito pela Pontifícia Universidade Católica de São Paulo (PUC-SP), 2000. Docente na disciplina Direito Ambiental do curso de pós-graduação em Gestão Ambiental promovido pela POLI/USP. Advogada em São Paulo com 20 anos de atuação no direito ambiental. Autora de artigos jurídicos na área de meio ambiente.

Carina Cancela

MBA em Gestão do Ambiente e Sustentabilidade pela Fundação Getúlio Vargas (FGV-SP), 2013. Especialista em Direito Ambiental pelo Centro Universitário FMU (FMU), 2010. Graduada em Direito na mesma instituição, 2007. Advogada em São Paulo há 12 anos com atuação no direito ambiental e prévia experiência em contencioso cível, direitos difusos e coletivos, direito público e infraestrutura.

Sumário: 1. Introdução. – 2. Responsabilidade Civil em Matéria Ambiental. – 3. Obrigação *Propter Rem*. – 4. Responsabilização Ambiental de Instituições Financeiras. – 4.1. Política de Responsabilidade Socioambiental ("PRSA"). – 5. Alienação Fiduciária de Bem Imóvel e a Responsabilidade Ambiental. – 6. Considerações finais: Mitigação dos Riscos Ambientais. – 7. Referências bibliográficas.

1. INTRODUÇÃO

O presente Capítulo tem como objetivo tratar das repercussões e possível responsabilização ambiental do credor fiduciário – via de regra, instituições financeiras – no caso de (i) pré-existência de passivo ambiental no imóvel a ser dado em garantia à alienação fiduciária; (ii) ocorrência de dano ambiental na vigência do contrato de alienação fiduciária; e (iii) riscos de responsabilização por danos ambientais após a execução da garantia do contrato.

Para tanto, será necessário trazer um panorama da responsabilidade civil em matéria ambiental; seguida de uma análise sobre a natureza *propter rem* das obrigações ambientais. Em continuidade, traremos uma breve análise sobre a responsabilidade socioambiental de instituições financeiras por passivos ambientais, principalmente, no âmbito de contratos de alienação fiduciária com garantia imobiliária; e, por derradeiro, serão apresentadas considerações finais, englobando breves recomendações para mitigar os riscos de responsabilização ambiental do credor fiduciário.

Na elaboração do presente Capítulo, partiu-se da premissa de que "passivo ambiental" deve ser entendido como qualquer irregularidade ambiental identificada no imóvel, materializada ou não. Ou seja, não se utiliza, aqui, o termo com a tecnicidade contábil, mas como expressão genérica que indique não conformidades, no mais das vezes, relacionadas a áreas contaminadas ou a reserva legal e área de preservação permanente.

2. RESPONSABILIDADE CIVIL EM MATÉRIA AMBIENTAL

A Constituição Federal de 1988, em seu art. 225, § 3º, instituiu a chamada tríplice responsabilidade em matéria ambiental, sujeitando as pessoas físicas ou jurídicas que tenham acarretado danos ao meio ambiente a consequências de natureza penal e administrativa, independentemente da obrigação de reparar os danos causados, que diz respeito à esfera civil de responsabilidade.

Enquanto a regra geral de responsabilidade civil é subjetiva, pois diz respeito ao cometimento de um ato ilícito, a partir de uma ação ou omissão voluntária, negligência ou imprudência (arts. 186 c/c 927, *caput*, do Código Civil), a responsabilidade civil em matéria ambiental segue regime diametralmente oposto, eis que fundada no risco e independente de culpa.[1]

Com efeito, a Lei 6.938/1981, em seu art. 14, § 1º,[2] de maneira absolutamente vanguardista para a época, estabeleceu que o poluidor é obrigado, independentemente da existência de culpa, a indenizar ou reparar os danos causados ao meio ambiente ou a terceiros afetos por sua atividade.

A doutrina aponta que "o fundamento da responsabilidade independente de culpa é o dever de segurança ambiental que a atividade potencialmente poluidora, por força do risco que gera, é obrigada a observar".[3]

Todavia, o fato de se prescindir de culpa não dispensa a presença dos outros dois pressupostos da responsabilidade civil: (i) a existência do dano devidamente caracterizado e (ii) o nexo de causalidade entre a atividade e o dano verificado.

Ocorre, porém, que o nexo de causalidade em matéria ambiental é bastante "elástico", em virtude do conceito de poluidor definido na Lei 6.938/81, art. 3º, IV,[4] que assim estabelece: toda pessoa física ou jurídica responsável, *direta ou indiretamente*, por atividade causadora de degradação ambiental.

---

1. Consoante excepcionado pelo art. 927, parágrafo único, do Código Civil.
2. "Art. 14, § 1º Sem obstar a aplicação das penalidades previstas neste artigo, é o poluidor obrigado, independentemente da existência de culpa, a indenizar ou reparar os danos causados ao meio ambiente e a terceiros, afetados por sua atividade (...)".
3. ZAPATER, Tiago Cardoso. Responsabilidade civil do poluidor indireto e do cocausador do dano ambiental. In: ROSSI, Fernando F. et al. (Coord.). *Aspectos controvertidos do direito ambiental*: tutela material e tutela processual. Belo Horizonte: Fórum, 2013. p. 365.
4. "Art. 3º Para os fins previstos nesta Lei, entende-se por: [...]
   IV – poluidor, a pessoa física ou jurídica, de direito público ou privado, responsável, direta ou indiretamente, por atividade causadora de degradação ambiental".

Na clássica lição de Herman Benjamin: "O vocábulo [poluidor] é amplo e inclui aqueles que diretamente causam o dano ambiental (o fazendeiro, o industrial, o madeireiro, o minerador, o especulador), bem como os que indiretamente com ele contribuem, facilitando ou viabilizando a ocorrência do prejuízo (o banco, o órgão público licenciador, o engenheiro, o arquiteto, o incorporador, o corretor, o transportador, para citar alguns personagens)".[5]

A conjugação de ambos os fatores – quais sejam, a prescindibilidade de culpa e o nexo causal direto e indireto, sob a modalidade do risco integral – tem como consequência, segundo a doutrina, a inaplicabilidade das chamadas excludentes de responsabilidade como o caso fortuito, a força maior e o fato de terceiro.

Outra consequência da adoção deste regime é a prevalência do vínculo da solidariedade entre todos os corresponsáveis.[6] Segundo a doutrina, a reparação do meio ambiente degradado está à frente das discussões quanto à parcela de responsabilidade de cada um (na medida em que não se discute culpa), cabendo a qualquer um dos envolvidos responder pela integralidade da reparação, garantindo-se eventual direito de regresso.[7]

Embora a responsabilidade civil alcance, de forma objetiva, todos aqueles que tenham contribuído para a degradação do meio ambiente, não há dúvida de que a responsabilidade primeira reside naquele que diretamente tenha dado causa ao dano, desde que ele seja identificável e que disponha de patrimônio suficiente para a reparação do dano. Mas isto não impede que os legitimados ativos para propositura de Ação Civil Pública busquem aqueles que tenham maiores condições de adimplir com eventual condenação (*deep pocket*), o que nos remete às instituições financeiras.

3. OBRIGAÇÃO *PROPTER REM*

Como um desdobramento da responsabilidade civil objetiva, assim entendida como aquela que prescinde de culpa e que admite o nexo causal indireto, a jurisprudência firmou posicionamento no sentido de que a obrigação de reparar eventuais danos ambientais causados a bem imóvel sempre acompanhará a coisa, independentemente da transmissão da propriedade.

É dizer: a responsabilidade civil em matéria ambiental é *propter rem*,[8] o que reforça a obrigação do proprietário de preservar/recuperar/reparar o meio ambiente

---

5. BENJAMIN, Antonio Herman V. Responsabilidade Civil pelo Dano Ambiental. *Revista de Direito Ambiental*, Ano 3, v. 9, jan-mar 1998. São Paulo: Ed. RT, 1998, p. 37.

6. "Art. 942, CC – Os bens do responsável pela ofensa ou violação do direito de outrem ficam sujeitos à reparação do dano causado; e, se a ofensa tiver mais de um autor, todos responderão solidariamente pela reparação".

7. Nesse sentido: MILARÉ, Édis. *Direito do Ambiente*. São Paulo: Ed. RT, 2019. p. 411.

8. Obrigações *propter rem* são, portanto, deveres jurídicos que surgem para uma determinada pessoa física ou jurídica em decorrência do seu vínculo jurídico com uma coisa. Como essas obrigações vinculam quem quer que detenha o domínio da coisa, elas são transmitidas junto com a coisa em si quando o direito real muda de titularidade. (PENTEADO, Luciano de Camargo. *Direito das coisas*. São Paulo: Ed. RT, 2008. p.115).

em sua propriedade. Este é o comando do art. 1.128, § , do Código Civil: "o direito de propriedade deve ser exercido em consonância com as suas finalidades econômicas e sociais e de modo que sejam preservados, de conformidade com o estabelecido em lei especial, a flora, a fauna, as belezas naturais, o equilíbrio ecológico e o patrimônio histórico e artístico, bem como evitada a poluição do ar e das águas".

Da leitura do referido dispositivo é possível concluir que, além de ser o instituto da propriedade uma fonte de direitos, trata-se também de uma fonte de obrigações. Obrigações, estas, que uma vez incidentes sobre a coisa, a ela aderem, acompanhando--a de forma perene, independentemente de quem seja o seu verdadeiro proprietário.[9] Em matéria ambiental, significa dizer que o dever de tutela ambiental se aplica ao proprietário atual do imóvel, ainda que ele não tenha dado causa direta a evento danoso.

De acordo com os ensinamentos de Silvio Rodrigues, a obrigação *propter rem*:

> é aquela em que o devedor, por ser titular de um direito sobre uma coisa, fica sujeito a determinada prestação que, por conseguinte, não derivou da manifestação expressa ou tácita de sua vontade. O que faz o devedor é a circunstância de ser titular do direito real, e tanto isso é verdade que ele se libera da obrigação se renunciar a esse direito.[10]

No que se refere à responsabilidade civil em matéria ambiental, o caráter *propter rem* das obrigações decorrentes do dever de preservação ao meio ambiente é inafastável, ante o posicionamento jurisprudencial consolidado sobre o tema. A título de exemplo, cite-se:

> Agravo interno no recurso especial. ambiental. edificação. área de preservação permanente. rio paraná. demolição. aplicação da legislação ambiental. prejuízo ao meio ambiente. direito adquirido. teoria do fato consumado. consolidação da área urbana. inaplicabilidade. 1. A proteção ao meio ambiente não difere entre área urbana ou rural, porquanto ambos merecem a atenção em favor da garantia da qualidade de vida proporcionada pelo texto constitucional, pelo Código Florestal e pelas demais normas legais sobre o tema. 2. Não há falar em direito adquirido à manutenção de situação que gere prejuízo ao meio ambiente. 3. A simples manutenção de construção em área de preservação permanente 'impede sua regeneração, comportamento de que *emerge obrigação propter rem de restaurar na sua plenitude e indenizar o meio ambiente degradado e terceiros afetados, sob o regime de responsabilidade civil objetiva*'. [...] 5. Agravo interno a que se nega provimento." (STJ. Agravo Interno no Recurso Especial 1.545.177/PR, 2ªTurma, Rel. Ministro Og Fernandes, julgado em 13.11.2018, DJe em 22.11.2018).[11]

Foi neste cenário de consolidação sobre o tema que, em dezembro de 2018, o mesmo STJ editou a Súmula 623, que assim sacramentou: "As obrigações ambientais possuem natureza propter rem, sendo admissível cobrá-las do proprietário ou possuidor atual e/ou dos anteriores, à escolha do credor".

---

9. SILVA, L.; MENDES, R. R. Temas Polêmicos de alienação fiduciária em garantia: a responsabilidade do credor fiduciário por obrigações *propter rem*. *Revista de Direito Bancário e do Mercado de Capitais*. São Paulo: 2016, ano 19, v. 74.

10. RODRIGUES, Sílvio. *Curso de Direito Civil*: parte geral das obrigações. São Paulo: Saraiva, 1978.

11. No mesmo sentido: STJ. Recurso Especial 1.622.512/RJ, 2ª Turma, Rel. Ministro Herman Benjamin, julgado em 22.09.2016, *DJe* em 11.10.2016.

A consolidação deste entendimento também é refletida em texto de Lei. É o que se verifica, por exemplo, da leitura do parágrafo 2º do artigo 2º do Código Florestal em vigor (Lei 12.651/2012). Diz o referido dispositivo:

> Art. 2º As florestas existentes no território nacional e as demais formas de vegetação nativa, reconhecidas de utilidade às terras que revestem, são bens de interesse comum a todos os habitantes do País, exercendo-se os direitos de propriedade com as limitações que a legislação em geral e especialmente esta Lei estabelecem.
>
> [...]
>
> § 2º As obrigações previstas nesta Lei têm *natureza real e são transmitidas ao sucessor,* de qualquer natureza, no caso de transferência de domínio ou posse do imóvel rural (g.n.).

Portanto, como desdobramento da adoção do regime da responsabilidade objetiva, sob a modalidade do risco integral, tem-se que, em se tratando de obrigações ambientais relativas a bens imóveis, o nexo causal (elástico) poderá alcançar o atual proprietário, ainda que ele não tenha sido ele o verdadeiro causador do passivo ambiental.

Significa dizer que, em regra, não importa quem deu causa ao dano; por se tratar de uma obrigação *propter rem,* a reparação do dano poderá ser exigida de qualquer um que tenha tido uma vinculação de posse ou de propriedade com o imóvel afetado por um passivo ambiental, ainda que não tenha contribuído diretamente para a configuração ou agravamento da danosidade.

Nas palavras de Álvaro Mirra: "Com isso, abrem-se diversas possibilidades de responsabilização de condutas e atividades lesivas ao meio ambiente, com a ampliação dos sujeitos responsáveis por degradações ambientais".[12]

Da mesma forma, atribui-se tal obrigação àquele que, de forma omissiva, deixou de adotar medidas para evitar, minimizar ou reparar o passivo ambiental constatado. Dentre outros fatores, esta posição decorre da própria Teoria do Risco Integral, que prevalece em se tratando de responsabilidade civil ambiental.[13]

A bem ver, portanto, a obrigação de manter um imóvel livre de passivos ambientais engloba não só a adoção direta de medidas de reparação, mas também medidas de controle, de vigilância e prevenção.

Por estas razões, tem-se que a realização de Auditorias Ambientais/*Due diligences* anteriores à aquisição/obtenção de um imóvel se mostra mais do que necessária, a fim de mapear os eventuais riscos relacionados a passivos ambientais, já que a obrigação de reparação dos danos ambientais tem caráter *propter rem* e poderá alcançar

---

12. MIRRA, Álvaro Luis Valery. *A responsabilidade civil ambiental das instituições financeiras.* [https://www.conjur.com.br/2017-nov-25/ambiente-juridico-responsabilidade-civil-ambiental-instituicoes-financeiras#_edn7]. Acesso em: 02.09.2019.

13. De acordo com esta teoria – consagrada doutrinária e jurisprudencialmente –, o poluidor assume todo e qualquer o risco que sua atividade possa gerar, ainda que estejam presentes quaisquer excludentes de responsabilidade – fato de terceiro, caso fortuito ou força maior.

o detentor de direito real sobre imóvel, ainda que os danos tenham sido causados por terceiros.[14]

4. RESPONSABILIZAÇÃO AMBIENTAL DE INSTITUIÇÕES FINANCEIRAS

Feitas estas primeiras observações sobre a responsabilidade civil ambiental e a peculiaridade da obrigação *propter rem*, façamos um breve apanhado sobre a responsabilidade das Instituições Financeiras por danos ambientais, a fim de chegarmos, então, à análise específica da responsabilidade ambiental do Credor Fiduciário em relação aos passivos ambientais existentes, ou que venham a existir em imóvel obtido em garantia.

Como visto, a responsabilidade civil em matéria ambiental se estende tanto ao poluidor direto quanto ao poluidor indireto, respondendo ambos de maneira solidária e independente de culpa (art. 14, § 1º c/c art. 3º, IV, da Lei 6.938/1981).

Para melhor elucidação, podemos pensar no poluidor direto como "aquele que detém maior controle sobre os riscos ambientais, adote as medidas necessárias para a prevenção, mitigação e pronta remediação de danos."[15] Já o poluidor indireto pode ser entendido como aquele que, de alguma forma, contribuiu (comissiva ou omissivamente) para a ocorrência do dano, sem desenvolvê-lo diretamente.

Sendo assim, o simples fato de uma instituição financeira ter concedido crédito ou financiamento para atividades efetiva ou potencialmente lesivas ao meio ambiente seria suficiente para caracterizá-la como poluidora indireta, na hipótese de um dano ambiental, "já que, sem o financiamento, a atividade que se revelou degradadora não teria se realizado e, consequentemente, o dano ambiental não teria sido causado".[16]

Esta interpretação abrangente está bem retratada no seguinte julgado do Min. Antonio Herman Benjamin, do STJ: "para o fim de apuração do nexo de causalidade no dano ambiental, equiparam-se quem faz, quem não faz quando deveria fazer, quem deixa fazer, quem não se importa que façam, *quem financia para que façam*, e quem se beneficia quando outros fazem".[17]

No entanto, como adverte parte da doutrina, "a teoria da responsabilidade objetiva em âmbito ambiental para bancos deve ser usada com cautela, sob pena de

---

14. "Direito ambiental – Ação civil pública – Dano ambiental – Propriedade adquirida sem a reserva legal de matas e florestas – Ausência de culpa pelo desmatamento – Irrelevância – Dever objetivo de restauração da mata – Reserva legal de 20% obrigatória – *Obrigação propter rem acompanha a propriedade independente de quem seja o seu titular* – Decisão mantida – Desprovimento do apelo". (TJPR. Apelação Cível 125907-2, 7ª câmara cível, rel. Desembargador Mário Helton Jorge, julgado em 14.08.2004, D.J. em 20.9.2004).

15. ANTUNES, Paulo de Bessa e FERNANDES, Elizabeth Alves. Responsabilidade Civil das Instituições Financeiras. *Revista da Procuradoria Geral do Banco Central*. v. 1, n. 9, junho de 2015.Brasília: BCB, 2015. p. 32

16. MIRRA, Álvaro Luis Valery. *A responsabilidade civil ambiental das instituições financeiras*. Disponível em: [https://www.conjur.com.br/2017-nov-25/ambiente-juridico-responsabilidade-civil-ambiental-instituicoes-financeiras#_edn7]. Acesso em: 02.09.2019.

17. STJ – 2ª T. – REsp 650.728/SC – Rel. Min. Herman Benjamin – j. 23.10.2007.

se ter prejudicado todo um sistema de financiamento, que visa ao desenvolvimento econômico e social, com os riscos de excessiva atribuição de responsabilidade àquele que apenas financia, e com prejuízos reflexos ao próprio direito ao desenvolvimento que se relaciona intimamente ao direito ao meio ambiente".[18]

Com efeito, por mais elástico que seja o nexo de causalidade, é preciso que o poluidor indireto tenha algum tipo de ingerência, influência, vinculação com o dano ambiental (leia-se: quando ele podia/devia fiscalizar, ingerir, intervir, mas não o fez), sob pena de se estabelecer um nexo de causalidade *ad infinitum*, o que é vedado pelo Direito.

Enfoques mecânicos da relação de causalidade devem ser rechaçados pelo Direito, dada a injustiça de se responsabilizar juridicamente os infinitos "participantes", dentre as infinitas causas que atuaram na eclosão de um ato ou evento específico.

Numa linguagem mais teatral, pode-se dizer que a extensão pura e simples da responsabilidade às instituições financeiras por todo e qualquer dano causado por tomadores de crédito/financiamento equivale a "castigar como coautor de adultério não só aquele que se encontra no leito com a mulher casada, como também o carpinteiro que fez a cama".[19]

Obtemperando o assunto, a Professora Ana Maria de Oliveira Nusdeo leciona que, para a responsabilização do poluidor indireto, é mandatório que haja sua vinculação ao dano, seja ele oriundo da efetiva contribuição ao dano, seja da *violação de um dever legal específico*, cujo cumprimento evitaria a configuração do dano ou promoveria sua mitigação.[20]

No mesmo sentido, Tiago C. Vaitekunas Zapater sustenta que "o poluidor indireto será considerado causador do dano apenas na medida em que se possa vislumbrar um *dever de segurança* que vincule a sua atividade à atividade daquele terceiro que diretamente causou o dano e que *esse dever foi violado*".[21]

De acordo com este entendimento, o poluidor indireto somente poderá ser responsabilizado por um dano ambiental ao qual não deu causa quando tenha se omitido em seu dever de segurança.

---

18. VASCONCELOS, Adriana Paiva. Responsabilidade civil dos bancos por danos ambientais em projetos financiados. *Revista Eletrônica Direito e Política, Programa de Pós-Graduação* Stricto Sensu *em Ciência Jurídica da Univali*, Itajaí, v.7, n. 1, 1º quadrimestre de 2012. Disponível em: [www.univali.br/direitoepolitica] – ISSN 1980-7791 [https://siaiap32.univali.br/seer/index.php/rdp/article/viewFile/5640/3040]. Acesso em: 30.08.2019.

19. ALTERINI, Atilio. *Responsabilidad civil*. Buenos Aires: Abeledo-Perrot, p. 144.

20. NUSDEO, Ana Maria de Oliveira. Instituições financeiras e danos ambientais causados por atividades financiadas. In: YOSHIDA, Consuelo Y. M. et al. (Coord.). *Finanças sustentáveis e a responsabilidade socioambiental das instituições financeiras*. Belo Horizonte: Fórum, 2017. p. 27-44.

21. ZAPATER, Tiago C. Vaitekunas. Responsabilidade civil do poluidor indireto e do cocausador do dano ambiental: observações e distinções sobre a solidariedade na obrigação de reparar o dano. In: ROSSI, Fernando F. et al. (Org.). *Aspectos controvertidos do direito ambiental: tutela material e tutela processual*. v. 1. Belo Horizonte: Fórum, 2013. p. 339-372.

No caso das operações de crédito, este dever de segurança está bem delineado pela própria Lei 6.938/1981, que em seu art. 12[22] condiciona a aprovação de financiamento à apresentação de licença ambiental e ao cumprimento das normas, dos critérios e dos padrões do Conselho Nacional do Meio Ambiente – Conama, bem como a adoção de medidas de controle ambiental.[23]

No mesmo sentido, o artigo 78-A do Código Florestal determina que *"as instituições financeiras só concederão crédito agrícola, em qualquer de suas modalidades, para proprietários de imóveis rurais que estejam inscritos no CAR"*. O dever de segurança, neste caso, é a exigência da apresentação do comprovante de inscrição do imóvel no Cadastro Ambiental Rural – CAR.

Disso se extrai que, tendo a instituição financeira exigido do tomador a comprovação de regularidade do empreendimento e atendimento das exigências legais, cumprido está seu dever de segurança, o que coloca a instituição cada vez mais distante da condição de poluidora indireta (ou seja, o nexo de causalidade se esvazia, a ponto de desaparecer).

Para Édis Milaré, "o nexo de causalidade apenas se estabelece quando deixarem [as instituições financeiras] de condicionar o empréstimo à comprovação do licenciamento ambiental e demais autorizações necessárias para a implantação e operação do empreendimento".[24]

Nesta linha de raciocínio, ganha especial relevância a Teoria do Escopo da Norma Violada, que "toma por base o fato de que não há um único critério válido para aferição do nexo causal, o que exige que o julgador considere a função da norma violada, para verificar se o evento danoso está sob sua proteção".[25]

Segundo esta Teoria, deve-se aferir o nexo causal, por meio da interpretação da normativa cujo suporte fático se estabelece (ou não) com a ocorrência do evento danoso, ou seja, o conteúdo e o fim desta normativa é que determinam a causalidade adequada e a imputação das responsabilidades pelo dever de reparar e não o evento danoso em si.[26]

---

22. "Art. 12. As entidades e órgãos de financiamento e incentivos governamentais *condicionarão a aprovação* de projetos habilitados a esses benefícios *ao licenciamento*, na forma desta Lei, *e ao cumprimento das normas*, dos critérios e dos padrões expedidos pelo CONAMA.
    Parágrafo único. As entidades e órgãos referidos no caput deste artigo *deverão fazer constar dos projetos* a realização de obras e aquisição de equipamentos destinados ao controle de degradação ambiental e a melhoria da qualidade do meio ambiente."

23. É importante observar que a PNMA é silente com relação às entidades privadas de financiamento e que não há precedente em que uma instituição financeira privada tenha sido considerada solidariamente responsável por eventual dano ambiental e, consequentemente, pela sua reparação. Entretanto, a doutrina e a jurisprudência é pacífica e equipara a exigência trazida às instituições financeiras governamentais às instituições privadas.

24. MILARÉ, Édis. *Direito do Ambiente*. São Paulo: Ed. RT, 2018. p. 450.

25. LEMOS, Patrícia Faga Iglecias. *Meio ambiente e responsabilidade civil do proprietário*. Análise do nexo causal. São Paulo: Ed. RT, 2008. p. 137.

26. FROTA, Pablo Malheiros da Cunha. *A imputação sem nexo causal e a responsabilidade por danos*. Tese (doutorado) – Faculdade De Direito – Universidade Federal do Paraná. Curitiba, 2013.

Nas palavras de Patrícia Iglesias, "a teoria da norma jurídica violada tem o mérito de afastar-se da aproximação fática, buscando o *nexo causal jurídico* na norma violada, o que nos parece significativamente melhor para a responsabilização por danos ao meio ambiente. Temos que considerar as dificuldades típicas da questão ambiental como a distância, a multiplicidade de fatores incidentes, o problema do tempo para que se verifique a ocorrência do dano e até mesmo a falta de certeza científica em diversas hipóteses".[27]

Vale dizer: "quando a norma jurídica impõe um dever de segurança, o faz para evitar determinado dano, donde se conclui que, havendo a *violação do dever de segurança* (portanto, a violação da norma) e ocorrendo um dano que o cumprimento deste dever de segurança poderia evitar, *estabelece-se o nexo de causalidade* entre eles".[28]

A *contrario sensu*, portanto, em sendo observado o dever de segurança, o nexo de causalidade não se estabelece.

O simples exercício da atividade econômica pela instituição financeira, não pode ser, por si só, motivo suficiente para responsabilizá-la pela ocorrência do dano ambiental em operações/atividades de terceiros, por ela financiadas.

Sobre o tema, cite-se a seguinte decisão do STJ:

> [...] Em juízo estreitamente perfunctório, verifica-se que a relação do BID com a Fazenda Pública do Estado de São Paulo rege-se *unicamente pelo contrato de empréstimo entre eles firmado, não havendo*, tal como dito na decisão agravada, *nexo de causalidade* entre a liberação dos recursos para a obra, concedido pelo BID, e a ausência ou erro dos estudos acerca do impacto ambiental do projeto.
>
> No presente caso, em uma primeira análise, *não se vislumbra qualquer responsabilidade* do BID pelos danos ambientais ocasionados na execução do Projeto Várzeas do Tietê, sendo parte ilegítima para ocupar o polo passivo da presente demanda (STJ. Agravo de Instrumento 1.433.170/SP, 5ª Turma, Rel. Ministra Marga Tessler, DJe em 11.12.2014).[29]

Como se pode ver, a extensão do nexo causal é matéria controversa, que enseja discussão casuística, havendo posicionamentos em ambos os sentidos.

Para fins do presente estudo, permitimo-nos fazer uma analogia com as correntes do Direito do Consumidor, dividindo a doutrina e a jurisprudência em (i) "maximalistas", de um lado, no sentido de se alcançar o maior número de pessoas possível para a cadeia de causalidade, o que permite incluir as instituições financeiras em qualquer hipótese de dano ambiental, pelo simples fato de terem concedido crédito a determinada atividade; e (ii) "minimalistas", de outro lado, no sentido de

---

27. LEMOS, Patrícia Faga Iglecias. Op. cit., p. 150.
28. BECHARA, Erika. A responsabilidade civil do poluidor indireto e a obrigação propter rem dos proprietários de imóveis ambientalmente degradados. *Cadernos Jurídicos*, ano 20, n. 48, março/abril 2019. São Paulo: 2019. p. 137-165.
29. No mesmo sentido: TRF1. Agravo de Instrumento 1997.01.00.064333-4, 2ª Turma, Rel. Desembargador Jirair Aran Meguerian, julgado em 07.11.2000, DJ em 11.12.2000; TJMG. Apelação Cível 1.0775.11.001630-7/002, 5ª Câmara Cível, Rel.ª Desembargadora Áurea Brasil, julgado em 7.11.2012, DJe em 19.11.2012.

se exigir o descumprimento de um dever de segurança para que haja um nexo de causalidade efetivo – ainda que indireto – apto a justificar a responsabilidade das instituições financeiras.

De nossa parte, aderimos à corrente "minimalista", eis que acreditamos ser necessário um mínimo de contribuição para o desenlace do evento danoso, para que alguém possa vir a ser chamado a responder solidariamente por um dano ambiental, na qualidade de poluidor indireto, ainda que esta contribuição se dê por meio da inobservância de um dever de segurança.

No que tange às instituições financeiras especificamente (objeto deste estudo), importa destacar, em breves linhas, no que consistiria seu *dever de segurança*, para além das obrigações estipuladas no art. 12 da Lei 6.938/1981.

Para tanto, vale recordar que, inspirados pelos Princípios do Equador, o Banco Central do Brasil – Bacen e a Federação Brasileira de Bancos – Febraban formalizaram, por meio de normativas próprias, a obrigação de as instituições financeiras estabelecerem suas próprias Políticas de Responsabilidade Socioambiental, sobre a qual trazemos os seguintes comentários.

4.1 Política de responsabilidade socioambiental ("PRSA")

Como é intuitivo, "as instituições financeiras estão expostas a riscos de natureza ambiental ou social, através de seus clientes, sejam tomadores de crédito ou aplicadores de recursos. A carência de gerenciamento desses riscos pode levar a perdas de imagem, a perdas legais e a diminuição de receita".[30]

Diante deste cenário, e da crescente tendência de se responsabilizar ambientalmente as instituições financeiras por danos ambientais, foram editadas duas normativas direcionadas a todas as instituições de crédito e aplicadoras de recursos autorizadas a funcionar pelo Banco Central do Brasil,[31] obrigando-as a elaborarem e adotarem uma "Política de Responsabilidade Socioambiental" interna, com o objetivo de se desenvolver um sistema de gerenciamento de riscos e aplicá-lo no procedimento normal de suas negociações.

---

30. O que é a Política de Responsabilidade Socioambiental para bancos? ABBC – Associação Brasileira de Bancos, 2019. Disponível em: [http://www.abbc.org.br/cursos/artigo.asp?id=2]. Acesso em: 07.09.2019.

31. De acordo com a Lei 4.595/1964: "Art. 8º A atual Superintendência da Moeda e do Crédito é transformada em autarquia federal, tendo sede e foro na Capital da República, sob a denominação de Banco Central da República do Brasil, com personalidade jurídica e patrimônio próprios este constituído dos bens, direitos e valores que lhe são transferidos na forma desta Lei e ainda da apropriação dos juros e rendas resultantes, na data da vigência desta lei, do disposto no art. 9º do Decreto-Lei número 8495, de 28/12/1945, dispositivo que ora é expressamente revogado."

    "Art. 11. Compete ainda ao Banco Central da República do Brasil; [...]

    VII – Exercer permanente vigilância nos mercados financeiros e de capitais sobre empresas que, direta ou indiretamente, interfiram nesses mercados e em relação às modalidades ou processos operacionais que utilizem;".

Trata-se da Resolução Bacen 4.327/2014 e do Normativo SARB 14/2014 ("Autorregulação da Febraban") que, de forma bem sintetizada, trazem as regras fundamentais a serem exercidas pelas Instituições Financeiras em seus negócios, para a incorporação de práticas socioambientais.

Enquanto a Resolução Bacen 4.327/2014 se limita a estabelecer diretrizes e princípios norteadores a serem aplicados na elaboração da governança socioambiental das instituições,[32] a Autorregulação da Febraban trouxe uma padronização às políticas a serem elaboradas pelas instituições financeiras, a fim de assegurar a implementação e o correto gerenciamento de riscos socioambientais inerentes às suas atividades, definindo um *patamar mínimo de diligência socioambiental* a ser adotado por estas instituições.

De acordo com a referidas normativas e conforme orientado pela Febraban no "Guia Prático para Elaboração e Implementação da Política de Responsabilidade Socioambiental",[33] os critérios das diligências a serem adotados pelas instituições financeiras devem ser detalhados e passíveis de verificação, seja por meio da análise de licenças ambientais, pela comprovação do cumprimento da legislação socioambiental vigente, por meio de análise documental, seja por meio da obtenção de relatórios elaborados por auditoria interna ou externa, ou até mesmo por visitas de campo e monitoramento.

Em financiamentos agrícolas, por exemplo, obriga-se a instituição financeira a exigir a inscrição do imóvel no Cadastro Ambiental Rural do Imóvel – CAR, além de fazer constar no instrumento contratual declarações do tomador do crédito no sentido de que o imóvel não possui qualquer restrição ao uso de natureza socioambiental. A referida exigência nada mais é do que uma extensão da regra prevista no Código Florestal, em seu art. 78-A.

Quanto aos imóveis urbanos, a exigência recai sobre a necessidade se apresentar a Licença Ambiental da atividade (quando aplicável) e, principalmente, a elaboração de avaliação preliminar, feita por equipe técnica, a fim de identificar, por exemplo, se o imóvel objeto do financiamento está contaminado.

Conforme se verá a seguir, trata-se de providência crucial para fins de delimitação da responsabilidade das instituições financeiras, na qualidade de poluidoras indiretas, em contratos de alienação fiduciária de bens imóveis.

---

32. Por exemplo, implantar uma Política de Responsabilidade Socioambiental – PRSA, que deverá: (i) criar sistemas, rotinas e procedimentos que possibilitem identificar, classificar, avaliar, monitorar, mitigar e controlar o risco socioambiental presente nas atividades e nas operações da instituição; e (ii) avaliar os potenciais impactos socioambientais negativos de novas modalidades de produtos e serviços, inclusive em relação ao risco de reputação.

33. Guia Prático para elaboração e implementação de Política de Responsabilidade Ambiental, elaborado pela Federação Brasileira de Bancos Disponível em: [https://cmsportal.febraban.org.br/Arquivos/documentos/PDF/GUIA%20PRATICO%20PRSA.pdf]. Acesso em: 07.09.2019.

A bem ver, portanto, as Políticas de Responsabilidade Socioambiental das instituições financeiras nada mais são do que a tradução da aplicação da legislação ambiental vigente, consistindo no *dever de segurança* a que estão obrigadas tais instituições, com vistas a reduzir os riscos de responsabilização ambiental, bem como contribuir para a melhoria da qualidade do meio ambiente (conforme preconizado pelo art. 12 da Lei 6.938/1981).

5. ALIENAÇÃO FIDUCIÁRIA DE BEM IMÓVEL E A RESPONSABILIDADE AMBIENTAL

Nos termos da Lei 9.514/1997, que, dentre outras disposições, institui a alienação fiduciária de coisa imóvel, "A alienação fiduciária regulada por esta Lei é o negócio jurídico pelo qual o devedor, ou fiduciante, com o escopo de garantia, contrata a transferência ao credor, ou fiduciário, da *propriedade resolúvel* de coisa imóvel" (art. 22).

Diz-se resolúvel porque a consolidação da propriedade em favor do credor fiduciário fica condicionada ao não cumprimento da obrigação pelo devedor. Vale dizer, a propriedade plena do imóvel somente será do credor fiduciário[34] em caso de não pagamento da dívida pelo devedor fiduciante.

Neste sentido, o art. 1.367 do Código Civil[35] é claro ao estabelecer que o proprietário fiduciário não se equipara àquele que detém a propriedade plena do bem imóvel.[36]

Com efeito, nos termos da legislação específica em vigor (Lei 9.514/1997), a propriedade fiduciária de um bem imóvel se "inicia" com o registro no competente Registro de Imóveis do contrato de garantia,[37] mas ela só se "completa", em favor do credor fiduciário, com a execução da garantia, em caso de inadimplemento.

Desde o seu "nascimento" e enquanto perdurar a alienação fiduciária, haverá o desdobramento da posse em duas: posse direta, que caberá ao devedor fiduciante, e posse indireta, que caberá ao credor fiduciário.[38]

---

34. Lei Federal 9.514/1997: "Art. 26. Vencida e não paga, no todo ou em parte, a dívida e constituído em mora o fiduciante, *consolidar-se-á*, nos termos deste artigo, a *propriedade do imóvel em nome do fiduciário*. (...). § 7° Decorrido o prazo de que trata o §1° sem a purgação da mora, o oficial do competente Registro de Imóveis, certificando esse fato, promoverá a averbação, na matrícula do imóvel, da consolidação da propriedade em nome do fiduciário, à vista da prova do pagamento por este, do imposto de transmissão inter vivos e, se for o caso, do laudêmio".
35. Com a redação que lhe foi dada pela Lei 13.043, de 2014.
36. "Art. 1.231. A propriedade presume-se plena e exclusiva, até prova em contrário".
37. Art. 23 da Lei 9.514/1997: "Art. 23 Constitui-se a propriedade fiduciária de coisa imóvel mediante registro, no competente Registro de Imóveis, do contrato que lhe serve de título."
38. Art. 23, parágrafo único, da Lei 9.514/1997: "Parágrafo único. Com a constituição da propriedade fiduciária, dá-se o desdobramento da posse, tornando-se o fiduciante possuidor direto e o fiduciário possuidor indireto da coisa imóvel".

Ainda, enquanto perdurar a alienação fiduciária, isto é, enquanto adimplente o devedor fiduciante, ser-lhe-á assegurada "a livre utilização, *por sua conta e risco*, do imóvel objeto da alienação fiduciária" (art. 24, V, da Lei 9.514/1997).[39]

E a propriedade resolúvel e o desdobramento da posse do imóvel assim seguirão, até que a alienação fiduciária se resolva, quer pelo adimplemento do contrato, com o cancelamento do registro da propriedade fiduciária e o retorno do bem ao patrimônio do devedor;[40] quer pelo seu inadimplemento, hipótese em que "consolidar-se-á (...) a propriedade do imóvel em nome do fiduciário o credor" (art. 26 da Lei 9.514/1997).

Trata-se de procedimento formalizado perante o Registro de Imóveis para constituir em mora o devedor fiduciante, averbar na matrícula do imóvel a consolidação da propriedade em nome do credor fiduciário e permitir que este leve o bem imóvel a leilão.[41]

Observados os requisitos da Lei, o imóvel pode ser vendido em hasta pública, transmitindo-se a um terceiro a propriedade do bem. Neste caso, o credor recém consolidado na propriedade a transmitirá ao adquirente.

Nesta hipótese, o credor não terá obtido a propriedade plena de fato (quando muito, fictamente), pois a posse direta do bem jamais lhe terá pertencido.

Porém, na hipótese de os leilões restarem infrutíferos, ocorrerá a adjudicação do bem em nome do credor. Neste caso, sua propriedade se tornará plena tão logo o credor detenha também a posse direta do bem.

Neste momento, abrem-se duas possibilidades, a depender da situação fática: estando o imóvel desocupado, o credor adjudicante já poderá se imitir na posse, adquirindo a propriedade plena do bem. Porém, estando o imóvel ocupado, o proprietário terá que ingressar com ação de reintegração de posse e, somente após a desocupação o imóvel, terá a propriedade plena do bem, reunindo, enfim, as posses direta e indireta.

Uma vez alcançada a propriedade plena, o credor poderá, enfim, usar, gozar e dispor da coisa,[42] podendo, inclusive, aliená-la a um terceiro.

Disso se depreende que o credor fiduciário, assim que consolida sua propriedade, ou leva o bem a leilão, transmitindo-o a um terceiro; ou adjudica o imóvel e, uma vez obtida a propriedade plena do bem (com a posse direta), vende o bem a um terceiro.

---

39. Da mesma forma, o Código Civil estabelece que "antes de vencida a dívida, o devedor, às suas expensas e risco, pode usar a coisa segundo sua destinação, sendo obrigado, como depositário (...) a empregar na guarda da coisa a diligência exigida por sua natureza" (Art. 1.363, I).

40. Art. 25 da Lei 9.514/1997: "Art. 25. Com o pagamento da dívida e seus encargos, resolve-se, nos termos deste artigo, a propriedade fiduciária do imóvel".

41. Art. 27 da Lei 9.514/1997: "Art. 27. Uma vez consolidada a propriedade em seu nome, o fiduciário, no prazo de trinta dias, contados da data do registro de que trata o § 7º do artigo anterior, promoverá público leilão para a alienação do imóvel".

42. Art. 1.228 do Código Civil: "Art. 1.228. O proprietário tem a faculdade de usar, gozar e dispor da coisa, e o direito de reavê-la do poder de quem quer que injustamente a possua ou detenha".

Em qualquer hipótese, é de se reconhecer que a permanência do credor fiduciário na posse direta do bem será pouca ou quase nenhuma, tratando-se de uma situação temporária e transitória.

Essa transitoriedade nos leva a indagar: em que medida o credor fiduciário deve responder (solidária e objetivamente) por passivos ambientais encontrados em imóvel objeto de alienação fiduciária? Ou em que medida esta propriedade "temporariamente plena" é suficiente para configurar um nexo causal?

A esta altura, ganha relevância a diferenciação que trouxemos anteriormente entre as correntes "maximalista" e "minimalista" e a adoção de uma ou outra.

Se se adotar a corrente "maximalista", pode-se entender que o simples fato de o credor fiduciário ter integrado a cadeia sucessória do imóvel (ainda que nunca tenha obtido sua propriedade plena) já seria suficiente para configurar um nexo de causalidade indireto, obrigando-o a responder por eventual dano ambiental no imóvel dado em garantia. Indo mais fundo: segundo os doutrinadores aderentes a esta corrente, a responsabilidade da instituição financeira poderia ocorrer a qualquer momento, seja no decorrer do contrato de alienação fiduciária (quando o credor detém apenas a posse indireta do imóvel), seja após o seu término, quando ocorre a consolidação efetiva da propriedade.

Porém, se se adotar a corrente "minimalista" (à qual nos filiamos), será necessário averiguar, antes de mais nada, se o credor fiduciário descumpriu algum dever de segurança, contribuindo efetivamente para o desenlace do evento danoso, hipótese em que restaria configurado o nexo de causalidade. Assim, segundo os doutrinadores aderentes a esta corrente, a responsabilidade da instituição financeira só restaria configurada após o término do contrato de alienação fiduciária, quando consolidada a propriedade plena do imóvel e desde que, antes da concessão do crédito, a instituição não tinha se desincumbido do seu dever de segurança.

No caso das instituições financeiras, vimos que, uma vez instituída a Política de Responsabilidade Socioambiental, a instituição tem o dever de, previamente à celebração do contrato de alienação fiduciária, obter os documentos e informações necessários referentes à regularidade ambiental de determinado imóvel.

Em se tratando de imóvel urbano, estes cuidados estão relacionados à adoção de medidas que assegurem que o imóvel a ser dado em garantia (i) não possui qualquer tipo de passivo ambiental ou (ii) em sendo constatada alguma contaminação, que serão adotadas medidas pelo devedor fiduciante para o seu gerenciamento.

Cumprido este dever de segurança, não caberá à instituição financeira, na qualidade de credora fiduciária, fiscalizar o exercício da posse direta pelo devedor, enquanto perdurar o contrato de alienação.

Isso porque, o credor fiduciário não detém qualquer controle sobre as atividades realizadas no imóvel pelo devedor fiduciante, sendo-lhe vedado o exercício do poder de polícia, o qual é exclusivo do Poder Público e indelegável, segundo o Supremo Tribunal Federal.[43]

Neste sentido, merece destaque a doutrina de Édis Milaré, para quem *"não há como se determinar que a instituição financeira fiscalize 'in loco' o empreendimento ou atividade por ela financiada*. Sim, porque o poder de polícia é atividade estatal indelegável, o que impede que uma instituição financeira crie um setor de fiscalização que pretenda avaliar *pari passu* o processo de licenciamento ambiental, inclusive indo a campo para averiguar a adequação das atividades executadas com os seus recursos. Em outros termos, ao mesmo tempo em que isso seria uma total transferência do encargo do poder de polícia estatal às instituições financeiras, a juridicidade da exigência seria bastante questionável".[44]

Por esta razão é que se defende que a responsabilização do credor fiduciário deve se ater aos limites do dever de segurança estabelecidos às instituições financeiras, em especial, art. 12 da Lei 6.938/1981, Resolução Bacen 4.327/2014, Normativo SARB 14/2014 e art. 78-A da Lei 12.651/2012 (em se tratando de imóveis rurais).

Observados estes comandos normativos, o credor fiduciário não responderia por eventuais danos causados durante o contrato de alienação fiduciária, eis que a posse direta será do devedor fiduciante, ao qual a lei assegura o direito de usar a coisa, "às suas expensas e risco" (Art. 1.363, I, do Código Civil).

Disso resulta ser crucial para o presente trabalho entender quando ocorreu o fato gerador do dano ambiental. Se o dano tiver sido causado pelo devedor fiduciante, ficará ele obrigado, na condição de poluidor direto, a reparar ou indenizar os danos causados ao meio ambiente, independentemente da existência de culpa.

Ainda que este imóvel (agora contaminado) venha a ser, temporária e transitoriamente, de propriedade plena do credor fiduciário, tendo ele agido previamente com dever de segurança (por exemplo, tendo realizado a avaliação preliminar para fins de investigação de passivo), não poderá ser responsabilizado por um ato gerado pelo devedor fiduciante, sobre o qual o credor não detém nem ingerência nem poder de polícia.

Noutras palavras, para que se configure o nexo de causalidade indireto é necessário que um normativo tenha sido desrespeitado. Logo, se o imóvel dado em garantia detiver todas as licenças ambientais e tiver sido objeto de auditoria documental e ambiental prévias (*Due diligence*), tendo o devedor fiduciante causado um dano ambiental, pela teoria do escopo da norma violada, entendemos que o credor fiduciário não poderá ser responsabilizado, já que ele não deve responder por aquilo que está fática e legalmente fora de seu poder de ingerência.

Neste sentido, a Lei 9.514/1997 estabelece como marco temporal da responsabilidade a imissão na posse pelo credor fiduciário, determinando que todos os

---

43. ADI 1717/DF, Rel. Min. Sydney Sanches, Tribunal Pleno, DJ 28.3.2003.
44. MILARÉ, Édis. *Direito do Ambiente*. São Paulo: Ed. RT, 2018. p. 450 e 451.

fatos geradores praticados até este momento serão de responsabilidade do devedor fiduciante, ainda que venham a "eclodir" posteriormente. *In verbis*:

Art. 27, § 8º. *Responde o [devedor] fiduciante* pelo pagamento dos impostos, taxas, contribuições condominiais e quaisquer outros encargos que recaiam ou *venham a recair sobre o imóvel*, cuja posse tenha sido transferida para o fiduciário, nos termos deste artigo, *até a data em que o fiduciário vier a ser imitido na posse*. (Incluído pela Lei 10.931, de 2004).[45]

Ou seja, o simples fato de a instituição financeira ter passado, brevemente, pela cadeia sucessória de propriedade do imóvel dado em garantia, sem ter tido qualquer tipo de ingerência e sem ter descumprido nenhum dever de segurança, não é suficiente – na nossa opinião – para torná-la solidária e objetivamente responsável por todo e qualquer dano ambiental que venha ser posteriormente verificado no imóvel.

Porém, se considerarmos a corrente "maximalista" e a elasticidade do conceito de obrigação *propter rem*, então, o credor fiduciário também poderia ser responsabilizado por um passivo ambiental surgido durante ou depois de adquirida a propriedade plena do imóvel dado em garantia, já que a obrigação de reparação acompanha, necessariamente, o imóvel, devendo ser garantida sua recuperação a ser cobrada de qualquer um dos proprietários que já detiveram seu domínio, ainda que temporariamente.

Para esta corrente, no momento da execução da garantia fiduciária, havendo a transmissão da propriedade plena ao credor fiduciário, serão também transmitidas as obrigações de natureza *propter rem* inerentes ao imóvel.

Neste sentido, Carlos Alberto Salles sustenta que a obrigação ambiental acompanha o direito real transmitido:

> [...] da caracterização das obrigações ambientais de recuperação do solo como obrigações propter rem extraem-se algumas importantes consequências que devem ser destacadas. Primeiro, a vinculação dessas obrigações a um direito real, significando dizer que o titular do domínio da coisa responde pelos gravames produzidos pelo bem de sua propriedade. Segundo, que tais obrigações transferem-se junto com a transmissão da coisa, por meio de negócios jurídicos. Vale dizer, independentemente de previsões contratuais a respeito, a obrigação de reparar o solo degradado transfere-se ao adquirente. [...][46]

---

45. Embora o Código Civil disponha em seu Art. 1.368-B, parágrafo único, que "*O credor fiduciário que se tornar proprietário pleno* do bem, por efeito de realização da garantia, mediante consolidação da propriedade, adjudicação, dação ou outra forma pela qual lhe tenha sido transmitida a propriedade plena, *passa a responder* pelo pagamento dos tributos sobre a propriedade e a posse, taxas, despesas condominiais e quaisquer outros encargos, tributários ou não, incidentes sobre o bem objeto da garantia, *a partir da data em que vier a ser imitido na posse direta do bem*", entendemos que a Lei 9.514/1997 é especial e, como tal, deve prevalecer, por força do próprio art. 1.367 do Código Civil: "A propriedade fiduciária em garantia de bens móveis ou imóveis sujeita-se às disposições do Capítulo I do Título X do Livro III da Parte Especial deste Código e, *no que for específico, à legislação especial pertinente*, não se equiparando, para quaisquer efeitos, à propriedade plena de que trata o art. 1.231".

46. SALLES, Carlos Alberto de. Propriedade Imobiliária e Obrigações "propter rem" pela recuperação ambiental do solo degradado. *Revista do Direito Ambiental*, n, 34, São Paulo, 2014.

Ainda, de acordo com Ricardo Cintra Torres de Carvalho,[47] a transmissão da propriedade deve extinguir a obrigação *propter rem* de conservação do imóvel do antigo proprietário, já que este deixou de ser o titular do direito real e das obrigações acessórias do bem e em razão da *impossibilidade de cumprimento* das referidas obrigações, já que nele não pode interferir, uma vez que deixou de ter seu domínio e propriedade.

Ocorre, porém, que esta "transmissão automática" de responsabilidade pode acarretar a irresponsabilidade do verdadeiro causador do dano, o que não faz sentido nem em termos pedagógicos nem em termos de vedação ao enriquecimento ilícito.

No exemplo citado por Torres de Carvalho, ainda que haja impossibilidade de cumprimento de determinada obrigação de fazer por parte daquele que perdeu a posse direta do bem, é certo que ele ainda pode/deve vir a ser condenado a pagar *indenização*, caso tenha sido o verdadeiro causador de um dano ambiental (poluidor direto).

Nesta ordem de ideias, é válido pontuar a diferenciação que a doutrina faz quanto às obrigações *propter rem* e aquelas decorrentes da responsabilidade civil ambiental.

De acordo com Zapater:

> A obrigação de conservação ambiental do imóvel deriva do princípio da função socioambiental da propriedade, e por esse motivo, adere à propriedade. A responsabilidade civil por danos ambientais deriva do princípio do poluidor-pagador e, por isso, adere ao risco assumido ou gerado por determinadas atividades.[48]

Em reforço, Milaré entende que a responsabilidade civil não adere a um bem, devendo se distinguir da obrigação *propter rem*, uma vez que esta deriva de um direito real inerente de determinado imóvel, enquanto a responsabilidade civil ambiental deve, necessariamente, surgir em razão da ocorrência de um dano e da constatação da existência de nexo de causalidade entre a atividade desenvolvida por alguém, de forma direta o indireta, e esse dano.[49]

Daí a pergunta: seria a transferência do imóvel uma causa de extinção da obrigação *propter rem* de preservação e recuperação do antigo proprietário?

De acordo com a linha de que a responsabilidade civil não deve ser confundida com a obrigação *propter rem*, é possível encontrar alguns posicionamentos no sentido de que, mesmo após a transmissão da titularidade do imóvel, o antigo proprietário continuará responsável pelo passivo ambiental a qual deu causa, com base no instituto da responsabilidade civil, ao mesmo tempo em que o novo proprietário continuará

---

47. CARVALHO, Ricardo Cintra Torres de. A obrigação *propter rem*, uma figura frequente no Direito Ambiental. *Conjur*, Brasília, 25.08.2018. Disponível em: [https://bit.ly/2RxQ17X]. Acesso em: 07.09.2019.

48. ZAPATER, Tiago C. Vaitekunas. Responsabilidade civil do poluidor indireto e do cocausador do dano ambiental: observações e distinções sobre a solidariedade na obrigação de reparar o dano. In: ROSSI, Fernando F. et al. (Org.). *Aspectos controvertidos do direito ambiental*: tutela material e tutela processual. v. 1. Belo Horizonte: Fórum, 2013. p. 339-372.

49. MILARÉ, Édis; MORAIS, Roberta Jardim de; DIAS, Maria Camila Cozzi Pires de Oliveira. Reencontrando Derrida. *Revista do Advogado*. São Paulo, n. 134, p. 23-38, jul. 2017.

obrigado a manter as características ambientais do imóvel, nos termos do art. 1.228, §1º do Código Civil (obrigação *propter rem*).

A verdade é que, na prática forense, provavelmente, ambos responderão pelos danos ambientais, o que irá variar será apenas o fundamento utilizado para imputar a responsabilidade de cada um e o tipo de obrigação que poderá ser imposta: ao atual detentor do imóvel, obrigações de fazer e não fazer; ao anterior proprietário, apenas o dever de indenizar os danos causados ao meio ambiente.

6. CONSIDERAÇÕES FINAIS: MITIGAÇÃO DOS RISCOS AMBIENTAIS

Ainda que não exista a possibilidade de se neutralizarem todos os riscos envolvidos com a concessão de crédito, por meio de contrato de alienação fiduciária, há medidas preventivas que podem ser adotadas, a fim de reduzir a exposição ao risco de responsabilização ambiental do credor fiduciário por passivo ambiental no imóvel dado como garantia do contrato.

Como visto, a existência de passivos ambientais no imóvel dado em garantia pode expor o credor fiduciário a diversos riscos, desde a exposição a eventuais ações judiciais, até uma possível cobrança de cumprimento de obrigações de fazer e não fazer (p. ex.: remediação de uma área contaminada), sem falar no possível risco de danos à imagem da instituição financeira, caso ela venha a ser exposta como financiadora de imóveis degradados.

Em razão de tais fatos, conforme pontua Anette Martinelli de Mattos Pereira, "o conhecimento da destinação dos recursos é extremamente relevante, eis que baliza a adoção das diligências socioambientais legalmente exigíveis pela instituição financeira".[50]

O conhecimento da condição do imóvel previamente à destinação do crédito permitirá que a instituição financeira minimize consideravelmente os riscos de eventual responsabilização. No mais, é essencial que sejam cumpridas, à risca, as regras previstas no Art. 12 da PNMA, Resolução Bacen 4.327/2014, do Normativo SARB 14/2014 e art. 78-A do Código Florestal, além da Política de Responsabilidade Socioambiental de cada instituição, sem prejuízo de outras normas existentes sobre o tema, a fim de assegurar o cumprimento do seu dever de segurança, evitando, assim, sua responsabilização como poluidora indireta.

Tendo em vista a existência de diferentes posicionamentos doutrinários e jurisprudenciais sobre a extensão da responsabilidade do credor fiduciário por danos ambientais causados por terceiros, torna-se extremamente importante a realização de uma *Due Diligence* documental do imóvel, previamente à cessão do crédito, a fim de

---

50. PEREIRA, Anette Martinelli de Mattos. A responsabilidade civil ambiental das instituições financeiras e a Resolução CMN 4.327/2014. In: YOSHIDA, Consuelo Y.M. et al. (Coord.). *Finanças sustentáveis e a responsabilidade socioambiental das instituições financeiras*. Belo Horizonte: Fórum, 2017.

se garantir o cumprimento do dever de segurança por parte da instituição financeira. Uma vez cumprido seu dever de cautela, o simples fato de a instituição financeira ter passado, brevemente, pela cadeia sucessória de propriedade do imóvel dado em garantia, sem ter tido qualquer tipo de ingerência sobre a atividade poluidora, não é suficiente – na nossa opinião – para torná-la solidária e objetivamente responsável por todo e qualquer dano ambiental que venha ser posteriormente verificado no imóvel.

7. REFERÊNCIAS BIBLIOGRÁFICAS

Livros e periódicos:

ANTUNES, Paulo de Bessa e FERNANDES, Elizabeth Alves. Responsabilidade Civil das Instituições Financeiras. *Revista da Procuradoria Geral do Banco Central*. v. 1, n. 9, junho de 2015. Brasília: BCB, 2015.

ALTERINI, Atilio. *Responsabilidad civil*. Buenos Aires: Abeledo-Perrot.

BECHARA, Erika. A responsabilidade civil do poluidor indireto e a obrigação propter rem dos proprietários de imóveis ambientalmente degradados. *Cadernos Jurídicos*, ano 20, n. 48, Março/Abril 2019. São Paulo: 2019.

BENJAMIN, Antonio Herman V. Responsabilidade Civil pelo Dano Ambiental. In: *Revista de Direito Ambiental*, Ano 3, v. 9, jan-mar 1998. São Paulo: Ed. RT, 1998, p. 37.

CARVALHO, Ricardo Cintra Torres de. A obrigação propter rem, uma figura frequente no Direito Ambiental. *Conjur*. Brasília, 25 ago. 2018. Disponível em: [https://bit.ly/2RxQ17X]. Acesso em: 07.09.2019.

FROTA, Pablo Malheiros da Cunha. *A imputação sem nexo causal e a responsabilidade por danos*. Tese (doutorado) – Faculdade De Direito - Universidade Federal do Paraná. Curitiba, 2013.

LEMOS, Patrícia Faga Iglecias. *Meio ambiente e responsabilidade civil do proprietário*. Análise do nexo causal. São Paulo: Ed. RT, 2008.

MILARÉ, Édis. *Direito do Ambiente*. São Paulo: Ed. RT, 2018.

MILARÉ, Édis; MORAIS, Roberta Jardim de; DIAS, Maria Camila Cozzi Pires de Oliveira. Reencontrando Derrida. *Revista do Advogado*. São Paulo, n. 134, p. 23-38, jul. 2017.

MIRRA, Álvaro Luis Valery. *A responsabilidade civil ambiental das instituições financeiras*. [https://www.conjur.com.br/2017-nov-25/ambiente-juridico-responsabilidade-civil-ambiental-instituicoes-financeiras#_edn7]. Acesso em: 02.09.2019.

NUSDEO, Ana Maria de Oliveira. Instituições financeiras e danos ambientais causados por atividades financiadas. In: YOSHIDA, Consuelo Y. M. et al. (Coord.). *Finanças sustentáveis e a responsabilidade socioambiental das instituições financeiras*. Belo Horizonte: Fórum, 2017.

PENTEADO, Luciano de Camargo. Direito das Coisas. São Paulo: Revista dos Tribunais, 2008.

PEREIRA, Anette Martinelli de Mattos. A responsabilidade civil ambiental das instituições financeiras e a Resolução CMN n. 4.327/2014. In: YOSHIDA, Consuelo Y.M. et al. (Coord.). *Finanças sustentáveis e a responsabilidade socioambiental das instituições financeiras*. Belo Horizonte: Fórum, 2017.

RODRIGUES, Sílvio. *Curso de Direito Civil*: parte geral das obrigações. São Paulo: Saraiva, 1978.

SALLES, Carlos Alberto de. Propriedade Imobiliária e Obrigações "propter rem" pela recuperação ambiental do solo degradado. *Revista do Direito Ambiental*, n. 34, São Paulo, 2014.

SILVA, L.; MENDES, R. R. Temas Polêmicos de Alienação Fiduciária em Garantia: A Responsabilidade do Credor Fiduciário por Obrigações propter rem. *Revista de Direito Bancário e do Mercado de Capitais*, São Paulo: 2016, ano 19, v. 74.

VASCONCELOS, Adriana Paiva. Responsabilidade civil dos bancos por danos ambientais em projetos financiados. *Revista Eletrônica Direito e Política, Programa de Pós-Graduação Stricto Sensu em Ciência Jurídica da Univali*, Itajaí, v. 7, n. 1, 1° quadrimestre de 2012. Disponível em: [www.univali.br/direitoepolitica – ISSN 1980-7791 https://siaiap32.univali.br/seer/index.php/rdp/article/viewFile/5640/3040]. Acesso em: 30.08.2019.

ZAPATER, Tiago Cardoso, Responsabilidade civil do poluidor indireto e do cocausador do dano ambiental: observações e distinções sobre a solidariedade na obrigação de reparar o dano. In: ROSSI, Fernando F. et al. (Coord.). *Aspectos controvertidos do direito ambiental*: tutela material e tutela processual. Belo Horizonte: Fórum, 2013.

Outros:

O que é a Política de Responsabilidade Socioambiental para bancos? ABBC – Associação Brasileira de Bancos, 2019. Disponível em: [http://www.abbc.org.br/cursos/artigo.asp?id=2]. Acesso em: 07.09.2019.

Guia Prático para elaboração e implementação de Política de Responsabilidade Ambiental, elaborado pela Federação Brasileira de Bancos Disponível em: [https://cmsportal.febraban.org.br/Arquivos/documentos/PDF/GUIA%20PRATICO%20PRSA.pdf]. Acesso em: 07.09.2019.

PARTE 3
ASPECTOS REGISTRÁRIOS

PARTE 3

ASPECTOS REGISTRARIOS

Capítulo 1
O REGISTRO DA VENDA E COMPRA CONDICIONAL CELEBRADA JUNTAMENTE COM ALIENAÇÃO FIDUCIÁRIA EM GARANTIA

Marcelo Terra

Graduado pela Faculdade de Direito da Universidade de São Paulo (USP) em 1978. Fundador do curso de pós-graduação em Negócios Imobiliários da Universidade Secovi-SP. Idealizador do curso de especialização em Direito Imobiliário Empresarial, organizado pela Universidade Secovi-SP. Vencedor do "Prêmio Master Imobiliário", concedido pela FIABCI-BRASIL, na categoria "Consultoria Jurídica", pelo trabalho "Permuta de terreno por unidade a ser construída no próprio local". Conselheiro Nato do Secovi-SP em reconhecimento dos relevantes serviços prestados à Indústria Imobiliária. Diretor Adjunto para o biênio 2016/2018 do Conselho Diretor da Fiabci/Brasil.

José Guilherme Gregori Siqueira Dias

Pós-graduado em Direito Imobiliário pela FADISP. Especialista em Direito Imobiliário Empresarial pela Universidade SECOVI. Graduado em Direito pela FAAP. Membro da MDDI – Mesa de Debates de Direito Imobiliário.

Sumário: 1. Algumas considerações preliminares. – 2. Do registro do contrato de venda e compra condicional. – 3. Breves linhas sobre a natureza da alienação fiduciária. – 4. Da compatibilidade. – 5. Da desistência da incorporação. – 6. Cancelamento do loteamento. – 7. Considerações finais. – 8. Referências bibliográficas.

1. ALGUMAS CONSIDERAÇÕES PRELIMINARES

Conforme dispõe o art. 121 do Código Civil, a condição é a cláusula que, derivando exclusivamente da vontade das partes, subordina o efeito do negócio jurídico a evento futuro e incerto.

Quanto ao modo de atuação, isto é, quanto ao momento em que os efeitos devem começar a se operar ou a cessar sua produção, a condição pode ser classificada como: (i) *suspensiva*, prevista no art. 125[1] do Código Civil; (ii) e *resolutiva*, disposta no art. 127[2] do mesmo diploma.

---

1. Código Civil: "Art. 125. Subordinando-se a eficácia do negócio jurídico à condição suspensiva, enquanto esta se não verificar, não se terá adquirido o direito, a que ele visa."
2. Código Civil: "Art. 127. Se for resolutiva a condição, enquanto esta se não realizar, vigorará o negócio jurídico, podendo exercer-se desde a conclusão deste o direito por ele estabelecido."

Em linhas gerias, a condição *suspensiva* tem o condão de impedir que os efeitos jurídicos do negócio jurídico se produzam até o momento em que implementada. Vale dizer, sua eficácia fica suspensa. Assim, por exemplo, a venda de um imóvel mediante condição *suspensiva* somente produzirá efeitos após o implemento do evento futuro e incerto, ao qual o negócio foi condicionado, razão pela qual, enquanto o mesmo não se verificar, o comprador não pode exigir a transferência do domínio e o vendedor conserva a propriedade.

Por outro lado, em relação à condição *resolutiva*, o direito passa a existir desde a realização do ato negocial, cessando seus efeitos, porém, tão logo o evento futuro e incerto aconteça.

Dessa forma, enquanto na condição *suspensiva* o ato só passa a ter eficácia com o seu advento, na *resolutiva* o negócio se resolve com referido advento.[3]

Dotadas, portanto, de importantes características quanto ao efeito do negócio jurídico, tanto a condição *resolutiva*, quanto a *suspensiva*, são largamente utilizadas em operações imobiliárias, afinal a prática moderna impõe, especialmente para incorporadores e loteadores, que tem a aquisição do terreno como o pontapé inicial de sua cadeia produtiva, a adoção de determinadas cautelas (por exemplo, a realização de auditoria legal, técnica e ambiental) antes de concluir, efetivamente, a compra e venda.

Ocorre que, embora de uso comum em contratos preliminares (tal como o compromisso de venda e compra), as condições *resolutiva* e *suspensiva* aparecem com menos frequência em escrituras de venda e compra (ou em instrumentos particulares com força de escritura pública). Logo, o intuito deste breve estudo é tratar da registrabilidade de escritura de venda e compra subordinada à condição *resolutiva* ou à condição *suspensiva* e verificar a possibilidade deste tipo de escritura condicional estar associada à concomitante celebração de alienação fiduciária em garantia.

2. DO REGISTRO DO CONTRATO DE VENDA E COMPRA CONDICIONAL

A Lei Federal 6.015/73 expressamente prevê no item 29 do inciso "I" do seu art. 167 que é passível de registro nas matrículas a compra e venda pura e a condicional.

Não obstante tal previsão legal e no que diz respeito à condição *suspensiva*, a doutrina não é uníssona a respeito da possibilidade de registro de escritura de transmissão da propriedade sob condição *suspensiva*, sob o argumento de que a propriedade somente seria considerada transmitida após a realização do evento fixado na escritura.[4] Ao contrário, portanto, do registro da escritura de venda e compra com condição *resolutiva*, cuja possibilidade de registro sempre foi pacífica.

---

3. RODRIGUES, Silvio. *Direito civil, parte geral*. 33. ed. São Paulo: Saraiva, 2003. p. 251.
4. DOS SANTOS, Francisco Rezende; COUTO, Maria do Carmo de Rezende Campos; SOUZA, Eduardo Pacheco Ribeiro de. (Coord.) Coleção de Cadernos IRIB – *Compra e venda*. São Paulo: IRIB, 2012. p. 24.

Aqui, portanto, cabe uma reflexão histórica que talvez justifique a maior aceitação da registrabilidade da condição *resolutiva*. Trata-se do pacto comissório que tinha previsão no art. 1.163 do Código Civil de 1916, como cláusula especial de compra e venda, o qual nada mais é do que uma cláusula *resolutiva* expressa que regra a forma de resolução da venda e compra em caso de inadimplemento do preço pelo comprador. Nesse sentido, importante lembrar que, logo após a edição do Código Civil de 2002, "as abalizadas vozes produziram um certo consenso, no sentido de que a ausência de previsão do instituto do pacto comissório, não inviabilizou a sua adoção, sob a forma de cláusula resolutiva".[5]

Inclusive, nesta mesma época, houve paradigmática decisão[6] da 1ª Vara de Registros Públicos de São Paulo – SP, que, no âmbito de suscitação de dúvida, permitiu o registro de escritura de venda e compra com condição *resolutiva*, determinando que a cláusula *resolutiva* deveria compor averbação subsequente ao registro, com a indicação precisa dos valores e prazos da condição. Entendeu o magistrado que, mesmo não integrando o rol ou o elenco do art. 167, II, da Lei de Registros Públicos, tal averbação se mostrava viável para melhor revelar o direito em questão, dotando a matrícula da indispensável visibilidade e transparência.

De sorte que, desde então, ao menos no Estado de São Paulo, essa tem sido uma prática comum entre os registradores, em que pese as Normas de Serviço da Corregedoria Geral do Estado de São Paulo não tenham dispositivo específico a respeito.[7]

No tocante à condição *suspensiva*, a Corregedoria-Geral de Justiça de São Paulo já decidiu[8] pela possibilidade de registro de contrato de promessa de compra e venda feito sob condição *suspensiva*, pautada no mesmo dispositivo legal acima mencionado.

Todavia, como dito acima, há doutrinadores que entendem que somente seria possível o registro deste tipo de escritura se a mesma fosse apresentada ao Oficial Registrador juntamente com a comprovação do cumprimento da condição *suspen-*

---

5. 1VRPSP. Proc. 000.04.083774-2. Rel. Venício Antonio de Paula Salles. DJ: 22.12.2004.
6. 1VRPSP. Proc. 000.04.083774-2. Rel. Venício Antonio de Paula Salles. DJ: 22.12.2004.
7. Há, contudo, no item 130, do Capítulo XX, do Tomo II, previsão de que "o pacto comissório não deve ser objeto de averbação, pois é da essência da compra e venda condicional, prevista, como ato registrável, no art. 167, I, 29, da Lei 6.015, de 31 de dezembro de 1973.1 O seu posterior cumprimento, todavia, poderá, a requerimento do interessado, ser averbado." (Proc. CG 164/81.). Além disso, há disposição genérica de que "São requisitos do registro no Livro n. 2: (...); g) *demais dados que influenciem na constituição, modificação ou extinção do direito real, ou expressamente previstos em lei* (ex. condição resolutiva, direito de acrescer no usufruto, encargo nas doações, localização da coisa no penhor)." (grifos nossos).
8. "...Não há que se falar em nulidade do registro, a pretexto de que o compromisso de venda e compra em exame não poderia ter sido registrado, visto que o artigo 167, I, n. 29, da Lei de Registros Públicos, prevê expressamente o registro da compra e venda pura e da condicional, sendo certo que, se a legislação de regência admite o registro da venda e compra sujeita a condição, resta claro que também autoriza o registro do compromisso de venda e compra nessas mesmas condições, como ocorre 'in casu', já que referido compromisso constitui-se em um 'minus' em relação àquela e, como se sabe, quem pode o mais, pode o menos...". (CGJ/TJSP. Proc. CG n. 2007/21247. Rel. Walter Rocha Barone. DJ: 08.04.2008). E, ainda: 1VRPSP. Proc. 824/85. Rel. Ricardo Henry Marques Dip. DJ: 23.01.1986.

siva, o que, na prática, equivale a dizer pela impossibilidade do seu registro antes da sua superação.[9]

Com todo respeito a tais doutrinadores, essa não parece a melhor interpretação, até porque contrária à permissibilidade da lei de registros públicos e a sua própria finalidade (busca de segurança jurídica nas relações imobiliárias), pois, na verdade, o registro da venda e compra com condição *suspensiva* não gera a efetiva transmissão da propriedade antes do implemento da condição, logo, o domínio não é transferido ao adquirente. O registro, neste caso, tem caráter assecuratório de direito.[10]

De sorte que, somente após o advento da condição, é que o ato de registro, que era meramente assecuratório, gerará efeitos constitutivos, não havendo a necessidade de novo ato de registro, podendo ser realizada mera averbação de ocorrência do evento. Aqui, portanto, vale uma rápida digressão, pois, em nosso entender, o fato gerador do Imposto sobre a Transmissão de Bens Imóveis (ITBI) somente dar-se-ia com a implementação da condição, nos termos do inciso I, do art. 117, do Código Tributário Nacional, logo, a rigor, tal tributo não precisaria ser recolhido para viabilização do registro meramente assecuratório.[11]

3. BREVES LINHAS SOBRE A NATUREZA DA ALIENAÇÃO FIDUCIÁRIA

A alienação fiduciária de bens imóveis foi instituída pela Lei Federal 9.514/97, com o objetivo de modernizar e agilizar os sistemas de garantia, sendo caracterizada pela transferência da propriedade resolúvel do imóvel do devedor fiduciante ao credor fiduciário.

---

9. Há, ainda, uma linha intermediária que, embora não entenda viável o registro, considera possível a realização de único ato de averbação, a saber: "Assim, os negócios jurídicos que visem a alienação ou oneração de direitos reais envolvendo bens imóveis e que contenham condição suspensiva não podem ser registrados enquanto estas não forem implementadas, uma vez que o direito buscado só nasce no momento da ocorrência do evento futuro e incerto. Logo, se inexistente o direito (salvo o expectativo), o título que enceta o negócio condicionado suspensivamente não gera efeitos e, consequentemente, não está apto para ingressar no Álbum Imobiliário, por meio de registro, pois este tem, entre outras, a finalidade de constituir o direito real, o que não será possível porque o título causal sobrestou a aquisição do direito, bem como de fazer com que o negócio gere eficácia erga omnes. Outrossim, será possível admitir o ingresso do título no Álbum Imobiliário por meio de um ato de averbação, com respaldo no princípio da concentração, escorado nos da publicidade e da segurança jurídica, de modo a permitir o conhecimento de todos acerca do negócio jurídico realizado, principalmente para resguardar o direito expectativo, muito embora esta averbação, frise-se, não representa a constituição de direitos e obrigações entre os contratantes." (BURTET, Tiago Machado. O direito expectativo no registro de imóveis. *Revista de Direito Imobiliário*, RDI 65/93, jul.-dez./2008).

10. CLÁPIS, Alexandre Laizo. In: ALVIM NETO, José Arruda, CLÁPIS, Alexandre Laizo e CAMBLER, Everaldo Augusto (Coord.). *Lei de registros públicos comentada*. Rio de Janeiro: Forense, 2014. p. 725.

11. "Apelação ordinária município de Taubaté ITBI. Aquisição de imóvel em decorrência de acordo nos autos de ação de divórcio consensual. Aquisição realizada sob condição suspensiva. Fato gerador que somente se verifica quando do implemento da condição Impossibilidade de exigência do imposto em momento anterior. Exclusão da incidência de juros, multa e correção monetária. Recurso Improvido." (TJSP. Apelação 1006033-69.2014.8.26.0625. Rel. Rodrigues de Aguiar. DJ: 24.11.2015).

Resumidamente, no momento de sua constituição, o devedor fiduciante permanece com a posse direta do imóvel e se torna titular de direito real de aquisição,[12] representado pela possibilidade de reaver, após quitada a dívida, o imóvel em sua plenitude.

Consequentemente, a alienação fiduciária é negócio jurídico vinculado a uma condição *resolutiva*, que, enquanto não verificada, reserva ao credor fiduciário a propriedade resolúvel do imóvel e a sua posse indireta, restando ao devedor fiduciante o referido direito real de aquisição sobre o imóvel e a sua posse direta. Resolve-se o negócio, portanto, com pagamento integral da dívida garantida.[13]

4. DA COMPATIBILIDADE

Como é sabido, a celebração de escritura de venda e compra de imóvel com alienação fiduciária em garantia[14] se reveste de dois negócios jurídicos, quais sejam: (i) a venda e compra; (ii) e a alienação fiduciária em garantia. Desta forma, há, por consequência, dois atos de registro, um para cada negócio, sendo que, quitada a dívida, haverá ainda necessária averbação de cancelamento da alienação fiduciária, por força da resolução do negócio fiduciário, de sorte a tornar o devedor fiduciante titular de domínio do imóvel.

Ademais, como visto acima, a venda e compra pode estar submetida a condição *suspensiva*, entretanto, nesta hipótese, o comprador não será o efetivo titular de domínio enquanto não implementada a condição. Por essa razão, não tendo a propriedade, não teria o comprador como alienar fiduciariamente o imóvel ao vendedor (credor). Logo, quando tratamos da venda e compra celebrada juntamente com alienação fiduciária, parte-se usualmente de uma venda e compra pura, sem condição, uma vez que os efeitos do pagamento (ou do inadimplemento) estarão regrados pela sistemática da alienação fiduciária.

Por outro lado, não obstante tal impossibilidade de registro de alienação fiduciária enquanto pendente a superação de condição *suspensiva* constante na venda e compra, nada impede, em nosso entender, a celebração de escritura de venda e compra com condição *suspensiva* e alienação fiduciária em garantia, desde que essa garantia também esteja sujeita à superação da condição *suspensiva*.

Exemplificando, poderia ser ajustada em determinada escritura de venda e compra que o negócio estaria sujeito à confirmação, por meio de laudo técnico, de que o imóvel não possui contaminação em seu solo e/ou em suas águas inferiores.

---

12. Código Civil: "Art. 1.368-B. A alienação fiduciária em garantia de bem móvel ou imóvel confere direito real de aquisição ao fiduciante, seu cessionário ou sucessor".
13. TERRA, Marcelo; DIAS, José Guilherme Siqueira. In: ALMEIDA, Marcelo Manhães de (Coord.). *Direito imobiliário e urbanístico*: temas atuais. São Paulo: Foco, 2019. p. 179.
14. Importante lembrar aqui que o art. 38 da Lei Federal 9.514/97 permite que tal instrumento seja particular com força de escritura pública, em exceção à regra do art. 108 do Código Civil.

Confirmada essa situação, o negócio se tornaria eficaz e, consequente, o comprador passaria a ser devedor do preço (ou do saldo do preço, caso já tivesse antecipado algum valor), cujo pagamento, dado a superação da condição *suspensiva*, passaria a ser garantido pela alienação fiduciária, cuja eficácia também estava submetida à superação daquela. Inclusive, em razão do princípio da cindibilidade do título, não haveria óbice para tal instrumento ser registrado em relação à venda e compra condicional por ele entabulada.

Por outro lado, partindo do mesmo exemplo acima, se a condição fosse *resolutiva* ao invés de *suspensiva*, compreendemos que seria possível o registro da venda e compra com condição *resolutiva* (sendo que esta constaria em averbação) e o registro da alienação fiduciária, a qual, por uma questão lógica, também precisaria estar subordinada à mesma condição *resolutiva*, a qual, em nosso entender, também poderia ser averbada após o registro da alienação fiduciária para manter a indispensável transparência da matrícula. Nesta hipótese, portanto, verificada a condição *resolutiva*, realizar-se-iam as averbações de cancelamento da alienação fiduciária e da venda e compra, voltando-se ao estado anterior da celebração da venda e compra com condição *resolutiva* e alienação fiduciária.

Importante salientar que o cancelamento do registro da venda e compra e da alienação fiduciária deverá observar a disposição do art. 250, da Lei Federal 6.015/73, razão pela qual o mesmo deve decorrer: (i) em cumprimento de decisão judicial transitada em julgado , (ii) a requerimento unânime das partes que tenham participado do ato registrado, se capazes, com as firmas reconhecidas por tabelião e (iii) a requerimento do interessado, instruído com documento hábil.

5. DA DESISTÊNCIA DA INCORPORAÇÃO

A Lei Federal 4.591/64 autoriza o incorporador a sondar a viabilidade negocial do empreendimento, mediante a estipulação de um prazo de carência máximo e improrrogável de 180 dias, com a fixação de condições que lhe possibilitem considerar não-concretizada a incorporação.[15]

São lícitas, em geral, todas as condições que a lei não vedar expressamente, sendo impedidas, por exemplo, aquelas que sujeitarem o ato ao arbítrio de uma das partes (a chamada cláusula puramente potestativa).[16]

Se não implementadas as condições de concretização no prazo ajustado, o incorporador poderá, a seu exclusivo critério, optar por: a) desistir da incorporação; b) ou a considerar concretizada mesmo assim e a levar adiante.

---

15. Lei Federal 4.591/64. "Art. 34. O incorporador poderá fixar, para efetivação da incorporação, prazo de carência, dentro do qual lhe é lícito desistir do empreendimento."

16. TERRA, Marcelo. Artigo de maio de 1990 constante no livro *Temas Jurídicos nos negócios imobiliários*. IOB: 1991, capítulo VI, p. 140.

Se optar pela desistência, deverá comunicar tal fato ao Registro de Imóveis e requerer o cancelamento do registro do memorial de incorporação dentro do prazo de 180 dias do registro primitivo, sendo que, uma vez cancelado o registro, o incorporador deverá comunicar aos condôminos o não implemento das condições, a desistência e a devolução de 100% das quantias pagas, corrigidas monetariamente pelo mesmo índice de correção do saldo do preço.

Pela leitura da Lei Federal 4.591/64 não é possível carimbar se tal prazo de carência tem caráter de condição *suspensiva* ou *resolutiva*, logo, fica franqueado ao incorporador optar qual modalidade prefere e, usualmente, escolhe por qualificá-la como condição *suspensiva*, pois, nos casos de venda de unidade imobiliária sujeita a condição *suspensiva*, as quantias recebidas só serão computadas como receita para fins de tributação (inclusive pelo Regime Especial de Tributação – RET) quando implementada a condição *suspensiva* a que estiver sujeita a venda.

Desta forma, ainda que não ultrapassado o prazo de carência, e considerando o que foi acima exposto, o incorporador poderia celebrar escritura de venda e compra (referente à fração ideal que corresponderá à futura unidade) com condição *suspensiva* e alienação fiduciária (ou com condição *resolutiva*, se já quiser registrar a alienação fiduciária, conforme visto acima).

6. CANCELAMENTO DO LOTEAMENTO

No âmbito dos loteamentos, é comum a celebração de escritura de venda e compra com alienação fiduciária, mas não é prática a inclusão de condições expressas à venda e compra, sendo que não há, sequer, expressa previsão legal do referido prazo de carência nesta modalidade de empreendimento, o que, possivelmente, tem inibido sua adoção em loteamentos.

Parte desta problemática se dá, pois, quando do registro do memorial de loteamento, as vias de circulação, as áreas de lazer, as áreas verdes e as áreas institucionais passam automaticamente ao domínio do Município. Trata-se da regra do art. 22, da Lei Federal 6.766/79, que instituiu entre nós o chamado concurso voluntário.

Em razão disso, há relevante discussão doutrinária se há ou não necessidade de aprovação via lei (votada na Câmara Municipal) ou se basta anuência do Poder Executivo para cancelamento total ou parcial do plano do loteamento.

Entendemos pela dispensa de autorização por lei municipal ao cancelamento do plano do loteamento, posto que, segundo o procedimento do art. 23,[17] combinado

---

17. Lei Federal 6.766/79: "Art. 23. O registro do loteamento só poderá ser cancelado: I – por decisão judicial; II – a requerimento do loteador, com anuência da Prefeitura, ou do Distrito Federal quando for o caso, enquanto nenhum lote houver sido objeto de contrato; III – a requerimento conjunto do loteador e de todos os adquirentes de lotes, com anuência da Prefeitura, ou do Distrito Federal quando for o caso, e do Estado."

com o disposto no art. 28,[18] ambos da Lei Federal 6.766/79, para o cancelamento do registro do loteamento basta a autorização do Poder Executivo, dispensada lei municipal.

Nesse sentido, vale mencionar que há decisão[19] da 1ª Vara de Registros Públicos de São Paulo - SP que aceitou o pedido de cancelamento de loteamento não implantado, mesmo o Município tendo impugnado tal solicitação. A argumentação do Juízo foi a de que não houve prova da implantação do parcelamento e que o cancelamento pretendido não traria repercussão urbana.

De todo modo, de uma forma ou de outra, o legislador se preocupou em prever a possibilidade de cancelamento do loteamento, sendo omisso, contudo, quanto à possibilidade de utilização do prazo de carência.

A ausência de previsão legal, todavia, coloca em evidência a regra máxima do direito privado que aquilo que não é proibido é permitido, sendo assim não há, via de regra, qualquer impedimento à implementação de condição análoga ao prazo de carência na venda de lotes à luz da Lei Federal 6.766/79.

Tecnicamente, como já mencionado, o prazo de carência poderá ser uma condição *suspensiva* ou *resolutiva*, sendo que, pelo certo ineditismo, sua implementação na venda de lotes poderia gerar questionamentos, tais como: (i) o loteador poder submeter a venda e compra a condição de vender determinado número de lotes, em determinado prazo, seria uma cláusula abusiva? (ii) institutos do Código Civil (condições *suspensivas* e *resolutivas*) podem ser aplicados em negócio jurídico que possui lei específica sem esta previsão?

Quanto à suposta abusividade da cláusula, entendemos que não seria razoável tal questionamento, na medida em que, como o próprio prazo de carência, amplamente utilizado nas incorporações imobiliárias, a possibilidade de rescisão da venda dentro do prazo ajustado com o adquirente visará assegurar a viabilidade econômica do loteamento e, assim, também protegê-lo, pois a desistência do empreendimento (ou, ao menos, a desistência de lançá-lo em determinado momento) afasta do risco de o adquirente sofrer prejuízos eventualmente decorrentes de um negócio fadado ao insucesso.

No tocante à aplicação de regra geral, compreendemos que não haverá conflito de norma, pois a Lei Federal 6.766/79 é omissa sobre o tema e, de certa forma, até chancela a possibilidade de uma redação contratual que preveja a possibilidade de "cancelamento do loteamento", por força do que dispõe o comentado art. 23.

---

18. Lei Federal 6.766/79: "Art. 28. Qualquer alteração ou cancelamento parcial do loteamento registrado dependerá de acordo entre o loteador e os adquirentes de lotes atingidos pela alteração, bem como da aprovação pela Prefeitura Municipal, ou do Distrito Federal quando for o caso, devendo ser depositada no Registro de Imóveis, em complemento ao projeto original com a devida averbação."

19. 1VRPSP. Proc. 1123048-48.2015.8.26.0100. Rel. Tânia Mara Ahualli. DJ: 09.11.2016.

Neste contexto, o loteador também poderia celebrar escritura de venda e compra com condição *suspensiva* e alienação fiduciária (ou com condição *resolutiva*, conforme acima comentado).

7. CONSIDERAÇÕES FINAIS

Diante de todo o exposto, podemos concluir que:

a) na condição *suspensiva* o ato só passa a ter eficácia com o advento da condição, enquanto na condição *resolutiva* o negócio se resolve com referido advento;

b) é possível o registro de escritura de venda e compra, tanto com condição *resolutiva*, quanto com condição *suspensiva*; de todo modo, para melhor publicidade e segurança jurídica, é conveniente que a condição, seja *resolutiva* ou seja *suspensiva*, componha averbação subsequente ao registro, com a sua precisa indicação;

c) ao contrário do registro da venda e compra com condição *resolutiva,* o registro da venda e compra com condição *suspensiva* não gera a efetiva transmissão da propriedade antes do implemento da condição, logo, o domínio não é transferido ao adquirente, tendo o registro, neste caso, caráter assecuratório de direito;

d) nada impede, em nosso entender, a celebração de escritura de venda e compra com condição *suspensiva* e alienação fiduciária em garantia, desde que essa garantia também esteja sujeita à superação da condição *suspensiva,* não obstante nos parece inviável o registro da alienação fiduciária enquanto pendente a superação de condição *suspensiva* constante na venda e compra, na medida em que o comprador, por força de tal condição, não terá o domínio do imóvel;

e) por outro lado, se a condição for *resolutiva*, entendemos viável o registro da venda e compra a ela subordinada com o simultâneo registro da alienação fiduciária, a qual, por uma questão lógica, também precisaria estar subordinada à mesma condição *resolutiva;*

f) tanto no âmbito de incorporações, quanto no de loteamentos, é possível, portanto, sujeitar a venda e compra a condições *resolutivas* ou *suspensivas*, ainda que com concomitante celebração de alienação fiduciária em garantia;

g) obviamente, no âmbito de incorporações, deve-se observar as regras do prazo de carência constantes na Lei Federal 4.591/64, sendo recomendável, portanto, dado o certo ineditismo, que na ótica dos loteamentos sejam aplicadas regras comercias e contratuais análogas ao prazo de carência, pois a inspiração na lei de incorporação é um forte aliado para sua utilização.

8. REFERÊNCIAS BIBLIOGRÁFICAS

BURTET, Tiago Machado. O direito expectativo no registro de imóveis. *Revista de Direito Imobiliário, RDI 65/93,* jul.-dez./2008.

CLÁPIS, Alexandre Laizo. In: ALVIM NETO, José Arruda, CLÁPIS, Alexandre Laizo e CAMBLER, Everaldo Augusto (Coord.). *Lei de registros públicos comentada*. Rio de Janeiro: Forense, 2014.

DINIZ, Maria Helena. *Teoria geral do direito civil*. 20. ed. São Paulo: Saraiva, 2003.

DOS SANTOS, Francisco Rezende; COUTO, Maria do Carmo de Rezende Campos; SOUZA, Eduardo Pacheco Ribeiro de. (Coord.). *Coleção de Cadernos IRIB* – Compra e venda. São Paulo: IRIB, 2012,

RODRIGUES, Silvio. Direito civil, parte geral. 33. ed. São Paulo: Saraiva, 2003.

TERRA, Marcelo; DIAS, José Guilherme Siqueira. In: ALMEIDA, Marcelo Manhães de (Coord.). *Direito imobiliário e urbanístico*: temas atuais. São Paulo: Foco, 2019.

TERRA, Marcelo. Artigo de maio de 1990 constante no livro *Temas Jurídicos nos negócios imobiliários*, IOB: 1991.

VENOSA, Sílvio de Salvo. *Direito civil*: parte geral. 10. ed. São Paulo: Atlas, 2010.

Capítulo 2
ALIENAÇÃO FIDUCIÁRIA DE IMÓVEL RURAL EM FAVOR DE ESTRANGEIRO

Amanda Visentini Rodrigues

Pós-graduada em Direito Societário pelo INSPER e Graduada em Direito pela Faculdade de Direito da Universidade de São Paulo. Advogada especializada em direito societário e M&A em São Paulo.

Gabriel Lelis Cardoso dos Santos

Pós-graduado em Estruturas e Operações Empresariais pela Escola de Direito da FGV e Graduado em Direito pela Pontifícia Universidade Católica de São Paulo. Advogado especializado em direito societário e M&A em São Paulo.

Sumário: 1. Introdução – 2. Vedação à aquisição de imóvel rural por estrangeiro (Lei 5.709/1971) – 3. Alienação Fiduciária de Imóveis – 3.1 Vantagens da Alienação Fiduciária de Imóveis – 3.2 Consolidação da Propriedade – 4. Alienação Fiduciária de Imóvel Rural em Favor de Estrangeiro – 4.1 Posição a Favor da Sujeição à Lei 5.709/1971 – 4.2 Posição Contrária à Sujeição à Lei 5.709/1971 – 4.2.1 Caráter Resolúvel da Propriedade Fiduciária (Temporal ou Transitório) – 4.2.2 Limitação dos Direitos Fundamentais de Dono – 5. Excussão de Alienação Fiduciária de imóvel rural em favor de estrangeiro antes da Lei 13.986/20 – 5.1 Excussão de Alienação Fiduciária de imóvel rural em favor de estrangeiro após a Lei 13.986/20 – 6. Considerações finais – 7. Referências bibliográficas.

1. INTRODUÇÃO

A Lei 5.709/71 impõe certas limitações e restrições à aquisição de propriedade rural por estrangeiros ou por sociedades brasileiras controladas por estrangeiros. Conforme será analisado no presente artigo, após longas discussões a respeito da constitucionalidade de parte das disposições da Lei 5.709/71 e pelo fato de a questão, até hoje, ter sido apreciada preponderantemente em pareceres da Advocacia-Geral da União, atualmente, a aquisição de propriedades rurais por estrangeiros, do ponto de vista jurídico, ainda é assunto controverso. Do ponto de vista prático, as restrições e limitações impostas por lei acabam por restringir ou mesmo inviabilizar investimentos estrangeiros no agronegócio brasileiro.

Com relação à possibilidade de constituição de alienação fiduciária dos imóveis rurais em favor de estrangeiros, tendo em vista que a Lei 5.709/71 originalmente tratava de maneira expressa apenas da aquisição de propriedade (plena) de terras rurais[1], a constituição de direitos reais de garantia sobre imóveis rurais em favor de estrangeiros ou de sociedades brasileiras equiparadas às estrangeiras foi, durante muito tempo, tema controverso e sujeito a interpretações distintas. A questão foi pacificada somente com a publicação da Lei 13.986, de 7 de abril de 2020 (em conversão à Medida Provisória nº 897/2019) a qual alterou a Lei 5.709/71, para dela expressamente constar que as restrições previstas em referido diploma legal não são aplicáveis à constituição de garantia real, incluindo-se a transmissão da propriedade fiduciária em favor de pessoa jurídica, nacional ou estrangeira.

O presente artigo abordará breve histórico sobre as diferentes interpretações a respeito da viabilidade de constituição da alienação fiduciária sobre imóveis rurais em favor de estrangeiros, culminando na solução definitiva trazida pela Lei 13.986/20, bem como abordará aspectos práticos e operacionais inerentes à fase de execução da garantia, momento em que o credor fiduciário estrangeiro adquiriria a propriedade plena do imóvel.

2. VEDAÇÃO À AQUISIÇÃO DE IMÓVEL RURAL POR ESTRANGEIRO (LEI 5.709/1971)

Nos termos da Lei 5.709/71 e do Decreto 74.965/74 que a regulamenta, a aquisição de imóvel rural[2] por estrangeiros residentes no Brasil, por pessoas jurídicas estrangeiras autorizadas a funcionar no País, bem como por pessoas jurídicas brasileiras que tenham maioria do capital social detida por pessoas físicas ou jurídicas estrangeiras – equiparadas a estrangeiros nos termos da referida lei[3] – estão sujeitas a diversas limitações e condições impostas por referidos diplomas legais. Fica subentendida a vedação à aquisição de imóveis rurais por estrangeiros não residentes no Brasil ou, se pessoas jurídicas, que não tenham autorização para atuar no Brasil, pois, não estando incluídos no rol da Lei 5.709/71, certamente não poderiam gozar de regime mais favorável que aquele estabelecido pelo referido diploma legal.

Dentre as limitações, encontram-se restrições quanto à extensão das áreas de terras rurais que poderão ser adquiridas pelas pessoas sujeitas à lei, quanto à localização de referidas propriedades, bem como quanto à destinação a ser dada às propriedades

---

1. Importante notar que o instituto da alienação fiduciária sobre imóveis foi criado em 1997, por meio da Lei 9.514, tendo como principal motivação a inserção, em nosso ordenamento jurídico, de nova modalidade de direito real de garantia cujo processo de constituição e de execução fosse mais célere e menos custoso, dado que, no caso da alienação fiduciária de imóveis, a propriedade do bem onerado é transmitida ao credor, diferentemente do que ocorre na hipoteca e demais direitos reais de garantia, em que o bem onerado permanece na esfera patrimonial do devedor, tornando mais arriscado e complexo o processo de recuperação do crédito por meio da execução da garantia.

2. Nos termos do artigo 4º, inciso I da Lei 4.504/64, imóvel rural é definido como "o prédio rústico, de área contínua qualquer que seja a sua localização que se destina à exploração extrativa agrícola, pecuária ou agroindustrial, quer através de planos públicos de valorização, quer através de iniciativa privada".

3. Artigo 1º, § 1º da Lei 5.709/71 "Fica, todavia, sujeita ao regime estabelecido por esta Lei a pessoa jurídica brasileira da qual participem, a qualquer título, pessoas estrangeiras físicas ou jurídicas que tenham a maioria do seu capital social e residam ou tenham sede no Exterior".

rurais adquiridas por pessoas jurídicas estrangeiras e a necessidade de autorização do Instituto Nacional de Colonização e Reforma Agrária – INCRA para aquisições de propriedades com área superior a 3 (três) módulos.

Importante notar que as legislações acima citadas são da década de 70 e, embora tivessem, à época, a finalidade de assegurar a defesa do território brasileiro e da incolumidade da soberania nacional,[4] seus dispositivos, da maneira como originalmente propostos, não refletiam adequadamente tanto a função social dos imóveis rurais como a evolução da estrutura de capital social das empresas brasileiras e o incentivo aos investimentos estrangeiros no agronegócio, seja diretamente, por meio da aquisição de controle de sociedades brasileiras, seja indiretamente, por meio de investimento e aplicação de recursos destinados ao incremento do setor. Além disso, tais restrições impactavam também os movimentos societários tão comuns entre empresas nacionais e estrangeiras, dado que as disposições legais em comento se aplicam aos casos de alienação de imóveis rurais decorrentes de reorganizações societárias e aquisição de controle de sociedades por estrangeiros.

Em adição aos questionamentos concernentes à adequação das restrições trazidas pela legislação em comento à aquisição e exploração de imóveis rurais por estrangeiros, do ponto de vista técnico e jurídico, duas questões igualmente controversas merecem destaque. A primeira delas diz respeito à (in)constitucionalidade dos dispositivos da Lei 5.709/71 que equiparam à pessoa jurídica estrangeira a pessoa jurídica brasileira da qual participem, a qualquer título, pessoas estrangeiras físicas ou jurídicas que tenham a maioria do seu capital social e residam ou tenham sede no exterior. A segunda, derivada da primeira, refere-se à insegurança jurídica verificada em razão da ausência de solução definitiva a respeito da análise da constitucionalidade dos dispositivos legais e, essencialmente, do fato de as respostas para tal questão, até o momento, serem provenientes somente de pareceres da Advocacia-Geral da União, conforme a seguir analisados.

Com relação à questão da (in)constitucionalidade, tal questionamento surgiu após a promulgação da Constituição Federal de 1988, tendo em vista que seu artigo 171 expressamente definiu sociedade brasileira como a sociedade constituída sob a regência das leis brasileiras e com sede no país e sociedade brasileira de capital nacional como a empresa cujo controle efetivo – isto é, a maioria do capital social votante e o exercício do poder decisório para efetivamente gerir as atividades da empresa - estivesse em caráter permanente sob titularidade direta ou indireta de pessoas físicas domiciliadas e residentes no país ou de entidades de direito público interno. Com isso, tornaram-se conflitantes a definição constitucional dada às sociedades brasileiras e a previsão do artigo 1º, § 1º da Lei 5.709/71, segundo a qual as pessoas

---

4. "A legislação em análise visa controlar a aquisição de parte do território nacional por estrangeiros, bem como o uso dos imóveis agrários como importante instrumento de desenvolvimento nacional. Seu fim é evitar a especulação econômica e a degradação do ambiente e, o mais relevante, proteger a soberania e os interesses nacionais." (CARVALHO, Edson Ferreira. *Manual didático do Direito Agrário*. Curitiba: Juruá, 2010. p. 481).

jurídicas brasileiras que apresentem maioria do capital social detida por pessoas físicas ou jurídicas estrangeiras foram equiparadas às sociedades estrangeiras para fins de limitações impostas à aquisição de imóveis rurais.

No entanto, o artigo 190 da Constituição Federal de 1988, ao disciplinar especificamente a aquisição ou arrendamento de imóvel rural por pessoa física ou jurídica estrangeira determinou que a lei infraconstitucional deveria regular o assunto, estabelecendo os casos que dependessem de prévia aprovação pelo Congresso Nacional. Diante de tais contradições, surgiram posições antagônicas as quais, de um lado, alegam que, por se tratar de norma constitucional e posterior, o artigo 1º, § 1º da Lei 5.709/71 estaria revogado e, de outro lado, que o artigo 190 da Constituição Federal teria expressamente recepcionado a regra contida no artigo 1º, § 1º da Lei 5.709/71.

Com a publicação da Emenda Constitucional 6 de 1995, restou expressamente revogado o artigo 171 da Constituição Federal e, consequentemente, extinguiu-se a distinção entre sociedades brasileiras com controle nacional e as sociedades brasileiras controladas por estrangeiros.

Neste contexto, diversos pareceres da Advocacia-Geral da União foram elaborados sobre o assunto, merecendo destaque o Parecer AGU/LA-01-97 e o Parecer AGU 01/2008. O primeiro deles ratificou o entendimento de que o artigo 1º, § 1º da Lei 5.709/71 não foi recepcionado pela Constituição Federal de 1988. Já em 2008, tal entendimento foi revisto pelo Parecer AGU 01/2008, segundo o qual a Constituição Federal de 1988 teria sim recepcionado o artigo 1º, § 1º da Lei 5.709/71. Com base na aplicação deste, que é o último e mais recente parecer da Advocacia Geral da União sobre o assunto, atualmente, as sociedades brasileiras controladas por capital estrangeiro estão sujeitas às limitações impostas pela Lei 5.709/71.

Recentemente, no final de 2020, (portanto, depois de 12 anos de debate e insegurança jurídica), Senado aprovou o Projeto de Lei nº. 2.963/2019 que regula a aquisição de imóveis rurais por estrangeiros e empresas nacionais controladas por estrangeiros. O novo texto normativo permite a aquisição de imóveis rurais por pessoas físicas e jurídicas estrangeiras, desde que limitado a 25% (vinte e cinco por cento) do território do município em que se situarem e que os imóveis rurais adquiridos por sociedade estrangeira no Brasil também observem aos princípios da função social da propriedade previstos na Constituição Federal e o aproveitamento racional e a utilização adequada dos recursos naturais disponíveis e a preservação do meio ambiente. A proposta, portanto, revoga a Lei 5.709/71 e convalida as aquisições e os arrendamentos de imóveis rurais celebrados por pessoas físicas ou jurídicas brasileiras constituídas ou controladas, direta ou indiretamente, por pessoas privadas, físicas ou jurídicas, estrangeiras, durante a vigência dessa lei.

Apesar desses recentes avanços e da perspectiva de estarmos perto de um desfecho para o assunto, esses longos anos de debate e ausência de solução definitiva sobre o tema, somados ao fato de a questão ter sido, até o momento, preponderantemente analisada e discutida no âmbito de pareceres da Advocacia Geral da União, resultaram em grande insegurança jurídica e dificultam o desenvolvimento de estruturas de captação, direta ou indireta, de recursos estrangeiros para expansão das atividades agroindustriais no país. Embora exista grande resistência à aquisição, exploração e utilização de propriedades rurais diretamente por estrangeiros, sob a alegação de que os benefícios trazidos seriam pequenos se comparados aos riscos e potenciais danos decorrentes (tais como danos ambientais, ausência de reinvestimento no país, dentre outros), por outro lado, as restrições atualmente em vigor limitam igualmente o crescimento das sociedades nacionais que desejem valer-se da captação de recursos estrangeiros para crescimento e modernização de seus negócios, inserindo-se no mercado internacional e podendo, consequentemente, gerar mais empregos no país, mais receitas e fomentar o agronegócio.

As limitações envolvendo a aquisição de terras rurais por estrangeiros discutida neste tópico além de impactarem os investimentos diretos feitos por estrangeiros e a expansão do agronegócio por meio da inserção das empresas brasileiras no mercado internacional, também impactavam, até a publicação da Lei 13.986/20, as estruturas de financiamento, operações de crédito e concessão de recursos por estrangeiros, não apenas em razão da insegurança jurídica referida anteriormente, mas também e, principalmente, em virtude das dificuldades operacionais que podem, até mesmo, impedir a correta constituição e posterior execução de garantias envolvendo propriedades rurais.

3. ALIENAÇÃO FIDUCIÁRIA DE IMÓVEIS

O instituto da alienação fiduciária de bens imóveis foi inserido no ordenamento jurídico brasileiro por intermédio da Lei 9.514/97, em decorrência da necessidade de distinguir-se as garantias inerentes ao sistema financeiro de habitação daquelas necessárias para fomento e modernização do mercado de capitais nacional. Ao disciplinar a alienação fiduciária de bens imóveis, a Lei 9.514/97 suprimiu do ordenamento jurídico nacional a lacuna a respeito da existência de uma garantia apta a atender as necessidades das operações de financiamentos imobiliários e operações financeiras com garantias imobiliárias, "partindo do pressuposto de que o bom funcionamento do mercado, com permanente oferta de crédito, depende de mecanismos capazes de imprimir eficácia e rapidez nos processos de recomposição das situações de mora".[5]

Definida no artigo 22 da Lei 9.514/97, a alienação fiduciária é o negócio jurídico por meio do qual o devedor (também denominado fiduciante) transfere ao credor (ou fiduciário) a propriedade resolúvel de coisa imóvel com o intuito de garantia de determinada obrigação, sendo a condição resolutiva justamente o pagamento da dívida garantida. Em outras palavras, a propriedade fiduciária consiste em modalidade de direito real de garantia em razão da qual a posse sobre o imóvel objeto da garantia é desdobrada, de maneira a atribuir-se ao devedor fiduciante o direito de posse

---

5. CHALHUB, Melhim Namem. *Negócio Fiduciário*. 4. ed. Rio de Janeiro: Renovar, 2009. p. 220.

direta sobre o bem imóvel e ao credor fiduciário a posse indireta, acompanhada do direito de consolidar a propriedade sobre o imóvel, condicionado suspensivamente ao inadimplemento da obrigação principal contraída pelo devedor. Nesse sentido, o devedor fiduciante confere ao credor fiduciário um direito de propriedade limitado, destinado apenas a garantir o cumprimento de determinada obrigação constituída em favor deste último e somente pelo prazo necessário para tal fim; uma vez verifica a condição resolutiva sob a qual a garantia é contratada, qual seja, o cumprimento da obrigação garantida, consequentemente extingue-se a propriedade resolúvel com a restituição da plena propriedade do bem ao devedor.

Dessa maneira, a propriedade fiduciária atribuída ao credor se distingue da propriedade plena do imóvel, a qual atribui ao seu titular as faculdades de livremente usar, gozar e dispor da coisa, bem como o direito de reavê-la do poder de quem quer que injustamente a possua ou detenha, conforme previsto no artigo 1.228 do Código Civil.

Apenas em caso de inadimplemento da obrigação garantida haverá a consolidação da propriedade em nome do credor. Contudo, nos termos da Lei 9.514/97, o credor não poderá manter a propriedade sobre o imóvel, devendo promover a realização de leilões para a venda do bem, visando satisfazer seu crédito com o produto da venda e sendo obrigado a devolver ao devedor o montante que exceder o valor da obrigação garantida, se houver.

3.1 Vantagens da alienação fiduciária de imóveis

A alienação fiduciária de imóveis é modalidade de garantia de execução célere, dado que se processa por meios extrajudiciais.

Adicionalmente, a propriedade fiduciária é direito real sobre coisa própria, distinguindo-se, por exemplo, da hipoteca, a qual se caracteriza por ser ônus real incidente sobre coisa alheia. Consequentemente, em razão da propriedade fiduciária, o bem é excluído do patrimônio do devedor – ainda que em caráter resolúvel – não sendo, portanto, passível de alienação por parte do devedor ou mesmo de ser atingido por outras dívidas e obrigações deste, afastando-se riscos e efeitos indesejados decorrentes da insolvência do devedor.

Justamente por se tratar de direito real sobre coisa própria, na hipótese de pedido de recuperação judicial do devedor fiduciante, os bens alienados fiduciariamente não estarão sujeitos às regras e aos efeitos da recuperação judicial, uma vez que o imóvel objeto da garantia passa a integrar a esfera patrimonial do credor fiduciário enquanto persistir a alienação fiduciária.

3.2 Consolidação da Propriedade

Conforme citado anteriormente, a propriedade fiduciária conferida ao credor em razão da alienação fiduciária de bem imóvel é resolúvel, consistindo a condição resolutiva no adimplemento da obrigação garantida. Assim sendo, somente na hipótese de inadimplemento da obrigação garantida, poderá haver a consolidação da propriedade plena em nome do credor.

Nos termos dos artigos 25 a 30 da Lei 9.514/97, vencida a dívida e não paga, no todo ou em parte, o credor deverá notificar o devedor para que purgue a mora. Caso o devedor seja constituído em mora, consolidar-se-á a propriedade do imóvel em nome do credor fiduciário.

Contudo, a lei impõe ao credor o ônus de, no prazo máximo de 30 (trinta) dias contados da consolidação da propriedade, promover leilão público para a venda do imóvel. Se no primeiro leilão, o valor do maior lance ofertado for inferior ao valor do imóvel, novo leilão será realizado no prazo de 15 (quinze) dias. No segundo leilão, deverá ser aceito o valor do maior lance oferecido, desde que igual ou superior a valor da dívida, acrescido das despesas e demais encargos sobre o imóvel. Portanto, o valor de arrematação neste segundo leilão poderá ser inferior ao valor real do imóvel.

O credor deverá satisfazer seu crédito com o produto da venda do imóvel em leilão, devolvendo ao devedor a quantia que sobejar. Por outro lado, em caso de alienação do bem por valor inferior ao da dívida garantida, o credor apropriar-se-á dos valores obtidos por meio da venda e outorgará ao devedor quitação sobre o saldo remanescente, eximindo-o de seu pagamento. Ainda, em caso de ausência de interessados na aquisição do imóvel no segundo leilão, o credor igualmente outorgará ao devedor quitação da dívida anteriormente garantida pela alienação fiduciária, conservando a propriedade plena do imóvel que já foi consolidada em seu nome desde a não purgação da mora. É neste momento que a discussão a respeito da viabilidade de constituição de alienação fiduciária de imóveis rural em favor de estrangeiros ganha relevo, conforme a seguir exposto.

4. ALIENAÇÃO FIDUCIÁRIA DE IMÓVEL RURAL EM FAVOR DE ESTRANGEIRO

Considerando que a Lei 5.709/71 autoriza a aquisição de imóveis rurais por estrangeiros residentes no Brasil, por pessoas jurídicas estrangeiras autorizadas a funcionar no País, bem como por pessoas jurídicas brasileiras que tenham maioria do capital social detida por pessoas físicas ou jurídicas estrangeiras no Brasil, embora, para tanto, estabeleça uma série de restrições e condições, a constituição de alienação fiduciária sobre bem imóvel rural em favor de estrangeiro não poderia estar sujeita a regime menos favorável do que aquele conferido pela Lei 5.709/71.

Assim, a questão acerca deste tema que merece maior atenção não é propriamente a viabilidade de se constituir alienação fiduciária de imóvel rural em favor de estrangeiro, mas se tal estaria sujeita às regras da Lei 5.709/71. Essa discussão, por muito tempo, revelou-se de fundamental relevância, pois, na hipótese em que a alienação fiduciária de imóvel rural a estrangeiro estivesse sujeita à Lei 5.709/71, a constituição de tal garantia sem observância dos preceitos da referida lei eivaria a operação de vício não sanável, ou seja, seria nula de pleno direito.[6]

Como já mencionado anteriormente, nos termos do artigo 22 da Lei 9.514/97, a alienação fiduciária é o negócio jurídico pelo qual o devedor (também denominado fiduciante), com o escopo de garantia, transfere ao credor (ou fiduciário) a propriedade resolúvel de coisa imóvel.

Antes da alteração da Lei 5.709/71 pela Lei 13.986/20, debatia-se a seguinte questão: se a alienação fiduciária de bem imóvel implica a transferência deste para o credor fiduciário, não deveria tal operação estar sujeita à Lei 5.709/71 quando se tratar de alienação fiduciária de imóvel rural em favor de credor estrangeiro?

Por se tratar de tema tão relevante e de ampla aplicação prática, haja vista a disseminação da alienação fiduciária como garantia e os volumes de investimento estrangeiro que nosso país recebeu nos últimos anos, diversos e renomados autores se debruçaram sobre a questão dando origem a diferentes interpretações.

4.1 Posição a Favor da Sujeição à Lei 5.709/1971

Dentre as vozes que já defendiam a aplicação da Lei 5.709/71 às alienações fiduciárias de imóvel rural em favor de estrangeiro, destacamos o entendimento de Lutero de Paiva Pereira:[7]

> Considerando, pois, que para adquirir imóvel rural no Brasil o estrangeiro deve preencher os requisitos da Lei 5.709/71, nenhuma titularidade de imóvel rural poderá passar ao alienígena, seja a titularidade precária, seja a titularidade plena, sem que o ato de aquisição cumpra os requisitos da legislação especial.

De acordo com o mesmo autor, a alienação fiduciária implicaria a perda, pelo devedor, do domínio sobre a coisa dada em garantia que passa a ser de outrem, o credor, restando ao devedor apenas compartilhar a posse. Destacando que a Lei 5.709/71, até aquele momento, não limitava a sua aplicação a determinadas propriedades, nem expressamente excluía qualquer tipo de propriedade de seu rol de aplicação, a opinião de Lutero de Paiva Pereira tinha como base principal o argumento de que a propriedade fiduciária, ainda que peculiar, constitui forma de propriedade e, por conseguinte, a aquisição de tal propriedade sobre imóvel rural por estrangeiro estaria sujeita às regras da Lei 5.709/71.

No entanto, desta opinião já discordávamos antes mesmo da Lei 13.986/20, pelos motivos que passaremos a expor a seguir.

---

6. Artigo 15 da Lei 5.706/71 "A aquisição de imóvel rural, que viole as prescrições desta Lei, é nula de pleno direito. O tabelião que lavrar a escritura e o oficial de registro que a transcrever responderão civilmente pelos danos que causarem aos contratantes, sem prejuízo da responsabilidade criminal por prevaricação ou falsidade ideológica. O alienante está obrigado a restituir ao adquirente o preço do imóvel".

7. PEREIRA, Lutero de Paiva. *Imóvel Rural para Estrangeiro*. 3. ed. Curitiba: Juruá, 2017. p. 86.

4.2 Posição Contrária à Sujeição à Lei 5.709/71

Embora implique a transferência do bem objeto da garantia, é cediço que, pela alienação fiduciária, o credor não adquire a propriedade plena do bem, mas apenas a propriedade fiduciária em garantia. Tais institutos em nenhum caso podem ser confundidos, pois comportam diferenças fundamentais entre si. Aliás, tão importante é essa distinção que o Código Civil expressamente define que tais institutos não se equiparam, para quaisquer efeitos.[8]

Relevante demonstrar a distinção que faz Pontes de Miranda da forma e do conteúdo jurídico-econômico da transmissão pura e da transmissão fiduciária: "sempre que a transmissão tem um fim que não é a transmissão mesma, de modo que ela serve a negócio jurídico que não é o de alienação àquele a que se transmite, diz-se que há fidúcia ou negócio fiduciário".[9]

Tratando especificamente da diferença entre a propriedade fiduciária em garantia e a propriedade plena, Melhim Namem Chalhub assevera que:

> A distinção é elementar: a propriedade plena vincula definitivamente o bem à pessoa do seu titular e lhe confere todos os poderes inerentes à propriedade – usar, gozar e dele dispor (Código Civil, art. 1.228) –, enquanto a propriedade fiduciária em garantia vincula temporariamente um bem ao cumprimento de uma obrigação, impondo ao credor a obrigação de vendê-lo para pagamento da dívida garantida (Código Civil, arts. 1.361 e 1.364).[10]

Diversos doutrinadores se dedicaram ao estudo da alienação fiduciária em garantia, o que deu origem a diferentes conceitos de propriedade fiduciária. Na nossa visão, dentre os conceitos encontrados na doutrina especializada, dois aspectos sobressaem como os mais relevantes para a caracterização da propriedade fiduciária – para os quais voltaremos nossa atenção durante a discussão a que nos prestamos neste trabalho –, quais sejam, seu caráter resolúvel e a limitação das faculdades de dono, ou seja, limitação temporal e limitação quanto à extensão dos direitos de proprietário que são adquiridos pelo credor fiduciário.

4.2.1 Caráter Resolúvel da Propriedade Fiduciária (Temporal ou Transitório)

Conforme se depreende do já mencionado artigo 22 da Lei 9.514/97, a alienação fiduciária tem como finalidade servir de garantia do cumprimento da obrigação do devedor, ou seja, é negócio jurídico acessório da relação obrigacional principal constituída entre as partes. No mesmo sentido, o artigo 1.367

---

8. Artigo 1.367 do Código Civil – "A propriedade fiduciária em garantia de bens móveis ou imóveis sujeita-se às disposições do Capítulo I do Título X do Livro III da Parte Especial deste Código e, no que for específico, à legislação especial pertinente, não se equiparando, para quaisquer efeitos, à propriedade plena de que trata o art. 1.231".

9. MIRANDA, Pontes de. *Tratado de direito privado*. Rio de Janeiro: Borsoi, 1954, p. 115.

10. CHALHUB, Melhim Namem. *Alienação Fiduciária: Negócio Fiduciário*. 5. ed. rev., atual. e ampl. Rio de Janeiro: Forense, 2017. p. 139.

do Código Civil estabelece que a propriedade fiduciária em garantia sujeita-se às disposições do mesmo código relativas ao penhor, à hipoteca e à anticrese.[11] De fato, não têm as partes interesse direto na transferência do imóvel – o fiduciante não tem vontade de alienar o bem imóvel e o fiduciário não tem intenção de adquirir o domínio deste –, mas apenas na constituição de garantia que, para facilitar a sua execução, implica a transferência do imóvel. Nesse sentido, aliás, importante destacar a vedação à estipulação do chamado pacto comissório, segundo o qual, em caso de vencimento da dívida, o pagamento desta será efetuado com o próprio imóvel dado em garantia.[12]

A propriedade fiduciária é resolúvel, ou seja, pende da condição resolutiva que, uma vez ocorrida, resolve a propriedade. Deverá subsistir apenas enquanto e até a extinção da obrigação principal do devedor; extinto o negócio principal, a alienação fiduciária também deixará de existir. Se a obrigação principal não for adimplida pelo devedor até o seu vencimento, a propriedade fiduciária sobreviverá e poderá ser convertida em propriedade plena.

Embora, por definição, a condição seja um evento futuro e incerto, interessante notar que o cumprimento da condição resolutiva, neste caso, tem razoável grau de certeza, pois o devedor já se comprometeu a adimplir a obrigação principal garantida até a data de vencimento acordada. Pelo princípio da boa-fé, outra coisa não podem esperar as partes exceto que a obrigação garantida seja tempestivamente adimplida pelo devedor com a consequente desconstituição da garantia e devolução do bem objeto da garantia fiduciária ao patrimônio do devedor. Assim, pode-se dizer que a resolução da propriedade fiduciária é, ao menos a princípio, provável, no que diz respeito às chances de ocorrer, e previsível, em relação ao momento em que pode ocorrer, tendo em vista o acordo principal entre as partes. Sendo provável e previsível a sua resolução, a propriedade fiduciária deve ser tratada como propriedade por tempo limitado ou transitória, sendo que apenas não o será no caso excepcional em que o devedor deixar de adimplir a obrigação principal garantida. Em outras palavras, está privada a propriedade fiduciária do caráter perpétuo que é peculiar da propriedade plena.

4.2.2   Limitação dos Direitos Fundamentais de Dono

A propriedade fiduciária em garantia é limitada, pois não importa, a princípio, as faculdades fundamentais do dono preconizadas no Código Civil, de usar, de go-

---

11. Artigo 1.367 do Código Civil – "A propriedade fiduciária em garantia de bens móveis ou imóveis sujeita-se às disposições do Capítulo I do Título X do Livro III da Parte Especial deste Código e, no que for específico, à legislação especial pertinente, não se equiparando, para quaisquer efeitos, à propriedade plena de que trata o art. 1.231".

12. Artigo 1.428 do Código Civil – "É nula a cláusula que autoriza o credor pignoratício, anticrético ou hipotecário a ficar com o objeto da garantia, se a dívida não for paga no vencimento. Parágrafo único. Após o vencimento, poderá o devedor dar a coisa em pagamento da dívida".

ALIENAÇÃO FIDUCIÁRIA DE IMÓVEL RURAL EM FAVOR DE ESTRANGEIRO **89**

zar os frutos e de dispor da coisa, e o direito de reavê-la do poder de quem quer que injustamente a possua ou detenha.[13]

Nesse sentido, alguns autores questionam o *nomem iuris* do instituto, argumentando que tal seria a sua atipicidade que por vezes parece se tratar de fato de mera detenção ou de posse indireta, com opção de adquirir a propriedade caso se verifique o inadimplemento da obrigação garantida. No entanto, a doutrina mais especializada em sua maioria defende que a ausência das faculdades de dono não descaracteriza a propriedade, argumentando que essa suportaria a alienação de um ou mais de seus direitos fundamentais, ressaltando a flexibilidade deste direito real.

Fato é que, tendo a propriedade fiduciária a finalidade única de garantir, não seria necessário que fosse dotada de direitos que não servem, a princípio, para este fim. Assim, ainda que propriedade seja, entendemos que a propriedade fiduciária, que, lembremos, não pode ser equiparada à propriedade plena, para quaisquer efeitos, em nada se parece com a situação que a Lei 5.709/71 buscava regular.

O argumento de que a Lei 5.709/71 seria esvaziada em sua proposta caso a alienação fiduciária de imóvel rural em favor de credor estrangeiro não estivesse sujeita ao referido diploma legal, visto que poderia o investidor externo conceder um empréstimo a um nacional, recebendo dele garantia de alienação fiduciária imóvel rural, para depois tornar-se proprietário pleno do bem sem ter que se submeter às exigências da Lei 5.709/71 também não nos parece válido. Isso, porque, como veremos a seguir, a consolidação da propriedade deverá observar à Lei 5.709/71.

Ademais, em referido caso, estaríamos diante de uma simulação e não da utilização regular do instituto, que não tem o objetivo de transferir a propriedade plena do imóvel objeto da garantia do devedor para o credor, mas apenas de servir como garantia do adimplemento da obrigação principal contraída pelo fiduciante pelo tempo e na extensão que sejam necessários para este fim.

Ciente da possibilidade de tal confusão, Renan Miguel Saad esclarece que:

> (...) enquanto na simulação busca-se esconder a real natureza do negócio pretendido, na alienação fiduciária celebra-se negócio jurídico típico, cujos efeitos são predeterminados, o que a torna indene de vícios por simulação no momento da sua constituição.[14]

5. EXCUSSÃO DE ALIENAÇÃO FIDUCIÁRIA DE IMÓVEL RURAL EM FAVOR DE ESTRANGEIRO ANTES DA LEI 13.986/20

Uma vez que a reforma promovida pela da Lei 13.986/20 sanou qualquer dúvida a respeito da não aplicação da Lei 5.709/1071 à constituição de alienação fiduciária

---

13. Artigo 1.228 do Código Civil – "O proprietário tem a faculdade de usar, gozar e dispor da coisa, e o direito de reavê-la do poder de quem quer que injustamente a possua ou detenha".

14. SAAD, Renan Miguel. *A Alienação fiduciária sobre bens imóveis*. Rio de Janeiro: Renovar, 2001. p. 78.

sobre bem imóvel rural em favor de estrangeiro, trataremos da excussão desta garantia à luz das restrições estabelecidas na referida lei.

Como já mencionado anteriormente, vencida a dívida e não paga, no todo ou em parte, o credor deverá notificar o devedor para que purgue a mora. Caso o devedor seja constituído em mora, consolidar-se-á a propriedade do imóvel em nome do credor fiduciário.

A consolidação é, pois, o momento da aquisição da propriedade plena do bem imóvel pelo credor, embora ainda recaia sobre o credor a obrigação legal de, no prazo máximo de 30 (trinta) dias contados da consolidação da propriedade, promover leilão público para a venda do imóvel. Caso, mesmo após promovidos os leilões, não tenha sido possível a alienação do imóvel, o credor conservará a propriedade plena do imóvel que já foi consolidada em seu nome desde a não purgação da mora.

Assim, não restam dúvidas de que, por implicar a aquisição plena do imóvel objeto da garantia, a consolidação da propriedade em nome do credor, uma vez não purgada a mora pelo devedor, estará sujeita às regras da Lei 5.709/71.

Diante da vedação à consolidação da propriedade plena de bem imóveis rurais em favor de estrangeiros sem observância da Lei 5.709/71, em sede de ações de execução promovidas pelo credor estrangeiro contra o devedor, alguns tribunais estaduais, com destaque para os de São Paulo e Mato Grosso, sedimentaram o entendimento de que o imóvel alienado fiduciariamente poderia ser oferecido à penhora para consequente praceamento em hasta pública, restando, porém, vedada a adjudicação ou arrematação pelo próprio credor estrangeiro. Neste sentido, destacamos trecho de recente julgado do Tribunal de Justiça de São Paulo:[15]

> Na verdade, o que se pretende é o praceamento do imóvel em Hasta Pública, com alienação para terceiro e a quitação do saldo devedor contratual com o produto dessa alienação. Assim, possível a penhora almejada pela Empresa credora, ora agravante, desde que vedada a adjudicação ou arrematação da propriedade rural pela exequente, ora agravante, ante a restrição prevista na referida Lei 5.709/71 e no Parecer CGU/AGU 01/2008 RVJ à aquisição de propriedade de imóvel rural pela Empresa exequente.

Embora a busca por uma saída para esse problema prático seja louvável, a solução nos moldes em que tem sido proposta até o momento é problemática do ponto

---

15. "Agravo de Instrumento. Execução de Título Executivo Extrajudicial consistente em Escritura Pública de Confissão de Dívida com garantia de alienação fiduciária sobre imóvel rural. Empresa exequente que detém maioria de seu capital formado por Empresas estrangeiras, que foi impedida de consolidar a propriedade fiduciária da área recebida em garantia, como credora da dívida confessada. Pedido judicial, pela via da Execução, para a penhora do imóvel rural. Deferimento da constrição sobre os direitos do devedor executado sobre o bem. Inconformismo da Empresa exequente deduzido no Recurso. Acolhimento. Possibilidade de praceamento do imóvel rural em Hasta Pública, com alienação para terceiro e a quitação do saldo devedor contratual com o produto dessa alienação. Penhora almejada que não configura aquisição da propriedade de imóvel rural pela Empresa exequente, desde que vedada a adjudicação ou arrematação do imóvel pela exequente, "ex vi" da Lei 5.709/71 e do Parecer CGU/AGU 01/2008 RVJ. Decisão reformada, com observação. Recurso Provido" (TJSP, Agravo de Instrumento 2017960-08.2018.8.26.0000, Des. Rel. Daise Fajardo Nogueira Jacot, julgado em 22.05.2018).

de vista jurídico. Isso porque a constituição de alienação fiduciária devidamente registrada causa a perda, ainda que temporária, da propriedade plena do devedor e faz nascer a propriedade fiduciária para o credor, passando o bem a integrar a esfera patrimonial do credor fiduciário enquanto persistir a garantia. Ora, se é assim, como poderia o credor apontar a penhora de bem que, naquele momento, integra a sua própria esfera patrimonial? Poderia ser determinada a penhora de bem que não é de propriedade do devedor à época da execução?

Ademais, a solução mina a celeridade da execução de garantia que é esperada pelo credor quando da opção pela constituição de alienação fiduciária em garantia que é conferida pela possibilidade de utilização do já mencionado procedimento extrajudicial.

O caminho trilhado pela jurisprudência também não respondia o que deveria acontecer caso, após a realização infrutífera de ambos os leilões, uma vez que por se tratar de credor estrangeiro, este não poderia adjudicar o imóvel rural sem observância das limitações e condições impostas pela Lei 5.709/91.

Vale lembrar que, como alternativa à excussão da garantia com observância dos preceitos da Lei 5.709/91 e à promoção de ação de execução judicial objetivando o cumprimento, pelo devedor, da obrigação principal, o credor terá a opção de ceder seu crédito contra o devedor a qualquer terceiro. Assim, a propriedade fiduciária que é acessória seguirá o caminho da contratação principal sendo transferida para o novo credor (cessionário). Ressaltamos que, neste caso, por não ter operado a consolidação da propriedade, o credor original transferirá ao novo credor o seu direito real de propriedade fiduciária em garantia, e não a propriedade plena, além, é claro, do crédito contra o devedor.[16]

Nesse contexto, vemos que, embora já não houvesse óbice para a constituição de alienação fiduciária sobre bem imóvel rural em favor de estrangeiro, o que foi confirmado pela Lei 13.986/20, a exequibilidade desta garantia não poderia seguir o seu rito normal, qual seja, o procedimento extrajudicial já comentado e que configura uma vantagem para o credor em relação aos direitos reais de garantia mais tradicionais, e, ainda que fosse admitida a penhora do bem objeto da garantia fiduciária em sede de ação de execução da obrigação principal promovida pelo credor, caso os leilões realizados para alienação do bem imóvel penhorado não fossem frutíferos para este fim, o credor fiduciário estrangeiro se depararia com um verdadeiro vácuo jurídico, uma vez que não poderia valer-se da solução legal prevista para este caso que é a adjudicação do bem se não fosse possível obter a autorização para aquisição do bem de que trata a Lei 5.709/91, o que reforçava a necessidade de maiores discussões sobre o tema a fim de que se chegasse a uma solução que propiciasse segurança jurídica a credores fiduciários estrangeiros.

---

16. "Art. 28. A cessão do crédito objeto da alienação fiduciária implicará a transferência, ao cessionário, de todos os direitos e obrigações inerentes à propriedade fiduciária em garantia."

5.1 EXCUSSÃO DE ALIENAÇÃO FIDUCIÁRIA DE IMÓVEL RURAL EM FAVOR DE ESTRANGEIRO APÓS A LEI 13.986/20

O principal objetivo da Lei 13.986/20 (fruto da conversão da Medida Provisória nº 897 de 2019, também conhecida como MP do Agro) é estabelecer mecanismos para impulsionar o agronegócio brasileiro, fomentando o crédito rural e incentivando o financiamento nesse setor.

Dentre diversas soluções trazidas para esse fim, referida lei expressamente prevê que as restrições previstas na Lei 5.709/91 não são aplicáveis às garantias reais, incluindo por meio de alienação fiduciária, em favor de pessoa jurídica, nacional ou estrangeira e à liquidação de transações, por meio de realização de garantia real, de dação em pagamento ou de qualquer outra forma.

Assim, a conversão da MP do Agro em lei encerrou definitivamente as discussões sobre a possibilidade de ser constituída alienação fiduciária sobre bem imóvel rural em favor de credor estrangeiro ou de sociedades brasileiras equiparadas às estrangeiras, bem como sobre a possibilidade de excussão de tal garantia.

6. CONSIDERAÇÕES FINAIS

Com o objetivo principal de proteger a soberania e os interesses nacionais, a Lei 5.709/71 regulamenta a aquisição de imóvel rural por (i) estrangeiros residentes no Brasil, (ii) por pessoas jurídicas estrangeiras autorizadas a funcionar no País, bem como (iii) por pessoas jurídicas brasileiras que tenham maioria do capital social detida por pessoas físicas ou jurídicas estrangeiras, que estará sujeita a diversas limitações e condições, sendo vedada à aquisição de imóveis rurais por estrangeiros não residentes no Brasil ou, se pessoas jurídicas, que não tenham autorização para atuar no Brasil. O Projeto de Lei nº 2.963/2019, atualmente em tramitação, propõe a revogação da Lei Lei 5.709/71, admitindo a aquisição de imóveis rurais por pessoas físicas e jurídicas estrangeiras, desde que limitada a 25% (vinte e cinco por cento) do território do município em que se situarem e que os imóveis rurais adquiridos por sociedade estrangeira no Brasil também observem aos princípios da função social da propriedade previstos na Constituição Federal, bem como o aproveitamento racional e adequado dos recursos naturais disponíveis, visando a preservação do meio ambiente.

A alienação fiduciária de imóvel em garantia, trazida pela Lei 9.514/97, desempenha um papel de inegável importância para o fomento da oferta de crédito para operações de financiamentos imobiliários e operações financeiras com garantias imobiliárias, principalmente em razão dos mecanismos que lhe conferem eficácia e rapidez nos processos de recomposição das situações de mora.

A propriedade fiduciária em garantia é (i) temporal ou transitória (resolubilidade provável e previsível); e (ii) carece, a princípio, das faculdades fundamentais de dono previstas no artigo 1.228 do Código Civil, quais sejam, de usar, de gozar os frutos e de dispor da coisa, e o direito de reavê-la do poder de quem quer que injustamente a possua ou detenha. Ademais, de acordo com o artigo 1.367 do Código Civil, a propriedade fiduciária não se equipara, para quaisquer fins, à propriedade plena.

Entendemos que a Lei 5.709/71 jamais teve como objetivo regular a aquisição por estrangeiro de propriedade fiduciária em garantia, que, por suas características, certamente não poderia causar ameaça à soberania e/ou aos interesses nacionais que a referida lei visa proteger.

A Lei nº 13.986/20 confirmou tal entendimento, na medida em que alterou a Lei nº 509/71 para expressamente autorizar a constituição de garantia real, inclusive por alienação fiduciária, sobre imóveis rurais em favor de pessoa jurídica estrangeira, bem como a excussão dessa garantia real, caso necessário.

7.   REFERÊNCIAS BIBLIOGRÁFICAS

CARVALHO, Edson Ferreira. *Manual didático do direito* agrário. Curitiba: Juruá, 2010.

CHALHUB, Melhim Namem. *Alienação fiduciária, incorporação imobiliária e mercado de capitais* – estudos e pareceres. Rio de Janeiro: Renovar, 2012.

CHALHUB, Melhim Namem. *Alienação fiduciária:* negócio fiduciário. 5. ed. rev., atual. E ampl. – Rio de Janeiro: Forense, 2017.

CHALHUB, Melhim Namem. *Negócio fiduciário.* 4. ed. Rio de Janeiro: Renovar, 2009.

MIRANDA, Pontes de. *Tratado de direito privado.* Rio de Janeiro: Borsoi, 1954.

PEREIRA, Lutero de Paiva. *Imóvel rural para estrangeiro.* 3. ed. Curitiba: Juruá, 2017.

SAAD, Renan Miguel. *A alienação fiduciária de bens imóveis. Rio* de Janeiro: Renovar, 2001.

VENOSA, Silvio de Salvo. *Direito Civil:* direitos reais. 9. ed. São Paulo: Atlas, 2009. Coleção direito civil, v. 5.

VIEGAS DE LIMA, Frederico Henrique. *Da alienação fiduciária em garantia de coisa imóvel.* 4. ed. Curitiba: Juruá, 2010.

Capítulo 3
CONTRATO DE ALIENAÇÃO FIDUCIÁRIA DE IMÓVEL EM GARANTIA DE DÍVIDA FUTURA OU INCERTA

Sílvio de Salvo Venosa

É professor convidado e palestrante em instituições docentes e profissionais em todo o país. Membro da Academia Paulista de Magistrados. Autor de diversas obras jurídicas. Foi juiz no Estado de São Paulo por 25 anos. Aposentou-se como membro do extinto Primeiro Tribunal de Alçada Civil, passando a integrar o corpo de profissionais de grande escritório jurídico brasileiro. Atualmente, é sócio-consultor desse escritório. Atua como árbitro em entidades nacionais e estrangeiras. Redige pareceres em todos os campos do direito privado. Foi professor em várias faculdades de Direito no Estado de São Paulo.

Roberta Densa

Doutora em Direitos Difusos e Coletivos pela Pontifícia Universidade Católica de São Paulo (PUC/SP). mestre em Direito Político e Econômico pela Universidade Presbiteriana Mackenzie (2005). Especialista em Direito das Obrigações, Contratos e Responsabilidade Civil pela Escola Superior de Advocacia. Graduada em Direito pela Universidade Presbiteriana Mackenzie (1997). Professora de Direito Civil e Direitos Difusos e Coletivos. Professora da Faculdade de Direito de São Bernardo do Campo. Editora Jurídica na Editora Foco. Membro da Comissão dos Direitos do Consumidor da OAB/SP. Autora da obra *Proteção jurídica da criança consumidora*, publicada pela Editora Foco e do livro *Direito do Consumidor*, publicado pela Editora Atlas (9ª edição).

Sumário: 1. Introdução – 2. Alienação fiduciária em garantia: contornos gerais – 3. Alienação fiduciária de bens imóveis; 3.1. Requisitos do contrato; 3.2 Alienação fiduciária sobre negócios futuros ou "guarda-chuva"; 3.3 Alienação fiduciária e a Cédula de Crédito Bancário; 3.3.1 Uso da alienação fiduciária de imóveis para garantia da cédula de crédito bancário – 4. Referências bibliográficas.

1. INTRODUÇÃO

O presente artigo pretende oferecer linhas gerais sobre o contrato de alienação fiduciária de imóvel em garantia de dívida futura ou incerta. A celeuma gira em torno da interpretação do art. 24 da Lei 9.514/97, que, grosso modo, exige que o contrato contenha o valor principal da dívida, sem esclarecer se é possível a inclusão de dívida futura ou incerta.

Houve, portanto, desatenção do legislador ao alterar, deixando de incluir a expressão "estimativa da dívida", assim como o fez no Código Civil nos arts. 1362 e 1.424 para a alienação fiduciária de coisa móvel e para a hipoteca? A redação atual do art. 24 da lei especial permite interpretação extensiva e subsidiária em relação ao Código Civil?

2. ALIENAÇÃO FIDUCIÁRIA EM GARANTIA: CONTORNOS GERAIS

A alienação fiduciária em garantia, introduzida originalmente em nossa legislação para dar substrato aos contratos de financiamento precipuamente de bens móveis e duráveis, inseriu em nosso ordenamento mais um direito real de garantia, que se agregava aos já existentes, com características próprias.

De fato, a Lei 4.728/65, estruturadora do mercado de capitais, criou o instituto, que ganhou contornos materiais e processuais definitivos com o Decreto-lei 911/69, que alterou a redação do art. 66 da referida lei e em seus nove artigos disciplinou a garantia fiduciária cuja experiência demonstrou seu muito útil no mundo negocial.

Por outro lado, a Lei 9.514/97, dispôs sobre o Sistema Financeiro Imobiliário e, além de regular vários outros dispositivos em prol do financiamento, instituiu a alienação fiduciária de coisa imóvel. A finalidade desse diploma legal foi possibilitar e facilitar o financiamento imobiliário em geral. O instituto sofreu nova configuração por força de Lei 10.931/2004, a qual teve por finalidade maior criar o patrimônio de afetação de incorporações imobiliárias.

O Código Civil, por sua vez, procurou dar contornos gerais à matéria sob a epígrafe *propriedade fiduciária,* nos arts. 1.361 a 1.368. Ressalte-se que o Código Civil usou as mesmas bases da legislação pretérita, conceituando, conceituando o instituto em seu art. 1.361:

> Considera-se fiduciária a propriedade resolúvel de coisa móvel infungível que o devedor, com escopo de garantia, transfere ao credor.
>
> § 1º Constitui-se a propriedade fiduciária com o registro do contrato, celebrado por instrumento público ou particular, que lhe serve de título, no Registro de Títulos e Documentos do domicílio do devedor, ou, em se tratando de veículos, na repartição competente para o licenciamento, fazendo-se a anotação no certificado de registro.
>
> § 2º Com a constituição da propriedade fiduciária, dá-se o desdobramento da posse, tornando-se o devedor possuidor direto da coisa.
>
> § 3º A propriedade superveniente, adquirida pelo devedor, torna eficaz, desde o arquivamento, a transferência da propriedade fiduciária".

A alienação fiduciária, o ato de alienar em si, é negócio contratual. Trata-se de instrumento, negócio jurídico, que almeja a garantia fiduciária, esta, sim, direito real.

Orlando Gomes[1] conceitua alienação fiduciária em garantia como sendo o

> "negócio consistente na transmissão de propriedade, limitada por uma relação obrigacional que distorce o fim natural do contrato translativo. A alienação é meio para alcançar o fim de garantia. Desnatura-se, porque se destina a um fim menor do que decorre de sua causa e constitui uma propriedade temporária. Na formação desse negócio jurídico, conjugam-se dois vínculos: o de transmissão de propriedade e o do seu retorno ao patrimônio do transmitente".

---

1. GOMES, Orlando. Perfil dogmático da alienação fiduciária. *Doutrinas essenciais obrigações e contratos.* v. 5, p. 475.

Dessa feita, é de grande importância o instituto, tendo por finalidade primordial propiciar maior facilidade ao consumidor na aquisição de bens, e garantia mais eficaz ao financiador, protegido pela propriedade resolúvel da coisa financiada enquanto não paga a dívida, propiciando-lhe o legislador instrumentos processuais eficientes.

3. ALIENAÇÃO FIDUCIÁRIA DE BENS IMÓVEIS

Conforme dissemos, a alienação fiduciária de bens imóveis foi regulamentada pela Lei 9.514/97. Afirmamos, de plano, que a alienação fiduciária de imóveis possui os mesmos contornos do instituto original, embora os aspectos procedimentais sejam diferentes. Dispõe o art. 22 deste último diploma:

> Art. 22. A alienação fiduciária regulada por esta Lei é o negócio jurídico pelo qual o devedor, ou fiduciante, com o escopo de garantia, contrata a transferência ao credor, ou fiduciário, da propriedade resolúvel de coisa imóvel.
>
> § 1º A alienação fiduciária poderá ser contratada por pessoa física ou jurídica, não sendo privativa das entidades que operam no SFI, podendo ter como objeto, além da propriedade plena:
>
> I – bens enfitêuticos, hipótese em que será exigível o pagamento do laudêmio, se houver a consolidação do domínio útil no fiduciário;
>
> II – o direito de uso especial para fins de moradia;
>
> III – o direito real de uso, desde que suscetível de alienação;
>
> IV – a propriedade superficiária.
>
> § 2º Os direitos de garantia instituídos nas hipóteses dos incisos III e IV do § 1º deste artigo ficam limitados à duração da concessão ou direito de superfície, caso tenham sido transferidos por período determinado.

No tocante à alienação fiduciária, ao contrário de outras modalidades do sistema, o legislador expressamente espancou dúvidas, possibilitando qualquer pessoa física ou jurídica contratá-la, não sendo privativa das entidades que operam o Sistema Financeiro Imobiliário.

Desse modo, construiu-se mais um mecanismo jurídico fomentador da alienação de imóveis, com estrutura simplificada cuja tendência será substituir em muitas oportunidades a hipoteca e o compromisso de compra e venda.

Dúvida era saber se essa modalidade de negócio pode garantir qualquer negócio jurídico, uma vez que a lei não faz qualquer restrição. Em princípio, embora o instituto tenha sido criado com a finalidade de aquisição de imóveis, nada impedirá que a garantia fiduciária seja utilizada para outros negócios paralelos, pois não existe proibição na lei, tendo ficado esclarecida a permissão pelo art. 38 da citada lei.[2]

Aliás, nesse sentido, já decidiu o Superior Tribunal de Justiça:

---

2. Assim determina o art. 38 da Lei 9.514/97: "Os atos e contratos referidos nesta Lei ou resultantes da sua aplicação, mesmo aqueles que visem à constituição, transferência, modificação ou renúncia de direitos reais sobre imóveis, poderão ser celebrados por escritura pública ou por instrumento particular com efeitos de escritura pública".

Recurso especial. Ação anulatória de garantia fiduciária sobre bem imóvel. Cédula de crédito bancário. Desvio de finalidade. Não configuração. Garantia de alienação fiduciária. Coisa imóvel. Obrigações em geral. Ausência de necessidade de vinculação ao sistema financeiro imobiliário. Inteligência dos arts. 22, § 1º, da Lei 9.514/1997 e 51 da Lei 10.931/2004. Antecipação dos efeitos da tutela. Verossimilhança da alegação. Ausência. 1. *Cinge-se a controvérsia a saber se é possível a constituição de alienação fiduciária de bem imóvel para garantia de operação de crédito não relacionadas ao Sistema Financeiro Imobiliário, ou seja, desprovida da finalidade de aquisição, construção ou reforma do imóvel oferecido em garantia.* 2. A lei não exige que o contrato de alienação fiduciária de imóvel se vincule ao financiamento do próprio bem, de modo que é legítima a sua formalização como garantia de toda e qualquer obrigação pecuniária, podendo inclusive ser prestada por terceiros. Inteligência dos arts. 22, § 1º, da Lei 9.514/1997 e 51 da Lei 10.931/2004. 3. Muito embora a alienação fiduciária de imóveis tenha sido introduzida em nosso ordenamento jurídico pela Lei 9.514/1997, que dispõe sobre o Sistema Financiamento Imobiliário, seu alcance ultrapassa os limites das transações relacionadas à aquisição de imóvel. 4. Considerando-se que a matéria é exclusivamente de direito, não há como se extrair do texto legal relacionado ao tema a verossimilhança das alegações dos autores da demanda. 5. Recurso especial provido (STJ, REsp 1.542.275/MS, Rel. Min. Ricardo Villas Bôas Cueva, DJ 24.11.2015) (grifo nosso).

O efeito real é obtido mediante o registro do contrato, que serve de título, no cartório imobiliário (art. 23, *caput*). Portanto, oportuno lembrar que eventual registro em Cartório de Títulos e Documentos dá origem ao direito real. Tão somente o contrato não gera o direito real, seguindo o princípio genérico adotado entre nós. O contrato não registrado mantém apenas o vínculo obrigacional entre as partes.

3.1 Requisitos do contrato

O art. 24 da Lei 9.514/97 elenca os requisitos que devem conter o contrato que servirá de título para a alienação fiduciária. Quais sejam:

I – o valor do principal da dívida;

II – o prazo e as condições de reposição do empréstimo ou do crédito do fiduciário;

III – a taxa de juros e os encargos incidentes;

IV – a cláusula de constituição da propriedade fiduciária, com a descrição do imóvel objeto da alienação fiduciária e a indicação do título e modo de aquisição;

V – a cláusula assegurando ao fiduciante, enquanto adimplente, a livre utilização, por sua conta e risco, do imóvel objeto da alienação fiduciária;

VI – a indicação, para efeito de venda em público leilão, do valor do imóvel e dos critérios para a respectiva revisão;

VII – a cláusula dispondo sobre os procedimentos de que trata o art. 27.

O parágrafo único do mesmo dispositivo esclarece que, se o valor do imóvel convencionado pelas partes para efeito de venda em leilão público seja inferior ao utilizado pelo órgão competente como base de cálculo para a apuração do imposto sobre transmissão inter vivos, exigível por força da consolidação da propriedade em nome do credor fiduciário, este último será o valor mínimo para efeito de venda do imóvel no primeiro leilão.

O valor total da dívida constitui um dos elementos do contrato, tendo em vista, especialmente, que o imóvel pode ser vendido em leilão, uma vez consolidada a propriedade fiduciária, nos termos do art. 27 da mesma lei.

> Por outro lado, o Código Civil, em seu art. 1.362, exige que do contrato conste (i) o total da dívida, *ou sua estimativa*; (ii) o prazo, ou a época do pagamento; (iii) a taxa de juros, se houver e (iv) a descrição da coisa objeto da transferência, com os elementos indispensáveis à sua identificação.

Há, portanto, sensível diferença entre os dispositivos da lei que trata da alienação de bens imóveis e do Código Civil, posto que esse só exige, para os bens móveis, o total da dívida *ou a sua estimativa*.

Além disso, o art. 1.424 do Código Civil determina, sob pena de nulidade, que nos contratos de penhor, anticrese ou hipoteca declararem: (i) o valor do crédito, sua estimação, ou valor máximo; (ii) o prazo fixado para pagamento; (iii) a taxa dos juros, se houver; e (iv) o bem dado em garantia com as suas especificações.

Diante da redação do art. 24 da Lei 9.514/1997, há que se perquirir se possível a alienação de imóvel de dívida futura ou incerta. Vejamos.

3.2 Alienação fiduciária sobre negócios futuros ou "guarda-chuva"

Sabemos que a condição subordina o negócio jurídico a um evento futuro e incerto. As condições potestativas, resolutivas, suspensivas, entre outras, podem ser estabelecidas nas obrigações ajustadas entre as partes, desde que lícitas e expressamente previstas em contrato.

A condição subordina a obrigação a um evento futuro e incerto. Se não houver futuridade, a obrigação é exigível desde logo. Na forma art. 125 do Código Civil, "subordinando-se a eficácia do negócio jurídico à condição suspensiva, enquanto essa não se verificar, não se terá adquirido o direito a que ele visa".

Sob essa forma de condição, portanto, o nascimento do direito fica em suspenso, a obrigação não existe durante a pendência da condição. O titular tem apenas situação jurídica condicional, mera expectativa.

A condição suspensiva pode ser examinada em três estágios possíveis: o estado de pendência (situação em que ainda não se verificou o evento futuro e incerto); o estado de implemento da condição (quando o evento efetivamente ocorre) e o estado de frustração (quando o evento definitivamente não tem mais possibilidade de ocorrer).

Sendo assim, é perfeitamente lícito que as partes estipulem em um contrato dívidas futuras e (ou) incertas, estabelecendo parâmetros para a sua cobrança. Resta saber se essa obrigação condicional pode ser inserida nos contratos de alienação fiduciária de imóveis em garantia, o que tornaria o contrato inominado, posto que, em princípio, não se sabe ser realmente haverá dívida e qual o seu valor total.

A alienação fiduciária de dívida futura ou "guarda-chuva" é entendida como aquela em que o credor utiliza a garantia não só quanto à dívida originária. mas também em relação a possíveis dívidas futuras.

Conforme expusemos, é possível verificar limitação na legislação aplicável à alienação fiduciária de bens imóveis que não previu expressamente a utilização de valor máximo ou estimado nos contratos garantidos pela lei especial.

Isso porque a Lei 9.514/97 foi redigida, inicialmente, apenas para os financiamentos no âmbito do Sistema Financeiro da Habitação, tendo, portanto, dívida líquida e certa, e que, apenas posteriormente, com a alteração do art. 22 pela Medida Provisória 2.223/01 e posteriormente, pela Lei 11.481/07 houve autorização para as pessoas físicas ou jurídicas utilizaram a alienação fiduciária de coisa imóvel mesmo não sendo entidade que operem o Sistema Financeiro Nacional.

Houve desatenção do legislador ao deixar de incluir a expressão "estimativa da dívida", assim como o fez no Código Civil nos arts. 1362 e 1.424? Pergunta-se também: a redação atual do art. 24 da lei especial permite interpretação extensiva e subsidiária em relação ao Código Civil?

De outro lado também é de se questionar se é possível dar interpretação restritiva à lei, externando entendimento de que não é esse tipo de negócio, tendo em vista a expressa autorização legal, como ocorre com a hipoteca, cujo artigo 1487 do Código Civil autoriza sua instituição para dívidas futuras.

Analisando situação similar, o Conselho Superior do Tribunal de Justiça de São Paulo[3] já se manifestou, externando entendimento de que não é possível o registro de contrato de alienação fiduciária no qual havia apenas indicação de dívidas futuras. Vejamos o voto do relator:

> A data de vencimento das obrigações e menção à taxa de juros se houver, além de ser requisito previsto no art. 176, III, 5, da Lei de Registros Públicos, e também no item 68 do capítulo XX das Normas de Serviço da Corregedoria Geral de Justiça, está previsto no art. 24, incisos I, II e III da Lei 9.514/97, pelo qual o contrato que serve de título ao negócio fiduciário conterá o valor principal da dívida; o prazo e as condições de reposição do empréstimo, ou do crédito fiduciário e a taxa de juros e os encargos incidentes.

> A apelante se limitou a consignar no contrato que as datas de vencimento das obrigações são aquelas do cronograma estabelecido nos Termos de Cessão assinados pela Soltec (cláusula I, subitem 1.2.4, (ii), fls. 21). Verifica-se, além do mais, que a apelante pretende que o imóvel dado em garantia abranja não só as obrigações assumidas no contrato de cessão e os termos de cessão que menciona no subitem 1.1 da cláusula I, como as *futuramente devidas*.

---

3. Registro de imóvel. Dúvida. Instrumento particular de alienação fiduciária em garantia. Irresignação parcial e cumprimento de parte das exigências no curso do procedimento. Conduta que torna prejudicada a dúvida. Inviabilidade do registro se assim não fosse, devido à necessidade de averbar a benfeitoria mencionada no título ou retificá-lo para excluí-la, em observância ao princípio da especialidade, e de adequar as cláusulas contratuais aos requisitos obrigatórios previstos na Lei 9.514/97, em observância ao princípio da legalidade. Recurso não conhecido. (TJSP, Apelação Cível 0000348-12.2013.8.26.0471, Rel. Alliot Akel, DJ 16.10.2014).

A Lei de Alienação Fiduciária, ao estabelecer no dispositivo legal acima mencionado os requisitos do contrato, os procedimentos mínimos que devem ser observados em leilão, como o favor do principal da dívida, prazo para pagamento, encargos, fixação de valor mínimo para venda do imóvel, etc., procura proteger o devedor fiduciante e evitar o locupletamento indevido do credor, o que reclama, em consequência, que se especifiquem as obrigações, a data do vencimento e os encargos previstos, e, em consequentemente, não admite garantia em relação à obrigação que porventura venha a ser assumida".

Melhim Chalhub, por sua vez, ao explicar os requisitos do contrato de alienação fiduciária em garantia, esclarece que o instrumento deve *contar a indicação do valor da dívida ou a sua estimativa*, externando, portanto, o entendimento de que é possível a utilização do instituto para a hipótese de dívida futura e incerta.[4] Vejamos:

> São requisitos do contrato, entre outros elementos, *a indicação do valor da dívida ou sua estimativa*, e dos encargos, a cláusula que assegure ao fiduciante, enquanto adimplente, a fruição do imóvel, por sua conta e risco, a indicação, para efeito de venda em público leilão, do valor do imóvel e dos critérios para a respectiva revisão e os procedimentos de leilão (art. 24), além da observância de prazo de tolerância antes do início do procedimento extrajudicial de cobrança (§ 2° do art. 26). (grifos nossos)

Esse também foi o entendimento da 28ª Câmara do Tribunal de Justiça de São Paulo, no Agravo de Instrumento 1.246.070-0/5. A discussão girava em torno da validade da cláusula contratual e contrato de alienação fiduciária para garantia de negócios futuros. Com efeito, as partes ajustaram o valor máximo a ser garantido por meio da alienação fiduciária correspondente a R$ 8.600.000,00 (oito milhões e seiscentos mil reais) e a parte autora pretendeu suspender o leilão extrajudicial argumentando afronta ao art. 24 da Lei 9.514/97, por não constar o valor da dívida, mas a sua estimativa.

Por unanimidade, a corte paulista entendeu que não havia violação ao mencionado dispositivo legal, sendo possível a instituição de garantia real sobre negócios futuros, reforçando que o valor cobrado não poderia ser superior ao valor garantido pelo contrato, tornando-se credor quirografário de crédito excedente.

Dentre outros fundamentos, utilizou o relator a lição de Maria Helena Diniz, para quem é requisito para que os direitos reais de garantia possam ter eficácia que no instrumento figurem:

> o valor do crédito, sua estimação ou valor máximo, ou seja, é necessário que se expresse em cifras o total do débito e nos casos em que não for possível estabelecer o seu quantum exato, como sucede nos contratos de financiamento para construção ou de abertura de crédito em conta corrente, basta que se estime o máximo do capital mutuado que ficará garantido; se ultrapassado com o fornecimento de novas somas, o mutuante será mero credor quirografário pelo que exceder.[5]

Entendeu o Tribunal que é válida a cláusula contratual quando é mencionada a garantia oferecida para cobrir todas as operações de crédito que eventualmente

---

4. CHALHUB, Melhim. Alienação fuduciária de bens imóveis: 20 anos de vigência da Lei 9.541/1997. *Revista de direito imobiliário*. São Paulo: Ed. RT, 2018. p. 495-531.
5. *Curso de direito civil*: direito das coisas, 22. ed. São Paulo: Saraiva, 2007. p. 468.

venham a ser firmadas pelos contratantes até um determinado limite fixado no contrato, sendo necessária a fixação prévia do limite da dívida.

A dúvida que gira em torno das obrigações condicionais com garantia de alienação fiduciária de imóveis se deve, justamente, ao fato de que o imóvel pode ser arrematado em leilão e que não deve haver dúvida quanto ao valor a ser pago pelo devedor.

É necessário relembrar que a extinção da alienação fiduciária se dá com o pagamento da dívida. Assim, recebendo a integralidade da dívida, o credor fiduciário deverá, no prazo de 30 dias, a contar da data da liquidação, fornecer o temo de quitação ao fiduciante, sobre pena de multa em favor deste.

Por outro lado, se a dívida não for paga, no todo ou em parte, o devedor fiduciante deverá ser constituído em mora para possibilitar que a propriedade seja consolidada em nome do fiduciário.

Nesse sentido, a lei procurou simplificar o procedimento de consolidação da propriedade, excluindo, tanto quanto possível, a intervenção do Poder Judiciário. Para isso, determina o art. 26, § 1º, que o fiduciante, seu representante legal ou procurador seja intimado pelo Registro de Imóvel para satisfazer o débito em aberto. Não havendo purga da mora, tal fato será certificado pelo oficial imobiliário, procedendo na matrícula do imóvel a consolidação da propriedade em nome do fiduciário.

Dúvidas a respeito de valores inseridos na intimação devem ser dirimidas pelo Judiciário e esse é o ponto mais sensível do embate em relação ao valor da dívida expresso em contrato. O instituto foi criado justamente para fomentar o aceso ao crédito facilitando deveras a execução da garantia. De fato, após a consolidação, o imóvel será vendido em leilão público, nos termos do art. 27 da Lei 9.514/97.[6]

Sendo assim, todo cuidado deve ser tomado ao se aceitar o registro de dívidas futuras e incertas de modo que o devedor não venha a ser cobrado por valores indevidos ou por quantia que não possa ser reconhecida por esse e, por consequência, ter o imóvel vendido em leilão.

---

6. "Os arts. 26 e 27 desta lei criam um sistema de execução extrajudicial, a ser efetuada ante o Cartório de Registro de Imóveis, prevendo uma forma expedita de "consolidação da propriedade" (§ 7º do art. 26) em favor do credor fiduciário ante a mora do devedor fiduciante; neste momento, a propriedade do credor fiduciário, que era resolúvel, se torna plena. A partir desse momento, embora com propriedade plena, o credor ainda não tem a posse que exercia de forma indireta, pois a posse direta ainda está com o credor fiduciante. Ocorre aqui, no dizer e Orlando Gomes, a transmissão condicional da propriedade, contrato no qual o pagamento importa implemento da condição resolutiva. Com o pagamento, ocorre a extinção da chamada propriedade resolúvel do credor, tornando-se plena a propriedade do devedor, que já mantinha a posse direta do bem e que havia adquirido a propriedade sob condição resolutiva, implementada com o pagamento da dívida. Em caso de inadimplência, a propriedade plena estabelece-se em favor do credor fiduciário". BEZERRA FILHO, Manoel Justino. A execução extrajudicial do contrato de alienação fiduciária de bem imóvel: exame crítico da Lei 9.514, de 20.11.1997. *Doutrinas essenciais de direito empresarial*. São Paulo: Ed. RT, dez. 2010. v. 4, p. 343-358.

CONTRATO DE ALIENAÇÃO FIDUCIÁRIA DE IMÓVEL EM GARANTIA DE DÍVIDA FUTURA OU INCERTA **103**

3.3 Alienação fiduciária e a Cédula de Crédito Bancário

A Cédula de Crédito Bancário, título de crédito representativo de promessa de pagamento lastreada em operação de crédito, foi criada pela Medida Provisória 1.925/99 e convertida na Lei 10.931/04. Cumpre notar que referida lei alterou sobremaneira a Lei 9.514/97, tratando também da alienação fiduciária em garantia no âmbito do mercado financeiro e de capitais, permitindo, conforme dissemos, a utilização do instituto da alienação fiduciária fora do âmbito do Sistema Financeiro da Habitação.

Conforme definição dada pelo art. 26 Lei 10.931/04, "a Cédula de Crédito Bancário é título de crédito emitido, por pessoa física ou jurídica, em favor de instituição financeira ou de entidade a esta equiparada, representando promessa de pagamento em dinheiro, decorrente de operação de crédito, de qualquer modalidade".

Portanto, para emitir Cédula de Crédito Bancário, é imperioso que a instituição credora integre o Sistema Financeiro Nacional. Ademais, conforme dispõe o art. 27 da referida lei, a CCB pode ser emitida, com ou sem garantia, real ou fidejussória, cedularmente constituída.

Na forma do art. 28, a Cédula de Crédito Bancário é título executivo extrajudicial e representa dívida em dinheiro, líquida, certa e exigível, seja pela soma nela indicada, seja pelo saldo devedor demonstrado em planilha de cálculo ou nos extratos de conta-corrente.

São requisitos da Cédula de Crédito Bancário (art. 29): (i) a denominação "Cédula de Crédito Bancário"; (ii) a promessa do emitente de pagar a dívida em dinheiro, certa, líquida e exigível no seu vencimento ou, no caso de dívida oriunda de contrato de abertura de crédito bancário, a promessa do emitente de pagar a dívida em dinheiro, certa, líquida e exigível, correspondente ao crédito utilizado; (iii) a data e o lugar do pagamento da dívida e, no caso de pagamento parcelado, as datas e os valores de cada prestação, ou os critérios para essa determinação; (iv) o nome da instituição credora, podendo conter cláusula à ordem; (v) a data e o lugar de sua emissão; e (vi) a assinatura do emitente e, se for o caso, do terceiro garantidor da obrigação, ou de seus respectivos mandatários.

O ponto de maior discussão quanto da entrada em vigor da Cédula de Crédito Bancário dizia respeito ao inciso II do art. 29. Isso porque, para muitos doutrinadores, não havia a liquidez e certeza exigida para a caracterização de um título de crédito.

Na tentativa de solucionar a questão, o próprio art. 28, § 2º, da Lei 10.931/04,[7] trouxe possível solução à questão, obrigando que o credor mantenha planilha de

---

7. Reza o § 2º do art. 28: "Sempre que necessário, a apuração do valor exato da obrigação, ou de seu saldo devedor, representado pela Cédula de Crédito Bancário, será feita pelo credor, por meio de planilha de cálculo e, quando for o caso, de extrato emitido pela instituição financeira, em favor da qual a Cédula de Crédito Bancário foi originalmente emitida, documentos esses que integrarão a Cédula, observado que:

   I – os cálculos realizados deverão evidenciar de modo claro, preciso e de fácil entendimento e compreensão, o valor principal da dívida, seus encargos e despesas contratuais devidos, a parcela de juros e os critérios de cálculo ou extrato emitido pela instituição financeira, que integrarão o título e garanta e liquidez e certeza dos valores devidos.

Cumpre notar que parte da doutrina entende que essa interpretação não é a mais correta, por ainda pairar dúvidas quanto ao efetivo valor do débito, o que seria inadmissível em qualquer título de crédito:

> Não se trata, friso, de problema que se resolva fazendo contas; refiro-me à verificação de cada lançamento que formou o principal da dívida: cheques emitidos, contas pagas pelo sistema de débito automático, saques que teriam sido feitos em caixas eletrônicos, transferências eletrônicas, cobrança – devida ou indevida – por serviços bancários etc. Se o devedor embarga a execução colocando questões dessa ordem, exercendo o seu direito constitucional à defesa, não haverá alternativa ao reconhecimento da incerteza do título: incerteza quanto ao valor e, mesmo, incerteza sobre a exigibilidade dos elementos trazidos como formadores da dívida. Os embargos serão julgados procedentes, exigindo-se da instituição financeira que recorra ao procedimento monitório ou à ação de cobrança para que ali sejam discutidos todos os pontos sobre os quais as partes não acordaram, provando-os satisfatoriamente. Entender o contrário seria atribuir a entes privados uma fé pública que, entre nós, detém o Estado e seus agentes, mesmo assim, não raro, merecendo revisão pelo Judiciário, diante dos abusos que se verificam.[8]

Referido embate sobre a certeza e liquidez da dívida perdurou por anos, especialmente em relação ao uso da Cédula de Crédito Bancário na abertura de crédito em conta-corrente. Por fim, em 2013, o Superior Tribunal de Justiça definiu, em sede de recurso repetitivo,[9] pela liquidez e certeza dos títulos em Cédula de Crédito Bancário. Vejamos a tese firmada (tema 576):

> A Cédula de Crédito Bancário é título executivo extrajudicial, representativo de operações de crédito de qualquer natureza, circunstância que autoriza sua emissão para documentar a abertura de crédito em conta-corrente, nas modalidades de crédito rotativo ou cheque especial.

---

sua incidência, a parcela de atualização monetária ou cambial, a parcela correspondente a multas e demais penalidades contratuais, as despesas de cobrança e de honorários advocatícios devidos até a data do cálculo e, por fim, o valor total da dívida; e

II – a Cédula de Crédito Bancário representativa de dívida oriunda de contrato de abertura de crédito bancário em conta corrente será emitida pelo valor total do crédito posto à disposição do emitente, competindo ao credor, nos termos deste parágrafo, discriminar nos extratos da conta corrente ou nas planilhas de cálculo, que serão anexados à Cédula, as parcelas utilizadas do crédito aberto, os aumentos do limite do crédito inicialmente concedido, as eventuais amortizações da dívida e a incidência dos encargos nos vários períodos de utilização do crédito aberto".

8. MAMEDE, Gladston. *Direito empresarial brasileiro*: títulos de crédito. 5. ed. São Paulo: Atlas, 2009. p. 396.

9. "Direito bancário e processual civil. Recurso especial representativo de controvérsia. Art. 543-C do CPC. Cédula de crédito bancário vinculada a contrato de crédito rotativo. Exequibilidade. Lei n. 10.931/2004. Possibilidade de questionamento acerca do preenchimento dos requisitos legais relativos aos demonstrativos da dívida. Incisos I e II do § 2º do art. 28 da lei regente. 1. Para fins do art. 543-C do CPC: A Cédula de Crédito Bancário é título executivo extrajudicial, representativo de operações de crédito de qualquer natureza, circunstância que autoriza sua emissão para documentar a abertura de crédito em conta-corrente, nas modalidades de crédito rotativo ou cheque especial. O título de crédito deve vir acompanhado de claro demonstrativo acerca dos valores utilizados pelo cliente, trazendo o diploma legal, de maneira taxativa, a relação de exigências que o credor deverá cumprir, de modo a conferir liquidez e exequibilidade à Cédula (art. 28, § 2º, incisos I e II, da Lei n. 10.931/2004)" (STJ, 2ª seção, REsp 1.291.575/PR, Rel. Min. Luis Felipe Salomão, DJe 02.09.2013).

CONTRATO DE ALIENAÇÃO FIDUCIÁRIA DE IMÓVEL EM GARANTIA DE DÍVIDA FUTURA OU INCERTA **105**

Tem-se, portanto, de acordo com o Superior Tribunal de Justiça, a certeza e exigibilidade da dívida quando a cédula de crédito for emitida, ainda que sejam necessários cálculos para ajuste final dos valores. Ademais, seguindo todo o rito estabelecido pela lei, a cédula de crédito é um título executivo que pode ser objeto de execução judicial.

3.3.1 Uso da alienação fiduciária de imóveis para garantia da cédula de crédito bancário

Os contratos de alienação fiduciária de imóveis podem garantir dívidas futuras e incertas formalizadas através de contrato de abertura de crédito através da Cédula de Crédito Bancário? A questão aqui é diferente da que se colocou no item anterior.

Em primeiro lugar, conforme dissemos, a Cédula de Crédito Bancário configura título de crédito e há certeza e liquidez dos valores a serem cobrados, sendo, portanto, diferente das dívidas não assumidas através de em um título de crédito.

Em segundo lugar, a Cédula de Crédito Bancário foi criada em pela mesma lei que dispôs sobre o patrimônio de afetação de incorporação imobiliária, letra de crédito imobiliário e a cédula de crédito imobiliário, e a mesma lei permitiu o uso da alienação fiduciária para as dívidas contraídas fora do Sistema Financeiro Imobiliário.

Ademais, a Alienação Fiduciária de imóveis em garantia pode ser prestada para toda e qualquer operação, podendo, inclusive, ser prestada por terceiros. Assim, o instituto ultrapassa os limites das transações relacionadas à aquisição de imóveis.

No entanto, não raro, encontra-se dificuldade no registro nos cartórios de registro de imóveis, sendo certo que alguns registradores negam o registro alegando, em síntese: (i) que não há previsão legal na lei de alienação fiduciária de imóveis em razão da ausência de liquidez e certeza para que seja utilizado o procedimento extrajudicial de execução previsto na Lei 9.514/97; (ii) ausência do valor exato concedido e não o limite da dívida; (iii) ausência de informação quanto ao vencimento da dívida e de cada uma das parcelas.

Por outro lado, alguns registradores entendem ser possível o registro fundamentando, em síntese: (i) a Lei 9.514/97, em seu artigo 24, inciso II, prevê a possibilidade de a dívida ser contraída por um mútuo ou por crédito, razão pela qual o limite estipulado de crédito substitui a necessidade de indicação do valor da dívida; (ii) o valor é certo já que existe um valor máximo pré-estabelecido em contrato; (iii) a fixação de valores para fins de execução pode ser delimitada por cálculos, na forma da lei; (iv) a função da alienação fiduciária é de fomento econômico, bastando, portanto, preencher os requisitos do art. 24 da Lei 9.514/97 e que indique o valor principal da dívida, o prazo e das condições de reposição do crédito, a taxa de juros e os encargos incidentes.

Está aí a barafunda que o legislador poderia ter evitado e ainda pode fazê-lo.

Quer-nos parecer que, sendo a dívida oriunda de uma Cédula de Crédito Bancário e estando prevista a Alienação Fiduciária em Garantia, não há razão para negar o registro. Explica-se: o contrato bancário de abertura de crédito formalizado através de Cédula de Crédito Bancário não permite grande margem de discussão quanto ao valor da dívida.

Há ainda que se recordar das resoluções do Banco Central do Brasil, em especial a Resolução 3.517/07, que obriga a Instituição Financeira a trazer o Custo Efetivo Total da Operação (CET),[10] restando pouca margem de discussão quanto aos valores devidos pelo devedor caso utilize o crédito nas condições oferecidas. Ademais, deve constar da Cédula de Crédito Bancário o valor máximo garantido pelo instrumento, não podendo a garantia ultrapassar o valor ali constante.

De outra banda, caso haja cobrança indevida, poderá a parte se socorrer do Poder Judiciário, não reconhecendo o valor da dívida, podendo requerer a suspensão da arrematação e do leilão do bem dado em garantia.

Sendo assim, apresentando o credor a planilha de cálculo, apontando o valor do débito, juntamente com os extratos e os registros de conta-corrente, demonstrando efetivamente o valor disponibilizado ao devedor, as taxas de juros, as tarifas e outros encargos previstos no contrato o negócio pode certamente permanecer como válido e eficaz.

---

10. "Art. 1º As instituições financeiras e as sociedades de arrendamento mercantil, previamente à contratação de operações de crédito e de arrendamento mercantil financeiro com pessoas naturais e com microempresas e empresas de pequeno porte de que trata a Lei Complementar 123, de 14 de dezembro de 2006, devem informar o custo total da operação, expresso na forma de taxa percentual anual, calculada de acordo com a fórmula constante do anexo a esta resolução.

§ 1º O custo total da operação mencionado no *caput* será denominado Custo Efetivo Total (CET).

§ 2º O CET deve ser calculado considerando os fluxos referentes às liberações e aos pagamentos previstos, incluindo taxa de juros a ser pactuada no contrato, tributos, tarifas, seguros e outras despesas cobradas do cliente, mesmo que relativas ao pagamento de serviços de terceiros contratados pela instituição, inclusive quando essas despesas forem objeto de financiamento.

§ 3º No cálculo do CET não devem ser consideradas, se utilizados, taxas flutuantes, índice de preços ou outros referenciais de remuneração cujo valor se altere no decorrer do prazo da operação, os quais devem ser divulgados junto com o CET.

§ 4º O CET será divulgado com duas casas decimais, utilizando-se as Regras de Arredondamento na Numeração Decimal (NBR5891), estabelecidas pela Associação Brasileira de Normas Técnicas - ABNT.

§ 5º No caso de operações de adiantamento a depositantes, de desconto, de cheque especial e de crédito rotativo, devem ser considerados os seguintes parâmetros:

I – o prazo de trinta dias;

II – o valor do limite de crédito pactuado.

§ 6º Nas operações em que houver previsão de mais de uma data de liberação de recursos para o tomador de crédito, deve ser calculada uma taxa para cada liberação, com base no cronograma inicialmente previsto.

§ 7º O CET deve ser calculado a qualquer tempo pelas instituições financeiras e sociedades de arrendamento mercantil, a pedido do cliente.

§ 8º As informações históricas relativas à taxa de que trata o *caput* devem permanecer à disposição do Banco Central do Brasil pelo prazo mínimo de cinco anos".

4. REFERÊNCIAS BIBLIOGRÁFICAS

BEZERRA FILHO, Manoel Justino. A execução extrajudicial do contrato de alienação fiduciária de bem imóvel: exame crítico da Lei 9.514, de 20.11.1997. *Doutrinas essenciais de direito empresarial*. São Paulo: Ed. dez. 2010. v. 4, p. 343-358.

CHALHUB, Melhim. Alienação fiduciária de bens imóveis: 20 anos de vigência da Lei 9.541/1997. *Revista de direito imobiliário*. São Paulo: Ed. RT, 2018. p. 495-531.

DINAMARCO, Cândido Rangel. Alienação fiduciária de bens imóveis. *Revista de direito imobiliário*. São Paulo: Ed. RT, dez. 2001, p. 235-252.

GOMES, Orlando. Perfil dogmático da alienação fiduciária. *Doutrinas essenciais obrigações e contratos*. São Paulo: Ed. RT, jun. 2011. v. 5.

MAMEDE, Gladston. *Direito empresarial brasileiro*: títulos de crédito. 5. ed. São Paulo: Atlas, 2009.

VENOSA, Sílvio de Salvo. *Direito civil*: reais. 18. ed. São Paulo: Atlas, 2019. v. 4.

VENOSA, Sílvio de Salvo. *Direito civil*: parte geral. 18. ed. São Paulo: Atlas, 2019. v. 1.

4. REFERÊNCIAS BIBLIOGRÁFICAS

Capítulo 4
NEGATIVA DO REGISTRO DE ALIENAÇÃO FIDUCIÁRIA DE BENS IMÓVEIS E O RESPECTIVO PROCEDIMENTO DE SUSCITAÇÃO DE DÚVIDA

João Batista Vilhena

Mestre e Doutor em Direito Processual pela Universidade de São Paulo (USP). Professor universitário em nível de graduação e pós-graduação. Professor da Escola Paulista da Magistratura. Graduado em Direito pela Pontifícia Universidade Católica (PUC/SP. Desembargador do Tribunal de Justiça de São Paulo.

Sumário: 1. Introdução – 2. Da alienação fiduciária em garantia relativa a bens imóveis – 3. Do necessário registro da alienação fiduciária de bens imóveis – 4. Da qualificação do título e eventual negativa do registro – 5. Do procedimento de suscitação de dúvida – 6. Referências bibliográficas.

1. INTRODUÇÃO

Na atualidade é a alienação fiduciária em garantia, certamente, a principal forma de constituição de garantia real,[1] e na prática do mercado imobiliário veio a substituir a desgastada hipoteca, que envolvia demorada forma de execução, e, assim, determinava panorama prejudicial à célere e efetiva responsabilização do devedor pelo ônus de sua obrigação inadimplida.[2]

Aludido precedente panorama foi substancialmente modificado pelo fato primordial de a legislação especial hoje existente sobre o tema ter aprimorado e simplificado os procedimentos para que venha a obter o fiduciário a satisfação de seu crédito.

Com o incremento da utilização da alienação fiduciária relativa a bens imóveis surgiram diversas questões pertinentes ao registro desta garantia, e neste trabalho se procurará esmiuçar como o interessado na obtenção do assentamento cabível deve proceder para atingir tal escopo, realizando-se estudo mais detido sobre o procedi-

---

1. Para alguns podendo ser denominada de supergarantia, como o faz FERNANDO NORONHA (A alienação fiduciária em garantia e o leasing financeiro como supergarantias das obrigações. *Revista dos Tribunais*. v. 845, São Paulo: Ed. RT, mar. 2006, p. 38).

2. Sendo a garantia constituída na forma de hipoteca, tem aplicação a esta o disposto nos arts. 1.419 a 1.430, do Código Civil, e no que toca à sua execução, as normas dos arts. 29 a 41, do Decreto-lei 70/1966, consoante determina o art. 39, inc. II, da Lei 9.514/1997.

mento da denominada dúvida registral que fica ensejada diante da negativa, pelo Oficial do Registro de Imóveis, do registro da tratada garantia.

2. DA ALIENAÇÃO FIDUCIÁRIA EM GARANTIA RELATIVA A BENS IMÓVEIS

A alienação fiduciária em garantia, genericamente considerada, é negócio jurídico que se qualifica como contrato acessório,[3] no qual se institui garantia real em favor do credor (fiduciário), o qual se torna titular da propriedade resolúvel originária ou superveniente,[4] de coisa móvel ou imóvel,[5] desta passando a ter a posse indireta, enquanto o devedor (fiduciante), em relação ao mesmo bem, obtém a posse direta,[6] assumindo daquele o respectivo depósito.[7]

No que toca à propriedade fiduciária de bens móveis, persistem as regras constantes da Lei 4.728/1965,[8] com as relevantes modificações introduzidas pela Lei 10.931/2004,[9] as quais devem ser harmonizadas àquelas trazidas nos arts. 1.361 e seguintes do Código Civil.

Sobre a propriedade fiduciária de bens imóveis, especificamente, comanda a matéria a Lei 9.514/1997 (arts. 22 a 33).

Nesta última, vem definida a alienação fiduciária nela regulada como sendo "o negócio jurídico pelo qual o devedor, ou fiduciante, com o escopo de garantia, contrata a transferência ao credor, ou fiduciário, da propriedade resolúvel de coisa imóvel", e, além disso, é ampliada a possibilidade de utilização desta forma de garantia real ao se permitir seja ela contratada, na qualidade de fiduciário, não só por pessoa jurídica como também por pessoa física, em comentada regra restando

---

3. AZEVEDO, ÁLVARO VILLAÇA. *Curso de Direito Civil*. Contratos típicos e atípicos. São Paulo: Saraiva, 2019. v. IV, p. 117.
4. Como previsto nos arts. 1.359 e 1.360, do Código Civil.
5. Conforme se depreende do texto do art. 1.367, do Código Civil.
6. Anotação que se amolda aos termos do parágrafo único, do art. 23, da Lei 9.514/1997.
7. LOUREIRO, Luiz Guilherme. *Registros Públicos*. Teoria e prática. 8. ed. Salvador: JusPodivm, 2017. p. 834. Adverte Anderson Schreiber que "Nem a legislação especial nem o Código Civil exigem que o bem dado em garantia seja o próprio objeto do financiamento, admitindo que seja bem já pertencente ao patrimônio do devedor" (*Manual de Direito Civil contemporâneo*. 2. ed., São Paulo: Saraiva, 2019. p. 855). No mesmo sentido: GONÇALVES, Carlos Roberto. *Direito Civil brasileiro. Direito das Coisas*. 14. ed. São Paulo: Saraiva, 2019. v. 5, p. 443. Aliás, a matéria encontra-se consolidada no texto da Súmula 28, do Superior Tribunal de Justiça, a saber: "O contrato de alienação fiduciária em garantia pode ter por objeto bem que já integrava o patrimônio do devedor".
8. Atente-se para o fato de que o famigerado Decreto-lei 911/1969, pelo quanto peremptoriamente determina o art. 2.043, do Código Civil, teve as suas regras de ordem material revogadas, logo, continua aquele aplicável tão somente no que toca às regras de ordem processual dele constantes. No mesmo sentido: AZEVEDO, ÁLVARO VILLAÇA. *Curso de Direito Civil. Contratos típicos e atípicos*. São Paulo: Saraiva, 2019. v. IV, p. 116.
9. Esta norma acresceu ao Código Civil o art. 1.368-A, e o fez o legislador para deixar claro que a aplicação das regras do aludido código, referentes à propriedade fiduciária, é de ordem supletiva ou, ainda, subsidiária, quer dizer, somente terão incidência aquelas quando a legislação especial nada dispuser sobre matéria ligada a certa questão relativa à propriedade fiduciária, logo, na lacuna da lei; ou quando não for a legislação especial suficiente para que haja a melhor e correta aplicação de seus dispositivos, ou seja, apenas diante da verificada insuficiência ou imprecisão do texto legal a ser, nesse passo, integrado.

NEGATIVA DO REGISTRO DE ALIENAÇÃO FIDUCIÁRIA | 111

explicitado não ser tal garantia privativa das entidades que operam no Sistema Financeiro Imobiliário.[10]

Importante destacar que propriedade resolúvel é aquela transitória, revogável, destinada a perdurar por certo período de tempo, a qual "... no próprio título de sua constituição encerra o princípio que a tem de extinguir, realizada a condição resolutória, ou vindo o termo extintivo, seja por força da declaração de vontade, seja por determinação da lei" *como nos ensina* Clóvis Beviláqua.[11]

Daí se poder concluir que no negócio jurídico de alienação fiduciária em garantia, a garantia fiduciária se enlaça com o conceito de propriedade resolúvel,[12] esta última erigida com o único escopo de conferir segurança ao credor fiduciário durante o lapso de tempo dentro do qual aguarda o cumprimento do contrato a que atrelada a garantia nestes moldes instituída.

O verdadeiro propósito do fiduciário ao realizar a aquisição de propriedade resolúvel, não plena, é, nitidamente, o de garantir seu crédito, sua intenção não é de ter para si o bem cuja propriedade limitada adquire, porém, erigir garantia de que possa vir a atingir a satisfação de seu direito creditório.[13]

Justamente por isso a garantia fiduciária versada, embora haja eventual inadimplemento da obrigação por parte do devedor fiduciante, serve como meio eficaz de o credor fiduciário obter a satisfação de seu direito de crédito, pois este, havendo a regular constituição em mora do devedor, mediante indispensável interpelação, que sempre deve ser pessoal[14] poderá adotar os procedimentos que conduzirão àquele resultado.

Contudo, advirta-se que tais procedimentos devem ser precedidos da indicada interpelação do devedor fiduciante sobretudo para que, podendo e sendo este o seu desejo, promova à purgação da mora, única oportunidade que terá para provocar o convalescimento do contrato de alienação fiduciária (§ 5º), interpelação a qual, para

---

10. De acordo com o teor do *caput*, e do parágrafo único do art. 22 da Lei 9.514/1997.

11. *Código Civil dos Estados Unidos do Brasil*. 10. ed. Rio de Janeiro: Francisco Alves, 1955. v. III, p.149-150.

12. Motivo pelo qual o legislador, na Lei 9.514/1997, adotou a expressão propriedade fiduciária, também utilizada pelo Código Civil em seus arts. 1.361, 1.368-A e 1.368-B, este último naquele *Codex* introduzido pela Lei 13.043/2014.

13. No sentido do texto, se expressa Arnaldo Rizzardo, este que vê na alienação fiduciária em garantia um "... negócio jurídico translativo de direito real, mas vinculado a uma obrigação, em que a eficácia fica subordinada ao adimplemento do encargo assumido pelo fiduciante" (*Direito das Coisas*. 8. ed. Rio de Janeiro: Forense, 2016. p. 481).

14. Teve ocasião o Superior Tribunal de Justiça de considerar nula a intimação (interpelação) aqui tratada por ter sido perpetrada pelo correio, mediante carta com aviso de recebimento recepcionada por pessoa alheia aos autos, desconhecida, no aludido caso observando que "Ao fiduciante é dada oportunidade de purgar a mora. Para tanto, deverá ser intimado pessoalmente, ou na pessoa de seu representante legal ou procurador regularmente constituído. A intimação, sempre pessoal, pode ser realizada de três maneiras: (a) por solicitação do oficial do Registro de Imóveis; (b) por oficial de Registro de Títulos e Documentos da comarca da situação do imóvel ou do domicílio de quem deva recebê-la; ou (c) pelo correio, com aviso de recebimento, sendo essa a melhor interpretação da norma contida no art. 26, §3º, da Lei nº 9.514/1997".

estes efeitos, deverá se concretizar de acordo com os comandos dos §§ 1º e 3º do art. 26, da Lei 9.514/1997.[15]

Aludida satisfação passa pela consolidação em favor do credor fiduciário da propriedade do imóvel objeto da garantia, do qual assim se torna titular, para então ter de promover sua alienação em público leilão, e, finalmente, poder se valer do respectivo produto para o pagamento do débito existente, com restituição ao devedor fiduciante do saldo eventualmente apurado, conforme ordenam os arts. 26 e 27, da Lei 9.514/1997.[16]

Dando-se, ao contrário, o adimplemento da obrigação assumida, satisfeita a condição resolutória ajustada, evidentemente, fenecerá a sobredita garantia, procedendo-se ao cancelamento do registro da propriedade fiduciária, na forma do § 2º do art. 25 da Lei 9.514/1997, sendo que, em virtude desta característica, os efeitos da resolução da propriedade do credor fiduciário serão *ex tunc*, até porque aqui se cuida de propriedade resolúvel originária,[17] resultante de cláusula contratual específica, integrante do negócio jurídico gerador da alienação fiduciária em garantia.

3. DO NECESSÁRIO REGISTRO DA ALIENAÇÃO FIDUCIÁRIA DE BENS IMÓVEIS

Para a regular constituição da propriedade resolúvel e da garantia fiduciária sob exame, é indispensável o registro do contrato em que tais foram expressamente tratadas, conforme o determina o *caput*, do art. 23 da Lei 9.514/1997[18]; e, combinadamente o permite o inc. I, item 35, da Lei 6.015/1973.[19]

A exigência serve precipuamente para conferir natureza de direito real à relação obrigacional em questão,[20] para que possa surtir os efeitos previstos na lei em relação às partes contratantes, e em particular, quanto a terceiros.

---

15. Utilizamos aqui o termo interpelação pois é este o ato próprio à constituição em mora do devedor, não a intimação, em que pese a equivocada opção do legislador, a qual, diga-se, é comum na legislação pátria.

16. A venda do bem imóvel em público leilão é impositiva, inclusive sendo vedado aqui o conhecido pacto comissório, em que pese permitido ao devedor fiduciante, havendo a anuência do credor fiduciário, consoante disposto no §8º, do art. 26, da Lei 9.514/1997, a dação de seu eventual direito à coisa em pagamento da dívida, desde que tal ocorra após o vencimento desta. O mesmo vem autorizado no parágrafo único, do art. 1.365, do Código Civil.

17. Fosse o caso de propriedade resolúvel superveniente e os efeitos seriam *ex nunc* (AZEVEDO, Álvaro Villaça. *Curso de Direito Civil*. Direito das Coisas. São Paulo: Atlas, 2014. p. 117-118; RIZZARDO, Arnaldo. *Direito das Coisas*. 8. ed. Rio de Janeiro: Forense, 2016. p. 474).

18. Como afirmado em julgado do Superior Tribunal de Justiça, "No regime especial da Lei 9.514/97, o registro do contrato tem natureza constitutiva, sem o qual a propriedade fiduciária e a garantia dela decorrente não se perfazem" (REsp 1.835.598/SP, 3ª T., rel. Min. Nancy Andrighi, j. 09/02/2021, DJe 17/02/2021).

19. Acresça-se que "De acordo com o princípio da 'obrigatoriedade' do ônus do registro, nos atos entre vivos, a constituição, transferência, modificação ou extinção da propriedade, ou outro direito real relativo a imóvel, apenas se efetivam com o registro do título respectivo" (LOUREIRO, Luiz Guilherme. *Registros Públicos. Teoria e prática*. 8. ed. Salvador: JusPodivm, 2017, p. 538).

20. Na forma do quanto prevê o § 1º, do art. 17, da Lei 9.514/1997. Anderson Schreiber afirma não caracterizar a alienação em questão direito real de garantia por não figurar no rol do art. 1.225, do Código Civil, vendo

Sílvio de Salvo Venosa, destaca que o registro imposto pela lei é aquele a ser efetuado no Registro de Imóveis[21], não sendo adequado o registro do contrato no Registro de Títulos e Documentos, uma vez que apenas o primeiro, no caso tratado, dá origem a direito real, efeito que em nosso ordenamento legal não se consubstancia pela simples existência do pacto, este o qual, uma vez celebrado, origina direito pessoal, obrigacional.[22]

O registro confere publicidade, autenticidade e transmite maior segurança ao negócio fiduciário,[23] e, nesse passo, previne litígios, porquanto, indiscutivelmente, a partir do momento em que se cumpre o comentado comando legal, ficando assentada a alienação fiduciária em garantia, tanto para o fiduciário, como para o fiduciante, torna-se o pacto registrado impassível de alteração, ficando erigida relevante certeza sobre seu conteúdo e data de realização,[24] como também resta propiciado o conheci-

---

no instituto em estudo uma forma de transferência de propriedade, como resolúvel, com fins de garantia, a qual, todavia, compreendida nestes termos, se sujeita às regras comuns aos direitos reais de garantia (*Manual de Direito Civil contemporâneo*. 2. ed. São Paulo: Saraiva, 2019. p. 855-856). Em sentido contrário: AZEVEDO, Álvaro Villaça. *Curso de Direito Civil. Contratos típicos e atípicos*. São Paulo: Saraiva, 2019. v. IV, p. 117; GONÇALVES, Carlos Roberto. *Direito Civil brasileiro*. Direito das Coisas. 14. ed. São Paulo: Saraiva, 2019. v. V, p. 443. Aderimos ao pensamento destes últimos pelas seguintes razões. É comum afirmar-se ser o rol do art. 1.225, do Código Civil, taxativo, contudo, quando isso se afirma, se o faz para deixar claro que direitos reais somente podem ser considerados aqueles assim criados por regra expressa de lei, ou seja, não se cria direito real por analogia ou interpretação da lei, ou ao menos não se deveria isto realizar. Pois bem. No caso, o acima mencionado art. 17, é expresso em estabelecer o registro como *conditio sine qua non* para que a alienação fiduciária venha a se constituir em direito real, sendo, pois, irrelevante, para que possa ser considerada como tal, sua ausência entre as hipóteses versadas nos incisos do art. 1.225, do Código Civil. A alienação fiduciária em garantia consiste em direito real por assim estar previsto na lei, taxativamente. Na verdade, verifica-se ser a alienação fiduciária garantia real na medida em que esta apresenta os elementos caracterizadores deste tipo de garantia, a saber: a) o direito de preferência ou exclusividade; b) o direito de sequela; c) a aderência; e d) a eficácia *erga omnes*. O que torna peculiar a garantia analisada é o fato de recair sobre bem próprio, mas este elemento, na espécie, não afasta a conclusão aqui exposta, na medida em que a propriedade do fiduciário é resolúvel e é constituída especificamente para o fim de garanta do direito deste credor. Dentro deste contexto, aceitável é a classificação feita por Fábio Ulhoa Coelho, dentro da qual a alienação fiduciária qualificar-se-ia como direito real em garantia (*Curso de Direito Civil*. 3. ed. São Paulo: Saraiva, 2010, v. 4, p. 228).

21. Nesse sentido aponta acórdão do Superior Tribunal de Justiça em que foi ressaltado: "Deveras, este contrato de direito real se materializa com o registro do contrato fiduciário no Registro de Imóveis competente, cujo teor confere ao credor-fiduciário a propriedade resolúvel do imóvel pactuado, com o exercício da posse indireta desse bem, cabendo ao devedor-fiduciante, por sua vez, a posse direta, exercendo-a através de uma condição negocial resolutória, condicionado ao regular adimplemento das prestações pactuadas com o credor-fiduciário, nos termos do artigo 23 da Lei n.º 9.514/1997" (REsp 1.844.279/DF, 2ª T., rel. Min. Mauro Campbell Marques, j. 05/05/2020, DJe 14/05/2020).

22. *Código Civil comentado*. Direito das coisas. Posse. Direitos reais. Propriedade. São Paulo: Atlas, 2003. V. XII, p. 528-529.

23. V. art. 1º, da Lei 8.935/1994.

24. O que é próprio de atos registrários, particularmente, a escritura pública, na forma do art. 215, do CC. Tais atos gozam de fé pública, ou seja, acarretam presunção de veracidade quanto aos seus termos, tendo em conta os agentes que os praticam (tabeliães, notários, registradores), aos quais é delegado o exercício da atividade notarial e de registro (cf. art. 236, da Constituição da República; arts. 1º e 2º, da Lei 6.015/1973; e art. 3º, da Lei 8.935/1994). Esclareça-se que a dita presunção é absoluta frente aos contratantes, contudo, relativa em face de terceiros, como ressalta José Mário Junqueira de Azevedo (*Do registro de imóveis*. São Paulo: Saraiva, 1976. p. 34).

mento do pacto *erga omnes*,[25] tudo isso dificultando, para não dizer impedindo, futuras alegações que pudessem comprometer a higidez da avença, e, consequentemente, viessem a fundar pleito de declaração de sua nulidade ou ineficácia.

Tendo em vista o assunto sobre o qual aqui se discorre, é conveniente lembrar não haver igualdade entre registro e averbação, dos quais emanam efeitos diversos,[26] e que consistem em espécies distintas do gênero inscrição.[27]

O registro é ato principal que tem o condão de instituir, constituir ou declarar uma nova realidade jurídica sobre o bem ao qual se refira.

Na dicção do art. 172, da Lei de Registros Públicos (LRP – Lei 6.015/1973), registro é o ato *inter vivos* ou *mortis causa* hábil à constituição, declaração, transferência ou extinção de direitos reais sobre imóveis, quer para a sua validade em relação a terceiros, quer para a sua disponibilidade.[28]

Sempre e somente estará autorizada a concretização do registro[29] desde que devidamente precedido da abertura de matrícula,[30] consoante comandado nos arts. 227 e 228, da LRP.

Com a matrícula, é relevante deixar marcado, teve início entre nós o emprego do sistema do fólio real, deixando de existir as averbações à margem das transcrições ou inscrições, estas que se realizavam de acordo com o então vigente sistema do fólio pessoal, utilizado por força do quanto era previsto no revogado Decreto 4.857/1939.[31]

No fólio real se passou a proceder ao registro pertinente a um único e certo imóvel, de modo individuado, dando-se a especialização objetiva de aludido bem

---

25. Nesse aspecto implicando presunção *juris et de juris* quanto ao indicado conhecimento.
26. CENEVIVA, WALTER. *Lei dos Registros Públicos comentada.* 20. ed. São Paulo: Saraiva, 2010. p. 453.
27. LOUREIRO, Luiz Guilherme. *Registros Públicos*. Teoria e prática. 8. ed. Salvador: JusPodivm, 2017. p. 527. Entretanto, o mesmo autor mencionado anota que a lei admite dois sistemas de registro de títulos, inscrição e transcrição, assim como destaca que na jurisprudência os termos são utilizados como sinônimos, compreendendo tanto registro como averbação (op. cit., p. 609). A anotação tem razão de ser, pois o art. 168, da LRP, é claro ao estipular que registro é a designação genérica na qual estão englobadas inscrição e transcrição. Na verdade há um uso indiscriminado pelo próprio legislador ora do termo registro, ora dos termos inscrição ou transcrição, daí assinalar Walter Ceneviva que ocorrendo referência à inscrição, "... por deficiência técnica da LRP ou por quebra de sistema, em leis posteriores... deve o oficial indicar, na matrícula, apenas a letra 'R', seguindo-se o número de ordem do lançamento e o da matrícula" (*Lei dos Registros Públicos comentada*. 20. ed. São Paulo: Saraiva, 2010. p. 444).
28. Critica Walter Ceneviva a ausência de menção, no texto do art. 172, da LRP, à matrícula, que foi instituída por este diploma legal e representava, na ocasião, grande inovação no âmbito do ordenamento jurídico brasileiro (*Lei dos Registros Públicos comentada*. 20. ed. São Paulo: Saraiva, 2010. p. 453 e 588).
29. Como também de averbação (CENEVIVA, Walter. *Lei dos Registros Públicos comentada*. 20. ed. São Paulo: Saraiva, 2010. p. 589).
30. Luiz Guilherme Loureiro conclui ser a matrícula "... o assento que antecede o registro, pelo qual se individualiza o imóvel, servindo de base para as inscrições de todas as mutações jurídico-reais relativas ao bem matriculado. A matrícula, portanto, é o polo aglutinador de todos os registros e averbações referentes ao imóvel" (*Registros Públicos*. Teoria e prática. 8. ed. Salvador: JusPodivm, 2017. p. 633).
31. Vale conferir o escorço histórico feito por Ricardo Henry Marques Dip e Benedito Silvério Ribeiro a respeito da dúvida registrária em seu texto *Algumas linhas sobre a dúvida no registro de imóveis* (*Doutrinas Essenciais: Direito Registral*. 2. ed. São Paulo: Ed. RT, 2013. v. VI, p. 220-225).

NEGATIVA DO REGISTRO DE ALIENAÇÃO FIDUCIÁRIA **115**

em fichas ou folhas soltas que terão por conteúdo todas as ocorrências que venham a envolvê-lo e tenham permissão legal de adentrarem na matrícula.[32]

Ato de averbação,[33] diferentemente, é ato de anotação que tenha por escopo a modificação ou mesmo o cancelamento,[34] a extinção, de registro previamente existente. A averbação traduz-se, pois, como modo de aditamento do registro que lhe antecede sendo esta a razão de ostentar caráter acessório em relação àquele.[35]

A averbação, ainda, serve para realização de eventuais necessárias retificações a serem promovidas no registro, contudo, nesse caso, será admitida apenas dentro do quanto restritamente autorizam os arts. 212 a 214, da LRP, ou seja, o registro será retificado caso apresente omissão, imprecisão ou não esteja a expressar a verdade.

4. DA QUALIFICAÇÃO DO TÍTULO E EVENTUAL NEGATIVA DO REGISTRO

Indubitável que os contratos de alienação fiduciária em garantia de bens imóveis configuram os escritos particulares autorizados em lei mencionados no texto do inc. II, do art. 221, da LRP, logo, poderão ser tais pactos admitidos a registro.

Na forma do disposto nos inc. I a VII, do art. 24, da Lei 9.514/1997, somente poderá vir a ser registrado o título, o contrato realizado para viabilizar a constituição da propriedade resolúvel e da garantia fiduciária, que apresente os seguintes e indispensáveis elementos: a) o valor do principal da dívida; b) o prazo e as condições de reposição do empréstimo ou do crédito fiduciário; c) a taxa de juros e os encargos incidentes; d) a cláusula de constituição da propriedade fiduciária, com descrição do imóvel objeto da alienação fiduciária e a indicação do título e modo de aquisição; e) a cláusula assegurando ao fiduciante, enquanto adimplente, a livre utilização, por sua conta e risco, do imóvel objeto da alienação fiduciária; f) a indicação, para efeito de venda em público leilão, do valor do imóvel e dos critérios

---

32. "A concentração de todos os assentos relativos ao imóvel em uma única folha, denominada real, aumenta a segurança jurídica e a eficácia do registro, evitando a pesquisa em fontes diversas e dispersas, assegurando a sequência natural dos episódios e a filiação segura dos atos jurídicos, tudo fortalecendo o indispensável princípio da continuidade" (RODRIGUES, Marcelo. *Tratado de Registros Públicos e Direito Notarial*. 2. ed. São Paulo: Atlas, 2016. p. 247).

33. De plano, assinale-se que, com referência à averbação, não se aplicam as regras pertinentes ao procedimento de dúvida, exclusivamente incidentes quando se tratar de registro *stricto sensu*. Havendo alguma questão para ser resolvida quanto ao ato de averbação, a medida a ser interposta será o pedido providências, este cuja análise e solução está a cargo do Juiz Corregedor Permanente, com recurso para a Corregedoria Geral da Justiça.

34. Hipótese que decorre do cumprimento da obrigação do fiduciante, com a correlata resolução da propriedade fiduciária, e consequente extinção da garantia, conforme previsto no art. 25, *caput* e §2º, da Lei 9.514/1997. Marcelo Rodrigues, a propósito, observa ser o cancelamento "... a face reversa ou negativa da inscrição" (*Tratado de Registros Públicos e Direito Notarial*. 2. ed. São Paulo: Atlas, 2016. p. 309).

35. CENEVIVA, Walter. *Lei dos Registros Públicos comentada*. 20. ed. São Paulo: Saraiva, 2010, p. 278 e 617-618; LOUREIRO, Luiz Guilherme. *Registros Públicos*. Teoria e prática. 8. ed. Salvador: JusPodivm, 2017. p. 306-307 e 439-441.

para a respectiva revisão; e g) a cláusula dispondo sobre os procedimentos tratados no art. 27, da Lei 9.514/1997.

Estipula, portanto, a lei, diversos requisitos os quais, ainda que por vontade das partes contratantes, não poderão deixar de figurar no negócio jurídico por aquelas entabulado, sob pena de terem negada a realização do relevante registro aqui necessário à geração da alvitrada garantia fiduciária.

Por ser deste modo, o título apresentado ao registro, protocolizado,[36] passa por uma fase de qualificação,[37] durante a qual será verificada da sua aptidão para ensejar a providência registral pelo interessado reclamada.[38]

Nessa referida fase dá-se o estudo do título no plano da forma, procedendo-se à busca, para fins exclusivamente registrários, da existência de eventual vício relativo ao contrato, e que indicasse sua desconformidade com os requisitos erigidos na lei, condicionantes do registro, cuja observância é imperativa.

Aludida busca, ressalta Marcelo Rodrigues, não é facultativa, é incumbência do registrador a ser executada em cumprimento de seu poder-dever de impedir haja acesso, ao registro, de título o qual, para tanto, não esteja ajustado às exigências da legislação[39].

Esclarece Luiz Guilherme Loureiro compreender a qualificação "...o exame dos caracteres extrínsecos do documento e a observância dos princípios registrais..." sendo que apenas após tal tarefa torna-se possível se decidir sobre a viabilidade do registro do título protocolado.[40]

Este tratado crivo, pelo quanto nos aponta Walter Ceneviva,[41] não adentra na substância – aspecto material – do título ou negócio jurídico registrando.

Ao contrário, envolve análise objetiva daquele, tão somente quanto aos seus elementos estruturantes – aspecto formal –, nesses englobados os elementos declinados nos incs. I a VII, do art. 24, da Lei 9.514/1997, os quais ditam um modelo de negócio jurídico que não pode ser desrespeitado pelos interessados em obter, após o registro do pacto entre eles celebrado, certa e esperada eficácia.

Pois bem.

---

36. De acordo com o art. 182, da LRP, "Todos os títulos tomarão, no Protocolo, o número de ordem que lhes competir em razão da sequência rigorosa de sua apresentação". A razão de ser do número de ordem é servir de parâmetro para a definição da prioridade título e da precedência do direito real, como resulta expresso do quanto consta do art. 186, da LRP. O número de ordem se imbrica com a prenotação mencionada no teor do art. 183, da LRP, na medida em que permite esta última providência, igualmente, a exata apuração sobre a precedência do direito real pertinente ao título registrando. Nesse sentido: CENEVIVA, Walter. *Lei dos Registros Públicos comentada*. 20. ed. São Paulo: Saraiva, 2010. p. 484-485 e 487.

37. RODRIGUES, Marcelo. *Tratado de Registros Públicos e Direito Notarial*. 2. ed. São Paulo: Atlas, 2016. p. 294-297; LOUREIRO, Luiz Guilherme. *Registros Públicos*. Teoria e prática. 8. ed. Salvador: JusPodivm, 2017. p. 652-653.

38. Vale conferir as explanações de Luiz Guilherme Loureiro a respeito de título registrável e título inscritível (*in Registros Públicos. Teoria e prática*. 8. ed. Salvador: JusPodivm, 2017. p. 615-617).

39. *Tratado de Registros Públicos e Direito Notarial*. 2. ed. São Paulo: Atlas, 2016. p. 295.

40. *Registros Públicos. Teoria e prática*. 8. ed. Salvador: JusPodivm, 2017. p. 652.

41. *Lei dos Registros Públicos comentada*. 20. ed. São Paulo: Saraiva, 2010. p. 571.

NEGATIVA DO REGISTRO DE ALIENAÇÃO FIDUCIÁRIA

Submetido assim o título às verificações cabíveis, análises as quais devem se ultimar em até quinze dias,[42] de acordo com o disposto no item 43, do Cap. XX, das Normas de Serviço da Corregedoria Geral da Justiça de São Paulo (NSCGJ/SP),[43] poderá haver tanto a admissão – qualificação positiva –, como a rejeição do registro pleiteado – qualificação negativa.[44]

A admissão se dará, ao término da qualificação, quando tenha o registrador se convencido do fato de não padecer o título a ele apresentado de qualquer mácula obstativa do registro almejado.

De outro lado, constatando-se ser o título protocolado falho quanto ao atendimento dos requisitos legais adrede indicados, ocorrerá a negativa do registro.

Nesse caso, o registrador tem o dever de entregar, ao apresentante, nota de devolução[45] do título ao registro inadmitido, no escopo de cientificar àquele último,[46] por escrito, a respeito dos motivos determinantes da abordada rejeição.[47]

A negativa do registro pode ocorrer pelo fato da existência de substancial defeito do negócio jurídico, insuperável vício do título, situações quaisquer que não comportem emenda ou sanação, e, dentro desse contexto, a nota devolutiva sobrevirá pura e simplesmente para anunciar o revés sofrido pelo apresentante, e, pois, sem a formulação de exigências, as quais, aqui, seriam despropositadas.

De modo diverso, havendo a inadmissão do registro em virtude da existência de vício sanável, circunstância contornável pelo complemento ou correção do título, deverá o registrador proceder em consonância com a primeira parte, do *caput*, do art. 198, da LRP, efetuando exigências aptas a tornar factível a providência registral dele reclamada.[48]

---

42. O ato de registro, ressalte-se, deve ser realizado em até trinta dias do protocolo do título, na forma do art. 188, da LRP, e isto para que fique preservada a prioridade e a precedência decorrentes da protocolização. v. art. 205, da LRP; e itens 29 e 47, do Cap. XX, das NSCGJ/SP.

43. De teor seguinte: "O prazo para exame, qualificação e devolução do título, com exigências ou registro, será de 15 (quinze) dias, contados da data em que ingressou na serventia".

44. DIP, Ricardo Henry Marques. *Lei de Registros Públicos comentada*. 2. ed. Rio de Janeiro: Forense, 2019. p. 1.113.

45. Sobre o conteúdo da nota de devolução trata o item 40.1, do Cap. XX, das NSCGJ/SP: "A nota de exigência deve conter a exposição das razões e dos fundamentos em que o Registrador se apoiou para qualificação negativa do título, vedadas justificativas de devolução com expressões genéricas, tais como 'para os devidos fins', 'para fins de direito' e outras congêneres".

46. Entretanto, é o apresentante que tem o ônus de procurar o cartório para inteirar-se sobre o andamento e resultado de sua demanda, dentro do prazo legal. A lei não impõe ao registrador o encargo de realizar, na hipótese, o envio de notificação. Nesse sentido: CENEVIVA, Walter. *Lei dos Registros Públicos comentada*. 20. ed. São Paulo: Saraiva, 2010. p. 510. Em São Paulo, entretanto, pelo comando contido no item 40.3, do Cap. XX, das NSCGJ/SP, uma vez "Elaborada a nota de exigência, seu conteúdo será imediatamente postado na Central de Serviços Eletrônicos Compartilhados dos Registradores de Imóveis do Estado de São Paulo (Central Registradores de Imóveis), admitidas funcionalidades de envio de avisos por e-mail ou por SMS (Short Message Service)".

47. Item 40, do Cap. XX, das NSCGJ/SP: "É dever do Registrador proceder ao exame exaustivo do título apresentado. Havendo exigências de qualquer ordem, deverão ser formuladas de uma só vez, por escrito, de forma clara e objetiva, em formato eletrônico ou papel timbrado do cartório, com identificação e assinatura do preposto responsável, para que o interessado possa satisfazê-las ou requerer a suscitação de dúvida no procedimento administrativo".

48. Como em caso no qual constatou-se a necessidade de averbação de benfeitoria mencionada no título, comprometimento do princípio da especialidade (CSM/SP, Ap. 0000348-12.2013.8.26.0471, rel. Des. Elliot Akel, j. 16/10/2014); ou em outro em que apurou-se a necessidade de haver prévio cancelamento de averbação

5. DO PROCEDIMENTO DE SUSCITAÇÃO DE DÚVIDA

A negativa do registro será sempre, e obrigatoriamente, assertiva.

Isto se afirma, na medida em que não seria razoável entender que o responsável pela prática do registro tenha dúvida a respeito de como proceder no exercício de suas próprias atribuições. Negando o registro, clara, categórica, e fundamentadamente, afirmará as razões determinantes de sua decisão.

É assertiva a negativa quanto ao registro, pois o registrador, como resultado das análises por ele promovidas para a qualificação do título, se convence da impossibilidade de realizar o quanto a ele requerido, convencimento baseado no fato de ter constatado concreta situação que envolve o título apontado e obsta o pretendido acesso ao fólio real.

Então, neste ponto, permanecendo inerte o interessado, registro não haverá.

Eventualmente, sendo hipótese em que formuladas foram exigências, nos moldes acima expostos, acolhidas e satisfeitas, estará autorizada a reapresentação do título original[49], perante o cartório, para requalificação.

Confirmado pelo registrador o cumprimento das imposições feitas ao apresentante, procederá, por fim, ao esperado registro.

Todavia, é certo que sabedor o interessado quanto ao teor da nota de devolução do título, irresignado com as exigências nessa veiculadas, ou não tendo meios de satisfazê-las, poderá requerer ao registrador que suscite dúvida, na forma prevista na 2ª parte, do *caput*, do art. 198, da LRP.[50]

Desse modo vindo a atuar o apresentante, ter-se-á, então, o que se pode denominar de dúvida registral,[51] a qual se caracteriza como procedimento administrativo[52]

---

referente a indisponibilidade do bem envolvido no registro (CSM/SP, Ap. 0009247-50.2017.8.26.0344, rel. Des. Pinheiro Franco, j. 20.03.2018).

49. Não ofertado este, a dúvida será tida por prejudicada. Nesse sentido: CSM/SP, Ap. 1013579-15.2017.8.26.0224, rel. Des. Pinheiro Franco, j. 02.08.2018.

50. v. item 41, do Cap. XX, das NSCGJ/SP.

51. Neste trabalho abordamos apenas a dúvida tal como prevista na LRP. A figura da dúvida inversa, que é formulada diretamente pelo interessado ao Juiz Corregedor Permanente, não obstante seja aceita por parte da doutrina e da jurisprudência, de fato, não encontra esteio na lei, e, portanto, ao nosso ver, não deveria persistir na ordem prática. A LRP impõe ao registrador a atribuição, indeclinável, de suscitar dúvida, e é certo que, realizando o interessado seu requerimento de forma anômala, em desrespeito ao devido processo legal, poderá ver comprometida a garantia decorrente da prenotação (v. arts. 183 e 186, da LRP), pois uma vez apresentada diretamente em juízo a dúvida, a prenotação se dará apenas quando o registrador receber ofício determinando que preste informações, e dentro desse lapso existente entre a apresentação da dúvida e a recepção do ofício mencionado, pode haver o ingresso de outro pedido de registro referente ao mesmo imóvel, fazendo surgir discussão quanto ao aspecto da preferência registral. Aliás, o Supremo Tribunal Federal já teve oportunidade de declarar inviável a dúvida inversa (RE 77.966-MG, rel. Min. Aldir Passarinho, DJ 17.06.1983). O Superior Tribunal de Justiça mais recentemente proclamou ser a dúvida prerrogativa do registrador (REsp 1.111.343-SP, 3ª T., rel. Min. Ricardo Villas Bôas Cueva, DJe 11/02/2016). Essa a posição de Walter Ceneviva (*Lei dos Registros Públicos comentada*. 20. ed. São Paulo: Saraiva, 2010. p. 508-509), da qual diverge Marcelo Rodrigues (*Tratado de Registros Públicos e Direito Notarial*. 2. ed. São Paulo: Atlas, 2016. p. 306-307). O CSM/SP admite em seus julgamentos a dúvida inversa, e está a mesma contemplada no item 41.1. das NSCGJ/SP.

52. Cf. destacado em julgado do Superior Tribunal de Justiça, no AgRg no Ag 885.882-SP, da relatoria do Min. Sidnei Beneti, no qual ficou assentado que "O procedimento de dúvida suscitado pelo Oficial do Registro

NEGATIVA DO REGISTRO DE ALIENAÇÃO FIDUCIÁRIA **119**

viabilizador da análise, e eventual revisão, das razões deduzidas pelo registrador para a negativa do registro requerido.

O interessado deduzirá seu requerimento por escrito ao registrador,[53] porém, não há necessidade de que se dê tal manifestação por intermédio de advogado, dada a natureza não-jurisdicional do procedimento em questão.[54]

A respeito da participação de advogado no procedimento de dúvida, convém consignar que, ao estabelecer o legislador a possibilidade de o próprio apresentante formular o pedido de sua instauração, o faz no sentido de prestigiar ao princípio da oralidade, no intuito de simplificar o modo de ser do tratado procedimento, acarretando menores custos ao interessado, contribuindo haja celeridade no tramitar do mesmo.

Não se vê na hipótese violação à norma do art. 133, da Constituição da República, ou ao art. 1°, inc. I, do Estatuto da Advocacia, pelo fato de que aqui não se cuida de processo judicial, nem de jurisdição, e, isto sim, de procedimento administrativo, que tem curso e será resolvido em instância administrativa, na qual se procede à administração de interesse público, sequer cabendo se falar, na espécie, em jurisdição voluntária.[55]

---

tramitado perante o Poder Judiciário reveste-se de caráter administrativo, não-jurisdicional, agindo o juízo monocrático, ou o colegiado, em atividade de controle da Administração Pública" (DJe 11.02.2009). No mesmo sentido: STJ, AgRg no REsp 1.371.419-MG, 3ª T., rel. Min. Paulo de Tarso Sanseverino, DJe 08.11.2013; STF, ARE 1.019.090-RJ, rel. Min. Celso de Mello, j. 13.02.2017.

53. Cuidando-se da dúvida suscitada na estrita forma da LRP (dúvida direta – item 41, do Cap. XX, das NSCGJ/ SP), a irresignação do apresentante ou interessado somente poderá ser total diante dos termos das exigências postas como condição para a realização do registro. Descabe o inconformismo parcial porquanto, não impugnados todos os motivos da recusa do registro, por qualquer dos inatacados, prevalecerá a negativa da providência registral. O CSM/SP tem se posicionado no sentido de, verificada a situação antes apontada, restar prejudicada a dúvida (Ap. 1013579-15.2017.8.26.0224, rel. Des. Pinheiro Franco, j. 02/08/2018). "O inconformismo parcial prejudica a dúvida, pois não há possibilidade de sanar a falta no curso do procedimento, uma vez que se isso fosse permitido haveria ilegal prorrogação do prazo da prenotação e permissão de dilações e complementações em detrimento de direitos posicionais que acaso pudessem existir em contraposição ao do suscitado" (Ap. 0045455-54.2011.8.26.0114, rel. Des. Elliot Akel, J. 30.10.2014). Tratando-se de dúvida inversa, o dissenso pode ser absoluto ou parcial, e neste último caso, na forma do previsto no item 41.1.2, do Cap. XX, das NSCGJ/SP, "... o procedimento deverá ser convertido em diligência, ouvindo-se, no prazo igual e sucessivo de 10 (dez) dias, o Oficial do Registro de Imóveis e o suscitante, para que seja definido o objeto da dissensão, vedado o cumprimento de exigências durante o procedimento. Não havendo manifestação do requerente, o procedimento será arquivado, cancelada a prenotação do título, se houver".

54. Observação que se coaduna com o disposto no art. 204, da LRP. No mesmo sentido do texto: LOUREIRO, Luiz Guilherme. *Registros Públicos*. Teoria e prática. 8. ed. Salvador: JusPodivm, 2017. p. 655; DIP, Ricardo Henry Marques. *Lei de Registros Públicos comentada*. 2. ed. Rio de Janeiro: Forense, 2019, p. 1.113, 1.115, 1.119, 1.123, 1.124, e 1.126.

55. Nesse sentido: AgReg na Reclamação 12.901-AP, rel. Min. Roberto Barroso, j. 17.03.2017. Filiamo-nos à vertente que entende que a jurisdição voluntária envolve atividade jurisdicional, porém nesta tal ocorre para que haja a integração da vontade do interessado à lei, e assim possa vir o negócio jurídico, cuja realização aquele almeja, após análise de seu conteúdo pelo juiz, a produzir efeitos na ordem jurídica. Percebe-se, pois, que na jurisdição voluntária temos tutela de interesses privados. Diferentemente, quando se cuida de procedimento administrativo, a atuação do juiz se dá para fazer observar a regra de direito cabível na hipótese apreciada, administrando, na verdade, interesse público, como é o caso da dúvida registral, na qual o interesse do apresentante do título é privado, contudo, a estrita observância das regras de registro,

A propósito, a redação do inc. I, do art. 1º, da Lei 8.906/1994, foi afetada pelo julgamento da ADIn 1.127,[56] em que o Supremo Tribunal Federal, interpretando o indicado dispositivo conforme a Constituição da República, à luz de seu art. 133, acabou por considerar constitucionais regras de lei as quais, eventualmente, permitam o exercício de postulação direta pelo interessado em juízo, o quanto, diga-se, já havia feito por ocasião de anterior pronunciamento lançado na ADIn 1.539.[57]

O registrador, por seu turno, fará as devidas anotações, e lavrará certidão, tudo em observância aos comandos dos incs. I e II, do art. 198, da LRP.

Cuidará, ainda, o registrador, de declarar a dúvida,[58] bem como de extrair cópia da mesma e notificar ao apresentante para impugná-la,[59] no prazo de quinze dias,

---

é de interesse público. Pura atividade de controle da Administração Pública, de caráter correcional, logo, não-jurisdicional, atividade atípica diversa da atividade própria jurisdicional desenvolvida no âmbito da jurisdição voluntária.

56. Rel. sorteado Min. Marco Aurélio, rel. para acórdão o Min. Ricardo Lewandowski, julgamento ocorrido aos 17.05.2006, nesse sendo afirmado que "O advogado é indispensável à administração da Justiça. Sua presença, contudo, pode ser dispensada em certos atos jurisdicionais". Ressalte-se que nos debates ocorridos durante o julgamento da mencionada ADIn, por diversas vezes, os julgadores consideraram que em procedimento de caráter administrativo, no qual não se desenvolve jurisdição, não haveria razão de discutir-se a respeito da assistência profissional questionada, pois esta última somente se mostra inafastável no plano jurisdicional e, mesmo assim, nesse campo admitindo exceções expressas em lei, como ocorre no caso dos Juizados Especiais. Acresça-se que a ideia da inafastabilidade absoluta da assistência profissional por advogado quando se cuida de processo administrativo também foi vencida com a edição pelo STF de seu entendimento consolidado na Súmula Vinculante 5, a saber: "A falta de defesa técnica por advogado no processo administrativo disciplinar não ofende a Constituição".

57. Rel. Min. Maurício Corrêa, publicado no DJ 05.12.2003, desde lá ficando destacado que "Não é absoluta a assistência do profissional da advocacia em juízo, podendo a lei prever situações em que é prescindível a indicação de advogado, dados os princípios da oralidade e da informalidade adotados pela norma para tornar mais célere e menos oneroso o acesso à justiça".

58. Não prevê a lei o prazo para a abordada declaração, contudo, parece razoável que se entenda ser este de quinze dias, tal como o faz, v.g., o item 41.2. das NSCGJ/SP, promovendo equilíbrio de tratamento entre registrador e apresentante. Ao suscitar e declarar a dúvida, o registrador cumpre dever, e acaso não proceda de modo adequado pratica ilícito, que pode ser objeto de reclamação administrativa perante o Juiz Corregedor Permanente, ou de questionamento na via jurisdicional do mandado de segurança, instrumentos destinados a garantir ao apresentante do título rejeitado ao registro o devido processo legal da dúvida (DIP, Ricardo Henry Marques. *Lei de Registros Públicos comentada*. 2. ed., Rio de Janeiro: Forense, 2019. p. 1.115).

59. Marcelo Rodrigues critica a LRP pelo uso atécnico que faz da locução apresentante, pois é esta genérica por demais, e propicia entendimento de que qualquer pessoa que assim se pudesse qualificar estaria legitimada a requerer a suscitação de dúvida, e impugná-la, quando, em verdade, de acordo com o art. 199, da LRP, apenas o interessado possui comentada legitimidade, pois apenas ele, como titular do direito cuja inscrição é pretendida, "... detém interesse jurídico direto no ingresso do título no sistema de publicidade registral" (*Tratado de Registros Públicos e Direito Notarial*. 2. ed. São Paulo: Atlas, 2016. p. 298). Embora concordemos seja sobremaneira infeliz e confusa a opção legislativa, não há como diferenciar-se, dentro do âmbito da LRP, as figuras do apresentante e do interessado, bastando ser verificado que a legitimidade em questão é indistintamente atribuída tanto ao apresentante (art. 198, *caput* e inc. III), quanto ao interessado (art. 199), e nesse passo, as regras analisadas estão a tratar da mesma pessoa, ou se não, cuidam de pessoas distintas mas que podem realizar as mesmas atividades dentro do procedimento de dúvida. Pensamento diverso torna de difícil compreensão o teor do art. 200, da LRP, no qual é determinado que apenas o interessado seria aquele a instruir documentalmente a impugnação que fosse ofertada à suscitada dúvida, quando é certo que o apresentante também, pela lei, está habilitado a proceder desta forma. De outro lado, é inegável não ser razoável excluir do interessado a possibilidade de requerer a suscitação de dúvida, em razão da literalidade do *caput*, do art. 198, da LRP, regra que aponta tão somente para o apresentante, o qual, aliás, uma vez suscitando a

NEGATIVA DO REGISTRO DE ALIENAÇÃO FIDUCIÁRIA

perante o juízo competente, ao qual será encaminhada,[60] para a análise que assim restará ensejada (cf. incs. III e IV, do art. 198, da LRP).

A impugnação, tal como o requerimento de suscitação de dúvida, pode ser, pelo próprio interessado, elaborada e protocolada no juízo competente.

Note-se que apesar de ter o apresentante suscitado a dúvida, não é imposto a ele que impugne àquela que for declarada pelo registrador, conclusão que se extrai dos termos do art. 199, da LRP, segundo os quais, mesmo na ausência de impugnação, a dúvida será julgada por sentença.

Mencionado julgamento será procedido pelo Juiz Corregedor Permanente do Cartório de Registro de Imóveis originário do expediente,[61] a quem caberá decidir a respeito da legitimidade das motivações da dúvida suscitada, definindo a questão sobre ter atendido ou não o apresentante do título registrando a todos os requisitos legais condicionantes da providência cuja efetivação persegue.

Em juízo, antes do julgamento da dúvida, os autos serão encaminhados ao representante do Ministério Público para manifestação em dez dias, consoante a previsão do art. 200, da LRP.

Ressalte-se que, embora a redação dessa última regra deixe transparecer que a manifestação ministerial caberia tão somente na hipótese de ter havido impugnação dos termos da dúvida pelo apresentante do título, em verdade, basta a suscitação daquela para que venha o processo a ser encaminhado ao representante do Ministério

---

dúvida, acaso venha esta a ser julgada procedente, pelo quanto ordena o art. 207, da LRP, deverá arcar com o pagamento das pertinentes custas o interessado, o que não faz o menor sentido, tendo em conta que deu causa ao procedimento o apresentante, e é certo que é ele que deve responder pelo encargo. Confira-se que o art. 217, da LRP, permite que possa qualquer pessoa provocar a realização do registro, e, coerentemente com essa disposição, ao apresentante é garantida a faculdade de deduzir impugnação, como resulta do inc. III, do art. 198, da LRP. Nesse contexto, adequado compreender-se tenha o apresentante também a faculdade de recorrer da sentença que por fim venha a negar a providência registral pelo mesmo pleiteada, em que pese a menção feita no art. 202, da LRP, apenas à figura do interessado. Em arremate, frise-se que a legitimidade ampla por nós defendida tem seu principal esteio na observação de que o procedimento de dúvida registral envolve interesse eminentemente público, não exclusivamente interesse privado, tanto que mesmo não havendo impugnação à dúvida declarada, seguirá tendo trâmite o procedimento, pois não se opera revelia, havendo obrigatória manifestação do Ministério Público, após a qual virá a ser proferida sentença, cujo conteúdo tratará das questões levantadas na dúvida, respeitado o teor do art. 201, da LRP, ou seja, tem continuidade o procedimento independentemente da vontade do interessado ou do apresentante, o que deixa claro que o desejo do legislador foi o de propiciar haja, em qualquer situação, a análise da legalidade ou não da restrição oposta ao registro, daí não estar afinada com este propósito maior a ideia de se diferenciar as figuras do apresentante e do interessado para com isso restringir a atuação do primeiro no âmbito do procedimento de dúvida. A assim vista legitimidade, de maior amplitude, tal como a atuação do Ministério Público, particularmente quanto à faculdade de recorrer, tem como objeto a preservação das normas e princípios registrais, e é este parâmetro que deve pautar a interpretação das regras da LRP quando empreguem, sem real intenção de discernir, os termos apresentante e interessado. Ricardo Henry Marques Dip também não distingue apresentante de interessado (*Lei de Registros Públicos comentada*. 2. ed. Rio de Janeiro: Forense, 2019. p. 1.118 e 1.121).

60. O referido encaminhamento é imposição legal, dever do oficial do registro de imóveis, em conformidade com a regra do art. 30, inc. XIII, da Lei 8.935/1994.

61. Como o determina o art. 38, inc. II, do Dec.-lei Complementar 3/1969 (Código Judiciário do Estado de São Paulo – CJSP).

Público, no intuito de que possa atuar como fiscal da ordem jurídica, como disposto no inc. I, do art. 178, do Código de Processo Civil, pois é indiscutível que tal atuação, na espécie, se dá, de modo genérico, para o resguardo do interesse público naturalmente envolvido em questões registrárias, para a garantia da regularidade registral imobiliária, para a preservação do serviço público de relevância aqui envolvido, isso em respeito às normas do *caput*, do art. 127; e do inc. II, do art. 129, da Constituição da República, e, particularmente, para a detida apuração da legalidade da negativa de acesso ao registro, tanto que o aludido representante poderá se manifestar a favor, como contrário, ao acolhimento dos termos da dúvida, ou seja, quer pela realização do registro, quer pela manutenção da negativa deste.[62]

Seguindo, tendo o Ministério Público se manifestado, e desde que não haja requerimento que leve à realização de alguma diligência, deverá o Juiz Corregedor Permanente sentenciar o feito, nos moldes do art. 201 da LRP, valendo-se para tanto dos elementos constantes dos autos, julgando procedente ou improcedente a dúvida, desautorizando ou permitindo o registro do título.

Contra tal decisão tem cabimento recurso de apelação,[63] dotado de efeitos devolutivo e suspensivo,[64] e poderão se insurgir contra a sentença os legitimados indicados no texto do art. 202, da LRP,[65] apelo cujo julgamento[66] é da competência do Conselho Superior da Magistratura.[67]

---

62. No sentido do texto: Conselho Superior da Magistratura de São Paulo, Ap. 0000200-93.2015.8.26.0567, rel. Des. Manoel De Queiroz Pereira Calças, j. 04.08.2016; e Procuradoria Geral de Justiça de São Paulo, *in* Protocolado 56.063/2011 (autos 02/2011), decisão do Procurador-Geral de Justiça, Fernando Grella Vieira, datada de 04.05.2011.

63. A propósito, é o único recurso previsto na LRP no que toca ao procedimento de dúvida. Embora possam ser proferidas no tramitar deste último decisões interlocutórias, como não há preclusão relativa ao conteúdo dessas, não se faz necessário o seu ataque por meio de agravo de instrumento. Na mesma esteira: CENEVIVA, Walter. *Lei dos Registros Públicos comentada*. 20. ed. São Paulo: Saraiva, 2010, p. 522. Ricardo Henry Marques Dip ressalta ainda terem cabimento, no procedimento de dúvida, embargos declaratórios (*Lei de Registros Públicos comentada*. 2. ed., Rio de Janeiro: Forense, 2019. p. 1.121).

64. Daí que o registro do título dependerá do trânsito em julgado da decisão que apreciar o apelo. Nesse sentido: CSM/SP, Ap. 1000490-18.2018.8.26.0505, rel. Des. Pinheiro Franco, j. 26.02.2019.

65. No qual vemos incluído o apresentante, pelos motivos expostos na nota 52 supra. No ensejo assinale-se que para a interposição de recurso o interessado/apresentante deverá se fazer representar por advogado, tendo em conta a especificidade do ato de recorrer, existir aqui a necessidade de capacidade postulatória. Nessa trilha: RODRIGUES, Marcelo. *Tratado de Registros Públicos e Direito Notarial*. 2. ed. São Paulo: Atlas, 2016. p. 303; LOUREIRO, Luiz Guilherme. *Registros Públicos*. Teoria e prática. 8. ed. Salvador: JusPodivm, 2017. p. 655.

66. Contra tal julgamento não será admitida a interposição de recurso especial. Nesse sentido: STJ, AgRg no REsp 1.078.626-MG, 4ª T. rel. Min. Maria Isabel Gallotti, DJe 10.03.2016; REsp 1.570.655-GO, 4ª T. rel. Min. Antonio Carlos Ferreira, DJe 09.12.2016; AgInt no Ag em REsp 1.101.772-SP, 4ª T. rel. Min. Antonio Carlos Ferreira, DJe 20.09.2017. Também incabível recurso extraordinário. Nesse sentido: STF, ARE 1.019.090-RJ, rel. Min. Celso de Mello, j. 13.02.2017.

67. Na forma do art. 64, inc. VI, do CJSP, o recurso para atacar a antes referida decisão seria o agravo de petição, constante dos art. 846 a 850, do CPC/1939. Na atualidade, prevalece sobre aquela regra a específica trazida na LRP, a qual prevê o cabimento, na hipótese, do recurso de apelação, o que leva à aplicação dos art. 1.009 a 1.014 do CPC/2015, para o processamento do aludido recurso, o qual, em tese, está sujeito a preparo. Nesse sentido: STJ, REsp 689.444-RS, 3ª T. rel. Min. Carlos Alberto Menezes Direito, DJ 30.04.2007. Porém, em São Paulo, à falta de previsão legal expressa, pois nada a respeito dispõe a Lei Estadual 11.608/2003 (Lei da taxa judiciária incidente sobre os serviços públicos de natureza forense), não tem sido exigido o preparo em

NEGATIVA DO REGISTRO DE ALIENAÇÃO FIDUCIÁRIA **123**

Destaque-se que o registrador não possui legitimidade recursal,[68] e, portanto, não poderá apelar da sentença que venha a julgar improcedente a dúvida, afastando os óbices impedientes do registro, ventilados na nota de devolução, e repetidos na declaração prevista na segunda parte do *caput*, do art. 198, da LRP.

O oficial registrador imobiliário exerce função pública por delegação[69] e não tem interesse próprio em ver prevalecer as exigências que formulou, contrárias ao requerimento de registro a ele inicialmente dirigido.

Comentado registrador age em cumprimento de deveres inerentes a sua função,[70] e é evidente que dentre esses não está inserida a atribuição de recorrer das decisões do Juiz Corregedor Permanente.

Terminando, é importante ressaltar que a sentença proferida para resolver as questões levantadas no procedimento de dúvida não transita materialmente em julgado, não adquire a qualidade de coisa julgada material,[71] e dada esta característica, fica ao interessado aberta via para que possa deduzir pretensão referente ao registro sob jurisdição contenciosa, conforme autoriza o art. 204, da LRP.

6. REFERÊNCIAS BIBLIOGRÁFICAS

AZEVEDO, Álvaro Villaça. *Curso de Direito Civil*. Contratos típicos e atípicos. São Paulo: Saraiva, 2019. v. IV.

AZEVEDO, José Mário Junqueira de. *Do registro de imóveis*. São Paulo: Saraiva, 1976.

BEVILÁQUA, Clóvis. *Código Civil dos Estados Unidos do Brasil*. 10 ed. Rio de Janeiro: Francisco Alves, 1955. v. III.

CENEVIVA, Walter. *Lei dos Registros Públicos comentada*. 20. ed. São Paulo: Saraiva, 2010.

COELHO, Fábio Ulhoa. *Curso de Direito Civil*. 3. ed., São Paulo: Saraiva, 2010. v. 4.

DIP, Ricardo Henry Marques. In: ARRUDA ALVIM NETO, José Manoel de, CLÁPIS, Alexandre Laizo, Everaldo Augusto Cambler. *Lei de Registros Públicos comentada*. 2. ed. Rio de Janeiro: Forense, 2019.

GONÇALVES, Carlos Roberto. *Direito Civil brasileiro*. Direito das Coisas. 14. ed. São Paulo: Saraiva, 2019. v. 5.

LOUREIRO, Luiz Guilherme. *Registros Públicos*. Teoria e prática. 8. ed. Salvador: Juspodivm, 2017.

NORONHA, Fernando. A alienação fiduciária em garantia e o *leasing* financeiro como supergarantias das obrigações. Revista dos Tribunais. v. 845, São Paulo: RT, mar. 2006.

RIBEIRO, Benedito Silvério; DIP, Ricardo Henry Marques. Algumas linhas sobre a dúvida no registro de imóveis. *Doutrinas Essenciais*: Direito Registral. 2. ed. São Paulo: RT, 2013. VI.

---

questão. Nesse sentido: TJSP, Ap. 64.423.0/9, CSM, rel. Des. Sérgio Augusto Nigro Conceição, j. 10.09.1999; MS 0140107-51.2010.8.26.0000, Órgão Especial, rel. Des. Cauduro Padin, j. 25.05.2011.

68. Nesse sentido: CSM/SP, Ap. 1000151-26.2017.8.26.0204, rel. Des. Pereira Calças, j. 05.12,2017; Ap. n° 0052045-13.2012.8.26.0405, rel. Des. Renato Nalini, j. 06.11.2013; DIP, Ricardo Henry Marques. *Lei de Registros Públicos comentada*. 2. ed., Rio de Janeiro: Forense, 2019. p. 1.119.

69. v. art. 3° da Lei 8.935/1994.

70. Incisos I a XIV, do art. 30, da L. 8.935/1994.

71. No entender de Ricardo Henry Marques Dip, o trânsito em julgado da sentença proferida no âmbito do procedimento de dúvida produz preclusão administrativa, e, nestes moldes, coisa julgada formal (*Lei de Registros Públicos comentada*. 2. ed. Rio de Janeiro: Forense, 2019. p. 1.124).

RIZZARDO, Arnaldo. *Direito das Coisas*. 8. ed., Rio de Janeiro: Forense, 2016.

RODRIGUES, Marcelo. *Tratado de Registros Públicos e Direito Notarial*. 2. ed. São Paulo: Atlas, 2016.

SCHREIBER, Anderson. *Manual de Direito Civil contemporâneo*. 2. ed., São Paulo: Saraiva, 2019.

VENOSA, Sílvio De Salvo. *Código Civil comentado*. Direito das coisas. Posse. Direitos reais. Propriedade. v. XII. São Paulo: Atlas, 2003.

PARTE 4
ASPECTOS RELACIONADOS À EXECUÇÃO DA GARANTIA

Capítulo 1
PODE O IMÓVEL ALIENADO FIDUCIARIAMENTE SER PENHORADO?

Gisela Sampaio da Cruz Guedes

Doutora e Mestre pela Universidade do Estado do Rio de Janeiro – UERJ. Professora Adjunta do Direito Civil da UERJ, integrante do corpo permanente da pós-graduação *stricto sensu*, e professora de diversos cursos de pós-graduação *lato sensu*. Autora dos livros *O problema do nexo causal na responsabilidade civil* (Editora Renovar, 2005) e *Lucros cessantes: do bom senso ao postulado normativo da razoabilidade* (Editora RT, 2011). Advogada.

Carla Wainer Chalréo Lgow

Mestre em direito civil pela Universidade do Estado do Rio de Janeiro – UERJ. Professora de cursos de pós-graduação *lato sensu*. Autora do livro *Direito de preferência* (Editora Atlas, 2013). Advogada.

Sumário: 1. Introdução – alienação fiduciária em garantia de bens imóveis – 2. Impenhorabilidade de imóvel alienado fiduciariamente – 3. Penhorabilidade do direito expectativo do devedor fiduciante – 4. Constituição de garantias sobre o direito expectativo do devedor fiduciante – 5. Instituição de alienação fiduciária simultânea. – 6. Considerações finais – 7. Referências bibliográficas.

1. INTRODUÇÃO – ALIENAÇÃO FIDUCIÁRIA EM GARANTIA DE BENS IMÓVEIS

Uma das grandes razões da adoção da alienação fiduciária, instituto de origem anglo-saxã, no Brasil, foi a efetiva proteção que esta modalidade de garantia oferece ao credor. Até então, o instrumento mais utilizado para a constituição de garantia real sobre bens imóveis era a hipoteca. O credor hipotecário, contudo, muitas vezes via o adimplemento de seu crédito, mediante a excussão do bem objeto da garantia, dificultado pela existência de outros credores que, considerados mais privilegiados, suplantavam o seu direito, a exemplo dos credores tributários, trabalhistas, de verbas alimentares etc.[1]

Diversamente, a alienação fiduciária, por implicar a transferência da propriedade resolúvel, com escopo de garantia, ao credor fiduciário, torna o bem alienado fiduciariamente praticamente imune a outros credores do devedor fiduciante, aten-

---

1. MEZZARI, Mario Pazutti. Alienação fiduciária: questões controvertidas. *Boletim IRIB*. v. 353. São Paulo: IRIB, jul./set. 2015, p. 33.

dendo de maneira mais efetiva, assim, aos interesses do credor. Daí a sua designação de supergarantia, como afirmamos em outra oportunidade.[2] Note-se, por exemplo, que os créditos garantidos por alienação fiduciária não se submetem aos efeitos do procedimento de recuperação judicial (artigo 49, § 3º, da Lei 11.101/2005), e que o bem alienado fiduciariamente, caso arrecadado em procedimento falimentar instaurado em face do devedor fiduciante, é passível de pedido de restituição pelo credor fiduciário (artigo 85 da Lei 11.101/2005).[3]

Desde a década de 1960, há, no direito brasileiro, previsão legal para alienação fiduciária em garantia de bens móveis (artigo 66 da Lei 4.728/1965, e Decreto-Lei 911/1969). Quanto aos imóveis, até o final da década de 1990 não havia previsão legal expressa, não obstante parte da doutrina admitir a sua contratação,[4] assim como alguns precedentes jurisprudenciais. Sua utilização, no entanto, era pouco comum e bastante limitada, em razão da ausência de regulamentação legal.

A alienação fiduciária em garantia de bens imóveis foi positivada no ordenamento jurídico brasileiro pela Lei 9.514/1997, tendo nascido com o propósito de criar um mecanismo rápido e eficaz para a satisfação do crédito, e desde então vem sendo utilizada em larga escala no mercado, especialmente pelos agentes financeiros concessores de crédito. Com a edição do Código Civil, em 2002, a propriedade fiduciária foi regulamentada de maneira geral, mas as disposições da legislação especial permanecem em vigor, conforme estatuem os artigos 1.367[5] e 1.368-A[6] do referido Código.

---

2. "A transferência da propriedade a título de garantia encerra o que tem sido designado de supergarantia, uma vez que oferece ao credor vantagens consideravelmente superiores àquelas proporcionadas ao credor pignoratício, hipotecário e anticrético, daí a ampla preferência na sua utilização em detrimento das demais modalidades de garantia" (TERRA, Aline Miranda Valverde e GUEDES, Gisela Sampaio da Cruz. Alienação fiduciária em garantia de bens imóveis: possíveis soluções para as deficiências e insuficiências da disciplina legal. In: GUEDES, Gisela Sampaio da Cruz; MORAES, Maria Celina Bodin de e MEIRELES, Rose Melo Vencelau (Coord.). *Direito das garantias*. São Paulo: Saraiva, 2017, p. 216).

3. Nesse sentido, por exemplo: TJ/SP, 2ª Câmara Reservada de Direito Empresarial, AI 2179019-39.2017.8.26.0000, Rel. Des. Cláudio Godoy, j. 27.08.2018, v.u. Em doutrina: "Visto que a coisa objeto de garantia se encontra no patrimônio do credor, este fica protegido contra os efeitos da eventual falência ou insolvência do devedor ou do terceiro que prestou a garantia, podendo, ainda que se configurem tais hipóteses, vender a coisa para pagar, com exclusividade, o seu crédito. O credor tem o direito, portanto, de reivindicar o bem da massa falida, haja vista sua qualidade de proprietário" (OLIVA, Milena Donato. *Do negócio fiduciário à fidúcia*. São Paulo: Atlas, 2014, p. 44).

4. TERRA, Marcelo. *Alienação fiduciária de imóveis em garantia*. Porto Alegre: Instituto de Registro Imobiliário do Brasil, 1998. p. 20-21. Alguns doutrinadores, por outro lado, não admitiam a alienação fiduciária de imóveis antes da vigência da lei: "O professor Arnoldo Wald advoga a aplicação, na prática, do instituto em causa aos bens imóveis; não comungamos, *data venia*, dessa opinião, apesar da autoridade do ilustre jurista, por entendermos que os bens imóveis têm regras próprias no que concerne às garantias, especialmente a hipoteca que se lhe aplica" (SANTOS, J. A. Penalva. Alienação fiduciária em garantia. *Revista Forense*. v. 253. Rio de Janeiro: Forense, jan./mar. 1976, p. 71).

5. Código Civil: "Art. 1.367. A propriedade fiduciária em garantia de bens móveis ou imóveis sujeita-se às disposições do Capítulo I do Título X do Livro III da Parte Especial deste Código e, no que for específico, à legislação especial pertinente, não se equiparando, para quaisquer efeitos, à propriedade plena de que trata o art. 1.231".

6. Código Civil: "Art. 1.368-A. As demais espécies de propriedade fiduciária ou de titularidade fiduciária submetem-se à disciplina específica das respectivas leis especiais, somente se aplicando as disposições deste Código naquilo que não for incompatível com a legislação especial".

Nos termos do artigo 22, *caput*, da Lei 9.514/1997, a alienação fiduciária de bens imóveis é "o negócio jurídico pelo qual o devedor, ou fiduciante, com o escopo de garantia, contrata a transferência ao credor, ou fiduciário, da propriedade resolúvel de coisa imóvel".

Trata-se, portanto, de contrato acessório com escopo de garantia, sendo o principal justamente o contrato que constitui a dívida ou a obrigação.[7] A alienação fiduciária em garantia de bens imóveis pode ser contratada para garantir obrigações em geral, e não apenas para garantia da obrigação de pagar o saldo de financiamento imobiliário.[8] Pode ser contratada por pessoa física ou jurídica, não sendo privativa de entidades que operam no âmbito do Sistema de Financiamento Imobiliário – SFI.[9] A garantia pode ser prestada pelo próprio devedor da obrigação principal ou por terceiro em favor dele, sendo que, neste caso, o garante aliena seu imóvel ao credor fiduciário para assegurar o cumprimento de uma obrigação do devedor, como permite o artigo 51 da Lei 10.931/2004.[10]

Com relação ao objeto do contrato, admite-se a instituição de alienação fiduciária não só sobre a propriedade plena dos imóveis, mas também, como estatui o artigo 22, § 1º, da Lei 9.514/1997, em relação (i) a bens enfitêuticos, hipótese em que será exigível o pagamento do laudêmio se houver a consolidação do domínio útil no credor fiduciário, (ii) ao direito de uso especial para fins de moradia, (iii) ao direito real de uso, desde que suscetível de alienação, e (iv) à propriedade superficiária. Além disso, inexiste qualquer limitação legal quanto ao tipo de imóvel, que pode, portanto, "ser residencial, não-residencial, comercial ou misto, urbano ou rural, enfitêutico ou aforado, (...) pronto ou em construção ou simplesmente terreno não edificado".[11] E não há vedação a que um dos coproprietários, em se tratando de imóvel em regime de condomínio voluntário, aliene fiduciariamente em garantia sua fração ideal.[12] Os

---

7. MEZZARI, Mario Pazutti. *Alienação fiduciária*: questões controvertidas cit., p. 35.
8. DINAMARCO, Cândido Rangel. Alienação fiduciária de bens imóveis: aspectos de formação, execução e extinção do contrato. *Revista de direito imobiliário*. v. 51. São Paulo: Ed. RT, jul./dez. 2001, p. 235-252. A esse respeito, Mario Pazutti Mezzari explica que "em um primeiro momento, chegou-se a defender que apenas os contratos de financiamento imobiliário poderiam valer-se dessa modalidade de garantia, tese contra a qual apresentei minha discordância desde o início. Com a edição da Lei 10.931/2004, ficou claro que a alienação fiduciária de imóvel presta-se a garantir obrigações em geral e não apenas contratos imobiliários" (*Alienação fiduciária*: questões controvertidas cit., p. 34).
9. Nas palavras de Tatiana Bonatti Peres, "a alienação fiduciária de bem imóvel pode ser contratada por qualquer pessoa, física ou jurídica, e para garantia de qualquer crédito, não obstante a lei que a criou dispor sobre o financiamento imobiliário" (*Temas de direito imobiliário e responsabilidade civil*. Rio de Janeiro: Lumen Juris, 2012, p. 84). Em sentido semelhante: "No regime do Decreto-Lei 911/69 muito se discute se entes ou entidades não financeiras podem contratar a alienação fiduciária de bens móveis; com o texto explícito da Lei 9.514/97 esta dúvida não existe, o que certamente induzirá a um maior desenvolvimento prático do instituto, ampliando-se o leque de sua utilização" (TERRA, Marcelo. *Alienação fiduciária de imóveis em garantia* cit., p. 28).
10. Lei 10.931/2004: "Art. 51. Sem prejuízo das disposições do Código Civil, as obrigações em geral também poderão ser garantidas, inclusive por terceiros, (...) por alienação fiduciária de coisa imóvel".
11. TERRA, Marcelo. *Alienação fiduciária de imóveis em garantia* cit., p. 31.
12. TERRA, Marcelo. *Alienação fiduciária de imóveis em garantia* cit., p. 31-32. Em jurisprudência: "Não há no ordenamento jurídico óbice algum à alienação fiduciária de fração ideal de imóveis. (...) Em se tratando de

artigos 22 a 24 da Lei 9.514/1997 estabelecem os requisitos fundamentais do contrato de alienação fiduciária em garantia de imóveis.

A alienação fiduciária instituída pela Lei 9.514/1997 enquadra-se na categoria dos direitos reais de garantia, o que gera efeitos práticos nos âmbitos registral e tributário.[13] Trata-se a propriedade fiduciária de um direito real *sui generis* e bifronte, pois se de um lado assume função de garantia para o credor fiduciário, de outro "também é funcionalizada ao interesse do devedor como um direito real à aquisição do bem".[14] A esse respeito, aliás, o artigo 1.368-B do Código Civil prevê que "a alienação fiduciária em garantia de bem móvel ou imóvel confere direito real de aquisição ao fiduciante, seu cessionário ou sucessor".

Enquanto pendente a obrigação principal, admite-se a cessão do crédito objeto da alienação fiduciária sem necessidade de anuência do devedor fiduciante, que implicará a transferência, ao cessionário, de todos os direitos e obrigações inerentes à propriedade fiduciária em garantia (Lei 9.514/1997, artigo 28), especialmente a obrigação de restituir a propriedade ao devedor fiduciante, se e quando paga a dívida. Também os direitos do devedor fiduciante sobre o imóvel dado em garantia poderão ser transmitidos, exigindo-se, nesse caso, a anuência expressa do credor fiduciário, hipótese na qual o adquirente assumirá as respectivas obrigações (Lei 9.514/1997, artigo 29).

Adimplida a obrigação do contrato principal, a propriedade do bem imóvel dado em garantia consolida-se nas mãos do devedor fiduciante ou do terceiro garantidor, com efeitos retroativos à data da constituição da propriedade fiduciária.[15]

Feita esta breve introdução, passa-se, no item a seguir, a tratar especificamente da questão relativa à penhorabilidade, ou não, do bem imóvel dado em garantia de alienação fiduciária.

2. IMPENHORABILIDADE DE IMÓVEL ALIENADO FIDUCIARIAMENTE

A transferência da propriedade do bem ao credor fiduciário constitui importante traço distintivo entre a alienação fiduciária e outras garantias reais como a hipoteca, o penhor e a anticrese, já que, nessas modalidades, o credor recebe apenas um direito

---

condomínio 'pro indiviso', o direito de cada condômino é exercido, portanto, observando-se a indivisão e nada impede o alheamento a estranhos ou a instituição de gravame da parte ideal" (TJ/SP, 12ª CDPriv., AC 0000272-45.2014.8.26.0279/50000, Rel. Des. Cerqueira Leite, j. 13.11.2019, v.u.).

13. TERRRA, Marcelo. *Alienação fiduciária de imóveis em garantia* cit., p. 23.
14. FARIAS, Cristiano Chaves de e ROSENVALD, Nelson. *Curso de direito civil*: reais. 11. ed. São Paulo: Atlas, 2015. v. 5, p. 469.
15. TERRA, Marcelo. *Alienação fiduciária de imóveis em garantia* cit., p. 23-24. O autor cita interessante repercussão prática da eficácia retroativa da consolidação da propriedade nas mãos do devedor fiduciante ou do terceiro garantidor, nos seguintes termos: "ao tempo da constituição da alienação fiduciária em garantia, o devedor (fiduciante) e então proprietário é solteiro, contraindo posteriormente matrimônio no regime da comunhão parcial de bens (em que se comunicam ao cônjuge os bens adquiridos a título oneroso, posteriormente às núpcias). Paga a dívida, a propriedade se consolida na pessoa do devedor (fiduciante), antes solteiro, agora casado; seu cônjuge é meeiro neste imóvel? Penso que não, pois considero o imóvel como adquirido pelo devedor (fiduciante) por direito próprio anterior ao casamento".

real de garantia sobre coisa alheia, permanecendo a propriedade sob a titularidade do devedor. Diversamente, na alienação fiduciária em garantia, o credor é titular de direito real sobre coisa própria.

Essa característica peculiar do negócio jurídico de alienação fiduciária – a transmissão fiduciária da propriedade resolúvel ao credor, ainda que com escopo exclusivo de garantia – impacta diretamente no regime jurídico do instituto. É justamente essa peculiaridade que, por exemplo, faculta ao credor fiduciário requerer a restituição do imóvel dado em garantia em caso de falência do fiduciante, como referido no item 1, *supra*.

É essa mesma peculiaridade que configura como venda a *non domino* a alienação a terceiro, pelo devedor fiduciante, do bem dado em garantia,[16] havendo quem considere que "enquanto perdurar a propriedade fiduciária, não pode o devedor (ou o terceiro garante) aliená-la ou dá-la em garantia a outrem, sob pena de ficar sujeito (...) à pena prevista no art. 171, § 2º, I, do Código Penal".[17]

A consequência jurídica de uma alienação a *non domino*, contudo, é questão bastante controversa na doutrina e jurisprudência brasileiras. Enquanto alguns sustentam que o negócio jurídico realizado a *non domino* é inexistente,[18] outros dizem se tratar de vício de nulidade ou, no mínimo, de anulabilidade,[19] havendo ainda quem considere que a alienação a *non domino* seria apenas ineficaz para transferir o domínio,[20] bem como ineficaz em relação ao *verus dominus*[21] – o credor fiduciário, no caso da alienação fiduciária em garantia.

Finalmente, é essa mesma característica, que é peculiar das garantias de alienação e de cessão fiduciária – a transferência da propriedade resolúvel ao credor –, que impede a penhora do bem imóvel transmitido em garantia para satisfazer outros credores do devedor fiduciante. Enquanto não adimplida a dívida principal, o fiduciante não é proprietário, detendo somente a posse direta do bem, não sendo admissível, assim, a

---

16. Nas palavras de J.A. Penalva Santos, "depois de registrado o respectivo instrumento, a alienação fiduciária prevalece sobre as vendas posteriores – consideradas a *non domino*" (*Alienação fiduciária em garantia* cit., p. 73).

17. MOREIRA ALVES, José Carlos. *Da alienação fiduciária em garantia*. São Paulo: Saraiva, 1973, p. 162-163. Referido dispositivo do Código Penal estabelece pena de um a cinco anos de reclusão, mais multa, a quem "vende, permuta, dá em pagamento, em locação ou em garantia coisa alheia como própria".

18. Para Cristiano Chaves de Faria e Nelson Rosenvald, por exemplo, a alienação a *non domino* seria inexistente perante o *verus dominus* e ineficaz perante o terceiro adquirente (*Curso de direito civil*. v. 5, cit., p. 444). De modo que o verdadeiro proprietário poderia reivindicar a coisa de quem quer que a detivesse. É que, na visão desses autores, tendo o vendedor adquirido a propriedade em razão de evento superveniente, o negócio jurídico que já seria existente e válido para as partes, ingressaria no plano da eficácia, transmitindo-se a propriedade com efeitos retroativos.

19. Nesse sentido: DINIZ, Maria Helena. *Curso de direito civil brasileiro*. 34. ed. São Paulo: Saraiva, 2018. v. 3, p. 201; GONÇALVES, Carlos Roberto. *Direito civil brasileiro*. 14. ed. São Paulo: Saraiva, 2017. v. 3, p. 227.

20. Nesse sentido: TEPEDINO, Gustavo. In: AZEVEDO, Antonio Junqueira de (Coord.). *Comentários ao Código Civil*. São Paulo: Saraiva, 2011. v. 14, p. 448-450; PEREIRA, Caio Mário da Silva. *Instituições de direito civil*. 22. ed. Rio de Janeiro: Forense, 2018. v. 3, p. 154-155.

21. Acerca das principais correntes relativas à consequência da alienação a *non domino*, cfr. TEPEDINO, Gustavo, BARBOZA, Heloisa Helena e MORAES, Maria Celina Bodin de (Coord.). *Código Civil interpretado conforme a Constituição da República*. Rio de Janeiro: Renovar, 2011. v. 3, p. 565-566.

sua constrição judicial em benefício de seus credores pessoais.[22] "Jamais uma dívida de responsabilidade do fiduciante perante outro credor poderá ensejar a penhora e arrematação do imóvel objeto da alienação fiduciária, pois a propriedade do referido imóvel, ainda que resolúvel, não pertence mais ao fiduciante".[23]

Deste modo, a propriedade fiduciária, regularmente constituída e registrada junto à matrícula do imóvel, não será atingida por nenhum outro crédito detido contra o fiduciante, independentemente de sua natureza,

> seja ele de natureza falimentar, trabalhista, fiscal ou de qualquer outra espécie, pois não pertence mais ao alienante-fiduciante, tendo sido, antes, afetada e subtraída do seu patrimônio e inserida no patrimônio do credor, ainda que em caráter resolúvel, cuja característica é a temporariedade e limitação da propriedade.[24]

De fato, em diversas oportunidades, os tribunais brasileiros ratificam a conclusão de que o bem imóvel dado em alienação fiduciária não é passível de penhora por outros credores do devedor fiduciante,[25] admitindo, inclusive, a oposição de embargos de terceiro pelo credor fiduciário.[26]

---

22. Nesse sentido: SANTOS, J. A. Penalva. *Alienação fiduciária em garantia*, cit., p. 76.

23. DANTZGER, Afranio Carlos Camargo. *Alienação fiduciária de bens imóveis*. 3. ed. São Paulo: Método, 2010, p. 70.

24. DANTZGER, Afranio Carlos Camargo. *Alienação fiduciária de bens imóveis* cit., p. 74. A esse respeito, aliás, a doutrina refere-se a precedente do Superior Tribunal de Justiça que afasta a penhorabilidade do bem alienado fiduciariamente mesmo diante da invocação do privilégio ao crédito tributário – "STJ, 1ª T., REsp 47.047-1/SP, Rel. Min. Humberto Gomes de Barros, j. 17.10.1994, DJU de 14.11.1994" (SILVA, Luiz Augusto Beck da. *Alienação fiduciária em garantia*: história, generalidades, aspectos processuais, ações, questões controvertidas, legislação e jurisprudência do STF, STJ, TJ-RS, TA-RS, entre outros tribunais. 3. ed. Rio de Janeiro: Forense, 1998, p. 133-134). Em sentido semelhante: "Os bens alienados fiduciariamente, por não pertencerem ao devedor-executado, mas ao credor fiduciário, não podem ser objeto de penhora na execução fiscal" (STJ, 2ª T., REsp 232.550/SP, Rel. Min. Francisco Peçanha Martins, j. 23.10.2001, DJU 18.02.2002); e STJ, 2ª T., REsp 1.646.249/RO, Rel. Min. Herman Benjamin, j. 03.04.2018, DJe 24.05.2018.

25. No Superior Tribunal de Justiça, a título exemplificativo: STJ, 4ª T., AgInt no REsp 1.819.186/SP, Rel. Min. Raul Araújo, j. 04.02.2020, v.u., DJe 13.02.2020; STJ, 3ª T., AgInt no AREsp 1370727/SP, Rel. Min. Marco Aurélio Belizze, j. 25.03.2019, v.u., DJe 28.03.2019; STJ, 2ª T., REsp 1697645/MG, Rel. Min. Og Fernandes, j. 19.04.2018, v.u., DJe 25.04.2018; STJ, 2ª T., REsp 1646249/RO, Rel. Min. Herman Benjamin, j. 03.04.2018, v.u., DJe 24.05.2018; STJ, 4ª T., AgInt no AREsp 644.018/SP, Rel. Min. Maria Isabel Gallotti, j. 02.06.2016, v.u., DJe 10.06.2016; STJ, 2ª T., REsp 795635/PB, Rel. Min. Castro Meira, j. 27.06.2006, v.u., DJ 07.08.2006, p. 208; e STJ, 5ª T., REsp 260880/RS, Rel. Min. Felix Fischer, j. 13.12.2000, v.u., DJ 12.02.2001, p. 130. Nos Tribunais estaduais: TJ/SP, 12ª CDPriv., AI 2008566-74.2018.8.26.0000, Rel. Des. Sandra Galhardo Esteves, j. 14.08.2018, v.u.; TJ/SP, 22ª CDPriv., AI 2101512-65.2018.8.26.0000, Rel. Des. Hélio Nogueira, j. 19.06.2018, v.u.; TJ/SP, 9ª CDPriv., AI 2234428-34.2016.8.26.0000, Rel. Des. Costa Netto, j. 25.07.2017, v.u.; TJ/SP, 21ª CDPriv., AC 1011855-63.2016.8.26.0562, Rel. Des. Silveira Paulilo, j. 04.04.2017, v.u.; TJ/SP, 9ª CDPriv., AI 2177784-71.2016.8.26.0000, Rel. Des. Costa Netto, j. 31.01.2017, v.u.; TJ/SP, 28ª CDPriv., AI 0081012-22.2012.8.26.0000, Rel. Des. Mello Pinto, j. 03.09.2012, v.u.; TJ/RJ, 8ª CC., AI 0054890-54.2018.8.19.0000, Rel. Des. Cezar Augusto Rodrigues Costa, j. 04.12.2018, v.u.; TJ/RJ, 16ª CC, Rel. Des. Marco Aurélio Bezerra de Melo, j. 24.04.2018, v.u. Em precedente do Tribunal de Justiça do Estado do Rio de Janeiro, além da impossibilidade de penhora do bem alienado fiduciariamente, considerou-se também que não seria possível, por via recursal, pedido de retificação do termo de penhora, para que constasse não a penhora sobre o imóvel alienado fiduciariamente, mas sim sobre os direitos aquisitivos do devedor fiduciante (TJ/RJ, 3ª CC, AI 0013629-12.2018.8.19.0000, Rel. Des. Renata Machado Cotta, j. 25.05.2018, v.u.).

26. STJ, 4ª T., REsp 622.898/SC, Rel. Min. Aldir Passarinho Junior, j. 04.05.2010, v.u., DJe 24.05.2010; TJ/SP, 36ª CC, AC 1007418-76.2019.8.26.0625, Rel. Des. Pedro Baccarat, j. 29.11.2019, v.u.; e TJ/SP, 12ª CDPriv., AC 1016991-12.2017.8.26.0625, Rel. Des. Tasso Duarte de Melo, j. 21.02.2020, v.u.

Para alguns, exceção à regra geral de impenhorabilidade, por credores do devedor fiduciante, do imóvel alienado fiduciariamente, seria a relativa a débitos de natureza condominial que, em razão de seu caráter *propter rem*, admitiriam a penhora. A questão é controvertida, havendo posicionamentos recentes do Tribunal de Justiça de São Paulo admitindo a penhora, e posicionamentos recentes do STJ, em decisões monocráticas, bem como do Tribunal de Justiça de São Paulo, inadmitindo[27].

Se parece não haver dúvidas de que, como regra geral, o imóvel, em si, alienado fiduciariamente não pode ser penhorado para satisfazer outros credores do devedor fiduciante, por outro lado, como será visto no item 3, *infra*, não parece haver óbices à penhora dos direitos do fiduciante oriundos do contrato, que integram o seu patrimônio enquanto não solvida a obrigação principal.

Antes, contudo, de analisar essa questão, cabe refletir se seria admissível a penhora do bem imóvel dado em garantia não por credores do devedor fiduciante, mas sim por credores próprios do credor fiduciário.

Para uma primeira corrente de pensamento, assim como não é possível a penhora do imóvel alienado fiduciariamente por outros credores do devedor fiduciante, também não seria admissível a penhora do imóvel por credores pessoais do fiduciário: "Também por dívida contraída pelo credor fiduciário não pode o bem ser arrestado ou penhorado".[28]

Isso porque, na visão dessa corrente, a propriedade resolúvel do bem alienado fiduciariamente constituiria, materialmente, uma espécie de patrimônio de afetação, isto é, um bem separado do patrimônio geral do credor fiduciário, imune, portanto, à ação de terceiros, "posto reservado à finalidade para o qual foi constituído, qual seja, a satisfação do titular do direito eventual, que inclusive poderá praticar os atos destinados a conservá-lo".[29] A aplicação da teoria da separação dos patrimônios, assim, impediria a penhora do bem por credores do proprietário fiduciário. Nesse sentido, referem-se à antiga Súmula 242 do extinto Tribunal Federal de Recursos,

---

27. Admitindo a penhora: "Agravo de instrumento. Execução. Despesas condominiais. Possibilidade da penhora da unidade devedora ainda que em alienação fiduciária. Natureza *propter rem* da obrigação. Observada a necessidade de intimação da credora fiduciária" (TJ/SP, 33ªCDPriv., AI 2253666-34.2019.8.26.0000, Rel. Des. Ana Lucia Romanhole Martucci, j. 14.04.2020, v.u.). Ainda: TJ/SP, 33ª CDPriv., AI 2010727-86.2020.8.26.0000, Rel. Des. Sá Moreira de Oliveira, j. 10.03.2020, v.u.; e TJ/SP, 33ª CDPriv., AI 2283935-56.2019.8.26.0000, Rel. Des. Sá Duarte, j. 28.02.2020, v.u. Inadmitindo a penhora: "À luz de recentes decisões monocráticas proferidas no âmbito do C. STJ, a respeito da penhorabilidade ou não de imóvel alienado fiduciariamente, especificamente por débito condominial do devedor fiduciário (REsp nº 1.807.272/SP (2019/0094182-3), Rel. Min. Marco Buzzi, publ. 14/5/2019; REsp nº 1.421.674/PR (2013/0393624-0), REl. Min. Luis Felipe Salomão, publ. 03/5/2019; REsp nº 1.802.616/SP (2019/0067905-0), Rel. Min. Marco Aurélio Bellizze, publ. 30/4/2019; REsp nº 1.798.356/SP (2019/0047499-1), Re. Min. Raul Araújo, publ. 01/4/2019), julgo não ser possível a penhora do bem imóvel em execução promovida por terceiros (condomínio) contra o devedor fiduciante, porque a propriedade, ainda que resolúvel, é do credor fiduciário, terceiro estranho à relação processual subjacente" (TJ/SP, 26ª CDPriv., AC 2015069-43.2020.8.26.0000, Rel. Des. Edna Amorim de Brito, j. 03.04.2020, v.u.). Em sentido semelhante: TJ/SP, 36ª CC, AC 1007418-76.2019.8.26.0625, Rel. Des. Pedro Baccarat, j. 29.11.2019, v.u
28. SANTOS, J. A. Penalva. *Alienação fiduciária em garantia* cit., p. 76.
29. FARIAS, Cristiano Chaves de e ROSENVALD, Nelson. *Curso de direito civil.* v. 5, cit., p. 472-473.

segundo a qual "o bem alienado fiduciariamente não pode ser objeto de penhora nas execuções ajuizadas contra o fiduciário".

Nada impediria, contudo, ainda na visão dessa primeira corrente, que créditos periodicamente depositados pelo devedor fiduciante em favor do credor fiduciário fossem atingidos pelas dívidas por este contraídas. Assim, "se A paga R$600,00 mensais ao seu credor a título de amortização do débito e resgate da propriedade fiduciária, nada impede que o credor do proprietário fiduciário promova a penhora do referido crédito".[30]

Por outro lado, uma segunda corrente de pensamento admite a penhora para satisfazer obrigações do credor fiduciário. Não exatamente a penhora do imóvel dado em garantia, mas sim dos direitos creditórios de que o credor fiduciário é titular. Como, contudo, a propriedade fiduciária é direito acessório ao crédito, ela seria transmitida ao arrematante juntamente com os direitos creditórios: "em processo de execução contra o credor-fiduciário, o objeto da penhora será o direito creditório de que ele seja titular, incidindo, também, obviamente, sobre a propriedade fiduciária, que é direito acessório do crédito".[31]

Assim, sendo levados a leilão os direitos creditórios do fiduciário, acompanhados da garantia fiduciária, o arrematante adquiriria o crédito e ficaria sub-rogado nos direitos e obrigações decorrentes do contrato de alienação fiduciária, substituindo o credor fiduciário, de modo que, uma vez adimplido o crédito pelo fiduciante, seria obrigado a fornecer-lhe o termo de quitação, cuja averbação ensejaria o cancelamento do registro da propriedade fiduciária. Nessa linha, para Melhim Chalhub, por exemplo, "quanto ao credor-fiduciário, o objeto da penhora há de ser seu direito de crédito, acompanhado da propriedade fiduciária objeto da garantia".[32] E, ainda, para Tatiana Bonatti Peres: "será possível a penhora, em execução movida contra o credor fiduciário, do crédito de que é titular, vinculado à alienação fiduciária. Nesta hipótese, o arrematante que passe a ser titular do crédito, também se sub-rogará nos direitos e obrigações do contrato de alienação fiduciária".[33]

Em suma, não se admite a penhora do imóvel alienado fiduciariamente por credores do devedor fiduciante, sendo controvertido se seria admissível por credores próprios do fiduciário.

Ao admitir a penhora dos direitos creditórios do credor fiduciário e, com isso, a transferência do imóvel ao arrematante, a segunda corrente parece-nos mais alinhada com a função promocional do direito das garantias. Evidentemente, caso o devedor

---

30. FARIAS, Cristiano Chaves de e ROSENVALD, Nelson. *Curso de direito civil.* v. 5, cit., p. 472-473.
31. DINAMARCO, Cândido Rangel. *Alienação fiduciária de bens imóveis:* aspectos de formação, execução e extinção do contrato cit., p. 235-252.
32. CHALHUB, Melhim Namem. *Alienação fiduciária:* negócio fiduciário. 6. ed. Rio de Janeiro: Forense, 2019, p. 164.
33. *Temas de direito imobiliário e responsabilidade civil* cit., p. 90.

fiduciante consiga quitar a obrigação principal, a propriedade do arrematante se resolverá, passando o imóvel ao domínio pleno do devedor.

Embora não se admita a penhora do imóvel alienado fiduciariamente por credores do devedor fiduciante, nada impede, contudo, como será visto a seguir, a penhora dos direitos do fiduciante oriundos do contrato, que integram o seu patrimônio enquanto não adimplida a obrigação principal.

3. PENHORABILIDADE DO DIREITO EXPECTATIVO DO DEVEDOR FIDUCIANTE

Se, por um lado, a penhora do imóvel alienado fiduciariamente em favor de outros credores do devedor fiduciante não deve ser admitida – afinal, com a alienação fiduciária ocorre a transferência da propriedade resolúvel do imóvel, deixando o devedor de ser proprietário do bem –, por outro não há nada que impeça a penhora dos direitos do devedor fiduciante oriundos do contrato, que integram o seu patrimônio enquanto não adimplida a obrigação principal. Isso porque, mesmo depois de celebrada a alienação fiduciária, o devedor fiduciante ainda preserva certos direitos sobre o bem objeto da garantia, apesar de não ser mais titular do domínio. E tais direitos podem, inclusive, ser objeto de alienação. "O fiduciante pode alienar o que é seu: o seu direito à volta da propriedade", afirmava Pontes de Miranda. Se é assim, então não há razão para se supor que não poderiam ser também penhorados.[34]

Com a celebração da alienação fiduciária, o devedor fiduciante passa a ter em seu patrimônio um direito expectativo em relação ao bem objeto da garantia, qual seja, o direito de voltar a ser proprietário do bem tão logo a dívida subjacente à garantia seja devidamente quitada.[35] Tal direito expectativo tem sido qualificado pela doutrina como um "direito real de aquisição". Como explica Moreira Alves, o direito expectativo do devedor fiduciante à recuperação da propriedade é direito real, porque "o direito expectativo é da mesma natureza que o direito expectado".[36]

Esse entendimento ficou tão consolidado no Direito brasileiro que, em 2014, a Lei 13.043 alterou o Código Civil para incluir o referido art. 1.368-B, segundo o qual "a alienação fiduciária em garantia de bem móvel ou imóvel confere direito real de aquisição ao fiduciante, seu cessionário ou sucessor".[37] O devedor fiduciante tem, portanto, um direito expectativo de voltar a ser proprietário do bem, que tem

---

34. PONTES DE MIRANDA. *Tratado de direito privado*. Atualizado por Bruno Miragem. São Paulo: Ed. RT, 2012. t. LII, p. 433.

35. SAAD, Renan Miguel. *A alienação fiduciária sobre bens imóveis*. Rio de Janeiro: Renovar, 2001, p. 155-158.

36. MOREIRA ALVES, José Carlos. *Da alienação fiduciária em garantia* cit., p. 155.

37. No parágrafo único deste dispositivo, lê-se que "o credor fiduciário que se tornar proprietário pleno do bem, por efeito de realização da garantia, mediante consolidação da propriedade, adjudicação, dação ou outra forma pela qual lhe tenha sido transmitida a propriedade plena, passa a responder pelo pagamento dos tributos sobre a propriedade e a posse, taxas, despesas condominiais e quaisquer outros encargos, tributários ou não, incidentes sobre o bem objeto da garantia, a partir da data em que vier a ser imitido na posse direta do bem".

natureza de direito real, com todas as características e consequências daí decorrentes, enquadrando-se "na categoria de direito real à aquisição, dispensada qualquer outra manifestação de vontade do atual proprietário, o credor (fiduciário)".[38] Não se trata de simples expectativa de direito, mas antes de "um efetivo direito expectativo de caráter real, com efeito aquisitivo".[39]

Além de serem passíveis de transmissão por sua vontade – com a anuência expressa do credor, conforme disposto no art. 29 da Lei 9.514/1997[40]–, como em geral ocorre com os direitos expectativos, são também transmissíveis "*mortis causa*, bem como susceptível de ser empenhado, arrestado, sequestrado, penhorado e arrecadado, porquanto é ele, sem dúvida, um direito atual".[41] E faz todo sentido que seja assim, na medida em que tais direitos têm valor econômico, cuja aferição deverá levar em consideração, evidentemente, o valor de mercado do imóvel, do qual deverão ser descontados o valor do saldo devedor e todos os encargos contratuais.

Não é por acaso que, do rol dos bens penhoráveis do art. 835 do Código de Processo Civil, consta o direito real de aquisição (art. 835, inciso XII, do CPC),[42] que evidentemente, possui valor econômico. Na jurisprudência, a penhora do direito expectativo do fiduciante é amplamente admitida,[43] reconhecendo-se também que,

---

38. TERRA, Marcelo. *Alienação fiduciária de imóveis em garantia* cit., p. 39.

39. DANTZGER, Afranio Carlos Camargo. *Alienação fiduciária de bens imóveis* cit., p. 68.

40. Lei 9514/1997: "Art. 29. O fiduciante, com anuência expressa do fiduciário, poderá transmitir os direitos de que seja titular sobre o imóvel objeto da alienação fiduciária em garantia, assumindo o adquirente as respectivas obrigações".

41. MOREIRA ALVES, José Carlos. *Da alienação fiduciária em garantia* cit., p. 155. Vale referir apenas que, por se tratar de direitos expectativos referentes à aquisição de um imóvel, tais direitos, de natureza real, seriam passíveis de hipoteca, e não de penhor, em razão do disposto no artigo 80 do Código Civil: "Art. 80. Consideram-se imóveis para os efeitos legais: I – os direitos reais sobre imóveis e as ações que os asseguram; II – o direito à sucessão aberta". Ainda a respeito da possibilidade de os direitos de aquisição serem penhorados: "Será possível que a situação jurídica – tanto do fiduciário, quanto do fiduciante – possa ser penhorada? Inclino-me pela [resposta] positiva. Do lado do fiduciante, seja pela situação jurídica de propriedade em condição suspensiva (Chalhub, op. Cit., p. 149) ou mesmo um direito expectativo atual de natureza real (Alvez, op. Cit., p. 155), parece lógico que esse direito possa ser objeto de penhora, sequestro, arresto, etc. Da mesma forma a propriedade resolúvel do fiduciário. (...) [Eu] estaria propenso a admitir a penhora desse direito expectativo. Parece fora de dúvida que esse direito integra o patrimônio do fiduciante e possa ser penhorado. E, logicamente, pode ser registrada a penhora em tais circunstâncias. (...) 'Processual civil. Locação. Penhora. Direitos. Contrato de alienação fiduciária. O bem alienado fiduciariamente, por não integrar o patrimônio do devedor, não pode ser objeto de penhora. Nada impede, contudo, que os direitos do devedor fiduciante oriundos do contrato sejam constritos. Recurso especial provido' (REsp 260.880-RS, rel. Min. Feliz Fischer, DOU 12.02.2001). Do mesmo relator: REsp 679821-DF. Penhora da propriedade fiduciária. E o fiduciário? Sendo titular da propriedade fiduciária e do crédito por ela garantido, o que nesse caso poderia ser penhorado? Aqui existe uma situação muito interessante. Se nós pensarmos que a propriedade fiduciária é um direito acessório que reforça o direito principal (o crédito), penso que a penhora deva ser desses direitos creditórios" (JACOMINO, Sérgio. Penhora – Alienação fiduciária de coisa imóvel – Algumas considerações sobre o registro. *Revista de direito imobiliário*. v. 59. São Paulo: Ed. RT, jul./dez. 2005, p. 194-202).

42. ROCHA, Mauro Antônio. Alienação fiduciária de bem imóvel. Do direito real de aquisição como objeto de garantia e penhora em execução de interesse de terceiros. *Revista de direito imobiliário*. v. 84. São Paulo: Ed. RT, jan./jun. 2018, p. 463-478.

43. A exemplo dos seguintes acórdãos: STJ, 3ª T., AgInt no AREsp 1370727/SP, Rel. Min. Marco Aurélio Belizze, j. 25.03.2019, v.u., DJe 28.03.2019; STJ, 2ª T., REsp 1697645/MG, Rel. Min. Og Fernandes, j. 19.04.2018,

no caso específico da penhora, por se tratar de uma constrição judicial, a anuência do credor fiduciário sequer é necessária.[44]

Segundo Melhim Chalhub, o valor econômico dos direitos aquisitivos, para efeito da penhora, merece especial atenção. Isso porque a aquisição definitiva do direito de propriedade, por parte do devedor fiduciante, pressupõe o pagamento da dívida, que em geral se faz de forma parcelada. Assim, a apuração do valor econômico do direito aquisitivo penhorável deve levar em conta, entre outros fatores, o valor de mercado do bem, necessariamente descontando-se do valor apurado o saldo devedor e demais encargos contratuais. Dessa forma, "realizado o leilão dos direitos aquisitivos penhorados, o arrematante ficará sub-rogado nos direitos e obrigações do devedor-fiduciante, substituindo-o na relação contratual com o credor fiduciário; neste caso, torna-se titular dos direitos aquisitivos e obriga-se a resgatar o saldo da dívida em cumprimento da condição a que está subordinado o contrato".[45]

Na doutrina, há quem discorde dessa opinião. No entendimento de Mauro Antônio Rocha, por exemplo, o arrematante desse direito não assume, automaticamente, a posição que o devedor possuía no contrato, na condição de fiduciante e com a obrigação de honrar o saldo da dívida. Para este autor, a arrematação de direitos reais de aquisição, ao inserir um terceiro interessado na relação jurídica, provoca os seguintes efeitos:

> a) o credor fiduciário continua a ser titular de seus créditos e da propriedade fiduciária do imóvel; b) o devedor – ainda fiduciante – permanece obrigado a realizar a liquidação dos débitos contratados e, no caso de venda forçada, a ele será destinado o valor que sobejar aos créditos do fiduciário e do arrematante; c) ao arrematante, a aquisição dos direitos reais de aquisição implicará – apenas e tão somente – na transmissão da titularidade de direitos, que somente poderão ser realizados quando da liquidação da dívida ou naquilo que sobejar à dívida em eventual venda do imóvel.[46]

Ao menos em teoria, a opinião de Mauro Antônio Rocha parecer fazer sentido até porque o que o arrematante está adquirindo são os direitos de aquisição que o devedor fiduciante tem em relação ao bem objeto da garantia, e não a sua posição jurídica como um todo. O problema é que, na prática, qual seria o interesse do devedor fiduciante de continuar a pagar as prestações, se, ao final, a propriedade será do arrematante? Do ponto de vista do credor fiduciário, não há problema, porque, se a dívida não for paga, ele pode excutir a garantia. Nesse caso, para evitar a excussão da garantia, o arrematante poderia solver o débito, sub-rogando-se – agora sim – nos

---

v.u., DJe 25.04.2018; STJ, 2ª T., REsp 1646249/RO, Rel. Min. Herman Benjamin, j. 03.04.2018, v.u., DJe 24.05.2018; STJ, 4ª T., AgInt no AREsp 644.018/SP, Rel. Min. Maria Isabel Gallotti, j. 02.06.2016, v.u., DJe 10.06.2016.

44. STJ, 2ª T., REsp 1703548/AP, Rel. Min. Francisco Falcão, j. 09.05.2019, v.u., DJe 14.05.2019; STJ, 2ª T., REsp 1.821.600/BA, Rel. Min. Herman Benjamin, j. 13.08.2019, v.u.; TJ/SP, 11ª CC, AC 1010167-77.2019.8.26.0007, Rel. Des. Gilberto dos Santos, j. 05.03.2020, v.u.

45. CHALHUB, Melhim Namem. *Alienação fiduciária*: negócio fiduciário, cit., p. 164-167.

46. ROCHA, Mauro Antônio. *Alienação fiduciária de bem imóvel*. Do direito real de aquisição como objeto de garantia e penhora em execução de interesse de terceiros cit., p. 463-478.

direitos do credor fiduciário. Em termos práticos, então, embora não haja sub-rogação automática, é o que acabará acontecendo.

É importante deixar claro que a penhora e a arrematação judicial dos direitos do devedor fiduciante jamais poderão atingir ou comprometer o direito do credor fiduciário, que, enquanto não quitada a dívida, é o legítimo proprietário do bem objeto da garantia. Quando se penhoram os direitos do devedor fiduciante, pode-se dizer, então, que, em termos práticos, o que ocorre é a "substituição da pessoa do fiduciante originário pela pessoa do arrematante, que, juntamente com o recebimento dos direitos arrematados, assumirá também todas as responsabilidades inerentes à figura do fiduciante".[47]

4. CONSTITUIÇÃO DE GARANTIAS SOBRE O DIREITO EXPECTATIVO DO DEVEDOR FIDUCIANTE

Partindo-se da premissa de que os direitos do devedor fiduciante são passíveis de alienação e de penhora, também não há razão para se supor que não poderiam ser objeto de outros negócios jurídicos, inclusive com função típica de garantia, como é o caso da hipoteca. Com efeito, "por ser de natureza real (ainda que expectativo), o direito do devedor (fiduciante) pode ser por este dado em hipoteca a terceiros".[48]

Tais direitos podem ser objeto não só de hipoteca, mas também de alienação ou cessão fiduciária (alienação ou cessão fiduciária do direito expectativo), ainda que a propriedade resolúvel já tenha sido previamente alienada fiduciariamente, o que de modo algum se confunde com a instituição de uma garantia real de segundo grau sobre o bem imóvel, construção incompatível com a figura da alienação fiduciária.[49] Afinal, se o devedor não é mais proprietário do imóvel, não pode aliená-lo em segun-

---

47. DANTZGER, Afranio Carlos Camargo. *Alienação fiduciária de bens imóveis* cit., p. 69-70. No mesmo sentido: "Penhora dos direitos do fiduciário e do fiduciante. São penhoráveis tanto os direitos de credor-fiduciário como os do devedor-fiduciante. (...) De outra parte, se a execução for dirigida contra o devedor-fiduciante, o objeto da penhora será seu direito real de aquisição do domínio, isto é, o direito que tem o devedor-fiduciante de ser investido na propriedade plena do bem ao concluir o pagamento da dívida que o onera. Assim, cogitando-se de penhorar os direitos do devedor-fiduciante, o objeto da penhora não será a propriedade que ele ainda não tem, mas tão somente os direitos aquisitivos. (...) A penhora dos direitos do devedor-fiduciante não atinge o direito do credor-fiduciário, não ocorre alteração objetiva da obrigação; o que ocorre é apenas a substituição do devedor-fiduciante, que deixa de ser o devedor original e passa a ser o arrematante. Em qualquer dos casos – seja referindo-se aos direitos do credor-fiduciário ou aos direitos aquisitivos do devedor-fiduciante – a penhora deve ser registrada na matrícula do imóvel" (DINAMARCO, Cândido Rangel. *Alienação fiduciária de bens imóveis*: aspectos de formação, execução e extinção do contrato cit., p. 235-252). Veja-se, ainda: FABIAN, Christoph. *Fidúcia*: negócio fiduciário e relações externas. Porto Alegre: Sergio Antonio Fabris, 2007, p. 49-51.
48. TERRA, Marcelo. *Alienação fiduciária de imóveis em garantia* cit., p. 40. Como mencionado *supra*, o direito expectativo do devedor fiduciante, por se tratar de um direito real de aquisição sobre bem imóvel, considera-se imóvel para efeitos legais em razão da previsão do artigo 80 do Código Civil, sendo passível, portanto, de hipoteca, e não de penhor.
49. "Inexistem propriedades fiduciárias de segundo grau, ou sucessivamente, porque o devedor não mais detém a propriedade, para transferi-la, com escopo de garantia" (PERES, Tatiana Bonátti. *Temas de direito imobiliário e responsabilidade civil* cit., p. 88).

do grau, restando-lhe apenas a possibilidade de alienar ou ceder fiduciariamente o direito expectativo – direito real de aquisição – de reaver o bem, caso a dívida seja, por qualquer motivo, extinta.

Na hipoteca, como não há transferência da propriedade, o imóvel continua integrando o patrimônio do devedor ou do terceiro garantidor, que podem, assim, oferecê-lo em garantia a outros credores. A hipoteca comporta, por isso mesmo, subsequentes graus. Já a alienação fiduciária não,[50] porque quem já alienou o imóvel – o devedor fiduciante – não poderá aliená-lo pela segunda e terceira vez, já que deixou de ser proprietário do imóvel logo na primeira alienação.[51] Assim,

> descabe ao devedor fiduciante pretender oferecer em garantia o bem do qual detém simplesmente a posse, em 2º e/ou 3º grau(s) e, assim, sucessivamente, pois o bem não lhe pertence, diferentemente do que ocorre, *v.g.*, com a hipoteca e o penhor, onde a sua propriedade é mantida até que se opere o registro do título aquisitivo pela arrematante/adquirente no Cartório do Registro de Imóveis competente ou se concretize a tradição da coisa móvel ao licitante a quem de direito.[52]

Diferentemente da hipoteca, em que o aumento da dívida original ou a constituição de nova dívida exige, para estarem garantidos, novo título de hipoteca e novo registro em grau subsequente (por força do art. 1.476 do Código Civil), na alienação fiduciária é possível averbar-se o aumento da dívida original ou da nova dívida com o mesmo credor.

De fato, como explica a doutrina especializada,

> por um novo contrato ou até mesmo por um aditivo ao contrato já existente, poderá ser estendida a garantia de alienação fiduciária à nova dívida ou obrigação para com o mesmo credor. A dívida não precisa nem mesmo ser consolidada. Podem efetivamente ser distintas entre si, que a extensão será possível. É extremamente diferente do que acontece com a hipoteca, que exige novo título e novo registro em grau diferente.[53]

Conquanto não seja possível constituir uma alienação fiduciária de segundo grau, como se faz no caso da hipoteca, nada impede também que seja constituída nova garantia fiduciária sob condição suspensiva, consistente na quitação do primeiro débito e consequente resgate da dívida primitiva.[54] Com o implemento da condição, a

---

50. Como afirma veementemente Melhim Namem Chalhub: "Essa regra é absolutamente incompatível com a natureza da garantia fiduciária e, portanto, a despeito de respeitável opinião doutrinária, não se aplica à propriedade fiduciária de bem imóvel, de modo que é juridicamente inadmissível constituir-se propriedades fiduciárias em primeiro grau, segundo grau etc." (*Alienação fiduciária*: negócio fiduciário cit., p. 259-260).

51. Diz-se, por isso mesmo, que "o mais relevante efeito da segregação patrimonial do bem objeto da propriedade fiduciária é sua exclusão dos efeitos de eventual insolvência do devedor-fiduciante" (CHALHUB, Melhim Namem. *Alienação fiduciária*: negócio fiduciário cit., p. 259-260).

52. SILVA, Luiz Augusto Beck da. *Alienação fiduciária em garantia*: história, generalidades, aspectos processuais, ações, questões controvertidas, legislação e jurisprudência do STF, STJ, TJ-RS, TA-RS, entre outros tribunais cit., p. 134.

53. MEZZARI, Mario Pazutti. Alienação fiduciária: questões controvertidas, cit., p. 39.

54. Nesse sentido: FARIAS, Cristiano Chaves de e ROSENVALD, Nelson. *Curso de direito civil*: reais. v. 5, cit., p. 493. Questionando a possibilidade de se constituir mais de uma alienação fiduciária sobre o mesmo bem,

segunda alienação fiduciária tornar-se-ia eficaz.[55] Não se trata aqui de constituir uma alienação fiduciária de segundo grau, pois a segunda alienação fiduciária ostentaria, desde a sua origem, a posição de primeiro grau, mas teria os seus efeitos suspensos até o implemento da condição.[56]

A hipoteca e a alienação fiduciária são garantias bem diferentes, mas não necessariamente excludentes entre si. Quem hipoteca um imóvel pode, num segundo momento, aliená-lo fiduciariamente a outro credor (a hipoteca não retira do devedor o seu poder de dispor sobre o bem e, exatamente por isso, parece-nos que ele pode, posteriormente, oferecer o mesmo bem em alienação fiduciária),[57] mas o segundo credor receberá a propriedade resolúvel do bem já gravada com a hipoteca constituída anteriormente, fato que pode gerar questionamentos. Outra alternativa, que parece menos controversa, é celebrar a alienação fiduciária, sujeitando-a à condição suspensiva de a hipoteca ser extinta. Na hipótese contrária, as duas garantias também

---

cfr. também FRANCO, Luiz Henrique Sapia. Notas sobre a alienação fiduciária em garantia imobiliária: questões (ainda) controvertidas. *Revista Forense*. v. 419. Rio de Janeiro: Forense, jan.-jun./2014, p. 134-135.

55. Na opinião de Melhim Namem Chalhub, muito embora não se possa admitir a alienação fiduciária de segundo grau sobre o mesmo bem, "pode eventualmente ser admitida a alienação fiduciária da propriedade superveniente, tal como admitido pelo § 3º do art. 1.361 do Código Civil, pelo qual a propriedade superveniente, adquirida pelo devedor, torna eficaz a garantia fiduciária, bem como pelo § 1º do art. 1.420 do Código Civil. Assim, a alienação fiduciária de imóvel já anteriormente alienado fiduciariamente (isto é, que não se encontra no patrimônio do devedor-alienante), só terá eficácia após verificada a condição suspensiva que enseja a aquisição da propriedade por parte do devedor-fiduciante, com a averbação, no Registro de Imóveis, do "termo de quitação" da dívida garantida pela propriedade fiduciária anteriormente constituída. Nesse momento surge a propriedade superveniente a que aludem as disposições do Código Civil acima referidas e, em consequência, torna-se eficaz a nova garantia fiduciária" (*Alienação fiduciária*: negócio fiduciário cit., p. 259-260).

56. Veja-se, nesse particular, o Enunciado n. 506 da V Jornada de Direito Civil do Conselho de Justiça Federal: "Estando em curso contrato de alienação fiduciária, é possível a constituição concomitante de nova garantia fiduciária sobre o mesmo bem imóvel, que, entretanto, incidirá sobre a respectiva propriedade superveniente que o fiduciante vier a readquirir, quando do implemento da condição a que estiver subordinada a primeira garantia fiduciária; a nova garantia poderá ser registrada na data em que convencionada e será eficaz desde a data do registro, produzindo efeito *ex tunc*". O referido enunciado, entretanto, não é pacífico, como se vê: "O preconizado no Enunciado n. 506, se adotado, inaugurará uma nova e nefasta fase no Registro de Imóveis do Brasil, qual seja o de acolher negócios sob condição suspensiva, em cuja esteira poderão ser acolhidas cessões de direitos hereditários, penhora de imóvel de terceiro etc." (MEZZARI, Mario Pazutti. *Alienação fiduciária*: questões controvertidas cit., p. 39). Em sentido semelhante: "é possível celebrar, também, alienação fiduciária sujeita a condição suspensiva, a qual, contudo, poderá sofrer resistência para o acesso ao registro imobiliário" (PERES, Tatiana Bonatti. *Temas de direito imobiliário e responsabilidade civil* cit., p. 86).

57. Em sentido contrário, defendendo não ser possível alienar fiduciariamente imóvel já hipotecado: "Hipoteca e propriedade fiduciária são direitos reais de garantia contraditórios ou compatíveis, se reciprocamente considerados? Penso que a resposta varia conforme a anterioridade de um ou de outro. Se a hipoteca for de constituição prévia, não pode o proprietário (devedor hipotecário) aliená-lo em garantia. Diversamente, a antecedente propriedade fiduciária não impede a posterior hipoteca, mas com peculiaridades próprias. A hipoteca pode objetivar o direito de propriedade (resolúvel, limitado ou restrito) do credor (fiduciário), sujeitando-se o credor hipotecário à resolução de sua hipoteca em face da consolidação da plena propriedade em nome do devedor (fiduciante), que resgatar sua dívida. Outra hipótese: hipoteca do direito expectativo do devedor (fiduciante), curvando-se o credor hipotecário à possibilidade de eventual ineficácia de sua garantia se e quando consolidada a plena propriedade em nome do credor (fiduciário) por força de inadimplemento do devedor (fiduciante), quando muito, o crédito hipotecário se sub-rogará no excesso restituível ao devedor (fiduciante) quando do posterior leilão" (TERRA, Marcelo. *Alienação fiduciária de imóveis em garantia* cit., p. 32-33).

podem conviver: o devedor fiduciante pode hipotecar o seu direito expectativo de novamente se tornar o proprietário do bem, direito real de aquisição que se sujeita, como visto, à hipoteca. O que ele não pode fazer é hipotecar o imóvel em si, que já fora objeto de alienação fiduciária.

5. INSTITUIÇÃO DE ALIENAÇÃO FIDUCIÁRIA SIMULTÂNEA

Alternativamente às formas de constituição de múltiplas garantias sobre um mesmo imóvel e os direitos sobre ele incidentes, analisadas no item 4, *supra*, um modo interessante de maximizar a utilização do bem pelo devedor fiduciante, possibilitando um alargamento da concessão do crédito com garantia real sobre a mesma propriedade imobiliária, e que vem começando a ser utilizada no mercado brasileiro, é a constituição de garantia fiduciária compartilhada, de maneira simultânea, por dois ou mais credores.

Nesta forma de configuração da alienação fiduciária, cada um dos credores recebe, ao mesmo tempo, o imóvel em propriedade resolúvel, com escopo de garantia de seu crédito, não havendo distinção de grau entre os credores.

Como o imóvel é dado em garantia a mais de um credor fiduciário, eles serão titulares da propriedade resolúvel na qualidade de condôminos, sujeitando-se, assim, às normas gerais dos arts. 1.314 e seguintes do Código Civil.[58]

A instituição de garantia fiduciária simultânea é útil tanto em situações em que o próprio crédito é compartilhado entre os credores, de maneira solidária ou não, quanto em situações em que os credores titulam créditos independentes, com valores, condições e prazos de pagamento distintos.

É importante, nesse tipo de garantia, a previsão contratual detalhada dos procedimentos para a administração do crédito, no seu curso normal, bem como em sua eventual execução, com a consolidação da propriedade nas mãos dos credores, a alienação do imóvel, a distribuição do produto da venda aos credores e a entrega do eventual saldo ao devedor fiduciante. Deve-se estipular, ainda, a fração ideal do imóvel que cada credor titula, de modo que, por ocasião da eventual excussão da garantia, seja possível definir a parcela que caberá a cada um deles.

Além disso, e especialmente em se tratando de créditos independentes, sujeitos a condições e prazos de pagamentos distintos, é preciso regular as consequências de eventual inadimplemento do fiduciante perante um dos credores fiduciários apenas. Nesse caso, o contrato de alienação fiduciária poderá prever, por exemplo, um inadimplemento cruzado, de modo que também os demais credores poderão considerar que seus créditos foram inadimplidos. Ou, diversamente, a execução de cada um dos créditos com lastro no único imóvel seria realizada de maneira proporcional, apenas por aqueles que tiveram seus créditos inadimplidos.

---

58. CHALHUB, Melhim Namem. *Alienação fiduciária*: negócio fiduciário cit., p. 267-269.

Ainda a respeito da garantia fiduciária compartilhada, Melhim Chalhub ressalta a questão da eventual cessão do crédito por um dos credores fiduciários, a seu ver "situação merecedora de estipulação de regras especiais entre as partes, (...) para evitar conflito decorrente da cessão de crédito com a consequente substituição de um ou outro credor no compartilhamento da garantia, sem a anuência ou o conhecimento dos demais".[59]

Na prática, a alienação fiduciária compartilhada, seja de imóveis, seja de outros tipos de bens, é mais utilizada em operações envolvendo instituições financeiras e/ou fundos de investimentos. Nesse sentido, por exemplo, em ação de execução proposta por um fundo de investimento multimercado chamado "Flamboyant Crédito Privado", dá-se notícia de que foram penhorados certos imóveis que "foram dados em alienação fiduciária, como garantia compartilhada, para pagamento de 2 cédulas de crédito bancário, (...) tanto a favor do Fundo Flamboyant, como do Banco BVA".[60]

No Tribunal de Justiça do Rio de Janeiro, em agravo de instrumento relativo à sujeição, ou não, dos credores fiduciários a procedimento de recuperação judicial, o Citibank, um dos credores fiduciários da recuperanda, buscava "o reconhecimento do direito do Citibank e dos demais bancos beneficiários da mesma garantia fiduciária, de acordo com os termos contratuais e legais".[61]

Em situação analisada pela Comissão de Valores Mobiliários relativa a pedido de concessão de registro definitivo na autarquia para certos Certificados de Recebíveis Imobiliários, considerou-se que o investidor deveria estar ciente da questão da garantia compartilhada – no caso, créditos em cessão fiduciária –, isto é, de que "o mesmo crédito que constitui o patrimônio em separado, em favor dos titulares dos CRI, serve de garantia à emissão privada de debêntures, cujo credor é a CIBRASEC".[62]

Desde que regulada com detalhes a fim de atender devidamente aos interesses do devedor fiduciante e dos credores fiduciários, a alienação fiduciária compartilhada de imóveis parece-nos uma alternativa interessante para maximizar a utilização do bem pelo devedor fiduciante, fomentando de maneira indireta o mercado imobiliário como um todo. Se não estiver bem delineada, porém, pode, ao contrário, suscitar muita discussão.

Por fim, a doutrina já aponta a tendência de que "cada vez mais, em complexas operações de financiamento, notadamente por ocasião da reestruturação de dívidas com vários credores, o compartilhamento de garantias tem sido utilizado, pelo devedor, como importante moeda oferecida aos credores"[63]. Nessa linha, desenvolve-se a

---

59. CHALHUB, Melhim Namem. *Alienação fiduciária*: negócio fiduciário, cit., p. 267-269.
60. TJ/SP, 23ª CDPriv., AI 2103285-48.2018.8.26.0000, Rel. Des. Sérgio Shimura, j. 16.10.2018, v.u.
61. TJ/RJ, 21ª CC, AI 0000455-67.2017.8.19.0000, Rel. Des. Pedro Raguenet, j. 26.09.2017, v.u. Tratava-se de garantia compartilhada sobre direitos creditórios.
62. Processo CVM n. RJ 2002/3032, Rel. Diretor Luiz Antonio de Sampaio Campos, j. 13.05.2003, v.u.
63. TEPEDINO, Gustavo e OLIVA, Milena Donato. Compartilhamento de garantias imobiliárias por meio da titularidade fiduciária. *Revista de Direito Civil Contemporâneo*. V. 21. São Paulo: Revista dos Tribunais, out./dez. 2019, pp. 207-231

possibilidade de compartilhamento de garantias por instituição de negócio fiduciário atípico, e conclui-se que esse tipo de contrato atípico poderia ser levado a registro para servir de título hábil à constituição e transmissão de direitos reais, viabilizando o compartilhamento de garantias dessa forma e, assim, propiciando ganhos para os credores e para o devedor. Neste tipo de ajuste fiduciário atípico, atribuir-se-ia "a um sujeito a titularidade das garantias a serem exercidas em benefício de um conjunto de credores, conforme os termos do contrato de compartilhamento"[64].

6. CONSIDERAÇÕES FINAIS

O traço distintivo da alienação fiduciária, que a difere das demais garantias reais (como a hipoteca, por exemplo), é a transferência da propriedade do bem ao credor fiduciário. Na hipoteca, tal transferência não ocorre, preservando o devedor hipotecário não só a propriedade do imóvel, mas até mesmo a sua posse. Já na alienação fiduciária em garantia, ao revés, a propriedade é transferida para o credor, que passa a ser titular de direito real sobre coisa própria, mantendo o devedor a posse direta do bem. Dessa característica peculiar da alienação fiduciária decorrem todas as conclusões a que se chegou nesse estudo:

(i) o bem imóvel dado em alienação fiduciária não é passível de penhora por outros credores do devedor fiduciante, admitindo, inclusive, a oposição de embargos de terceiro pelo credor fiduciário;

(ii) a possibilidade de o imóvel alienado fiduciariamente ser penhorado por credores do próprio credor fiduciário é controvertida, mas a corrente que a admite está mais alinhada com a função promocional do direito das garantias;

(iii) mesmo depois de celebrada a alienação fiduciária, o devedor fiduciante ainda preserva certos direitos sobre o bem objeto da garantia, apesar de não ser mais titular do domínio;

(iv) trata-se do direito expectativo de voltar a ser proprietário do bem tão logo a dívida subjacente à garantia seja devidamente quitada;

(v) esse direito expectativo assume a mesma natureza do direito expectado, podendo ser qualificado, portanto, como direito real, mais precisamente como direito real de aquisição;

(vi) tal direito real de aquisição é transmissível, podendo ser também penhorado em favor dos credores do devedor fiduciante;

(vii) e hipotecado em favor de outros credores ou mesmo alienado fiduciariamente; e, finalmente,

(viii) deve-se admitir a constituição de alienações fiduciárias simultâneas, com as ressalvas acima registradas.

Como se vê, não é à toa que a alienação fiduciária é considerada uma supergarantia. A vantagem que a alienação fiduciária proporciona ao credor da garantia é revelada desde o início da relação, ainda que o devedor, espontaneamente, realize a prestação principal à qual se vinculou, isto é, ainda que o credor não precise excutir a garantia. Isso porque os efeitos decorrentes da alienação fiduciária não se operam apenas no momento patológico da relação, quando há o inadimplemento – muito

---

64. Idem.

embora seja nessa fase que o credor mais precise dela –, mas sim, concretamente, desde o início, quando a propriedade do bem é transferida para o credor.

Celebrada a alienação fiduciária, o credor já passa a ser o proprietário do bem, podendo inclusive requerer a restituição do imóvel dado em garantia em caso de falência do fiduciante. Ao aumentar a probabilidade de satisfação do crédito, a alienação fiduciária também torna o credor mais propenso a emprestar capital em condições menos onerosas para o devedor, favorecendo o acesso ao crédito e, assim, servindo de estímulo ao financiamento das atividades econômicas.

De tudo isso se depreende que, para além de uma vocação repressiva, que inegavelmente guardam, as garantias – e, em particular, a alienação fiduciária – ostentam também finalidade eminentemente promocional. Não podem, por isso mesmo, apenas ser vistas como uma espécie de sanção à violação do crédito.[65] Como já afirmamos em outra oportunidade, "as garantias representam, assim, um instrumento poderoso que atende, a um só tempo, aos interesses do credor, ao lhe assegurar o resultado útil programado, e do devedor, que passa a ter acesso ao crédito (e acesso mais barato). E tanto mais útil será esse instrumento quanto mais hígida se mantiver a garantia"[66]. E, no caso específico da alienação fiduciária, tanto mais útil será esse instrumento quanto mais se puder potencializá-lo, permitindo que outras garantias possam recair sobre o direito real de aquisição que o devedor fiduciante mantém consigo, mesmo depois de ter transferido a propriedade resolúvel do bem para o credor fiduciário.

7. REFERÊNCIAS BIBLIOGRÁFICAS

ALVES, José Carlos Moreira. *Da alienação fiduciária em garantia*. São Paulo: Saraiva, 1973.

CHALHUB, Melhim Namem. *Alienação fiduciária: negócio fiduciário*. 6. ed. Rio de Janeiro: Forense, 2019.

DANTZGER, Afranio Carlos Camargo. *Alienação fiduciária de bens imóveis*. 3. ed. São Paulo: Método, 2010.

DINAMARCO, Cândido Rangel. Alienação fiduciária de bens imóveis: aspectos de formação, execução e extinção do contrato. *Revista de direito imobiliário*. v. 51. São Paulo: Ed. RT, jul./dez. 2001, p. 235-252.

DINIZ, Maria Helena. *Curso de direito civil brasileiro*. 34. ed. São Paulo: Saraiva, 2018. v. 3.

Fabian, Christoph. *Fidúcia*: negócio fiduciário e relações externas. Porto Alegre: Sergio Antonio Fabris, 2007.

FARIAS, Cristiano Chaves de; ROSENVALD, Nelson. *Curso de direito civil*: reais. 11. ed. São Paulo: Atlas, 2015. v. 5.

FRANCO, Luiz Henrique Sapia. Notas sobre a alienação fiduciária em garantia imobiliária: questões (ainda) controvertidas. *Revista Forense*. v. 419. Rio de Janeiro: Forense, jan.-jun./2014, p. 115-148.

GONÇALVES, Carlos Roberto. *Direito civil brasileiro*. 14. ed. São Paulo: Saraiva, 2017. v. 3.

---

65. Cfr. RENTERIA, Pablo. *Penhor e autonomia privada*. São Paulo: Atlas, 2016, p. 147-148.
66. MORAES, Maria Celina Bodin de; GUEDES, Gisela Sampaio da Cruz e MEIRELES, Rose Melo Vencelau (Coord.). *Direito das garantias*, cit., apresentação do livro.

GUEDES, Gisela Sampaio da Cruz; MORAES, Maria Celina Bodin de; MEIRELES, Rose Melo Vencelau (Coord.). *Apresentação do livro. Direito das garantias*. São Paulo: Saraiva, 2017.

JACOMINO, Sérgio. Penhora – Alienação fiduciária de coisa imóvel – Algumas considerações sobre o registro. *Revista de direito imobiliário*. v. 59. São Paulo: Ed. RT, jul./dez. 2005, pp. 194-202.

MEZZARI, Mario Pazutti. Alienação fiduciária: questões controvertidas. *Boletim IRIB*. v. 353. São Paulo: IRIB, jul./set. 2015, pp. 32-39.

MIRANDA, Pontes de. *Tratado de direito privado*. Atualizado por Bruno Miragem. São Paulo: Revista dos Tribunais, 2012. t. LII.

OLIVA, Milena Donato. *Do negócio fiduciário à fidúcia*. São Paulo: Atlas, 2014.

PEREIRA, Caio Mário da Silva. *Instituições de direito civil*. 22. ed. Rio de Janeiro: Forense, 2018. v. 3.

PERES, Tatiana Bonatti. *Temas de direito imobiliário e responsabilidade civil*. Rio de Janeiro: Lumen Juris, 2012.

RENTERIA, Pablo. *Penhor e autonomia privada*. São Paulo: Atlas, 2016.

ROCHA, Mauro Antônio. Alienação fiduciária de bem imóvel. Do direito real de aquisição como objeto de garantia e penhora em execução de interesse de terceiros. *Revista de direito imobiliário*. V. 84. São Paulo: Ed. RT, jan./jun. 2018, p. 463-478.

SAAD, Renan Miguel. *A alienação fiduciária sobre bens imóveis*. Rio de Janeiro: Renovar, 2001.

SANTOS, J. A. Penalva. Alienação fiduciária em garantia. *Revista Forense*. v. 253. Rio de Janeiro: Forense, jan./mar. 1976, pp. 69-78.

SILVA, Luiz Augusto Beck da. *Alienação fiduciária em garantia: história, generalidades, aspectos processuais, ações, questões controvertidas, legislação e jurisprudência do STF, STJ, TJ-RS, TA-RS, entre outros tribunais*. 3. ed. Rio de Janeiro: Forense, 1998.

TEPEDINO, Gustavo. In: AZEVEDO, Antonio Junqueira de (Coord.). *Comentários ao Código Civil*. São Paulo: Saraiva, 2011. v. 14.

TEPEDINO, Gustavo; BARBOZA, Heloisa Helena; MORAES, Maria Celina Bodin de (Coord.). *Código Civil interpretado conforme a Constituição da República*. Rio de Janeiro: Renovar, 2011. v. 3.

TEPEDINO, Gustavo; OLIVA, Milena Donato. Compartilhamento de garantias imobiliárias por meio da titularidade fiduciária. *Revista de Direito Civil Contemporâneo*. V. 21. São Paulo: Revista dos Tribunais, out./dez. 2019, pp. 207-231.

TERRA, Aline Miranda Valverde; GUEDES, Gisela Sampaio da Cruz. Alienação fiduciária em garantia de bens imóveis: possíveis soluções para as deficiências e insuficiências da disciplina legal. In: GUEDES, Gisela Sampaio da Cruz; MORAES, Maria Celina Bodin de; MEIRELES, Rose Melo Vencelau (Coord.). *Direito das garantias*. São Paulo: Saraiva, 2017, p. 215-240.

TERRA, Marcelo. *Alienação fiduciária de imóveis em garantia*. Porto Alegre: Instituto de Registro Imobiliário do Brasil, 1998.

CAPÍTULO 2
A IMPENHORABILIDADE DO BEM DE FAMÍLIA LEGAL TAMBÉM ABRANGE O IMÓVEL EM FASE DE AQUISIÇÃO?

Marcio Lamonica Bovino

Doutor em Direito Processual Civil e Mestre em Direitos Difusos e Coletivos pela PUC-SP. Especialista em Direito Processual Civil (COGEAE/PUC-SP). Especialista em Direito Civil (UNIFMU). Graduado em Direito pela PUC-SP. Professor Assistente no curso de graduação em Direito Processual Civil na Pontifícia Universidade Católica de São Paulo- PUC-SP e no curso de especialização de Direito Imobiliário no COGEAE. Currículo completo disponível em: http://lattes.cnpq.br/4521902516895841

Danilo Weiller Roque

Pós-Graduando em *Compliance* Digital pela Universidade Presbiteriana Mackenzie. Pós-Graduado em Direito dos Contratos pela Escola de Direito de São Paulo da Fundação Getulio Vargas – Gvlaw. Graduado em Direito pela Universidade Estadual de Maringá – UEM. Advogado em São Paulo/SP.

Sumário: 1. Introdução – 2. Conceituação e aplicabilidade – 2.1. Bem de família contratual – 2.2. Bem de família legal – 2.3. Penhora – 2.4. Impenhorabilidade do bem de família – 3. O processo de aquisição imobiliária de unidade futura – 4. Responsabilidade patrimonial: limites objetivos e subjetivos – 5. (Im)penhorabilidade do bem imóvel em aquisição – 6. Considerações finais – 7. Referências bibliográficas.

1. INTRODUÇÃO

O tema que envolve o bem de família enfrenta muitas discussões na Doutrina e nos Tribunais. A tendência de flexibilizar os limites de alcance dessa importante ferramenta varia conforme os interesses envolvidos. Em linhas gerais, esse instituto tem como principal objetivo a proteção de um patrimônio mínimo que garanta, pelo menos, o direito básico de um núcleo familiar à moradia – aqui, temos de ressaltar, não adentraremos na discussão acerca do que constitui ou não um núcleo familiar, mas tão somente a caracterização do bem de família, seus efeitos e limites.

Considerando-se as diversas estruturações jurídicas existentes com finalidade de aquisição de um imóvel para moradia, surge a questão: Os efeitos da proteção do bem de família aplicam-se aos imóveis ainda em fase de aquisição? Pergunta difícil com reflexão não menos empolgante.

Nos tempos dos *spoilers*, para o Tribunal de Justiça do Estado de São Paulo não.[1] Em sentido diametralmente oposto, a Terceira Turma do Superior Tribunal de Justiça[2] entende que sim, é possível considerar um bem de família uma unidade autônoma que não se preste ainda como uma moradia, ou seja, ainda em fase de aquisição.

Assim, para o enfrentamento dessa intrigante questão, primeiramente nos dedicaremos as diferenças aplicáveis a cada uma dessas modalidades de bem de família, apontando os respectivos textos legais que as estabeleceram para, na sequência, após a verificação de sua aplicabilidade e limitações, apresentarmos nossas conclusões com estudo da divergência encontrada nos julgados ora estudados.

2. CONCEITUAÇÃO E APLICABILIDADE

O instituto do bem de família foi introduzido no Brasil no Código Civil de 1916 (Lei 3.071/1916), cujo texto dispunha, no art. 70, que seria *"permitido aos chefes de família destinar um prédio para domicilio desta, com a clausula de ficar isento de execução por dividas, salvo as que provierem de impostos relativos ao mesmo prédio."*

Tem-se, então, a nacionalização de instituto jurídico estrangeiro positivado pela primeira vez por meio do *Homestead Exemption Act*, de 1839, da então República do Texas, recentemente independente do México,[3] que tem como principal objetivo a proteção da moradia familial.

Posteriormente, em 1990, a Lei 8.009 estabeleceu, de forma expressa, que o imóvel residencial próprio do casal, ou da entidade familiar, seria impenhorável.

Diferentemente da previsão do antigo Código Civil, tem-se agora não mais uma faculdade, mas uma proteção de ordem pública cogente cujos efeitos, via de regra, independem da vontade dos envolvidos – trata-se de norma bastante alinhada com o texto constitucional de 1988, que introduziu ao ordenamento jurídico, de forma expressa, a família como base da sociedade e, como consequência, determinou ao Estado o dever de conferir a ela uma proteção especial.

Por fim, em 2002 com o Código Civil atualmente vigente (Lei 10.406/2002), os artigos 1.711 a 1.722 deram uma nova versão às disposições do Código Civil de 1916, aprimorando o que naturalmente se esperava da notável evolução social que o tempo propiciou.

---

1. BRASIL. Tribunal de Justiça do Estado de São Paulo, AI: 22355086220188260000 SP 2235508-62.2018.8.26.0000, Relator: Celso Pimentel, Data de Julgamento: 12/12/2018, 28ª Câmara de Direito Privado, Data de Publicação: 12.12.2018.
2. BRASIL. Superior Tribunal de Justiça, REsp 1677079/SP, Rel. Ministro Ricardo Villas Bôas Cueva, Terceira Turma, julgado em 25.09.2018, DJe 01.10.2018. No mesmo sentido: REsp 1629861/DF, Rel. Ministra NANCY ANDRIGHI, TERCEIRA TURMA, julgado em 06/08/2019, DJe 08/08/2019; REsp 1677079/SP, Rel. Ministro RICARDO VILLAS BÔAS CUEVA, TERCEIRA TURMA, julgado em 25/09/2018, DJe 01/10/2018.
3. COUTO, Macedo. Do bem de família ou *homestead* sua origem historica e estructura juridica – impenhorabilidade e inalienabilidade do bem familiar – questões conexas. *Doutrinas Essenciais Família e Sucessões.* v. 5, p. 637-644, ago. 2011.

Assim, claramente se nota a existência de duas espécies distintas do instituto do bem de família, aquela que depende da manifestação de vontade dos interessados (bem de família voluntário ou contratual) e aquela que independe de qualquer ato do jurisdicionado (bem de família legal), o que comentamos de modo mais aprofundado a seguir.

2.1 Bem de família contratual

Do mesmo modo que os contratos em geral, a primeira classe de bem de família, o voluntário ou contratual, depende, para sua instituição, da manifestação da vontade da parte legítima a requerê-lo.

Como indicado acima, a primeira norma que tratou do tema foi o Código Civil de 1916 ao dispensar um Capítulo exclusivo para o tema, nos artigos de 70 a 73.

Nos moldes positivados pelo Código Civil vigente até 2002, caberia ao chefe de família destinar um prédio que ficaria isento de execuções por dívidas, desde que utilizado para seu domicílio e mediante instrumento público a ser registrado junto ao Cartório de Registro de Imóveis e publicado na imprensa.

Com a revogação da Lei 3.071 e consequente instituição do Código Civil atualmente vigente, houve a manutenção de referido instituto, agora dispostos nos artigos 1.711 a 1.722.

Mantem-se a exigência de um ato volitivo, que agora, contudo, não depende do "chefe de família", como exigia o texto legal do século anterior, mas dos cônjuges, ou da entidade familiar. Referida manifestação de vontade deve se dar, necessariamente, por meio de escritura pública ou testamento e é limitada a 1/3 do patrimônio líquido existente à época da sua instituição.

Ainda que a possiblidade de proteção dos bens familiares tenha sido legalmente instituída, o Estado delegou o dever de fazê-lo à unidade familiar conforme seu interesse. Uma vez instituído o bem de família contratual, aplicar-se-ão as regras sobre a impenhorabilidade do imóvel residencial estabelecida em leis especial, que passamos a discorrer no próximo capítulo.

2.2 Bem de família legal

O bem de família legal, como sugere o nome, é estabelecido em razão de um ato normativo instituído pelo Estado e com caráter cogente, de múnus público e independente da vontade do jurisdicionado.

Como mencionado anteriormente, tal instituto foi introduzido ao Direito brasileiro inspirado na Lei da República do Texas (atual Estado dos Estados Unidos da América) que, em 1839, isentava de penhora o pequeno imóvel urbano ou rural.

No Brasil, está previsto na Lei 8.009/1990, cujo artigo 1º estabelece, taxativamente, que:

O imóvel residencial próprio do casal, ou da entidade familiar, é impenhorável e não responderá por qualquer tipo de dívida civil, comercial, fiscal, previdenciária ou de outra natureza, contraída pelos cônjuges ou pelos pais ou filhos que sejam seus proprietários e nele residam, salvo nas hipóteses previstas nesta lei.

A inovação introduzida pelo novo texto legal reside no fato de não mais existirem regras preliminares à proteção do bem, nos moldes exigidos pela Lei Civil geral – como, por exemplo, a manifestação da vontade por escritura pública. Trata-se da generalização da proteção à residência familiar e, salvo algumas exceções, é aplicável a todos.

Nota-se, então, um movimento em que o Estado, que antes relegava o dever de resguardo do bem familiar ao jurisdicionado, efetivamente assume sua obrigação determinada na Constituição Federal de 1988, de protetor especial da família, reconhecida como base da sociedade. Assim, para o Direito brasileiro contemporâneo, o bem de família encontra esteio constitucional.

Além de estatuir o bem de família sobre o imóvel de residência, o art. 1º da Lei 8.009/1990 dispõe também sobre o principal efeito do instituto: impenhorabilidade sobre o bem protegido.

O amparo introduzido pela Lei do Bem de Família, portanto, deve ser analisado sob o enfoque da responsabilidade patrimonial do devedor que, de modo geral, responde com todos os seus bens – presentes e futuros – para ao cumprimento de suas obrigações, conforme disposto no artigo 789 do Código de Processo Civil, salvo restrições estabelecidas em lei.

Para que se possa discutir os efeitos da impenhorabilidade, faz-se necessário, primeiramente, introduzirmos o instituto jurídico da penhora, o que passamos a fazer no capítulo que segue.

2.3 Penhora

Nos ensinamentos de Humberto Theodoro Júnior,[4] a penhora é o primeiro ato jurídico, em uma execução forçada, visando a expropriação de um bem do devedor.

Assim, o objetivo principal da penhora é, inicialmente, individualizar o bem (ou bens) sobre os quais a decisão judicial recairá com fito de satisfazer o direito do credor, transferindo-os do devedor de forma coativa, ou seja, a retirada de um bem da esfera de domínio do devedor para que, então, referido bem seja disponibilizado ao credor para satisfação do crédito de seu direito.

Trata-se, pois, de um ato preparatório para apreensão dos bens do executado – independentemente da vontade deste último – tratando-se de "um ato de afetação porque sua mediata consequência, de ordem prática e jurídica, é sujeitar os bens por ela alcançados aos fins da execução, colocando-os à disposição do órgão judicial

---

4. THEODORO JÚNIOR, Humberto. *Curso de Direito Processual Civil*. Rio de Janeiro: Forense, 1999. p. 183.

para, 'à custa e mediante sacrifício desses bens, realizar o objetivo da execução', que é a função pública de 'dar satisfação ao credo'".[5]

Várias são as correntes que buscam definir a penhora (como medida cautelar, ato executivo ou ato executivo com efeitos conservativos),[6] porém, independente de qual se adote, o que nos importa no presente estudo são a função e os efeitos de tal instituto jurídico.

Dentre as funções, conforme brevemente delineado anteriormente, destacamos a de individualização, apreensão e depósito dos bens de propriedade do devedor, que, então, são colocados à disposição do juízo. Os efeitos, por sua vez, importam-nos aqueles que ocorrem perante o credor e o devedor.

Perante o credor, haverá a especificação do bem (ou bens) sobre o qual (ou quais) poderá exercer seus direitos visando a satisfação de seu crédito. Quanto ao *devedor*, este *perderá* imediatamente *a posse direta sobre o bem* e, ainda, deixará de ter a faculdade de poder dispor livremente dele.

A penhora, portanto, retira do devedor os direitos diretos sobre a utilização dos bens e, caso o ato expropriatório se confirme, ter-se-á, então, a extinção dos direitos dominiais sobre tal *res*.

O ato de constrição ora em comento poderá recair sobre qualquer bem pertencentes ao devedor, salvo se referidos bens forem denominados *impenhoráveis*, nos termos da lei. A penhorabilidade é, portanto, a regra, enquanto a impossibilidade de fazê-lo, como exceção, passa, agora ser melhor avaliada a seguir.

2.4 Impenhorabilidade do bem de família

A penhora, como ato geral de constrição, é oponível, via de regra, sobre todos os bens disponíveis do devedor. É, inclusive, essa a interpretação que se extrai do art. 831 do Código de Processo Civil:

"*A penhora deverá recair sobre tantos bens quantos bastem para o pagamento do principal atualizado, dos juros, das custas e dos honorários advocatícios*".

Como a penhora não decorre da vontade do credor, mas do Estado e por decisão desse, e, além disso, não é ato expropriatório por si só, mas apenas ato de preparação para que possa o credor exercer o direito de preferência sobre os bens penhorados. A penhora, portanto, podemos concluir, não recai sobre a propriedade do bem, mas sobre o direito de dispor dele, mantendo-se intactos, pois, os direitos de uso e gozo.

Como consectário lógico, a impenhorabilidade inerente ao bem de família não possui o condão de alterar o direito real de propriedade, haja visto que os direitos de uso e gozo permanecerão, mas de limitar, ainda que de forma resolúvel, o direito de dispor.[7]

---

5. THEODORO JÚNIOR, Humberto. *Curso de Direito Processual Civil*. Rio de Janeiro: Forense, 1999. p. 184.
6. THEODORO JÚNIOR, Humberto. *Curso de Direito Processual Civil*. Rio de Janeiro: Forense, 1999. p. 184.
7. RIOS, Arthur. O novo bem de família do direito brasileiro. *Revista de Direito Imobiliário*, v. 28/1991, p. 65-81. jul.-dez. 1991.

3. O PROCESSO DE AQUISIÇÃO IMOBILIÁRIA DE UNIDADE FUTURA

A aquisição de um imóvel no Brasil pode se dar por inúmeros processos. A aquisição de uma unidade futura (a ser entregue) se dá por meio do processo de incorporação, usualmente. Considerando-se que, em muitas vezes, a compra envolve o dispêndio de soma pecuniária bastante superior ao montante efetivamente disponível pelo adquirente, o processo de obtenção de recursos junto a terceiros é bastante comum.

Ao disponibilizar crédito em favor de terceiro, a principal preocupação do credor é o seu efetivo adimplemento. Visando assegurá-lo, natural é a constituição de garantias, dentre as quais podemos destacar a alienação fiduciária.

A alienação fiduciária encontra-se regulada pela Lei 9.514/1997, sendo, nos termos do art. 22, negócio jurídico em que o devedor (fiduciante) transfere ao credor (fiduciário) a propriedade resolúvel de imóvel com o escopo de garantia.

Como ensina o ilustre doutrinador Cândido Dinamarco, a transmissão fiduciária poderá, conforme contratação específica, relacionar-se com a alienação de um bem ou mesmo de um direito.[8]

Importante destacarmos que, ainda que seu uso mais comum diga respeito à garantia de satisfação de crédito de financiamento imobiliário, o art. 51 da Lei 10.931/2004 expressamente estabelece que a alienação fiduciária poderá servir a garantir qualquer crédito.

Aqui abrimos um breve parêntese para essa que, a nosso ver, é a principal diferenciação da alienação fiduciária com outros procedimentos que viabilizam a aquisição de imóveis, inclusive unidades futuras.

A alienação fiduciária, enquanto garantia, será figura acessória a um negócio jurídico principal, enquanto o compromisso de venda e compra é negócio preliminar que transfere direitos ao adquirente.

A despeito de suas diferenças, observadas as peculiaridades de cada negócio jurídico, possuem semelhanças quanto aos seus objetivos, haja visa que há a expectativa de que, uma vez implementada a condição suspensiva (satisfação do débito), o fiduciante ou o promitente comprador terão o direito de ter para si a propriedade plena do imóvel mediante outorga da respectiva escritura pública ou resolução da propriedade fiduciária, sem prejuízo do exercício, desde já, dos direitos de posse, uso e fruição.

Em relação à alienação fiduciária, uma vez adimplidas todas as obrigações pelo fiduciante, este terá, automaticamente, o direito de recuperar a propriedade plena do imóvel fiduciariamente alienado, devendo o fiduciário fornecer o respectivo termo de quitação para que o competente Registro de Imóveis efetue o cancelamento

---

8. DINAMARCO, Cândido Rangel. Alienação fiduciária de bens imóveis. *Revista de Direito Imobiliário*, RDI 63/82, jul.-dez./2007.

do registro da propriedade fiduciária, sob pena de multa ao fiduciário, em favor do fiduciante, equivalente a meio por cento ao mês sobre o valor do contrato (art. 25, §§ 1º e 2º da Lei 9.514/1997).

Conforme dissemos, a alienação fiduciária, enquanto acessório (garantia), está vinculada a uma obrigação principal (débito). Dessa forma, a sua satisfação e a consolidação ou não do fiduciário na propriedade do imóvel, ocorrerão na medida da responsabilidade patrimonial do devedor, o que passaremos a discorrer no capítulo que segue.

4. RESPONSABILIDADE PATRIMONIAL: LIMITES OBJETIVOS E SUBJETIVOS

O sistema jurídico nacional é constituído de modo em que o cidadão possua garantias e liberdades individuais, sendo-lhe assegurados direitos e deveres. Deverá, contudo, observar limites estabelecidos pela lei, por vezes sendo obrigado buscar a tutela estatal para a efetiva satisfação de um direito seu, seja legal ou contratual.

Na seara civil, podemos destacar que a tutela estatal deve ser buscada quando se verifica uma pretensão resistida pelo devedor ao cumprimento de sua obrigação. A atuação do Estado, nesse caso, é materializada no processo de execução, bem como nos atos que buscam garantir a satisfação da obrigação, como a penhora e outros atos constritores.

O Código de Processo Civil trata dos requisitos que possibilitam a instauração da execução no art. 786, *in verbis*: "A execução pode ser instaurada caso o devedor não satisfaça a obrigação certa, líquida e exigível consubstanciada em título executivo".

Da simples leitura do texto legal, é possível extrairmos duas premissas iniciais, sendo a primeira a necessidade de existência de uma obrigação (certa, líquida e exigível consubstanciada em título executivo), enquanto a última é que esta obrigação não pode ter sido satisfeita.

Uma vez inadimplida a obrigação, e, portanto, em mora, não poderia o credor ter seu direito de satisfação do crédito relegado ao esquecimento.

Por essa razão, a lei civil estabelece que o devedor deverá responder por suas obrigações com todos os seus bens, presentes e futuros – observadas, por óbvio, eventuais restrições legalmente estabelecidas. Essa a regra do art. 789 do Código de Processo Civil.

Novamente nos socorrendo dos ensinamentos do Prof. Dinamarco,[9] podemos extrair outras duas conclusões: uma é que, via de regra, *todos* os bens do devedor estarão sujeitos aos atos expropriatórios; a segunda, é que *apenas* o patrimônio do devedor poderá ser colocado à disposição para essa satisfação.

---

9. JUSCELINO, Cristhiane Bessas. Débito e responsabilidade. *Revista de Processo*, v. 287/2019, p. 231, 250. Jan. 2019.

Tais conclusões nos apresentam, portanto, o primeiro limite da responsabilidade patrimonial do devedor, que é o subjetivo: apenas bens relacionados ao sujeito devedor poderão ser abarcados pela atuação forçosa do Estado para extirpação desses da esfera de domínio do devedor e transferência a terceiros visando a satisfação de um direito do credor.

Ainda que o texto legal expressamente disponha que todos os bens do devedor servirão para a satisfação de uma obrigação, o próprio texto apresenta também o segundo limitador da responsabilidade do sujeito passivo, que a limitação objetiva. Todos os bens, exceto aqueles que, por algum motivo, a lei disponha que não estão sujeitos a tal condição. Trata-se do caso do bem de família.

Como amplamente apresentado anteriormente, o bem de família, seja ele legal ou contratual (ou voluntário), torna o bem impenhorável e, portanto, imune ao ato expropriatório pleiteado pelo credor ao Estado-Juiz.

Dessa forma, é possível concluirmos que, ainda que, de uma primeira leitura da legislação processual civil, a responsabilidade do devedor seria plena, esta encontra limitações inclusive legais.

Porém, a questão que ainda fica pendente de resposta é, e quanto ao bem imóvel ainda em fase de aquisição que, por essa razão, ainda não está plenamente sob propriedade do devedor, poderia ser considerado como beneficiado pela impenhorabilidade que bem de família? É o que passamos a discorrer no próximo capítulo.

5. (IM)PENHORABILIDADE DO BEM IMÓVEL EM AQUISIÇÃO

É lugar-comum que a aquisição de imóveis no Brasil se dê forma prolongada no tempo na forma de parcelas – em especial pelo grande vulto de dispêndio financeiro que está envolvido. Por essa razão, costumeiramente, até que se tenha concluído o pagamento de todas as parcelas, o adquirente não deterá a plena propriedade do bem, como, por exemplo, quando dado em garantia por meio de alienação fiduciária.

O devedor, portanto, enquanto se compromete a pagar suas parcelas, investe-se em direitos relativamente ao bem e, dessa forma, insere em sua esfera de patrimônio o bem em processo de aquisição. Nesse esteio, à luz do art. 789 do Código de Processo Civil, seria correto afirmar que tal direito poderia ser alvo de constrição executiva?

Tal questionamento foi levado à apreciação do Poder Judiciário e encontrou decisões conflitantes nos diversos Tribunais pátrios.

Podemos destacar alguns julgamentos:

Agravo de instrumento – Penhora – Direitos – Contrato de alienação fiduciária – Impossibilidade – Recurso provido. A penhora sobre os direitos do devedor fiduciário não encontra respaldo no Código de Processo Civil. Além de não serem levados a hasta pública devido a sua imaterialidade, o que impossibilitaria a satisfação do crédito do Exequente, não são livremente cessíveis, na medida em que não podem ser transferidos sem a aquiescência do credor fiduciário. (N.U 0122656-64.2009.8.11.0000, Tribunal de Justiça do Estado do Mato Grosso, Maria Helena Gargaglione Póvoas, Segunda Câmara de Direito Privado, Julgado em 11.05.2011, Publicado no DJE 18.05.2011).

Agravo de instrumento c/c pedido de efeito suspensivo. Ação de execução. Impossibilidade da penhora sobre bens garantidos por alienação fiduciária, já que não pertencem ao devedor-executado, que é apenas possuidor. Entretanto é possível recair a constrição executiva sobre os direitos detidos pelo executado no respectivo contrato. Recurso conhecido e provido (Agravo de Instrumento 201300219806 n. único 0009842-80.2013.8.25.0000 – 2ª Câmara Cível, Tribunal de Justiça de Sergipe – Relator(a): Cezário Siqueira Neto – Julgado em 26.11.2013).

Processual civil. Agravo de instrumento. Veículo. Alienação fiduciária. Posse direta do devedor. Impossibilidade de penhora. 1. A propriedade do veículo alienado fiduciariamente não é do devedor, que detém apenas a posse direta, mas sim do credor fiduciário, sendo possível somente a penhora dos direitos relativos ao bem. 2. Recurso desprovido. (Agravo de Instrumento 20140020106384AGI n. único Número: 0010707-7020148070000 – 2ª Turma Cível, Tribunal de Justiça do Distrito Federal e Territórios – Relator(a): Mario-Zam Belmiro – Julgado em 20.08.2014).

Agravo de instrumento – Ação de cobrança – Cumprimento de sentença – Penhora – Bem imóvel com alienação fiduciária – Impossibilidade – Possibilidade de penhora somente dos direitos do devedor fiduciante oriundos do contrato. Os bens gravados com alienação fiduciária não podem sofrer impedimento judicial para eventual garantia de obrigação que poderá ser imputada ao devedor fiduciante. Embora não seja possível a penhora de bem alienado fiduciariamente, por não integrar o patrimônio do devedor, a jurisprudência permite a penhora dos diretos que o devedor tem sobre o bem alienado. V.v. – É possível a penhora de bem imóvel gravado com alienação, tendo em vista que, nos termos da Súmula 478 do Superior Tribunal de Justiça, o crédito relativo a cotas condominiais tem preferência sobre o crédito hipotecário. (TJMG – Agravo de Instrumento – Cv 1.0000.18.096143-5/001, Relator(a): Des.(a) Alexandre Santiago, 11ª Câmara Cível, julgamento em 28.11.20018, publicação da súmula em 05.12.2018).

Processual civil. Penhora sobre direitos. Contrato de alienação fiduciária. Possibilidade. Anuência do credor fiduciário. Desnecessidade. I – O feito decorre de agravo de instrumento interposto contra a decisão que indeferiu o pedido de penhora sobre os direitos de um contrato de alienação fiduciária de veículo automotor, sob o fundamento de que seria necessária a anuência do credor fiduciário. II – O Superior Tribunal de Justiça tem entendimento no sentido da viabilidade da penhora de direitos que o devedor fiduciante possui sobre o bem oriundo de contrato de alienação, não sendo requisito da constrição a anuência do credor fiduciário, uma vez que a referida penhora não prejudica o credor fiduciário, que poderá ser substituído pelo arrematante que assume todas as responsabilidades para consolidar a propriedade plena do bem alienado. Precedentes: REsp n. 1.697.645/MG, Rel. Min. Og Fernandes, DJe 25.04.2018; AgInt no AREsp n. 644.018/SP, Rel. Min. Maria Isabel Gallotti, DJe 10.06.2016 e REsp n. 901.906/DF, Rel. Min. João Otávio De Noronha, DJe 11.02.2010). III – Recurso especial provido. (REsp 1703548/AP, Rel. Ministro Francisco Falcão, Segunda Turma, julgado em 09.05.2019, DJe 14.05.2019).

O STJ vem consolidando o entendimento de que os direitos que o devedor fiduciante possui sobre o contrato de alienação fiduciária de imóvel em garantia estão afetados à aquisição da propriedade plena do bem.

Nesse caso, em sendo o único imóvel utilizado pelo devedor fiduciante ou por sua família para moradia permanente, configura-se a proteção do bem de família com a garantia da impenhorabilidade de que trata o art. 1º da Lei 8.009/90, ressalvada a hipótese do inciso II do art. 3º.

Nesse sentido:

RECURSO ESPECIAL. DIREITO PROCESSUAL CIVIL. BEM IMÓVEL. ALIE-NAÇÃO FIDUCIÁRIA EM GARANTIA. DIREITOS DO DEVEDOR FIDUCIANTE. PENHORA. IMPOSSIBILIDADE. BEM DE FAMÍLIA LEGAL. LEI Nº 8.009/1990. 1. Recurso especial interposto contra acórdão publicado na vigência do Código de Processo Civil de 2015 (Enunciados Administrativos nºs 2 e 3/STJ). 2. Cinge-se a controvérsia a definir se os direitos (posse) do devedor fiduciante sobre o imóvel objeto do contrato de alienação fiduciária em garantia podem receber a proteção da impenhorabilidade do bem de família legal (Lei nº 8.009/1990) em execução de título extrajudicial (cheques). 3. Não se admite a penhora do bem alienado fiduciariamente em execução promovida por terceiros contra o devedor fiduciante, haja vista que o patrimônio pertence ao credor fiduciário, permitindo-se, contudo, a constrição dos direitos decorrentes do contrato de alienação fiduciária. Precedentes. 4. A regra da impenhorabilidade do bem de família legal também abrange o imóvel em fase de aquisição, como aqueles decorrentes da celebração do compromisso de compra e venda ou do financiamento de imóvel para fins de moradia, sob pena de impedir que o devedor (executado) adquira o bem necessário à habitação da entidade familiar. 5. Na hipótese, tratando-se de contrato de alienação fiduciária em garantia, no qual, havendo a quitação integral da dívida, o devedor fiduciante consolidará a propriedade para si, deve prevalecer a regra de impenhorabilidade. 6. Recurso especial provido. (REsp 1677079/SP, Rel. Ministro RICARDO VILLAS BÔAS CUEVA, TERCEIRA TURMA, julgado em 25/09/2018, DJe 01/10/2018).

RECURSO ESPECIAL. AÇÃO DE EXECUÇÃO DE TÍTULO EXTRAJUDICIAL. INTERESSE RECURSAL. AUSÊNCIA. IMPENHORABILIDADE DE BEM DE FAMÍLIA. MATÉRIA DE ORDEM PÚBLICA. REEXAME DE FATOS E PROVAS. SÚM. 07/STJ. ALIENAÇÃO FIDUCIÁRIA DE IMÓVEL EM GARANTIA. DIREITOS DO DEVEDOR FIDUCIANTE AFETADOS À AQUISIÇÃO DO BEM DE FAMÍLIA. IMPENHORA-BILIDADE. JULGAMENTO: CPC/15. 1. Ação de execução de título extrajudicial proposta em 29/09/2014, da qual foi extraído o presente recurso especial, interposto em 28/06/2016 e concluso ao gabinete em 27/09/2016. 2. O propósito recursal é decidir sobre a possibilidade de penhora dos direitos do devedor advindos de contrato de alienação fiduciária de imóvel, mesmo quando sejam insuficientes para a satisfação integral da dívida; bem como decidir sobre a incidência da proteção do bem de família. 3. Há de ser reconhecida a ausência de interesse quando não configurada a necessidade ou utilidade do provimento recursal pleiteado. 4. A jurisprudência do STJ orienta que a impenhorabilidade de bem de família é matéria de ordem pública, suscetível de análise a qualquer tempo e grau de jurisdição. 5. Para alterar a conclusão do Tribunal de origem, de que o bem cuja penhora fora determinada representa o único imóvel residencial que compõe o acervo patrimonial do devedor, exige-se o reexame de fatos e provas, vedado nesta instância especial ante o óbice da súmula 07/STJ. 6. A intenção do devedor fiduciante, ao afetar o imóvel ao contrato de alienação fiduciária, não é, ao fim, transferir para o credor fiduciário a propriedade plena do bem, como sucede na compra e venda, senão apenas garantir o adimplemento do contrato de financiamento a que se vincula, visando, desde logo, o retorno das partes ao status quo ante, com a restituição da propriedade plena do bem ao seu patrimônio. 7. Os direitos que o devedor fiduciante possui sobre o contrato de alienação fiduciária de imóvel em garantia estão afetados à aquisição da propriedade plena do bem. E, se este bem for o único imóvel utilizado pelo devedor fiduciante ou por sua família, para moradia permanente, tais direitos estarão igualmente afetados à aquisição de bem de família, razão pela qual, enquanto vigente essa condição, sobre eles deve incidir a garantia da impenhorabilidade à que alude o art. 1º da Lei 8.009/90, ressalvada a hipótese do inciso II do art. 3º da mesma lei. 8. Salvo comprovada má-fé e ressalvado o direito do titular do respectivo crédito, a proteção conferida por lei ao "imóvel residencial próprio" abrange os direitos do devedor pertinentes a contrato celebrado para a aquisição do bem de família, ficando assim efetivamente resguardado o direito à moradia que o legislador buscou proteger. 9. Hipótese em que, sendo o recorrido possuidor direto do imóvel dado em garantia do contrato de alienação fiduciária e constatado pelo Tribunal de origem que o bem é o único imóvel residencial que compõe seu acervo patrimonial, nele sendo domiciliado, há de ser oposta ao terceiro a garantia da impenhorabilidade do bem de família, no que tange aos direitos do devedor fiduciário. 10. Recurso especial conhecido e desprovido. (REsp 1629861/DF, Rel. Ministra NANCY ANDRIGHI, TERCEIRA TURMA, julgado em 06/08/2019, DJe 08/08/2019)

Após anos de discussões judiciais, o legislador entendeu por bem encerrar por definitivo qualquer discussão nesse sentido ao incluir o inciso XI no art. 835 no CPC, *in verbis*:

"A penhora observará, preferencialmente, a seguinte ordem:

XII – direitos aquisitivos derivados de promessa de compra e venda e de alienação fiduciária em garantia"

Assim, superou-se a questão controvertida amplamente discutida nas cortes nacionais sobre a penhorabilidade dos direitos aquisitivos oriundos de alienação fiduciária. Mantém-se, contudo, a questão principal desse artigo: o imóvel em processo de aquisição pode ser considerado bem de família e, portanto, ser protegido pela inalienabilidade que lhe é inerente?

Ainda que a aquisição e transmissão da propriedade plena sobre imóvel apenas se realize com a conclusão dos pagamentos devidos pelo adquirente, é bastante comum nesse cenário que o esse seja imitido na posse do bem e que tal imóvel seja destinado à residência de sua família.

A 28ª Câmara Cível do Tribunal de Justiça do Estado de São Paulo, no julgado ora analisado, foi bastante direta e incisiva ao decidir que a inalienabilidade do bem de família pressupõe a propriedade. Por essa lógica, ao nosso ver, em demasia simplificada, o bem gravado pela alienação fiduciária não estaria resguardado pela proteção legal da Lei do Bem de Família.

A Constituição Federal expressamente reconhece a família como base da sociedade e destinatária de proteção especial pelo Estado. Nos moldes já delineados anteriormente, a Lei 8.009/1990 surge no contexto em que o Estado deve adotar medidas efetivas voltadas à família e a defesa da moradia familiar se apresenta como o efetivo cumprimento dos deveres estatais.

A Lei 8.009/1990 não traz qualquer disposição no sentido de que o tutelado detenha a propriedade plena sobre o imóvel, mas pelo contrário, possibilitando sua extensão inclusive a bens móveis – estes sim, desde que quitados.

Não se poderia admitir, portanto, uma interpretação restritiva do texto legal, especificamente sobre a expressão "próprio" encontrada no art. 1º de referida lei, acerca da impenhorabilidade do bem imóvel em processo de aquisição em desfavor do adquirente e, ainda mais importante, em desfavor da família, razão pela qual entendemos que a inalienabilidade do bem de família é extensível aos imóveis de uso familiar em processo de aquisição.

6. CONSIDERAÇÕES FINAIS

A proteção ao bem de família instituída no Direito brasileiro não deve ser vista como uma benesse outorgada por um Estado paternalista ao cidadão, mas uma obrigação estatal em favor da célula básica que constitui a própria República Federativa do Brasil.

Ainda que a proteção do bem de família legal tenha sido tardiamente introduzida no ordenamento jurídico – 150 anos após o surgimento desse instituto – esta o foi em um contexto de uma nova estrutura constitucional, da Constituição Cidadã, em que a defesa do cidadão deve ser considerada em primeiro plano.

Qualquer restrição à interpretação da norma em prejuízo do núcleo familiar será um claro descumprimento da obrigação por parte do Estado, o que não se pode, de qualquer forma, aceitar.

Assim, concluímos que a impenhorabilidade do bem de família é aplicável também aos imóveis ainda em fase de aquisição, haja vista o caráter de proteção objetivado pela Lei, bem como ante a inexistência de indicação da necessidade de propriedade plena.

7. REFERÊNCIAS BIBLIOGRÁFICAS

COUTO, Macedo. Do bem de família ou *homestead* sua origem historica e estructura juridica – Impenhorabilidade e Inalienabilidade do bem família – Questões Connexas. *Doutrinas Essenciais Família e Sucessões*. v. 5. p. 637-644. ago. 2011.

DINAMARCO, Cândido Rangel. Alienação fiduciária de bens imóveis. *Revista de Direito Imobiliário*. *RDI* 63/82. jul.-dez./2007.

JUSCELINO, Cristhiane Bessas. Débito e Responsabilidade. *Revista de Processo*. v. 287/2019. p. 231-250. jan./2019.

RIOS, Arthur. O novo bem de família do Direito Brasileiro. *Revista de Direito Imobiliário*. v. 28/1991, p. 65-81. jul./dez. 1991.

THEODORO JÚNIOR, Humberto. *Curso de Direito Processual Civil*. Rio de Janeiro: Forense, 1999. p. 183.

CAPÍTULO 3
COMO FICA O CRÉDITO DO CREDOR FIDUCIÁRIO EM CASO DE RECUPERAÇÃO JUDICIAL?

Tatiana Bonatti Peres[1]

Pós-doutorado em Democracia e Direitos Humanos pelo IGC da Universidade de Coimbra. Doutorado e mestrado em Direito Civil pela PUC-SP. Graduação em Direito pela PUC-SP. Advogada em São Paulo. Autora de diversos livros e artigos jurídicos. Currículo completo disponível em: https://www.academia.edu/36265615/Curriculum_Tatiana_Bonatti_Peres

Sumário: 1. Introdução – disposições legais – 2. Entendimento doutrinário e jurisprudencial – 2.1. O que é não se sujeitar aos efeitos da recuperação judicial – 2.2. Decisões Ampliativas – 2.3. O princípio de preservação da empresa – 3. Bens imprescindíveis à atividade empresarial – disponibilidade de recursos, créditos e direitos – 4. Efeitos da suspensão de execuções a sócios e empresas do grupo econômico da devedora – 5. Como funciona a execução da alienação fiduciária sobre imóvel, se não se sujeita aos efeitos da recuperação judicial – 6. Como funcionaria a execução do crédito decorrente de alienação fiduciária sobre imóvel, se sujeito aos efeitos da recuperação judicial – 7. Considerações finais – 8. Referências bibliográficas.

1. INTRODUÇÃO – DISPOSIÇÕES LEGAIS

A Lei de Falência e Recuperação Judicial (Lei 11.101, de 09 de fevereiro de 2005 – LFRJ) dispõe de forma expressa que o crédito do credor fiduciário de bem imóvel não se sujeita aos efeitos da recuperação judicial "e prevalecerão os direitos de propriedade sobre a coisa e as condições contratuais, observada a legislação respectiva" (art. 49, § 3º da referida Lei).

Manoel Justino Bezerra Filho[2] faz uma crítica ao dispositivo, considerando que o mesmo teve a finalidade de proteger as instituições financeiras. Embora, de fato, o instituto vise a possibilidade de reforçar a garantia em empréstimos bancários, o que é, em última análise, interesse das empresas, também, por facilitar o acesso ao crédito, vale ressaltar que a alienação fiduciária de bem imóvel pode garantir créditos

---

1. A autora agradece a colaboração de Júlio de Almeida com parte da pesquisa jurisprudencial do presente trabalho.
2. "Esta disposição foi o ponto que mais diretamente contribuiu para que a Lei deixasse de ser conhecida como "lei de recuperação de empresas" e passasse a ser conhecida como "lei de recuperação de crédito bancário", ou crédito financeiro, ao estabelecer que tais bens não são atingidos pelos efeitos da recuperação judicial." (BEZERRA FILHO, Manoel Justino. *Lei de recuperação de empresas e falências.* 13. ed. São Paulo: Revista dos Tribunais, 2018. p. 178).

de qualquer natureza, não apenas de financiamento bancário. "A grande inovação do mundo contemporâneo dos negócios, conferindo agilidade na concessão do crédito, foram os direitos reais em garantia, corporificados nos institutos da alienação fiduciária e cessão fiduciária do direito de crédito",[3] aponta Luis Felipe Salomão.

Por outro lado, a mesma Lei veda a venda ou retomada de posse do imóvel alienado fiduciariamente, quando este é essencial à atividade empresarial da devedora, sociedade em recuperação judicial, durante o prazo de no máximo 180 (cento e oitenta) dias, a contar do deferimento do processamento da recuperação judicial, em que fica suspenso o curso da prescrição e de todas as ações e execuções em face do devedor (art. 6 da LFRJ) – que chamaremos daqui adiante de "Prazo de Suspensão".[4]

Também veda a Lei que se retirem do estabelecimento da devedora em recuperação judicial bens móveis objeto de alienação fiduciária que sejam essenciais à sua atividade empresarial.

Vale lembrar que anulável será a garantia fiduciária, se constituída em fraude a credor, isto é, nos termos do artigo 163 do Código Civil: "Presumem-se fraudatórias dos direitos dos outros credores as garantias de dívidas que o devedor insolvente tiver dado a algum credor."

Todavia, "cumpre destacar que a recuperação judicial não presume a insolvência da sociedade" (...) "na recuperação judicial, a viabilidade financeira e econômica são requisitos essenciais para o seu deferimento (art. 53, incisos I e III)".[5]

Por outro lado, caso a empresa recuperanda venha a falir, é importante destacar que, são ineficazes em relação à massa falida, tenha ou não o contratante conhecimento do estado de crise econômico-financeira do devedor, seja ou não intenção deste fraudar credores, a constituição de alienação fiduciária em garantia, dentro do termo legal (art. 129, III, LFRJ).

De igual modo, são revogáveis por meio de ação revocatória, a ser proposta pelo administrador judicial, por qualquer credor ou pelo Ministério Público no prazo de 3 (três) anos contado da decretação da falência, os atos praticados com a intenção de prejudicar credores, provando-se o conluio fraudulento entre o devedor e o terceiro que com ele contratar e o efetivo prejuízo sofrido pela massa falida (art. 130 e 132 da Lei).

Ademais, embora seja evidente e lógico, vale lembrar que se o credor recebeu garantia fiduciária de terceiro para garantir dívida da empresa recuperanda, o crédito em relação a ela é de natureza quirografária,[6] e o Prazo de Suspensão não se aplica

---

3. SALOMÃO, Luis Felipe; SANTOS, Paulo Penalva. *Recuperação judicial, extrajudicial e falência*. Teoria e prática. 3. ed. Rio de Janeiro: Forense, 2017. p. 214.
4. Terá prosseguimento no juízo no qual estiver se processando a ação que demandar quantia ilíquida, conforme exceção prevista no parágrafo primeiro do artigo 6 da Lei.
5. SALOMÃO, Luis Felipe; SANTOS, Paulo Penalva. *Recuperação judicial, extrajudicial e falência*. Teoria e prática. 3. ed. Rio de Janeiro: Forense, 2017. p. 288.
6. Por exemplo o acórdão da 3ª Turma do STJ, nos autos do RESP 1.549.529/SP, j. em 18.10.2016, tendo como Relator o Ministro Marco Aurélio Bellizze.

nem impede o prosseguimento das execuções contra terceiros devedores solidários ou coobrigados em geral.[7]

2. ENTENDIMENTO DOUTRINÁRIO E JURISPRUDENCIAL

2.1 O que é não se sujeitar aos efeitos da recuperação judicial

O plano de recuperação judicial, aprovado em assembleia de credores, observados os quóruns legais, vincula todos os credores da empresa em recuperação judicial.

A exceção aplicável ao credor titular de garantia fiduciária significa que (i) o plano de recuperação judicial não pode alterar o valor ou as condições originais de pagamento de seu crédito; e (ii) o credor fiduciário não terá direito a voto na assembleia geral de credores.

Considerando a possibilidade de execução da garantia fiduciária e retomada da posse do imóvel, se inadimplente a empresa devedora, o plano de recuperação deveria já prever soluções para a permanência do bem alienado fiduciariamente (ou sua substituição por outro), caso ele seja essencial à atividade e/ou à recuperação da empresa.

Embora a Lei estabeleça a obrigatoriedade de permanência do bem alienado fiduciariamente com a empresa devedora apenas durante o Prazo de Suspensão, a jurisprudência tem dado uma interpretação mais ampla ao dispositivo.

2.2 Decisões Ampliativas

Primeiramente, há decisões que ampliam o prazo de 180 dias, de modo a assegurar a permanência do bem junto à empresa devedora, pelo menos até a aprovação do plano de recuperação judicial.[8]

"Interpretando tal dispositivo da Lei de Quebras, esta Corte Superior sedimentou posicionamento no sentido de que quaisquer atos judiciais que possam colocar em risco a eficácia do plano de recuperação, devem ser submetidos ao crivo do Juízo universal."[9]

"Essa proibição de retirada dos bens do estabelecimento do devedor tem como objetivo manter a atividade produtiva da sociedade ao menos até a votação do plano de recuperação judicial."[10]

---

7. STJ, 2ª Seção, RESP 1.333.349/SP, j. em 26.11.2014, relator Ministro Luis Felipe Salomão.
8. "Embora a lei seja omissa a respeito da possibilidade de prorrogação desse prazo de suspensão das ações que tenham por objeto bens de capital, é razoável que tal ocorra, pois caso contrário estaria inviabilizando a recuperação da sociedade empresária, que é a finalidade principal da Lei 11.101/2005." (SALOMÃO, Luis Felipe; SANTOS, Paulo Penalva. *Recuperação judicial, extrajudicial e falência*. Teoria e prática. 3. ed. Rio de Janeiro: Forense, 2017. p. 326).
9. STJ, 2ª Seção, AgInt no AgInt no AgInt no CC 149561/MT, j. em 22.08.2018, relator Ministro Luis Felipe Salomão.
10. STJ, 2ª Seção, AgRg no CC 119.337/SP, j. em 08.02.2012, relator Min. Raul Araújo.

Além disso, com base no princípio da preservação da empresa, outras decisões, mais radicais, afastam a regra legal da não submissão do crédito garantido por alienação fiduciária ao procedimento da recuperação judicial ("Decisões Ampliativas").

Por exemplo o acórdão do STJ, 2ª Seção, CC 110.392/SP, j. em 24.11.2010, relator Ministro Raul Araújo:

1. Em regra, o credor titular da posição de proprietário fiduciário de bem imóvel (Lei federal n. 9.514/97) não se submete aos efeitos da recuperação judicial, consoante disciplina o art. 49, § 3º, da Lei 11.101/05.

2. Na hipótese, porém, há peculiaridade que recomenda excepcionar a regra. É que o imóvel alienado fiduciariamente, objeto da ação de imissão de posse movida pelo credor ou proprietário fiduciário, é aquele em que situada a própria planta industrial da sociedade empresária sob recuperação judicial, mostrando-se indispensável à preservação da atividade econômica da devedora, sob pena de inviabilização da empresa e dos empregos ali gerados.

3. Em casos que se pode ter como assemelhados, em ação de busca e apreensão de bem móvel referente à alienação fiduciária, a jurisprudência desta Corte admite flexibilização à regra, permitindo que permaneça com o devedor fiduciante " bem necessário à atividade produtiva do réu" (v. REsp 250.190-SP, Rel. Min. Aldir Passarinho Júnior, Quarta Turma, DJ 02.12.2002).

4. Esse tratamento especial, que leva em conta o fato de o bem-estar sendo empregado em benefício da coletividade, cumprindo sua função social (CF, arts. 5º, XXIV, e 170, III), não significa, porém, que o imóvel não possa ser entregue oportunamente ao credor fiduciário, mas sim que, em atendimento ao princípio da preservação da empresa (art. 47 da Lei 11.101/05), caberá ao Juízo da Recuperação Judicial processar e julgar a ação de imissão de posse, segundo prudente avaliação própria dessa instância ordinária.

A decisão entende que:

Isso não significa, porém, que o imóvel não deva ser entregue ao credor fiduciário, mas sim que, em atendimento ao princípio da preservação da empresa (art. 47 da Lei 11.101/05), pode o Juízo da Recuperação Judicial estabelecer prazos e condições para essa entrega, fixando remuneração justa para o credor enquanto o bem permanece na posse do devedor. Cabe, porém, impor referido sacrifício ao credor fiduciário somente se a recuperação da empresa for viável, questão entregue à avaliação do douto Juízo que a preside. Vale transcrever advertência feita pela eminente Min. Nancy Andrighi no julgamento do CC 110.250/DF, verbis:

"A função social da empresa exige sua preservação, mas não a todo custo. A sociedade empresária deve demonstrar ter meios de cumprir eficazmente tal função, gerando empregos, honrando seus compromissos e colaborando com o desenvolvimento da economia, tudo nos termos do art. 47 da Lei 11.101/05. Nesse contexto, a suspensão, por prazo indeterminado, de ações e execuções contra a empresa, antes de colaborar com a função social da empresa, significa manter trabalhadores e demais credores sem ação, o que, na maioria das vezes, terá efeito inverso, contribuindo apenas para o aumento do passivo que originou o pedido de recuperação".

Na mesma linha, o TJ-SP[11] já decidiu, em 26/02/2019, pela impossibilidade de ação de busca e apreensão do bem antes de encerrado o plano de recuperação

---

11. Nos autos de Embargos de Declaração 1001683-21.2018.8.26.0068/50000, da 25ª Câmara de Direito Privado, relatora Carmen Lúcia da Silva.

COMO FICA O CRÉDITO DO CREDOR FIDUCIÁRIO EM CASO DE RECUPERAÇÃO JUDICIAL? **165**

judicial. "Essencialidade do bem que obsta sua apreensão, ainda que transcorrido o prazo de 180 dias."

Em sentido contrário, há argumentos no sentido de que "o princípio da preservação da empresa não é absoluto e não impede que credores defendam seus direitos, especialmente aqueles cujos créditos foram excluídos do processo de recuperação judicial".[12]

2.3 O princípio de preservação da empresa

Extrai-se o princípio da preservação da empresa do artigo 47 da lei 11.101/2005.[13]

Luis Felipe Salomão interpretou tal dispositivo como sendo a regra jurídica ordinária que regula o princípio constitucional da função social da propriedade.

Conforme já tivemos a oportunidade de tratar, ao discorrer da aplicação dos direitos fundamentais nas relações privadas, ainda que se possa entender que, no caso concreto, o crédito do credor fiduciário de bem imóvel não se sujeitar aos efeitos da recuperação judicial pode resultar na quebra da empresa e, consequentemente, em prejuízo a muitas pessoas envolvidas na atividade produtiva, ou seja, pode resultar em uma solução legal injusta, *o juiz não pode deixar de aplicar regra jurídica expressa sobre determinada situação fática, para aplicar princípio.*

> Se, por um lado, não se justifica haver uma decisão notoriamente injusta, apenas para estar conforme a letra fria da lei, por outro lado, não se pode recusar a aplicação da letra da lei vigente, válida e constitucional, para aplicar princípios ao caso concreto, dando-lhe solução oposta ao que o legislador previu de forma expressa e clara, sob pena de instaurar-se a insegurança jurídica e a arbitrariedade. Somente casos excepcionais ou não regrados devem ser solucionados por regras criadas, no caso concreto, através dos princípios.[14]

Se eventualmente a lei estiver gerando situações injustas ela deve ser revista, mas mediante processo legislativo adequado e não por decisões judiciais contrárias à previsão expressa em lei.[15]

Ademais, é válido ressaltar que o princípio de preservação da empresa não é absoluto e que o plano de recuperação judicial precisa ser viável e ao juiz da recuperação cabe a função, dentre outras, de fiscalizar a legalidade das condições aprovadas no

---

12. Decisão do tribunal de origem, nos autos do acórdão de 07.02.2017 da 4ª Turma do STJ, AgInt no AREsp 854.803/SP, Relator Ministro Luis Felipe Salomão.

13. "Art. 47. A recuperação judicial tem por objetivo viabilizar a superação da situação de crise econômico-financeira do devedor, a fim de permitir a manutenção da fonte produtora, do emprego dos trabalhadores e dos interesses dos credores, promovendo, assim, a preservação da empresa, sua função social e o estímulo à atividade econômica."

14. PERES, Tatiana Bonatti et al. *Os princípios e os institutos de Direito Civil*. 2. ed. Rio de Janeiro: Lumen Juris, 2018. p. 76.

15. Em sentido contrário, Manoel Justino Bezerra Filho afirma: "não se pode ignorar que a jurisprudência existe exatamente para "consertar" os exageros legislativos, sem temor da crítica de que estaria a legislar." (BEZERRA FILHO, Manoel Justino. *Lei de recuperação de empresas e falências*. 13. ed. São Paulo: Ed. RT, 2018. p. 182).

plano e não perpetrar a situação de ilegalidade, interferindo nos contratos que a lei colocou a salvo dos efeitos da recuperação judicial, não por acaso e nem sem motivo.

Existem motivos não apenas jurídicos, mas econômicos, por trás da criação desse privilégio às garantias fiduciárias.

Conforme acórdão da 4ª Turma do STJ, nos autos do REsp 1207117/MG, j. em 10.11.2015, tendo como relator o Ministro Luis Felipe Salomão:

> 1. O art. 47 da Lei de Falências serve como um norte a guiar a operacionalidade da recuperação judicial, sempre com vistas ao desígnio do instituto, que é "viabilizar a superação da situação de crise econômico-financeira do devedor, a fim de permitir a manutenção da fonte produtora, do emprego dos trabalhadores e dos interesses dos credores, promovendo, assim, a preservação da empresa, sua função social e o estímulo à atividade econômica".
>
> 2. É de presumir que a empresa que se socorre da recuperação judicial se encontra em dificuldades financeiras tanto para pagar fornecedores e passivo tributário (obtendo certidões negativas de débitos) como para obter crédito na praça em razão do aparente risco de seus negócios; por conseguinte, inevitavelmente, há fragilização em sua atividade produtiva e capacidade competitiva.
>
> 3. Em razão disso é que a norma de regência, apesar de estabelecer que todos os créditos existentes na data do pedido, ainda que não vencidos, estejam sujeitos à recuperação judicial (LRE, art. 49, *caput*), também preconiza, nos §§ 3º e 4º do dispositivo, a denominada "trava bancária", isto é, exceções que acabam por conferir tratamento diferenciado a determinados créditos, normalmente titulados pelos bancos, afastando-os dos efeitos da recuperação, justamente visando conferir maior segurança para concessão do crédito e diminuindo o spread bancário."

Também nessa linha o acórdão da 3ª Turma do STJ, nos autos do RESP 1.549.529/SP, j. em 18.10.2016, tendo como relator Ministro Marco Aurélio Bellizze. "Não se pode perder de vista que o instituto foi introduzido no sistema legal nacional com nítido intuito de atender às necessidades de proteção ao crédito não tutelados satisfatoriamente pelas garantias reais existentes, em decorrência da necessidade de interveniência do Poder Judiciário na realização dessas garantias."

Conforme salientou o Ministro Antônio Carlos Ferreira: "Não permitir a realização da garantia pelo credor, conforme previsão contratual, implica descaracterizar o instituto, tornando vulnerável a garantia. Entendo que a vontade do legislador foi, de fato, excluir os créditos garantidos por cessão fiduciária dos efeitos da recuperação judicial."[16]

Luis Felipe Salomão também alerta para as consequências nefastas de afastar os privilégios legais aos credores fiduciários, para o próprio instituto da garantia fiduciária e para a obtenção de crédito:

> A matéria em exame é de extrema relevância, porquanto gravitam em torno dela dois interesses em conflito: o da sociedade em recuperação judicial e o do credor, instituição financeira, que recebeu títulos de crédito em garantia fiduciária de contrato de abertura de crédito.

---

16. Voto Vista do Ministro Antônio Carlos Ferreira, STJ, 4ª Turma, RESP 1.263.500/ES, j. em 05.02.2013, relatora Ministra Maria Isabel Gallotti.

Cumpre ressaltar, para logo, que, em se tratando de recuperação judicial, o interesse imediato de entrada de capital no caixa da empresa recuperanda, embora aparente o contrário, muitas vezes não significa a melhor solução para a manutenção da empresa, notadamente quando tal providência testilha com direitos de credores eleitos pelo sistema jurídico como de especial importância.

Isso porque, se as garantias conferidas aos credores, principalmente instituições financeiras, forem gradativamente minadas por decisões proferidas pelo Juízo da recuperação, é a própria sociedade em recuperação que poderá sofrer as consequências mais sérias, como, por exemplo, não conseguindo mais crédito junto ao sistema financeiro.

Por isso a importância de que as decisões proferidas no âmbito da recuperação judicial devem, sempre e sempre, ser precedidas de uma detida reflexão acerca de suas reais consequências, para que não se labore exatamente na contramão do propósito de preservação da empresa.

Por outro lado, em razão da importância do crédito bancário, seja para as empresas em normal situação financeira, seja para aquelas em recuperação judicial, é absolutamente justificável o especial tratamento conferido pelo legislador às instituições financeiras no âmbito do processo recuperacional – a chamada "trava bancária" na recuperação judicial."[17]

É certo, ainda, que nada impede que se faça acordo com o credor fiduciário, no âmbito da recuperação judicial para que eventual bem considerado essencial não seja retirado da empresa.[18]

Aliás, parece que é esse mesmo o intuito da Lei, permitir a negociação particular (e não no âmbito da assembleia de credores), com os credores fiduciários, no Prazo de Suspensão.

Nessa linha, afirmam Arnoldo Wald e Ivo Waisberg:

A vedação da retirada dos bens de capital essenciais a sua atividade empresarial da disposição do devedor é ferramenta para que este venha a negociar com seus credores e outros e novos contratos para a permanência dos bens à disposição da empresa. Ainda que os créditos descritos no § 3º do art. 56 não estejam sujeitos a recuperação, os bens vinculados a tais contratos submetem-se ao prazo de suspensão, sob pena de se inviabilizar a recuperação da empresa. Diante dessa interpretação, que entendemos ser a mens legis, a empresa já teria seu futuro decidido pelos próprios credores com a entrega do plano, e em até 30 dias antes do término do prazo a que se sujeita a retirada de tais bens.[19]

Os mesmos autores consideram que o prazo que a Lei veda a retirada dos bens alienados fiduciariamente pode ser dilatado, após a aprovação do plano, *fundamentadamente e de forma limitada,*[20] para viabilizar a recuperação.

---

17. SALOMÃO, Luis Felipe; SANTOS, Paulo Penalva. *Recuperação judicial, extrajudicial e falência.* Teoria e prática. 3. ed. Rio de Janeiro: Forense, 2017. p. 230.

18. "No interregno, garante-se ao devedor permanecer com todos os bens indispensáveis ao exercício de sua empresa, de modo a continuar sua operação e facilitar a apresentação do plano de recuperação e sua obtenção junto aos credores a ela não sujeitos, de modo a não haver a retirada do bem (art. 167)." CAMPINHO, Sérgio. *Falência e recuperação de empresa.* 10. ed. São Paulo: Saraiva, 2019. p. 157.

19. WALD, Arnoldo; WAISBERG, Ivo. Artigos 47 a 49 da Lei 11.101/2005. In: CORRÊA-LIMA, Osmar Brina; LIMA, Sérgio Mourão Corrêa Lima (Coord.). *Comentários à Nova Lei de falência e Recuperação de Empresas.* Rio de Janeiro: Forense, 2009. p. 344.

20. WALD, Arnoldo; WAISBERG, Ivo. Artigos 47 a 49 da Lei 11.101/2005. In: CORRÊA-LIMA, Osmar Brina; LIMA, Sérgio Mourão Corrêa Lima (Coord.). *Comentários à Nova Lei de falência e Recuperação de Empresas.*

Não obstante, a jurisprudência tem dado uma interpretação ampliativa, que fere o direito legalmente previsto dos credores fiduciários, ficando ao arbítrio do Juízo da Recuperação Judicial "estabelecer prazos e condições para a entrega do bem alienado fiduciariamente ao credor", mesmo após a consolidação da propriedade fiduciária em favor deste, "fixando remuneração [justa ?] para o credor enquanto o bem permanece na posse do devedor."[21]

Para que se abram exceções à solução expressamente prevista em lei, não basta demonstrar que o bem é essencial à atividade da empresa. Para isso a lei já prevê solução, que é a vedação de retirada do bem da devedora durante o Prazo de Suspensão.

Assim, é preciso ir além para se criar uma regra de exceção, no caso concreto. Por exemplo, é preciso demonstrar que não foi possível substituir tal bem ou negociar sua permanência na empresa diretamente com o credor fiduciário por um motivo extraordinário.

Isso porque, diante desse novo cenário, o próprio plano de recuperação talvez precise ser revisto. O plano a ser aprovado precisa ser realista da possibilidade de recuperação da empresa e não simplesmente repassar a conta da recuperação aos credores.

Vale lembrar que mesmo que infrutífera a negociação com o credor fiduciário, devem ser consideradas no plano de recuperação soluções que contemplem a purgação da mora e/ou a aquisição do imóvel alienado fiduciariamente, pela empresa devedora, que possui direito de preferência na compra, nos termos da Lei 9.514, § 2º-B do art. 27.

## 3.	BENS IMPRESCINDÍVEIS À ATIVIDADE EMPRESARIAL – DISPONIBILIDADE DE RECURSOS, CRÉDITOS E DIREITOS

As Decisões Ampliativas apenas submetem aos efeitos da recuperação judicial os créditos garantidos por bens alienados fiduciariamente que sejam imprescindíveis à atividade das empresas em recuperação judicial.

Sobre o tema, importante mencionar o acórdão da 2ª Seção do STJ, nos autos do CC 153.473/PR, j. em 09.05.2018, tendo como relator o Ministro Luis Felipe Salomão:[22]

Rio de Janeiro: Forense, 2009. p. 343.

21.	Voto do Ministro Marco Buzzi, no acórdão de 05.02.2013, STJ, 4ª Turma, nos autos do RESP 1.263.500/ES, tendo como relatora a Ministra Maria Isabel Gallotti.

22.	Vale ressaltar que nesse mesmo acórdão, houve voto vencido da Min. Maria Isabel Galotti: "Se a Lei 11.101/2005 afasta do procedimento da Recuperação os direitos do credor fiduciário sobre o bem dado em garantia - ressalvada a manutenção no estabelecimento da empresa, durante o período de suspensão, de bem de capital imprescindível à atividade econômica, [...] -, não cabe, ao meu sentir, submetê-lo ao juízo da recuperação no julgamento do conflito para que, futuramente, no âmbito de um recurso especial, seja afirmado, com base na mesma lei, que tais direitos não se submetem à recuperação, matéria uniformemente julgada pela 3ª e pela 4ª Turma, assim como em conflitos anteriores por essa 2ª Seção".

COMO FICA O CRÉDITO DO CREDOR FIDUCIÁRIO EM CASO DE RECUPERAÇÃO JUDICIAL? | **169**

Há absoluta convergência, entre doutrina e jurisprudência, que, em conformidade com o princípio da preservação da empresa, o juízo de valor acerca da essencialidade ou não de algum bem ao funcionamento da sociedade cumpre ser realizado pelo Juízo da recuperação judicial, que tem acesso a todas as informações sobre a real situação do patrimônio da recuperanda, o que tem o condão, inclusive, de impedir a retirada de bens essenciais, ainda que garantidos por alienação fiduciária, da posse da sociedade em recuperação (art. 49, § 3º, da LRF).

Nessa linha, importante compreender em que se enquadraria essa "essencialidade", a justificar a permanência do bem na sociedade recuperanda, embora de propriedade resolúvel do credor fiduciário.

Já se consideram essenciais, por exemplo, o bem imóvel onde se encontra a unidade produtiva da empresa, maquinários utilizados na atividade e/ou bens integrantes do estoque.[23]

Por outro lado, embora dinheiro seja sempre essencial à empresa em recuperação, evidentemente, ele não estaria enquadrado em tal conceito.

Conforme já decidiu a 2ª Seção do STJ, nos autos do CC 131.656 PE, j. em 08.10.2014, tendo como relatora a Ministra Maria Isabel Gallotti:

> É certo que a disponibilidade de recursos financeiros é essencial à atividade produtiva, esteja a empresa em recuperação judicial ou não. Nenhum patrimônio é supérfluo, especialmente para a empresa em situação de crise. (...) Não é cabível considerar que o escopo de obter recursos com a alienação do patrimônio seja suficiente para enquadrar os bens (...) no conceito de bens imprescindíveis à atividade produtiva das empresas em recuperação judicial.

Nesse aspecto, vale apenas fazer uma pequena interrupção, para estudar a questão da submissão ou não da cessão fiduciária dos direitos creditórios à recuperação judicial.

3.1 A cessão fiduciária de créditos

A sujeição dos créditos garantidos por cessão fiduciária de créditos à recuperação judicial é tema controvertido. Existem posicionamentos defendendo que a exceção do art. 49, § 3º da Lei também se aplica à cessão fiduciária de direitos creditórios e outras considerando que a exceção legal deve ser interpretada de forma restritiva.

Conseguimos verificar que os precedentes do STJ são na linha de que cessão fiduciária de direitos sobre títulos de crédito possui a natureza jurídica de propriedade fiduciária, não se sujeitando aos efeitos da recuperação judicial, por exemplo, o acórdão da 2ª Seção do STJ, nos autos do AgRg no CC 124.489/MG, j. em 09.10.2013, tendo como relator Ministro Raul Araújo.[24]

---

23. STJ, 2ª Seção, CC 131.656/PE, j. em 08.10.2014, relatora Ministra Mria Isabel Gallotti.
24. Na mesma linha a decisão da 4ª Turma do STJ, nos autos do RESP 1653976/RJ, j. em 08.05.2018, relator Ministro Antonio Carlos Ferreira: "Os créditos garantidos por cessão fiduciária de recebíveis não se sujeitam à recuperação judicial, a teor do que dispõe o art. 49, § 3º, da Lei n. 11.101/2005."

Igualmente, no acórdão de 05.02.2013, STJ, 4ª Turma, RESP 1.263.500/ES, relatora Ministra Maria Isabel Gallotti:[25]

a disciplina legal do instituto da alienação fiduciária em garantia foi considerada pelo credor quando da contratação do financiamento. As bases econômicas do negócio jurídico teriam sido outras se diversa fosse a garantia, o que não pode ser desconsiderado sob pena de ofensa ao princípio da boa-fé objetiva, basilar do Código Civil.

Se, por um lado, a disciplina legal da cessão fiduciária de título de crédito coloca os bancos em situação extremamente privilegiada em relação aos demais credores, até mesmo aos titulares de garantia real (cujo bem pode ser considerado indispensável à atividade empresarial), e dificulta a recuperação da empresa, por outro, não se pode desconsiderar que a forte expectativa de retorno do capital decorrente deste tipo de garantia permite a concessão de financiamentos com menor taxa de risco e, portanto, induz à diminuição do spread bancário, o que beneficia a atividade empresarial e o sistema financeiro nacional como um todo.

Em face da regra do art. 49, § 3º, da Lei 11.101/2005, devem, pois, ser excluídos dos efeitos da recuperação judicial os créditos de titularidade do recorrente que possuem garantia de cessão fiduciária.

Também para Fabio Ulhoa,[26] a cessão fiduciária de créditos também está abrangida na exceção legal:

Alguns advogados de sociedades empresárias recuperandas procuram levantar a "trava bancária" do art. 49, § 3º, da LF, sob o argumento de que a cessão fiduciária de direitos creditórios não estaria abrangida pelo dispositivo porque este cuida da propriedade fiduciária de bens móveis ou imóveis. Esse argumento procurava sustentar que na noção de bens somente poderiam ser enquadradas as coisas corpóreas.

---

25. "1. Via de regra, sujeitam-se à recuperação judicial todos os créditos existentes na data do pedido, ainda que não vencidos (art. 49, *caput*, da Lei 11.101/2005).

2. As exceções previstas em lei são a do banco que antecipou ao exportador recursos monetários com base em contrato de câmbio (art. 86, inciso II, da Lei 11.101/2005) e a do proprietário fiduciário, do arrendador mercantil e do proprietário vendedor, promitente vendedor ou vendedor com reserva de domínio, quando do respectivo contrato (alienação fiduciária em garantia, leasing, venda e compra, compromisso de compra e venda e compra ou venda com reserva de domínio) consta cláusula de irrevogabilidade ou irretratabilidade (art. 49, § 3º, da Lei 11.101/2005).

3. A cessão fiduciária que garante o contrato de abertura de crédito firmado entre as partes, prevista no § 3º do artigo 66-B, da Lei 4.728/65, transfere ao credor fiduciário a posse dos títulos, conferindo-lhe o direito de receber dos devedores os créditos cedidos e utilizá-los para garantir o adimplemento da dívida instituída com o cedente, em caso de inadimplência.

4. A cessão fiduciária de títulos não se assemelha à exceção prevista na lei de recuperação judicial no tocante ao proprietário fiduciário. Nesta o que se pretende é proteger o credor que aliena fiduciariamente determinado bem móvel ou imóvel para a empresa em recuperação, circunstância oposta ao que ocorre nos casos em que a empresa cede fiduciariamente os títulos ao banco.

5. O § 3º do artigo 49 da Lei 11.101/05 refere-se a bens móveis materiais, pois faz alusão expressa à impossibilidade de venda ou retirada dos bens do estabelecimento da empresa no período de suspensão previsto no § 4º do art. 6º, da referida Lei, circunstância que não se aplica aos títulos de crédito, pois os créditos em geral são bens móveis imateriais."

26. COELHO. Fábio Ulhoa. *Comentários à lei de falência e de recuperação de empresas*. 13 ed. São Paulo: Thomson Reuters Brasil, 2018. p. 187 e 189.

Não vinga a tentativa. Os direitos são, por lei, considerados espécies de bens móveis. Confira-se, a propósito, o art. 83, III, do CC. Nesse dispositivo, o legislador brasileiro consagrou uma categoria jurídica secular, a dos bens móveis para efeitos legais.

[...]

Se a lei quisesse eventualmente circunscrever a exclusão dos efeitos da recuperação judicial à titularidade fiduciária sobre bens corpóreos, teria se valido dessa categoria jurídica, ou mesmo da expressão equivalente "coisa". Enquanto "bens" abrange todos os objetos suscetíveis de apropriação econômica, "coisa" restringe-se aos bens corpóreos".

O TJ-SP, em abril de 2019, reforçou o posicionamento jurisprudencial dominante, com aprovação unânime de enunciado sobre o tema, após debate e votação do Grupo Reservado de Direito Empresarial, formado pelas 1ª e 2ª Câmaras de Direito Empresarial. Assim dispõe o Enunciado VI: "Inaplicável o disposto no art. 49, § 3º, da Lei 11.101/05, ao crédito com garantia prestada por terceiro, que se submete ao regime recuperacional, sem prejuízo do exercício, pelo credor, de seu direito contra o terceiro garantidor."

Assim também já decidiu o STJ:[27]

1. Conforme a jurisprudência das Turmas que compõem a Segunda Seção desta Corte o crédito garantido por cessão fiduciária não se submete ao processo de recuperação judicial, uma vez que possui a mesma natureza de propriedade fiduciária, podendo o credor valer-se da chamada trava bancária.

Sérgio Campinho,[28] em sentido contrário, defende que a cessão fiduciária de créditos se sujeita aos efeitos da recuperação judicial:

O nosso entendimento, entretanto, é o de que a cessão fiduciária de direitos creditórios se submetem aos efeitos da recuperação por não estar prevista dentre as exceções capituladas no § 3º do art. 49, seguindo, por isso, o mesmo curso dos créditos em geral, nos termos do caput do indigitado preceito.

Isto porque o § 3º aponta como exceção credor titular da posição de proprietário fiduciário de bens móveis ou imóveis. Apesar de os títulos de crédito, em gênero, poderem ser enquadrados na categoria dos bens móveis, o certo é que o legislador, que não se vale de palavras vãs, contemplou a posição de proprietário, que traduz, portanto, a existência de proprietário, que traduz, portanto, a existência de um direito real sobre a coisa. Ora, na cessão fiduciária de direitos creditórios, a posição de credor é a de titular de um direito pessoal e não real. Assim, como a regra do § 3º é de exceção, deve ser interpretada de forma restrita.[29]

---

27. STJ, 3ª Turma, AgRg no REsp 1326851/MT, j. em 19.11.2013, relator Ministro Sidnei Beneti.
28. CAMPINHO, Sérgio. *Falência e recuperação de empresa*. 10. ed. São Paulo: Saraiva, 2019. p. 152.
29. Nesse sentido, a decisão da 3ª Câmara Cível do TJ/ES, agravo de instrumento 030089000142, julgado à unanimidade em 26.06.2008, Relator Des. Jorge Góes Coutinho:

"1. A redação do artigo 49, § 3º, da Lei 11.101/2005 estatui, claramente, que os créditos daqueles em posição de proprietário fiduciário de bem móvel e imóvel não se submetem aos efeitos da recuperação judicial.

2. Assim como o próprio agravante insiste em afirmar em suas razões recursais, o mesmo se revela como proprietário fiduciário de títulos de crédito que, por óbvio, não se confundem com a classificação de bens móveis ou imóveis.

Também em sentido contrário, entende Manoel Justino Bezerra Filho:

> Quando a LREF foi promulgada, não se falava em cessão fiduciária, a comunidade jurídica não discutia ainda este assunto, não havia preocupação com este novo instituto, que não havia ainda se internalizado no pensamento jurídico nacional. O legislador da LREF não estava preparado para introduzir no sistema da recuperação judicial, um instituto que não era ainda suficientemente conhecido, tanto que, repita-se, o § 3º do art. 49 dá solução que apenas se adapta aos casos de alienação fiduciária, não sendo possível aplica-lo aos casos de cessão fiduciária. Ressalte-se que aqui se trata de disposição que limita o direito da sociedade empresária em recuperação, portanto norma restritiva de direito, que só pode ser interpretada restritivamente, não pode ser interpretada ampliativamente.[30]

Não obstante, a jurisprudência tem se firmado no sentido de excluir dos efeitos da recuperação judicial também os créditos garantidos por cessão fiduciária. O acórdão da 3ª Turma do STJ, nos autos do AgInt no AREsp 1123084 / SP, j. em 12.11.2018, relator Ministro Paulo de Tarso Sanseverino, considerou que até mesmo o contrato sem registro não se submete aos efeitos da recuperação judicial.

> [...] os créditos garantidos por cessão fiduciária não se submetem ao plano de recuperação, tampouco a medidas restritivas impostas pelo juízo da recuperação, exatamente porque a alienação fiduciária de coisa fungível e a cessão fiduciária de direitos sobre coisas móveis, bem como de títulos de créditos, justamente por possuírem a natureza jurídica de propriedade fiduciária, não se sujeitam aos efeitos da recuperação judicial nos termos do § 3º, do art. 49, da Lei 11.101/05 [...].
>
> [...] estão excluídos da recuperação judicial os direitos de crédito cedidos fiduciariamente ainda que ausente registro em cartório de títulos e documentos, visto que a garantia se constitui pela celebração do contrato.

Como se vê, a matéria não é pacífica e tende a causar alguma insegurança jurídica, por falta de clareza no dispositivo legal, de modo que pessoas na mesma situação podem vir a receber tratamento diferenciado apenas em razão de diferentes interpretações legais.

Uma posição intermediária, buscando preservar os interesses aparentemente conflitantes no seio da recuperação judicial é o defendido por Luís Felipe Salomão, que considera que "o fato de o crédito financeiro não se submeter à recuperação judicial não torna o credor livre para satisfazê-lo de imediato, ao seu talante. Preservam-se o valor do crédito e a garantia prestada, mas se veda a realização da garantia em prejuízo da recuperação."[31]

---

3. Se a legislação admite a cessão fiduciária tanto de coisa móvel quanto, como no caso em apreço, de títulos de crédito, deveria esta última hipótese também estar prevista, de modo expresso pela lei específica, como excluída dos efeitos da recuperação judicial, o que não é o caso."

30. BEZERRA FILHO, Manoel Justino. *Lei de recuperação de empresas e falências*. 13. ed. São Paulo: Ed. RT, 2018, p. 185.

31. SALOMÃO, Luis Felipe; SANTOS, Paulo Penalva. *Recuperação judicial, extrajudicial e falência*. Teoria e prática. 3. ed. Rio de Janeiro: Forense, 2017. p. 229.

Conforme, em voto vista, no RESP 1.263.500/MG, sustentou o Ministro Luís Felipe Salomão:[32]

> Não se sujeitam à recuperação judicial os créditos referentes à cessão fiduciária de títulos, realizada pela empresa em favor de entidade bancária, com base no artigo 66-B, § 3º, da Lei 4.728/1965, pela empresa em recuperação em favor de entidade bancária, devendo, entretanto, a liquidação desses títulos ser decidida pelo Juízo da recuperação, visto que incumbe a esse Juízo a ponderação entre a qualidade do crédito e a essencialidade dos valores à atividade empresarial, assim como ocorre nos casos dos créditos de credores fiduciários com garantia em bens móveis e imóveis corpóreos e dos créditos da própria Fazenda Pública.

O entendimento, todavia, baseia-se na premissa que a liquidação do crédito fiduciário decorrente de cessão fiduciária de título deve ser sindicada pelo Juízo da recuperação,[33] a partir dos seguintes critérios:[34]

> (i) os valores deverão ser depositados em conta vinculada ao Juízo da recuperação, os quais não serão rateados para o pagamento dos demais credores submetidos ao Plano;
>
> (ii) o credor fiduciário deverá pleitear ao Juízo o levantamento dos valores, ocasião em que deverá ser decidida, de forma fundamentada, sua essencialidade ou não – no todo ou em parte – ao funcionamento da empresa;
>
> (iii) no caso de os valores depositados não se mostrarem essenciais ao funcionamento da empresa, deverá ser deferido o levantamento em benefício do credor fiduciário.[35]

Manoel Justino Bezerra Filho[36] concordando com o voto vencido do Ministro Luis Felipe Salomão, afirma:

> Esta ressalva poderia conduzir a bom caminho, no sentido de permitir decisão por parte do juiz da recuperação que, se entendesse que os valores eram essenciais à recuperação, poderia liberar parte do numerário em favor do banco credor e parte em favor do recuperando. O sistema passaria a funcionar, aproximadamente como ocorre quando há penhora de porcentagem do faturamento, cuidado que os juízes tomam há muito tempo, para evitar o esvaziamento de empresas devedoras em execução singular. Isto porque, em princípio, tais tipos de cessão fiduciária muitas vezes englobando recebíveis futuros, poderão inviabilizar de forma definitiva a recuperação, que a lei tem como sua razão principiológica. Com efeito, a sociedade empresária em crise, por óbvio, estará com débitos pendentes com instituições financeiras e se estas, valendo-se da cessão fiduciária, esvaziarem os recebíveis da recuperanda, a empresa fatalmente irá à falência.

---

32. Vide, também, SALOMÃO, Luis Felipe; SANTOS, Paulo Penalva. *Recuperação judicial, extrajudicial e falência*. Teoria e prática. 3. ed. Rio de Janeiro: Forense, 2017. p. 230.

33. Conforme STJ, 4ª Turma, AgRg no RESP 1181533/MT, j. em 05.12.2013, relator Ministro Luis Felipe Salomão.

34. Trata-se de uma interpretação que leva em conta o disposto no parágrafo § 5º do artigo 49, que trata apenas de crédito garantido por penhor de direitos creditórios (e não alienação fiduciária): "Tratando-se de crédito garantido por penhor sobre títulos de crédito, direitos creditórios, aplicações financeiras ou valores mobiliários, poderão ser substituídas ou renovadas as garantias liquidadas ou vencidas durante a recuperação judicial e, enquanto não renovadas ou substituídas, o valor eventualmente recebido em pagamento das garantias permanecerá em conta vinculada durante o período de suspensão de que trata o § 4º do art. 6º desta Lei."

35. SALOMÃO, Luis Felipe; SANTOS, Paulo Penalva. *Recuperação judicial, extrajudicial e falência*. Teoria e prática. 3. ed. Rio de Janeiro: Forense, 2017. p. 228.

36. BEZERRA FILHO, Manoel Justino. *Lei de recuperação de empresas e falências*. 13. ed. São Paulo: Ed. RT, 2018. p. 181-182.

Como se vê, tal entendimento acaba por ampliar ao infinito a definição de essencialidade, já que um a empresa em crise sempre vai necessitar de dinheiro.

Não é à toa que o próprio autor menciona que "a jurisprudência da Corte Superior firmou-se sem essa ressalva." [37]

Nessa linha, o voto da Ministra Maria Isabel Galloti:

Por fim, embora não desconheça o intuito social do voto de V. Exa., de favorecer a recuperação judicial de empresas, entendo que seria grande a subjetividade na análise judicial preconizada acerca de ser aquela quantia em dinheiro necessária ou não ao processo de recuperação judicial. Recursos financeiros são sempre necessários, sobretudo para empresas em dificuldades, em processo de recuperação. Tenho que essa ressalva praticamente descaracterizaria esse tipo de garantia que se pretende bastante forte, de fato, mas que foi pactuada dentro dos termos autorizados em lei, deixando ao alvedrio do Juiz dizer, em cada caso, se o dinheiro será ou não necessário à recuperação da empresa, sendo que, a meu ver, dificilmente se poderá afirmar que não seja necessário à recuperação da empresa contar com mais recursos financeiros. Mesmo que não se autorize o uso dos valores para pagamento dos demais credores, como ressalva o voto do Ministro Salomão, o certo é que não se destinarão ao credor titular da garantia. Penso que isso daria uma grande subjetividade, incerteza, a essa garantia que a lei quis objetivar."[38]

Assim, ressalvado o entendimento acima, os créditos garantidos por cessão fiduciária de créditos acabam por conferir maior segurança ao credor, por não poderem ser mantidos na empresa devedora sob o argumento de serem bens de capital essenciais à sua atividade.

Conforme acórdão da 3ª Turma, STJ, AgInt no AREsp 1127032/RJ, j. em 02.02.2018, tendo como relator o Ministro Marco Aurélio Bellizze:

"Conquanto a jurisprudência deste Tribunal entenda pela possibilidade de manter na posse da sociedade empresária em recuperação judicial os bens objeto de mútuo com garantia fiduciária de bens de capital, em hipóteses excepcionais, em observância à necessidade de preservação da empresa, tal medida não se aplica à "propriedade fiduciária de crédito, por não se tratar de bem de capital", conforme julgado proferido recentemente pela Terceira Turma desta Corte Superior (AgInt no REsp 1.475.258/MS), de relatoria do Ministro Paulo de Tarso Sanseverino."

4. EFEITOS DA SUSPENSÃO DE EXECUÇÕES A SÓCIOS E EMPRESAS DO GRUPO ECONÔMICO DA DEVEDORA

O Prazo de Suspensão aplica-se, conforme a Lei, também às "ações e execuções dos credores particulares do sócio solidário."

---

37. SALOMÃO, Luis Felipe; SANTOS, Paulo Penalva. *Recuperação judicial, extrajudicial e falência*. Teoria e prática. 3. ed. Rio de Janeiro: Forense, 2017. p. 229.
38. Voto da Ministra Maria Isabel Galloti em STJ, 4ª Turma, RESP 1.263.500/ES, j. em 05.02.2013, relatora Ministra Maria Isabel Gallotti.

Todavia, após o prazo de suspensão, no caso de bens de terceiro, a exemplo de bens dos sócios, avalistas, ou mesmo de outra sociedade do mesmo grupo econômico, serem chamados para responder à execução ajuizada contra a sociedade em recuperação judicial, a jurisprudência do STJ é firme no sentido de não reconhecer a existência de conflito de competência em situações dessa espécie.

> Esse posicionamento no sentido de inexistir conflito de competência em hipóteses desse jaez se justifica pelo fato de que não há dois juízes decidindo acerca do destino do mesmo patrimônio, podendo-se concluir que a sociedade em recuperação judicial é até mesmo beneficiada com a continuidade da execução contra o coobrigado, pois em um primeiro momento fica desonerada daquela obrigação, que somente depois lhe será exigida pelo garante." (STJ, 2ª Seção, AgRg no CC 124.489/MG, j. em 09.10.2013, relator Ministro Raul Araújo).

> Eventual pagamento de créditos trabalhistas por devedores solidários acaba por favorecer a recuperação judicial, uma vez que, em que pese haja sub-rogação dos valores pagos, podem vir a ser satisfeitos créditos trabalhistas, que possuem privilégio em relação aos credores quirografários (art. 83, I e VI, da Lei 11.101/2005).[39]

Conforme o parágrafo primeiro do artigo 49 da Lei: "§ 1º Os credores do devedor em recuperação judicial conservam seus direitos e privilégios contra os coobrigados, fiadores e obrigados de regresso."

Além disso, nada impede o seguimento das execuções contra as empresas do grupo econômico da empresa em recuperação judicial, salvo decisão específica do juízo da recuperação judicial ou se os bens da empresa do grupo estiverem incluídos no plano de recuperação judicial.

Assim já decidiu o STJ:

> A ficção jurídica do "grupo econômico", afirmada na Justiça do Trabalho, não produz efeitos no Juízo da Recuperação Judicial. A indisponibilidade patrimonial de uma das pessoas jurídicas – ainda que essa indisponibilidade seja decorrente da concessão de recuperação judicial – não impede a expropriação de bens das outras empresas a ela vinculadas (STJ, 2ª Seção, AgRg no CC 114.808/DF, j. em 13.04.2011, relatora Ministra Nancy Andrighi).

5. COMO FUNCIONA A EXECUÇÃO DA ALIENAÇÃO FIDUCIÁRIA SOBRE IMÓVEL, SE NÃO SE SUJEITA AOS EFEITOS DA RECUPERAÇÃO JUDICIAL

> Como regra geral, não há qualquer restrição em relação aos credores não sujeitos aos efeitos da recuperação judicial., os quais poderão promover as ações decorrentes de seus direitos (...).[40]

---

39. STJ, 2ª Seção, AgRg no CC 86594/SP, j. em 25.06.2008, relator Ministro Fernando Gonçalves, assim ementada: "Agravo regimental. Conflito de competência não conhecido. Recuperação judicial da controladora. Penhora de bens de empresa pertencente ao mesmo grupo econômico. Execução trabalhista.

1. Se os ativos da empresa pertencente ao mesmo grupo econômico não estão abrangidos pelo plano de recuperação judicial da controladora, não há como concluir pela competência do juízo da recuperação para decidir acerca de sua destinação.

2. A recuperação judicial tem como finalidade precípua o soerguimento da empresa mediante o cumprimento do plano de recuperação, salvaguardando a atividade econômica e os empregos que ela gera, além de garantir, em última ratio, a satisfação dos credores."

40. CAMPINHO, Sérgio. *Falência e recuperação de empresa*. 10. ed. São Paulo: Saraiva, 2019. p. 158.

Uma vez que o seu crédito não se sujeita aos efeitos da recuperação judicial, não tem o credor com garantia fiduciária imobiliária, conforme § 1º do artigo 39 da Lei 11.101/2005.[41]

> A disposição se nos afigura totalmente despicienda. Os parágrafos em alusão na norma sob comento cuidam de créditos ou direitos que não se submetem aos efeitos da recuperação judicial e, por dedução lógica e inarredável, não podem seus titulares participar de qualquer votação na assembleia geral de credores.[42]

Conforme acórdão da 4ª Turma do STJ, nos autos do REsp 1207117/MG, j. em 10.11.2015, tendo como relator o Ministro Luis Felipe Salomão:

> 8. Deveras, tais créditos são imunes aos efeitos da recuperação judicial, devendo ser mantidas as condições contratuais e os direitos de propriedade sobre a coisa, pois o bem é patrimônio do fiduciário, não fazendo parte do ativo da massa. Assim, as condições da obrigação advinda da alienação fiduciária não podem ser modificadas pelo plano de recuperação, com a sua novação, devendo o credor ser mantido em sua posição privilegiada.

> 9. Não se poderia cogitar que o credor fiduciário, incluído no plano de recuperação, teria, por conduta omissiva, aderido tacitamente ao quadro. É que referido credor nem sequer pode votar na assembleia geral, não podendo ser computado para fins de verificação de quórum de instalação e deliberação, nos termos do art. 39, § 1º da LF, sendo que, como sabido, uma das principais atribuições do referido colegiado é justamente o de aprovar, rejeitar ou modificar o plano apresentado pelo devedor.

Nos termos do artigo 1.425, II do Código Civil, há vencimento antecipado da dívida, em caso de insolvência ou falência do devedor.

Todavia, "cumpre destacar que a recuperação judicial não presume a insolvência da sociedade" (...) "na recuperação judicial, a viabilidade financeira e econômica são requisitos essenciais para o seu deferimento (art. 53, incisos I e III)".[43]

Ora, mas é comum a inserção de cláusula em contratos de alienação fiduciária que há o seu vencimento antecipado em caso de recuperação judicial da devedora.

Na mesma linha do que afirma Paulo Penalva Santos[44] sobre a cláusula resolutória expressa, em caso de recuperação judicial, "o mero pedido de recuperação judicial não é causa de resolução dos contratos bilaterais", consideramos que tal disposição pode ter sua validade questionada, por ser atentatória aos princípios da boa fé e prejudicial ao interesse coletivo de preservação da empresa.

---

41. "§ 1º Não terão direito a voto e não serão considerados para fins de verificação do quorum de instalação e de deliberação os titulares de créditos excetuados na forma dos §§ 3º e 4º do art. 49 desta Lei."
42. CAMPINHO, Sérgio. *Falência e recuperação de empresa*. 10. ed. São Paulo: Saraiva, 2019. p. 96.
43. SALOMÃO, Luis Felipe; SANTOS, Paulo Penalva. *Recuperação judicial, extrajudicial e falência*. Teoria e prática. 3. ed. Rio de Janeiro: Forense, 2017. p. 288.
44. SALOMÃO, Luis Felipe; SANTOS, Paulo Penalva. *Recuperação judicial, extrajudicial e falência*. Teoria e prática. 3. ed. Rio de Janeiro: Forense, 2017. p. 300.

Após o Prazo de Suspensão, a execução da garantia deve seguir de forma regular[45], ou seja, o crédito não pago garantido pela alienação fiduciária será satisfeito por meio da venda do bem imóvel, nos termos da Lei 9.514/97, a saber: a propriedade, antes resolúvel, do bem imóvel consolidar-se-á em nome do devedor fiduciante e este promoverá público leilão para a alienação do imóvel.

Segundo a Lei, "nos cinco dias que se seguirem à venda do imóvel no leilão, o credor entregará ao devedor a importância que sobejar, considerando-se nela compreendido o valor da indenização de benfeitorias, depois de deduzidos os valores da dívida e das despesas e encargos".

Ressalte-se, que, estando a devedora em recuperação judicial, o valor excedente recebido na venda do bem será destinado aos seus credores concorrentes.[46]

Por outro lado, se o imóvel não alcançar o valor da dívida e despesas e encargos, em segundo leilão, estabelece a Lei que "considerar-se-á extinta a dívida" e exonerado o credor da obrigação de devolver eventual valor excedente mencionado acima.

Todavia, como já tivemos a oportunidade de discorrer sobre o tema, esse sistema de quitação recíproca previsto na Lei é,

> em operações que não sejam de financiamento imobiliário, renunciável pelo devedor fiduciante de dívida garantida por alienação fiduciária de bem imóvel. Por outro lado, em financiamentos imobiliários, o favor concedido pelo legislador ao mutuário de financiamento habitacional se justifica plenamente, por razões de ordem social.[47]

Assim, caso não seja uma garantia fiduciária de financiamento do próprio imóvel, poderá o credor cobrar o saldo da dívida. Para tanto, deverá habilitar o seu crédito para receber o valor não coberto pelo bem objeto da garantia.[48]

O crédito desse saldo devedor é, conforme artigo 83, VI, *b*, da Lei 11.101/2005, de natureza quirografária.[49]

---

45. O Grupo Reservado de Direito Empresarial do Egrégio Tribunal de Justiça de São Paulo aprovou, em sessão realizada no dia 18 de fevereiro de 2019, o seguinte Enunciado III – "Escoado o prazo de suspensão de que trata o § 4º, do art. 6º da Lei 11.101/05 (*stay period*), as medidas de expropriação pelo credor titular de propriedade fiduciária de bens móveis ou imóveis, de arrendador mercantil, de proprietário ou promitente vendedor, poderão ser retomadas, ainda que os bens a serem executados sejam essenciais à atividade empresarial."

46. CAMPINHO, Sérgio. *Falência e recuperação de empresa*: o novo regime da insolvência empresarial. 10. ed. Rio de Janeiro: Renovar, p. 427.

47. PERES, Tatiana Bonatti; FAVACHO, Frederico. *Agronegócio*. São Paulo: Chiado, 2017. v. 2. p. 170-171.

48. CAMPINHO, Sérgio. *Falência e recuperação de empresa*: o novo regime da insolvência empresarial. 10. ed. Rio de Janeiro: Renovar, p. 427.

49. "Dessa conclusão não destoa ÉCIO PERIN JÚNIOR, que analisando na falência o pagamento dos credores beneficiários do direito real de garantia, salienta que, caso "não haja saldo suficiente para o pagamento do crédito garantido, o credor dessa natureza deverá recebe-lo como quirografário" (*Curso de direito falimentar e recuperação de empresas*. 4. ed. São Paulo: Saraiva, 2011. p. 204). (STJ, 2ª Seção, CC 128194 / GO, j. em 28.06.2017, Relator Ministro Raul Araújo)".

6. COMO FUNCIONARIA A EXECUÇÃO DO CRÉDITO DECORRENTE DE ALIENAÇÃO FIDUCIÁRIA SOBRE IMÓVEL, SE SUJEITO AOS EFEITOS DA RECUPERAÇÃO JUDICIAL

Se o credor fiduciário tiver a possibilidade de execução imediata de sua garantia esvaziada em razão da essencialidade do mesmo para a recuperação judicial da devedora, não deveria ter ele direito de voto na assembleia de credores? Não deveria ser revisto o plano de recuperação anteriormente aprovado à sua revelia?

São algumas das questões que ficam sem resposta quando o judiciário decide em desacordo com a Lei.

De todo modo, importante salientar que mesmo que se admita que o juízo da Recuperação Judicial possa estabelecer prazos e condições para essa entrega do bem alienado fiduciariamente ao credor, fixando remuneração enquanto permanece na posse da empresa devedora em recuperação judicial, permanecerá sempre válida a sua garantia fiduciária.

Diferentemente das outras modalidades e garantias reais, para as quais a Lei permite a sua supressão ou substituição, sendo suficiente que o plano de recuperação judicial seja aprovado,[50] a garantia fiduciária não pode ser suprimida ou substituída, salvo com expressa concordância do credor fiduciário.

> A Lei, ao dizer que tais créditos não se submetem à recuperação judicial, mesmo assim não proibiu a inclusão deles no plano. Se houver – embora extremamente improvável – anuência do credor, esses valores podem ser incluídos na decisão que concede a recuperação na forma do art. 58, se houver concordância do credor,[51] ressalta Manoel Justino Bezerra Filho.

7. CONSIDERAÇÕES FINAIS

A Lei de Falência e Recuperação Judicial afastou dos efeitos da recuperação judicial os créditos garantidos por alienação fiduciária. Embora haja divergência doutrinaria, a tendência da jurisprudência é aplicar essa regra também aos créditos garantidos por cessão fiduciária de créditos.

Não se sujeitar aos efeitos da recuperação judicial significa que (i) o plano de recuperação judicial não pode alterar o valor ou as condições originais de pagamento de seu crédito; e (ii) o credor fiduciário não terá direito a voto na assembleia geral de credores.

---

50. "Se, porém, for prevista a alienação do bem como meio de recuperação judicial, será indispensável a concordância do credor titular da garantia real. A razão de ser dessa disciplina é fácil de se perceber. Se vier a ser decretada a falência do devedor, a garantia real suprimida ou substituída no plano de recuperação judicial se restabelece por completo." (COELHO. Fábio Ulhoa. *Comentários à lei de falência e de recuperação de empresas.* 13 ed. São Paulo: Thomson Reuters Brasil, 2018. p. 230-231).

51. BEZERRA FILHO, Manoel Justino. *Lei de recuperação de empresas e falências.* 13. ed. São Paulo: Ed. RT, 2018. p. 181.

Por outro lado, tendo em vista o princípio da preservação da empresa, os bens considerados essenciais à manutenção de sua atividade não podem ser retirados dela pelo Prazo de Suspensão, ou até a aprovação do plano de recuperação.

Durante esse prazo, considera-se que a devedora negociará com o credor fiduciário as condições de manutenção do bem na empresa (por compra ou locação), ou sua substituição por outro, não podendo o juiz da recuperação impor ao credor fiduciário uma solução contratual que considere adequada.

Vale lembrar que mesmo que infrutífera a negociação com o credor fiduciário, devem ser consideradas no plano de recuperação soluções que contemplem a purgação da mora e/ou a aquisição do imóvel alienado fiduciariamente, pela empresa devedora, que possui direito de preferência na compra, nos termos da Lei 9.514, § 2º-B do art. 27.

O princípio de preservação da empresa não é absoluto e o plano de recuperação judicial precisa ser viável e ao juiz da recuperação cabe a função, dentre outras, de fiscalizar a legalidade das condições aprovadas no plano e não perpetrar a situação de ilegalidade, interferindo nos contratos que a lei colocou a salvo dos efeitos da recuperação judicial, não por acaso e nem sem motivo.

Não pode o juiz da recuperação judicial, sob a alegação de aplicar princípio, afastar a aplicação de solução clara dada pela Lei a determinada situação.

Para que se abram exceções à solução expressamente prevista em lei, não basta demonstrar que o bem é essencial à atividade da empresa. Para isso a lei já prevê solução, que é a vedação de retirada do bem da devedora durante o Prazo de Suspensão.

Assim, é preciso ir além para se criar uma regra de exceção, no caso concreto. Por exemplo, é preciso demonstrar que não foi possível substituir tal bem ou negociar sua permanência na empresa diretamente com o credor fiduciário em razão de um motivo extraordinário.

Isso porque, diante desse novo cenário, o próprio plano de recuperação talvez precise ser revisto. O plano a ser aprovado precisa ser realista da possibilidade de recuperação da empresa e não simplesmente repassar a conta da recuperação aos credores.

8. REFERÊNCIAS BIBLIOGRÁFICAS

CAMPINHO, Sérgio. *Falência e recuperação de empresa*. 10. ed. São Paulo: Saraiva, 2019.

COELHO. Fábio Ulhoa. *Comentários à lei de falência e de recuperação de empresas*. 13 ed. São Paulo: Thomson Reuters Brasil, 2018.

PERES, Tatiana Bonatti et al. *Os princípios e os institutos de Direito Civil*. 2. ed. Rio de Janeiro: Lumen Juris, 2018.

SALOMÃO, Luis Felipe; SANTOS, Paulo Penalva. *Recuperação judicial, extrajudicial e falência. Teoria e prática*. 3. ed. Rio de Janeiro: Forense, 2017.

WALD, Arnoldo; WAISBERG, Ivo. Artigos 47 a 49 da Lei 11.101/2005. In: CORRÊA-LIMA, Osmar Brina; LIMA, Sérgio Mourão Corrêa Lima (Coord.). *Comentários à Nova Lei de falência e Recuperação de Empresas*. Rio de Janeiro: Forense, 2009.

Capítulo 4
É POSSÍVEL A PURGAÇÃO DA MORA APÓS A CONSOLIDAÇÃO DA PROPRIEDADE EM NOME DO CREDOR FIDUCIÁRIO?

Susete Gomes

Mestre e Doutora em Direito Civil pela PUC-SP. Graduada pela PUC-Campinas. Advogada em Campinas. Professora convidada da Pós-graduação em Processo Civil da Universidade Presbiteriana Mackenzie – Campinas, SP. Membro do Instituto dos Advogados de São Paulo e do Instituto de Direito Privado. Autora de diversos artigos na área do Direito Civil. Endereço eletrônico: Currículo completo disponível em: https://wwws.cnpq.br/cvlattesweb/PKG_MENU.menu?f_cod=9CD9749BF64D2F-D395F9A8F9401C4743#

Sumário: 1. Introdução – 2. Mora e os procedimentos para execução da dívida garantida com a propriedade fiduciária previstos na Lei 9.514 de 1997 – 3. A redação original do art. 39 da Lei 9.514/1997 e a Jurisprudência do Superior Tribunal de Justiça – 4. A Alteração legislativa advinda com a Lei 13.465 de 2017 – 5. Considerações finais – 6. Referências bibliográficas.

1. INTRODUÇÃO

Ao se tratar da possibilidade de purgação da mora, em caso de alienação fiduciária de bens imóveis, após a consolidação da propriedade em nome do credor fiduciário, requer-se analisar o histórico legislativo, em especial a Lei 9.514 de 1997 que instituiu a alienação fiduciária de coisa imóvel no ordenamento pátrio (e que foi objeto de alterações, sendo a mais recente a advinda com a Lei 13.465 de 2017), bem como se requer cotejar os institutos da alienação fiduciária de coisa imóvel e a hipoteca, analisando os efeitos do inadimplemento na alienação fiduciária, para assim analisar as decisões emanadas pelos tribunais acerca da matéria.

Importante desde o início diferenciar o que é diferente, para não misturar o que não se mistura. Alienação fiduciária de bem imóvel, conforme estabelece o art. 22 da Lei 9.514/97 é o *negócio jurídico pelo qual o devedor, ou fiduciante, com o escopo de garantia, contrata a transferência ao credor, ou fiduciário, da propriedade resolúvel de coisa imóvel.* Ainda, o art. 1.368-B do Código Civil Brasileiro, dispõe que

a alienação fiduciária em garantia de bem móvel ou imóvel confere direito real de aquisição ao fiduciante, seu cessionário ou sucessor. Parágrafo único. O credor fiduciário que se tornar proprietário pleno do bem, por efeito de realização da garantia, mediante consolidação da propriedade, adjudicação, dação ou outra forma pela qual lhe tenha sido transmitida a propriedade plena, passa a responder pelo pagamento dos tributos sobre a propriedade e a posse, taxas, despesas condominiais e quaisquer outros encargos, tributários ou não, incidentes sobre o bem objeto da garantia, a partir da data em que vier a ser imitido na posse direta do bem.

A hipoteca também é direito de garantia: direito real de garantia sobre coisa alheia; *de modo que há crédito que ela garante*,[1] tendo sido a Cédula Hipotecária, instituída por meio do Decreto Lei 70 de 1966.

Cabe anotar que o interesse em ambos os institutos (alienação fiduciária de coisa imóvel e hipoteca) para fins do presente estudo advém da sua importância no mercado imobiliário, no Sistema Financeiro de Habitação, no Sistema de Financiamento Imobiliário, da necessidade do crédito (mesmo fora do sistema imobiliário) e das formas de garanti-lo e, especialmente, das consequências do inadimplemento do negócio jurídico por elas garantido.

Neste sentido, a Lei 9.514 de 1997 supriu importante hiato no sistema jurídico ao permitir a satisfação de créditos em termos compatíveis com o mercado[2] e mesmo tendo sido instituída no âmbito de uma lei que dispõe sobre o Sistema de Financiamento Imobiliário, o referido instituto pode ser utilizado para garantir qualquer obrigação,[3] pois em seu art. 22, § 1º. estabelece que *a alienação fiduciária poderá ser contratada por pessoa física ou jurídica, não sendo privativa das entidades que operam no SFI (...).* Com mesmo intuito, assim prevê o art. 51 da Lei 10.931 de 2004:

> Sem prejuízo das disposições do Código Civil, as obrigações em geral também poderão ser garantidas, inclusive por terceiros, por cessão fiduciária de direitos creditórios decorrentes de contratos de alienação de imóveis, por caução de direitos creditórios ou aquisitivos decorrentes de contratos de venda ou promessa de venda de imóveis e por alienação fiduciária de coisa imóvel.

O ponto central de diferenciação entre a alienação fiduciária de coisa imóvel e a hipoteca é que a hipoteca é garantia real sobre coisa alheia, e na alienação fiduciária tem-se a propriedade resolúvel, fiduciária – direito real em coisa própria - pois nela

---

1. PONTE DE MIRANDA, Pontes de. *Direito das Coisas: direitos reais de garantia, hipoteca, penhor, anticrese.* Atualizado por Nelson Nery Jr., Luciano de Camargo Penteado. São Paulo: Ed. RT, 2012. (coleção tratado de direito privado: parte especial).

2. Neste sentido, CHALHUB, Melhim Namem. *Alienação fiduciária: negócio fiduciário.* 6. ed. Rio de Janeiro: Forense, 2019. p. 256 e ss., explica que "A Lei 9.514, de 20 de novembro de 1997, ao disciplinar a alienação fiduciária de bens imóveis, veio suprir importante lacuna do sistema de garantias do direito brasileiro, dotando o ordenamento de instrumento que permite sejam as situações de mora, nos financiamentos imobiliários e nas operações de crédito com garantia imobiliária, recompostas em prazos compatíveis com as necessidades da economia moderna, a exemplo do que há muito se verifica no âmbito dos financiamentos de bens móveis."

3. No mesmo sentido: CHALHUB, Melhim Namem. *Alienação fiduciária: negócio fiduciário.* 6. ed. Rio de Janeiro: Forense, 2019. p. 259. e DELGADO, Mário Luiz. A Purgação da Mora nos Contratos de Alienação Fiduciária de Bem Imóvel. Uma Questão de Direito Intertemporal. *Revista de Direito Imobiliário,* v. 84/2018, p. 441-461: "A propriedade fiduciária de bens imóveis, entretanto, não é privilégio restrito ao SFI, mas, ao contrário, integra a categoria dos direitos reais de garantia e pode ser empregada em defesa de quaisquer operações de crédito e do cumprimento das obrigações em geral, como expressamente dispõe o art. 51 da Lei 10.931/2004, sendo hoje a principal proteção imobiliária do sistema financeiro nacional. Os efeitos deletérios de uma eventual consolidação da jurisprudência que autorize a purgação da mora depois de extinto o contrato, e realizada a expropriação do bem dado em garantia, se espraiarão sobre todo o mercado de crédito, imobiliário ou não."

PURGAÇÃO DA MORA APÓS A CONSOLIDAÇÃO DA PROPRIEDADE EM NOME DO CREDOR FIDUCIÁRIO **183**

(propriedade fiduciária) a posse direta fica conferida ao devedor fiduciante e a posse indireta ao credor fiduciário, conforme prescreve o parágrafo único do art. 23 da Lei 9.514 de 1997.[4]

Tem-se, na própria Lei 9.514 de 1997, a partir do art. 26 um regime próprio e completo para a execução da dívida inadimplida pelo devedor fiduciante, com prazo para purgação da mora, com previsão de direito de preferência para aquisição do imóvel entre a consolidação da propriedade em nome do fiduciário e o segundo leilão, e outros procedimentos específicos que a diferem do regime da execução da hipoteca e, em nossa opinião, não permitem a utilização das disposições relativas à execução da garantia hipotecária para às garantidas por meio da alienação fiduciária de coisa imóvel.

Para o melhor entendimento da questão proposta, importa uma breve explicação das causas que ensejaram tanta discussão e respostas judiciais, que, em nosso entendimento, não se coadunam com o sistema legislativo.

A Lei 9.514 de 1997, conforme posta originalmente, ou seja, antes das alterações legislativas (em especial as advindas da Lei 13.465 de 2017), previa em seu artigo 39[5] a aplicação das disposições dos artigos 29 ao 41 do Decreto Lei n. 70 de 1966 para as operações de financiamento imobiliário em geral, nela referidos.

O Decreto Lei 70 de 1966 que *autoriza o funcionamento de associações de poupança e empréstimo, institui a cédula hipotecária e dá outras providências*, prevê nos artigos 29 ao 41 os procedimentos para execução das hipotecas, quando ocorrer o inadimplemento, e prevê no art. 34 que *é lícito ao devedor, a qualquer momento, até a assinatura do auto de arrematação, purgar o débito*, totalizado de acordo com o artigo 33, e acrescido ainda dos seguintes encargos: (...)."

Portanto, o foco da discussão para a resposta à questão inicial e que intitula o presente artigo é se o artigo 39 da Lei 9.514 de 1997, na sua redação original, permitiu que regras procedimentais específicas para a execução da hipoteca fossem utilizadas para a execução em caso de inadimplemento de dívidas garantidas por meio da alienação fiduciária de coisa imóvel.

Importante, contudo, ressaltar que a Lei 13.465 de 2017 alterou o artigo 39 da Lei 9.514 de 1997, que passou a vigorar com a seguinte redação:

> Art. 39. Às operações de crédito compreendidas no sistema de financiamento imobiliário, a que se refere esta Lei: (Redação dada pela Lei 13.465, de 2017)

---

4. Conforme ensina DOS SANTOS, Paulo Cesar Batista. Aspectos Pontuais da Execução Extrajudicial na Alienação Fiduciária de Bens Imóveis. *Revista de Direito Imobiliário*. v. 84/2018, p. 479-494. "Ao contrário da tão desvirtuada hipoteca, pesa a favor da alienação fiduciária, por exemplo, o fato de o credor fiduciário não precisar reivindicar qualquer direito de preferência ou sequela em caso de concurso de credores, já que a propriedade já é do próprio credor, não se subordinando, a rigor, a qualquer espécie de crédito privilegiado".
5. Redação original (1997): Art. 39. Às operações de financiamento imobiliário em geral a que se refere esta Lei: II – aplicam-se as disposições dos arts. 29 a 41 do Decreto-lei 70, de 21 de novembro de 1966.

I – não se aplicam as disposições da Lei 4.380, de 21 de agosto de 1964, e as demais disposições legais referentes ao Sistema Financeiro da Habitação – SFH;

II – aplicam-se as disposições dos arts. 29 a 41 do Decreto-Lei 70, de 21 de novembro de 1966, exclusivamente aos procedimentos de execução de créditos garantidos por hipoteca. (Redação dada pela Lei 13.465, de 2017).

Ocorre que o referido art. 39 da Lei 9514 de 1997, na sua redação original, foi interpretado de forma, sob nosso ponto de vista, que contraria o disposto em lei e os 20 anos de sua vigência sob tal redação (e referida interpretação), foram determinantes para a formação de jurisprudência com tal teor, conforme será verificado adiante. Ademais, como também será objeto de análise a alteração legislativa de 2017 provocou interpretações conflitantes.

2. MORA E OS PROCEDIMENTOS PARA EXECUÇÃO DA DÍVIDA GARANTIDA COM A PROPRIEDADE FIDUCIÁRIA PREVISTOS NA LEI 9.514 DE 1997

Não há como se debater este tema sem tratar de mora. Agostinho Alvim,[6] ensina que, em princípio, a distinção entre inadimplemento absoluto e mora (que são, ambos, espécies de inadimplemento) está na possibilidade ou impossibilidade do cumprimento da obrigação. Sendo possível, ainda, o cumprimento da obrigação, tratar-se-á de mora, e não mais persistindo a possibilidade de purgação da mora, tratar-se-á de inadimplemento absoluto.

Segundo Agostinho Alvim,

para traduzir o conceito de inutilidade da prestação devemos ponderar, primeiramente, que tal inutilidade deve ser estudada em seu aspecto relativo, e não absoluto. Se em virtude de atraso culposo, a prestação se torna impossível por se ter tornado imprestável a coisa objeto da mesma, haverá inutilidade para o credor e para quem quer que seja. Mas isto não é imprescindível. O que a lei cogita, não é a inutilidade objetiva da prestação, inutilidade para qualquer pessoa, o que se confunde com o perecimento do objeto; nem do defeito ou deterioração que tenha sobrevindo à coisa, o que autoriza o credor a enjeitá-la, com fundamento no art. 866 do Código. Cogita-se, parágrafo único, inutilidade subjetiva, inutilidade para o credor. Não há dúvida que a expressão inútil, abstratamente considerada tem linguagem um sentido certo, um conceito objetivo.[7]

Tal compreensão é fundamental ao se analisar os procedimentos previstos na Lei 9.514 de 1997 para a hipótese de inadimplemento do devedor fiduciante, pois a mora não purgada pelo devedor fiduciante e a consequente consolidação da propriedade imóvel em nome do credor fiduciário demonstra: (a) o desinteresse do devedor em adimplir sua obrigação; (b) o inadimplemento absoluto da obrigação, e (c) a possível inutilidade ao credor (e a critério do credor) do devedor fiduciante purgar a mora

---

6. *Da Inexecução das Obrigações e Suas Consequências*. 2. ed. Saraiva: São Paulo, 1955. p. 50.

7. ALVIM, Agostinho. *Da Inexecução das Obrigações e Suas Consequências*. 2. ed. Saraiva: São Paulo, 1955. p. 54.

após a consolidação da propriedade imóvel em nome do credor (que terá, inclusive, incorrido em despesas e em pagamento de tributação incidente -imposto de transmissão *inter* vivos – em decorrência da referida consolidação).

Importante que se verifique as etapas, previstas em lei, para a consolidação da propriedade em nome do credor fiduciário e a dimensão da desídia do devedor em não purgar a mora até tal momento obrigacional (caracterizando o inadimplemento absoluto da obrigação).[8]

(i) Consolidação da propriedade imóvel em nome do credor fiduciário

O art. 26 dispõe que *vencida e não paga, no todo ou em parte, a dívida e constituído em mora o fiduciante, consolidar-se-á, nos termos deste artigo, a propriedade do imóvel em nome do fiduciário.*

Assim, conforme o conceito da propriedade fiduciária, resolúvel, desde que devidamente constituído em mora e cumpridos os procedimentos de intimação do devedor fiduciante, não sendo a dívida paga, caracteriza-se o inadimplemento absoluto do devedor, e o sistema da lei passa a ser direcionado para a proteção do credor. Assim, as posses direta e indireta se consolidam com o credor fiduciário (mediante a averbação na matrícula do imóvel da consolidação), que passa a ser o proprietário do imóvel, incidindo, inclusive o imposto de transmissão *inter* vivos. Tal previsão está no § 7º. do art. 26 da Lei 9.514 de 1997.

Há que se considerar que, conforme ressaltado acima, na alienação fiduciária, tem-se a garantia sobre bem próprio, resolúvel. Assim, a mora não purgada pelo devedor até a consolidação da propriedade em nome do credor, que denota o inadimplemento absoluto do devedor fiduciante, faz com que o devedor não tenha mais a posse direta do bem (pois as propriedades direta e indireta se consolidaram para o credor), e esse é o encanto da alienação fiduciária: agilidade necessária para que o credor tenha seu crédito satisfeito.

Consoante as regras previstas em lei, o devedor deve ser regularmente intimado e tem prazo para purgar a mora. Se não o faz, caracteriza-se o inadimplemento absoluto e no nosso entendimento, o sistema (incluindo o judiciário, que interpreta e aplica a lei ao caso concreto) deve olhar ao credor, que não teve seu crédito satisfeito e que incorrerá em despesas (inclusive na esfera tributária) para fazer com que a garantia ofertada seja válida.

---

8. DELGADO, Mário Luiz. A Purgação da Mora nos Contratos de Alienação Fiduciária de Bem Imóvel. Uma Questão de Direito Intertemporal. *Revista de Direito Imobiliário*, v. 84/2018, p. 441-461: "O inadimplemento absoluto da obrigação garantida, caracterizado pela certidão do oficial do Registro de Imóveis de que não houve purgação da mora no prazo legal, produz todos os efeitos jurídicos definidos no § 7º do art. 26, quais sejam: a) extinção dos contratos de mútuo e de alienação fiduciária em garantia; b) expropriação do direito aquisitivo dos devedores fiduciantes em relação ao imóvel dado em garantia; c) transmissão plena da propriedade ao credor fiduciário, após a averbação da consolidação no Registro de Imóveis; e d) obrigação do credor de promover a oferta do imóvel à venda em leilão. Por isso, a purgação da mora somente é possível antes da consolidação da propriedade em nome do fiduciário."

SUSETE GOMES

Se assim não for e se aplicar a regra cabível à hipoteca, se terá os mesmos artifícios que retardam a satisfação do crédito ao credor, acarretando o descrédito ao instituto da alienação fiduciária de coisa imóvel.

2.1 Procedimentos para intimação do devedor fiduciante

Os §§ 1º a 4º do art. 26 da Lei 9.514 de 1997 são dedicados aos procedimentos de intimação do devedor fiduciante para purgação da mora. Com o advento da Lei 13.465 de 2017 foram introduzidos ainda os §§ 3º-A e 3º-B para detalhar ainda mais as regras de intimação para purgação da mora.

Ou seja, na leitura de tais parágrafos verifica-se que a Lei 9.514 de1997 regulamenta a forma de intimação do devedor fiduciante, não cabendo aplicação de outra disposição legal para tanto.

O devedor fiduciante tem prazo de 15 (quinze) dias para purgação da mora (a prestação vencida e as que se vencerem até a data do pagamento, os juros convencionais, as penalidades e os demais encargos contratuais, os encargos legais, inclusive tributos, as contribuições condominiais imputáveis ao imóvel, além das despesas de cobrança e de intimação). Se o devedor purgar a mora no prazo estabelecido (15 dias), convalescerá o contrato de alienação fiduciária.

Assim, alinhado com o exposto anteriormente, a regra para purgação da mora não deixa dúvidas que ela deve ser efetuada nos 15 (quinze) dias seguintes contados da intimação do devedor fiduciante. Portanto, se purgada a mora, convalesce o contrato, se não paga, consolida-se a propriedade em nome do credor. E, em nosso entendimento, ao se consolidar a propriedade, não há mais como o devedor reverter a situação e manter a relação contratual anterior.

Ainda que o sistema da alienação fiduciária preveja a necessidade do credor levar o imóvel à leilão (ressalvada a hipótese do devedor dispensar os procedimentos de leilão, conforme art. 26, § 8º.), tal previsão refere-se à possibilidade de se obter, com o resultado da venda do imóvel, valor que possa ser superior à dívida garantida, e assim o devedor ter o direito (eventual) de receber valores que sobejar depois de deduzidos os valores da dívida e das despesas e encargos (conforme artigo 27, § 4º) e não a possibilidade do contrato de alienação convalescer.

2.2 Efeitos do inadimplemento

Conforme indicado, o inadimplemento, resultado da não purgação da mora, implicará na consolidação da propriedade para o credor. Por se tratar de uma garantia de dívida, o art. 27 da Lei 9.514 de 1997 estabelece que *uma vez consolidada a propriedade em seu nome, o fiduciário, no prazo de trinta dias, contados da data do registro de que trata o § 7º do artigo anterior, promoverá público leilão para a alienação do imóvel.*

PURGAÇÃO DA MORA APÓS A CONSOLIDAÇÃO DA PROPRIEDADE EM NOME DO CREDOR FIDUCIÁRIO **187**

Assim, o credor (salvo se o devedor, com anuência do credor, der, conforme parágrafo 8º. do art. 26 da Lei 9.514 de 1997, seu direito eventual ao imóvel em pagamento da dívida, dispensados os procedimentos previstos no art. 27), tem o ônus de promover o leilão extrajudicial para alienação do imóvel.

Portanto, os efeitos do inadimplemento, tido como a não purgação da mora pelo devedor no prazo previsto no artigo 26 da Lei 9.514 de 1997 são: (a) a consolidação da propriedade em nome do credor; (b) extinção do contrato de crédito e de alienação fiduciária; (c) leilão do imóvel (ou sua dispensa conforme artigo 27) com a observância do direito de preferência ao devedor na aquisição do imóvel em leilão; (d) possibilidade do devedor fiduciante não ser ressarcido em nenhum valor (mesmo que tenha efetuado benfeitorias no imóvel) na hipótese de venda do imóvel em segundo leilão cujo valor não for maior que a dívida e os encargos sofridos pelo credor.

Assim, a Lei 9.514 de 1997, mesmo antes da alteração legislativa promovida em 2017, já trazia nos artigos 26 e 27 as regras relativas ao inadimplemento (não purgação da mora) e suas consequências, de forma que não há que se cogitar, a aplicação subsidiária dos artigos 29 ao 41 do Decreto Lei 70 de 1966 para a hipótese de inadimplemento na alienação fiduciária de imóvel (mesmo mediante o disposto no do art. 39 da Lei 9.514 de 1997), e assim sendo, não nos parece razoável a interpretação que permitiu ao devedor fiduciante a purgação da mora até a assinatura do auto de arrematação.

A questão que se impõe é que a jurisprudência admitiu a purgação da mora até a assinatura do auto de arrematação, com fulcro na redação original do art. 39 da Lei 9.514 de 1997.

3. A REDAÇÃO ORIGINAL DO ART. 39 DA LEI 9.514/1997 E A JURISPRUDÊNCIA DO SUPERIOR TRIBUNAL DE JUSTIÇA

O Superior Tribunal de Justiça, invocando o art. 39 (na sua redação original) da Lei 9.514 de 1997, firmou jurisprudência no sentido que é possível a purgação da mora, pelo devedor fiduciante, até a assinatura do auto de arrematação. Abaixo, estão colacionadas ementas de diversos julgados neste sentido.

AgInt no AGRAVO EM RECURSO ESPECIAL 1344987 – SP (2018/0205154-1)

Relator: Ministro Marco Aurélio Bellizze

Agravante: Caixa Econômica Federal

Advogados: Sergio Luiz Guimarães Farias e outro(s)

DF008540

André Luiz Vieira e outro(s) – SP241878

Agravado: Liana da Silva

Advogado: Pedro Correa Gomes de Souza – SP374644

Ementa

Agravo interno no agravo em recurso especial. Alienação fiduciária. Bem imóvel. Leilão extrajudicial. Necessidade de intimação pessoal do devedor fiduciário. Precedentes. Agravo Improvido.

1. O entendimento desta Corte é de que é cabível a purgação da mora mesmo após a consolidação da propriedade do imóvel em nome do credor fiduciário. Nesse contexto, é imprescindível a intimação pessoal do devedor acerca da realização do leilão extrajudicial.

2. A dispensa da intimação pessoal só é cabível quando frustradas as tentativas de realização deste ato, admitindo-se, a partir deste contexto, a notificação por edital. Precedentes.

3. Agravo interno improvido

AgInt no Agravo em Recurso Especial 1.132.567 – PR (2017/0166304-0)

Relator: Ministro Luis Felipe Salomão

Agravante: Banco Bradesco S/A

Advogados: Denio Leite Novaes Júnior – PR010855

Kamyla Karenn Gomes Rodrigues e outro(s) – PR054459

Agravado: Gustavo Schier Rosalinski

Advogados: Sílvio André Brambila Rodrigues – PR021305

Rafael Marques Gandolfi e outro(s) – PR025765

Ementa

Agravo interno no agravo em recurso especial. Ação revisional e contrato. Alienação fiduciária de bem imóvel. Purgação da mora efetuada por depósito judicial. Possibilidade de remissão da dívida até lavratura do auto de arrematação. Precedentes. Agravo interno não provido.

1. O entendimento da Corte de origem encontra-se em harmonia com a jurisprudência sedimentada neste Sodalício no sentido de ser cabível a purgação da mora pelo devedor, mesmo após a consolidação da propriedade do imóvel em nome do credor fiduciário.

2. A jurisprudência do STJ, entende "que a purgação pressupõe o pagamento integral do débito, inclusive dos encargos legais e contratuais, nos termos do art. 26, § 1º, da Lei 9.514/97, sua concretização antes da assinatura do auto de arrematação não induz nenhum prejuízo ao credor. Em contrapartida, assegura ao mutuário, enquanto não perfectibilizada a arrematação, o direito de recuperar o imóvel financiado, cumprindo, assim, com os desígnios e anseios não apenas da Lei 9.514/97, mas do nosso ordenamento jurídico como um todo, em especial da Constituição Federal." (REsp 1433031/DF, Rel. Ministra Nancy Andrighi, Terceira Turma, julgado em 03.06.2014, DJe 18.06.2014)

3. Agravo interno não provido.

Recurso Especial 1.462.210 – RS (2014/0149511-0)

Relator: Ministro Ricardo Villas Bôas Cueva

Recorrente: Janete Becker

Recorrente: Mauro Cesar Becker

Advogados: André Luiz Mendonça da Silva

Andréia Dapper

Recorrido: Caixa Econômica Federal

Advogado: Vera Lúcia Bicca Andujar e outro(s)

Ementa

Recurso especial. Alienação fiduciária de coisa imóvel. Lei 9.514/1997. Purgação da mora após a consolidação da propriedade em nome do credor fiduciário. Possibilidade. Aplicação subsidiária do Decreto-lei 70/1966.

1. Cinge-se a controvérsia a examinar se é possível a purga da mora em contrato de alienação fiduciária de bem imóvel (Lei 9.514/1997) quando já consolidada a propriedade em nome do credor fiduciário.

PURGAÇÃO DA MORA APÓS A CONSOLIDAÇÃO DA PROPRIEDADE EM NOME DO CREDOR FIDUCIÁRIO **189**

2. No âmbito da alienação fiduciária de imóveis em garantia, o contrato não se extingue por força da consolidação da propriedade em nome do credor fiduciário, mas, sim, pela alienação em leilão público do bem objeto da alienação fiduciária, após a lavratura do auto de arrematação.

3. Considerando-se que o credor fiduciário, nos termos do art. 27 da Lei 9.514/1997, não incorpora o bem alienado em seu patrimônio, que o contrato de mútuo não se extingue com a consolidação da propriedade em nome do fiduciário, que a principal finalidade da alienação fiduciária é o adimplemento da dívida e a ausência de prejuízo para o credor, a purgação da mora até a arrematação não encontra nenhum entrave procedimental, desde que cumpridas todas as exigências previstas no art. 34 do Decreto-Lei 70/1966.

4. O devedor pode purgar a mora em 15 (quinze) dias após a intimação prevista no art. 26, § 1º, da Lei 9.514/1997, ou a qualquer momento, até a assinatura do auto de arrematação (art. 34 do Decreto-Lei 70/1966). Aplicação subsidiária do Decreto-Lei 70/1966 às operações de financiamento imobiliário a que se refere a Lei 9.514/1997.

5. Recurso especial provido.

AgInt no Recurso Especial 1.567.195 - SP (2015/0290421-8)

Relator: Ministro Paulo de Tarso Sanseverino

Agravante: Itau Unibanco S.A

Advogados: Sônia Mendes de Souza e outro(s) – SP091262

Egberto Hernandes Blanco – SP089457

Alexandre Marques Silveira – SP120410

Anselmo Moreira Gonzalez e outro(s) – SP248433

Carla Cristina Lopes Scortecci – SP248970

Frederico Augusto Lima de Siqueira – DF031511

Agravado: Marcos Robson Teodoro

Agravado: Priscilla Sylvia Braga Teodoro

Advogados: Adalto José De Amaral – SP279715

Natan Florencio Soares Jr. e outro(s) – SP265153

Ementa

Agravo interno no recurso especial. Alienação fiduciária de coisa imóvel. Lei 9.514/1997. Purgação da mora após a consolidação da propriedade em nome do credor fiduciário. Possibilidade. Aplicação subsidiária do decreto-lei 70/1966. Precedente específico desta terceira turma.

1. "O devedor pode purgar a mora em 15 (quinze) dias após a intimação prevista no art. 26, § 1º, da Lei 9.514/1997, ou a qualquer momento, até a assinatura do auto de arrematação (art. 34 do Decreto-Lei 70/1966). Aplicação subsidiária do Decreto-Lei 70/1966 às operações de financiamento imobiliário a que se refere a Lei 9.514/1997." (REsp 1462210/RS, Rel. Ministro Ricardo Villas Bôas Cueva, Terceira Turma, julgado em 18.11.2014, DJe 25.11.2014)

2. Alegada diversidade de argumentos que, todavia, não se faz presente.

3. Agravo interno desprovido.

Analisando-se os julgados acima, pode-se verificar que os fundamentos para permitir a purgação da mora pelo devedor fiduciante até a assinatura do auto de arrematação foram as seguintes:

(a) Bipartição das fases procedimentais para a execução da garantia contida na alienação fiduciária de bem imóvel em: 1) consolidação da propriedade e 2) alienação do bem a terceiros, mediante leilão.[9]

(b) O contrato que serve de base para a existência da garantia não se extingue por força da consolidação da propriedade, mas, sim, pela alienação em leilão público do bem objeto da alienação fiduciária, a partir da lavratura do auto de arrematação.[10]

(c) O credor não incorpora o imóvel ao seu patrimônio com a consolidação da propriedade e não existe prejuízo ao credor, se o devedor purgar a mora até a assinatura do auto de arrematação.[11]

(d) A interpretação que melhor reflete o espírito da norma é aquela que, sem impor prejuízo à satisfação do crédito do agente financeiro, maximiza as chances de o imóvel permanecer com o mutuário.[12]

(e) aplicação subsidiária dos artigos 29 a 41 do Decreto Lei 70 de 1966 (conforme previsto na redação original do artigo 39 da Lei 9.514 de 1997) permite a possibilidade ao devedor de purgar a mora a qualquer momento até a assinatura do auto de arrematação.[13]

Imperioso destacar que muitas vozes doutrinárias se opuseram ao entendimento do Superior Tribunal de Justiça e, assim sendo, destacamos críticas importantes da lavra de Melhim Namem Chalhub e Mario Luiz Delgado.

Conforme ensina Melhim Namem Chalhub:[14]

> Em relação à inexistência de previsão legal para a data-limite para a purgação da mora (REsp 1.433.031/DF) permitimo-nos remeter ao § 1.º do art. 26 da Lei 9.514/1997, que fixa prazo para purgação da mora em 15 dias a contar da notificação do devedor fiduciante, não havendo lacuna que pudesse justificar o recurso à aplicação subsidiária do art. 34 do Dec.-lei 70/1966. Quanto ao fundamento dos demais acórdãos, isto é "o contrato não se extingue por força da consolidação da propriedade em nome do credor fiduciário, mas, sim, pela alienação em leilão público do bem objeto da alienação fiduciária, após a lavratura do auto de arrematação" (REsp 1.518.085/RS), permitimo-nos ponderar, *data venia,* que, sendo a propriedade fiduciária em garantia um direito real acessório do contrato de financiamento, a reversão da propriedade ao devedor fiduciante ou sua consolidação no credor fiduciário é consequência natural da extinção do contrato de financiamento por inadimplemento da obrigação garantida".

---

9. Vide Recurso Especial 1.462.210 - RS (2014/0149511-0), voto do relator Ministro Ricardo Villas Bôas Cueva.
10. Idem.
11. Conforme voto do Ministro Paulo de Tarso Sanseverino no AgInt no Recurso Especial 1.567.195 – SP (2015/0290421-8): Finalmente, inexiste prejuízo ao credor mutuante, que verá adimplida a dívida toda. A propriedade consolidada na pessoa do fiduciário, na forma do art. 26, acaba por revelar-se resolúvel na hipótese de exercido o direito de remição da dívida até a arrematação.
12. REsp 1433031/DF, Rel. Ministra Nancy Andrighi, Terceira Turma, julgado em 03.06.2014, DJe 18.06.2014.
13. Idem: constatado que a Lei 9.514/1997, em seu art. 39, inciso II, permite expressamente a aplicação subsidiária das disposições dos arts. 29 a 41 do Decreto 70/1966, é possível afirmar a possibilidade de o devedor/mutuário purgar a mora em 15 (quinze) dias após a intimação prevista no art. 26, § 1º, da Lei 9.514/1997, ou a qualquer momento, até a assinatura do auto de arrematação (art. 34 do Decreto-Lei 70/1966.
14. Limites da Prerrogativa de Purgação da Mora nos Contratos de Mútuo com Pacto Adjeto de Alienação Fiduciária. *Revista de Direito Imobiliário.* v. 80/2016, p. 101-124.

Mario Luiz Delgado[15] expõe que

> As decisões judiciais que perfilham o entendimento oposto, admitindo a purgação da mora, nas dívidas garantidas por alienação fiduciária, até a data da assinatura do auto de arrematação, além de equivocadas, sob a ótica do direito intertemporal, põem em risco, não só o Sistema de Financiamento Imobiliário – SFI, mas todo o mercado de crédito. Longe de esboçar uma posição alarmista, os efeitos, a longo prazo, da consolidação de uma jurisprudência permissiva da purgação da mora, nos contratos de alienação fiduciária de bens imóveis, até a data da assinatura do auto de arrematação, serão deletérios à integridade do Sistema de Financiamento Imobiliário – SFI e do mercado de crédito em geral, na medida em que se enfraquece a propriedade fiduciária como garantia real e se elevam os custos do credor que, após realizar o recolhimento do imposto de transmissão como requisito para a consolidação da propriedade e subsequente realização do leilão, vê tornada sem efeito a transmissão dominial, sem qualquer garantia de devolução do tributo que antecipou.

Assim, a posição formada pelo Superior Tribunal de Justiça, em favor da possibilidade da purgação da mora até a assinatura do auto de arrematação, ainda que sob a égide da redação original do art. 39 da Lei 9514 de 1997, no nosso entendimento, não foi emanada em conformidade com a disposição legislativa e tampouco com a necessidade de integridade do sistema jurídico.

Os fundamentos utilizados para permitir a purgação da mora após a consolidação da propriedade em nome do credor fiduciário, pautaram-se, especialmente, na ideia de proteção ao devedor, e à possibilidade de o devedor não perder o imóvel objeto da garantia fiduciária. Todavia, tal ideia não tem guarida no sistema previsto ao ser instituída a alienação fiduciária sobre bem imóvel por meio da Lei 9.514 de 1997.

4. A ALTERAÇÃO LEGISLATIVA ADVINDA COM A LEI 13.465 DE 2017

A Lei 13.465 de 2017 alterou diversos dispositivos da Lei 9.514 de 1997, dentre eles o art. 39, II que delimitou o alcance dos dispositivos dos artigos 29 a 41 do Decreto Lei 70 de 1966, *exclusivamente aos procedimentos de execução de créditos garantidos por hipoteca.*

Pois bem, o Judiciário passou então a julgar os casos em que se discutia a possibilidade de purgação da mora, em contratos de alienação fiduciária, após a consolidação da propriedade em nome do credor tendo o advento da Lei 13.465 como "divisor" para a interpretação e decisão. Assim, o foco da discussão passou a ser se a alteração introduzida pela referida Lei poderia ser aplicada aos contratos firmados antes dela ou se apenas atingiriam os contratos firmados após o seu advento.

Mario Luiz Delgado dedicou um artigo para tratar da purgação da mora nos contratos de alienação como uma questão de direito intertemporal[16] e esclareceu que:

---

15. DELGADO, Mário Luiz. A Purgação da Mora nos Contratos de Alienação Fiduciária de Bem Imóvel. Uma Questão de Direito Intertemporal. *Revista de Direito Imobiliário*, v. 84/2018, p. 441-461.
16. *Revista de Direito Imobiliário*, v. 84/2018, p. 441-461.

a alteração legislativa não trouxe qualquer inovação em relação à aplicação do DL 70 exclusivamente às execuções hipotecárias; apenas fez inserir no texto legislativo, expressamente, o que já estava implícito na exegese sistemática da redação anterior do art. 39, II, ou seja, a referência a procedimentos compatíveis apenas com a execução hipotecária (arts. 29 a 41 do Decreto-Lei 70) só se aplicaria à execução hipotecária e conclui que (...) Pode-se colher, à guisa de síntese conclusiva, que o art. 39 da Lei 9.514/1997, com a redação que lhe atribuiu a Lei 13.465/2017, aplica-se a todos os contratos de alienação fiduciária de bens imóveis regidos pela Lei 9.514/1997, ainda que pactuados antes da edição da Lei 13.465.[17]

Filiamo-nos ao entendimento de Delgado, por todos os argumentos ora colacionados, especialmente em razão que a interpretação sistemática da Lei 9.514 de 1997, mesmo antes do advento da Lei 13.465 de 2017, já indicava que não era possível ao devedor fiduciante purgar a mora após a consolidação da propriedade em nome do credor fiduciário.

---

17. *Revista de Direito Imobiliário*, v. 84/2018, p. 441-46, o Autor assim explica: "Esta posição encontra-se lastreada em sólida e tradicional doutrina do direito intertemporal que, por sua vez, sempre foi a baliza do legislador e da jurisprudência na atividade de solucionar os conflitos de lei no tempo. No esforço de sintetizar, seguem elencados os três principais fundamentos que ensejaram a conclusão:

    Primeiro (argumento *ab auctoritate*): o brocardo tempus *regit actum* não é absoluto, nem pode atingir todo e qualquer efeito de uma relação obrigacional pretérita, mas apenas os efeitos próprios, decorrentes diretamente do conteúdo da obrigação e da sua execução, abstraindo-se todos os chamados efeitos impróprios ou indiretos, decorrentes da falta de execução da obrigação ou provenientes de causas extrínsecas ao vínculo, verificadas em data posterior à formação do contrato. A constituição em mora obedecerá, em parte, à lei vigente ao tempo da obrigação e, em parte, à lei vigente ao tempo da constituição em mora. A lei do tempo em que a obrigação foi contraída regulará os aspectos materiais da mora, enquanto as formalidades e os procedimentos serão regidos pela lei vigente ao tempo da inexecução da obrigação. Por isso, em havendo mora, regula-se a purgação pela lei do tempo da mora, e não pela lei da época do contrato, porque diz respeito ao modo de executar o convencionado, não constituindo um efeito direto da estipulação primitiva. Dessa maneira, a vedação à purgação da mora, após a consolidação da propriedade pelo credor fiduciário, nos termos clarificados pela nova redação do inciso II, do art. 39, da Lei 9.514, tem aplicação imediata, inclusive aos contratos anteriores à sua vigência, desde que o inadimplemento e a constituição em mora ocorram depois da publicação da lei nova.

    Segundo (argumento de fonte): o inciso II, do art. 39, da Lei 9.514, com as alterações promovidas pela Lei 13.465/2017, apresenta natureza processual, pois regula a forma da constituição em mora e o exercício do direito de purgação. Não está em jogo o direito substantivo de purgar, mas a forma e o prazo para fazê-lo. O inciso II do art. 39 deixa expresso que a aplicação subsidiária das disposições processuais do DL 70 se restringe "exclusivamente aos procedimentos de execução de créditos garantidos por hipoteca". E ninguém duvida ou contesta a eficácia imediata das normas de natureza instrumental, que incidem de plano sobre os processos e procedimentos em curso, judiciais ou extrajudiciais, atingindo-os a partir da fase e grau de jurisdição em que se encontram, sem retroagir. Por isso, nos contratos de alienação fiduciária imobiliária, regidos pela Lei 9.514, havendo inadimplemento da dívida, aplicar-se-ão as regras legais procedimentais reguladoras da matéria na data da inexecução e constituição em mora, mesmo que o contrato de alienação fiduciária em garantia tenha sido firmado antes da vigência da Lei 13.465.

    Terceiro (lei interpretativa): o art. 39, II, da Lei 9.514, em sua redação original, jamais permitiu a purgação da mora nos contratos de alienação fiduciária imobiliária, com base na aplicação subsidiária do Decreto-Lei 70. Assim, a alteração promovida pela Lei 13.465 veio, apenas, esclarecer a interpretação necessariamente restritiva que deveria ser conferida à disposição, tratando-se, pois, de lei interpretativa, categoria admitida na doutrina do direito intertemporal. O legislador se substituiu ao intérprete e construiu a interpretação autêntica dessa disposição. A lei nova interpretativa somente aclara o sentido eventualmente nebuloso da lei interpretada, confirmando-lhe, porém, todas as disposições, não podendo ser vista como uma lei nova diferente da antiga."

Como tal discussão passou a ter forte relevância, o Tribunal de Justiça de São Paulo admitiu, com fundamento no art. 982 do Código de Processo Civil, em 10 de dezembro de 2018 o Incidente de Resolução de Demandas Repetitivas, (Tema 26 – IRDR – Imóvel – Fiduciária – Purgação – Mora – Lei 13.465/2017) tendo como paradigma o processo 2166423-86.2018.8.26.0000, com a discussão, nos termos da ementa: "INCIDENTE DE RESOLUÇÃO DE DEMANDAS REPETITIVAS (IRDR) - PRETENSÃO DE UNIFORMIZAÇÃO DA JURISPRUDÊNCIA EM RELAÇÃO AO PRAZO FINAL PARA PURGA DA MORA NOS CONTRATOS IMOBILIÁRIOS COM CLÁUSULA DE GARANTIA FIDUCIÁRIA EM RAZÃO DAS MODIFICAÇÕES INTRODUZIDAS PELA LEI Nº 13.465/2017 - HIPÓTESE EM QUE HÁ POSIÇÕES DIVERGENTES ENVOLVENDO A MESMA QUESTÃO DE DIREITO - RISCO À ISONOMIA E À SEGURANÇA JURÍDICA CONFIGURADO - PRESENÇA DOS PRESSUPOSTOS DE ADMISSIBILIDADE PREVISTOS NOS ARTS. 976 E SEGUINTES DO CPC. INCIDENTE ADMITIDO.",

Em 25 de novembro de 2019 foi realizado o seu julgamento, sendo que, por maioria de votos, julgaram procedente o incidente de resolução de demandas repetitivas, fixando a seguinte tese jurídica:

"A alteração introduzida pela Lei 13.465/2017 ao art. 39, II, da Lei 9.514/97 tem aplicação restrita aos contratos celebrados sob a sua vigência, não incidindo sobre os contratos firmados antes da sua entrada em vigor, ainda que constituída a mora ou consolidada a propriedade, em momento posterior ao seu início de vigência."[18]

Todavia, cabe ressaltar que o Desembargador Relator Andrade Neto, que saiu vencido, propôs fixar a seguinte tese: "*A alteração introduzida pela Lei nº 13.465/2017 ao art. 39, II, da Lei nº 9.514/97 tem aplicação imediata e incide sobre todos os procedimentos de execução de créditos garantidos por propriedade fiduciária de bens imóveis, sendo irrelevante terem sido os contratos celebrados, a mora constituída ou consolidada a propriedade em datas anteriores ao seu início de vigência (12.07.2017)*". Apesar de

---

18. O Presidente da Sessão, Des. Gomes Varjão, proferiu voto de qualidade para desempate, conforme o art. 191, §1º, do RITJSP. Acompanharam o voto vencedor, proferido pelo Des. Bonilha Filho, os Desembargadores Francisco Occhiuto Júnior, Daise Fajardo Nogueira Jacot, Flávio Abramovici, César Luiz de Almeida e Gomes Varjão. Ficaram vencidos o Relator sorteado e os Desembargadores Cláudio Hamilton, Carlos Henrique Miguel Trevisan, Milton Carvalho, Antônio Rigolin e Luiz Eurico, que julgavam procedente o IRDR, fixando a seguinte tese: "A alteração introduzida pela Lei 13.465/2017 ao art. 39, II, da Lei nº 9.514/97 tem aplicação imediata e incide sobre todos os procedimentos de execução de créditos garantidos por propriedade fiduciária de bens imóveis sendo irrelevante terem sido os contratos celebrados, a mora constituída ou consolidada a propriedade em datas anteriores ao seu início de vigência (12.07.2017)". Por maioria de votos, deram provimento ao agravo de instrumento de que se originou o incidente de resolução de demandas repetitivas, tendo o Presidente da Sessão, Des. Gomes Varjão, proferido voto de qualidade para desempate. Ficaram vencidos, no julgamento do agravo de instrumento, o Relator sorteado e os Desembargadores Cláudio Hamilton, Carlos Henrique Miguel Trevisan, Milton Carvalho, Antônio Rigolin e Luiz Eurico, que negavam provimento ao recurso. Redigirá o acórdão o Des. Bonilha Filho. Farão declaração de voto vencedor os Desembargadores Francisco Occhiuto Júnior, Flávio Abramovici e César Luiz de Almeida. Farão declaração de voto vencido o Relator sorteado e o Des. Milton Carvalho.

sua tese não ter sido a acolhida, importante registrar, ainda que parcialmente, seu voto, pois contempla o que defendemos sobre o tema:

Em síntese, se a lei antiga jamais permitiu a purgação da mora nos contratos de alienação fiduciária com base no art. 34 do Decreto-lei 70, há de ser imediata a aplicação da lei nova, a qual há de incidir sobre todas as situações pretéritas, pouco importando os marcos temporais anteriores ao seu início de vigência, sejam aqueles representados pelas datas de celebração do contrato, início do procedimento executório, constituição do devedor em mora ou consolidação da propriedade em nome do credor, devendo, obviamente, ser relevadas apenas as situações já resolvidas e consolidadas com base na interpretação ora combatida, nas quais já houve a incorporação do direto ao patrimônio de seu respectivo titular.

5. CONSIDERAÇÕES FINAIS

Concluímos pela negativa à questão proposta como tema do presente artigo. Assim, no nosso entendimento, não é possível purgar a mora após a consolidação da propriedade imóvel em nome do credor fiduciário.

A despeito das decisões dos tribunais pátrios (inclusive do Superior Tribunal de Justiça), sob a ótica do ordenamento jurídico vigente, a alienação fiduciária de bem imóvel, por ser garantia sobre bem próprio e não alheio e, prever, nas regras que a regem, a consolidação da propriedade em nome do credor com a mora não purgada no prazo de 15 dias, o que gera a incidência de tributos relativos à transmissão de bens (ITBI) e demais ônus próprios do proprietário pleno do imóvel, não há que se cogitar a possibilidade de purgação da mora pelo devedor após a referida consolidação, e ao nosso ver, a alteração introduzida pela Lei nº 13.465/2017 ao art. 39, II, da Lei nº 9.514/97 deveria ser aplicada a todas as situações, mesmo que a ela pretéritas.

6. REFERÊNCIAS BIBLIOGRÁFICAS

ALVIM, Agostinho. *Da Inexecução das Obrigações e Suas Consequências*. 2. ed. Saraiva: São Paulo, 1955.

CHALHUB, Melhim Namem. Alienação Fiduciária de Bens Imóveis. 20 anos de vigência da Lei 9.514/1997. *Revista de Direito Imobiliário*. v. 84/2018. p. 495-531. jan.-jun. 2018.

CHALHUB, Melhim Namem Limites da Prerrogativa de Purgação da Mora nos Contratos de Mútuo com Pacto Adjeto de Alienação Fiduciária. *Revista de Direito Imobiliário*. v. 80/2016, p. 101-124.

CHALHUB, Melhim Nomem. *Alienação fiduciária: negócio fiduciário*. 6. ed. Rio de Janeiro: Forense, 2019.

DELGADO, Mário Luiz. A Purgação da Mora nos Contratos de Alienação Fiduciária de Bem Imóvel. Uma Questão de Direito Intertemporal. *Revista de Direito Imobiliário*. v. 84/2018, p. 441-461.

DOS SANTOS, Paulo Cesar Batista. Aspectos Pontuais da Execução Extrajudicial na Alienação Fiduciária de Bens Imóveis. *Revista de Direito Imobiliário*. v. 84/2018. p. 479-494.

PONTES DE MIRANDA. Direito das Coisas: direitos reais de garantia, hipoteca, penhor, anticrese. Atualizado por Nelson Nery Jr., Luciano de Camargo Penteado. São Paulo: Ed. RT, 2012. (coleção tratado de direito privado: parte especial).

Capítulo 5
TEORIA DO ADIMPLEMENTO SUBSTANCIAL E ALIENAÇÃO FIDUCIÁRIA[1]

Luiz Fernando de Camargo Prudente do Amaral

Doutor e Mestre em direito pela PUC-SP. Especialista em direito público pela Escola Paulista da Magistratura. Especialista em direito penal econômico e europeu pela faculdade de direito da Universidade de Coimbra. Professor titular do curso de direito da Fundação Armando Álvares Penteado. Autor de livros e artigos jurídicos. Advogado.

Sumário: 1. Introdução – 2. Breves considerações sobre a origem da teoria do adimplemento substancial – 2.1. A teoria do adimplemento substancial no direito europeu continental – 2.2 A resolução contratual e o adimplemento substancial no direito brasileiro – 2.2.1 Os códigos civis brasileiros e o direito de resolução contratual. – 2.2.2 Possíveis fundamentos à teoria do adimplemento substancial no Brasil. – 2.2.2.1 O Código Civil de 1916. – 2.2.2.2 O Código Civil de 2002 – 2.3 A aplicação da teoria do adimplemento substancial pelos tribunais brasileiros – 2.4 Alienação fiduciária em garantia e adimplemento substancial – 3. Considerações finais – 4. Referências bibliográficas.

1. INTRODUÇÃO

A ideia deste artigo é abordar, sem pretensão de exaurir, tema que tem sido bastante mencionado no direito privado brasileiro. Referimo-nos à teoria do adimplemento substancial, cujo resultado último implica afastar a possibilidade de o credor optar pela resolução contratual diante do inadimplemento do devedor, observadas certas circunstâncias.

Com o advento do Código Civil de 2002, o direito privado passou a conviver com espécie de hermenêutica que, tradicionalmente, não costumava estar presente nessa seara. O diploma é resultado de farta adoção de cláusulas abertas, conceitos jurídicos indeterminados e de alguns princípios que lhe são norteadores, tais como eticidade, socialidade e operabilidade.

A técnica utilizada na elaboração do referido código impõe enorme responsabilidade aos aplicadores do direito. Magistrados contam com amplas possibilidades diante da realidade fática que lhes é apresentada nos autos de um processo, mas tais possibilidades, se mal compreendidas, podem implicar insegurança jurídica, na me-

---

1. Boa parte das ideias apresentadas neste singelo artigo decorre da tese de doutorado defendida pelo autor e publicada sob o título Contrato e a teoria do adimplemento substancial (AMARAL, Luiz Fernando de Camargo Prudente do. *Contrato e a teoria do adimplemento substancial*. Indaiatuba. Foco, 2019).

dida em que o exercício de completar ou preencher as tais cláusulas gerais não deve ser levado a cabo de sorte a oferecer ao aplicador um "cheque em branco".

Se, diante desse novo cenário, magistrados se encontram com maior liberdade na apreciação de casos e construção de decisões, também é certo que essa liberdade só se justifica como meio para atingir os fins previstos no ordenamento jurídico brasileiro. Erra o juiz que pensa fazer justiça ao ampliar a referida liberdade a ponto de distanciar-se do sentido dos dispositivos legais. Erra, igualmente, quando se nega a atentar às peculiaridades do caso concreto, adotando comportamento que ignora o momento atual do direito privado e que se restringe à subsunção como único método de interpretação.

O desafio reside nessa ponderação entre os dois extremos, tendo claro que o poder com maior amplitude se justifica única e exclusivamente para que as finalidades legais sejam atingidas com maior precisão. A tarefa de julgar está cada vez mais complexa. O dever de esclarecer os fundamentos de uma decisão nunca foi tão necessário, já que decidir com maior liberdade é decidir com maior responsabilidade, sendo corolário desta noção de dever-poder a compreensão daquilo que chamamos ônus argumentativo.

É nesse cenário que a teoria do adimplemento substancial desponta, sendo aplicada com frequência pelos tribunais brasileiros. Em que pese a indubitável aplicação, igualmente certa a ausência de claros critérios. Essa realidade aponta para uma situação de insegurança jurídica, certamente alinhada com uma espécie de "excessivo dirigismo contratual", cujas consequências são nefastas a uma série de setores, especialmente ao econômico.

Nosso modesto intento é discorrer acerca da teoria do adimplemento substancial e avaliar como tem sido o comportamento dos tribunais pátrios em relação à sua aplicação aos contratos de alienação fiduciária. Buscaremos apresentar elementos históricos, teóricos e jurisprudenciais. A ideia é fomentar a reflexão e o debate a respeito daquilo que nos propomos a expor.

2. BREVES CONSIDERAÇÕES SOBRE A ORIGEM DA TEORIA DO ADIMPLEMENTO SUBSTANCIAL

Apesar de sua inegável adoção por parte dos magistrados brasileiros, a origem da teoria do adimplemento substancial remonta à Inglaterra do século XVIII. Sua construção se deu no seio da *common law*, através do chamado sistema da "equity".[2]

---

2. Segundo Silvio de Salvo Venosa (*Direito civil*. 12. ed. São Paulo: Atlas, 2012. v. 1, p. 74-75) "A Equity não pode ser traduzida por equidade, pura e simplesmente. São normas que se superpõem ao Common Law. A Equity origina-se de um pedido das partes da intervenção do rei em uma contenda que decidia de acordo com os imperativos de sua consciência. Tem por escopo suprimir as lacunas e complementar o Common Law. As normas da Equity foram elaboradas pelos Tribunais de Chancelaria. O chanceler, elemento da coroa, examinava os casos que lhe eram submetidos, com um sistema de provas completamente diferente do Common Law. O procedimento aí é escrito, inquisitório, inspirado no procedimento canônico. Modernamente,

TEORIA DO ADIMPLEMENTO SUBSTANCIAL E ALIENAÇÃO FIDUCIÁRIA | **197**

A intenção sempre esteve ligada à atenuação do rigor com que os contratos eram compreendidos e executados, já que se notava a possibilidade de ocorrência de situações injustas a partir dessa obediência quase absoluta àquilo que fora pactuado pelas partes. Esses foram os pilares do surgimento da teoria que, na Inglaterra, denomina-se *substantial performance*.

O caso emblemático para formulação da referida teoria foi *Boone v. Eyre* de 1779, sendo que coube ao Lord Mansfield sua apreciação. O julgamento pautou-se na diferenciação de duas espécies de cláusulas contratuais, quais sejam: *conditions* e *warranties*. As primeiras têm estreita relação com as obrigações contratuais, enquanto as segundas se apresentam com alguma independência ou menor relevância ao *contexto contratual*. Essa distinção revelava o intento de conferir primazia às conditions em detrimento das warranties, de tal sorte que o inadimplemento daquelas é tido como mais grave do que o destas últimas.

Note-se que a diferenciação acima comentada é fundamento para se avaliar a gravidade do inadimplemento contratual. Uma vez descumprida uma cláusula designada como condition, o inadimplemento efetivo se fará presente. Por outro lado, sendo a cláusula descumprida do tipo *warranty*, o caso seria avaliado pela substancialidade do quanto adimplido pelo devedor, retirando-se do credor a possibilidade de resolução contratual.

Assim construída a teoria, os contratantes, cientes das consequências advindas do inadimplemento de uma ou de outra espécie de cláusula contratual, passaram a definir contratualmente o que implicaria inadimplemento efetivo e o que resultaria em situação de adimplemento substancial. A grande questão, pois, reside na definição do que são obrigações principais e do que são obrigações meramente acessórias.

Depois de alguns anos – em 1795 – o tema voltou a ser discutido no caso *Cutter v. Powell*. Neste, para além da diferenciação anteriormente apontada, flexibilizou-se ainda mais a aplicação do rigor contratual, já que a divisão das cláusulas em duas espécies pareceu não evitar situações de injustiça na aplicação do direito. Assim, a aplicação da boa-fé objetiva serviu à devida apreciação da gravidade do descumprimento contratual. A questão central passa a ser a avaliação da *satisfação dos interesses do credor*, a ponto de ser compreendida como abuso de direito a manifestação de interesse de resolução contratual fundada em inadimplemento de menor gravidade.

2.1 A teoria do adimplemento substancial no direito europeu continental

A absorção da teoria do adimplemento substancial por países europeus continentais se deu a partir da concepção de *funcionalidade socioeconômica do direito* e das relações jurídicas de natureza contratual. Esse prisma funcional implica a consideração do contexto da contratação e do peso das obrigações dela decorrentes. Aqui

---

com a fusão das cortes de chancelaria e do direito comum e como os dois sistemas estavam arraigados no espírito inglês, não houve propriamente divisão".

se encontra a compreensão da *dinâmica obrigacional* como um efetivo processo que não se deve reconhecer ou avaliar em momentos estanques, mas sim diante de seu fluxo e de seu todo.

O Código Civil italiano de 1942 trata expressamente do adimplemento substancial em seu art. 1.455.[3] Segundo tal dispositivo, é vedado ao credor resolver o contrato se a obrigação inadimplida pelo devedor se mostrar *inexpressiva* ou de *pouca importância*. A lei entrega ao magistrado[4] o poder de avaliar a gravidade do inadimplemento, uma vez que a *pequena importância* deverá ser definida diante das peculiaridades do caso concreto.

É inegável o aspecto funcional aplicado ao direito privado italiano, sendo pertinente recordar que a previsão contida no art. 421[5] do Código Civil brasileiro reflete influência da legislação italiana. Para o Código Civil italiano de 1942, a causa contratual resta vinculada a pressupostos de natureza funcional. Lembremos que o art. 421 do Código Civil pátrio conta com redação cuja literalidade parece atrelar o exercício da liberdade de contratar com a função social do contrato, algo que, se levado ao limite, implicaria excessiva e indevida redução da autonomia privada.

Assim como na Itália, o Código Civil português contempla a ideia de adimplemento substancial. O art. 802 do referido diploma conta com a seguinte redação:

> 1. Se a prestação se tornar parcialmente impossível, o credor tem a faculdade de resolver o negócio ou de exigir o cumprimento do que for possível, reduzindo neste caso a sua contraprestação, se for devida; em qualquer dos casos o credor mantém o direito à indemnização. 2. O credor não pode, todavia, resolver o negócio, se o não cumprimento parcial, atendendo ao seu interesse, tiver escassa importância.

A segunda parte[6] do dispositivo legal colacionado evidencia a supressão da faculdade de resolução contratual por parte do credor se o inadimplemento tiver escassa importância. Afirma-se o não cumprimento parcial e, tal como o Código Civil italiano, confere-se ao magistrado a possibilidade de aferir a relevância da parcela inadimplida. Ressalte-se que a lei passa a entregar ao aplicador o poder de

---

3. "Art. 1455 Importanza dell'inadempimento – Il contratto non si può risolvere se l'inadempimento di una delle parti ha scarsa importanza, avuto riguardo all'interesse dell'altra."

4. Anelise Becker (A doutrina do adimplemento substancial no direito brasileiro e em perspectiva comparativista. *Revista da Faculdade de Direito da Universidade Federal do Rio Grande do Sul*. V. 9. N. 1. Nov. 1993, p. 64) ensina: "Cabe ao juiz, com fundamento nesse artigo, e utilizando um critério de boa-fé objetiva, verificar a gravidade do inadimplemento e o interesse concreto do cocontratante na exata e tempestiva prestação. Se este ainda se mantém na prestação defeituosa, não terá sido grave o inadimplemento. Somente o será aquele que turbar sensivelmente o equilíbrio contratual, de modo a fazer com que a parte não inadimplente sofra sacrifício além do limite razoável, dos riscos inerentes ao negócio".

5. "CC/02, art. 421. A liberdade de contratar será exercida em razão e nos limites da função social do contrato, observado o disposto na Declaração de Direitos de Liberdade Econômica.

   Parágrafo único. Nas relações contratuais privadas, prevalecerá o princípio da intervenção mínima do Estado, por qualquer dos seus poderes, e a revisão contratual determinada de forma externa às partes será excepcional."

6. "2. Art. 802, 2ª parte, Código Civil Português - O credor não pode, todavia, resolver o negócio, se o não cumprimento parcial, atendendo ao seu interesse, tiver escassa importância."

se colocar na posição do credor e, a partir desse movimento, avaliar se seu interesse estaria satisfeito.

Na Alemanha também nos deparamos com a recepção expressa da teoria do adimplemento substancial. Para além de contar com a cláusula geral da boa-fé objetiva (242 BGB) a qual, como visto, também aparece como fundamento à aplicação da teoria do adimplemento substancial, o Código Civil alemão contém dispositivo (320 BGB) no qual encontramos redação bastante semelhante àquela contida no Código Civil português. No caso alemão, contudo, a hipótese de resolução contratual em situação de cumprimento parcial, mas significativo, é equiparada ao comportamento de má-fé. Percebe-se, assim, a configuração de conduta que se alinha ao exercício abusivo de um direito.

A situação apresentada evidencia a absorção da teoria por países da Europa continental. Atentemos para o fato de a referida absorção ter ocorrido de maneira expressa. Ainda que os diplomas acima mencionados não definam o que se entende por inadimplemento de pequena importância, a verdade é que ao menos contam com dispositivos que permitem às partes contratantes saberem da possibilidade de apreciação judicial da gravidade do descumprimento.

2.2 A resolução contratual e o adimplemento substancial no direito brasileiro

2.2.1 Os códigos civis brasileiros e o direito de resolução contratual

O Código Civil de 1916 contemplava - assim como o atual contempla - direito do credor de resolver o contrato diante do inadimplemento do devedor. Sabemos que o inadimplemento pode ser *total* ou *parcial*. Será parcial quando o credor ainda tiver interesse na prestação devida pelo devedor, sendo viável a este último agir no sentido de purgar a mora. Será total quando o credor não mais tiver interesse na prestação, apresentando-se como consequência a condenação no pagamento de perdas e danos.

O art. 1.092 do CC/16 contava com a seguinte redação:

> Art. 1.092. Nos contratos bilaterais, nenhum dos contraentes, antes de cumprida a sua obrigação, pode exigir o implemento da do outro.
>
> Se, depois de concluído o contrato, sobreviver a uma das partes contratantes diminuição em seu patrimônio, capaz de comprometer ou tornar duvidosa a prestação pela qual se obrigou, pode a parte, a quem incumbe fazer prestação em primeiro lugar, recusar-se a esta, até que a outra satisfaça a que lhe compete ou de garantia bastante de satisfazê-la.
>
> Parágrafo único. A parte lesada pelo inadimplemento pode requerer a rescisão do contrato com perdas e danos.

É possível verificar que o *caput* de tal dispositivo legal abarcava situação denominada *exceção do contrato não cumprido*. O que nos interessa, porém, é aquilo que se encontrava contemplado no *parágrafo único* desse mesmo dispositivo. Nele vislumbramos o direito do credor de resolver o contrato, desde que o devedor tenha inadimplido sua prestação. Nada encontramos acerca da *irrelevância do inadimplemento* como óbice para levar adiante a resolução contratual.

De igual modo, o CC/02, em seu art. 475, conta com a seguinte redação:

> Art. 475. A parte lesada pelo inadimplemento pode pedir a resolução do contrato, se não preferir exigir-lhe o cumprimento, cabendo, em qualquer dos casos, indenização por perdas e danos.

O legislador parece demonstrar a mesma inspiração para concepção do artigo anteriormente mencionado (1.092, CC/16). Resta clara a intenção de manter o direito de resolver o contrato diante do inadimplemento contratual. Ressalva-se, porém, a possibilidade de o credor lesado pelo não cumprimento preferir exigir a entrega da prestação. Trata-se de situação na qual se dá o inadimplemento parcial, já que pleitear a resolução contratual decorre do inadimplemento absoluto. Em ambas as hipóteses, o credor poderá obter indenização por perdas e danos.

Essa distinção entre o inadimplemento parcial e o inadimplemento total precisa ser bem compreendida, sob pena de parecer suficiente à aplicação da teoria do adimplemento substancial. Não será o magistrado, ao menos de acordo com o art. 475 do CC/02, que estabelecerá o que deva ser entendido como qualquer uma das hipóteses de inadimplemento. Tendo o direito de resolução natureza jurídica de *direito potestativo*, cabe única e exclusivamente ao credor lesado a definição da espécie de inadimplemento.

Se o credor ainda tiver interesse na prestação, estaremos diante do inadimplemento parcial. Se, contudo, não lhe interessar exigir o cumprimento do quanto inadimplido, basta-lhe provar o descumprimento e pleitear a resolução contratual. Destarte, reside no *interesse do credor* – considerando-se a literalidade do dispositivo legal ora em comento – a caracterização da hipótese de inadimplemento.

A avaliação literal dos artigos adrede colacionados não abre qualquer margem à aplicação da teoria do adimplemento substancial no direito civil brasileiro. Ao contrário, entrega inteiramente ao credor o poder de resolução contratual, desde que diante do inadimplemento por parte do devedor. Essa constatação decorre do fato de nenhum dos dispositivos legais cogitar a respeito da substancialidade do adimplemento. Nesse sentido, ainda sob o prisma literal, revela-se ausente a possibilidade de o magistrado, e não o credor, definir o que será inadimplemento parcial e o que será inadimplemento total. Na mesma esteira, inviável ao magistrado aferir a relevância ou irrelevância do descumprimento.

Diante dos argumentos acima, resta evidente que a aplicação da teoria do adimplemento substancial no direito brasileiro precisa de reais fundamentos. Para além disso, é claro que o fundamento deverá ser forte o bastante para afastar a literalidade dos dispositivos legais que, como afirmamos, não fazem qualquer menção ao adimplemento substancial em matéria de extinção contratual.

2.2.2 Possíveis fundamentos à teoria do adimplemento substancial no Brasil

2.2.2.1 O Código Civil de 1916

Avaliar os possíveis fundamentos à aplicação da teoria do adimplemento substancial no direito brasileiro demanda superar a literalidade do art. 1.092 CC/16 e do art. 475 CC/02. A tarefa não é simples. A doutrina brasileira apresenta autores renomados que não se preocuparam em apresentar tais fundamentos e outros, igualmente respeitados, que desde logo os expuseram.

Silvio Rodrigues,[7] ao comentar o parágrafo único do art. 1.092, esclarece que o direito de resolver o contrato estará presente, independentemente da aferição da gravidade do inadimplemento. Para o citado autor, o interesse do credor é o que deve prevalecer. Comentando o mesmo dispositivo, Orlando Gomes[8] se vale do direito francês para defender que, na hipótese de inexecução parcial, desde que satisfeitos interesses substanciais do credor, restaria afastado o direito de resolução, sendo apenas possível indenização por perdas e danos.

Washington de Barros Monteiro[9] chegou a tratar do inadimplemento absoluto e do inadimplemento parcial ao comentar o art. 1.056 CC/16. Contudo, não o fez para cogitar a existência, no CC/16, de poder ao magistrado para aferir a gravidade do inadimplemento. Seu intento foi afirmar que, a depender da natureza do inadimplemento, constatada a partir do interesse do credor, caberia ao juiz *calibrar a indenização* por perdas e danos, já que cabível em ambas as hipóteses.

Anelise Becker é uma das principais referências em matéria de adimplemento substancial. O trabalho da referida autora tem sido relevante à compreensão das bases da citada teoria. Para ela, sob a égide do Código Civil de 1916, a aplicação do direito de resolução demandava a conciliação do parágrafo único do art. 1.092, CC/16, com os arts. 955, 956 e 1.056, os quais abaixo colacionamos:

> Art. 955. Considera-se em mora o devedor que não efetuar o pagamento, e o credor que não quiser receber no tempo, lugar e forma convencionados.
>
> Art. 956. Responde o devedor pelos prejuízos a que a sua mora der causa.
>
> Parágrafo único. Se a prestação, por causa da mora se tornar inútil ao credor, este poderá enjeita-la, e exigir, satisfação das perdas e danos".
>
> Art. 1.056. Não cumprindo a obrigação, ou deixando de cumpri-la pelo modo e no tempo devidos, responde o devedor por perdas e danos.

Na respeitável opinião da referida autora, o texto do parágrafo único do art. 956 abriria margem à apreciação da gravidade do inadimplemento pelo magistrado. Todavia, parece-nos que a expressão "se a prestação, por causa da mora se tornar

---

7. RODRIGUES, Silvio. *Direito civil*. 9. ed. São Paulo: Saraiva, 1980. v. III, p. 81-82.
8. GOMES, Orlando. *Contratos*. 8. ed. Rio de Janeiro: Forense, 1981. p. 201.
9. MONTEIRO, Washington de Barros. *Curso de direito civil*: direito das obrigações 1ª parte. 5. ed. São Paulo: Saraiva, 1968. p. 363.

inútil ao credor(...)" não difere daquela encontrada no parágrafo único do art. 1.092. Em nenhum momento o legislador confere ao magistrado o poder de avaliar a inutilidade da prestação ao credor. Diferente disso, mantém com o credor esse poder de definição. Sendo assim, não nos parecer que eventual fundamento para aplicação da teoria do adimplemento substancial, ainda sob a égide do CC/16, possa advir dos artigos citados, ainda que conciliados com o parágrafo único do art. 1.092.

Foi o saudoso Min. Ruy Rosado Aguiar Junior[10] que – dentre outros julgados –, no Recurso Especial n. 226.283 – RJ, em voto vencido, buscou apresentar fundamentos para a aplicação da teoria do adimplemento substancial no direito brasileiro. Segundo o citado ministro, a admissão da referida teoria no direito brasileiro se daria com base no direito comparado, no sentido de admitir ao juiz a consideração das circunstâncias concretas do negócio jurídico, para então avaliar a conveniência ou não do pedido de resolução.

Em grande medida, conforme comentado no acórdão por seus pares no Superior Tribunal de Justiça, a proposta derrotada no recurso em questão fundava-se no art. 5º da Lei de Introdução às Normas do Direito Brasileiro.[11] O ministro tinha por essência o apreço pelo atendimento dos fins sociais e pelas exigências do bem comum. Fica clara no voto de Ruy Rosado Aguiar Junior a influência da noção de equidade.

2.2.2.2 O Código Civil de 2002

Se nos dispositivos do Código Civil de 1916 não restava claro um fundamento para a aplicação da teoria do adimplemento substancial, tanto que o ministro Ruy Rosado Aguiar Junior expressamente menciona ter recorrido ao direito comparado para tal aplicação enquanto apreciava o recurso especial mencionado, os dispositivos legais do Código Civil de 2002, repletos de *cláusulas gerais* e *conceitos jurídicos indeterminados*, confere maiores possibilidades ao aplicador.

As bases do CC/02 são bastante alinhadas com valores voltados à *socialidade*, ao bem comum e às finalidades sociais. Não há dúvida acerca de o CC/02 simbolizar um novo momento no direito civil brasileiro, afastando-se o primado do indivíduo,

---

10. "1. A resolução do contrato por inadimplemento do devedor somente pode ser reconhecida se demonstrada e aceita a falta considerável do pagamento devido. Do contrário, a regra é a de que se preserve o contrato, permitido ao credor ainda insatisfeito a propositura da ação de cobrança do que lhe for devido. É por isso que na legislação estrangeira, no tratado de comércio internacional e também na mais recente doutrina nacional, tem sido admitido que o adimplemento substancial pelo devedor impede a extinção do contrato. 2. O r. acórdão recorrido, a respeito dessa questão, admitiu que a falta de prova dos pagamentos levava à procedência da ação. Data venia, não posso concordar com tal orientação, uma vez que deve sempre ser examinada a economia do contrato, as prestações de ambas as partes e seus valores, o modo pelo qual foram cumpridas pelos contratantes, para somente depois dessa ponderação aferir, nas circunstâncias do negócio, a conveniência da solução extrema, que é o desfazimento do contrato. Tenho, portanto, como violado o disposto no art. 1092 do CCivil, implicitamente prequestionado, e passo a aplicar o direito à espécie" (STJ. 4a Turma. Recurso Especial 226.283 – RJ. Min. Rel. Barros Monteiro. Data de julgamento: 22.05.2001).

11. "LINDB – Art. 5º Na aplicação da lei, o juiz atenderá aos fins sociais a que ela se dirige e às exigências do bem comum."

não para ignorá-lo, mas para compreendê-lo diante do convívio humano. A ética nas relações privadas passa a ser reclamada de forma expressa. A ideia de *funcionalidade do direito* que, no âmbito do direito contratual, opera-se pela função social do contrato, dá o tom dessa mudança, inegavelmente fortalecida pela forma como o legislador optou por tratar da boa-fé objetiva e de elementos valiosos à *eticidade*, tais como a probidade.

Apesar dessa amplitude conferida ao aplicador pelo CC/02, não devemos perder de vista nosso árduo objetivo. Não nos parece suficiente que cláusulas gerais, conceitos jurídicos indeterminados, valores e princípios possam tornar o magistrado um *autêntico legislador*. Como vimos, o CC/16 e o CC/02 tratam do direito de resolução contratual sem qualquer menção à aferição, pelo juiz, da *gravidade do descumprimento*. Não nos parece razoável atenuar a objetividade da lei por meio da utilização dos institutos citados. É temerário admitir que, por meio deles, magistrados possam aniquilar a efetividade de dispositivos legais, especialmente daqueles que contemplam direitos potestativos. Autorizado tal expediente, estaríamos diante do *ativismo judicial em altíssimo grau*.

Diante desse cenário, cabe apontar no CC/02 algum dispositivo legal que, de maneira minimamente coerente, aponte para a aplicação da teoria do adimplemento substancial. Parece-nos que o art. 187 CC/02 se presta a essa finalidade. É bem verdade que todos os dispositivos que indicam a adoção da boa-fé objetiva também servem de fundamento, contudo, isolados, não nos parecem atingir a força necessária a afastar a clara redação do art. 475 CC/02.

O art. 187 CC/02 trouxe ao CC/02 previsão expressa da equiparação do abuso do direito à prática de ato ilícito. Vejamos:

> Art. 187. Também comete ato ilícito o titular de um direito que, ao exercê-lo, excede manifestamente os limites impostos pelo seu fim econômico ou social, pela boa-fé ou pelos bons costumes.

De acordo com Nelson Nery Junior e Rosa Maria de Andrade Nery,[12] o exercício regular do direito é dever imposto pelas normas jurídicas, tanto que o uso irregular, presentes os pressupostos contidos no art. 187 CC/02, deve configurar abuso

---

12. Nelson Nery Junior e Rosa Maria de Andrade Nery (*Código Civil comentado*. 8. ed. São Paulo: Ed. RT, 2011. p. 399) afirmam: "Usar de seu direito de maneira regular é dever imposto pela norma comentada, a *contrario sensu*. Como já vimos nos comentários preliminares à Parte Geral deste CC, os institutos a seguir mencionados têm como efeitos: a) princípios gerais de direito – agem como regras de conduta e norteadoras da interpretação; b) cláusulas gerais – significam a manifestação dos princípios, a concretude dada pelo juiz aos princípios e conceitos legais indeterminados – uma vez preenchidos, a solução já está predeterminada pela norma e, portanto, independe da função criadora do juiz. Nada obstante haja o dever legal de observância das cláusulas gerais de boa-fé, bons costumes e exercício do direito de acordo com seus fins econômicos e sociais (v., acima, comente. 5 CC 187), quando há desobediência a esses critérios e ocorre efetivamente o abuso do direito, essa circunstância se amolda à figura do conceito legal indeterminado, pois, uma vez reconhecido, o sistema legal já tem a solução predeterminada para o caso: a ilicitude objetiva do ato. Não é clausula geral porque o juiz não pode criar solução que repute adequada para o caso concreto, porque a solução já está predeterminada pela lei: declarar o ato como ilícito objetivo e dar-lhe a consequência do ato ilícito (v.g., indenização). Não é mero princípio porque possui concretude (a lei dá a solução)".

do direito, equiparando-se a conduta ao ato ilícito, contrário ao direito, portanto. Havendo a referida irregularidade, o aplicador será obrigado a reconhecer a *ilicitude objetiva* do exercício abusivo.

Admitir a aplicação da teoria do adimplemento substancial fundada no art. 187 CC/02 parece dar maior conforto ao aplicar, tendo por consequência propiciar alguma segurança jurídica aos contratantes. Sabemos que o abuso do direito integra a Parte Geral do CC/02, sendo certo que a aplicação dos dispositivos legais nela contidos se opera em relação a todos os demais livros do CC/02.

Para que alguém possa abusar de um direito, é pressuposto que seja seu titular. Assim, admitir abuso no direito de resolução contratual não soa tão exagerado como fazê-lo por meio da aplicação de dispositivos legais de conteúdo menos objetivo. Usar a boa-fé objetiva de maneira isolada não oferece certeza e segurança necessárias. O uso da ideia de abuso do direito, contudo, ainda que possa receber alguma crítica por se tratar o direito de resolução contratual de direito potestativo, oferece solução com alguma racionalidade. Nesse sentido já nos posicionamos:[13]

> Atentos aos riscos acima expostos, parece-nos que a ideia de abuso de direito funciona perfeitamente à construção menos fluida da aplicação da teoria do adimplemento substancial no ordenamento jurídico brasileiro. A primeira razão para essa afirmação decorre da natureza jurídica da resolução dos contratos bilaterais a partir de seu inadimplemento. Segundo Pontes de Miranda, trata-se de direito formativo extintivo que se revela na pretensão de resolver o contrato em função do inadimplemento. Se a resolução do contrato em razão de inadimplemento se apresenta como efetivo direito, não há que se pretender afasta-lo simplesmente por meio do recurso ao princípio da boa-fé objetiva. É preciso maior concretude e maior precisão. Sendo autêntico direito do credor prejudicado pelo inadimplemento, o que se deve indagar, sob a égide do CC/02, é em que medida esse direito poderá ser exercido.

Importante lembrar que nossa posição não busca aniquilar a importância da boa-fé objetiva, exemplo maior de instrumento voltado a garantir eticidade nas relações privadas. Entendemos que a boa-fé é bastante prolífica, sendo certo que se mostra capaz de apresentar *face limitadora* de direitos para atingir a eticidade citada. Assim, não nos parece equivocado afirmar que existe inegável relação entre a boa-fé objetiva e a formulação do abuso do direito como ideia que busca disciplinar o exercício regular de determinado direito. Nessa esteira, precisa a lição de Thiago Rodovalho:[14]

> A pedra de toque em todos esses exercícios abusivos de posição jurídica é que, isoladamente e em si mesmos, não eram vedados pelo ordenamento jurídico; contudo, pela forma disfuncional (antifonctionel) com que se deu o exercício, violando o dever de comportamento leal, correto e probo imposto pela boa-fé objetiva (aferição objetiva e contextual do exercício), o ordenamento jurídico (a teor do art. 187 do CC/2002) passa a reputá-los como ilícitos (ato ilícito objetivo), exsurgindo-se-lhes os consectários legais decorrentes do ato ilícito. Deste modo, a boa-fé objetiva

---

13. AMARAL, Luiz Fernando de Camargo Prudente do. *Contrato e a teoria do adimplemento substancial*. Indaiatuba: Foco, 2019. p. 103.
14. RODOVALHO, Thiago. *Abuso de direito e direitos subjetivos*. São Paulo: Ed. RT, 2011. p. 87.

TEORIA DO ADIMPLEMENTO SUBSTANCIAL E ALIENAÇÃO FIDUCIÁRIA | **205**

passa a se traduzir na bitola interpretativa da forma (meios) como deve dar-se o exercício legítimo (digno de proteção) das posições jurídicas.

Utilizando-se como fundamento para a aplicação da teoria do adimplemento substancial no direito brasileiro o art. 187 CC/02, caberá ao magistrado avaliar se, ao pretender resolver determinado contrato, após comprovação do inadimplemento por parte do devedor, o credor "excede manifestamente os limites impostos pelo seu fim econômico ou social, pela boa-fé ou pelos bons costumes". Estando caracterizado o exercício abusivo, o direito de resolver o contrato se equipara a ato contrário ao direito.

Em que pese entendermos e até concordarmos com a melhor adequação do abuso do direito para a aplicação da teoria do adimplemento substancial, cremos que, na esteira do que pode ser observado no direito comparado, mostra-se prudente eventual alteração no CC/02, a fim de que seja expressamente conferido ao magistrado o poder de aferir a gravidade do inadimplemento no caso concreto. Tal medida evitaria surpresa para os contratantes ou ativismo judicial excessivo por parte do Poder Judiciário.

Tal impressão não deve ser confundida com intento de um "pretenso retorno" à era do positivismo puro. Contudo, por se tratar de matéria crucial às relações jurídicas de natureza contratual, revelando-se com enorme importância, vez que razão para se afastar direito potestativo do credor, seria bastante profícuo o aprimoramento legislativo sugerido.

2.3 A aplicação da teoria do adimplemento substancial pelos tribunais brasileiros

São frequentes decisões dos tribunais brasileiros que aplicam a teoria do adimplemento substancial em contratos que se protraiam no tempo, especialmente naqueles em que estejam presentes prestações periódicas. Do mesmo modo, contratos que tenham por objeto verdadeiro *complexo de obrigações* também se revelam seara para habitual aplicação.

Nessa esteira, parece que a concepção teórica está bastante alinhada com aquela ensinada por Clóvis do Couto e Silva[15] ao alertar para a necessidade de compreendermos a *obrigação como verdadeiro processo*. O vínculo contratual comporta diversos momentos entre sua formação e sua extinção. Não se deve avaliar cada um desses momentos de maneira isolada. Como verdadeiro processo, a relação jurídica contratual se dá num contexto bem mais amplo, o qual sempre deve ser considerado.

Breve análise jurisprudencial dos tribunais brasileiros permite compreender que a aplicação da teoria do adimplemento substancial surge acompanhada por inegável insegurança jurídica. É bastante comum encontrar divergência dentre os critérios

---

15. SILVA, Clóvis do Couto e. *A obrigação como processo*. Rio de Janeiro: FGV, 2006.

utilizados pelos magistrados. Algumas questões abrem espaço para essa pluralidade de entendimentos.

Pensemos no juiz que, para aplicar a teoria do adimplemento substancial, leve em conta apenas o percentual do objeto contratual efetivamente adimplido pelo devedor. O critério pode dar a *impressão de objetividade*. Contudo, não há qualquer consenso acerca de uma espécie de "piso percentual" a partir do qual é possível falar em adimplemento substancial. As decisões são as mais diversas.

Outra situação que pode ser imaginada diz respeito à conduta do devedor. Sabemos, também com base nas lições de Clóvis do Couto e Silva, dentre tantos outros, que existem *deveres secundários* ou *anexos* nas relações jurídicas obrigacionais. É certo que as partes devem se tratar com lealdade, de forma colaborativa e transparente. Nesse contexto, se o magistrado avaliar a conduta do devedor, réu na ação para resolução do contrato, e notar que se trata de "devedor contumaz", isto é, indivíduo que, ao longo do processo obrigacional incorreu inúmeras vezes em mora, tal comportamento pode afastar a aplicação da teoria, ainda que exista substancialidade percentual?

2.4 Alienação fiduciária em garantia e adimplemento substancial

A alienação fiduciária em garantia funciona com inegável sucesso em contratos nos quais uma das partes pretende adquirir determinado objeto e, para tanto, toma crédito junto à outra, em nome da qual fica a titularidade, em caráter resolúvel, do bem adquirido, até que o integral pagamento seja realizado. Nesse sentido, precisa a lição de Orlando Gomes:[16]

> Considerado na perspectiva das limitações do poder do adquirente da propriedade, o negócio fiduciário explica-se à luz de três principais construções teóricas. Serve-se a primeira de um pacto obrigacional agregado à transferência da propriedade, que se destina a neutralizar o efeito real da transmissão, condicionando-o ao fim especial para o qual ela se realiza. As raízes dessa explicação encontram-se no direito romano. A segunda teoria, de inspiração alemã, recorre à condição resolutiva para justificar a limitação, no tempo e no conteúdo, do direito real fiduciário. Sustentam seus adeptos que ele adquire uma propriedade temporária, para fim determinado. A terceira teoria dissocia o direito do fiduciário, assinalando que, nas relações externas, é de propriedade, e, nas relações internas, de crédito, figurando ele, em certos casos, como um mandatário (fiduciae cum creditore e cum amico) e, em outros, como accipiens.

Os contratos de alienação fiduciária revelam-se amplo campo de aplicação da teoria do adimplemento substancial, especialmente por se consubstanciarem em contratos que apresentam o dever de adimplemento de prestações periódicas pelo devedor. O credor fiduciário confere o crédito ao devedor fiduciante e parcela o pagamento do montante global. Além disso, como garantia, reserva o credor para si a propriedade resolúvel do objeto, podendo, em caso de inadimplemento, reaver o bem, colocando-o à venda para se ver ressarcido.

---

16. GOMES, Orlando. *Alienação fiduciária em garantia*. São Paulo: Ed. RT, 1970. p. 41.

A legislação brasileira conta com dois marcos acerca do tema. A disciplina da alienação fiduciária no caso de bens móveis se dá através do Decreto-lei 911/69, enquanto a relativa a bens imóveis ocorre por meio da Lei 9.514/97.

Avaliemos ambas as espécies normativas. Os arts. 2º e 3º do Decreto-Lei 911/69 são bastante claros:

"Art. 2º No caso de inadimplemento ou mora nas obrigações contratuais garantidas mediante alienação fiduciária, o proprietário fiduciário ou credor poderá vender a coisa a terceiros, independentemente de leilão, hasta pública, avaliação prévia ou qualquer outra medida judicial ou extrajudicial, salvo disposição expressa em contrário prevista no contrato, devendo aplicar o preço da venda no pagamento de seu crédito e das despesas decorrentes e entregar ao devedor o saldo apurado, se houver, com a devida prestação de contas.

Art. 3º O proprietário fiduciário ou credor poderá, desde que comprovada a mora, na forma estabelecida pelo § 2º do art. 2º, ou o inadimplemento, requerer contra o devedor ou terceiro a busca e apreensão do bem alienado fiduciariamente, a qual será concedida liminarmente, podendo ser apreciada em plantão judiciário.

É evidente que são assegurados ao devedor o contraditório e a ampla defesa. No momento de se defender, muitos devedores buscavam – e continuam a buscar – afastar a pretensão do credor, alegando adimplemento substancial da dívida. Os tribunais, por seu turno, ainda aplicam a teoria citada, a fim de inviabilizar ao credor a consolidação da propriedade do bem e subsequente alienação para satisfação dos valores que lhe eram devidos.

Se, no que tange ao CC/02, já se mostra com alguma complexidade fundamentar, a favor do devedor, a aplicação da teoria do adimplemento substancial em situações nas quais, inadimplida a obrigação, busque o credor a resolução contratual, a situação fica ainda mais complexa quando lei específica atrela o inadimplemento notificado à consolidação da propriedade do bem na pessoa do credor. A lei especial há de prevalecer em relação à lei geral. No caso em comento, o CC/02 é lei geral e, portanto, deve sucumbir diante de eventual conflito com os dispositivos contidos na legislação especial acerca da alienação fiduciária em garantia.

Apesar do quanto exposto, os tribunais aplicam a mencionada teoria aos contratos de alienação fiduciária em garantia, fazendo sucumbir dispositivo expresso da legislação especial, dispositivo esse, fundamental, afirme-se, ao interesse e à segurança jurídica de credores, bem como à viabilidade do negócio jurídico em si.

Impor incerteza e insegurança em situações como essa tem consequências nefastas, especialmente para indivíduos que pretendem se valer do modelo negocial e pagar em dia suas obrigações. O *justo aparente* no contexto de um dado processo pode implicar *catástrofe* numa perspectiva mais ampla.

O Superior Tribunal de Justiça, por meio dos ministros integrantes de sua Segunda Seção, ao apreciar o recurso especial n. 1.622.555-MG, cujo objeto era contrato de financiamento de veículo com alienação fiduciária em garantia, entendeu pela incompatibilidade da teoria do adimplemento substancial com os termos do Decreto-Lei 911/69.

De acordo com o entendimento firmado, diante de dispositivo expresso da legislação especial, admitir-se a aplicação da teoria como forma de obstar a consolidação da propriedade do objeto pelo credor implicaria o enfraquecimento do instituto da garantia fiduciária e afronta às finalidades da boa-fé dos contratantes. Vejamos:

> Recurso especial. ação de busca e apreensão. Contrato de financiamento de veículo, com alienação fiduciária em garantia regido pelo decreto-lei 911/69. incontroverso inadimplemento das quatro últimas parcelas (de um total de 48). Extinção da ação de busca e apreensão (ou determinação para aditamento da inicial, para transmudá-la em ação executiva ou de cobrança), a pretexto da aplicação da teoria do adimplemento substancial. descabimento. 1. absoluta incompatibilidade da citada teoria com os termos da lei especial de regência. reconhecimento. 2. Remancipação do bem ao devedor condicionada ao pagamento da integralidade da dívida, assim compreendida como os débitos vencidos, vincendos e encargos apresentados pelo credor, conforme entendimento consolidado da segunda seção, sob o rito dos recursos especiais repetitivos (resp n. 1.418.593/ms). 3. Interesse de agir evidenciado, com a utilização da via judicial eleita pela lei de regência como sendo a mais idônea e eficaz para o propósito de compelir o devedor a cumprir com a sua obrigação (agora, por ele reputada ínfima), sob pena de consolidação da propriedade nas mãos do credor fiduciário. 4. Desvirtuamento da teoria do adimplemento substancial, considerada a sua finalidade e a boa-fé dos contratantes, a ensejar o enfraquecimento do instituto da garantia fiduciária. verificação. 5. Recurso especial provido. (STJ. Resp. Segunda Seção. 1.622.555-MG. Mil. Rel. Marco Aurélio Bellizze, 22.02.2017).

A decisão do STJ, diante de todos os argumentos apresentados, parece-nos acertada e capaz de assegurar ao instituto da garantia fiduciária a seriedade que lhe é necessária. Poucas coisas são tão perigosas à credibilidade depositada na lei e no Judiciário como a conduta que simplesmente despreza texto legal expresso. Na existência deste último, como no caso da alienação fiduciária em garantia, parece-nos que nem mesmo o abuso do direito possa ser invocado, tendo em vista o caráter especial da legislação na qual se encontra prevista a possibilidade conferida ao credor.

Ressalte-se que a Lei 9.514/97 também conta com dispositivo semelhante àquele que integra o Decreto-lei citado. Com efeito, a legislação que disciplina a alienação fiduciária em garantia para bens imóveis contém os seguintes dispositivos:

> Art. 26. Vencida e não paga, no todo ou em parte, a dívida e constituído em mora o fiduciante, consolidar-se-á, nos termos deste artigo, a propriedade do imóvel em nome do fiduciário.
>
> § 1º Para os fins do disposto neste artigo, o fiduciante, ou seu representante legal ou procurador regularmente constituído, será intimado, a requerimento do fiduciário, pelo oficial do competente Registro de Imóveis, a satisfazer, no prazo de quinze dias, a prestação vencida e as que se vencerem até a data do pagamento, os juros convencionais, as penalidades e os demais encargos contratuais, os encargos legais, inclusive tributos, as contribuições condominiais imputáveis ao imóvel, além das despesas de cobrança e de intimação. (...)
>
> § 5º Purgada a mora no Registro de Imóveis, convalescerá o contrato de alienação fiduciária.
>
> § 6º O oficial do Registro de Imóveis, nos três dias seguintes à purgação da mora, entregará ao fiduciário as importâncias recebidas, deduzidas as despesas de cobrança e de intimação.

§ 7º Decorrido o prazo de que trata o § 1º sem a purgação da mora, o oficial do competente Registro de Imóveis, certificando esse fato, promoverá a averbação, na matrícula do imóvel, da consolidação da propriedade em nome do fiduciário, à vista da prova do pagamento por este, do imposto de transmissão inter vivos e, se for o caso, do laudêmio.

Art. 27. Uma vez consolidada a propriedade em seu nome, o fiduciário, no prazo de trinta dias, contados da data do registro de que trata o § 7º do artigo anterior, promoverá público leilão para a alienação do imóvel.

Uma vez mais, nota-se que se trata de legislação especial e que, na esteira do entendimento do STJ para os casos de bens móveis, há de prevalecer sobre a legislação geral. Embora ainda não se tenha decisão específica, prolatada pela Segunda Seção do STJ, de sorte a buscar alguma *pacificação* na matéria, é bastante provável que o mesmo entendimento se aplique em matéria de alienação fiduciária de bens imóveis, desde que mantida a redação atual da lei citada.

Os tribunais brasileiros têm aplicado o entendimento do STJ em relação aos contratos de alienação fiduciária que tenham por objeto bens móveis, disciplinados, portanto, pelo Decreto-lei 911/69.[17] Percebemos, ainda, que a opinião lançada acima acerca da alta probabilidade de o STJ, oportunamente, firmar o mesmo entendimento para contratos de alienação fiduciária de bens imóveis, já tem merecido a atenção dos tribunais brasileiros. Afinal, analisando-se as razões que levaram à decisão acima citada, não nos parece haver razão para solução diversa, mantidas as premissas legislativas da época do referido julgamento.

O Tribunal de Justiça de São Paulo, por exemplo, conta com julgados que aplicam o mesmo entendimento do STJ no caso de bens móveis às hipóteses de imóveis. Vejamos um deles:

> Apelação. Ação anulatória. Consórcio de imóveis. Alienação fiduciária em garantia. Teoria do adimplemento substancial. Sentença que determinou a anulação do procedimento de consolidação da propriedade do imóvel em favor da credora, permitindo, porém, a utilização de outros meios menos gravosos para o recebimento de seu crédito. Descabimento. Manifesta incompatibilidade da teoria do adimplemento substancial aos contratos firmados entre as partes. Sentença reformada. Recurso provido. (TJSP. 37ª Câmara de Direito Privado. Apelação Cível no 1013171-18.2018.8.26.0344. Des. Rel. Pedro Kodama. Julgado em 02.09.2019).

Apesar dessa constatação, é importante mencionar que existem julgados também recentes, do mesmo Tribunal de Justiça, com entendimento absolutamente diverso

---

17. "Alienação fiduciária. Veículo. Busca e apreensão. Inexistência de inconstitucionalidade flagrante a justificar o afastamento do procedimento do Decreto-lei 911/69 quanto à ação de busca e apreensão do bem alienado fiduciariamente. Incompatibilidade, em tal sede, da aplicação da teoria do adimplemento substancial. Instituto que se presta a afastar a possibilidade de resolução contratual, resguardando ao credor a exigência da própria prestação faltante. Busca e apreensão em alienação fiduciária que não envolve a perspectiva de resolução alguma, de resto incogitável quanto a contrato de empréstimo, mas simplesmente o exercício da garantia contratual. Precedentes em tal sentido do STJ. Sentença de procedência mantida. Apelação da ré desprovida" (TJSP. 29ª Câmara de Direito Privado. Apelação Cível no 1000640-76.2017.8.26.0038. Des. Rel. Fábio Tabosa. Julgado em 30/08/2019).

e que não apresentam qualquer menção à decisão da Segunda Seção do STJ adrede mencionada, a saber:

> Preliminar cerceamento de defesa alegação de nulidade da r. sentença por falta de prova pericial Matéria discutida que depende de interpretação contratual – Desnecessária a produção de outras provas Presença dos elementos necessários ao julgamento antecipado da lide. Preliminar rejeitada. Embargos à execução. Revisional. Instrumento de compromisso de compra e venda de bem imóvel. "Tabela Price" que não implica necessariamente em capitalização dos juros. Juros remuneratórios. Inexistência de abusividade. Teoria do adimplemento substancial. Aplicabilidade. Apelantes que pagaram quantia superior a 86% da obrigação contratual. Percentual que admite a aplicação da teoria do adimplemento substancial. O adimplemento substancial constitui um adimplemento vinculado à parte derradeira da obrigação, o que afasta o direito de resolução, autorizando, contudo, que o credor promova outras formas para obter o seu adimplemento que não sejam desproporcionais, evitando-se, no caso concreto, a retomada do bem imóvel e realização de constrições judiciais. Precedentes deste E. TJSP. Recurso parcialmente provido (TJSP. 22ª Câmara de Direito Privado. Apelação Cível no 1014175-90.2016.8.26.0011. Des. Rel. Roberto Mac Cracken. Julgado em 28.02.2019).

Essa realidade comprova o que apresentamos até aqui. É inegável a existência de insegurança e incerteza jurídicas nessa matéria. Para além de tudo que já expusemos, especialmente de eventual alteração legislativa e da necessidade de atendimento dos cânones de hermenêutica jurídica, seria profícua nova decisão do STJ que enfrentasse a matéria da alienação fiduciária, mas em relação a contratos que envolvam bens imóveis. Até que isso se dê, dificilmente teremos alguma previsibilidade nas decisões dos tribunais de 2º grau. Aliás, dada a forma como alguns tribunais têm ignorado o posicionamento de tribunais superiores, mesmo com eventual decisão do STJ, ainda que em menor grau, encontraremos decisões dissonantes.

3. CONSIDERAÇÕES FINAIS

A teoria do adimplemento substancial é uma realidade no direito brasileiro. Apesar da natureza potestativa do direito de resolução do credor em caso de inadimplemento por parte do devedor, a expressa previsão legal do abuso do direito parece conferir alguma racionalidade à aplicação da teoria em questão, especialmente quando a matéria objeto de eventual litígio seja inteiramente disciplinada pelo Código Civil.

Como esclarecemos na introdução deste singelo trabalho, nosso intento jamais foi exaurir a matéria. Ao contrário, diante de tantas *idas e vindas* no modo de aplicação do adimplemento substancial por parte dos tribunais brasileiros, a ideia sempre residiu na apresentação de conceitos importantes à compreensão do problema.

Por tudo aquilo que expusemos, parece-nos que, mesmo por meio da invocação do art. 187 CC/02, existem limites à aplicação da teoria do adimplemento substancial, sobretudo diante de matérias objeto de legislação especial. Esse é o caso da alienação fiduciária em garantia, tratando o contrato de bem móvel ou imóvel. As espécies normativas que disciplinam as hipóteses contemplam semelhanças que, em nossa modesta visão, não são capazes de admitir soluções diversas.

No momento em que a participação do magistrado na solução de conflitos se encontra mais ampla, valendo-se de cláusulas gerais e conceitos jurídicos indeterminados, é igualmente ampliada sua responsabilidade. Urge o retorno ao estudo dos métodos de interpretação, bem como às técnicas de solução de *aparentes antinomias*. Alie-se a isso a importância de uma boa compreensão acerca do papel dos princípios. Esse percurso pode nos livrar do perverso ativismo judicial, bem como da insegurança e incerteza jurídicas que lhes são o resultado.

Por derradeiro, cremos que há situações nas quais a *criatividade* do magistrado, ainda que repleta de *boas intenções*, implica *exercício descabido de competência legislativa*. O dever precípuo do juiz é aplicar a lei, promovendo a segurança jurídica e permitindo que a Nação avalie a legislação por meio dos resultados de sua aplicação. Se a legislação contempla soluções avaliadas como *injustas* pela sociedade, cabe à sociedade buscar sua alteração por meio dos representantes do povo que integram o parlamento.

4. REFERÊNCIAS BIBLIOGRÁFICAS

AMARAL, Luiz Fernando de Camargo Prudente do. *Contrato e a teoria do adimplemento substancial*. Indaiatuba: Foco, 2019.

BECKER, Anelise. A doutrina do adimplemento substancial no direito brasileiro e em perspectiva comparativista. *Revista da Faculdade de Direito da Universidade Federal do Rio Grande do Sul*. v. 9. n. 1. nov. 1993, p. 60-77.

GOMES, Orlando. *Alienação fiduciária em garantia*. São Paulo: Ed. RT, 1970.

GOMES, Orlando. *Contratos*. 8. ed. Rio de Janeiro: Forense, 1981.

LORENZETTI, Ricardo Luis. *Teoria da decisão judicial*: Fundamentos de direito. 2. ed. São Paulo: Ed. RT, 2010.

MAXIMILIANO, Carlos. *Hermenêutica e aplicação do direito*. 19. ed. Rio de Janeiro: Forense, 2009.

MESSINEO, Francesco. *Dottrina generale del contratto*. 3. ed. Milano: Giuffrè, 1948.

MONTEIRO, Washington de Barros. *Curso de direito civil*: direito das obrigações 1ª parte. 5. ed. São Paulo: Saraiva, 1968.

MOREIRA ALVES, José Carlos. *Da alienação fiduciária em garantia*. 2. ed. Rio de Janeiro: Forense, 1979.

NERY JUNIOR, Nelson; NERY, Rosa Maria de Andrade. *Código civil comentado*. 8. ed. São Paulo: Ed. RT, 2011.

RODRIGUES, Silvio. *Direito civil*. 9. ed. São Paulo: Saraiva, 1980. v. III.

RODOVALHO, Thiago. *Abuso de direito e direitos subjetivos*. São Paulo: Ed. RT, 2011.

SILVA, Clóvis do Couto e. *A obrigação como processo*. Rio de Janeiro: FGV, 2006.

VENOSA, Silvio de Salvo. *Direito civil*. 12. ed. São Paulo: Atlas, 2012. v. I.

CAPÍTULO 6
CONSTITUCIONALIDADE DO PROCEDIMENTO DE EXECUÇÃO EXTRAJUDICIAL DE BENS IMÓVEIS ALIENADOS FIDUCIARIAMENTE

Eduardo Arruda Alvim

Mestre e Doutor em Direito pela PUC/SP. Professor da PUC/SP e da FADISP. Membro da Academia Paulista de Direito. Advogado em SP e RJ.

Fernando Crespo Queiroz Neves

Mestre e Doutor em Direito pela PUC/SP. Membro da Academia Paulista de Direito. Advogado em SP e RJ.

Sumário: 1. Considerações de cunho geral – 2. Função Jurisdicional e o controle de constitucionalidade – 3. Contratos de empréstimo com garantia hipotecária (a edição do Decreto-Lei 70, de 21 de novembro de 1966) – 4. Operações de financiamento imobiliário garantidas por alienação fiduciária de coisa imóvel (a edição da Lei 9.514, de 20 de novembro de 1997) – 5. Execução extrajudicial – 6. Constitucionalidade das medidas previstas nos artigos 31 a 38 do Decreto-Lei 70/1966 e nos artigos 26 e 27 da Lei 9.514/1997 – 7. Considerações finais – 8. Referências bibliográficas.

1. CONSIDERAÇÕES DE CUNHO GERAL

Pode-se afirmar que a inconstitucionalidade de determinada lei quer significar incompatibilidade entre esta e a Constituição, que serve de parâmetro. Percebe-se, claramente, que a noção de inconstitucionalidade remete a um sistema em que a Constituição é a norma hierarquicamente superior, que deve servir de norte ou referência (supremacia constitucional).[1] Consoante os ensinamentos de Paulo Bonavides, a supremacia constitucional advém da rigidez da Constituição, visto que as "Constituições rígidas, sendo Constituições formais demandam um processo especial de revisão", de modo que "esse processo lhes confere estabilidade ou rigidez

---

1. Quanto à hierarquia existente entre as norma constitucionais sobre as demais normas, servimo-nos de transcrever as palavras de Paulo Bonavides, segundo o qual "A consequência dessa hierarquia é o reconhecimento da *superlegalidade constitucional*, que faz da Constituição a lei das leis, a *lex legum*, ou seja, a mais alta expressão jurídica da soberania" (v. BONAVIDES, Paulo. *Curso de direito constitucional*. 13. ed. 2. tir. São Paulo: Malheiros, 2003. p. 296).

bem superior àquela que as leis ordinárias desfrutam".[2] Desse conceito proposto por aquele autor, depreende-se a supremacia da lei constitucional sobre as demais normas vigentes num determinado ordenamento. Nas palavras de Oswaldo Aranha Bandeira de Mello, as constituições rígidas são aquelas "escritas em um corpo único, determinando a competência dos vários ramos do governo, e, portanto, limitando os poderes de cada uma".[3] Mais adiante, em sua obra, diz ainda esse mesmo notável autor que "Estabelecendo as Constituições rígidas limites aos poderes governamentais, restringem a órbita na qual devem agir; reconhecem a superioridade dos dispositivos constitucionais sobre as leis ordinárias, as quais precisam ser-lhes conforme".[4]

Fala-se em inconstitucionalidade quando há uma relação direta entre a lei e a Constituição. Tenha-se presente, todavia, que, da incompatibilidade entre dois instrumentos legislativos quaisquer, poder-se-ia, igualmente, vislumbrar ofensa ao texto constitucional, pois o Texto Supremo é, em última análise, o fundamento de validade de toda e qualquer norma. Todavia, para os fins do estudo a que nos propomos, dita ideia de inconstitucionalidade, por demais elástica, não se revela adequada. Adotaremos, portanto, a primeira das concepções apontadas, no sentido de que se pode falar em inconstitucionalidade, se, e somente se, houver uma relação *direta* entre a lei e a Constituição.[5]

Por exemplo, sabe-se que decretos não podem inovar materialmente no sistema jurídico.[6] Se determinado decreto entrar em choque com a lei que pretende regulamentar, estar-se-á diante de um problema de ilegalidade, ainda que, em última análise, possa-se falar em afronta ao texto constitucional.

Neste sentido, já decidiu o STF que:

---

2. Cf. *Curso de direito constitucional*. 13. ed. 2. tir. São Paulo: Malheiros, 2003. p. 296. No mesmo sentido, entendendo que a rigidez constitucional funciona como pressuposto da supremacia formal das normas constitucionais, v. SILVA, José Afonso da. *Aplicabilidade das normas constitucionais*. 6. ed. 2. tir. São Paulo: Malheiros, 2003. p. 40.

3. Cf. *A teoria das constituições rígidas*. 2. ed. São Paulo: Bushatsky, 1980. p. 39.

4. Cf. Obra citada, p. 83.

5. No julgamento da Ação Direta de Inconstitucionalidade n. 2-1/DF, da relatoria do Ministro Paulo Brossard, o Tribunal Pleno do STF decidiu que: "A lei ou é constitucional ou não é lei. Lei inconstitucional é uma contradição em si. A lei é constitucional quando fiel à Constituição; inconstitucional, na medida em que a desrespeita, dispondo sobre o que lhe era vedado. O vício da inconstitucionalidade é congênito à lei e há de ser apurado em face da Constituição vigente ao tempo de sua elaboração. Lei anterior não pode ser inconstitucional em relação à Constituição superveniente; nem o legislador poderia infringir Constituição futura. A Constituição sobrevinda não torna inconstitucionais leis anteriores com ela conflitantes: revoga-as. Pelo fato de ser superior, a Constituição não deixa de produzir efeitos revogatórios. Seria ilógico que a lei fundamental, por ser suprema, não revogasse, ao ser promulgada, leis ordinárias. A lei maior valeria menos que a lei ordinária".

6. De acordo com Roque Antonio Carrazza "O regulamento (veiculado por decreto ou instrução) deve estar, em nosso sistema jurídico, sempre subordinado à lei à qual se refere. Não pode ser nem contra legem, nem praeter legem, nem ultra legem nem, é claro, extra legem, mas exclusivamente, intra legem e secundum legem (cf. Michel Stassinopoulos). Em suma, não pode, nem direta, nem indiretamente, alterar os mandamentos legais" (*Curso de Direito Constitucional*. 12. ed., rev., ampl. e atual. de acordo com as Emendas Constitucionais ns. 19/98 e 20/98. São Paulo: Malheiros, 1999. p. 252-253).

I – Se o ato regulamentar vai além do conteúdo da lei, pratica ilegalidade. Neste caso, não há falar em inconstitucionalidade. Somente na hipótese de não existir lei que preceda o ato regulamentar, é que poderia este ser acoimado de inconstitucional, assim sujeito ao controle de constitucionalidade. II – Ato normativo de natureza regulamentar que ultrapassa o conteúdo da lei não está sujeito à jurisdição constitucional concentrada. Precedentes do STF: ADINs. 311-DF e 536-DF.[7]

Em caso de "confronto" de lei federal ordinária com lei complementar nacional, o problema é de índole constitucional, já que não há falar-se em hierarquia entre ditas espécies normativas.[8] Dita hierarquia, todavia, faz-se claramente presente na excepcional hipótese prevista no parágrafo único do art. 22 do Texto Maior.

Sublinhe-se que se houver incompatibilidade de texto legal anterior com Constituição superveniente, não se há de falar em inconstitucionalidade. O que sucede, em casos tais é a não recepção da lei pela nova ordem constitucional. Mesmo em caso de incompatibilidade com a Constituição, tendo em vista revisão constitucional, ainda assim não há falar-se em inconstitucionalidade, mas, pura e simplesmente, em revogação, sendo inviável, portanto, a propositura de ação direta de inconstitucionalidade.

Neste sentido, antes da EC 45/04, em bem fundamentado voto prolatado no julgamento da ação direta n. 2/DF, o Min. Celso de Mello decidiu:

Se é verdade, como ensina Jorge Miranda ("Manual de Direito Constitucional", tomo II, p. 273/274, item 69, 2ª ed., Coimbra Editora, Limitada), que 'constitucionalidade e inconstitucionalidade designam conceitos de relação: a relação que se estabelece entre uma coisa – a

---

7. *RTJ* 137/1.100.
8. Destaca-se, aqui, o seguinte trecho da decisão tomada no julgamento do AgR no RE 364.404, no voto do Ministro Gilmar Mendes: "A teoria da nulidade tem sido sustentada por importantes constitucionalistas. Fundada na antiga doutrina americana, segundo a qual "the inconstitutional statute is not law at all", significativa parcela da doutrina brasileira posicionou-se pela equiparação entre inconstitucionalidade e nulidade. Afirmava-se, em favor dessa tese, que o reconhecimento de qualquer efeito a uma lei inconstitucional importaria na suspensão provisória ou parcial da Constituição. Razões de segurança jurídica podem revelar-se, no entanto, aptas a justificar a não aplicação do princípio da nulidade da lei inconstitucional. Não há negar, ademais, que aceita a ideia da situação "ainda constitucional", deverá o Tribunal, se tiver que declarar a inconstitucionalidade da norma, em outro momento fazê-lo com eficácia restritiva ou limitada. Em outros termos, o "apelo ao legislador" e a declaração de inconstitucionalidade com efeitos limitados ou restritos estão intimamente ligados. Afinal, como admitir, para ficarmos no exemplo de Walter Jellinek, a declaração de inconstitucionalidade total com efeitos retroativos de uma lei eleitoral tempos depois da posse dos novos eleitos em um dado Estado? Nesse caso, adota-se a teoria da nulidade e declara-se inconstitucional e ipso jure a lei, com todas as consequências, ainda que dentre elas esteja a eventual acefalia do Estado? Questões semelhantes podem ser suscitadas em torno da inconstitucionalidade de normas orçamentárias. Há de se admitir, também aqui, a aplicação da teoria da nulidade *tout court*? Dúvida semelhante poderia suscitar o pedido de inconstitucionalidade, formulado anos após a promulgação da lei de organização judiciária que instituiu um número elevado de comarcas, como já se verificou entre nós. Ou, ainda, o caso de declaração de inconstitucionalidade de regime de servidores aplicado por anos sem contestação. Essas questões – e haveria outras igualmente relevantes – parecem suficientes para demonstrar que, sem abandonar a doutrina tradicional da nulidade da lei inconstitucional, é possível e, muitas vezes, inevitável, com base no princípio da segurança jurídica, afastar a incidência do princípio da nulidade em determinadas situações. Não se nega o caráter de princípio constitucional ao princípio da nulidade da lei inconstitucional. Entende-se, porém, que tal princípio não poderá ser aplicado nos casos em que se revelar absolutamente inidôneo para a finalidade perseguida (casos de omissão ou de exclusão de benefício incompatível com o princípio da igualdade), bem como nas hipóteses em que a sua aplicação pudesse trazer danos para o próprio sistema jurídico constitucional (grave ameaça à segurança jurídica)." (julgado em 3-10-2006, 2ª T, DJ de 06.11.2006).

Constituição – e outra coisa – um comportamento – que lhe está ou não conforme, que com ela é ou não compatível, que cabe ou não cabe no sentido', não é menos exato que o parâmetro de contraste há de ser o texto constitucional vigente no momento da emanação do ato inferior – relação de contemporaneidade –, posto que a constitucionalidade, ou não, de uma lei deve ser aferida originariamente em relação à Constituição existente à época em que o ato legislativo foi editado. Mas a aferição, para ser efetivada em sede jurisdicional concentrada, supõe o estado de vigência da Constituição alegadamente vulnerada, eis que deve existir, para efeito desse controle abstrato, uma necessária relação de atualidade entre os atos postos em contraste. Não há que falar, portanto, em inconstitucionalidade superveniente. A incompatibilidade material entre uma lei anterior e uma Constituição posterior resolve-se pela revogação da lei ou do ato estatal de menor hierarquia jurídica. Nesse sentido, orienta-se a jurisprudência de nossos Tribunais, notadamente a do Supremo Tribunal Federal: RT 179/922 – RT 188/77 – RT 197/406 – RT 208/197 – RT 231/665. Esse entendimento jurisprudencial adverte que "Se a lei dada como inconstitucional é anterior à Constituição, não cabe a arguição de inconstitucionalidade, mas a simples verificação sobre se ela foi, ou não, revogada pela mesma Constituição.[9]

Roque Antonio Carrazza ensina que "com o advento da Constituição de 1988, só foram recepcionadas, pelo novo ordenamento, as normas jurídicas que com ela não conflitavam. As demais, isto é, as que não passaram pelo teste de compatibilidade, perderam a validade."[10]

Reservemos, pois, para os fins deste estudo, a expressão "inconstitucionalidade" das leis para designar a incompatibilidade direta entre leis e o texto constitucional.

2. FUNÇÃO JURISDICIONAL E O CONTROLE DE CONSTITUCIONALIDADE

A função jurisdicional tem sido historicamente relacionada à solução de pendências concretas. As leis do processo são as que regulam a atividade jurisdicional, criando todos os seus instrumentos essenciais de ação e regrando seu respectivo funcionamento, toda ela globalmente, destinada à realização do direito objetivo, tendo em vista as lides trazidas à apreciação do Poder Judiciário,[11] ou, segundo a fórmula de Chiovenda, à atuação da vontade concreta da lei. Em outros termos: "As leis de processo têm por objetivo regulamentar a jurisdição para que o Estado, através do juiz, possa aplicar contenciosamente o direito objetivo a casos particulares".[12] Diz-se mesmo que a caracterização do interesse processual, enquanto condição da ação, pressupõe a *necessidade* de provocação da tutela jurisdicional e que esta se

---

9. RF 221/167.
10. *Curso de direito constitucional tributário.* 12. ed. São Paulo: Malheiros, 1999, p. 546.
11. Quanto ao tema, Cândido Rangel Dinamarco, Ada Pellegrini Grinover e Antônio Carlos de Araújo Cintra entendem que o escopo da norma processual é estabelecer uma disciplina ao Poder Judiciário, para que este possa resolver as controvérsias existentes, inclusive o condicionamento do seu exercício à provocação externa, bem como disciplinar as atividades internas daquele poder. Além disso, referidos autores ensinam que a norma processual visa disciplinar as direções a serem seguidas pelas partes litigantes, as quais estão subordinadas ao poder do juiz, além de "reger a imposição do comando concreto formulado através daquelas atividades das partes e do juiz" (v. *Teoria Geral do Processo.* 19. ed. São Paulo: Malheiros, 2003. p. 89).
12. Cf. MARQUES, José Frederico. Organização judiciária e processo. *Revista de Direito Processual Civil* (edição Saraiva), I/19-20.

evidencia através da verificação de uma pendência concreta, em razão da qual se venha a acionar o Judiciário.

No desempenho da função jurisdicional, todo e qualquer juiz está autorizado a reconhecer *incidentalmente* a inconstitucionalidade das leis. Nos tribunais, há de ser respeitada regra insculpida no art. 97 do texto constitucional, [13] comumente chamada de "reserva de plenário".

Em tais hipóteses, o controle diz-se *difuso*. O pedido não é a declaração de inconstitucionalidade, senão que o reconhecimento desta é pressuposto para que, no caso concreto, o pleito formulado pelo autor possa ser atendido. A inconstitucionalidade, na verdade, constitui a *causa petendi*, o fundamento para que seja afastada a aplicação da lei no caso concreto.

De outra banda, há o controle *concentrado*. Trata-se de controle em tese, feito pelos legitimados do art. 103 do Texto Maior, diretamente ao STF. Não se de há falar, segundo pensamos, que o STF, ao julgar a ação direta de inconstitucionalidade, não desempenhe atividade jurisdicional. Mas, certamente, caracterizar o atuar do STF, ao julgar a ação direta, como jurisdicional, pressupõe um alargamento da concepção tradicional de jurisdição pois, ao julgar a ação direta não está o STF apreciando nenhuma pendência concreta, senão que está, efetivamente, julgando abstratamente a pretendida inconformidade da lei ao texto constitucional.[14] O controle concentrado também pode ser exercido por meio da ação declaratória de constitucionalidade, da arguição de descumprimento de preceito fundamental e, ainda, pela via da ação direta de inconstitucionalidade por omissão.

Tanto a inconstitucionalidade dita material (de conteúdo) como a formal podem ser alvo de controle de constitucionalidade, tanto difuso como concentrado.

Não nos anima o propósito, neste estudo, de tratar a fundo das peculiaridades inerentes a essas duas formas de controle de constitucionalidade, o concentrado e o difuso, dada a delimitação do tema aqui tratado.

Neste estudo, pretendemos fixar uma premissa que nos parece fundamental para o estudo do tema objeto deste trabalho, qual seja, a de que o Judiciário se coloca numa posição de primazia, haja visto que caberá a ele o controle da constitucionalidade das leis. Em última análise, a noção de que cabe ao Judiciário o controle dos atos legislativos, tendo em vista a supremacia de Constituição sobre as leis ordinárias, encontra

---

13. "Viola a cláusula de reserva de plenário (CF, art. 97) a decisão de órgão fracionário de tribunal que, embora não declare expressamente a inconstitucionalidade de lei ou ato normativo do poder público, afasta sua incidência, no todo ou em parte." [STF: Súmula Vinculante 10]

14. Destacam-se, aqui, as seguintes decisões do STF: "Natureza objetiva dos processos de controle abstrato de normas. Não identificação de réus ou de partes contrárias. Os eventuais requerentes atuam no interesse da preservação da segurança jurídica e não na defesa de um interesse próprio." [ADI 2.982-ED, rel. min. Gilmar Mendes, j. 2-8-2006, Plenário, DJ de 22-9-2006]; e, "Não se discutem situações individuais no âmbito do controle abstrato de normas, precisamente em face do caráter objetivo de que se reveste o processo de fiscalização concentrada de constitucionalidade." [ADI 1.254 AgR, rel. min. Celso de Mello, j. 14-8-1996, Plenário, DJ de 19.09.1997].

suas raízes históricas em célebre julgamento da Suprema Corte dos Estados Unidos da América, proferido pelo Juiz Marshall (*William Marbury vs. James Madison*).[15]

Como diz Gilmar Ferreira Mendes

> não basta que a Constituição consagre garantias essenciais para a consolidação de um sistema democrático, no qual os direitos fundamentais sejam, efetivamente, respeitados. Faz-se mister que ela logre concretizar sua pretensão de eficácia. (...) Não se pode negar, ademais, que a falta de um mecanismo de controle de constitucionalidade pode ser fatal para os direitos e garantias fundamentais, que ficariam, à mercê da vontade do legislador. É, exatamente, a proteção judicial e o controle de constitucionalidade que outorgam efetividade a essas garantias.[16]

Já se decidiu no Supremo Tribunal Federal que:

> Sabemos que a supremacia da ordem constitucional traduz princípio essencial que deriva, em nosso sistema de direito positivo, do caráter eminentemente rígido de que se revestem as normas inscritas no estatuto fundamental. Nesse contexto, em que a autoridade normativa da Constituição assume decisivo poder de ordenação e de conformação da atividade estatal – que nela passa a ter o fundamento de sua própria existência, validade e eficácia –, nenhum ato de Governo (Legislativo, Executivo e Judiciário) poderá contrariar-lhe os princípios ou transgredir-lhe os preceitos, sob pena de o comportamento dos órgãos do Estado incidir em absoluta desvalia jurídica. Essa posição de eminência da Lei Fundamental – que tem o condão de desqualificar, no plano jurídico, o ato em situação de conflito hierárquico com o texto da Constituição – estimula reflexões teóricas em torno da natureza do ato inconstitucional, daí decorrendo a possibilidade de reconhecimento, ou da inexistência, ou da nulidade, ou da anulabilidade (com eficácia *ex nunc* ou eficácia *ex tunc*), ou, ainda, da ineficácia do comportamento estatal incompatível com a Constituição.[17]

Registre-se, nesse contexto, que há outras formas de controle de constitucionalidade, não exercidas pelo Judiciário. Por exemplo, o próprio processo legislativo é preventivamente controlado pelas Comissões de Constituição e Justiça. De outro lado, é orientação sedimentada na jurisprudência do STF, a de que os atos administrativos devem ser revistos *ex officio* quando contrários à lei ou à Constituição (Súmula 473 do STF: "A administração pode anular seus próprios atos, quando eivados de

---

15. Lê-se, no voto do *Chief Justice* Marshall que: "Enfaticamente, é a província e o dever do Poder Judiciário dizer o que é lei. Aqueles que aplicam a regra aos casos particulares, devem necessariamente expor e interpretar essa regra. Se duas leis colidem uma com a outra, os tribunais devem julgar acerca da eficácia de cada uma delas. Assim, se uma lei está em oposição com a Constituição; se aplicadas ambas a um caso partícula, o tribunal se vê na contingência de decidir a questão em conformidade da lei, desrespeitando a Constituição, ou consoante a Constituição, desrespeitando a lei. O tribunal deverá determinar qual destas regras em conflito regerá o caso. Esta é a verdadeira essência do Poder Judiciário. Se, pois, os tribunais têm por missão atender à Constituição e observa-la e se a Constituição é superior a qualquer resolução ordinária da legislatura, a Constituição, e nunca essa resolução ordinária, governará o caso a que ambas se aplicam" (cf. citação de Oswaldo Aranha Bandeira de Mello contida em *A teoria das constituições rígidas*. 2. ed. São Paulo: Bushatsky, p. 99-100).

16. Cf. Gilmar Ferreira Mendes, artigo intitulado A doutrina constitucional e o controle de constitucionalidade como garantia da cidadania – necessidade de desenvolvimento de novas técnicas de decisão: Possibilidade da declaração de inconstitucionalidade sem a pronúncia de nulidade no direito brasileiro, trabalho inserido no livro *Direito fundamentais e controle de constitucionalidade* – estudos de direito constitucional. Instituto Brasileiro de Direito Constitucional. São Paulo: Celso Bastos, 1998. p. 28/29.

17. Medida Cautelar na ADIn 2.215/PE, Rel. Min. Celso de Mello.

vícios que os tornam ilegais, porque deles não se originam direitos; ou revogá-los, por motivo de conveniência ou oportunidade, respeitados os direitos adquiridos, e ressalvada, em todos os casos, a apreciação judicial"). O cerne do presente estudo, porém, diz com o controle jurisdicional de constitucionalidade das leis.

3. CONTRATOS DE EMPRÉSTIMO COM GARANTIA HIPOTECÁRIA (A EDIÇÃO DO DECRETO-LEI 70, DE 21 DE NOVEMBRO DE 1966)

Com o objetivo de desenvolver a *política nacional de habitação* e *de planejamento territorial,* foi editada a Lei 4.380/1964, que em seu artigo 1º estabeleceu que

> O Governo Federal, através do Ministro de Planejamento, formulará a política nacional de habitação e de planejamento territorial, coordenando a ação dos órgãos públicos e orientando a iniciativa privada no sentido de estimular a construção de habitações de interesse social e o financiamento da aquisição da casa própria, especialmente pelas classes da população de menor renda.[18]

José Maria Aragão fornece alguns dados a respeito do contexto socioeconômico e político do País. À época, "A população urbana, que era de 18,7 milhões de habitantes, em 1950, mais do que duplicara, em 1964, com 38,3 milhões, (...) A inflação, de uma média anual de 15,9%, entre 1951 e 1958, quase duplicou no triênio seguinte (30%), atingindo 73,9%, em 1963 e 91,4%, em 1964".[19]

Em *Encontro de Investidores,* ocorrido em Salvador, Estado da Bahia, em 20.10.1969, o então presidente do Banco Nacional da Habitação – BNH disse que

> Todos têm direito à habitação, este o princípio básico. E ninguém pode deixar de pagar sua aquisição. Mas não é apenas pagar, e sim pagar o preço de custo. Cada adquirente de casa própria deve devolver importância capaz de gerar uma nova moradia igual, a fim de que os recursos se acumulem num volume capaz de trazer, em breve, o empate entre a demanda e a oferta.[20]

Assim, ao lado de um *interesse social* dos mutuários inadimplentes em não perderem as suas moradias, também existe um *interesse público* em ofertar sempre mais moradias a mais trabalhadores, permitindo que se alargue o acesso à casa própria e, portanto, implemente-se, verdadeiramente, uma política habitacional igualitária (é

---

18. Araken de Assis nota que "O advento da Lei 4.380, de 21.08.1964, implicou extraordinário desenvolvimento do mercado imobiliário por cerca de três lustros. Em tal período, a pedra de toque de todo o sistema repontou na concessão de financiamento para aquisição da casa própria atrelado a uma cláusula móvel, tanto o capital mutuado, quanto o valor das prestações destinadas a amortizá-lo, sob garantia de hipoteca do próprio imóvel. Designado de "Sistema Financeiro da Habitação" (SFH), e a despeito de sua quebra ulterior, número espantoso de negócios se formaram segundo suas regras, nos quais o inadimplemento do mutuário, mesmo na época mais próspera, também abrangeu número expressivo de pessoas." (Assis, Araken de. *Manual da execução.* 11. ed., rev., ampl. e atual. com a reforma processual – 2006/2007. São Paulo: Ed. RT, 2007. p. 975).

19. *Sistema Financeiro da Habitação* – uma análise sócio-jurídica da gênese, desenvolvimento e crise do Sistema. 1. ed. 2. tir. Curitiba: Juruá, 2000. p. 39.

20. ZVEITER, Waldemar. Aspectos Jurídicos e Econômicos do Crédito Imobiliário. Abecip, Angra dos Reis, setembro de 1994. p. 47.

preciso que se esclareça: é o adimplemento que gera recursos para novas moradias, e não o desapossamento sem causa de qualquer mutuário.

O objetivo do legislador em situações como esta nada mais é do que um efetivo *equilíbrio* entre a atuação do Estado (agindo, nesta hipótese, em busca de uma precisa finalidade, qual seja, a obtenção de recursos para moradia) e a atuação (a liberdade) do indivíduo (aqui, o mutuário) que deve, para usufruir dos planos habitacionais do Estado, cumprir as obrigações nos termos convencionados. Somente com a obtenção deste efetivo equilíbrio é que a função social da propriedade (= qualidade da atuação do estado social, de bem-estar) será plenamente atingida.[21]

Moreira Alves leciona que a razão de ser destas medidas se dá pois

> as garantias existentes nos sistemas jurídicos de origem romana? e são elas a hipoteca, o penhor e a anticrese ? não mais satisfazem a uma sociedade industrializada, nem mesmo nas relações creditícias entre pessoas físicas, pois apresentam graves desvantagens pelo custo e morosidade em executá-las...".[22]

Havia, então, a necessidade de permitir medidas necessárias à manutenção da política habitacional. Dentro desse contexto, vem à lume o Decreto Lei 70, de 21 de novembro de 1966, que "Autoriza o funcionamento de associações de poupança e empréstimo, institui a cédula hipotecária e dá outras providências.", instituindo, em seu artigo 10, a chama cédula hipotecária.[23]

---

21. Para Ricardo Hasson Sayeg e Wagner Balera "a doutrina humanista de Direito Econômico que insufla o Direito Econômico Humano Tridimensional como a resposta mais adequada ao predomínio da economia capitalista de mercado, na qual reconhece-se o direito subjetivo natural de propriedade, base de todas as demais liberdades exteriores e em especial da livre iniciativa. Reconhecer a propriedade no plano subjetivo implica, necessariamente, sua respectiva relativização, com vistas a que concretizem-se os direitos humanos de primeira, segunda e terceira dimensões – mais as que ainda vierem a se revelar – adensadas entre si e tendo como meta a satisfação universal da dignidade da pessoa humana e planetária; implica o regime econômico capitalista de economia humanista de mercado, que calibra o direito subjetivo natural de propriedade e a decorrente livre iniciativa com a plenitude dos direitos inatos do Homem todo e de todos os Homens, em prol de todos e de tudo. Isso inclui o ângulo horizontal, em sede de relações jurídicas privadas, pois devem ser resolvidos os desequilíbrios negativos das externalidades reciprocamente consideradas." (*O capitalismo humanista*. Petrópolis: KBR, 2011. p. 213).

22. ALVES, José Carlos Moreira. *Alienação fiduciária em garantia*. 2. ed. Rio de Janeiro: Forense, 1979. p. 3.

23. "Art. 10. É instituída a cédula hipotecária para hipotecas inscritas no Registro Geral de Imóveis, como instrumento hábil para a representação dos respectivos créditos hipotecários, a qual poderá ser emitida pelo credor hipotecário nos casos de: I – operações compreendidas no Sistema Financeiro da Habitação; II – hipotecas de que sejam credores instituições financeiras em geral, e companhias de seguro; III – hipotecas entre outras partes, desde que a cédula hipotecária seja originariamente emitida em favor das pessoas jurídicas a que se refere o inciso II supra. § 1º A cédula hipotecária poderá ser integral, quando representar a totalidade do crédito hipotecário, ou fracionária, quando representar parte dele, entendido que a soma do principal das cédulas hipotecárias fracionárias emitidas sobre uma determinada hipoteca e ainda em circulação não poderá exceder, em hipótese alguma, o valor total do respectivo crédito hipotecário em nenhum momento. § 2º Para os efeitos do valor total mencionado no parágrafo anterior, admite-se o cômputo das correções efetivamente realizadas, na forma do artigo 9º, do valor Monetário da dívida envolvida. § 3º As cédulas hipotecárias fracionárias poderão ser emitidas em conjunto ou isoladamente a critério do credor, a qualquer momento antes do vencimento da correspondente dívida hipotecária.".

4. OPERAÇÕES DE FINANCIAMENTO IMOBILIÁRIO GARANTIDAS POR ALIENAÇÃO FIDUCIÁRIA DE COISA IMÓVEL (A EDIÇÃO DA LEI 9.514, DE 20 DE NOVEMBRO DE 1997)

A alienação fiduciária constitui uma das espécies reais de garantia, por meio da qual se transfere ao credor fiduciário a propriedade resolúvel de coisa imóvel, proporcionando ao devedor fiduciante, que preserva a posse direta, a utilidade da coisa, enquanto paga o que deve àquele.

Trata-se de uma garantia sobre coisa própria, porque o credor fiduciário se torna proprietário com a finalidade exclusiva de obter uma garantia real imobiliária para o pagamento do que lhe é devido. A garantia, no caso, demanda ser objeto de publicidade, o que ocorre com as garantias reais, exatamente para terem validade e produzirem efeitos em relação a terceiros.

Com a entrada em vigor da Lei 9.514, em 20 de novembro de 1997, fez-se a inserção, em nosso sistema jurídico, de um lado, do Sistema de Financiamento Imobiliário – SFI, com dupla finalidade: promover o financiamento imobiliário em geral (art. 1º) e instituir novas garantias reais, consubstanciadas na cessão fiduciária de direitos creditórios decorrentes de contratos de alienação de imóveis; de outro, de um procedimento mais célere ao operador do direito na solução do inadimplemento nas operações de financiamento imobiliário (art. 17, inciso IV, da Lei 9.514/1997).

Destarte, a alienação fiduciária de coisa imóvel é constituída por negócio jurídico, segundo o qual o devedor, ou fiduciante, com o escopo de garantia, contrata a transferência ao credor, ou fiduciário, da propriedade resolúvel de coisa imóvel (art. 22, cabeça, da Lei 9.514/1997), sendo certo que a garantia fiduciária imobiliária poderá abonar não só as obrigações pactuadas no âmbito do Sistema Financeiro Imobiliário, mas, também, obrigações em geral, aproveitando-se, inclusive, aquela oferecida por terceiros (art. 51 da Lei 10.931/2004).

O contrato de alienação fiduciária imobiliária deve prever: o valor do principal da dívida (art. 24, inciso I, da Lei 9.514/1997); o prazo e as condições de reposição do empréstimo ou do crédito do fiduciário; (art. 24, inciso II, da Lei 9.514/1997); a taxa de juros e os encargos incidentes (art. 24, inciso III, da Lei 9.514/1997);[24] a cláusula de constituição da propriedade fiduciária, com a descrição do imóvel objeto da alienação fiduciária e a indicação do título e modo de aquisição; (art. 24, inciso IV, da Lei 9.514/1997); a cláusula dispondo sobre os procedimentos de que trata o art. 27 da Lei 9.514/1997 (art. 24, inciso VII, da Lei 9.514/1997);[25] a cláusula definindo

---

24. Dispõe o art. 5º, § 2º, da Lei 9.514/1997, com a redação dada pelo art. 57 da Lei 10.931/2004, in verbis: "As operações de comercialização de imóveis, com pagamento parcelado, de arrendamento mercantil de imóveis e de financiamento imobiliário em geral poderão ser pactuadas nas mesmas condições permitidas para as entidades autorizadas a operar no SFI".

25. O art. 27 apresenta a seguinte redação: "Uma vez consolidada a propriedade em seu nome, o fiduciário, no prazo de trinta dias, contados da data do registro de que trata o § 7º do artigo anterior, promoverá público leilão para a alienação do imóvel. § 1º Se, no primeiro público leilão, o maior lance oferecido for

a expedição, pelo competente Oficial de Registro de Imóveis, da intimação do fiduciante, no prazo de quinze dias, a satisfazer a prestação vencida e as que se vencerem até a data do pagamento, os juros convencionais, as penalidades, os demais encargos contratuais, os encargos legais, inclusive tributos, as contribuições condominiais imputáveis ao imóvel, além das despesas de cobrança e de intimação (art. 26, §§1°, 2° e 3°, da Lei 9.514/1997).

Constituída a propriedade fiduciária da coisa imóvel mediante registro do contrato, que lhe serve de título, junto ao competente Oficial de Registro de Imóveis (art. 23, *cabeça*, da Lei 9.514/1997), ocorre o desdobramento da posse, tornando-se o devedor ou o fiduciante possuidor direto da coisa e o credor fiduciário possuidor indireto (art. 23, parágrafo único, da Lei 9.514/1997).

Assim, podemos afirmar que a Lei n° 9.514, de 1997, ao estabelecer a possibilidade de alienação fiduciária de bens imóveis e o procedimento de execução extrajudicial dessa garantia, criou importantes mecanismos para a segurança das operações imobiliárias, sobretudo em relação à higidez das garantias e celeridade, com baixo custo, da recuperação do crédito inadimplido, o que garantiu importante redução das taxas históricas de juros, sensível incremento no volume dos financiamentos imobiliários e significativo fomento do setor da construção civil.

5. EXECUÇÃO EXTRAJUDICIAL

Um dos principais incentivos à concessão de empréstimos com as garantias previstas no Decreto-Lei 70/1966 e na Lei 9.514/1997 é a possibilidade de que a

---

inferior ao valor do imóvel, estipulado na forma do inciso VI do art. 24, será realizado o segundo leilão, nos quinze dias seguintes. § 2° No segundo leilão, será aceito o maior lance oferecido, desde que igual ou superior ao valor da dívida, das despesas, dos prêmios de seguro, dos encargos legais, inclusive tributos, e das contribuições condominiais. § 3° Para os fins do disposto neste artigo, entende-se por: I – dívida: o saldo devedor da operação de alienação fiduciária, na data do leilão, nele incluídos os juros convencionais, as penalidades e os demais encargos contratuais; II – despesas: a soma das importâncias correspondentes aos encargos e custas de intimação e as necessárias à realização do público leilão, nestas compreendidas as relativas aos anúncios e à comissão do leiloeiro. § 4° Nos cinco dias que se seguirem à venda do imóvel no leilão, o credor entregará ao devedor a importância que sobejar, considerando-se nela compreendido o valor da indenização de benfeitorias, depois de deduzidos os valores da dívida e das despesas e encargos de que tratam os §§ 2° e 3°, fato esse que importará em recíproca quitação, não se aplicando o disposto na parte final do art. 516 do Código Civil. § 5° Se, no segundo leilão, o maior lance oferecido não for igual ou superior ao valor referido no § 2°, considerar-se-á extinta a dívida e exonerado o credor da obrigação de que trata o § 4°. § 6° Na hipótese de que trata o parágrafo anterior, o credor, no prazo de cinco dias a contar da data do segundo leilão, dará ao devedor quitação da dívida, mediante termo próprio. § 7° Se o imóvel estiver locado, a locação poderá ser denunciada com o prazo de trinta dias para desocupação, salvo se tiver havido aquiescência por escrito do fiduciário, devendo a denúncia ser realizada no prazo de noventa dias a contar da data da consolidação da propriedade no fiduciário, devendo essa condição constar expressamente em cláusula contratual específica, destacando-se das demais por sua apresentação gráfica. (redação dada pelo art. 57 da Lei 10.931/2004). § 8° Responde o fiduciante pelo pagamento dos impostos, taxas, contribuições condominiais e quaisquer outros encargos que recaiam ou venham a recair sobre o imóvel, cuja posse tenha sido transferida para o fiduciário, nos termos deste artigo, até a data em que o fiduciário vier a ser imitido na posse." (redação dada pelo art. 57 da Lei 10.931/2004).

execução das garantias se faça em ambiente extrajudicial, que, por isso, tende a ser muito mais célere.[26]

Em caso de mora no adimplemento das obrigações pecuniárias assumidas pelo devedor fiduciante, caberá ao credor fiduciário requerer, após o decurso do prazo estabelecido no contrato (art. 26, § 2º, da Lei 9.514/1997) a intimação daquele, por intermédio do Oficial de Registro de Imóveis, para que purgue a sua mora no prazo de 15 dias, adimplindo as parcelas vencidas, as vincendas até o término do mencionado prazo, além dos encargos incidentes (juros moratórios, multa, *etc*.). É o que se extrai do art. 26, § 1º, da Lei 9.514/1997.

Na forma do art. 26, § 5º, a purgação da mora convalescerá o contrato de alienação fiduciária, que, portanto, continuará a ser eficaz.

Vencido esse prazo sem pagamento, todavia, consolidar-se-á a propriedade em nome do credor fiduciário, conforme se dessume do art. 26, *caput*, da Lei 9.514/1997, o que significa dizer que o credor, que era "apenas" proprietário fiduciário, titular de propriedade resolúvel, passa a ser proprietário.

Uma vez consolidada a propriedade em nome do até então credor fiduciário, decorrente da não purgação da mora, o Oficial de Imóveis deverá averbar tal fato jurídico na matrícula imobiliária (art. 26, § 7º), à vista da prova de quitação do imposto de transmissão de bens imóveis e, se o caso, do laudêmio. A averbação, porém, deverá ocorrer no prazo de 30 dias do vencimento do prazo para purgação da mora (art. 26-A, § 1º), momento até o qual será lícito ao devedor fiduciante purgar a mora (art. 26-A, § 2º). Em última análise, o que parece ter feito o legislador, ao editar a Lei 13.456/2017, foi aumentar o prazo para purgação da mora, já que seus efeitos operar-se-ão, mesmo após o decurso do prazo previsto pelo § 1º, do art. 26.

Averbada a consolidação da propriedade na matrícula do imóvel, caberá ao credor fiduciário promover o leilão público do bem, a se realizar no prazo de 30 dias da averbação (art. 27, *caput*).

No primeiro leilão, diz o art. 27, § 1º, só poderá haver arrematação pelo preço do imóvel, assim definitivo pelo contrato (cf. art. 24, VI) ou pela base de cálculo do ITBI, pago por ocasião da consolidação da propriedade, caso referida base de cálculo seja superior ao valor previsto pelo contrato (art. 24, parágrafo único). À falta de lance suficiente, realizar-se-á a segunda praça, no prazo de até 15 dias.

No segundo leilão, considerar-se-á como lance mínimo a somatória do "valor da dívida, das despesas, dos prêmios de seguro, dos encargos legais, inclusive tributos, e das contribuições condominiais." (art. 27, § 2º)

---

26. É o que aponta Tatiana Bonatti Peres: "A principal vantagem da criação da alienação fiduciária como modalidade de garantia é a possibilidade de execução extrajudicial, por ser procedimento mais célere que a execução judicial, quando a garantia é hipotecária." (PERES, Tatiana Bonatti. A Alienação Fiduciária e a Hipoteca. In: PERES, Tatiana Bonatti. *Temas de Direito Imobiliário e Responsabilidade Civil*. 3. ed. Rio de Janeiro: Lumen Juris, 2018. p. 80).

O devedor fiduciante tem direito de adquirir o bem desde o momento da averbação da consolidação da propriedade até a data de realização do segundo leilão, pagando, nesse caso, a integralidade da dívida, somada às despesas tidas pelo credor fiduciário com a consolidação da propriedade (ITBI, registro etc.), e com a própria realização do leilão (art. 27, § 2º-B). Nessa hipótese, rigorosamente, o devedor fiduciante paga integralmente o seu débito e se torna proprietário do bem.

Havendo alienação do bem em leilão, caberá ao credor, no prazo de 5 dias, repassar ao devedor o montante que sobejar da dívida, "nela compreendidas o valor da indenização de benfeitorias, depois de deduzidos os valores da dívida e das despesas e encargos de que tratam os §§ 2º e 3º, fato esse que importará em recíproca quitação" (art. 27, § 4º).

Não havendo sobras, haverá a extinção da obrigação (art. 27, § 5º), cabendo ao credor, no prazo de 5 dias, entregar ao devedor o termo de quitação (art. 27, § 6º).

O procedimento previsto pelo Decreto-Lei 70/1966 é, em certa medida, semelhante.

Por isso é importante destacar que, nesses casos, o devedor de antemão sabe da consequência para o caso de execução da garantia (= a perda do bem). Nesse sentido, o artigo 1.419 do Código Civil vigente prescreve que *"Art. 1.419. Nas dívidas garantidas por penhor, anticrese ou hipoteca, o bem dado em garantia fica sujeito, por vínculo real, ao cumprimento da obrigação."* (artigo correspondente ao art. 755, do Código Civil de 1916).

E, sendo assim, a execução desta garantia dada para cumprimento de uma obrigação assumida e não honrada no modo e tempo contratados (veja-se que a execução, neste procedimento, só é admitida se estiver "Vencida e não paga a dívida hipotecária" – cf. artigo 31 do DL 70/66, com a redação da Lei 8004/90), objetiva a celeridade e a segurança necessária ao funcionamento do Sistema. Confira-se o procedimento.

Havendo mora no adimplemento da dívida hipotecária, o credor notificará o agente fiduciário, que, em 10 dias, atribuirá ao devedor o prazo de 20 dias para purgar a sua mora (art. 31, § 1º).

Sendo purgada a mora até esse momento, diz o Decreto-Lei que "o débito será acrescido das penalidades previstas no contrato de hipoteca, até 10% (dez por cento) do valor do mesmo débito, e da remuneração do agente fiduciário" (art. 34, I).

À falta de purgação da mora, o credor hipotecário poderá publicar editais para realização do primeiro leilão, a se realizar no prazo de 15 dias.

Diferentemente da Lei da Alienação Fiduciária, no regime do Decreto-Lei 70/1966 o lance mínimo no primeiro leilão será a somatória da dívida e das despesas incorridas com a cobrança (art. 32, § 1º).

No segundo leilão, vencendo lance inferior ao valor da dívida somada às despesas, pagar-se-á, primeira, estas, atribuindo-se ao credor a quantia remanescente,

EXECUÇÃO EXTRAJUDICIAL DE BENS IMÓVEIS ALIENADOS FIDUCIARIAMENTE **225**

que será abatida da dívida. O saldo devedor, então, poderá ser objeto de execução (art. 32, § 2º).

Se o lance vencedor, em quaisquer dos leilões, for superior à dívida e às despesas, a quantia que sobejar será atribuída ao devedor (art. 32, § 3º).

Ademais, ainda que tenha havido arrematação, será lícito ao devedor purgar a sua mora até o momento da assinatura do auto de arrematação, pagando o a dívida, acrescida de todas as despesas incorridas, além de juros e correção monetária (art. 34, II).

Não havendo, ainda assim, purgação da mora, será assinado o auto de arrematação, subscrito pelo leiloeiro, pelo arrematante, pelo credor e por mais cinco testemunhas absolutamente capazes. O devedor também deverá assinar o auto, constando do documento a sua eventual ausência ou recusa (art. 37, *caput* e § 1º).

Referido título será levado a registro na matrícula imobiliária, cabendo ao arrematante, se assim entender pertinente, requerer em juízo a imissão na posse, que será concedida, caso o devedor, nas 48h que se seguirem à citação, não comprovar "que resgatou ou consignou judicialmente o valor de seu débito, antes da realização do primeiro ou do segundo público leilão." (art. 37, § 3º). Trata-se, a nosso juízo, de clara hipótese de concessão de tutela da evidência, pois a tutela provisória não depende de urgência para ser concedida.

Ademais, caberá ao juiz definir a remuneração devida ao arrematante pelo tempo de ocupação do imóvel, pelo devedor, entre o registro do auto de arrematação e a imissão na posse (art. 38).

6. CONSTITUCIONALIDADE DAS MEDIDAS PREVISTAS NOS ARTIGOS 31 A 38 DO DECRETO-LEI 70/1966 E NOS ARTIGOS 26 E 27 DA LEI 9.514/1997

Quando a Constituição Federal prevê que ninguém será *privado de seus bens* sem o devido processo legal, quer significar que no Estado Democrático de Direito o acesso ao Judiciário está plenamente garantido. E é o que ocorre no procedimento extrajudicial do Decreto Lei 70/1966, pois a todo e qualquer momento poderá o devedor, das mais diversas formas, socorrer-se do Judiciário caso alguma ilicitude ocorra no procedimento.

Vale lembrar que no Sistema Brasileiro a oneração imobiliária tem eficácia *erga omnes* a partir do registro e a constituição da garantia real junto à matrícula do imóvel dado em garantia. Em outras palavras, não se pode imaginar uma situação de *expropriação* quando o que se está realizando é a garantia imobiliária consubstanciada na hipoteca, quer ela seja realizada judicial ou extrajudicialmente. O Sistema Jurídico reconhece esse conhecimento da sociedade não só para as garantias reais, como para todos os direitos reais sobre imóveis, em respeito ao princípio basilar da publicidade.

No caso do Decreto-Lei 70/1966, portanto, a dignidade da pessoa humana, em especial do devedor, encontra amplo respaldo, pois a ele é dado absoluto conhecimento do andar do procedimento da execução da hipoteca – sendo do seu conhecimento todo o alcance e a eficácia da garantia por ele, ou por terceiro, ofertada, em razão da publicidade registraria – além, vale reiterar, do sempre possível acesso ao Judiciário diante de qualquer irregularidade, inclusive com medidas efetivas (tutela de urgência ou tutela cautelar).

O artigo 29, estabeleceu que "Art. 29. As hipotecas a que se referem os artigos 9º e 10 e seus incisos, quando não pagas no vencimento, poderão, à escolha do credor, ser objeto de execução na forma do Código de Processo Civil (artigos 298 e 301) ou deste decreto-lei (artigos 31 a 38)".[27]

A sistemática executiva criada pelos artigos 31 a 38 do Decreto-Lei 70/1966 é administrativa, sem necessidade de recorrer ao Poder Judiciário para o caso de dívida hipotecária vencida e não paga.

A respeito da então nova modalidade, Orlando Gomes escreveu:

> Diversos argumentos são invocados em favor da constitucionalidade das disposições assecuratórias da cobrança extrajudicial das dívidas vinculadas ao Sistema Financeiro da Habitação, mas, em resumo, arguem-se principalmente os seguintes:
>
> 1º) não se impede, nem se proíbe, o acesso à via judicial;
>
> 2º) se há lesão de direito no caso, quem a sofre é o credor por efeito do inadimplemento do devedor; e, é a ele credor, que a lei faculta a escolha da via extrajudicial;
>
> 3º) ao devedor não é defeso buscar a via judicial em qualquer fase da execução extrajudicial, não estando excluída, por conseguinte, a cognição pelo Poder Judiciário;
>
> 4º) há exemplos na legislação nacional de execução ou cobrança por via extrajudicial (no penhor, na alienação fiduciária em garantia, na falência) sem que jamais se houvesse arguido a inconstitucionalidade das disposições que as autorizam;
>
> 5º) a própria lei (Dec.-Lei 70/66), prevê o controle jurisdicional (art. 37), ainda que "a posteriori", exigindo carta de arrematação na venda por leiloeiro que, transcrita no Registro de Imóveis, possibilita ao adquirente imitir-se, através de concessão liminar, na posse do bem;
>
> 6º) por último, responsabiliza o agente fiduciário que, mediante comprovada má-fé, alienar imóvel pela via extrajudicial.[28]

O então Ministro do Superior Tribunal de Justiça, Waldemar Zveiter, em palestra publicada nos Anais do Seminário "Aspectos Jurídicos e Econômicos do Crédito Imobiliário", realizado em Angra dos Reis, em setembro de 1994, portanto, posteriormente à promulgação da Constituição Federal de 1988, defendeu a constitucionalidade da execução extrajudicial, com os seguintes argumentos:

> Não há qualquer violação a preceitos constitucionais, data venia.
>
> A uma porque a Lei, ao contrário, como se verá não exclui do Judiciário qualquer lesão de direito.

---

27. O Código de Processo Civil então vigente era aquele do Decreto-Lei n. 1.608/1939, que em seus artigos 298 a 301 cuidava das "ações executivas".
28. GOMES, Orlando. *Direitos Reais*. Rio de Janeiro: Forense, 1985. p. 380.

A outra por preservar a garantia do devido processo legal, eis que a execução extrajudicial é faculdade que decorre, como visto, da lei que a instituiu.

(...)

Não existe, como se vê, qualquer lesão ao direito do devedor.

Não há assim, segundo penso, como se admitir a inconstitucionalidade da execução extrajudicial. E são vários os argumentos que autorizam tal assertiva.

1º) Ao devedor hipotecário está assegurado o direito de propor as ações cabíveis (consignatória, prestação de contas, ou qualquer outra) sempre que entender lesado o seu direito individual.

2º) Só não haveria controle jurisdicional se o próprio texto de lei assim dispusesse.

3º) O Decreto-Lei 70/66 possibilita a purgação do débito, a qualquer momento, até a assinatura do auto de arrematação, sem prejuízo do recurso ao Poder Judiciário.

4º) O Decreto-Lei 70/66, art. 40, impõe a rigorosa sanção ao agente fiduciário que não agir legalmente.

5º) O devedor antes do início da execução, conforme o disposto no art. 31, quando tiver fundada razão para pôr em dúvida a imparcialidade ou idoneidade do agente financeiro eleito no contrato, poderá pedir ao juízo competente a sua destituição (art. 41, § 1º). (p. 49 e 50).

Deste modo, importante registrar que a Lei n. 8.004, de 14 de março de 1990, portanto editada após a promulgação da Constituição da República de 1988, deu a atual redação ao artigo 31 do Decreto-Lei n. 70/1966 e, ainda, seu artigo 21, estabeleceu que "Art. 21. Somente serão objeto de execução na conformidade dos procedimentos do Decreto-Lei 70, de 21 de novembro de 1966, ou da Lei 5.741, de 1º de dezembro de 1971, os financiamentos em que se verificar atraso de pagamento de três ou mais prestações.", como limitador à utilização da chamada "execução extrajudicial da dívida hipotecária". Esse texto legislativo de 1990 é revelador não apenas da recepção da sistemática ali criada, pela nova ordem constitucional, mas também a sua perfeita compatibilidade com o novo regime. É o que já decidiu o STF.[29]

---

29. Neste sentido, reconhecendo a constitucionalidade e a recepção pela Constituição Federal de 1988, dos artigos 31 a 38 do Decreto-Lei n.º 70/66, o Supremo Tribunal Federal assim se pronunciou no julgamento do Recurso Extraordinário 223.075-DF: "(...) No antigo Tribunal Federal de Recursos, onde foram julgadas dezenas de milhares de ações de execução da mesma natureza da que ora se examina, por igual, nunca se pôs em dúvida a constitucionalidade da execução extrajudicial prevista no referido texto normativo. (...), a matéria foi longamente estudada em várias decisões do antigo TFR, destacando-se o julgamento do MS 77.152, Min. Décio Miranda (Ver. Forense, 254/247), em cujo voto afirmou o eminente julgador, posteriormente abrilhantou esta Corte, verbis: "O Decreto-lei 70, de 21.11.66, no art. 29, autoriza o credor hipotecário no regime do Sistema Financeiro da Habitação, a optar pela execução do crédito na forma do Código de Processo Civil, ou na forma dos arts. 31 a 38 do mesmo Decreto-lei.

  E os arts. 31 a 38 instituem nova modalidade de execução. O credor hipotecário comunica a agente fiduciário o débito vencido e não pago. Estes, após convocar o devedor a purgar o débito, promove leilão público do imóvel hipotecado, e, efetuado este, expede carta de arrematação, que servirá como título para transcrição no Registro de Imóveis.

  Nesse regime a intervenção judicial só se dá para o fim de obter o arrematante imissão de posse do imóvel, que lhe será liminarmente concedida pelo juiz. A defesa do executado, salvo se consistir em prova de pagamento ou consignação anterior ao leilão, será debatida após a imissão de posse.

  Alega-se que o procedimento não se harmoniza com o disposto no art. 153, § 4º, da Constituição, segundo o qual não poderá a lei excluir da apreciação do Poder Judiciário qualquer lesão de direito individual.

  Não houve, porém, supressão do controle judicial.

  Estabeleceu-se, apenas, uma deslocação do momento em que o Poder Judiciário é chamado a intervir.

No sistema tradicional, ao Poder Judiciário se cometia em sua inteireza o processo de execução, porque dentro dele se exauria a defesa do devedor.

No novo procedimento, a defesa do devedor sucede ao último ato da execução, a entrega do bem excutido ao arrematante.

No procedimento judicial, o receio de lesão ao direito do devedor tinha prevalência sobre o temor de lesão ao direito do credor. Adiava-se a satisfação do crédito, presumivelmente líquido e certo, em atenção aos motivos de defesa do executado, quaisquer que fossem.

No novo procedimento, inverteu-se a ordem, deu-se prevalência à satisfação do crédito, conferindo-se à defesa do executado não mais condição impediente da execução, mas força rescendente, pois, se prosperarem as alegações do executado no processo judicial de imissão de posse, desconstituirá a sentença não só a arrematação como a execução, que a antecedeu.

Antes, a precedência, no tempo processual, dos motivos do devedor; hoje, a dos motivos do credor, em atenção ao interesse social da liquidez do Sistema Financeiro da Habitação.

Essa mudança, em termos de política legislativa, pôde ser feita, na espécie, sem infligir de dano irreparável às garantias de defesa do devedor. Tem este aberta a via da reparação, não em face de um credor qualquer, mas em relação a credores credenciados pela integração num sistema financeiro a que a legislação confere específica segurança.

Se, no novo procedimento, vier a sofrer detrimento o direito individual concernente à propriedade, a reparação pode ser procurada no Poder Judiciário, seja pelo efeito rescindente da sentença na ação de imissão de posse, seja por ação direta contra o credor ou o agente fiduciário.

Assim, a eventual lesão ao direito individual não fixa excluída de apreciação judicial.

Igualmente desamparadas de razões dignas de apreço as alegações de ofensa aos §§ 1o e 22, do art. 153, da Constituição: a execução extrajudicial não vulnera o princípio da igualdade perante a lei (todos, que obtiveram empréstimo do sistema, estão a ela sujeitos), nem fere o direito de propriedade (a excussão não se faz sem causa, e esta reside na necessidade de satisfazer-se o crédito, em que também se investe direito de propriedade, assegurado pela norma constitucional).

Por outro lado, também não prospera a alegação, feita em casos análogos, de que a execução extrajudicial vulnera o princípio da autonomia e independência dos Poderes (art. 6º da Constituição).

O novo procedimento não retira do Poder Judiciário para o agente fiduciário parcela alguma do poder jurisdicional.

O agente fiduciário executa somente uma função administrativa, não necessariamente judicial.

A possibilidade dessa atuação administrativa resulta de uma nova especificação legal do contrato hipotecário, que assumiu, nesse particular, feição anteriormente aceita no contrato de penhor, a previsão contratual da excussão por meio de venda amigável (Código Civil, art. 774, III).

Essa modalidade já se transformara em condição regulamentar na excussão de penhor pela Caixa Econômica (quem a ela leva joias e objetos não tem outra alternativa). O mesmo passou a sucederem em relação à hipoteca contratado com agente do Sistema Financeiro da Habitação (quem adere a sistema aceita a hipoteca com essa virtualidade).

O litígio eventualmente surgido entre credor e devedor fica, num como noutro caso, separado do procedimento meramente administrativo da excussão."

Como facilmente se percebe, trata-se de decisão que esboroou, um por um, todos os fundamentos do acórdão recorrido.

Restou demonstrado, efetivamente, de modo irretorquível, que o DL 70/66, além de prever uma fase de controle judicial, antes da perda da posse do imóvel pelo devedor (art. 36, § 2º), não impede que eventual ilegalidade perpetrada no curso do procedimento de venda do imóvel seja, de logo, reprimida pelos meios processuais próprios. (...)

Nessas condições, é fora de dúvida que não cabe falar, como fez o acórdão recorrido, em ofensa às normas dos incisos XXXV, XXXVII e LIII do art. 5º da Constituição, nem, tampouco, em inobservância dos princípios do devido processo legal, do contraditório ou da ampla defesa.

A venda efetuada pelo agente fiduciário, na forma prevista em lei, e no contrato, como um meio imprescindível à manutenção do indispensável fluxo circulatório dos recursos destinados à execução do programa da casa própria, justamente porque provenientes, na quase totalidade, como se sabe, do Fundo de Garantia do Tempo de Serviço (FGTS), é, portanto, um ato que não refoge ao controle judicial, estando, por isso, longe de configurar uma ruptura no monopólio do Poder Judiciário.

Nem é, aliás, por outro motivo que prestigiosa corrente doutrinária, com vistas ao desafogo do Poder Judiciário, preconiza que a execução forçada relativa à dívida ativa do Estado seja processada na esfera administrativa, posto reunir ela, na verdade, na maior parte, uma série de atos de natureza simplesmente

Todavia, com uma nova composição, o Supremo Tribunal Federal reabriu a discussão. Realmente, em junho de 2008, ao examinar o RE 556.520/SP, o Ministro Marco Aurélio decidiu

> Decreto-Lei 70/66 – Controvérsia quanto à recepção pela carta de 1988 – Ausência de precedente do pleno. 1. Em época passada, determinei o sobrestamento de processos ante a circunstância de haver afetado ao Pleno o Recurso Extraordinário 280.575-1/SP. O então recorrente, porém, desistiu do citado recurso, o que impediu fosse a matéria apreciada pelo Colegiado Maior. 2. Considerando que, no mencionado extraordinário, o Ministério Público já havia emitido parecer, juntem o documento a este processo. 3. Incluam-no na pauta do Pleno. 4. Publiquem.

E, em março de 2010, o Plenário do Supremo Tribunal Federal, decidiu pela repercussão geral da matéria[30] com a seguinte ementa "direito constitucional. Execução extrajudicial. Sistema financeiro da habitação. Recepção do Decreto-lei 70/66. Presença de repercussão geral.[31]-[32]-[33]

Em monografia intitulada "execução extrajudicial e devido processo legal", Eduardo Henrique de Oliveira Yoshikawa conclui que

> as execuções extrajudiciais são inconstitucionais, por ofensa ao devido processo legal, ao modelo processual brasileiro, pois: (a) representam delegação a terceiros (inclusive o próprio credor) da atividade executiva, de natureza jurisdicional, sujeita ao monopólio dos órgãos estatais pertencentes ao Poder Judiciário (= reserva de jurisdição); b) configuram modalidade de autotutela, que

---

administrativa. Reservar-se-ia ao Poder Judiciário tão-somente a apreciação e julgamento de impugnações, deduzidas em forma de embargos, com o que estaria preservado o princípio do monopólio do Poder Judiciário. O acórdão recorrido, por haver-se afastado da orientação exposta, é de ser reformado, com retorno dos autos ao Tribunal a quo, para que aprecie o pedido deduzido no mandado de segurança.

Para o fim acima explicitado, meu voto conhece do recurso e lhe dá provimento."

No mesmo sentido: RE 223075, Relator(a): Min. Ilmar Galvão, Primeira Turma, julgado em 23/06/1998, DJ 06-11-1998 PP-00022 Ement Vol-01930-08 PP-01682 RTJ Vol-00175/02 PP-00800. E também: RE 240361-8, rel. Min. Ilmar Galvão; RE 148872-7, rel. Min. Moreira Alves; RE 287453-1, Rel. Min. Moreira Alves; RE 253474, rel. Min. Celso De Mello; RE 275684, rel. Min. Sydney Sanches; AI 446728, rel. Min. Nelson Jobim; RE 299538, rel. Min. Carlos Velloso; RE 401379, rel. Min. Sepúlveda Pertence; AgReg no AI 600876, rel. Min. Gilmar Mendes; AgReg no AI 514565, rel. Min. Ellen Gracie; AgReg no AI 688010-8, rel. Min. Ricardo Lewandowski; AgReg no RE 513546-2, rel. Min. Eros Grau; RE 607518, rel. Min. Eros Grau; RE 235611, rel. Min. Joaquim Barbosa; RE 539302, rel. Min. Joaquim Barbosa; RE 537131, rel. Min. Celso de Mello; AgReg no AI 709499-4, rel. Min. Cármen Lúcia; AgReg no AI 742.788-0, rel. Min. Cármen Lúcia; RE 589563, rel. Min. Cezar Peluso.

30. No Código de Processo Civil de 1973, o § 1º do artigo 543-A prevê "§ 1º Para efeito da repercussão geral, será considerada a existência, ou não, de questões relevantes do ponto de vista econômico, político, social ou jurídico, que ultrapassem os interesses subjetivos da causa."; no novo Código de Processo Civil (Lei 13.105/2015), a matéria está tratada no § 1º do artigo 1.035: "§ 1º Para efeito de repercussão geral, será considerada a existência ou não de questões relevantes do ponto de vista econômico, político, social ou jurídico que ultrapassem os interesses subjetivos do processo.".

31. AI 771770 RG, Relator(a): Min. Dias Toffoli, julgado em 04/03/2010, DJe-055 Divulg 25-03-2010 PUBLIC 26-03-2010 Ement Vol-02395-09 PP-02245 LEXSTF v. 32, n. 376, 2010, p. 109-115.

32. Reconhecida a repercussão geral da questão o AI 771770 foi provido e determinada a sua conversão em recurso extraordinário, que foi autuado no Supremo Tribunal Federal como RE 627.106, com relatoria do Ministro Dias Toffoli.

33. O julgamento da questão, no Plenário do Supremo Tribunal Federal, foi adiado a pedido do Ministro Gilmar Mendes, após os votos dos Ministros Marco Aurélio, Luiz Fux, Cármen Lúcia e Ayres Britto pela não-recepção/inconstitucionalidade e os votos dos Ministros Dias Toffoli e Ricardo Lewandowski pela recepção/constitucionalidade, na linha dos precedentes do Supremo Tribunal Federal.

permite ao credor ser juiz em causa própria, privando a parte contrária da possibilidade de um tratamento justo.[34]

Tal oscilação na jurisprudência do próprio STF é causa de insegurança jurídica, como aponta Tatiana Bonatti Peres: "Como se vê, não obstante a tendência ser considerar os procedimentos de execução extrajudicial previstos em lei como compatíveis com a Constituição, a matéria ainda é controvertida e pode gerar insegurança, inclusive para as garantias expressamente admitidas e regulamentadas por lei."[35]

A verdade, todavia, é que não existe inconstitucionalidade na atual redação do Decreto-Lei 70/1966, pois não se afasta do controle do Poder Judiciário qualquer lesão ou ameaça a direito, nada tendo sido sonegado da apreciação judicial, de modo que, pela implicação que daí decorre, também não priva o mutuário do bem sem atenção ao devido processo legal, porque é da própria lei a afastabilidade do agente fiduciário que não se mostre imparcial (art. 41, § 1º),[36] garantindo uma execução leal.[37]

Vale dizer, havendo lesão ou ameaça a direito, terá o mutuário as ações judiciais cabíveis para atacar o ato ou fato lesivo ou ameaçador, quando, então, o contraditório e a ampla defesa, com os meios e recursos a ela inerentes, serão plenamente garantidos. É bom que se diga que também na execução do título extrajudicial, por meio do Poder Judiciário, não se tem, de imediato, o contraditório e a ampla defesa, o que não resulta em críticas ao instituto.

Com efeito, aqui, o contraditório é exercido não somente *a posteriori*, mas também no próprio curso do procedimento da execução extrajudicial de que trata o Decreto-Lei 70, de 21.11.1966, com vistas a impedir e reprimir, pelos meios processuais próprios, que eventual ilegalidade seja perpetrada. Além de poder se utilizar de medidas judiciais, o mutuário ainda se pode utilizar de medidas prévias no seio de ações autônomas, tal como pode fazer ao opor embargos no seio do procedimento previsto na legislação codificada. Nesse sentido, é de se perceber que o art. 31 do Decreto-Lei 70/1966, com a redação que lhe deu a Lei 8.004/1990 prescreve que, para ser dado início à execução extrajudicial mister que seja dada inequívoca ciência,

---

34. *Execução extrajudicial e devido processo legal.* São Paulo: Atlas, 2010. p. 138.
35. PERES, Tatiana Bonatti. A Alienação Fiduciária e a Hipoteca. In: PERES, Tatiana Bonatti. *Temas de Direito Imobiliário e Responsabilidade Civil.* 3 ed. Rio de Janeiro: Lumen Juris, 2018. p. 81.
36. "§ 1º Se o credor ou o devedor, a qualquer tempo antes do início da execução conforme o artigo 31, tiverem fundadas razões para pôr em dúvida a imparcialidade ou idoneidade do agente fiduciário eleito no contrato hipotecário, e se não houver acordo entre eles para substituí-lo, qualquer dos dois poderá pedir ao Juízo competente sua destituição.".
37. Já decidiu o STF que "Os princípios constitucionais que garantem o livre acesso ao Poder Judiciário, o contraditório e a ampla defesa, não são absolutos e hão de ser exercidos, pelos jurisdicionados, por meio das normas processuais que regem a matéria, não se constituindo negativa de prestação jurisdicional e cerceamento de defesa a inadmissão de recursos quando não observados os procedimentos estatuídos nas normas instrumentais." (AI 152.676AgR, Rel. Min. Maurício Corrêa, julgamento em 15.09.1995, Primeira Turma, DJ de 03.11.1995).

por notificação enviada mediante Cartório de Títulos e Documentos, ao mutuário em débito.

A propósito, o próprio Decreto-Lei 70/1966 deixa claro que se o imóvel vier a ser levado a leilão e arrematado, o adquirente poderá ajuizar ação de imissão na posse do imóvel, sendo que referida ação deverá prosseguir pelo rito comum, hipótese em que o mutuário poderá alegar e deduzir eventuais ilegalidades (art. 37, § 2º, do Decreto-Lei 70/1966).

Nesse sentido, feita a notificação ao mutuário, se, posteriormente o imóvel vier a ser levado a leilão e for arrematado, muito embora o procedimento seja mais abreviado do que aquele próprio das execuções no âmbito judicial, a posse do imóvel só será transferida ao adquirente mediante a utilização de ação de imissão na posse, perante o Poder Judiciário, que assumirá o rito comum após a contestação, ensejando, assim, o pleno e adequado exercício do contraditório, inclusive em relação à publicidade da execução, bem como do valor da alienação.

O controle da legalidade atinente ao procedimento de execução hipotecária ainda é possível durante o seu próprio curso, pelos meios processuais adequados ou, ainda, já a partir da notificação para purgação da mora, é possível o ajuizamento de ação revisional ou anulatória, no bojo da qual é cabível pedido de concessão de tutela provisória.

É amplíssimo, destarte, o rol de mecanismos judiciais que o mutuário pode lançar mão para que não seja desapossado de seu imóvel. Quer isto significar que em nenhum momento da efetivação do procedimento de execução hipotecária de que trata o Decreto-Lei 70/1966 fica o mutuário desamparado de acudir ao Poder Judiciário.

Por outro lado, a agilidade do procedimento previsto no Decreto-lei 70/1966, que não malfere princípio constitucional algum, é essencial ao bom funcionamento do Sistema Financeiro da Habitação. Aliás, tal procedimento revela-se, no particular, conforme à regra citada do art. 5º, LXXVIII, do texto constitucional.

Precisas, a respeito, as seguintes palavras do Ministro Dias Toffoli "(...) a aludida execução não se realiza de forma aleatória, visto que, efetivamente, submete-se ao crivo judicial antes de ultimada, sendo o devedor regularmente intimado a acompanhar o desenrolar de todo o procedimento, podendo impugnar, a qualquer tempo e em qualquer de suas fases, seu andamento, recorrendo, inclusive, ao Poder Judiciário, se necessário, na defesa de eventuais direitos e interesses que porventura estejam sendo desrespeitados durante o trâmite desse processo." [38]

De mais a mais, com a edição da Lei 5.741/1971, ao credor hipotecário, foi facultado: (a) promover a execução de que tratam os artigos 31 e 32 do Decreto-lei 70,

---

38. cf. voto proferido no julgamento do RE 627106/PR.

de 21 de novembro de 1966; (b) ajuizar a ação executiva na forma estabelecida nessa Lei 5.741/1871; ou, (c) promover a execução na forma do rito geral.[39]

Veja-se que o procedimento previsto no Decreto-lei 70/1966 e, também, na execução especial da Lei 5.741/1971, no particular, não difere em substância do procedimento de execução por título extrajudicial previsto na legislação codificada. Senão vejamos.

Com efeito, ainda que o procedimento a ser adotado seja aquele da execução fundada em título executivo extrajudicial, regulado pelo atual Código de Processo Civil, a defesa do mutuário, nessa hipótese, deve ser feita mediante a utilização dos embargos à execução (art. 914, do atual Código de Processo Civil).[40] Cumpre observar que o artigo 1º da Lei n. 5.741/1971 permite que o credor opte pelo procedimento previsto nas leis especiais ou pelo procedimento previsto no Código de Processo Civil.

Não existe, como sublinhado, nenhuma diferença ontológica entre os embargos à execução, que possuem, segundo a doutrina majoritária, *natureza de ação*, e o ajuizamento de qualquer ação, por exemplo, de cunho revisional, ou mesmo de cunho anulatório.

Aliás, o só oferecimento dos embargos não tem o condão de conduzir à suspensão da execução, já que estes são originariamente desprovidos de efeito suspensivo (art. 919, do CPC). E, igualmente, na *execução especial* da Lei n. 5.741/1971 só haverá suspensão da execução se o executado trouxer prova de "I – que depositou por inteiro a importância reclamada na inicial; ou II – que resgatou a dívida, oferecendo desde logo a prova da quitação." (incisos do art. 5º com a redação dada pela Lei n. 6.014, de 1973).

Vê-se, portanto, que não existe – seja permitido insistir – nenhuma diferença de essência entre o oferecimento dos embargos e o ajuizamento de ação, seja ela anulatória, seja ela revisional. Aos primeiros, é possível a atribuição *ope iudicis* de efeito suspensivo, desde que haja – no texto do § 1º do art. 919, do CPC – segurança do juízo.

Calha, a propósito, ressaltar a firme orientação do Colendo Superior Tribunal de Justiça, firmada em sede de julgamento de recursos especiais repetitivos (REsp n. 1.067.237/SP, sob relatoria do e. Min. Luis Felipe Salomão), no sentido de que:

> 1. Para efeitos do art. 543-C, do CPC: 1.1. Em se tratando de contratos celebrados no âmbito do Sistema Financeiro da Habitação, a execução extrajudicial de que trata o Decreto-lei 70/66, enquanto perdurar a demanda, poderá ser suspensa, uma vez preenchidos os requisitos para a concessão da tutela cautelar, independentemente de caução ou do depósito de valores incon-

---

39. Araken de Assis pontua que "A execução regida pela Lei 5.741/1971 recebe a designação de "especial" em contraposição à execução das hipotecas, em geral, que segue o disposto no CPC, porquanto a hipoteca constitui título executivo extrajudicial (art. 585, III). Em outras palavras, somente as hipotecas que garantem os financiamentos habitacionais no âmbito do Sistema Financeiro da Habitação (SFH) se subordinam ao rito sob foco, conforme esclarece o art. 1º da Lei 5.741/1971, restringindo a execução ao "crédito hipotecário vinculado ao Sistema Financeiro da Habitação." (*Manual da execução* ... cit., p. 976).

40. No novo Código de Processo Civil (Lei 13.105/2015), o artigo 914 prevê "Art. 914. O executado, independentemente de penhora, depósito ou caução, poderá se opor à execução por meio de embargos."

troversos, desde que: a) exista discussão judicial contestando a existência integral ou parcial do débito; b) essa discussão esteja fundamentada em jurisprudência do Superior Tribunal de Justiça ou do Supremo Tribunal Federal (fumus boni iuris).

1.2. Ainda que a controvérsia seja relativa a contratos celebrados no âmbito do Sistema Financeiro da Habitação, "a proibição da inscrição/manutenção em cadastro de inadimplentes, requerida em antecipação de tutela e/ou medida cautelar, somente será deferida se, cumulativamente: i) houver ação fundada na existência integral ou parcial do débito; ii) ficar demonstrado que a alegação da cobrança indevida se funda na aparência do bom direito e em jurisprudência consolidada do STF ou STJ; iii) for depositada a parcela incontroversa ou prestada a caução fixada conforme o prudente arbítrio do juiz.[41]

Na medida em que em nenhum momento o mutuário fica ao desabrigo de recorrer ao Poder Judiciário, não há que se falar em afronta aos princípios do devido processo legal ou do contraditório. Mesmo porque, nos Países que são considerados berços do princípio do devido processo legal (Estados Unidos, França e Inglaterra, dentre outros), há mecanismos congêneres à execução extrajudicial hipotecária de que cuida o Decreto-Lei 70/1966.

Realmente, nos Estados Unidos da América a execução das hipotecas pode também ser feita extrajudicialmente[42] e, há muito, é controlado pelo *Department of Housing and Urban Development Act* de 1965 (atualmente tem aplicação: *Multifamily Mortgage Foreclosure Act*, 12 U.S.C.A. §§ 3701-3717, de 1981; *Single Family Mortgage Foreclosure Act*, 12 U.S.C.A. §§ 3751-3758, de 1994)[43].

A respeito da questão nos Estados Unidos da América, cumpre mencionar que o regime de que trata o Decreto-Lei 70/1966 é todo inspirado no sistema daquele País. Conforme nos dá notícia José Maria Aragão, ao analisar a gênese do Sistema Financeiro de Habitação (SFH) e as repercussões no "Banco Nacional de Habitação" (BNH),

> "no caso de 'Mercado de Hipotecas', tentava-se reproduzir, no Brasil, modelo adotado nos Estados Unidos da América do Norte e em outros Países desenvolvidos, através do qual um empresário privado – chamado Iniciador e que poderia ser proprietário de uma área, ou uma Construtora, ou combinar as características – apresentava ao BNH um estudo de viabilidade técnica e financeira

---

41. STJ – REsp 1067237/SP, Rel. Ministro Luís Felipe Salomão, Segunda Seção, julgado em 24.06.2009, DJe 23.09.2009.

42. Nos Estados Unidos da América do Norte o chamado *"Nonjudicial Foreclosure Process"* é regulado por legislações estaduais, sendo que, atualmente, os seguintes estados possuem legislação que permitem a sua realização: Alabama, Nebraska, Alaska, Nevada, Arizona, New Hampshire, Arkansas, Novo México (em certos casos), Califórnia, Carolina do Norte, Colorado, Oklahoma, Distrito de Columbia, Oregon, Georgia, Rhode Island, Idaho, Dakota do Sul, Maryland, Tennessee, Massachusetts, Texas, Michigan, Utah, Minnesota, Virginia, Mississippi, Washington, Missouri, Virginia, Montana e Wyoming.

43. Nas referidas legislações constam dos motivos para a sua edição as seguintes referências "(6) providing the Secretary with a nonjudicial foreclosure procedure will reduce unnecessary litigation by removing many foreclosures from the courts where they contribute to overcrowded calendars." (fonte: [http://uscode.house.gov/ view.xhtml?req=granuleid%3AUSC-prelim-title12-chapter38&saved=%7CZ3JhbnVsZWlkOlVTQy1wcm-VsaW0tdGl0bGUxMi1jaGFwdGVyMzhB%7C%7C%7C0%7Cfalse%7Cprelim&edition=prelim]. Acesso em: 05.09.2015) e "(5) providing the Secretary with a nonjudicial foreclosure procedure will reduce unnecessary litigation by removing many foreclosures from the courts if they contribute to overcrowded calendars." (fonte: [http://uscode.house.gov/view.xhtml?req=granuleid%3AUSC=-prelim-titl12e-chapte38rA&edition-prelim]. Acesso em: 05.09.2015).

de um empreendimento habitacional enquadrado nos limites e condições previamente definidos pelo Banco em suas normas. (...). Uma vez aprovado o estudo de viabilidade, o BNH assinava, com o Iniciador, um contrato de 'Promessa de compra e venda de hipotecas', no qual o Banco se comprometia a adquirir os créditos hipotecários gerados pela venda dos imóveis produzidos, sempre que tais créditos satisfizessem as condições definidas no Dec.-lei 70, de 1966, para as 'cédulas hipotecárias' e as normas regulamentares do BNH. Tal avença lastrearia o contrato de empréstimo a ser firmado entre o Iniciador e uma instituição financeira, que poderia ser um banco ou uma sociedade de crédito imobiliário. Lateralmente, o BNH adiantaria à instituição financeira, segundo um cronograma físico-financeiro previamente estabelecido, os recursos necessários à conclusão do empreendimento. Concluída a construção, comercializadas as unidades e gerados os créditos hipotecários, o Iniciador liquidava sua dívida com a instituição financeira e esta faria o mesmo com o BNH, que assumia, então, a condição de credor hipotecário do mutuário final, com os riscos e direitos inerentes ao crédito, até sua liquidação.[44-45]

Naquele País, a posição sempre foi no sentido de que o credor, quando comprovado o inadimplemento voluntário pelo devedor, pode se valer de todos os meios necessários, sem o uso de violência, para a recuperação da propriedade.[46-47-48]

Na França,[49] há a Lei Francesa de 1938, que regulamentou as sociedades de construção e copropriedade de imóveis divididos por apartamentos, que autoriza a sociedade a excluir o sócio faltoso e a proceder à venda forçada de seus direitos sociais, mediante a utilização de processo simplificado e extrajudicial.

Atualmente, na Inglaterra, a recuperação da propriedade somente é permitida por meio de uma ordem judicial, regulada pela parte 55 da *"Civil Procedure Rules 1998"*[50]. Esta parte da legislação cuida do chamando *"possession claim"* definido como o pedido (*'claim'*) para recuperação da propriedade. Há, na seção II, da referida parte 55, da legislação, a possibilidade de um procedimento expedito de recuperação em

---

44. ARAGÃO, José Maria. *Sistema Financeiro de Habitação*: uma análise sócio-jurídica da gênese, desenvolvimento e crise do sistema. Curitiba: Juruá, 2000, p. 100-101.

45. Nos Estados Unidos da América a competência para a execução extrajudicial das hipotecas imobiliárias é de competência do HUD – Housing and Urban Development, desde 1965 (http://portal.hud.gov/portal/page/portal/HUD).

46. A respeito a decisão do caso Hyatt v. Wood, 4 Johns. Cas. 150, 158 (N.Y. Sup. Ct. 1809).

47. O *Uniform Conditional Sales Act (U.C.S.A.)*, autorizava a recuperação pacífica não judicial (*peaceable non-judicial repossession*) por ocasião da mora do devedor. O *Uniform Commercial Code* (U.C.C.), que sucedeu ao *U.C.S.A.*, também expressamente autoriza a *"non-judicial repossession."*, em sua seção 9-609.

48. E, tal como ocorre na legislação brasileira, na legislação norte-americana há previsão das medidas ("remedies") que se pode valer o devedor em juízo para evitar a retomada não judicial.

49. A doutrina Francesa nos ensina que ao contrário das outras constituições europeias, a Constituição Francesa não possui nenhuma disposição que seja fundamento direto da garantia do "droit au juge", entretanto, esse "droit au juge" é reconhecido indiretamente pelo Conselho Constitucional, através de sua jurisprudência, quando esta afirma o "droit d'agir en justice". Os chamados "direitos da defesa" também não são garantidos por nenhuma disposição expressa no ordenamento jurídico francês, no entanto, estes direitos estão consagrados pela jurisprudência do Conselho de Estado como um princípio fundamental reconhecido pelas leis da república.
Diz-se também, em França, que o "Conseil Constitutionnel a eleve de concept des droits de la défense au rang de príncipe à valeur constitutionnel en le rattachant aux principes fondamentaux reconnus par lês lois de la Republique. Le principe du contradictoire en est lê corollaire". (Cf. FAVOREU, Louis; GAIA, Patrick; GHEVONTIAN, Richard e outros. *Droit Constitutionnel*. Paris, Dalloz, p.866 e 877).

50. Fonte: [https://www.justice.gov.uk/courts/procedure-rules/civil/rules/part55]. Acesso em: 11.09.2015.

casos específicos; e, na parte 55-B, um procedimento "online", chamado de "*possesion claim online*".[51]

Na Espanha (que consagra o *devido processo legal*, no artigo 24 da sua Constituição de 1978),[52] a Ley 1/2000, de Enjuiciamiento Civil, de 7 de janeiro, estabelece semelhante regime de execução hipotecária em seu art. 681, que assim dispõe: "la acción para exigir el pago de las deudas garantizadas por prenda o hipoteca podrá ejercitarse directamente contra los bienes hipotecados o pignorados, sujetando su ejercicio a lo dispuesto en este título, con las especialidades que se establecen en el presente capítulo".

A esse respeito, o apartado XVII da Exposição de Motivos da *Ley de Enjuiciamiento Civil* esclarece o seguinte:

En cuanto a la ejecución propiamente dicha, esta Ley a diferencia de la de 1881, presenta una regulación unitária, clara y completa. Se disena un processo de ejecución idóneo para cuanto puede considerarse genuino titulo ejecutivo, sea judicial o contractual o se trate de una ejecución forzosa común o de garantía hipotecaria, a la que se dedica una especial atención. Pero esta sustancial unidad de la ejecución forzosa no debe impedir las particularidades que, em no pocos puntos, son enteramente lógicas (...). La Ley dedica un capítulo especial a las particularidades de la ejecución sobre bienes hipotecados o pignorados. En este punto, se mantiene en lo sustancial, el régimen precedente de la ejecución hipotecaria, caracterizado por la drástica limitación de las causas de oposición del deudor a la ejecución y de los supuestos de suspensión de ésta. El Tribunal Constitucional ha declarado reiteradamente que este régimen no vulnera la Constitución e introducir cambios sustanciales en el mismo podría alterar gravemente el mercado del crédito hipotecario, lo que no parece en absoluto aconsejable.[53]

A execução extrajudicial já é tendência no Direito comparado, especialmente na Europa por conta da Recomendação 17/2003 do Conselho da Comunidade Europeia, editada no sentido de se conferir maior eficácia à execução por meio de agentes de execução.

Em síntese, este rito especial e sumário para a execução extrajudicial dos imóveis dos mutuários inadimplentes, como resposta à necessidade de cobrança rápida dos créditos integrantes do Sistema Financeiro de Habitação, além de não afrontar os princípios do devido processo legal e do contraditório, não é inovação do direito brasileiro, encontrando mecanismos análogos em diversas legislações estrangeiras, notadamente naqueles Países que sempre foram considerados o berço de aludidos

---

51. Fonte: [https://www.justice.gov.uk/courts/procedure-rules/civil/rules/part55/pd_part55b]. Acesso em: 11.09.2015.
52. Artigo 24 da Constituição Espanhola (1978): "Todas las personas tienen derecho a obtener la tutela efectiva de los jueces y tribunales en el ejercicio de sus derechos e intereses legítimos, sin que, en ningún caso, pueda producirse indefensión. Asimismo, todos tienen derecho al Juez ordinario predeterminado por la ley, a la defensa y a la asistencia de letrado, a ser informados de la acusación formulada contra ellos, a un proceso publico sin dilaciones indebidas y con todas las garantías, a utilizar los medios de prueba pertinentes para su defensa, a no declarar contra si mismos, a o confesarse culpables a la presunción de inocencia. La ley regulará los casos en que, por razón de parentesco o de secreto profesional, no se estará obligado a declarar sobre hechos presuntamente delictivos".
53. Fonte: [http://noticias.juridicas.com/base_datos/Privado/l1-2000.html#i]. Acesso em: 11.09.2015.

princípios, bem como os precursores das liberdades e garantias fundamentais (Estados Unidos e França).

Similarmente ao que ocorre no procedimento do Decreto-Lei 70/1966, aliás, as reformas pelas quais passou o Código de Processo Civil de 1973, somada ao advento do Código de Processo Civil de 2015, tudo com vistas à maior celeridade, têm atribuído, aos particulares, funções antes atribuídas, exclusivamente, ao Judiciário, sem que com isso sejam acoimadas de inconstitucionais. A título de exemplo, verifique-se a importância e o destaque dado pelo art. 881 do CPC/2015 à alienação do bem penhorado por iniciativa particular, que prefere à alienação pública.

Ademais, desde a entrada em vigor da Lei 11.977/2009 passa a ser admitida a aquisição da propriedade por efeito do uso prolongado do imóvel, nas hipóteses de que trata, por meio de usucapião administrativa, precedida de procedimento de legitimação de posse, também mediante procedimento administrativo. Assim, nas situações contempladas na referida Lei, legitima-se o procedimento extrajudicial de aquisição da propriedade pela usucapião, em harmonia com o balizamento da Carta Magna, do Código Civil e do Estatuto da Cidade, nos quais ressaltam os traços da socialidade e da natureza social da posse.[54]

E, sendo assim, a execução desta garantia dada para cumprimento de uma obrigação assumida e não honrada no modo e tempo contratados (*veja-se que a execução, neste procedimento, só é admitida se estiver* "Vencida e não paga a dívida hipotecária" – cf. artigo 31 do DL 70/1966, com a redação da Lei 8004/1990), não viola, de forma alguma, os princípios estabelecidos nos incisos XXII, XXIII, XXXII, XXXV, XXXVII, LIII, LIV e LV, do artigo 5º e, o artigo 6º da Constituição da República, pois não se trata de *expropriação de bens* sem o devido processo legal, pois:

(a) o devedor que deu o imóvel em hipoteca para garantia de um financiamento, até o cumprimento da obrigação assumida, previamente assumiu o *risco* de, não adimplida a obrigação, ter o imóvel alienado em hasta pública, por isso mesmo o citado Decreto-Lei 70/1966 *faculta* ao credor hipotecário a execução da hipoteca pelo procedimento extrajudicial, especial ou judicial (sendo, que, atualmente, como a regra é que os embargos de devedor não têm efeito suspensivo (art. 919, do Código de Processo Civil de 2015 e 5º, da Lei n. 5.741/1971), diferença alguma, exceto a celeridade, há entre os procedimentos);

---

54. A Exposição de Motivos da Medida Provisória 459/2009, que veio a ser convertida na Lei 11.977/2009, assim encaminha a proposição legislativa: "As medidas sugeridas estabelecem critérios gerais para a regularização de assentamentos e garantia da segurança da posse urbana, buscando compatibilizar direito à moradia e direito ambiental, reconhecendo o papel preponderante do Município em regulamentar por lei o procedimento de regularização fundiária em seu território, como parte integrante da política urbana de inclusão social, definindo regras nacionais e específicas para o registro dos parcelamentos advindos dos projetos de regularização fundiária e instituindo os instrumentos de demarcação urbanística e legitimação da posse que aceleram o reconhecimento dos direitos constituídos na forma do artigo 183 da Constituição Federal."

(b) o que se está questionando – indevidamente – é o *procedimento* para a realização da garantia que, em face do atual sistema, pouca diferença há em ser feito extrajudicial, pelo rito especial ou judicialmente;

(c) não há, de forma alguma, o afastamento do acesso ao Judiciário. O controle da legalidade atinente ao *procedimento* de execução hipotecária é possível durante o seu próprio curso, pelos meios processuais adequados ou, ainda, já a partir da notificação para purgação da mora, é possível o ajuizamento de ação revisional ou anulatória, no bojo da qual é cabível pedido de concessão de antecipação de tutela ou medida cautelar. O Col. STJ já sedimentou posição de que

> 5.1. Em se tratando de contratos celebrados no âmbito do Sistema Financeiro da Habitação, a execução extrajudicial de que trata o Decreto-lei 70/66, enquanto perdurar a demanda, poderá ser suspensa, uma vez preenchidos os requisitos para concessão da tutela cautelar, independentemente de caução ou do depósito de valores incontroversos, desde que: a) exista discussão judicial contestando a existência integral ou parcial do débito; b) essa discussão esteja fundamentada em jurisprudência do Superior Tribunal de Justiça ou do Supremo Tribunal Federal (*fumus boni juris*) (REsp Repetitivo n. 1.067.237/SP, sob relatoria do e. Min. Luís Felipe Salomão).

(d) a tradição do imóvel, mesmo no sistema da execução extrajudicial do Decreto-lei 70/1966, só se dará mediante decisão judicial, de modo que em nenhum momento o mutuário fica ao desabrigo de, querendo, recorrer ao Poder Judiciário, como, aliás, ocorreu na hipótese dos recursos extraordinários em exame;

(e) antes de iniciada a execução extrajudicial, o devedor é notificado para pagar a dívida garantida pela hipoteca; após requerido o início da execução extrajudicial, ao devedor é concedido um prazo de "vinte dias para a purgação da mora" (artigo 31, § 1°, do Decreto Lei n. 70/1966, com a redação dada pela Lei 8.004/1990); e, ainda, até a assinatura do auto de arrematação, o devedor poderá quitar a dívida (artigo 34, do DL 70/1966), de modo que não é correta a afirmação de que "o devedor é submetido a atos de expropriação sem ser ouvido".

É importante frisar que o Decreto-Lei 70/66 não afastou do controle do Poder Judiciário qualquer *lesão* ou *ameaça a direito*, nada tendo sido sonegado da apreciação judicial, de modo que, pela implicação que daí decorre, também não priva o mutuário do bem sem atenção ao devido processo legal, porque é da própria lei a afastabilidade do agente fiduciário que não se mostre imparcial (art. 41, § 1°), garantindo uma execução leal (é preciso que se esclareça: o que se pretende: é o adimplemento que gera recursos para novas moradias e não o desapossamento sem causa de qualquer mutuário. Não se querem criar mais problemas habitacionais e sim resolvê-los).

Destaca-se, ainda, que diante da possibilidade do devedor em ingressar em juízo quando se sentir prejudicado, não há que falar em violação às garantias constitucionais, pois tal fato somente ocorreria caso o Poder Judiciário fosse cerceado do monopólio da última palavra, conforme o ensinamento de Canotilho:

O "monopólio da última palavra" ou "monopólio dos tribunais" significa, em termos gerais, o direito de qualquer indivíduo a uma garantia de justiça, igual, efectiva e assegurada através de "processo justo" para defesa das suas posições jurídico-subjectivas. Esta garantia de justiça tanto pode ser reclamada em casos de lesão ou violação de direitos e interesses dos particulares por medidas e decisões de outros poderes e autoridades públicas (monopólio da última palavra contra actos do Estado) como em casos de litígios entre particulares e, por isso, carecidos de uma decisão definitiva e imparcial juridicamente vinculativa (monopólio da última palavra em litígios jurídico-privados). Alguns autores aludem aqui à reserva relativa de jurisdição.[55-56]

Quanto à consolidação da propriedade em nome do fiduciário, em razão do inadimplemento da obrigação, explica Melhim Namem Chalhub:

"(...) sendo a propriedade fiduciária uma propriedade resolúvel, se o fiduciante deixar de pagar a dívida, no todo ou em parte, a consequência natural é a consolidação da propriedade no fiduciário, tal como deflui dos princípios consagrados nos arts. 1.359 e 1.360 do Código Civil, cujas regras manda a Lei 9.514/97 sejam aplicadas à propriedade fiduciária por ela regulada (art. 33). (...). Efetivamente, o ingresso da propriedade plena no patrimônio do credor é consequência natural do não-implemento da condição resolutiva, pois, (1º) enquanto pendente a condição, o titular da propriedade resolúvel reúne as faculdades jurídicas que constituem o conteúdo da propriedade plena, com as restrições próprias da resolubilidade, (2º) se implementada a condição, retorna a propriedade ao alienante, ou (3º), se não implementada a condição, consolida-se a propriedade plena no adquirente. É verdade que, enquanto estiver pendente a condição, a propriedade fiduciária, além das limitações características da propriedade resolúvel, tem um delineamento peculiar, qual seja, o de que impõe ao seu titular o ônus de colocar à venda o bem na hipótese de mora ou inadimplemento do devedor-alienante. Trata-se, evidentemente, de construção peculiar para a propriedade resolúvel decorrente do contrato de alienação fiduciária, em atenção à finalidade de garantia a que é destinada, mas tal peculiaridade não retira a resolubilidade da propriedade fiduciária, não só pela identidade entre seus traços característicos e os da propriedade resolúvel, como, a fortiori, porque é a própria lei que a define como tal, enquadrando-a de maneira explícita na espécie de propriedade resolúvel e esta, afinal, está excluída da vedação do art. 1.428 do Código Civil.[57]

A execução extrajudicial também já estava prevista nos arts. 774, inc. III, do Código Civil de 1916, 275 do Código Comercial, 14 do Decreto-lei 58/37 e 120, § 2º, da Lei de Falências, 63 da Lei n.º 4.591/64.

---

55. CANOTILHO, José Joaquim Gomes. *Direito constitucional e teoria da Constituição*. 2. ed. Coimbra: Almedina, 1998. p. 584.

56. Um dos autores do presente estudo já sustentou que: "Princípio da ubiquidade e da indeclinabilidade. Já se referiu que, no sistema jurídico positivo brasileiro, a jurisdição alcança a tudo e a todos, por força da regra insculpida no art. 5º, XXXV, da CF. Como consequência desse postulado fundamental, decorre do próprio art. 5º, XXXV, a indeclinabilidade da prestação jurisdicional, pois de nada adiantaria garantir a todos o acesso ao Judiciário se o juiz, diante do caso concreto, pudesse, por qualquer razão, eximir-se de decidir. A extensão dessa regra compreende, também, a "ameaça de lesão". Assim, há dever de prestação da tutela jurisdicional e não simples faculdade." (ALVIM, Eduardo Arruda; GRANADO, Daniel Willian; FERREIRA, Eduardo Aranha. *Direito Processual Civil*. 6. ed. São Paulo: Saraiva, 2019. p. 86).

57. CHALHUB, Melhim Namem. *Negócio fiduciário*. 3. ed. Rio de Janeiro: Renovar, 2006. p. 284-286.

EXECUÇÃO EXTRAJUDICIAL DE BENS IMÓVEIS ALIENADOS FIDUCIARIAMENTE **239**

O Código Civil (Lei 10.406, de 10 de janeiro de 2002), ao disciplinar a propriedade fiduciária[58] nos arts. 1.361 a 1.368, igualmente prevê a *alienação extrajudicial*
da coisa no caso de dívida vencida e não paga (art. 1.364).

No sentido da legalidade e constitucionalidade do leilão extrajudicial, previsto
na Lei de Alienação Fiduciária, já se decidiu que:

> Alienação fiduciária de bem imóvel – Liminar objetivando a suspensão dos atos executivos – Inde-
> ferimento – Negativa de cobertura de seguro sob a alegação de doença preexistente – matéria con-
> trovertida – Não há inconstitucionalidade no procedimento da Lei 9.514/97 – Recurso improvido.[59]

> Administrativo. Alienação fiduciária de imóvel. Constitucionalidade da lei 9514/97. Inadimplência
> que implica consolidação da propriedade em favor do fiduciário. Legalidade do procedimento.
> ... 2. Não se verifica inconstitucionalidade na Lei 9514/97, uma vez que "o devedor fiduciante
> não fica impedido de levar a questão ao conhecimento do Judiciário, ainda que já concretizada a
> consolidação da propriedade em mãos do credor fiduciário, caso em que eventual procedência
> do alegado resolver-se-ia em perdas e danos. Entretanto, de outra parte, ao realizar o contrato de
> financiamento imobiliário com garantia por alienação fiduciária do imóvel, o fiduciante assume
> o risco de, se inadimplente, possibilitar o direito de consolidação da propriedade do imóvel em
> favor do credor/fiduciário Caixa Econômica Federal, pois tal imóvel, na realização do contrato,
> é gravado com direito real, razão pela qual está perfeitamente ciente das consequências que o
> inadimplemento pode acarretar (TRF3, AI 460239, rel. Juiz Convocado Alessando Diaferia, Pri-
> meira Turma, pub. E-DJF3 20.04.12). 3. No caso, o autor reconhece que se tornou inadimplente
> em razão da perda de seu vínculo com a Aeronáutica. Tal inadimplência justifica a consolidação
> da propriedade em nome do credor fiduciário. 4. Apelação não provida.[60]

> "Processo civil: agravo legal. Artigo 557 do CPC. Decisão terminativa. Lei 9514/97. Contrato de
> mútuo. ... III – O contrato de mútuo firmado entre o autor e a instituição financeira previu como
> garantia do financiamento o lote de terreno situado no município de Itanhaém, litoral de São Paulo,
> totalmente descrito e caracterizado na matrícula 102.595 do Oficial de Registro de Imóveis de
> Itanhaém/SP. IV – A garantia foi estabelecida com base nas disposições da Lei 9.514/97 (Alienação
> Fiduciária de Bem Imóvel), cuja inconstitucionalidade e ilegalidade nunca foram declaradas pelas
> Cortes competentes para tal. Aliás, esta Egrégia Corte Regional, em diversos julgados, enfrentou
> as alegações de inconstitucionalidade e ilegalidade e, à unanimidade, se pronunciou pela ino-
> corrência de ambas. V – Aliás, cabe considerar que o devedor procedeu ao pagamento de apenas
> 10 (dez) parcelas de um financiamento com prazo de 300 (trezentos) meses, o que lhe retira toda
> e qualquer possibilidade de alegar que a instituição financeira capitalizou juros, já que os valores
> permaneceram praticamente inalterados. VI – Agravo improvido.[61]

> "RECURSO ESPECIAL. DIREITO CIVIL E PROCESSUAL CIVIL. AÇÃO DE RESOLUÇÃO DE CON-
> TRATO COM PEDIDO DE RESTITUIÇÃO DE VALORES PAGOS. COMPRA E VENDA DE IMÓVEL

---

58. "Art. 1.361. Considera-se fiduciária a propriedade resolúvel de coisa móvel infungível que o devedor, com
escopo de garantia, transfere ao credor."

59. TJSP Agravo de Instrumento 0557090-60.2010.8.26.0000 Relator(a): Eduardo Sá Pinto Sandeville, 28ª
Câmara da Seção de Direito Privado Data do julgamento: 09/08/2011 Data de registro: 17.08.2011.

60. TRF 5 – processo 00126764720114058300, AC541521/PE, Desembargador Federal Cesar Carvalho (Convocado), Segunda Turma, julgamento: 20/05/2014, publicação: DJE 22/05/2014 – Página 279.

61. TRF 3 – Agravo legal em apelação cível 0000592-60.2011.4.03.6104/SP – Relatora Desembargadora Federal
Cecília Melo – 2ª Turma – julgamento em 17/09/2013, acórdão publicado em 27.09.2013.

(LOTE) GARANTIDA MEDIANTE ALIENAÇÃO FIDUCIÁRIA EM GARANTIA. AUSÊNCIA DE CULPA DO VENDEDOR. DESINTERESSE DO ADQUIRENTE. ... 2. A efetividade da alienação fiduciária de bens imóveis decorre da contundência dimanada da propriedade resolúvel em benefício do credor com a possibilidade de realização extrajudicial do seu crédito. 3. O inadimplemento, referido pelas disposições dos arts. 26 e 27 da Lei 9.514/97, não pode ser interpretado restritivamente à mera não realização do pagamento no tempo, modo e lugar convencionados (mora), devendo ser entendido, também, como o comportamento contrário à manutenção do contrato ou ao direito do credor fiduciário. ..."[62]

Verifica-se que o leilão extrajudicial somente será realizado agora, após a consolidação da propriedade em nome do credor fiduciário, situação esta indubitavelmente condicionada à pré-existência de mora não purgada pelo devedor fiduciante no prazo assinalado.

Cumpre repisar que as garantias do contraditório e da ampla defesa (CF, art. 5º, LV) permanecem invioladas, uma vez que ao mutuário inadimplente está assegurado o direito de impugnar qualquer ato eivado de nulidade ou ilegalidade pelos meios processuais adequados e eficazes.

É evidente, portanto, que o objetivo do legislador, em situações como essas, é de impor um efetivo equilíbrio entre a atuação do Agente Financeiro (agindo, nesta hipótese, em busca de uma precisa finalidade, qual seja, a obtenção de recursos para moradia) e a atuação (a liberdade) do indivíduo (aqui, o mutuário), que deve cumprir as obrigações nos termos como convencionadas. Somente com a obtenção deste efetivo equilíbrio é que a *função social da propriedade será plenamente atingida*.

Assim sendo, não existindo contrariedade às previsões contidas nos arts. 26 e 27 da Lei 9.514/1997 (a respeito do procedimento extrajudicial a ser adotado para a recuperação das dívidas vinculadas aos financiamentos imobiliários, com nenhum outro texto de lei federal ou mesmo com o Texto Constitucional), reitera-se o quanto já alegado acima, no sentido de ser de rigor o reconhecimento de sua harmonia com o sistema jurídico pátrio.

Por meio da alienação fiduciária, a propriedade do imóvel é transferida em caráter resolúvel ao credor fiduciário, matéria disciplinada pela Lei Federal 9.514/1997, e não dado como garantia hipotecária. Vale dizer, conquanto seja constituída como forma de garantia, a propriedade fiduciária distingue-se dos demais direitos reais dessa natureza, tal como a hipoteca, porque, nesta, o direito incide sobre coisa alheia, ao passo que, na propriedade fiduciária, o direito real recai sobre coisa própria.

Por isso, ineptas as alegações retóricas de "privação da propriedade", haja vista que o mutuário não detém a propriedade do imóvel alienado, mas, tão somente, a posse direta sobre o bem.

A esse respeito, oportunas as considerações de Melhim Namem Chalhub:

---

62. REsp 1867209/SP, Rel. Ministro Paulo de Tarso Sanseverino, Terceira Turma, julgado em 08/09/2020, DJe 30/09/2020.

(...) a propriedade fiduciária não se confunde com a hipoteca, fundamentalmente, porque esta é ônus real que incide sobre coisa alheia, enquanto a propriedade fiduciária é direito próprio do credor, um direito real sobre coisa própria. Assim, com o registro do contrato de alienação fiduciária, o credor torna-se titular do domínio resolúvel sobre coisa objeto da garantia, permanecendo sob seu domínio até que o devedor pague a dívida. Tal distinção implica importantes consequências, sendo a mais relevante delas a segregação patrimonial do bem objeto da propriedade fiduciária.[63]

7. CONSIDERAÇÕES FINAIS

Diante do que tivemos o ensejo de anotar nas linhas anteriores, pode-se constatar que, de modo geral, os meios alternativos de cobrança têm se mostrado bastante eficazes.

Trata-se de procedimentos que, por não dependerem da atuação do Poder Judiciário, já extremamente atarefado, dados os já notórios números de processos pendentes, permitem uma mais expedita satisfação dos créditos, o que, por via de consequência, contribui para a melhor oferta de crédito e, por isso, ao acesso à propriedade imobiliária.

O direito à moradia digna, aliás, foi o mote da criação dos diplomas normativos comentados, razão pela não se pode vislumbrar os procedimentos extrajudiciais apenas sob a perspectiva do "benefício" criado em favor do credor.

Como julgamos ter demonstrado, a existência de procedimento executivo extrajudicial não exclui, em hipótese alguma, a possibilidade de o Judiciário, ao ser provocado, prestar, devidamente, a tutela jurisdicional.

Pelo contrário, como toda e qualquer lesão ou ameaça de lesão a direito ocorrida no Brasil, eventual ilegalidade praticada no âmbito da execução extrajudicial poderá ser levada ao conhecimento do Estado-juiz pela parte prejudicada, já que, na forma do art. 5º, XXXV, da Constituição Federal, não se pode excluir da apreciação jurisdicional tais matérias.

Ao lado disso, cremos ter demonstrado que os procedimentos extrajudiciais são informados pelo princípio do contraditório, na medida em que o devedor é constantemente cientificado das etapas do procedimento, tendo, comumente, mais de uma oportunidade para purgar a sua mora.

De mais a mais, a legislação processual contemporânea favorece os meios de composição extrajudicial dos conflitos, sendo certo que a eventual exigência de a execução dos contratos imobiliários com alienação fiduciária em garantia se dar exclusivamente na forma judicial contraria a própria perspectiva da análise econômica do processo civil, não só no Brasil, mas em todos os países em que vige o regime Democrático de Direito.

---

63. CHALHUB, Melhim Namem. *Negócio fiduciário*. 3. ed. Rio de Janeiro: Renovar, 2006. p. 250-251.

Por essas razões, é certo que os ditos procedimentos não atendam contra nenhuma norma constitucional, motivo que conduz à conclusão de que eles são inteiramente afinados com a Carta Constitucional.

8. REFERÊNCIAS BIBLIOGRÁFICAS

ALVES, José Carlos Moreira. *Alienação fiduciária em garantia*. 2. ed. Rio de Janeiro: Forense, 1979.

ALVIM, Eduardo Arruda; GRANADO, Daniel Willian; FERREIRA, Eduardo Aranha. *Direito Processual Civil*. 6. ed. São Paulo: Saraiva, 2019.

ARAGÃO, José Maria. *Sistema Financeiro da Habitação* – uma análise sócio-jurídica da gênese, desenvolvimento e crise do Sistema. 1 ed., 2 tir. Curitiba: Juruá Editora, 2000.

ASSIS, Araken. *Manual da Execução*. 11. ed. São Paulo: Ed. RT, 2007.

BONAVIDES, Paulo. *Curso de direito constitucional*. 13 ed. 2 tir. São Paulo: Malheiros, 2003.

CANOTILHO, José Joaquim Gomes. *Direito constitucional e teoria da Constituição*. 2. ed. Coimbra: Almedina, 1998.

CARRAZZA, Roque Antonio. *Curso de direito constitucional*. 12. ed. São Paulo: Malheiros, 1999.

CHALHUB, Melhim Namem. *Negócio fiduciário*. 3. ed. Rio de Janeiro: Renovar, 2006.

DINAMARCO, Cândido Rangel; GRINOVER, Ada Pellegrini; CINTRA, Antônio Carlos de Araújo. *Teoria Geral do Processo*. 19. ed. São Paulo: Malheiros, 2003.

FAVOREU, Louis; GAIA, Patrick; GHEVONTIAN, Richard e outros. *Droit Constitutionnel*. Paris, Dalloz.

GOMES, Orlando. *Direitos Reais*. Rio de Janeiro: Forense, 1985.

MARQUES, José Frederico. Organização judiciária e processo. *Revista de direito processual civil*. n. I, São Paulo: Saraiva.

MELLO, Oswaldo Aranha Bandeira de. *A teoria das Constituições rígidas*. 2. ed. São Paulo: Bushatsky, 1980.

MENDES, Gilmar Ferreira. *Direitos fundamentais e controle de constitucionalidade* – estudos de direito constitucional. 2. ed. São Paulo: Celso Bastos Editor: Instituto Brasileiro de Direito Constitucional, 1999.

PERES, Tatiana Bonatti. A Alienação Fiduciária e a Hipoteca. In: PERES, Tatiana Bonatti. *Temas de Direito Imobiliário e Responsabilidade Civil*. 3 ed. Rio de Janeiro: Lumen Juris, 2018.

SAYEG, Ricardo Hasson; BALERA, Wagner. *O capitalismo humanista*. Petrópolis: KBR, 2011.

YOSHIKAWA, Eduardo Henrique de Oliveira. *Execução extrajudicial e devido processo legal*. São Paulo: Atlas, 2010.

ZVEITER, Waldemar. *Aspectos Jurídicos e Econômicos do Crédito Imobiliário*. Abecip, Angra dos Reis, setembro de 1994.

Capítulo 7
ALIENAÇÃO FIDUCIÁRIA DE BEM IMÓVEL E OS REQUISITOS PARA A EXECUÇÃO VÁLIDA DA GARANTIA

Daniel Willian Granado

Doutor, Mestre e Especialista em Direito Processual Civil pela PUC/SP.

Sumário: 1. Introdução à alienação fiduciária – 2. Requisitos para a execução da garantia – 3. O procedimento de alienação fiduciária de coisa imóvel e a execução extrajudicial – 4. Referências bibliográficas.

1. INTRODUÇÃO À ALIENAÇÃO FIDUCIÁRIA

O desenvolvimento de um novo mercado de crédito, criado para se adaptar às profundas transformações desencadeadas na sociedade, se deu através de um processo de desintermediação financeira que ocorreu quando empresas não financeiras transformam seus direitos creditórios em valores mobiliários para a captação de recursos no mercado.

A desintermediação financeira tem como objetivo tornar as operações de captação de recursos mais ágeis e seguras. E é nesse contexto que surge o aproveitamento da fidúcia, com os contornos do instituto do *trust*, principalmente no mercado imobiliário.

A nova estrutura de mercado se caracteriza principalmente com a redução da participação do Estado nesses negócios, culminando em um sistema extremamente simples e realizado por meio de instrumentos básicos, que utilizam a fidúcia como instrumento de garantia.

A utilização da fidúcia como instrumento de garantia é feita através do contrato de alienação fiduciária, que constitui a propriedade fiduciária, e, com isso, ocorre a transmissão da propriedade do bem alienado fiduciariamente ao credor fiduciário até o cumprimento de determinada obrigação constituída pelo devedor fiduciante.

A fidúcia exerce função correspondente às garantias reais, porém, dotada de mais eficácia por transferir a propriedade do bem ao credor fiduciário que permanecerá como proprietário até que o crédito seja satisfeito. Sobre a propriedade do bem, Melhim Namem Chalhub esclarece que essa atribuição da titularidade ao adquirente (fiduciário) é plena, mas o fiduciário assume a obrigação de dar determinada destinação ao bem ou direito que recebe. Assim, o negócio de natureza fiduciária é negócio bilateral composto por dois acordos que criam uma situação *sui generis*, pela qual uma parte (alienante-fiduciante) transmite a propriedade de certos bens à outra parte (adquirente-fiduciário), que, embora passe a exercer os direitos de proprietário, erga omnes, assume, no campo obrigacional, nas suas relações com o fiduciante, o dever de dar aos bens adquiridos a destinação determinada pelo próprio fiduciante e com este acordada na forma do citado pacto adjeto.[1]

É necessário, portanto, que o devedor fiduciante seja proprietário do bem que será objeto do contrato de alienação fiduciária para que possa transmiti-lo ao credor fiduciário. Além disso, é garantido ao devedor fiduciante a reversão da coisa à sua propriedade na hipótese de adimplemento da obrigação firmada com o credor fiduciário.

A propriedade fiduciária consiste na limitação do exercício do direito de propriedade pelo credor fiduciário, tendo duração limitada e é constituída como instrumento de garantia do cumprimento de obrigação contraída pelo devedor fiduciante, proprietário do bem alienado fiduciariamente, com condição resolutiva. Isso significa que quando a obrigação que originou a alienação fiduciária for garantida pelo devedor fiduciante, esse retoma a propriedade plena do bem.

2. REQUISITOS PARA A EXECUÇÃO DA GARANTIA

O direito brasileiro consagra algumas modalidades de execuções extrajudiciais, vale dizer, execuções conduzidas por órgãos ou pessoas estranhas ao Poder Judiciário.

Dentre aludidas modalidades, destacam-se aquelas disciplinadas: a) pela Lei 4.591/1964, que dispõe sobre o condomínio em edificações e as incorporações imobiliárias; b) pelo Decreto-Lei 70/1966, que autoriza o funcionamento de associações de poupança e empréstimo, institui a cédula hipotecária e dá outras providências; c) pela Lei 9.514/1997, que dispõe sobre o Sistema de Financiamento Imobiliário, institui a alienação fiduciária de coisa imóvel e dá outras providências.

Com relação à primeira modalidade de execução extrajudicial acima mencionada, trata-se da alienação dos direitos do adquirente ou contratante inadimplente à respectiva fração ideal de terreno e à parte construída adicionada (art. 63 da Lei 4.591/64, e respectivos parágrafos), que se dá, todavia, em função de mandato outorgado à Comissão de Representantes (art. 63, § 5.º, da Lei 4.591/64).

Já a execução extrajudicial do Decreto-Lei 70/66 diz respeito, fundamentalmente, aos contratos de empréstimos com garantia hipotecária ou cédula hipotecária. Em outras palavras, aludido diploma legal cuida de disciplinar a execução da garantia hipotecária pelo credor, que pode ser feita judicial ou extrajudicialmente, nos termos do art. 29 do DL 70/66.

---

1. CHALHUB, Melhim Namem. *Alienação fiduciária*. 5. ed., Rio de Janeiro: Forense, 2017. p. 9.

ALIENAÇÃO FIDUCIÁRIA DE BEM IMÓVEL E OS REQUISITOS PARA A EXECUÇÃO VÁLIDA DA GARANTIA **245**

Por fim, a execução extrajudicial disciplinada pela Lei 9.514/97, diz respeito aos contratos garantidos por alienação fiduciária de coisa imóvel, segundo o qual, nos termos do art. 22, de referido diploma legal, constitui-se em negócio jurídico pelo qual o devedor, ou fiduciante, com o escopo de garantia, contrata a transferência ao credor, ou fiduciário, da propriedade resolúvel de coisa imóvel.

3. O PROCEDIMENTO DE ALIENAÇÃO FIDUCIÁRIA DE COISA IMÓVEL E A EXECUÇÃO EXTRAJUDICIAL

Conforme dito no tópico precedente, possibilita-se ao devedor ou fiduciante a transferência de propriedade resolúvel de coisa imóvel ao credor ou fiduciário com o propósito de garantia de empréstimo contraído pelo devedor, seja para aquisição do próprio bem, seja para outras finalidades.

A alienação fiduciária do bem imóvel deverá ser averbada na respectiva matrícula do bem imóvel, constituindo-se, desse modo, a propriedade fiduciária. Efetivada tal providência, estatui o parágrafo único do art. 23 da Lei 9.514/97, que se dá o desdobramento da posse, tornando-se o fiduciante possuidor direto e o fiduciário possuidor indireto da coisa imóvel.

O contrato que serve de título ao negócio fiduciário deverá conter os requisitos do art. 24, da Lei 9.514/97, vale dizer, o valor do principal da dívida, o prazo e as condições de reposição do empréstimo ou do crédito fiduciário, a taxa de juros e os encargos incidentes, a cláusula de constituição da propriedade fiduciária, com a descrição do imóvel objeto da alienação fiduciária e a indicação do título e modo de aquisição, a cláusula assegurando ao fiduciante, enquanto adimplente, a livre utilização, por sua conta e risco, do imóvel objeto da alienação fiduciária, a indicação, para efeito de venda em público leilão, do valor do imóvel e dos critérios para a respectiva revisão e, por fim, a cláusula dispondo sobre os procedimentos do art. 27, da Lei 9.514/97, que cuida da execução extrajudicial propriamente dita.

Uma vez paga a dívida, resolve-se a propriedade fiduciária, devendo-se averbar na matrícula do imóvel o cancelamento do registro da propriedade fiduciária.

Contudo, em caso de não pagamento da dívida, seja ele parcial ou total, o fiduciante/devedor deverá ser intimado pelo oficial do competente Registro de Imóveis a satisfazer, no prazo de 15 (quinze) dias, a prestação vencida e as que se vencerem até a data do pagamento, os juros convencionais, as penalidades e os demais encargos contratuais e legais, inclusive tributos, contribuições condominiais relativas ao imóvel, além das despesas de cobrança e de intimação. Tal intimação poderá ser efetivada, por solicitação do oficial do Registro de Imóveis, por oficial de Registro de Títulos e Documentos da comarca da situação do imóvel ou do domicílio de quem deve recebê-la (na maioria das vezes, o domicílio do devedor/fiduciante), ou pelo correio, com aviso de recebimento.

Após a intimação do devedor/fiduciante, caso não venha a purgar a mora no prazo de 15 (quinze) dias, o oficial do Registro de Imóveis deverá certificar esse fato e promover a averbação, na matrícula do imóvel, da consolidação da propriedade em nome do fiduciário, mediante o pagamento, por este último, do imposto de transmissão *inter vivos*, e, se for o caso, do laudêmio.

Uma vez consolidada a propriedade em seu nome, o fiduciário, no prazo de 30 (trinta) dias, contados da data da averbação mencionada no parágrafo anterior, relativa à consolidação da propriedade em nome do fiduciário, deverá promover o público leilão para a alienação do imóvel, nos termos do art. 27, da Lei 9.514/97.

Veja-se, portanto, que o procedimento de alienação fiduciária e respectiva execução extrajudicial é muito mais célere, se comparada à execução judicial da dívida.

Deveras, a propriedade se consolida nas mãos do fiduciário, desde que vencida e não paga, no todo ou em parte a dívida, uma vez constituído em mora o fiduciante (art. 26, da Lei 9.514/97). Tratou o legislador de estender para os bens imóveis a sistemática da alienação fiduciária criada pelo Decreto-Lei 911/1969.

No caso de cessação dos pagamentos por parte do devedor fiduciante, cabe a execução extrajudicial do contrato, disciplinada pelos arts. 26 a 29 de referido diploma legal.

O procedimento nela previsto, conforme dito, é bastante singelo. Há intimação do devedor fiduciante pelo oficial de Registro de Imóveis (art. 26, § 1.º, da Lei 9.514/97) para pagamento em 15 (quinze) dias (purgação da mora), das prestações vencidas e as que se vencerem até o pagamento, mais juros e despesas. Passado *in albis* esse prazo, o oficial do Registro de Imóveis receberá do credor fiduciário o imposto e transmissão, e promoverá a consolidação da propriedade em nome do fiduciário (art. 26, § 7.º, da Lei 9.514/97).

O art. 27, disciplina que em 30 (trinta) dias após a consolidação da propriedade, deverá ser promovido público leilão para alienação do imóvel, que, frustrado, deve levar a um segundo leilão (§ 2.º do art. 27, da Lei 9.514/97). Neste segundo leilão, o bem pode ser vendido pelo maior lanço, desde que igual ou superior ao valor da dívida.

Questão intrincada a respeito da execução extrajudicial de que trata a Lei 9.514/97, diz respeito à figura do terceiro arrematante de bem imóvel levado ao leilão disciplinado pelo art. 27, de mencionado diploma legal.

Deveras, ao adquirir o imóvel em leilão extrajudicial, o terceiro arrematante assume os riscos inerentes a eventuais invalidades do contrato garantido por alienação fiduciária, nada obstante tenha o direito de perseguir o valor pago no leilão junto ao credor/fiduciário. Basta pensar que se houver eventual declaração de nulidade relativa ao contrato de mútuo garantido por alienação fiduciária do bem imóvel que veio a ser arrematado ou, ainda, se houver qualquer irregularidade atinente ao leilão extrajudicial propriamente dito, caberá ao terceiro arrematante a devolução dos valores pagos pelo imóvel no leilão.

ALIENAÇÃO FIDUCIÁRIA DE BEM IMÓVEL E OS REQUISITOS PARA A EXECUÇÃO VÁLIDA DA GARANTIA | **247**

A situação do terceiro arrematante é ainda delicada se pensarmos em eventual declaração de inconstitucionalidade da execução extrajudicial de que trata a Lei 9.514/97. Deveras, eventual declaração de inconstitucionalidade, se feita em controle concentrado, terá efeitos *ex tunc* (salvo se houver modulação de efeitos da decisão pelo STF, nos termos do art. 27, da Lei 9.868/99), de modo que o terceiro poderá vir a ser destituído da propriedade do imóvel arrematado, mesmo tendo pago o valor do imóvel no leilão extrajudicial.

Em outros termos, a propriedade do imóvel retorna ao devedor/fiduciante (leia-se, ainda que inadimplente), em detrimento do terceiro arrematante (esse sim, adimplente), em decorrência de eventual declaração de inconstitucionalidade da execução extrajudicial.

A esse respeito, há interessante acórdão prolatado pelo Tribunal Regional Federal da 3.ª Região, relativamente ao Decreto-Lei 70/66:

> Fala-se em inconstitucionalidade, em ausência de contraditório, em lei autoritária, mas ninguém diz que não deve. O argumento de cunho social, pelo grande número de executados, não é suficiente para afastar o cumprimento da lei, mesmo porque a decisão que impedisse a execução não os desobrigaria do pagamento do financiamento pelo seu valor de custo. O dinheiro é uma merca- doria cara. Os valores emprestados aos mutuários provêm de caderneta de poupança, e devem ser remunerados em sintonia com a inflação. Se, na outra ponta da operação, o agente financeiro não recebe na mesma proporção, o tomador vai ter que, cedo ou tarde, pagar a diferença. Dessa forma, o argumento social não justifica a suspensão das execuções.[2]

A partir dessas considerações, temos que a questão da constitucionalidade da execução extrajudicial deve ser vista também com enfoque na figura do terceiro ar- rematante, eis que, ainda que tenha pago o valor do imóvel, corre o risco de perder a propriedade em benefício do devedor/fiduciante inadimplente, em caso de eventual declaração de inconstitucionalidade, sobretudo quando esta tiver efeitos *ex tunc*.

Uma vez arrematado o imóvel por terceiro, o art. 30 dispõe ser assegurado ao fiduciário, seu cessionário ou sucessores, inclusive o adquirente do imóvel por força do público leilão de que tratam os §§ 1.º e 2.º do art. 27, a reintegração na posse do imóvel, que será concedida liminarmente, para desocupação em 60 (sessenta) dias, desde que comprovada, na forma do disposto no art. 26, a consolidação da proprie- dade em seu nome.

A partir da literalidade de mencionado dispositivo legal, infere-se que caso o imóvel arrematado esteja ocupado, competirá ao terceiro arrematante propor a me- dida judicial tendente ao seu apossamento no imóvel.

Com efeito, no momento da contratação da alienação fiduciária e após a aver- bação na matrícula do imóvel, a propriedade é transmitida ao credor fiduciário, em

---

2. TRF da 1ª Região, Agravo Regimental na Suspensão de Segurança 95.01.08962-2/MT, Rel. Desembargador Leite Soares, Relatora para acórdão a então Desembargadora Federal, hoje Ministra do STJ, Eliana Calmon, Plenário, 13 votos a 4, julgado em 21.09.1995, DJ 27.06.1996.

caráter resolúvel, como forma de garantir o pagamento da dívida. Assim, a transmissão não é plena, mas feita com limitação de alguns dos poderes da propriedade. Dessa forma, se o devedor fiduciante não adimplir sua obrigação de pagar a dívida, no todo ou em parte, a consequência natural será a consolidação da propriedade no fiduciário.

Levado o imóvel a leilão e arrematado por terceiro, transmite-se a propriedade do imóvel a esse último, licitante vencedor, por meio de contrato de compra e venda, devidamente registrado no Registro de Imóveis competente.

O terceiro arrematante, agora proprietário do bem, torna-se titular do direito de usar, gozar, dispor do bem, e de reavê-lo de quem quer que injustamente os possua (Código Civil, art. 1.228). Dessa forma, diante da posse viciada em que se encontrará o devedor/fiduciante após a arrematação do imóvel, em função da ocupação clandestina com relação ao legítimo e real proprietário (o terceiro arrematante), torna-se imprescindível o manejo da ação judicial de que trata o art. 30, da Lei 9.514/97, com vistas à desocupação do imóvel no prazo de 60 (sessenta) dias, para que o terceiro arrematante possa passar a exercer plenamente os direitos decorrentes da propriedade.

Em outros termos, após a arrematação do bem, caso esse permaneça ocupado pelo devedor/fiduciante, caracteriza-se o esbulho possessório e, em consequência, a ofensa ao direito à posse e à propriedade do terceiro arrematante, sendo esse último constitucionalmente protegido (CF, art. 5.º, inciso XXII).

Nesse sentido, veja-se parte do voto proferido por ocasião do julgamento do recurso de apelação 9205164-62.2007.8.26.0000:

> "Insta elucidar que na avença celebrada entre as partes figura a autora como credora fiduciária e os réus como devedores fiduciantes. O imóvel cuja posse é objeto de reintegração fora dado em garantia por ato que transferiu à credora a propriedade fiduciária deste bem. Neste contexto, é assegurado ao fiduciante, enquanto adimplente, a propriedade resolúvel e a posse direta do bem, até que, com a quitação da dívida, resolver-se-ia as propriedades fiduciária da credora e resolúvel dos devedores, os quais adquiririam este direito real dotado de perpetuidade (Lei 9.514/97, art. 22, 23, p. ún., 24, inc. V). Diante, porém, do inadimplemento do fiduciante e da configuração da mora, consolida-se a propriedade do imóvel em nome do fiduciário, que passa a ter o direito de levar a leilão para a sua alienação (Lei 9.514/97, art. 26, §§ 1º, 3º, 7º, e art. 27), assim como de requerer a reintegração da posse do bem. Afinal, após o prazo para desocupação voluntária, a continuidade da posse direta com o fiduciante afigura-se indevida e privar o credor quanto ao exercício deste poder configura-se como esbulho".[3]

Caracterizado o esbulho, cabível ação judicial com vistas à proteção judicial da posse. Nesse sentido, dispõe o art. 30 da Lei 9.514/97: "É assegurada ao fiduciário, seu cessionário ou sucessores, *inclusive o adquirente do imóvel por força do público leilão* de que tratam os §§ 1.º e 2.º do art. 27, *a reintegração na posse do imóvel, que será concedida liminarmente*, para desocupação em 60 (sessenta) dias, desde que comprovada, na forma do disposto no art. 26, a consolidação da propriedade em seu nome".

---

3. TJ/SP, Apelação 9205164-62.2007.8.26.0000, São Paulo, Rel. Des. Hugo Crepaldi, 27ª Câmara de Direito Privado, julgado em 24.05.2001.

Nada obstante a literalidade no dispositivo acima mencionado, que alude à "reintegração de posse", o meio mais correto para que o terceiro arrematante possa ingressar na posse do imóvel é a ação de imissão na posse, que é a "ação do proprietário que não tem posse contra o possuidor que não tem a propriedade".[4]

Vale dizer, conquanto a lei refira-se à "reintegração de posse", tem-se que o bem é adquirido em leilão extrajudicial pelo terceiro arrematante, que nunca exerceu a posse direta do bem, baseando-se no direito de propriedade. Isso porque a ação de imissão na posse tem natureza petitória, com fundamento no direito de propriedade daquele que, sem que nunca tenha exercido a posse direta, anseia obtê-la judicialmente.[5]

A propósito, dizem Nelson Nery Junior e Rosa Maria de Andrade Nery:

> Ação de imissão na posse não é possessória. É ação do proprietário, fundada no *ius possidendi*. O CPC/39 382 exigia que o autor da imissão juntasse com a inicial o título de propriedade, reconhecendo, pois, o caráter dominial de que era revestida aquela ação. Deve ser intentada pelo procedimento comum. Aquele que nunca teve a posse não poderá servir-se dos interditos possessórios para obtê-la. O adquirente que não recebe a posse do vendedor poderá utilizar-se da ação de imissão na posse.[6]

Escrevendo a respeito da alienação fiduciária de bens imóveis com base na Lei 9.514/97, observa Adroaldo Furtado Fabrício que:

> É manifesta a inadequação de linguagem em que incide o texto legal. Não pode haver 'reintegração' em uma posse que o fiduciário não tem e nunca teve. Com efeito, e como já ficou registrado no presente estudo, a evolução dominial e possessória é, nos termos da própria Lei 9.514, a seguinte: o fiduciante, inicialmente titular da propriedade e da posse em sua plenitude, transfere ao fiduciário, em garantia e em forma resolúvel, o domínio do imóvel; transmite-lhe, outrossim, com o domínio, a posse indireta do bem, retendo a direta; com a consolidação do domínio na pessoa do credor, desaparece o *ius possidendi*, de que se mantivera titular o financiado, com pertinência à posse direta, mas continua a exercê-la, de fato, até que desocupe o imóvel ou dele seja desalojado. Ora, a posse que o novo dono (o credor ou seu sucessor, sub-rogado ou cessionário) busca é a direta, que ele nunca teve, e não a indireta, que já era dele desde a contratação da alienação fiduciária, como atributo da propriedade. Para obter a posse indireta, não necessita ele de providência judicial ou de outra ordem, eis que já a detém; as medidas que se fazem cabíveis objetivam a atribuição ao novo dono da posse direta, a fim de recompor a unidade da posse anteriormente fracionada por efeito do contrato. O caso é, pois, de imissão na posse, não de reintegração nela: por haver-

---

4. TJ/SP, Apelação 327.480.4/9, Guarujá, Rel. Des. Maia da Cunha, 4ª Câmara de Direito Privado, julgado em 04.05.2006.

5. Nesse sentido: "Recurso especial. Ação de imissão na posse. Natureza jurídica. Instrumento processual que revela um viés petitório. Direito real de propriedade. Constituição. Registro. Pretensão de imitir-se na posse. Prevalência daquele que é titular do domínio. Recurso especial provido. 1. A ação de imissão na posse, ao contrário do que o nomen iuris pode indicar, tem natureza petitória. 2. A presente ação (ação de imissão na posse) é instrumento processual colocado à disposição daquele que, com fundamento no direito de propriedade e sem nunca ter exercido a posse, almeja obtê-la judicialmente. (...). *In casu*, confrontando o direito das partes, com relação à imissão na posse, há de prevalecer aquele que esteja alicerçado no direito real de propriedade, na espécie, o dos recorrentes. 5. Recurso especial provido" (STJ, REsp 1126065/SP, Rel. Ministro Massami Uyeda, Terceira Turma, julgado em 17.09.2009, DJe 07.10.2009).

6. Cf. NERY JUNIOR; Nelson; NERY, Rosa Maria de Andrade Nery. *Código de Processo Civil Comentado* (*livro eletrônico*). 5. ed. São Paulo: Thomson, 2020. Comentários ao art. 554.

se tornado titular do *ius possidendi* pleno, o novo proprietário, agora na titularidade igualmente plena do domínio, cuida de juntar à posse mediata, que já tem, a imediata, que ele nunca teve porque permanecera com o dono anterior.[7]

Ainda, no sentido do cabimento de ação de imissão na posse, vejam-se os seguintes julgados do TJ/SP:

Pedido de liminar em reintegração de posse. Indeferimento. Agravante ingressou com ação possessória, por ter adjudicado a parte do agravado em leilão extrajudicial, mas não tem direito à reintegração, porque nunca teve a posse. Ação correta é a ação ordinária de imissão de posse. Recurso não provido.[8]

Ação de imissão de posse. Ação petitória que compete ao proprietário que pretende obter a posse de quem injustamente a detenha. É a ação do proprietário que não tem posse contra o possuidor que não tem a propriedade. Compra e venda de bem imóvel. Transação regularmente realizada com quitação do seu preço que dá ensejo à imissão na posse pelos seus adquirentes. Sentença mantida. Recurso dos réus improvido, prejudicado o interposto pelos oponentes.[9]

Observe-se, ainda, que os arts. 1.204, 1.205 e 1.228, do Código Civil, robustecem o direito do terceiro arrematante de imissão na posse do imóvel adquirido. Isso porque a ação de imissão de posse compete ao adquirente do bem, para haver a respectiva posse, contra o terceiro que o detém injustamente.

Mas não é só. O art. 30 da Lei 9.514/97, assegura, ainda, ao terceiro arrematante, o direito à imissão liminarmente, no prazo de 60 (sessenta) dias. A respeito do cabimento da liminar, vejamos, por oportuno, as lições do já mencionado Professor Adroaldo Furtado Fabrício:

Como ficou visto, a propriedade, que até então era resolúvel, consolida-se no patrimônio do fiduciário desde o momento em que decai o devedor inadimplente da faculdade de purgar a mora. Contudo, a posse direta, fática, pode ter continuado com o devedor. Para esse caso, a lei assegura ao credor, seu sucessor ou cessionário uma providência a que denomina 'reintegração na posse do imóvel', que deve ser liminarmente concedida, mas com a outorga de um prazo de sessenta dias para a desocupação espontânea pelo mutuário. Para obtê-la, basta ao fiduciante (ou quem lhe haja sucedido ou substituído na correspondente posição jurídica) comprovar a consolidação da propriedade (art. 30). (...). Nada está disposto na lei quanto ao procedimento a ser adotado em Juízo. Não há cogitar da adoção do rito da ação reintegratória, porque dela não é caso, como ficou visto, e também porque os requisitos e a configuração da liminar possessória são diversos daqueles fixados na lei ora comentada para o caso. Trata-se de uma *missio in possessionem* sob falso nome e com a peculiaridade referida quanto à liminar: esta só se condiciona à prova da consolidação e não se executa imediatamente. Sabido que o sistema processual vigente não institui rito especial para a ação de imissão, parece impor-se o procedimento ordinário como único cabível, mas com as modificações resultantes do artigo quanto à liminar e sua execução. As oportunidades para

---

7. Cf. FABRÍCIO, Adroaldo Furtado. Alienação fiduciária de imóveis segundo a Lei n. 9.514/97. In: FARIAS, Cristiano Chaves de; DIDIER JÚNIOR, Fredie (Coord.). *Procedimentos especiais cíveis*: Legislação extravagante. São Paulo: Saraiva, 2003. p. 1429-1456, especialmente p. 1440-1441.

8. TJ/SP, Apelação Cível 000653550-2014.8.26.0358, São Paulo, Rel. João Pazine Neto, 3ª Câmara de Direito Privado, julgado em 23.10.2020.

9. TJ/SP, Apelação Cível 100062983-2017.8.26.0123, São Paulo, Rel. Rodolfo Pellizari, 6ª Câmara de Direito Privado, julgado em 18.05.2020.

resposta, produção de provas e outras atuações das partes, assim como aquelas previstas para o saneamento do processo e eventual antecipação de julgamento são aquelas regidas pela disciplina do rito ordinário, em nada afetado, após a concessão da liminar, pelas peculiaridades desta.[10]

Tem-se, portanto, que a Lei 9.514/97 impõe um único requisito para a concessão da liminar na ação de imissão na posse ajuizada pelo terceiro adquirente: "a comprovação da consolidação da propriedade". À título de exemplo, a escritura pública da venda do imóvel em leilão extrajudicial, bem como seu registro na respectiva matrícula do imóvel arrematado são mais do que suficientes para comprovar dita "consolidação da propriedade".

A respeito da concessão da liminar, veja-se o que aduz Marcelo Terra em obra dedicada ao estudo da Lei 9.514/97:

> Após realização do leilão, o licitante vencedor ou mesmo o credor (fiduciário) entrará na posse direta do imóvel. E se o imóvel estiver ocupado pelo próprio devedor (fiduciante) ou por terceiros, inquilinos ou comodatários?
>
> A resposta está na lei (art. 30), ao prever expressamente o direito de reintegração do credor (fiduciário) ou do licitante vencedor liminarmente na posse, sendo concedida a desocupação, em juízo, dentro de sessenta dias, bastando que se comprove (com a certidão do registro imobiliário) a consolidação da plena propriedade na pessoa do credor, dispensado, para tanto, o registro do contrato decorrente do leilão. Recordo que, pelo teor do inc. V, do art. 24, o devedor (fiduciante) somente poderá se utilizar livremente do imóvel enquanto for adimplente; assim, a partir do não pagamento de qualquer das parcelas ou do não cumprimento de uma obrigação acessória, o devedor (fiduciante) é esbulhador da posse, justificando-se a reintegração.[11]

Calha mencionar, ademais, a orientação do Egrégio Tribunal de Justiça do Estado de São Paulo:

> Alienação fiduciária. Bem imóvel. Reintegração de posse. Liminar. Requisitos. Preenchimento. Cabimento. Aplicação do art. 30 da lei 9.514/97. Preenchidos os requisitos dos artigos 26 e 27 da Lei 9.514/97, de rigor a concessão da medida prevista no artigo 30, que assegura ao fiduciário, seu cessionário ou sucessores, inclusive o adquirente do imóvel por força do público leilão, a reintegração na posse do imóvel, a ser concedida liminarmente, para desocupação em sessenta dias, ante a comprovação da consolidação da propriedade em nome do fiduciário.[12]
>
> Imissão de posse. Alienação fiduciária de bem imóvel. Deferimento do mandado liminar em favor de adquirente de imóvel em público leilão por força de alienação fiduciária de coisa imóvel regulada pela Lei 9.514/97. Confirmação. Observado o prazo de sessenta dias para a desocupação, afigura-se lídimo o mandado de imissão na posse em favor de adquirente da propriedade resolúvel da coisa imóvel. Recurso desprovido.[13]

---

10. Cf. FABRÍCIO, Adroaldo Furtado. Alienação fiduciária de imóveis segundo a Lei n. 9.514/97. In: FARIAS, Cristiano Chaves de; DIDIER JÚNIOR, Fredie (Coord.). *Procedimentos especiais cíveis*: Legislação extravagante. São Paulo: Saraiva, 2003. p. 1429-1456, especialmente p. 1441-1442.

11. Cf. TERRA, Marcelo. *Alienação fiduciária de imóvel em garantia*: Lei 9.514/97, primeiras linhas. Porto Alegre: Sérgio Antônio Fabris Editor, 1998, p. 51.

12. TJ/SP, Agravo de Instrumento, 207326914-2018.8.26.0000, São Paulo, Rel. Claudio Hamilton, 25ª Câmara de Direito Privado, julgado em 08.06.2018.

13. TJ/SP, Agravo de Instrumento, 9016875-77.2009.8.26.0000, São Paulo, Rel. Des. Júlio Vidal, 28ª Câmara de Direito Privado, julgado em 18.08.2009.

Imissão de Posse. Réu, ora agravante, que se insurge contra decisão que concedeu a liminar em favor da autora, ora agravada. Consolidação da propriedade em favor da credora fiduciária e posterior alienação à agravada. Presença, a priori, dos elementos autorizadores da medida liminar. Prova da propriedade do imóvel que sustenta o direito da recorrida. Inteligência das Súmulas 4 e 5 deste E. Tribunal. Observação, entretanto, quanto ao prazo para desocupação do imóvel pelo réu. Recurso desprovido, com observação.[14]

Agravo de instrumento interposto contra decisão que deferiu liminar em reintegração de posse que os novos adquirentes do imóvel ajuizaram contra os antigos proprietários. Inconformismo dos antigos proprietários firme na tese de que (1) não foram preenchidos os requisitos exigidos pelo art. 273, do CPC para a concessão da medida de urgência; (2) litigam com a Caixa Econômica Federal (CEF), credora fiduciária, que lhes financiou o imóvel onde residem desde 2002, daí porque o feito deve ser suspenso, com fulcro no art. 265, IV, 'a' e § 5º do CPC; e, (3) reiteram o pedido de justiça gratuita. Não acolhimento. Com a caracterização da mora o bem retornou ao domínio pleno da credora fiduciária, a CEF. Posse transferida aos novos adquirentes pelo constituto possessório. Pleitos referentes à suspensão do feito e de reiteração dos benefícios da justiça gratuita que deverão ser analisados em primeira instância, sob pena de supressão de um grau de jurisdição. Agravantes que têm o prazo de 60 dias para desocupação do imóvel, sob pena, de execução forçada da liminar, nos termos do art. 30, da Lei 9.514/97. Recurso conhecido em parte e não provido, com observação.[15]

Relativamente à ação de imissão na posse calcada no DL 70/66, há, inclusive, enunciado de Súmula do Tribunal de Justiça do Estado de São Paulo nesse sentido, vejamos: "É cabível liminar em ação de imissão de posse, mesmo em se tratando de imóvel objeto de arrematação com base no Decreto-Lei 70/66".[16]

Oportuno consignar que o requisito previsto pelo art. 30 da Lei 9.514/97 é *objetivo*, de modo que a concessão da liminar para desocupação do imóvel depende unicamente da comprovação da consolidação da propriedade. Vale dizer, o requisito da urgência, nessa hipótese, é prescindível, muito embora possa servir de mais um argumento tendente à obtenção da liminar.

Além do pedido de imissão na posse propriamente dito, o terceiro arrematante ainda tem a opção de cumular, em desfavor do devedor/fiduciante, pedido de cobrança de taxa de ocupação e de despesas condominiais e tributos.

Deveras, não se pode esquecer que até a efetiva implementação da liminar obtida em referida ação de imissão na posse, a posse direta do imóvel pertence ao devedor/fiduciante, de modo que cabe a esse, segundo expressa disposição legal, arcar com aludidos valores.

Consoante dispõe o art. 37-A da Lei 9.514/97, com a redação que lhe foi dada pela Lei 13.465/17,

---

14. TJ/SP, Agravo de Instrumento, 203346080-2019.8.26.0000, São Paulo, Rel. José Joaquim dos Santos, 2ª Câmara de Direito Privado, julgado em 27.03.2019.

15. TJ/SP, Agravo de Instrumento 9006214-73.2008.8.26.0000, Taboão da Serra, Rel. Des. Moura Ribeiro, 11ª Câmara de Direito Privado, julgado em 12.02.2009.

16. Enunciado 4 da Súmula do Tribunal de Justiça de São Paulo, relativa à Seção de Direito Privado.

o devedor fiduciante pagará ao credor fiduciário, ou a quem vier a sucedê-lo, a título de taxa de ocupação do imóvel, por mês ou fração, valor correspondente a 1% (um por cento) do valor a que se refere o inciso VI ou o parágrafo único do art. 24 desta Lei, computado e exigível desde a data da consolidação da propriedade fiduciária no patrimônio do credor fiduciante até a data em que este, ou seus sucessores, vier a ser imitido na posse do imóvel.

Citado dispositivo legal fixa a data de consolidação da propriedade fiduciária no patrimônio do credor fiduciante como marco inicial para o pagamento, pelo devedor, de taxa de ocupação. O marco final, de outro lado, é a imissão na posse do terceiro arrematante, seja em caráter definitivo, seja em caráter provisório. O valor de aludida taxa de ocupação, de outro lado, corresponde a 1% (um por cento) do valor de que trata o art. 24, inciso VI ou o parágrafo único, da Lei 9.514/97, é dizer, do valor do imóvel indicado no contrato para efeito de venda em leilão público ou caso o valor do imóvel convencionado pelas partes nos termos do inciso VI seja inferior ao utilizado pelo órgão competente como base de cálculo para a apuração do imposto sobre transmissão *inter vivos*, exigível por força da consolidação da propriedade em nome do credor fiduciário, este último será o valor mínimo para efeito de venda do imóvel no primeiro leilão.

Referida taxa é devida, nos termos do art. 37-A da Lei 9.514/97, a título de indenização pelo uso irregular do imóvel durante o período de inadimplência. A ausência de pagamento de aludida taxa de ocupação implica em evidente enriquecimento injustificado do devedor/fiduciante.

A taxa de ocupação instituída pela Lei 9.514/97, que disciplina com especialidade a alienação fiduciária de bem imóvel, visa compensar a ocupação irregular em face da consolidação da propriedade em nome do credor fiduciário e posterior transferência da propriedade ao terceiro arrematante, estando o valor da obrigação pecuniária atrelada ao tempo em que o devedor/fiduciante permanecer indevidamente na posse direta do bem. Assim, a circunstância do devedor/fiduciante evitar a pronta restituição da coisa, autoriza a exigência da taxa de ocupação, conforme previsto no art. 37-A da Lei 9.514/97.

No mesmo sentido, posiciona-se o Tribunal de Justiça de São Paulo:

Bem imóvel gravado com cláusula de alienação fiduciária. Taxa de ocupação. Legalidade. Inteligência do art. 37-A da Lei 9.514/97. Taxa de ocupação. Aplicação do disposto no art. 37-A da Lei n. 9.514/97. Não cabe aos réus permanecer em imóvel alheio sem nada pagar. Valor indenizatório está previsto claramente no artigo 37-A da Lei 9.514/97 (percentual de 1% sobre o valor de avaliação do imóvel).[17]

Ação de reintegração de posse. Alienação fiduciária de bem imóvel. Mora ocorrente. Esbulho caracterizado. Desocupação pelos réus no curso do processo. Necessidade de pagamento da taxa

---

17. TJ/SP, Apelação Cível 103305976-2017.8.26.0224, São Paulo, Rel. Edson Luiz de Queiróz, 9ª Câmara de Direito Privado, julgado em 18.11.2019.

de ocupação prevista no artigo 37-A da Lei 9.514/97. Devido processo legal observado. Ausência de inconstitucionalidade. Ação procedente. Recurso improvido.[18-19]

Além da taxa de ocupação, é de se destacar que o art. 27, § 8.º[20], da Lei 9.514/97, estabelece a responsabilidade do devedor/fiduciante pelo pagamento das despesas condominiais, inclusive tributos até a imissão do fiduciário ou do terceiro arrematante na posse do imóvel.

Deveras, somente a partir da imissão na posse do imóvel é que o terceiro arrematante deveria efetivamente arcar com aludidas despesas, já que a partir deste momento passará a ter a disponibilidade do bem e poderá exercer plenamente os poderes inerentes à propriedade. Nessa linha o art. 27, § 8.º, da Lei 9.514/97 visa justamente à recomposição de valores que o terceiro arrematante tiver desembolsado a título de despesas condominiais e tributos.

4. REFERÊNCIAS BIBLIOGRÁFICAS

ARRUDA ALVIM NETTO, José Manoel de. Parecer: Alienação Fiduciária de Bem Imóvel. O contexto da inserção do instituto em nosso direito e em nossa conjuntura econômica. Características. *Revista de Direito Privado*. n. 2, abril-junho de 2000, São Paulo: RT, coordenação de Nelson Nery Junior e Rosa Maria de Andrade Nery.

ASSIS, Araken. *Manual da execução*. 21. ed. São Paulo: Revista dos Tribunais, 2021.

CHALHUB, Melhim Namem. *Alienação fiduciária*. 5. ed. Rio de Janeiro: Forense, 2017.

CHALHUB, Melhim Namem. *Negócio fiduciário*. 3. ed. Rio de Janeiro: Renovar, 2006.

FABRÍCIO, Adroaldo Furtado. Alienação fiduciária de imóveis segundo a Lei n. 9.514/97. In: FARIAS, Cristiano Chaves de; DIDIER JÚNIOR, Fredie (Coord.). *Procedimentos especiais cíveis*: Legislação extravagante. São Paulo: Saraiva, 2003.

GOMES, Orlando. *Direitos Reais*. Rio de Janeiro: Forense, 1985.

NERY JUNIOR, Nelson; NERY, Rosa Maria de Andrade. *Código de Processo Civil Comentado* (livro eletrônico). 5. ed. São Paulo: Thomson, 2020. Comentários ao art. 554.

TERRA, Marcelo. *Alienação fiduciária de imóvel em garantia*: Lei 9.514/97, primeiras linhas. Porto Alegre: Sérgio Antônio Fabris Editor, 1998.

---

18. TJ/SP, Apelação 9081088-34.2005.8.26.0000, Santo André, Rel. Des. Ruy Coppola, 32ª Câmara do D. Sexto Grupo (Ext. 2º TAC), julgado em 30.11.2006.
19. Permitimo-nos trazer, também, ementa de julgado do Tribunais de Justiça do Rio Grande do Sul: "(...). Contrato de compra e venda de imóvel com pacto adjeto de alienação fiduciária em garantia. Taxa de ocupação. Controvérsia recursal adstrita à questão da taxa de ocupação do imóvel. É devida a referida taxa, nos termos do art. 37-A da Lei 9.514/97, a título de indenização pelo uso irregular do imóvel durante o período de inadimplência. O não-pagamento da indenização implicaria o enriquecimento injustificado da ré. Fixação em 1% sobre o valor do imóvel, de acordo com a disposição legal, porquanto nada há nos autos a demonstrar a exacerbação do montante no caso concreto. Incidência mensal, a partir da data de realização da segunda hasta pública (sem licitantes), de acordo com o pedido formulado na inicial. Apelação provida" (TJ/RS, Apelação Cível 70036661700, 19ª Câmara Cível, Rel. Des. Mylene Maria Michel, Julgado em 15.06.2010).
20. Lei 9.514/97, art. 27: "Uma vez consolidada a propriedade em seu nome, o fiduciário, no prazo de trinta dias, contados da data do registro de que trata o § 7º do artigo anterior, promoverá público leilão para a alienação do imóvel. (...). § 8º. Responde o fiduciário pelo pagamento dos impostos, taxas, contribuições condominiais e quaisquer outros encargos que recaiam ou venham a recair sobre o imóvel, cuja posse tenha sido transferida para o fiduciário, nos termos deste artigo, até a data em que o fiduciário vier a ser imitido na posse".

CAPÍTULO 8
É POSSÍVEL COBRAR O SALDO DEVEDOR DO DEVEDOR FIDUCIANTE EM CASO DE SEGUNDO LEILÃO NEGATIVO, CONSIDERANDO O DISPOSTO NO PARÁGRAFO QUINTO DO ARTIGO 27 DA LEI 9.514/1997?

Marcos Lopes Prado

Graduado em Direito pela USP. Especialista em Direito Contratual pela PUC-SP, em Direito Urbanístico pela SBDP e em Direito Notarial e Registral Imobiliário pelo IRIB. Membro da MDDI – Mesa de Debates de Direito Imobiliário, do IBDiC – Instituto Brasileiro de Direito da Construção, do IBRADIM – Instituto Brasileiro de Direito Imobiliário, da Comissão de Direito Notarial e Registros Públicos da OAB/SP (gestão 2015-2018) e do GRI Club Real Estate. Recomendado pelas publicações jurídicas Chambers and Partners, Legal500, LatinLawyer, Leaders League e Análise Advocacia 500, desde 2012. Palestrante e coautor de diversas obras de Direito Imobiliário. Advogado em São Paulo/SP. Endereço eletrônico: Marcos.Prado@cesconbarrieu.com.br

Thiago de Lima Machado

Especialista em Direito Imobiliário pela PUC-SP. Graduado em Direito pela Universidade Presbiteriana Mackenzie. Advogado em São Paulo/SP. Endereço eletrônico: Thiago.Machado@cesconbarrieu.com.br

Sumário: 1. Introdução – 2. Tipificação legal – 3. Procedimento de excussão extrajudicial – 4. Hipóteses de quitação legal da dívida – 5. Considerações Finais – 6. Referências bibliográficas.

1. INTRODUÇÃO

O instituto da alienação fiduciária em garantia de bens imóveis, inserido no ordenamento jurídico brasileiro por meio da Lei 9.514, de 20 de novembro de 1997, com quase 22 (vinte e dois) anos de vigência, foi originalmente concebido para aplicação exclusiva no âmbito do Sistema Financeiro da Habitação (SFH) e do Sistema Financeiro Imobiliário (SFI), para garantia e fomento do crédito habitacional.

A introdução da garantia fiduciária de imóveis entre nós foi uma resposta, à época, às demandas reprimidas e necessidades de fomento do mercado financeiro e de capitais brasileiro, especialmente aquele voltado para a geração e ampliação de novo crédito habitacional disponível para o financiamento da aquisição da casa própria por milhões de cidadãos brasileiros, a partir da premissa de um procedimento de recuperação de crédito mais ágil, seguro e eficiente, via a excussão extrajudicial da respectiva garantia real a ele atrelada, quando comparado ao clássico, moroso e milenar instituto da hipoteca, previsto no Código Civil Brasileiro e em vigor até hoje, com rito judicial de excussão.

Sobre o tema, os ilustres juristas Tatiana Bonatti Peres e Renato Pinheiro Jabur ensinam que:

> A alienação fiduciária de bens imóveis, como se vê, foi originalmente criada no âmbito de uma lei que instituiu o SFI, e tal fato é imprescindível para a correta interpretação de seus dispositivos. Em outras palavras, deve-se ter em mente que esta modalidade de garantia foi inicialmente idealizada para operações de financiamento imobiliário, mas tanto a reiterada prática quanto a legislação brasileira expressamente ampliaram o âmbito de sua aplicação. Assim é que, por expressa disposição legal, as obrigações em geral, inclusive fora do SFI, também podem ser garantidas por alienação fiduciária de imóvel, nos termos do § 1° do artigo 22 da Lei de Alienação Fiduciária de Bens Imóveis (com a redação atualmente dada pela Lei 11.481, de 31 de maio de 2007) e do artigo 51 da Lei 10.931, de 2 de agosto de 2004. Assim, o que se pretendia originalmente no Sistema de Quitação Recíproca era a proteção específica do devedor que contraía empréstimo para adquirir seu bem imóvel, evitando que ele, em caso de inadimplemento, além de perder o bem financiado (e os valores já pagos), ainda ficasse devendo quantias adicionais ao credor fiduciário (financiador imobiliário). Trata-se de proteção legal inerente às regras do financiamento habitacional, outorgada em favor do adquirente de imóvel, tipicamente em situação econômica menos favorável.[1]

Nos cinco anos iniciais de vigência da Lei 9.514/97, a garantia fiduciária de imóvel não foi utilizada em larga escala pelo mercado bancário, ainda desconfiado do real funcionamento e da eficácia plena e total da então nova modalidade de garantia real ao crédito financeiro habitacional, já há muito tempo acostumado com a secular hipoteca. Após isso, apesar da ampliação legal do escopo de utilização da alienação fiduciária em garantia de imóveis decorrente das alterações trazidas pela Lei 10.931/04, o Brasil vivenciou um ciclo de mais de dez anos de grande prosperidade e crescimento econômico inédito, razão pela qual as excussões de garantias reais foram reduzidas em tal década. Contudo, com o advento da forte crise econômica brasileira a partir do ano de 2014, com especial impacto para o setor imobiliário, passamos a experimentar um exponencial crescimento dos casos de insolvência e, consequentemente, das execuções de garantias reais. Com isso, a alienação fiduciária de imóveis passou a ser, finalmente, testada na prática, para além de seus limites legais e previsões inicialmente tipificados pela Lei 9.514/1997. Por tudo isso, é chegada a "hora da verdade" para a garantia fiduciária de imóveis. A Jurisprudência terá um papel fundamental, nos próximos anos, na sua consolidação como a principal modalidade de garantia real imobiliária disponível no Direito Brasileiro, ou então, no seu enfraquecimento institucional e limitação de utilização a situações específicas,

---

1. PERES, Tatiana Bonatti. JABUR, Renato Pinheiro. Alienação Fiduciária em Garantia de Bens Imóveis e a Quitação sem Pagamento Prevista nos §§5° e 6° do artigo 27 da Lei 9.514/97. In: PERES, Tatiana Bonatti; FAVACHO, Frederico. *Novos Temas de Direito do Agronegócio*. São Paulo: Lumen Juris, p. 114).

o que traria um eventual novo estímulo à sobrevivência da hipoteca (em escala de mercado) entre nós.

As alterações legislativas ao instituto da alienação fiduciária em garantia de imóveis trazidas pelas Leis 10.931/2004, 11.481/2007, 13.043/2014, 13.465/2017[2] e 13.476/2017 permitiram o uso amplo da garantia fiduciária imobiliária para operações de crédito, dívida e financiamento de qualquer natureza, não ficando mais limitada ao fim de garantia de aquisição de ativos imobiliários residenciais, podendo ser contratada por pessoas físicas, pessoas jurídicas e/ou instituições financeiras, extrapolando, assim, o âmbito original das operações típicas do Sistema Financeiro da Habitação (SFH) e do Sistema Financeiro Imobiliário (SFI).

Entretanto, a ampliação da permissão legal de uso da garantia fiduciária imobiliária não foi acompanhada de uma atualização legislativa adequada, que abrangesse as mais diversas situações fáticas oriundas da criatividade e da dinâmica comercial do mercado, notadamente nos casos que envolvam, por exemplo:

(i) pluralidade de dívidas e/ou de credores a serem garantidos;

(ii) diversos imóveis (cada qual com valor de mercado inferior ao valor total da dívida garantida) objeto da mesma garantia fiduciária imobiliária, não necessariamente localizados na mesma comarca e/ou convivendo com outras garantias fidejussórias e/ou reais da mesma operação de crédito;

(iii) credores estrangeiros (instituições financeiras ou não) com garantia fiduciária de imóveis rurais (inclusive situados em faixa de fronteira), sujeitos a restrições legais específicas;[3]

(iv) efeitos legais decorrentes de frequentes renegociações financeiras e aditamentos de operações de dívidas empresariais garantidas por alienação fiduciária de imóveis;

(v) contratação da mesma garantia fiduciária por diversos tipos de instrumentos com dívidas e obrigações distintas uma das outras; e

(vi) abertura de créditos rotativos, sem previsão dos valores determinados, líquidos e certos da dívida garantida, que podem ser variáveis a depender dos mecanismos financeiros de reajuste a serem adotados contratualmente, tudo dentre outras características fáticas que acabam sendo acordadas livremente no mercado, sem que haja quaisquer previsões legais específicas, para além do crédito habitacional do SFH e/ou SFI, bem como para relações contratuais que não sejam sujeitas à incidência do CDC – Código de Defesa do Consumidor.

---

2. Ressalta-se que a Lei 13.465/2017 dispõe de diversos assuntos que envolvem desde as alterações à Lei 9.514/1997 até mesmo questões relacionadas à regularização fundiária rural e urbana, dentre outros. Atualmente, a Lei 13.645/2017 é objeto de duas Ações Diretas de Inconstitucionalidade (ADI 5771 e 5883) que questionam, em suma, as disposições relacionadas à regularização fundiária.

3. Com relação a tal assunto, vale ressaltar que a recente edição da Lei nº 13.986/2020 trouxe alterações significativas ao expor de forma expressa que as operações de fomento ao crédito rural previstas na referida Lei 13.986/20 não se sujeitam as restrições legais específicas as hipóteses de (i) constituição de garantia real, inclusive a transmissão da propriedade fiduciária em favor de pessoa jurídica, nacional ou estrangeira; e (ii) recebimento de imóvel rural em liquidação de transação com pessoa jurídica, nacional ou estrangeira, ou pessoa jurídica nacional da qual participem, a qualquer título, pessoas estrangeiras físicas ou jurídicas que tenham a maioria do seu capital social e que residam ou tenham sede no exterior, por meio de realização de garantia real, de dação em pagamento ou de qualquer outra forma.

2. TIPIFICAÇÃO LEGAL

O artigo 22 da Lei 9.514/1997 tipifica a alienação fiduciária em garantia de imóvel como "o negócio jurídico pelo qual o devedor, ou fiduciante, com o escopo de garantia, contrata a transferência ao credor, ou fiduciário, da propriedade resolúvel de coisa imóvel".

No mesmo sentido, as Normas de Serviço da Corregedoria Geral da Justiça do Tribunal de Justiça do Estado de São Paulo estabelecem que

> a alienação fiduciária, regulada pela Lei 9.514, de 20 de novembro de 1997, e suas alterações, é o negócio jurídico pelo qual o devedor, ou fiduciante, com o escopo de garantia, contrata a transferência da propriedade resolúvel de coisa imóvel ao credor, ou fiduciário, que pode ser contratada por qualquer pessoa, física ou jurídica, e não é privativa das entidades que operam no Sistema de Financiamento Imobiliário (SFI).[4]

Assim sendo, como legalmente positivado, a alienação fiduciária de imóvel é modalidade de garantia real creditícia essencialmente diversa da hipoteca, na qual há somente um direito real de garantia de natureza civil sem que haja transmissão de posse direta ou indireta do bem hipotecado ao credor, que passará a ser detentor de um direito real de garantia sobre coisa alheia, tendo sobre ela o poder de sequela,[5] de modo que o devedor, ao hipotecar o imóvel, mantém o mesmo sob seu domínio, diferentemente do que ocorre na garantia fiduciária.[6]

Regra geral (ressalvadas as operações habitacionais do SFH/SFI, por exemplo), a constituição da hipoteca requer a lavratura de escritura pública, que deve ser registrada perante o competente Oficial de Registro de Imóveis, para publicidade, oponibilidade e efeitos *erga omnes*. Uma vez registrada, a garantia hipotecária subsistirá por inteiro até a sua extinção convencional ou legal, abrangendo todas as acessões, benfeitorias, melhoramentos e/ou construções do imóvel hipotecado, podendo ser constituída em diversos graus prioritários, bem como para fins de garantia de dívida futura e/ou condicionada, desde que determinado o valor máximo do crédito rotativo a ser garantido (a chamada hipoteca "guarda-chuva").

Por sua vez, a alienação fiduciária em garantia recai sobre propriedade de imóvel transmitida ao credor fiduciário, em caráter resolúvel e com escopo de garantia, ca-

---

4. Normas de Serviço da Corregedoria Geral da Justiça do Tribunal de Justiça do Estado de São Paulo. Capítulo XX. Tomo II. Seção IX. Subseção I. Art. 230. Introduzido pelo Provimento CG 37/2013, de 28 de novembro de 2013.

5. Sobre o poder de sequela, Dilvanir José da Costa leciona: "(...) o poder absoluto ou erga omnes tem como efeito prático ou vantagem o direito de sequela ou de seguir, perseguir o objeto de seu direito onde quer que esteja e reivindica-lo do poder de quem injustamente o possua. Os romanos já proclamavam: "ubicunque sit res, domino suo clamat" – a coisa clama por seu dono. A sequela, que decorre do poder absoluto, constitui efeito típico do direito real, de par com o jus *utendi, fruendi et abutendi*, que decorre do poder direto sobre a coisa". (DA COSTA, Dilvanir José. O conceito de direito real. *Revista de Informação Legislativa*. Senado Federal, Subsecretaria de Edições Técnicas. Brasília, ano 36, n. 144, out./dez., 1999, p.72).

6. LOUREIRO, Luiz Guilherme. *Registros públicos: teoria e prática*. 7. ed. rev., atual. e ampl. Salvador: JusPodivim, 2016. p.689.

racterizando-se, então, como um direito real sobre a coisa própria, conforme leciona o professor Melhim Namem Chalhub: "(...) na hipoteca, o devedor grava o imóvel, mas o mantém sob seu domínio, enquanto que, na propriedade fiduciária, o devedor transfere o domínio para o credor (...).[7]"

A constituição e aperfeiçoamento da propriedade fiduciária, assim como todo direito real imobiliário, para fins de publicidade, oponibilidade e efeitos *erga omnes,* somente ocorrerá mediante o registro do instrumento que lhe serve de título[8] perante o Oficial de Registro de Imóveis competente e desde que presentes os requisitos legais elencados no artigo 24 da Lei 9.514/1997.[9]

Após o registro, a propriedade fiduciária e resolúvel do imóvel é transmitida pelo devedor fiduciante ao credor fiduciário, que, por sua vez, torna-se o titular da posse indireta do bem, restando a posse direta ao devedor fiduciante. Desta forma, o credor fiduciário adquire o imóvel, para fins de garantia e sob a condição resolutiva da futura quitação da dívida garantida pelo devedor fiduciante.

Já o devedor fiduciante torna-se titular de um direito real de aquisição nos termos do Art. 1.368-B do Código Civil Brasileiro,[10] e sob a mesma condição resolutiva acima apontada,[11] de modo que, diante a quitação da dívida garantida, a propriedade fiduciária detida pelo credor fiduciário resolver-se-á, automaticamente, retornando o pleno domínio do imóvel ao devedor fiduciante, ao final.

Para fins registrais, uma vez resolvida a obrigação garantida pela alienação fiduciária, não há lavratura e nem registro de novo título translativo do domínio do imóvel de volta ao devedor fiduciante, que deverá apresentar o simples termo de quitação da dívida garantida pela alienação fiduciária ao competente Oficial de Registro de Imóveis, a ser emitido pelo credor fiduciário, no prazo de até 30 (trinta)

---

7. CHALHUB, Melhim Namem. O Leilão Extrajudicial Face ao Princípio do Devido Processo Legal. *RePro*, n. 96, 1999, p. 75.

8. Lei 9.514/1997. Art. 38. "Os atos e contratos referidos nesta Lei ou resultantes da sua aplicação, mesmo aqueles que visem à constituição, transferência, modificação ou renúncia de direitos reais sobre imóveis, poderão ser celebrados por escritura pública ou por instrumento particular com efeitos de escritura pública". Apesar do dispositivo legal, determinadas Corregedorias de Justiças Estaduais visam limitar a aplicação da Lei, exemplo disso aplicado no artigo 852 do Provimento 260/CGJ/2013 da Corregedoria-Geral de Justiça do Estado de Minas Gerais, ao prever que "os atos e contratos relativos à alienação fiduciária de bens imóveis e negócios conexos poderão ser celebrados por escritura pública ou instrumento particular, desde que, neste último caso, seja celebrado por entidade integrante do Sistema de Financiamento Imobiliário - SFI ou por Cooperativas de Crédito".

9. O artigo 24, *caput*, da Lei 9.514/1997 dispõe que "o contrato que serve de título ao negócio fiduciário conterá: I – o valor do principal da dívida; II – o prazo e as condições de reposição do empréstimo ou do crédito do fiduciário; III – a taxa de juros e os encargos incidentes; IV – a cláusula de constituição da propriedade fiduciária, com a descrição do imóvel objeto da alienação fiduciária e a indicação do título e modo de aquisição; V – a cláusula assegurando ao fiduciante, enquanto adimplente, a livre utilização, por sua conta e risco, do imóvel objeto da alienação fiduciária; VI – a indicação, para efeito de venda em público leilão, do valor do imóvel e dos critérios para a respectiva revisão; VII – a cláusula dispondo sobre os procedimentos de que trata o art. 27".

10. Lei 10.406/2002. Artigo 1.368-B. "A alienação fiduciária em garantia de bem móvel ou imóvel confere direito real de aquisição ao fiduciante, seu cessionário ou sucessor" (Redação dada pela Lei 13.043/2014).

11. CHALHUB, Melhim Namem. *Alienação Fiduciária, Incorporação Imobiliária e Mercado de Capitais – Estudos e Pareceres*. Rio de Janeiro: Renovar 2012. p. 7.

260 MARCOS LOPES PRADO E THIAGO DE LIMA MACHADO

dias contados da data de liquidação total da dívida, o qual é averbado na matrícula do imóvel, cancelando-se, com isso, o registro da propriedade fiduciária em nome do credor e restabelecendo-se, automaticamente, a plena propriedade do imóvel em nome do devedor fiduciante.[12]

3. PROCEDIMENTO DE EXCUSSÃO EXTRAJUDICIAL

Diante a premissa de que a alienação fiduciária imobiliária proporcionaria maior facilidade, segurança e agilidade na estruturação de operações de crédito, advindas ou não de instituições financeiras, deve-se analisar o seu procedimento legal de excussão, em caso de inadimplemento das obrigações garantidas pelo devedor fiduciante.

Inicialmente, necessário diferenciar os procedimentos de excussão da alienação fiduciária e da garantia hipotecária. Regra geral (ressalvadas as exceções legais), a execução da hipoteca deve ser processada por meio de ação judicial, nos termos do Código de Processo Civil, que prevê, nesses casos, duas hipóteses para a expropriação do bem do devedor: (i) adjudicação do próprio bem pelo credor; ou, (ii) alienação do imóvel promovida pelo credor a terceiros, seja por iniciativa particular ou em leilão judicial eletrônico ou presencial. O Código Civil Brasileiro prevê, ainda, que quando executada a hipoteca e o produto não bastar para a liquidação total do saldo devedor atualizado da dívida garantida, com as devidas despesas judiciais, continuará o devedor obrigado pessoalmente pelo restante da dívida, até que ocorra o seu total adimplemento.

Por sua vez, a excussão coercitiva da alienação fiduciária em garantia de imóvel apresenta sistemática relativamente mais simples e célere, segundo o disposto nos artigos 26 e seguintes da Lei 9.514/1997. O principal diferencial se encontra no procedimento de excussão extrajudicial, a saber: uma vez vencida e não paga a dívida (no todo ou em parte) e constituído em mora o devedor fiduciante, consolida-se a propriedade do imóvel em nome do credor fiduciário,[13] tudo mediante simples requerimento extrajudicial firmado pelo credor ao competente Oficial do Registro de Imóveis, o qual intimará[14] o devedor fiduciante a satisfazer, no prazo de 15 (quinze) dias, a prestação vencida e as que se vencerem até a data do pagamento.

---

12. BESOLIN, Umberto Bara. *Execução Extrajudicial Imobiliária*: aspectos práticos. São Paulo. Atlas, 2013. p. 109.

13. Sobre o tema, P.S Restiffe e P. Restiffe Neto observam que: "não é a mora de dívida vencida e não paga que eclode a alternativa de consolidação, mas sim o inadimplemento, que é a mora em que tenha sido constituído o devedor; e não purgada no prazo legal" (P.S Restiffe e P. Restiffe Neto. *Propriedade Fiduciária Imóvel*. São Paulo: Malheiros, 2009. p. 161).

14. Lei 9.514/1997. Art. 26. § 3º. "A intimação far-se-á pessoalmente ao fiduciante, ou ao seu representante legal ou ao procurador regularmente constituído, podendo ser promovida, por solicitação do oficial do Registro de Imóveis, por oficial de Registro de Títulos e Documentos da comarca da situação do imóvel ou do domicílio de quem deva recebê-la, ou pelo correio, com aviso de recebimento".

Com as novidades legislativas introduzidas pela Lei 13.465/2017, a intimação do devedor fiduciante, no âmbito do procedimento de excussão extrajudicial da garantia fiduciária, ficou mais adequado à "citação por hora certa" prevista no Código de Processo Civil, sendo que, em caso de suspeita motivada de ocultação do devedor fiduciante, o Oficial de Registro de Imóveis ou de Registro de Títulos e Documentos, ou ainda, seus serventuários, poderão intimar qualquer pessoa da família do devedor fiduciante ou, em sua falta, qualquer vizinho, estabelecendo que seu retorno ao local indicado para efetuar a intimação do devedor fiduciante ocorrerá, impreterivelmente, no dia útil seguinte.[15]

Caso o devedor fiduciante seja residente e domiciliado em condomínios edilícios e/ou conjuntos imobiliários com portaria de acesso, a sua intimação poderá ser formalizada ao funcionário responsável pelo recebimento de correspondências do condomínio[16].

Uma vez intimado, é facultado ao devedor fiduciante realizar a purgação da mora perante o competente Oficial de Registro de Imóveis, mediante pagamento do montante em atraso e de todos os encargos financeiros incidentes, conforme previsão contratual[17]. Com a purgação da mora, encerra-se o procedimento de excussão da garantia fiduciária, de modo que, nos 3 (três) dias seguintes, o Oficial de Registro de Imóveis deverá entregar ao credor fiduciário as importâncias recebidas, deduzidas as despesas de cobrança e de intimação.

Caso o devedor fiduciante não purgue a mora, a dívida prevalecerá, sendo certo que após o decurso do prazo legal de 15 (quinze) dias corridos e contados da data de recebimento da intimação, a requerimento do credor fiduciário e mediante a apresentação do comprovante de recolhimento do Imposto de Transmissão de Bens *Inter Vivos* (ITBI), e do laudêmio, no caso de imóveis sujeitos ao regime de aforamento ou ocupação, o Oficial de Registro de Imóveis competente certificará o fato e promoverá a averbação, na matrícula do imóvel, da consolidação da propriedade plena em nome do credor fiduciário, tudo conforme o § 7º do artigo 26 da Lei 9.514/1997.[18]

---

15. Lei 9.514/1997. Art. 26. § 3º-A. "Quando, por duas vezes, o oficial de registro de imóveis ou de registro de títulos e documentos ou o serventuário por eles credenciado houver procurado o intimando em seu domicílio ou residência sem o encontrar, deverá, havendo suspeita motivada de ocultação, intimar qualquer pessoa da família ou, em sua falta, qualquer vizinho de que, no dia útil imediato, retornará ao imóvel, a fim de efetuar a intimação, na hora que designar, aplicando-se subsidiariamente o disposto nos arts. 252, 253 e 254 da Lei 13.105, de 16 de março de 2015 (Código de Processo Civil)".

16. Lei 9.514/1997. Art. 26. § 3º-B. "Nos condomínios edilícios ou outras espécies de conjuntos imobiliários com controle de acesso, a intimação de que trata o § 3º-A poderá ser feita ao funcionário da portaria responsável pelo recebimento de correspondência".

17. "(...) como só são cogitáveis as prestações vencidas até a data do pagamento (Art. 26, § 1º, Lei 9.514/97), para efeito da purgação da mora, não há falar em inocorrente antecipado vencimento de toda a dívida remanescente nas prestações futuras, que segue o curso normal do contrato convalescido". (P.S. Restiffe e P. Restiffe Neto. *Propriedade Fiduciária Imóvel*. São Paulo: Malheiros, 2009. p. 144).

18. Os procedimentos de cobrança, purgação de mora e consolidação da propriedade fiduciária relativos às operações de financiamento habitacional, inclusive as operações do Programa Minha Casa, Minha Vida, instituído pela Lei 11.977/2009, com recursos advindos da integralização de cotas no Fundo de Arrendamento

Não há prazo legal máximo previsto para que o credor fiduciário requeira a referida consolidação da propriedade do imóvel em seu nome. Na comarca da capital de São Paulo/SP, por razões de ordem pragmática do livro de protocolos dos Oficiais de Registro de Imóveis, uma decisão judicial da 1ª Vara de Registros Públicos determinou que, após o decurso do prazo arbitrado de 120 (cento e vinte) dias corridos e contados do termo final do prazo legal para a purgação da mora pelo devedor fiduciante, deve o credor fiduciário reiniciar todo o procedimento de excussão da garantia fiduciária, com nova intimação do devedor fiduciante.

O ato de consolidação da propriedade em nome do credor fiduciário é de suma importância no procedimento da garantia fiduciária, com relevantes efeitos jurídicos. Ao credor fiduciário passa a ser atribuída a propriedade plena do imóvel (e não mais somente a propriedade fiduciária, resolúvel e com escopo de garantia), mesmo que ainda afetada à obrigação legal de realização dos 2 (dois) leilões públicos para a alienação forçada e pública do imóvel. Por outro lado, há a extinção do direito real de aquisição do imóvel em nome do devedor fiduciante, que passa a deter, apenas, uma expectativa de receber eventual saldo financeiro a maior, se houver a arrematação do imóvel por valor superior ao valor atualizado da dívida garantida.

Ato subsequente à consolidação da propriedade, o credor fiduciário deve, em até 30 (trinta) dias subsequentes (embora não haja penalidades e/ou prejuízos legais previstos para a perda do referido prazo), oferecer o imóvel à venda a quaisquer terceiros interessados, por meio de leilão público extrajudicial. No primeiro leilão, o imóvel será ofertado pelo valor de avaliação (usualmente referente ao valor de mercado, estabelecido mediante laudo de avaliação) que as partes tiverem, livremente, estabelecido, no instrumento de alienação fiduciária, sendo aceito o maior lance oferecido, desde que igual ou superior ao valor da dívida, acrescida das despesas, dos prêmios de seguro, dos encargos legais, tributos e das contribuições condominiais.

Com as alterações promovidas pela Lei 13.465/2017, estabeleceu-se que, em caso de o valor de avaliação do imóvel estipulado no contrato de alienação fiduciária ser inferior ao valor indicado pela Prefeitura Municipal para fins de cálculo do Imposto de Transmissão de Bens *Inter Vivos* (ITBI), demandado à época da consolidação a propriedade do imóvel em favor do credor fiduciário, o valor estipulado pela Prefeitura Municipal será o utilizado como valor mínimo para venda do imóvel do primeiro leilão.

No segundo leilão, que deverá ocorrer em até 15 (quinze) dias corridos e contados da data de realização do primeiro leilão (embora não haja penalidades e/ou prejuízos legais previstos para a perda do referido prazo), o imóvel será vendido pelo valor total remanescente e atualizado da dívida garantida, acrescido dos encargos

---

Residencial (FAR) sujeitam-se a outros prazos e condições estipulados no artigo 26-A da Lei 9.514/1997, conforme redação incluída pela Lei 13.465/2017.

financeiros e demais despesas incorridas e previstas, contratualmente sendo, nesse caso, aceito o maior lance oferecido, desde que igual ou superior ao valor da dívida e demais despesas conforme previsto no primeiro leilão.

Em ambos os casos o legislador buscou, por meio das alterações realizadas pela Lei 13.465/2017, trazer maior assertividade aos procedimentos de intimação e notificação, especialmente ao prever a obrigatoriedade de comunicação ao devedor fiduciante acerca das datas, horários e locais de realização dos leilões, tudo mediante correspondência dirigida aos endereços constantes do contrato de alienação fiduciária, inclusive ao endereço eletrônico estipulado contratualmente.

Referidas alterações no tocante a intimação do devedor fiduciante visam justamente proporcionar maior transparência ao procedimento de excussão da garantia fiduciária, especialmente pelo fato de que, após a averbação da consolidação da propriedade fiduciária no patrimônio do credor fiduciário, e até a data da realização do segundo leilão, passou-se a assegurar ao devedor fiduciante o direito de preferência para adquirir o imóvel. No caso, a aquisição deverá ocorrer por preço correspondente ao valor da dívida, somado aos encargos e demais despesas exigíveis para a nova aquisição do imóvel.[19]

4. HIPÓTESES DE QUITAÇÃO LEGAL DA DÍVIDA

Conforme mencionado inicialmente, a Lei 9.514/1997 foi elaborada de forma customizada e específica para o fomento do crédito habitacional, via criação do novo Sistema Financeiro Imobiliário (SFI). Com isso, na sistemática de excussão da garantia fiduciária imobiliária, há uma presunção legal implícita (nem sempre verdadeira) de que: (i) a operação envolve um único imóvel garantindo uma única dívida, consistente no saldo devedor atualizado do financiamento bancário do próprio preço de aquisição do imóvel dado em alienação fiduciária em garantia; e (ii) o valor de avaliação do imóvel financiado é sempre superior ao valor do saldo devedor atualizado da dívida garantida pela alienação fiduciária.

Assim, na hipótese de arrematação do imóvel no 1° leilão legal (pelo valor de avaliação do imóvel), caberia em favor do devedor fiduciante a devolução do saldo excedente após a regular quitação da dívida, com o devido desconto dos encargos financeiros e demais despesas aplicáveis. Ainda, mesmo que o imóvel só viesse a ser adquirido em decorrência do 2° leilão (pelo valor do saldo devedor atualizado da

---

19. Lei 9.514/1997. Art. 27. § 2°-B. "Após a averbação da consolidação da propriedade fiduciária no patrimônio do credor fiduciário e até a data da realização do segundo leilão, é assegurado ao devedor fiduciante o direito de preferência para adquirir o imóvel por preço correspondente ao valor da dívida, somado aos encargos e despesas de que trata o § 2° deste artigo, aos valores correspondentes ao imposto sobre transmissão *inter vivos* e ao laudêmio, se for o caso, pagos para efeito de consolidação da propriedade fiduciária no patrimônio do credor fiduciário, e às despesas inerentes ao procedimento de cobrança e leilão, incumbindo, também, ao devedor fiduciante o pagamento dos encargos tributários e despesas exigíveis para a nova aquisição do imóvel, de que trata este parágrafo, inclusive custas e emolumentos".

dívida garantida com alienação fiduciária imobiliária), nenhuma devolução seria devida ao devedor fiduciante e o credor fiduciário teria seu crédito completamente satisfeito, uma vez que valor de arrematação corresponderia exatamente ao valor da dívida garantida atualizada.

Sobre o tema, Aline de Miranda Valverde Terra e Gisela Sampaio da Cruz Guedes argumentam que:

> O procedimento assim concebido é alvo de severas críticas, ao argumento, em primeiro lugar, de ser inconstitucional, por violar o devido processo legal, o juiz natural, o contraditório e a ampla defesa, como seriam, ademais, todos os procedimentos de excussão extrajudiciais; em segundo lugar, de permitir a venda em segundo leilão por valor inferior à quantia contratualmente ajustada pelas partes, de que igual ou superior ao valor da dívida, a impor flagrante prejuízo ao devedor; e, em terceiro lugar, por apenas a admitir a possibilidade de o credor incorporar definitivamente o imóvel ao seu patrimônio após a frustação dos dois públicos leilões.[20]

Com as alterações legislativas introduzidas pela Lei 10.931/2004, que acabaram por ampliar totalmente a utilização da alienação fiduciária em garantia de imóvel para além das operações estabelecidas no âmbito do Sistema Financeiro da Habitação (SFH) e do Sistema Financeiro Imobiliário (SFI), as premissas legais acima acerca do procedimento de excussão da garantia fiduciária de imóvel deixaram de ser verdadeiras para uma grande parte dos contratos de alienação fiduciária formalizados no mercado, uma vez que inúmeras outras operações estruturadas tratam de situações completamente diferentes e muito mais complexas do que aquelas operações típicas do Sistema Financeiro da Habitação (SFH) e do Sistema Financeiro Imobiliário (SFI), envolvendo múltiplos imóveis, de uso residencial, comercial ou industrial, de valores individuais de avaliação inferiores ao valor total da(s) dívida(s) garantida(s), que funcionam como garantia real simultânea de diversas dívidas distintas e até internacionais, que não correspondem ao financiamento do preço de aquisição dos próprios imóveis dados em garantia fiduciária. Ademais, o imóvel objeto da garantia fiduciária pode ter outras finalidades de modo a garantir dívida(s) que possa(m) ter natureza(s) diversa(s) e não apenas de caráter imobiliário, podendo, inclusive, não haver qualquer relação de causalidade com o próprio preço de aquisição do imóvel dado em garantia.

Tal situação é comumente vista em complexas operações financeiras estruturadas, muitas vezes entre grandes empresas e conglomerados multinacionais, que acabam por prever uma diversidade de garantias reais, que passam a vigorar simultaneamente para garantir uma única dívida (ou até mesmo uma pluralidade de dívidas compartilhadas com múltiplos credores solidários), nacional ou internacional, com valores envolvidos muito elevados, de modo que a alienação fiduciária é somente uma das garantias reais ofertadas pelo devedor fiduciante, nestes casos.

---

20. GUEDES, Gisela Sampaio da Cruz; MORAES, Maria Celina Bodin de; e MEIRELES, Rose Melo Vencelau (Coord.). *Direito das Garantias*. São Paulo: Saraiva, 2017. p. 222.

Nesses casos, ainda há de se considerar que os imóveis objeto da alienação fiduciária possam estar situados em comarcas distintas, muitas vezes distantes uma das outras, de modo que cada imóvel alienado fiduciariamente garantiria, em tese, somente uma pequena parte da dívida contratada entre as partes durante o procedimento de excussão da garantia fiduciária a ser processado perante cada Oficial de Registro de Imóveis competente por cada um dos imóveis alienados fiduciariamente (assumindo que o valor individualizado de cada imóvel seria muito inferior ao saldo devedor total da dívida garantida), o que acaba por comprometer a lógica legal do procedimento de excussão da garantia fiduciária, sempre pautada na realização dos 2 (dois) leilões públicos e sucessivos para a venda do imóvel alienado fiduciariamente perante um único Oficial de Registro de Imóveis, sendo que a realização do primeiro leilão, neste caso, seria por um valor inferior ao segundo leilão, ao contrário da sistemática legal.

Com isso, em caso de malogro do segundo leilão, ou seja, se o valor do lance ofertado por terceiro interessado não for suficiente para quitar a totalidade da dívida garantida (acrescida de todas as despesas e encargos financeiros contratuais), ou mesmo se não houver licitantes interessados, a solução fixada pelo legislador brasileiro ao caso, indicada nos parágrafos 5º e 6º do artigo 27 da Lei 9.514/1997, haverá a extinção automática da dívida garantida (ainda que de valor superior ao imóvel dado em garantia real), ficando o credor fiduciário, a partir de então, definitivamente, com o bem imóvel alienado fiduciariamente para si e obrigando-se a outorgar a devida quitação ao devedor fiduciante, mediante termo próprio e no prazo de 5 (cinco) dias contados da data da realização do segundo leilão.

Referida previsão legal que não permite ao credor fiduciário a cobrança, judicial ou extrajudicial, de eventual saldo devedor da dívida garantida, em caso de segundo leilão negativo do(s) imóvel(is) objeto(s) da garantia fiduciária, acaba por desestimular o fomento do crédito imobiliário e encarecer o financiamento da atividade econômica brasileira, condição atual necessária à expansão da livre produção e circulação de bens, serviços, empregos e renda.

Todavia, por meio da Lei 13.476/2017 (artigo 9º), o legislador criou uma exceção à extinção automática da dívida garantida pela alienação fiduciária de imóvel, exclusivamente para os casos de instrumentos de abertura de limite de crédito rotativo e operações financeiras deles derivadas, havendo a possibilidade do devedor fiduciante continuar obrigado ao pagamento do saldo devedor remanescente quando a excussão da(s) garantia(s) fiduciária(s) não for suficiente ao saneamento total de tal dívida, a saber:

> Se, após a excussão das garantias constituídas no instrumento de abertura de limite de crédito, o produto resultante não bastar para quitação da dívida decorrente das operações financeiras derivadas, acrescida das despesas de cobrança, judicial e extrajudicial, *o tomador e os prestadores de garantia pessoal continuarão obrigados pelo saldo devedor remanescente, não se aplicando, quando se tratar de alienação fiduciária de imóvel, o disposto nos §§ 5º e 6º do art. 27 da Lei no 9.514, de 20 de novembro de 1997.* (destaques nossos)

Ressalte-se que a referida exceção legal se aplica, taxativamente, para os contratos bancários de abertura de crédito rotativo, com limites máximos de endividamento, e para as operações financeiras deles derivadas, contratadas com a interveniência de instituições financeiras (na posição de credoras fiduciárias).[21]

Em virtude dessa alteração legislativa, algumas questões acerca dos efeitos da Lei 13.476/2017 começaram a ser debatidas nas operações de financiamento atreladas à garantia fiduciária de bens imóveis. Primeiramente, cumpre-se observar que a Lei 13.476/2017 não alterou o teor original da Lei 9.514/1997, razão pela qual não teria havido a revogação parcial e tácita do referido diploma, de modo que, para alguns, a disposição dos §§ 5º e 6º do artigo 27 (extinção automática da dívida garantida após segundo leilão negativo) ainda permaneceria plenamente vigente.

A Lei 13.476/2017 não dispôs qualquer regramento e/ou critério objetivo a respeito da forma de apuração do eventual saldo devedor remanescente da dívida excutida, para fins da cobrança posterior pelo credor fiduciário (após o segundo leilão negativo dos imóveis). Diante do silêncio legislativo, entendemos possível e razoável que o contrato de alienação fiduciária de imóvel, em garantia de contratos bancários de abertura de crédito rotativo, contemple as condições e critérios específicos a serem adotados pelas partes contratantes para fins da apuração do valor da quitação parcial da dívida garantida, considerando o valor de mercado atualizado do imóvel objeto da garantia fiduciária, sempre limitado pelo valor mínimo legal correspondente à base de cálculo fiscal do Imposto de Transmissão de Bens *Inter Vivos* (ITBI) do imóvel excutido.[22]

Além disso, no nosso entender, também para as demais operações de crédito empresarial, fora do sistema habitacional (SFI/SFH), sem qualquer hipossuficiência jurídica e econômica das partes contratantes, e ainda, sem a incidência do Código de Defesa do Consumidor, não há qualquer sentido, razoabilidade e/ou fundamento econômico e/ou jurídico em se admitir a quitação automática e coercitiva de dívidas de elevado valor envolvido, através da excussão de um imóvel com valor de mercado muito inferior ao saldo devedor atualizado da dívida.

Por outro lado, caberiam também outras atualizações legislativas de modo a reparar e a indenizar financeiramente as perdas decorrentes de situações em que o devedor fiduciante já tenha quitado a quase totalidade da dívida garantida e, mesmo assim, acabe por perder o imóvel alienado fiduciariamente em garantia em favor do credor fiduciário, no caso de um segundo leilão negativo.

---

21. Em paralelo, as garantias hipotecárias já possuíam previsão similar, conforme disposto no artigo 1.430 do Código Civil: "Quando, excutido o penhor, ou executada a hipoteca, o produto não bastar para pagamento da dívida e despesas judiciais, continuará o devedor obrigado pessoalmente pelo restante".

22. Conforme já analisado, o parágrafo único do artigo 24 da Lei 9.514/1997, com redação incluída pela Lei 13.465/2017, estabeleceu que o valor apurado para fins do pagamento do Imposto sobre Transmissão *Inter Vivos* deve ser utilizado como o valor mínimo para efeito de venda do imóvel no primeiro leilão.

Em razão de tantas distorções de ordem prática decorrente da aplicação ampla da garantia fiduciária de imóvel para todo tipo de crédito e/ou de dívida estruturada livremente no mercado, parte da doutrina civilista já sustenta a possibilidade e a admissibilidade jurídica das partes em disporem contratualmente acerca do afastamento convencionado do regramento previsto no parágrafo 5º do artigo 27 da Lei 9.514/1997, desde que inexista relação de consumo e não se trate de operações contratadas no âmbito do Sistema Financeiro da Habitação (SFH) e Sistema Financeiro Imobiliário (SFI).

Além disso, outra possibilidade criativa do mercado seria o contrato de alienação fiduciária em garantia pactuar expressamente o percentual da dívida que é garantido por cada matrícula envolvida na operação, com base em seu valor atual de mercado e sua relação direta com o valor total da dívida garantida. Assim, no caso de excussão futura da garantia fiduciária, não haveria o risco de o eventual segundo leilão negativo de uma única matrícula dada em alienação fiduciária, com valor muito inferior ao total da dívida, implicar a sua quitação legal automática.

Em artigo publicado sobre o tema, Gustavo Tepedino e Marcos Alberto Rocha dispõem acerca do assunto:

> (...) consubstancia regra particular, própria para a tutela de devedor vulnerável, não sendo razoável a sua incidência em relações paritárias, nas quais deveria prevalecer a disciplina geral das garantias reais, aplicável também à alienação fiduciária de bens móveis. Dada a especificidade da regra especial, que tem por finalidade proteger o contratante vulnerável, notadamente no financiamento imobiliário, sua aplicação poderia ser validamente afastada por contratantes em relações paritárias. Enquanto não prevalecer tal entendimento, parece inevitável o aumento das garantias exigidas, com repercussão negativa para os tomadores de financiamento. (...) *Afastar-se-ia a regra especial quando se tratar de relações paritárias, desde que as partes assim convencionem, aplicando-se então a norma constante nos Arts. 1.366 e 1.430 do Código Civil, que visa a evitar enriquecimento sem causa. Neste caso, o devedor continuará responsável pelo saldo remanescente, se o valor do imóvel dado em garantia fiduciária não for suficiente para o integral pagamento do credor* (...).[23] (destaques nossos)

Na mesma linha, Melhim Namem Chalhub argumenta que: (...)

> *esse perdão da dívida deveria ser limitado aos financiamentos de natureza habitacional, em geral e as de autofinanciamento do tipo consórcio.* (...) Ora, o perdão da dívida em relação ao saldo residual é mecanismo compensatório que só se justifica nas operações de finalidade assistencial, e é por essa razão que é empregado nos processos de execução judicial no âmbito do SFH, nos termo da lei 5.741/1971, 9.514/1997", nesse sentido há de se entender que a cobrança do saldo remanescente seja autorizada nos demais casos, tendo em vista que não existe nenhuma espécie de vulnerabilidade econômica e logo não são merecedores de uma proteção especial.[24] (destaques nossos)

---

23. TEPEDINO, Gustavo. GONÇALVES, Marcos Alberto Rocha. *Lições da VII Jornada de Direito Civil: tendências do direito das coisas.* Disponível em: [http://www.conjur.com.br/2016-fev-08/direito-civil-atual-licoes-vii--jornada-direito-civil-tendencias-direito-coisas#author]. Acesso em: 13.04.2019.
24. CHALHUB, Melhim Namem. *Negócio Fiduciário.* 4. ed. Rio de Janeiro: Renovar, 2009. p. 264 e 265.

A despeito desses entendimentos, encontramos uma ampla divergência de posicionamentos doutrinários e jurisprudenciais acerca da possibilidade de afastamento contratual da quitação legal automática da dívida garantida por alienação fiduciária de imóveis, o que resultaria, em última hipótese, na ampla possibilidade do credor fiduciário em continuar cobrando o saldo devedor remanescente da dívida não quitado após o segundo leilão, não ficando, assim, adstrito a exceção legal introduzida pela Lei 13.476/2017 no tocante a contratos bancários de abertura de crédito rotativo com limites máximos de endividamento.

Em junho de 2016, o Conselho Superior da Magistratura do Tribunal de Justiça de São Paulo, ao julgar procedente uma dúvida registral do Oficial de Registro de Imóveis de Avaré/SP, negou o registro imobiliário de um contrato de alienação fiduciária em garantia contendo cláusula de renúncia à quitação automática da dívida, na hipótese de 2 (dois) leilões negativos, a saber:

> Registro de imóveis – Alienação fiduciária em garantia – Cláusulas contratuais ajustadas em desacordo com normas imperativas – Ofensa ao arts. 24 e 27, §§ 2º, 5º e 6º, da Lei n.º 9.514/1997 – Inaceitável e contraditória previsão contratual admitindo a venda em segundo leilão por preço inferior ao valor da dívida – *Convenção prevendo inadmissivelmente a possibilidade de subsistência do débito em caso de venda em segundo leilão – Inobservância de legítimas limitações impostas ao princípio da autonomia privada* – Sopesamento entre princípios realizado com precedência pelo legislador ordinário – Juízo de desqualificação registral confirmado – Violação dos princípios da legalidade e da segurança jurídica – Dúvida procedente – Recurso desprovido.[25] (destaques nossos)

Em outubro de 2018, em outra decisão judicial, esta proferida pelo Superior Tribunal de Justiça, foi ratificado e reforçado o conteúdo do texto legal acerca da extinção automática da dívida:

> "Recurso especial. Alienação fiduciária em garantia. Imóvel. Leilões. Frustração. Pretensos arrematantes. Não comparecimento. Lances. Inexistência. (...) 2. Cinge-se a controvérsia a definir se o § 5º do art. 27 da Lei 9.514/1997 é aplicável às hipóteses em que os dois leilões realizados para a alienação do imóvel objeto da alienação fiduciária são frustrados, não havendo nenhum lance advindo de pretensos arrematantes. (...) 5. O § 5º do art. 27 da Lei 9.514/1997 abrange a situação em que não houver, no segundo leilão, interessados na aquisição do imóvel, fracassando a alienação do bem, sem a apresentação de nenhum lance. 6. *Na hipótese, frustrado o segundo leilão do imóvel, a dívida é compulsoriamente extinta e as partes contratantes são exoneradas das suas obrigações, ficando o imóvel com o credor fiduciário.* 7. Recurso especial provido.[26] (destaques nossos)

Observa-se que ambas as decisões claramente privilegiaram o princípio da tipicidade legal estrita inserida no contexto normativo do Direito Brasileiro. No caso da primeira decisão, proferida pelo Conselho Superior da Magistratura, há certamente uma clara limitação do direito de livre contratação entre as partes, visto que

---

25. Tribunal de Justiça de São Paulo. Conselho Superior da Magistratura. Apelação 1002050-35.2015.8.26.0073. Relator: Des. Pereira Calças. Data do julgamento: 02.06.2016.

26. Superior Tribunal de Justiça. Terceira Turma. Recurso Especial 1.654.112 - SP (2017/0002602-8). Relator: Min. Ricardo Villas Bôas Cueva. Data do julgamento: 23.10.2018.

o conteúdo pactuado contratualmente (expressa renúncia da quitação automática) foi desconsiderado pelos julgadores, que optaram por priorizar a aplicação do texto legal, mesmo que ele, atualmente, mostre-se insuficiente para regular as atuais e mais complexas operações financeiras que utilizam a alienação fiduciária de imóveis como uma forma de garantia para as mais diversas situações, inclusive para contratação de operações de crédito / de dívidas internacionais sem qualquer objeto e/ou lastro imobiliário.

Por outro lado, o próprio Tribunal de Justiça de São Paulo já proferiu decisões anteriores (inclusive), em sentido contrário, ou seja, autorizando o prosseguimento do procedimento de execução da dívida remanescente em favor do credor fiduciário, em caso de segundo leilão negativo do imóvel e/ou quando o valor de sua arrematação for insuficiente para fins de quitação integral da dívida garantida:

> Execução Garantida por Alienação Fiduciária – Imóvel oferecido em garantia fiduciária, cujo valor é inferior ao do crédito perseguido pelo exequente – *Considerando que o valor do imóvel ofertado em garantia fiduciária é insuficiente para quitação integral da dívida, a execução, em tese, pode prosseguir visando à satisfação do saldo devedor remanescente,* ressalvada a reapreciação desta controvérsia em caso de eventuais embargos – Decisão mantida".[27] (destaques nossos)

> Agravo de Instrumento. Antecipação da Tutela. Pleito de sustação da consolidação das propriedades fiduciárias sobre dois imóveis. *Garantias, relativas a diversos bens móveis e imóveis, outorgadas em favor de um grupo de credores que decorreu de complexo negócio jurídico. Interpretação teleológica do art. 26, § 5º, da Lei n. 9.514/97 em consonância com a causa do contrato. Excussão de um dos imóveis que não pode provocar a extinção da totalidade da dívida e nem a liberação das demais garantias, porquanto a excussão conjunta dos três imóveis rurais, situados em Estados variados da Federação, certamente seria difícil.* Recurso desprovido.[28] (destaques nossos)

Nos casos acima, o Tribunal de Justiça de São Paulo decidiu, a nosso ver acertadamente, pela continuidade do procedimento de execução do saldo remanescente da dívida em favor do credor fiduciário. Note-se que, nesses últimos casos julgados acima, o valor da dívida garantida era superior ao valor dos imóveis alienados fiduciariamente, sento certo que o eventual produto resultante da sua venda forçada, por meio de leilão público, não seria suficiente para satisfazer e quitar o crédito concedido pelo credor fiduciário originalmente.

Outro aspecto que merece ser analisado se refere a eventual aplicação do artigo 1.367 do Código Civil Brasileiro, com nova redação conferida pela Lei 13.043/2014,

---

27. Tribunal de Justiça de São Paulo. 24ª Câmara de Direito Privado. Agravo de Instrumento 2059447-31.2013.8.26.0000. Relator: Des. Plinio Novaes de Andrade Júnior. Data do julgamento: 27.03.2014. Referida decisão inclusive foi ratificada por julgamento realizado pelo Superior Tribunal de Justiça em razão da interposição de Agravo em Recurso Especial, conforme ementa a seguir destacada: "Agravo em Recurso Especial. Execução. Leilão de imóvel dado em garantia parcial de dívida. Preço, em segunda praça, insuficiente para quitar a dívida por inteiro. Prosseguimento da execução. Inaplicabilidade do art. 27, § 5º, da Lei n. 9.514/1997. Fundamentos do acórdão recorrido não impugnados. Incidência da Súmula n. 283/STF. Agravo Improvido (Superior Tribunal de Justiça. AgREsp 818.237 – SP (2015/0298116-0). Decisão monocrática. Relator: Min. Marco Aurélio Bellizze. Data de Julgamento: 02.02.2016)".

28. Tribunal de Justiça de São Paulo. 1ª Câmara Reservada de Direito Empresarial. Agravo de Instrumento 2034093-33.2015.8.26.0000. Relator: Des. Francisco Loureiro. Data do julgamento: 08.04.2015.

a saber: "*A propriedade fiduciária em garantia de bens móveis ou imóveis sujeita-se às disposições do Capítulo I do Título X do Livro III da Parte Especial deste Código e*, no que for específico, à legislação especial pertinente, não se equiparando, para quaisquer efeitos, à propriedade plena de que trata o art. 1.231." (destaques nossos)

O supracitado Capítulo I do Título X do Livro III da Parte Especial do Código Civil trata das disposições gerais do penhor, da hipoteca e da anticrese. Assim, pode-se concluir que, a partir da Lei 13.043/14, a alienação fiduciária em garantia de bem imóvel passou a contar com a aplicação analógica e subsidiária das mesmas regras da hipoteca. O ponto decorrente disso, mais relevante para fins da presente análise, seria o disposto no artigo 1.436 do mesmo Código Civil, que prevê a possibilidade do devedor hipotecário continuar obrigado pessoalmente pelo pagamento do restante da dívida, quanto o produto advindo da excussão da hipoteca não for suficiente para a quitação integral da dívida e demais despesas devidas ao credor hipotecário. Com isso, a mesma regra legal poderia vir a ser aplicada para a alienação fiduciária em garantia de imóvel, a despeito da inevitável controvérsia com o disposto nos §§ 5º e 6º do artigo 27 da Lei 9.514/1997, que prevê a quitação automática da dívida garantida fiduciariamente após o segundo leilão negativo do imóvel (seja pela ausência de licitantes ou no caso do maior lance oferecido não for igual ou superior ao valor da dívida, acrescida das despesas e demais encargos).

Sobre a aplicação das disposições do Código Civil Brasileiro, Renan Buhnemann Martins e João Paulo Micheletto Rossi argumentam acerca da eventual aplicação das disposições do contrato de mútuo para fins da alienação fiduciária de imóveis:

> A alienação fiduciária em garantia é um contrato acessório ao contrato principal, normalmente de mútuo. A essência desse contrato de mútuo é a recomposição do patrimônio do credor da quantia emprestada, consoante disposto no artigo 586 do Código Civil. (...). Deixando o devedor de repor o patrimônio do mutuante, sujeita-se a expropriação de seus bens em valor suficiente para cobrir o quantum da dívida mais os encargos, além das custas processuais e honorários advocatícios. (...) Logo, é pertinente que haja a aplicação das regras do contrato de mútuo aos empréstimos garantidos por alienação fiduciária, ou seja, *se o produto do leilão do imóvel dado em garantia não for suficiente para a recomposição do patrimônio do mutuante, o mutuário continuará responsável pelo pagamento do valor remanescente ou poderá configurar-se em enriquecimento sem causa, afinal, o bem objeto da alienação fiduciária é a garantia do empréstimo em dinheiro, e não o objeto da operação em si, como ocorre no financiamento imobiliário.*[29] (grifos nossos)

Certamente, a aplicação do disposto no Código Civil Brasileiro seria benéfica aos credores fiduciários, que estariam livres para prosseguir com ações de cobrança cabíveis de eventual saldo devedor da dívida garantida. Todavia, a questão não é pacífica, sempre comportando entendimentos diversos, seja por argumentos hermenêuticos (aplicação da lei geral posteriormente alterada (Código Civil) *versus* a lei especial

---

29. MARTINS, Renan Buhnemann. ROSSI, João Paulo Micheletto. *A alienação fiduciária de imóvel em garantia de operações financeiras – os riscos à luz do artigo 27, § 5º, da lei 9.514/97*. Disponível em: [https://www.migalhas.com.br/dePeso/16,MI258867,71043A+alienacao+fiduciaria+de+imovel+em+garantia+de+operacoes+financeiras]. Acesso em: 24.04.2019.

anterior (Lei 9.514/97), de conteúdo específico para o Sistema de Financiamento Imobiliário e a alienação fiduciária de coisa imóvel), bem como os entendimentos doutrinários e jurisprudenciais divergentes acerca da matéria.

Atualmente, na tentativa de solucionar mencionadas controvérsias, o Projeto de Lei 6.525/13, que se encontra sob discussão na Mesa Diretora da Câmara dos Deputados, desde 22 de março de 2015, tem o objetivo de introduzir o parágrafo nono ao artigo 27 da Lei 9.514/1997, com o seguinte teor:

> Art. 27. § 9º. A extinção da dívida e a exoneração do devedor da respectiva obrigação, previstas nos §§ 4º e 5º deste Art., aplicam-se tão somente às operações de financiamento imobiliário, *não se estendendo, em hipótese alguma, a qualquer outra modalidade de financiamento na qual se utilize contratualmente da alienação fiduciária em garantia.* (destaques nossos)

Pelo teor de sua redação, a aprovação do referido projeto de certo solucionaria grande parte das controvérsias atuais, tendo em vista a limitação expressa da quitação automática da dívida somente às "operações de financiamento imobiliário", usualmente contratadas para fins de aquisição de imóveis residenciais, não abarcando demais operações financeiras conceitualmente mais complexas, com diversas obrigações e garantias envolvidas, sendo uma delas a alienação fiduciária de imóveis.

Também destaca-se que a recente conversão da Medida Provisória nº 897, de 1º de outubro de 2019, na Lei nº 13.986, de 7 de abril de 2020, trouxe modificações relevantes no Sistema Privado de Financiamento do Agronegócio, especialmente com a instituição do patrimônio rural em afetação[30], cuja excussão da garantia submetida ao patrimônio em afetação deve seguir as mesmas disposições da alienação fiduciária de imóvel em garantia, com a realização de dois leilões para a venda do imóvel.

Todavia, para tais créditos rurais com garantias reais imobiliárias atreladas nos termos da Lei 13.986/20, se no segundo leilão o maior lance oferecido não for igual ou superior ao valor da dívida, somado ao de outras despesas, o credor poderá cobrar do devedor o valor remanescente de seu crédito, sem nenhum direito de retenção ou indenização sobre o imóvel alienado, o que não ocorre, via de regra, na alienação fiduciária. Desta forma não se opera a quitação automática da dívida garantida pelo patrimônio rural em afetação, após o segundo leilão negativo.

---

30. No regime de afetação rural, o terreno (ou fração dele), as suas acessões e benfeitorias passam a constituir um patrimônio rural separado do proprietário/devedor e destinado a lastrear garantias de Cédulas de Produto Rural (CPR) e/ou de Cédulas Imobiliárias Rurais (CIR). Os bens e direitos integrantes do patrimônio rural em afetação não se comunicam com os demais bens, direitos e obrigações do patrimônio geral do devedor, desde que a afetação esteja diretamente vinculada à CPR/CIR. O imóvel rural sob regime de afetação também passa a ser impenhorável e não poderá ser objeto de constrição judicial. Enquanto o imóvel rural estiver sujeito ao patrimônio em afetação, ele não pode ser objeto de outra garantia real, nem de compra e venda, doação, parcelamento e/ou qualquer outro ato de livre alienação patrimonial. Além disso, o patrimônio rural em afetação não será atingido pelos efeitos de eventual falência, insolvência civil e/ou recuperação judicial do devedor/proprietário do imóvel rural, exceto pelas suas obrigações trabalhistas, previdenciárias e fiscais.

5. CONSIDERAÇÕES FINAIS

Diante o exposto, é evidente que a alienação fiduciária imobiliária constitui importante instrumento de garantia real, podendo ser plenamente utilizada para em qualquer tipo de operação de crédito, necessária, assim, para o fomento econômico do mercado financeiro e de capitais brasileiro.

Em que pese a necessidade de uma reforma legislativa para melhor aplicação do instituto, a alienação fiduciária pode ser perfeitamente implementada para fins de constituição de garantia, mesmo que envolva operações de maior complexidade, com situações muitas vezes não previstas legalmente. Nesse ponto, considerando a relevância do imóvel como ainda sendo a principal modalidade de garantia do capital, em qualquer lugar do Mundo, a atualização legal constante do seu procedimento de excussão extrajudicial seria fundamental para a efetividade da garantia fiduciária de imóvel, como importante instrumento de fomento econômico voltado à ampliação das operações de crédito ao mercado em geral.

No tocante ao analisado artigo 27 e respectivos parágrafos da Lei 9.514/1997, atualmente, entendemos plenamente viável e possível a cobrança de saldo remanescente da dívida, em caso de segundo leilão negativo do imóvel de valor inferior ao saldo devedor, desde que respeitadas algumas premissas na operação de garantia, a saber:

(i) para as alienações fiduciárias de imóvel constituídas para garantia de dívidas oriundas de instrumentos de abertura de limite de crédito rotativo e operações financeiras deles derivadas (que são privativas das instituições financeiras), é legalmente inquestionável a possibilidade de execução de eventual saldo devedor remanescente da dívida, com base no artigo 9º da Lei 13.476/2017;

(ii) para os demais casos, entendemos viável a possibilidade de cobrança de eventual saldo devedor remanescente da dívida garantida por alienação fiduciária de imóvel, com base no Código Civil (analogia subsidiária com a hipoteca), desde que:

(a) não haja entre o credor fiduciário e o devedor fiduciante qualquer relação de consumo, contratos de adesão, situações comprovadas de hipossuficiência (jurídica ou econômica) e nem contratos de financiamento habitacional (oriundos do Sistema Financeiro Imobiliário (SFI) ou da Habitação (SFH)); e,

(b) haja previsão expressa da renúncia contratual do devedor fiduciante quanto ao disposto no artigo 27, parágrafos quinto e sexto, da Lei 9.514/1997, e/ou o contrato de alienação fiduciária em garantia de bem imóvel indique, expressamente, o percentual da dívida garantida por cada bem imóvel objeto da alienação fiduciária.

6. REFERÊNCIAS BIBLIOGRÁFICAS

BESOLIN, Umberto Bara. *Execução Extrajudicial Imobiliária*: aspectos práticos. São Paulo. Atlas, 2013.

CHALHUB, Melhim Namem. *Alienação Fiduciária, Incorporação Imobiliária e Mercado de Capitais* – Estudos e Pareceres. Rio de Janeiro: Renovar 2012.

CHALHUB, Melhim Namem. O Leilão Extrajudicial Face ao Princípio do Devido Processo Legal. *RePro*, 96, 1999.

GUEDES, Gisela Sampaio da Cruz; MORAES, Maria Celina Bodin de; e MEIRELES, Rose Melo Vencelau (Coord.). *Direito das Garantias*. São Paulo: Saraiva, 2017.

LOUREIRO, Luiz Guilherme. *Registros públicos: teoria e prática*. 7. ed. rev., atual. e ampl. Salvador: JusPodivm, 2016.

MARTINS, Renan Buhnemann. ROSSI, João Paulo Micheletto. *A alienação fiduciária de imóvel em garantia de operações financeiras* – os riscos à luz do artigo 27, § 5º, da lei 9.514/97. Disponível em: [https://www.migalhas.com.br/dePeso/16,MI258867,71043A+alienacao+fiduciaria+de+imovel+em+garantia+-de+operacoes+financeiras]. Acesso em 24.04.2019.

Normas de Serviço da Corregedoria Geral da Justiça do Tribunal de Justiça do Estado de São Paulo. Capítulo XX. Tomo II. Seção IX. Subseção I. Art. 230. Introduzido pelo Provimento CG 37/2013, de 28 de novembro de 2013.

P.S Restiffe e P. Restiffe Neto. *Propriedade Fiduciária Imóvel*. São Paulo: Malheiros, 2009.

PERES, Tatiana Bonatti. JABUR, Renato Pinheiro. Alienação Fiduciária em Garantia de Bens Imóveis e a Quitação sem Pagamento Prevista nos §§ 5º e 6º do artigo 27 da Lei 9.514/97. In: PERES, Tatiana Bonatti; FAVACHO, Frederico (Coord.). *Novos Temas de Direito do Agronegócio*. São Paulo: Lumen Juris, 2018.

TEPEDINO, Gustavo. GONÇALVES, Marcos Alberto Rocha. *Lições da VII Jornada de Direito Civil*: tendências do direito das coisas. Disponível em: [http://www.conjur.com.br/2016-fev-08/direito-civil--atual-licoes-vii-jornada-direito-civil-tendencias-direito-coisas#author]. Acesso em: 13.04.2019.

CAPÍTULO 9
É PERMITIDA DAÇÃO EM PAGAMENTO DO IMÓVEL, SE O VALOR DESTE SUPERAR, EM MUITO, O VALOR DA DÍVIDA? APLICA-SE, NESTE CASO, O DISPOSTO NO § 4º DO ARTIGO 27 DA LEI 9.514/1997?

Luiz Antonio Scavone Junior

Doutor e Mestre em Direito Civil pela PUC-SP. Administrador pela Universidade Mackenzie. Professor do curso de graduação em Direito da Universidade Presbiteriana Mackenzie. Professor Titular de Mestrado da Escola Paulista de Direito. Coordenador da pós-graduação em Direito Imobiliário da EPD. É autor, entre outros, dos livros: Direito Imobiliário, Juros no direito brasileiro; Do descumprimento das obrigações; Obrigações – abordagem didática; Manual de Arbitragem e Comentários às alterações da Lei do Inquilinato. É coautor dos livros: Lei do Inquilinato comentada, Despesas ordinárias e extraordinárias de condomínio. Coordenou a obra "Comentários ao Código Civil". Advogado. Currículo completo disponível em: http://lattes.cnpq.br/4434934732943490

Sumário: 1. Introdução – disposições gerais sobre o tema – 2. Escorço jurisprudencial; 2.1 Enriquecimento sem causa, lesão e afronta à boa-fé; 2.2. Legalidade da dação em pagamento ainda que o valor do imóvel suplante o valor da dívida – 3. Considerações finais – 4. Referências bibliográficas.

1. INTRODUÇÃO – DISPOSIÇÕES GERAIS SOBRE O TEMA

A dação em pagamento pode ser entendida como o acordo levado a efeito entre o credor e o devedor em virtude do qual aquele concorda em receber deste, para o cumprimento da obrigação, objeto diferente daquele originalmente pactuado.

A *datio in solutum*, vetusto instituto originário do Direito Romano, tem por função extinguir a obrigação através de outra prestação, que não é aquela constituída pela obrigação.

Sempre se considerou que a dação em pagamento constitui, no âmbito do pagamento indireto, instituto protetivo do devedor, que não é compelido a entregar um bem por valor vil ao solver sua dívida, mas, respeitando sua vontade e desde que o credor concorde, o bem é entregue pelo valor tratado entre as partes.

Posta assim a questão, para que se ultime a dação em pagamento, mister se faz que haja concordância do credor tendo em vista que este, no caso de obrigação de dar coisa certa, não pode ser compelido a receber outra coisa ainda que mais valiosa (Código Civil, art. 313).

Nesse sentido, existe a regra do art. 356 do Código Civil, determinando que o credor pode consentir em receber coisa diversa da que lhe é devida.

A dação em pagamento se assemelha à cessão de crédito quando tem por escopo transferir direitos creditórios (Código Civil, art. 358) e com a compra e venda no caso de objeto corpóreo.

O próprio Código Civil preceitua que, determinado o preço da coisa a ser dada em pagamento, as relações entre as partes regular-se-ão pelas normas do contrato de compra e venda (Código Civil, art. 357).

Nesta medida, o § 8º do art. 26 da Lei 9.514/1997 permite ao devedor (fiduciante), *com a anuência do fiduciário, dar seu direito eventual ao imóvel em pagamento da dívida, dispensados os procedimentos previstos no art. 27.*

Em outras palavras, a lei especial que regula a alienação fiduciária de bem imóvel expressamente permite a dação em pagamento, inclusive com a transferência da posse do imóvel para que o devedor, se assim achar conveniente e o credor concordar, extinga a dívida.

Aliás, a previsão específica seria até desnecessária por conta das normas contidas no Código Civil.

Todavia, em que pese a singeleza da previsão, o fato é que o foro está repleto de ações mediante as quais os devedores, depois de extinguir a dívida dando em pagamento os direitos sobre o contrato referente ao imóvel que antes servia de garantia, discutem a entrega por preço vil, requerendo compensação monetária pela diferença existente entre a dívida quitada e o valor do imóvel, notadamente quando este supera, em muito, o valor daquela.

Argumenta-se ainda que, se o imóvel fosse a leilão, ao devedor seria restituído aquilo que sobejasse do valor da dívida de acordo com a previsão insculpida no § 4º do artigo 27 da Lei 9.514/1997, segundo o qual:

> Nos cinco dias que se seguirem à venda do imóvel no leilão, o credor entregará ao devedor a importância que sobejar, considerando-se nela compreendido o valor da indenização de benfeitorias, depois de deduzidos os valores da dívida e das despesas e encargos de que tratam os §§ 2º e 3º, fato esse que importará em recíproca quitação, não se aplicando o disposto na parte final do art. 516 do Código Civil.[1]

Em outras palavras, em caso de leilão, seria restituída ao credor a eventual diferença entre o valor da dívida, encargos e demais despesas decorrentes do leilão e

---

1. Do CC de 1916, segundo o qual: "Art. 516. O possuidor de boa-fé tem direito a indenização das benfeitorias necessárias e úteis, bem como, quanto as voluptuárias, se lhe não forem pagas, ao de levanta-las, quando o puder sem detrimento da coisa. Pelo valor das benfeitorias necessárias e úteis, poderá exercer o direito de retenção." O Código Civil de 2002 tem dispositivo semelhante, aplicável à espécie: Art. 1.219. O possuidor de boa-fé tem direito à indenização das benfeitorias necessárias e úteis, bem como, quanto às voluptuárias, se não lhe forem pagas, a levantá-las, quando o puder sem detrimento da coisa, e poderá exercer o direito de retenção pelo valor das benfeitorias necessárias e úteis.

o valor do imóvel, de tal sorte que os devedores argumentam que a dação por valor inferior àquele atribuído ao imóvel lhes causa prejuízo e, nesta exata medida, deve ser recomposto.

2. ESCORÇO JURISPRUDENCIAL

2.1 Enriquecimento sem causa, lesão e afronta à boa-fé

Na Apelação Cível 0026324-96.2015.8.26.0100 proveniente do Tribunal de Justiça de São Paulo, a dação em pagamento por valor muito inferior à avaliação do bem foi anulada em razão da reconhecida lesão (Código Civil, art. 157 – vício do consentimento), afronta à boa-fé objetiva, à função social do contrato (Código Civil, arts. 421 e 422) e conseguinte apuração de onerosidade excessiva (Código Civil, art. 480).

Nesta medida, a solução dada representou determinar ao credor, que já havia recebido o bem, a sua alienação pelo valor de mercado, restituindo ao devedor a diferença entre este e o valor da dívida atualizado:

> Apelação - Ação anulatória de negócio jurídico, cumulada com pedido liminar de antecipação de tutela – Improcedência – Preliminar de cerceamento de defesa afastada – Dação em pagamento de bens imóveis que foram objeto de garantia de alienação fiduciária, para liquidação da dívida existente perante o banco, com a locação destes bens às demandantes – Alegação de nulidade dos contratos, por simulação e vedação ao pacto comissório – Descabimento – Hipótese não configurada – Validade, em princípio, destes contratos, por estarem de conformidade com o art. 1.365, § único, do Código Civil e art. 26, § 8º, da Lei 9.514/97 – Valor de mercado dos bens dados em pagamento, em que se situa o parque industrial das autoras, porém, que pode superar em muito o valor da dívida dada por liquidada – Ocorrência de lesão e de enriquecimento sem causa do réu evidenciada – Arts. 157, 421 e 422 do Código Civil – Cabimento da revisão postulada pelas autoras (art. 480 do Código Civil) para determinar ao banco que promova a venda destes imóveis, pelo valor de mercado, restituindo às demandantes o que sobejar à dívida liquidada pela dação, devendo ser constituído para tanto um fundo de investimento imobiliário, integralizado por tais imóveis – Ação que deve ser julgada parcialmente procedente – Recurso das autoras provido em parte (TJSP; Apelação Cível 0026324-96.2015.8.26.0100; Relator (a): Thiago de Siqueira; Órgão Julgador: 14ª Câmara de Direito Privado; Foro Central Cível – 37ª Vara Cível; Data do Julgamento: 25/10/2017; Data de Registro: 26.10.2017).

Também se discutiu, neste processo, a vedação, de resto tradicional entre nós, de vedação do pacto comissório, ou seja, a autorização para que o credor fique com o objeto da garantia.

Na fundamentação, o relator, Desembargador Thiago de Siqueira sustentou que

> Não prospera, também a alegação da existência de pacto comissório no caso vertente, pois não se verifica qualquer irregularidade no negócio jurídico entabulado, com cláusulas determinadas que em nada se assemelham com o aludido pacto, uma vez que no caso em análise as apelantes ofereceram por meio de alienação fiduciária os imóveis como garantia do pagamento da dívida contraída, vale dizer, houve garantia real espontaneamente oferecida e não pacto comissório, razão pela qual inaplicável a disposição do artigo 1.428 do Código Civil.

Notadamente, o aresto fundamentou-se nos termos do art. 1.365, § único, do Código Civil, segundo o qual "o devedor pode, com a anuência do credor, dar seu direito eventual à coisa em pagamento da dívida, após o vencimento desta" e, igualmente, no permissivo do art. 26, § 8º, da Lei n. 9.514/97.

Portanto, não se considerou qualquer mácula no negócio jurídico entabulado na sua forma, não havendo falar-se, em razão de expressa previsão legal da dação, em simulação, não havendo, por esta razão, nulidade do respectivo instrumento.

Resta saber se a dação só seria admitida, dentro deste contexto, se o valor da dação corresponder ao valor de mercado.

O julgado do Tribunal de Justiça de São Paulo ora em análise entendeu que sim e o fez nos seguintes termos:

> é de se verificar que a execução da garantia da alienação fiduciária, nos termos da Lei n. 9.514/97, seria mais benéfica às demandantes, por prever a entrega ao devedor fiduciante a importância que sobejar, uma vez promovida a venda do imóvel em leilão (art. 27, § 4º). É forçoso reconhecer, por tais razões, o caráter lesivo desta dação em pagamento firmada pelas autoras, por dizer respeito a bens que superariam em muito o valor da dívida que visou quitar, configurando, assim, a ocorrência de lesão, de conformidade com o previsto no art. 157 do Código Civil, que assim dispõe: "Ocorre a lesão quando uma pessoa, sob premente necessidade, ou por inexperiência, se obriga a prestação manifestamente desproporcional ao valor da prestação oposta".

Houve reconhecimento da premente necessidade da pessoa jurídica com o seguinte argumento:

> A dação em pagamento aqui versada foi firmada pelas autoras sob premente necessidade, dado ao vulto da dívida existente perante o banco e a necessidade de permanecerem na posse dos bens nela versados. Também por isso, evidencia-se no caso a violação aos princípios da função social do contrato e da boa-fé, consoante previsto nos art. 421 e 422 do Código Civil, implicando, ainda, em enriquecimento sem causa ao réu (art. 884 do Código Civil). Tais princípios impõem deveres aos contratantes, como o de informar e de cooperar para que a relação não seja fonte de prejuízo para outra parte contratante, agindo, assim, com lealdade e honestidade, sendo vedado o abuso de direito.

Concluiu-se pela revisão do negócio jurídico de dação nos termos do art. 480 do Código Civil, determinando-se, então, a obrigação de o credor promover a alienação do imóvel recebido a terceiros pelo valor de mercado, restituindo à empresa devedora o que sobejar à dívida.

2.2 Legalidade da dação em pagamento ainda que o valor do imóvel suplante o valor da dívida

Outra forma de encarar o assunto se dá pela simples aplicação da distinção constante na Lei 9.514/1997.

Isto porque, embora o § 4º do artigo 27 da Lei 9.514/1997 determine, *em caso de leilão*, que se restitua ao devedor o valor que sobejar decorrente da diferença do valor do imóvel *apurado no leilão* e o valor da dívida, o fato é que a aplicação desse

DAÇÃO EM PAGAMENTO DO IMÓVEL QUE SUPERA O VALOR DA DÍVIDA **279**

dispositivo legal depende do leilão, não dizendo respeito à possibilidade distinta de solução da dívida por dação em pagamento insculpida no § 8º do art. 26 da Lei 9.514/1997.

Neste sentido:

Agravo interno. Agravo em Recurso Especial. Alienação fiduciária. Imóvel. Dação em pagamento. Art. 26, § 8º, da Lei n. 9.514/1997. Diferença entre o valor do débito e o valor de mercado do imóvel. Enriquecimento sem causa. Aplicação da Súmula 7 do STJ. 1. Conforme expressamente prevê o § 8º do artigo 26 da Lei n. 9.514/1997, caso efetuada a dação em pagamento, fica afastada a aplicação do § 4º do art. 27 da Lei n. 9.514/97. 2. A adoção de entendimento diverso por esta Corte quanto ao alegado enriquecimento sem causa, como propugnado, demandaria reexame do conjunto fático-probatório dos autos, o que é vedado pela Súmula 7/STJ. 3. Agravo interno a que se nega provimento (AgInt no AREsp 1095235/DF, Rel. Ministra Maria Isabel Gallotti, Quarta Turma, julgado em 28.11.2017, DJe 04.12.2017),

A descrição do fato constante do acórdão esclarece a controvérsia:

O agravante sustenta que "apesar de o dispositivo constante do § 8º, do art. 26 da Lei n. 9.514/97 realmente dispensar a realização dos procedimentos previstos no art. 27, não há no aludido estatuto a permissividade para o credor não entregar ao devedor a diferença havida entre o valor de venda do bem e a dívida consolidada, sob pena de positivar-se o enriquecimento indevido de uma das partes em detrimento da outra" (fls. 509/510). Afirma que o valor do imóvel (R$ 110.000,00 – cento e dez mil reais) é bem superior ao da dívida reconhecida (R$ 72.106,15 – setenta e dois mil, cento e seis reais e quinze centavos), o que caracteriza o enriquecimento ilícito do credor e enseja a devolução requerida. Aponta a desnecessidade de reexame de provas e que foi acolhida pretensão idêntica, com reconhecimento de existência de enriquecimento ilícito, no julgamento singular efetuado pelo Ministro Paulo de Tarso Sanseverino no AREsp 805.578/MS.

A relatora fundamentou o aresto na distinção decorrente da Lei 9.514/1997 posto que, no caso de inadimplemento do contrato de alienação fiduciária em garantia de bens imóveis, a quitação da dívida observa o disposto na lei especial, notadamente os artigos 26 e 27 da Lei n. 9.514/1997.

Reconheceu o aresto que, de fato, no caso de leilão, o credor deve entregar "o saldo que sobejar ao valor da dívida e despesas com a alienação do bem no leilão, na forma do § 4º do art. 27 da Lei n. 9.514/97."

Todavia, essa compensação ao credor não existe no caso de o devedor optar pela dação em pagamento *prevista no § 8º do artigo 26 da Lei n. 9.514/1997.*

Segundo fundamentou, são situações distintas.

Assim sendo, concluiu que, no caso de o devedor optar pela dação em pagamento, "não há falar-se em devolução de valor ao autor em razão da aplicação do § 4º do art. 27 da Lei n. 9.514/97, expressamente excluída pelo texto da legislação federal."

Justificou, ainda, que "a dação em pagamento possibilita ao credor avaliar a conveniência ou não de receber o bem no lugar da obrigação devida e também assegura ao devedor a quitação da dívida."

Confira-se, a propósito, o seguinte precedente:

Recurso Especial – ação monitória – fiança e aval – distinção – o primeiro tem natureza cambial e o segundo de direito comum – dação em pagamento – origem – recebimento de coisa distinta da anteriormente avençada – acordo entre credor e devedor – requisitos – existência de obrigação prévia – acordo posterior com anuência do credor – entrega efetiva de coisa diversa – exigência de anuência expressa do credor – segurança jurídica – ausência de demonstração, na espécie – incidência da Súmula 7/STJ – Recurso Especial Improvido. (...) II – A origem do instituto da dação em pagamento (*datio in solutum* ou *pro soluto*) traduz a ideia de acordo, realizado entre o credor e o devedor, cujo caráter é liberar a obrigação, em que o credor consente na entrega de coisa diversa da avençada, nos termos do que dispõe o art. 356, do Código Civil; III – Para configuração da dação em pagamento, exige-se uma obrigação previamente criada; um acordo posterior, em que o credor concorda em aceitar coisa diversa daquela anteriormente contratada e, por fim, a entrega da coisa distinta com a finalidade de extinguir a obrigação; IV – A exigência de anuência expressa do credor, para fins de dação em pagamento, traduz, ultima ratio, garantia de segurança jurídica para os envolvidos no negócio jurídico, porque, de um lado, dá ao credor a possibilidade de avaliar, a conveniência ou não, de receber bem diverso do que originalmente contratado. E, por outro lado, assegura ao devedor, mediante recibo, nos termos do que dispõe o art. 320 do Código Civil, a quitação da dívida; V – Na espécie, o recorrente não demonstrou, efetivamente, a anuência expressa do credor para fins de comprovação da existência de dação em pagamento, o que enseja a vedação de exame de tal circunstância, nesta Corte Superior, por óbice da Súmula 7/STJ; VI – Recurso especial improvido. (REsp 1138993/SP, Rel. Ministro Massami Uyeda, Terceira Turma, DJe 16.3.2011).

3. CONSIDERAÇÕES FINAIS

Em que pese os questionamentos normalmente levados a efeito pelos devedores, certo é que a Lei 9.514/1997 expressamente prevê a possibilidade de dação em pagamento.

E o faz para proteger o devedor. Explico: a possibilidade prevista na lei especial permite ao fiduciante devedor quitar sua dívida sem necessidade de venda através do leilão.

E na prática é sabido que esses leilões normalmente não atingem o valor de mercado e frequentemente apontam para valores muito inferiores.

Considerando que a Lei 9.514/1997 permite que o segundo leilão seja levado a efeito pelo valor da dívida, me parece que a dação é, em regra, benéfica ao fiduciante.

Ora, se o devedor consentir em dar seu imóvel com a concordância do credor, assume este todos os riscos e custos existentes, tais como a conservação do imóvel, condomínios, comissões pela venda, impostos e o próprio risco do valor que apurará pela venda futura.

E nesses casos – de dação – não há falar-se em diferença a ser devolvida ao devedor com a venda posterior do imóvel caso não tenha havido previsão nesse sentido no instrumento de dação em pagamento celebrado entre as partes: *pacta sunt servanda*.

É evidente que os vícios do consentimento podem se manifestar, maculando o negócio jurídico, mas devem ser encarados como são: defeitos do negócio e não direito subjetivo atribuído ao devedor de, sempre, em qualquer circunstância, procurar a jurisdição como se tivesse direito subjetivo de receber eventual diferença entre o valor do imóvel e o valor da sua dívida.

Não se olvida, nessas conclusões, a vetusta lição de Pontes de Miranda, para quem "não há autonomia absoluta ou ilimitada de vontade; a vontade tem sempre limites, e a alusão à autonomia é alusão ao que se pode querer dentro desses limites."[2]

Todavia, o pleito de desconstituição do negócio jurídico de dação em pagamento livremente aceito pelo devedor e previsto no § 8º do art. 26 da Lei 9.514/1997, fundado, apenas, em eventual diferença entre os valores do bem e da dívida sem que haja, claramente, defeito do negócio, considerando, ainda, o princípio da boa-fé objetiva, implica em comportamento contraditório (*venire contra factum proprium*), além de evidenciar má-fé do fiduciante devedor que concordou em dar seu imóvel porque lhe pareceu conveniente naquele momento.

Poderia esperar o leilão para saber se algo lhe caberia.

Assim, se preferiu a dação, não poderá reclamar, depois, diferenças, pois nenhum direito mais lhe ampara nesse sentido.

A dação em pagamento se insere no contexto do pagamento indireto na teoria geral das obrigações.

Todavia, pela sua natureza consensual se aproxima do negócio jurídico contratual e o contrato se subsume aos princípios do *pacta sunt servanda*, da função social e da boa-fé objetiva entre tantos outros.

É lição velha do Direito Civil: o contrato faz lei entre as partes e, pelo princípio da boa-fé objetiva, de onde se extrai a vedação ao comportamento contraditório (*venire contra factum proprium*), não se permite conduta contrária ao que foi anteriormente convencionado.

Sobre o princípio da obrigatoriedade das convenções, ensina Silvio Rodrigues:

> O princípio da força vinculante das convenções consagra a ideia de que o contrato, uma vez obedecidos os requisitos legais, se torna obrigatório entre as partes, que dele não se podem desligar por outra avença, em tal sentido, isto é o contrato vai constituir uma espécie de lei privada entre as partes, adquirindo força vinculante igual a do preceito legislativo, pois vem munido de uma sanção que decorre da norma legal, representada pela possibilidade de execução patrimonial do devedor. 'Pacta sunt servanda'.[3]

> Ainda sobre o princípio da obrigatoriedade dos pactos, eis o que pensa Flávio Tartuce: "Pela máxima 'venire contra factum proprium non potest', determinada pessoa não pode exercer um direito próprio contrariando um comportamento anterior, devendo ser mantida a confiança e o dever de lealdade decorrentes da boa-fé objetiva, depositada quando da formação do contrato. O conceito

---

2. PONTES DE MIRANDA. *Tratado de Direito Privado*. 2.ed. Rio de Janeiro: Borsoi, 1962. p. 47. T. XXXVIII.
3. RODRIGUES, Silvio. *Direito Civil*. São Paulo: Editora Saraiva, 1986. v. 3, p.18.

mantém relação com a tese dos atos próprios, muito bem explorada no Direito Espanhol por Luis Díez-Picazo... Para Anderson Schreiber, que desenvolveu trabalho específico sobre o tema, podem ser apontados quatro pressupostos para aplicação da proibição do comportamento contraditório: a) um fato próprio, uma conduta inicial; b) a legítima confiança de outrem na conservação do sentido objetivo dessa conduta; c) um comportamento contraditório com este sentido objetivo; d) um dano ou um potencial de dano decorrente da contradição (A proibição..., Tutela..., 2005, p. 124). A relação com o respeito à confiança depositada, um dos deveres anexos à boa-fé objetiva, é, portanto, muito clara. A importância da máxima *venire contra factum proprium* com conceito correlato à boa-fé objetiva foi reconhecida quando da IV Jornada de Direito Civil, com a aprovação do Enunciado n. 362 Conselho da Justiça Federal, segundo o qual 'A vedação do comportamento contraditório (*venire contra factum proprium*) funda-se na proteção da confiança, como se extrai dos arts. 187 e 422 do Código Civil'.[4]

Por fim, ainda que em situações excepcionalíssimas seja possível o reconhecimento de enriquecimento sem causa em razão de exacerbada discrepância entre o débito e o valor do bem dado em pagamento, fator aliado à indispensável presença de vício do consentimento, a própria decisão proferida pelo STJ no AREsp 805.578/MS concluiu que "para se elidir as conclusões do aresto impugnado, quanto ao vício no negócio entabulado e o consequente enriquecimento sem causa, necessário o revolvimento do conjunto fático-probatório dos autos, providência vedada nesta sede especial a teor da Súmula 07/STJ".[5]

4. REFERÊNCIAS BIBLIOGRÁFICAS

PONTES DE MIRANDA, Pontes de. *Tratado de Direito Privado*. 2.ed. Rio de Janeiro: Borsoi, 1962. t. XXXVIII.

RODRIGUES, Silvio. *Direito Civil*. São Paulo: Saraiva, 1986. v. 3.

SCAVONE JUNIOR. Luiz Antonio. *Direito Imobiliário*: teoria e prática. 14. ed. Rio de Janeiro: Forense, 2019.

TARTUCE, Flávio. *Direito Civil*. Contatos em espécie. 9. ed. Rio de Janeiro: Forense, 2014. v. 3.

---

4. TARTUCE, Flávio. *Direito Civil*. Contatos em espécie. 9. ed. Rio de Janeiro: Forense: 2014. v. 3, p. 119-121.
5. E igual sentido: Agravo em Recurso Especial 805.578 – MS (2015/0274096-7). Relator: Ministro Paulo de Tarso Sanseverino.

PARTE 5
CONSUMIDOR

PARTE 5
CONSUMIDOR

1
DA POSSIBILIDADE DE EXTINÇÃO OU REVISÃO DOS CONTRATOS PELA ALTERAÇÃO DA CAPACIDADE ECONÔMICA

Paulo Roberto Athie Piccelli

Advogado. Professor de Direito Civil no Curso Damásio Educacional. Presidente da Comissão de Direito Imobiliário da 101ª Subseção da OAB-SP. Mestrando em Direito Civil PUC-SP. Especialista em Direito Imobiliário pela Fundação Getúlio Vargas. Especialista em Direito Civil pelo Grupo IBMEC-Damásio. Especialista em Direito Empresarial pelo Grupo IBMEC-Damásio. Site: www.aepadvogados.com.br

Sumário: 1. Introdução – 2. Do dever de negociar previamente. 3. Da modificação e extinção dos contratos. 4. Referências bibliográficas.

1. INTRODUÇÃO

No decorrer da relação contratual podem ocorrer diversas situações que impliquem na incapacidade de adimplir o que foi pactuado. Em alguns casos o motivo do desequilíbrio resultará em impossibilidade temporária, em outros, a prestação nunca poderá ser cumprida.

Naturalmente, se o devedor já estava em mora quando do evento (mora *solvendi*), não poderá alegar em seu favor o acontecimento extraordinário (ou imprevisível) para se ver livre do pagamento de indenizações decorrentes da mora, a menos que comprove que o resultado não seria alterado caso a obrigação tivesse sido pontualmente cumprida[1].

Tomemos por exemplo o comodatário que não devolve o imóvel na data aprazada e, durante o período da mora, ocorre uma catástrofe que inutiliza o bem (o imóvel é destruído, por exemplo). Diante do caso fortuito, o devedor não será obrigado a indenizar o comodante, haja vista que a catástrofe ocorreria independente da mora do comodatário, portanto o resultado seria o mesmo[2].

---

1. A respeito do tema, o Tribunal de Justiça de São Paulo já se manifestou: Apelação – Ação de busca e apreensão fundada em alienação fiduciária – Conversão em ação de depósito – Sentença de improcedência da demanda – Furto do bem – Fato que não exime o devedor do cumprimento da obrigação relacionada ao depósito, por ter a subtração se verificado depois de já caracterizada a mora (CC, 399) [...] (TJSP; Apelação Com Revisão N/A; Relator (a): Ricardo Pessoa de Mello Belli; Órgão Julgador: 25ª Câmara de Direito Privado; N/A – N/A; Data do Julgamento: 12/05/2009; Data de Registro: 17/06/2009).

2. Nunca é demais recordar o teor do Art. 399 do Código Civil: "O devedor em mora responde pela impossibilidade da prestação, embora essa impossibilidade resulte de caso fortuito ou de força maior, se estes

Dentre tantos contratos firmados, para nossas reflexões, destacam-se os contratos de consumo, em especial, os financiamentos imobiliários (cujo raciocínio se aplica aos outros contratos, por lógica *ubi eadem ratio ibi idem jus*). Diante desse cenário, portanto, surge a necessidade de analisar como um acontecimento inesperado, ou, inevitável, pode impactar contratos em curso e, principalmente, quais as medidas mais eficazes (ao nosso sentir) a serem tomadas, sempre visando a preservação do negócio e a proteção dos contratantes.

O direito e a economia estão interligados, mas não devemos esquecer que, antes de tudo, o direito lida com pessoas. Em todos os tipos de contratações, ainda que alguns entendam por utópico, devemos lembrar que as partes são o centro das relações jurídicas.

Na feliz síntese de Luiz Edson Fachin, a respeito da despatrimonialização do direito privado "A pessoa, e não o patrimônio, é o centro do sistema jurídico, de modo que se possibilite a mais ampla tutela da pessoa, em perspectiva solidarista que se afasta do individualismo que condena o homem à abstração. Nessa esteira, não há, pois, direito subjetivo arbitrário, mas sempre limitado pela dimensão co-existencial do ser humano. O patrimônio, conforme se apreende do exposto por Sessarego, não deixa de ser centro do Direito, mas a também a propriedade sobre os bens é funcionalizada ao homem, em sua dimensão coexistencial. (Fachin, Luiz Edson. 2001, p. 51)[3]".

Portanto, é imprescindível a sensibilidade enunciada por Kant[4] na análise dessas relações, evitando equívocos insanáveis na apreciação do cumprimento (ou não) do que foi pactuado "Age de forma que trates a humanidade, tanto na tua pessoa como na pessoa de qualquer outro, sempre também como um fim e nunca unicamente como um meio. (ABBAGNANO, 1980, p.259)".

Em nossa opinião, o caminho da autocomposição, da negociação amigável é a forma mais eficiente de solucionar ou diminuir os problemas enfrentados e, inclusive, é dever (decorrente da boa-fé objetiva) daquele que se vê impossibilitado em honrar o que foi pactuado, conforme demonstraremos.

Contudo, muitas vezes não haverá consenso. A esmagadora maioria dos contratos de consumo são de adesão, e podem estar ligados a diversas abusividades, conforme explana Rodrigo Bercovitz Rodriguez Cano: "A contratação em massa, especialmente através do contrato de adesão, embora não sendo a fonte exclusiva de todos os males contratuais, representa, sem dúvida, o modo mais comum de desequilíbrio, de abuso e de exploração na contratação. E entre suas vítimas principais está o consumidor[5]."

---

ocorrerem durante o atraso; salvo se provar isenção de culpa, ou que o dano sobreviria ainda quando a obrigação fosse oportunamente desempenhada."

3. FACHIN, Luiz Edson. *Estatuto jurídico do patrimônio mínimo*. Rio de Janeiro: Renovar, 2001. p. 51.

4. ABBAGNANO, Nicola. *Dicionário de filosofia*. São Paulo, Editora Mestre Jou, 1980. p. 259

5. Apud NEGREIROS, Teresa. *Teoria do contrato*: novos paradigmas. 2. ed. Rio de Janeiro: Renovar, 2006. p. 379.

EXTINÇÃO OU REVISÃO DOS CONTRATOS PELA ALTERAÇÃO DA CAPACIDADE ECONÔMICA

Porém, mesmo nos contratos de adesão a regra é o cumprimento da obrigação, o poder judiciário, ao intervir na relação contratual, deverá analisar, em primeiro lugar, a utilidade da prestação e se, de fato, há impossibilidade definitiva de cumprir a obrigação, ou mera dificuldade passageira.

A obrigação, seja qual for, é o vínculo de colaboração em busca do pagamento, pagamento este que, em regra, não perde a utilidade ainda que em situações extraordinárias, de maneira que é imprescindível que cada situação seja muito bem verificada.

Nas próximas páginas, procuraremos demonstrar de forma prática e teórica, que em tempos de alteração da capacidade econômica, os contratos necessitarão de muito zelo, das partes e do Poder Judiciário (sempre em último caso), pois é fato que o adimplemento deve ser buscado em primeiro lugar e, caso não seja possível em nenhuma hipótese, então é imprescindível que se materializem norteadores para eventual desfazimento ou revisão do negócio, que são o verdadeiro baldrame de todas as relações, sob o viés solidarista já mencionado: equidade e boa-fé.

2. DO DEVER DE NEGOCIAR PREVIAMENTE

Entre le fort et le faible, entre le riche et le pauvre, entre le maître et le serviteur, c'est la liberté qui opprime et la loi qui affranchit. – Conférences de Notre-Dame de Paris, Henri Lacordaire, éd. Sagnier et Bray, 1848, p. 246. "Entre os fortes e fracos, entre ricos e pobres, entre senhor e servo é a liberdade que oprime e a lei que liberta".

A afirmação de Henri Dominique Lacordaire iluminará nosso raciocínio que, a princípio, será tratando das relações contratuais como gênero para que, no próximo capítulo, possamos compreender os contratos de financiamento e as decisões judiciais que modificaram a relação contratual, sempre com o bom senso das reflexões aqui provocadas.

O princípio da boa-fé objetiva, por diversas vezes invocado sem necessidade (como forma exclamação e *gourmetização* nas petições que abalroam os tribunais), deve ser praticado, "ressucitado" e utilizado como verdadeira lupa para a compreensão das situações que ensejam (ou não) modificação dos contratos.

Os deveres e funções anexos deste princípio (que bem conhecemos), advém do mundo romano, a *fides* romana traduzia-se como um pilar, um valor, que possuía como pedra angular a confiança, era a carta de navegação para atividades negociais e um princípio geral.

Para Rogério Donnini, a boa-fé guarda relação direta com o Código Justinianeu, mais especificamente com um dos princípios do direito, o *honeste vivere*: "A noção de *bona fides* (boa-fé) está relacionada a *honeste vivere*, pois *honestus* tem relação com *virtus* (de vir) e com honor. Destarte, vir *honestus* é tanto quanto vir *bonus* (homem bom), ou seja, aquele que age de acordo com a honra civil, com a total reputação que tem perante a lei, que tem por escopo o bem da comunidade."

No direito contemporâneo sabemos que, por meio da função integrativa da boa-fé, os contratantes deverão guardar este princípio (defendido por alguns como um meta-valor) em todas as fases do contrato, inclusive nas pré-contratuais (pontuação e oblação). Nos de *memorandos de mero entendimento*, também há eficácia vinculativa contratual e é imprescindível analisar se houve expectativa gerada ao destinatário, bem como suas proporções[6].

Num viés prático, tomemos os deveres de lealdade e informação, gerados pelo princípio da boa-fé, na seguinte situação: Um compromissário comprador de imóvel, firma o contrato preliminar e o financiamento diretamente com a incorporadora e, por conta de alteração no cenário econômico no país tem sua capacidade econômica diminuída, é dever do adquirente demonstrar a necessidade de revisão ou extinção do contrato, ou seja, comprovar matematicamente que foi atingido economicamente pelo evento imprevisível (ou inevitável) e não possui condição de continuar a arcar com aquele valor. Veja-se que não basta que o contrato tenha se tornado um "mau negócio".

Daí o valor da notificação extrajudicial, ainda que por meio de um simples telegrama, é prova apta para demonstrar que o consumidor evitou o conflito judicial, ou seja, buscou o fornecedor (vendedor, construtor, incorporador etc.) para composição amigável, evitando a "judicialização da celeuma".

Independente da inversão do ônus da prova, prevista no Art. 6º, VIII do CDC, que não é automática, pois para que se aplique depende da demonstração de hipossuficiência do consumidor, a notificação, a manifestação do contratante que demonstra a intenção de negociar e a perda da capacidade econômica, têm amparo no Art. 369 do CPC e, mais do que isso, é ato de transparência.

Imaginemos outra situação hipotética, onde o fornecedor reluta em negociar e se faz imprescindível o litígio judicial, a prova produzida servirá como base para aplicação do princípio da causalidade, por meio do qual o magistrado distribuirá os ônus processuais e os honorários de sucumbência tão somente àquele que deu causa ao processo.

A iniciativa de uma das partes buscar a modificação do contrato, não pode ser confundida justiça não pode ser confundida com o motivo do processo, que só existe pela resistência da parte adversa[7]. Nas palavras do Professor José Miguel Garcia

---

6. MARTINS-Costa, Judith. *A boa-fé no direito privado*. 2. ed. São Paulo. 2018. p. 429.

7. Em recentes decisões, o Tribunal de Justiça de São Paulo:

   Compromisso de compra e venda Rescisão e devolução de quantias pagas a pedido do compromissário comprador – [...] Ônus sucumbenciais atribuídos integralmente à ré – Princípio da causalidade – Recurso do autor parcialmente provido e improvido o da ré. (TJSP; Apelação Cível 1004653-92.2018.8.26.0100; Relator (a): Fábio Quadros; Órgão Julgador: 4ª Câmara de Direito Privado; Foro Regional VIII – Tatuapé – 5ª Vara Cível; Data do Julgamento: 09/10/2019; Data de Registro: 09/10/2019);

   RESCISÃO DE COMPROMISSO DE COMPRA E VENDA, pretendida pelo comprador desistente. Sentença de parcial procedência que declarou a rescisão e condenou a ré à devolução de 80% (oitenta por cento) dos valores pagos pelo autor. Requerida que resistiu ao pedido do autor. [...] Princípio da Causalidade. Requerida que reponde integralmente pelo ônus sucumbencial. Dado provimento ao recurso. (TJSP; Apelação Cível 1114882-56.2017.8.26.0100; Relator (a): Nilton Santos Oliveira; Órgão Julgador: 3ª Câmara

EXTINÇÃO OU REVISÃO DOS CONTRATOS PELA ALTERAÇÃO DA CAPACIDADE ECONÔMICA

Medina: *Assim,* "no processo civil, para se aferir qual das partes litigantes arcará com o pagamento dos honorários advocatícios e das custas processuais, deve-se atentar não somente à sucumbência, mas também ao princípio da causalidade, segundo o qual a parte que deu causa à instauração do processo deve suportar as despesas dele decorrentes"[8].

Contudo, os eventos extraordinários não podem (e nos parece, infelizmente, que isso ocorre de forma indiscriminada) servir como alegação genérica para promover os reajustes contratuais deliberados, muito menos como chancela para extinções contratuais.

Naturalmente, da mesma forma que o princípio da boa-fé deve ser observado pelo fornecedor em todas as fases contratuais, o consumidor precisa ter cautela.

A finalidade da negociação antes do vencimento da prestação é evitar a mora[9], possibilitando o adimplemento pelo devedor (que fica livre da responsabilidade), evitando o prejuízo econômico do credor.

Se a mora já aconteceu, também deve haver bom senso entre os contratantes, primando pela negociação, a fim de evitar a morte do contrato, que é a última, e, sempre excepcional medida. "O credor não pode recusar a prestação se o que falta é mínimo e não lhe diminui o valor do que se lhe quer entregar, ou se nada opõe que a receba. A regra é não perder o interesse a prestação, por atraso do devedor"[10].

A resolução (tendo em vista a extinção por inadimplemento, ainda que do consumidor) do contrato só estará autorizada quando a prestação for inútil ao credor, tem-se aqui um critério absolutamente subjetivo, que deve e precisa ser analisado a partir da sensibilidade dos contratantes (e, naturalmente, do julgador se for o caso. A sensibilidade, aqui destacada, é realmente a intenção das partes, a pura boa-fé subjetiva[11], uma vez que não é incomum que a negociação ocorra por terceiros, representando as partes).

---

de Direito Privado; Foro Central Cível – 16ª Vara Cível; Data do Julgamento: 04/07/2019; Data de Registro: 04/07/2019).

COMPROMISSO DE COMPRA E VENDA. LOTEAMENTO. Rescisão contratual por culpa da autora. [...] Ônus da sucumbência carreado integralmente à ré. Sentença parcialmente reformada. Recurso da ré não provido e recurso do autor provido;(TJSP; Apelação Cível 1075835-75.2017.8.26.0100; Relator (a): Fernanda Gomes Camacho; Órgão Julgador: 5ª Câmara de Direito Privado; Foro Central Cível – 33ª Vara Cível; Data do Julgamento: 20/04/2018; Data de Registro: 20/04/2018).

8. Medina, José Miguel Garcia. *Novo Código de Processo Civil Comentado.* 5. ed. São Paulo: Ed. RT, 2017, p. 186.

9. "Quem falha ao adimplir há de ser lembrado pela tribo e lembrar-se. Mora vem de *memor.* A memória está em causa. O termo, a condição e a interpelação lembram; o devedor obrigado, que deixa de adimplir, incorre em mora". PONTES DE MIRANDA. *Tratado de Direito Privado.* v. 26. Parte Especial. Campinas. Bookseller. 2003. p. 35.

10. PONTES DE MIRANDA, Pontes de. *Tratado de Direito Privado.* v. 26. Parte Especial. Campinas: Bookseller, 2003. p. 36.

11. O estado de fato, o comportamento das partes que, também deverá ser considerado, deverá ser analisado em conjunto com as circunstâncias apresentadas. *Em todas as situações, há um estado de fato, a crença legítima, de modo que a boa-fé subjetiva tem o sentido de uma condição psicológica denotando uma situação fática*

Portanto, não basta que simplesmente se alegue a inutilidade da prestação, deverá comprovação clara do consumidor que pretende a resolução. De acordo com Agostinho Alvim[12]: "Dada a alegação do credor de que a prestação, devido a mora não lhe apresenta mais utilidade, a ele cabe o ônus da prova. Não é o devedor que está sujeito a provar que a prestação continua sendo útil. Esta utilidade presume-se porque, via de regra, a mora ocasiona prejuízo ao credor, mas só excepcionalmente tornará inútil a prestação. Por isso a lei admite a purgação. Assim sendo, ao invocar a inutilidade, cabe a prova."

Do mesmo modo, o fornecedor sofre limitação no direito de resolução do contrato em nome da preservação do sinalagma, na hipótese do valor pago pelo consumidor ter sido menor do que o contratado (corrobora o pensamento o conhecido enunciado 361 do CJF, a respeito da teoria do adimplemento substancial)[13]. Anelise Becker defende que o princípio da boa-fé objetiva protege o devedor frente a um credor malicioso, inflexível, "como causa de limitação ao exercício de um poder judiciário"[14].

Assim, nas situações de caso fortuito ou força maior, como foi o caso do COVID-19, a negociação ou Renegociação, é obrigação legal, a fim de proporcionar que as partes reestabeleçam o equilíbrio contratual que existia no momento de formação do negócio[15] e foi alterado (se o caso) pelas circunstâncias que atingiram o mercado (não só imobiliário), é, de fato, um vínculo de colaboração que não pode, em hipótese alguma, ficar para segundo plano, sob pena de que se estabeleça o caos no Poder Judiciário e na sociedade, e o inadimplemento ou a extinção dos contratos deixem de ser exceção e passem a ser a regra.

3. DA MODIFICAÇÃO E EXTINÇÃO DOS CONTRATOS

O Código de Defesa do Consumidor é norma especial, a relação de consumo deve ser reconhecida de ofício pelo juiz e, da mesma forma, as cláusulas abusivas (já que nunca convalescem), conforme Art. 51 da Lei 8.078/90. Contudo, é importante lembrar o leitor da vedação a ao reconhecimento da abusividade de cláusulas contratuais em contratos bancários pelo julgador, nesse sentido a Súmula 381 do Superior Tribunal de Justiça: "Nos contratos bancários, é vedado ao julgador conhecer, de ofício, da abusividade das cláusulas."

---

habitualmente concretizada no convencimento do próprio direito, ou na ignorância de se estar lesando direito alheio ou, ainda, numa crença errônea, mas justificável. MARTINS-Costa, Judith. A boa-fé no direito privado. 2. ed. São Paulo. 2018. p. 280.

12. ALVIM, Agostinho. Da inexecução das obrigações e suas consequências. 4. ed. São Paulo: Saraiva, 1972. p.53.
13. NEGREIROS, Teresa. Teoria do contrato: novos paradigmas. 2. ed. Rio de Janeiro: Renovar, 2006. p. 145.
14. BECKER, Anelise. A doutrina do adimplemento substancial no direito brasileiro e em perspectiva comparativista. Revista da Faculdade de Direito da UFRGS. v. 9, n. 1. Porto Alegre: Livraria do Advogado Editora, nov. 1992, p. 70.
15. BONATTI, Tatiana. Lei do Inquilinato comentada artigo por artigo: visão atual na doutrina e jurisprudência. 2. ed. Rio de Janeiro: Forense, 2017. p. 437.

O Art. 6º, V, do CDC dispõe que é direito básico do consumidor a modificação das clausulas contratuais que estabeleçam prestações desproporcionais, ou ainda, a revisão das clausulas que, em razão de fatos supervenientes, as tornem excessivamente onerosas. Assim, o ponto nevrálgico da revisão ou extinção dos contratos é verificar se, de fato, a obrigação se tornou tão onerosa à ponto de que seja necessário revisar aquilo que foi pactuado outrora.

Caso a obrigação contraída tenha se tornado excessivamente onerosa, então haverá a possibilidade de revisão ou extinção do pacto (em último caso). Todavia, é importante traçarmos um paralelo com a regra geral (Código Civil).

Entendemos, com base no C.C, que existe possibilidade de reajuste dos contratos, quando comprovadas modificações supervenientes, conforme o art. 317 do Código Civil: *Quando, por motivos imprevisíveis, sobrevier desproporção manifesta entre o valor da prestação devida e o do momento de sua execução, poderá o juiz corrigi-lo, a pedido da parte, de modo que assegure, quanto possível, o valor real da prestação* (remetemos o leitor à leitura da teoria da desaparição da base do negócio, aprimorada por Paul Oertmann com base na Teoria da Pressuposição de Windscheid).

Nesse sentido, Ruy Rosado de Aguiar Júnior[16]: *As modificações supervenientes que atingem o contrato, sem que possam ser qualificadas como integrantes do seu risco natural ou determinantes de sua extinção ipso jure [...], podem ensejar pedido judicial de revisão do negócio jurídico, se ainda possível manter o vínculo com modificações nas prestações (Arts. 317 e 479 do Código Civil).* (AGUIAR JÚNIOR, 2004, p.151).

A aplicação do dispositivo visa a preservação do negócio jurídico e se dá no plano da eficácia contratual (lembremo-nos da escada ponteana), porém sempre será excepcional, quando comprovada da disparidade, por óbvio, ausência de equilíbrio na relação estabelecida, como reforça o art. 421-A, inciso III, alterado pela Lei 13.784/2019.

Porém, no caso do consumidor, especificamente de um contrato de financiamento, diante da vulnerabilidade do contratante, é fundamental frisar que não estamos diante da *teoria da imprevisão*, uma vez que na *rebus sic stantibus* impõe que os contratantes não tenham previsto os acontecimentos futuros. Por outro lado, o CDC não impõe como pré-requisito a *imprevisibilidade de acontecimentos futuros*, o simples acontecimento que traga desproporção, onerosidade excessiva ao consumidor (que deverá ser muito bem demonstrada) permite o reajuste, o reequilíbrio daquilo que foi acordado.

O critério da Lei 8.078/90 é absolutamente objetivo, ao contrário do Código Civil, o CDC fornece ferramentas valiosas para reequilibrar as relações, especialmente nos 39, V: "Art. 39. É vedado ao fornecedor de produtos ou serviços, dentre outras práticas abusivas: V – exigir do consumidor vantagem manifestamente excessiva";

---

16. AGUIAR JÚNIOR, Ruy Rosado de. *Extinção dos contratos por incumprimento do devedor.* 2. ed. Rio de Janeiro, AIDE. 2004. p. 151.

e 51, IV: "Art. 51. São nulas de pleno direito, entre outras, as cláusulas contratuais relativas ao fornecimento de produtos e serviços que: IV – estabeleçam obrigações consideradas iníquas, abusivas, que coloquem o consumidor em desvantagem exagerada, ou sejam incompatíveis com a boa-fé ou a equidade; além do Art. 6º,V que já mencionamos.

Fato é que mesmo com tantos mecanismos, o bom senso e a sensibilidade (que assinalamos *exaustivamente*) se fazem imprescindíveis, especialmente na realidade dos tribunais pátrios, que contam com um número excessivo de processos (que muitas vezes seriam dispensáveis), para Menezes Cordeiro: "(...) a fundamentação que se apresente será aparente: as verdadeiras razões da decisão, estranhas aos níveis juspositivos da linguagem, não transparecem na decisão, inviabilizando o seu controle; por outro lado, o verdadeiro e último processo de realização do Direito escapa à Ciência dos juristas: a decisão concreta é fruto, afinal, não da Ciência do Direito, mas de factores desconhecidos para ela, comprometendo, com gravidade, a previsibilidade, a seriedade e a própria justiça da decisão"[17].

Diante de tais explanações, exemplo recente de intervenção direta num financiamento (com por meio de agente financeiro ou diretamente com a vendedora), foi a pandemia mundial causada pelo *coronavírus* que causou situação de emergência em saúde pública, inclusive reconhecida pela Organização Mundial de Saúde e pelo Brasil, através da Lei nº 13.979/2020 e pela Portaria 188, de 03.02.2020 do Ministério da Saúde, impondo medidas de isolamento que, por sua vez refletiram em situação de desemprego e perda de capacidade de pagamento por diversos contratantes (consumidores).

Pela preservação dos negócios (em primeiro lugar) é bastante plausível que se requeira o reajuste do contrato que, ao nosso sentir, não se materializa apenas com a redução das parcelas ou suspensão dos efeitos decorrentes da mora (juros e multa, por exemplo), mas com a postergação do pagamento[18] pelo tempo que permita ao consumidor reestabelecer sua situação financeira[19].

---

17. CORDEIRO, Antonio Menezes. *Introdução à obra de Claus-Wilhem Canaris*, Pensamento Sistemático e Conceito de Sistema na Ciência do Direito, Lisboa: Fundação Calouste Gulbenkian, 1989, p. IX-CXIV, p. XXIII-XXXIV.

18. Sugerimos a leitura da decisão proferida pela 22ª Vara Cível de São Paulo, no processo 1027465-60.2020.8.26.0100: "Portanto, o autor, no vertente caso, deve ter suas obrigações assumidas anteriormente com a casa bancária suspensas por 90 dias, a partir da ciência desta decisão, bem com o devem ser levantadas imediatamente garantias prestadas nessa contratação, liberando-se ainda os recursos do autor mantidos no banco para haver a pronta manutenção do negócio do autor e dos direitos integrais de seus funcionários. Imperioso frisar, de conformidade com notícias divulgadas ultimamente em sites de notícias, no Brasil, de m odo notório, pois, os bancos brasileiros têm assumido o compromisso de suspensão de financiamentos e de outras obrigações de seus clientes para permitir o enfrentamento da presente situação calamitosa que se instalou no Brasil e no mundo, evidenciando-se pertinente e razoável a adoção da presente medida." (trecho da decisão).

19. Em decisão da 9ª Vara Federal de Brasília, no processo 1021319-26.2020.4.01.3400: Pelo exposto, DEFIRO o pedido de tutela de urgência, para determinar que todas as instituições do Sistema Financeiro Nacional se abstenham de aumentar a taxa de juros ou intensificar as exigências para a concessão de crédito. *Determino*, também, que a parte ré adote medidas a fim de condicionar a concessão dos benefícios de liquidez, prove-

Além da dilação do prazo para pagamento[20], em segundo plano, entendemos que a redução temporária das parcelas seja uma alternativa capaz de diminuir os reflexos na economia, admitindo que a situação extraordinária perdure por tempo suficientemente longo para causar um colapso no fluxo de caixa das empresas.

O raciocínio do Código Civil foi aplicado pelos locatários, especialmente pelos comerciantes (restaurantes, aeroportos, lojas etc.), muitos se valeram da tutela cautelar de urgência para impedir os efeitos da mora e garantir a redução das prestações, ou a suspensão da exigibilidade temporária do crédito (antes de eventuais ações declaratórias temporária de inexigibilidade ou de revisão do aluguel, decorrente da situação de força maior)[21].

Especialmente no Estado de São Paulo, a pandemia causou situações peculiares, como o Decreto 64.881, de 22 de março de 2020, que declarou situação de emergência no Município pelo prazo de 180 (cento e oitenta) dias, resguardando aquelas de caráter essencial, nos termos dos Decretos Federais 10.282/2020 e 10.288/2020 que regulamentaram a Lei 13.979/2020. O Decreto 64.881/2020, artigo 2º., inciso I, ordenou o fechamento de bares, casas noturnas, restaurantes, academias, dentre outros, apresentando um rol de exceção como sendo atividade essencial, naturalmente isso atingiu diversos contratos.

Caso interessante foi o de uma academia de tênis, que demonstrou no mandado de segurança impetrado no Tribunal de Justiça de São Paulo (n. 2077099-17.2020.8.26.0000), com clareza, que não havia prejuízo na liberação das atividades, pois não aconteceria aglomeração de pessoas, no processo, a empresa anexou provas claras de seus custos fixos, do enorme prejuízo que estava sofrendo e que se tornaria irreparável. Destacam-se os seguintes trechos do acórdão proferido pelo Desembargador Soares Levada (Órgão Especial do TJ/SP): "Normas jurídicas devem ter interpretações teleológicas, finalísticas, e não literais, rígidas e inflexíveis. Para uma mera aplicação literal da lei nem é preciso formação em Direito, sendo bastante saber ler e escrever [...] O "periculum in mora" está nos prejuízos financeiros que se acumulam à Impetrante, podendo conduzi-la ao fechamento e ao desemprego de seus colaboradores. [...] Presentes, pois, direito líquido e certo ao funcionamento de suas atividades – exclusivamente quanto ao tênis –, nos termos do artigo 5º, LXIX,

---

nientes da redução do percentual dos recolhimentos compulsórios, à efetiva apresentação de novas linhas e carteiras de créditos a favor do mercado produtivo interno por parte dos bancos a serem beneficiados.

20. Em recente decisão a 22ª Câmara de Direito Privado do Tribunal de Justiça de São Paulo, no julgamento do agravo 2067269-27.2020.8.26.0000: "Assim, defiro parcialmente a tutela antecipada recursal, tudo até o julgamento do presente recurso pela Colenda Câmara Julgadora, para determinar: 1) a suspensão da cobrança das prestações avençadas, inclusive aquela com vencimento neste mês de abril, pelo prazo de 60 (sessenta) dias, contados da intimação desta decisão, sem a incidência, ao menos por ora, de juros, multa ou qualquer outro adicional no valor; 2) para determinar a liberação da garantia de recebíveis de cartão de crédito e débito existentes exclusivamente até/inclusive o mês de abril de 2020, mantendo-se, contudo, a higidez das demais garantias vinculadas aos meses subsequentes e atreladas à cédula de crédito bancária celebrada entre as demandantes."

21. A título de exemplo, indicamos a leitura da decisão proferida em primeira instância no processo 1026645-41.2020.8.26.0100 que trâmite na cidade de São Paulo.

da Constituição Federal, concede-se liminarmente a tutela de urgência para que seja a Impetrante autorizada a funcionar em suas atividades como academia de tênis, observado além de todas as medidas explicitadas em sua inicial os horários de aulas pré-agendadas a cada duas horas."

Nos financiamentos, em que pese o CDC exigir apenas a onerosidade excessiva ao consumidor, o raciocínio do representante daquele que busca a justiça deve ser o mesmo demonstrado acima, a petição inicial, respeitando o Art. 320 do CPC, deverá conter documentos que comprovem, com clareza, o desequilíbrio contratual, se possível, o consumidor deve demonstrar numericamente, a perda da capacidade de honrar o contrato e, desde o primeiro momento, apontar como pretende continuar honrando com o pactuado e por quanto tempo.

Um contratante que se obriga ao pagamento de R$ 5.600,00 (cinco mil e seiscentos reais) por 20 (vinte) meses e, posteriormente, perde sua fonte de renda, naturalmente precisará de um reajuste ao seu contrato, veja-se que não é necessário demonstrar que no momento da assinatura do contrato as partes não poderiam prever esse fato (que é muito mais corriqueiro e simples do que uma pandemia, exatamente como propõe o Art. 6,V do CDC). Assim, nesse exemplo, basta que se demonstre (por meio de extratos bancários, documentos, carteira de trabalho, ou, faturamento, no caso de pessoas jurídicas) que a capacidade financeira foi alterada, e desde já, se proponha o pagamento progressivo (ex. 40 parcelas de R$ 2.850,00 etc.).

A situação protege o vulnerável e vai de encontro ao Art. 313 do C.C, justamente para preservar o negócio jurídico, mas principalmente aquele que possui fraqueza técnica, informacional ou financeira, por exemplo.

O valor da causa, em nossa opinião deverá ser o da parte controvertida, de acordo com o Art. 292, II do CPC, pois não parece isonômico que o consumidor seja onerado com as custas e despesas judiciais decorrentes do valor da causa atribuído com base no contrato cheio[22].

Tendo em vista que outros capítulos desta obra abordarão a alienação fiduciária em garantia, vamos tratar aqui especificamente da extinção dos contratos de financiamento de imóveis sem alienação fiduciária.

---

22. Nesse sentido, trazemos como base prática ao leitor:
"Mitigação da literalidade do art. 259, V, do CPC/73 – Código de Processo Civil vigente que adotou referida orientação jurisprudencial e conforme disposto em seu artigo 292, II, disciplinou que na ação que tiver por objeto a rescisão de ato jurídico, será adotado como valor da causa o valor do ato ou da parte controvertida Extinção afastada Correção do valor atribuído à causa pelos autores Processo que deve ter regular curso – Recurso provido. Apelação 1008578-42.2015.8.26.0152 – Relator Des. Salles Rossi – 25/4/2017"
"PROCESSUAL CIVIL. RECURSO ESPECIAL. AÇÃO DE INDENIZAÇÃO. DANOS MORAIS, MATERIAIS E LUCROS CESSANTES. VALOR DA CAUSA. CONTEÚDO ECONÔMICO DA DEMANDA. ARTS. 258 E 259 DO CPC. 1. O Superior Tribunal de Justiça pacificou entendimento de que o valor da causa deve ser fixado de acordo com o conteúdo econômico a ser obtido no feito, conforme disposto nos arts. 258 e 259 do Código de Processo Civil. 2. Em face da cumulação dos pedidos de indenização por danos morais, materiais e lucros cessantes, é de aplicar-se o art. 259, I, CPC, quanto ao valor da causa. 3. Recurso especial provido" (REsp 692.580, JOÃO OTÁVIO DE NORONHA)".

O cancelamento do contrato, por sua vez, é direito do consumidor, como já explanamos, em nossa opinião a extinção dos contratos é sempre a última medida.

Ao nosso sentir, após a entrega das chaves, o consumidor que contraiu o financiamento bancário conferindo a garantia real do bem, não tem direito ao recebimento dos valores pagos, uma vez que a disposição prevista no CDC deve ser aplicada entre vendedores e compradores: "Art. 53. Nos contratos de compra e venda de móveis ou imóveis mediante pagamento em prestações, bem como nas alienações fiduciárias em garantia, consideram-se nulas de pleno direito as cláusulas que estabeleçam a perda total das prestações pagas em benefício do credor que, em razão do inadimplemento, pleitear a resolução do contrato e a retomada do produto alienado."

Naturalmente, não poderá ser compelido a permanecer no contrato, todavia poderá estar sujeito a eventuais perdas e danos decorrentes do rompimento do contrato.

Quando o financiamento do imóvel é realizado diretamente com a vendedora, a situação é diferente, pois o vínculo permanece entre os contratantes, portanto é absolutamente possível o desfazimento do negócio (ressalvada a hipótese de alienação fiduciária, que como informamos, foi tratada em capítulo próprio).

As peculiaridades desse desfazimento são: a data da assinatura do compromisso de venda e compra, o tempo de ocupação do bem, tanto aos imóveis loteados quanto aos não loteados (naturalmente aos primeiros se aplica a Lei 6.766/79 e, ao outros a lei 4.591/64). Propositalmente empregamos a palavra desfazimento de forma genérica, conforme lição de Orlando Gomes[23]: "Situações supervenientes impedem muitas vezes que o contrato seja executado. Sua extinção mediante resolução tem como causa, pois, a inexecução por um dos contratantes, denominando-se, entre nós, rescisão, quando promovida pela parte prejudicada pelo inadimplemento [...]. Sob o nome de resilição, usado pelos juristas franceses, designa-se o modo de extinção dos contratos por vontade de um ou dos dois contratantes."

A data dos compromissos é importante para que se verifique se a relação será regida pela lei 13.786/2018, que regulamentou as rescisões[24] de contratos de compra e venda de imóveis na planta, cujos efeitos também já foram abordados nesta obra, caso o contrato tenha sido firmado a partir de 28 de dezembro de 2018, será regido por essa norma.

Contudo, a lei 13.788/18 não se aplica aos contratos firmados antes de sua vigência, isso porque se trata de norma de direito material e, portanto, deve observar os Arts. 5º, XXXVI da Constituição Federal e 6º da Lei de Introdução às Normas do Direito Brasileiro. Assim, diante do ato jurídico perfeito, que é a manifestação de

---

23. GOMES, Orlando. *Contratos*. 18. ed. Rio de Janeiro: Forense. 1998. p. 171-181.
24. Sugerimos a leitura das Súmulas 543 do Superior Tribunal de Justiça, e Súmulas 1,2 e 3 do Tribunal de Justiça do Estado de São Paulo.

vontade à época do conjunto de regras vigentes, a Lei 13.786/18, não atingirá os contratos firmados antes de sua vigência[25].

O tempo de posse é contado da data da disponibilização do terreno para construção, ou, da data da entrega das chaves do imóvel, é fundamental para que se calcule a taxa de fruição do bem pelo consumidor, ou seja, durante todo período de ocupação até a entrega das chaves (ou consignação em juízo) ou disponibilização do terreno, o consumidor deverá pagar indenização (que será abatida do percentual que lhe será restituído pela vendedora).

A indenização pela ocupação do bem tem sido arbitrada em 0,5% do valor do contrato atualizado, o resultado da operação é multiplicado pelo número de meses de ocupação (ou pelo tempo em que o imóvel esteve disponível ao consumidor, no caso de lote onde não houve construção). Podemos considerar uma exceção ao art. 53 do CDC, pois na hipótese do saldo a ser restituído ao consumidor ser inferior ao valor da indenização pela ocupação, não só haverá perda total das parcelas pagas, como prosseguirá o cumprimento de sentença com o valor remanescente.[26]

Tanto no caso de imóvel loteado, quanto no de imóvel não loteado os consumidores fazem jus a indenização pelas benfeitorias e acessões, inclusive ao direito de retenção (*ius retentionis*) até a devolução dos valores pagos, com o intuito de recompor as partes ao estado anterior (*status quo ante*).[27]

Conforme ensina Ruy Rosado de Aguiar Júnior: "As restituições devem ser simultâneas: "toma lá, dá cá". Está assim no Código Civil alemão: "As obrigações das partes derivadas da resolução hão de cumprir-se "Zug um Zug" (§34 do BGB). A mesma sentença constitutiva negativa que decreta a resolução também determina a restituição, medida que pode ser executada nos próprios autos da ação. Se o credor, da ação resolutória, não restituir (em espécie ou equivalente), a sentença perde sua

---

25. "COMPROMISSO DE COMPRA E VENDA – RESCISÃO – CULPA IRROGADA A COMPRADOR – INCIDÊNCIA DA LEI 13.786/18 – IMPOSSIBILIDADE – CONTRATO CELEBRADO ANTES DE SUA VIGÊNCIA – PRINCÍPIO DA IRRETROATIVIDADE – RETENÇÃO DE 20% DOS VALORES PAGOS – MEDIDA DE MÓR ACERTO – CORREÇÃO MONETÁRIA DOS DESEMBOLSOS – JUROS COM FLUIR DO TRÂNSITO EM JULGADO – SENTENÇA REFORMADA EM PARTE – APELO PARCIALMENTE PROVIDO. (TJSP; Apelação Cível 1016248-22.2017.8.26.0004; Relator (a): Giffoni Ferreira; Órgão Julgador: 2ª Câmara de Direito Privado; Foro Regional IV – Lapa – 4ª Vara Cível; Data do Julgamento: 26/03/2019; Data de Registro: 26/03/2019)".

26. "Nesse sentido: "COMPROMISSO DE COMPRA E VENDA. Resolução do contrato, em razão de inadimplemento absoluto da ré adquirente. Rescisão que acarreta o retorno das partes ao *status* quo ante, com devolução das parcelas pagas pela promitente compradora. Devida a retenção de 20% dos valores recebidos pela alienante, para ressarcir as despesas havidas com o negócio. Aliás, condenação da adquirente também ao ressarcimento de gastos com a formação e extinção do contrato que não pode subsistir, pois caracterizaria bis in idem. Taxa de ocupação devida. Ré que teve a posse direta sobre o imóvel durante longo período. Irrelevante o fato de que no lote adquirido não foi erguida qualquer construção. Dever da requerida de arcar também com as despesas condominiais e fiscais do imóvel relativas ao período de ocupação. Vedação ao enriquecimento sem causa. Recurso parcialmente provido. (TJSP; Apelação Cível 1012859-25.2017.8.26.0361; Relator (a): Francisco Loureiro; Órgão Julgador: 1ª Câmara de Direito Privado; Foro de Mogi das Cruzes – 2ª Vara Cível; Data do Julgamento: 03/09/2018; Data de Registro: 03/09/2018)".

27. AZEVEDO JR., José Ozório de. *Compromisso de Compra e Venda*. 6. ed. São Paulo: Malheiros, 2013. p. 223.

eficácia, e o direito formativo do credor se extingue; o contrato se mantém e só poderá ser resolvido por outro fundamento. Na fase de execução da sentença, a parte obrigada a restituir pode recusar-se ao ato até que a outra cumpra, simultaneamente, ou pedir a compensação quando cabível".[28]

Ainda, frisamos que os custos de manutenção durante eventual ocupação do bem devem ser honrados pelos consumidores até a data da rescisão, todavia, após, a vendedora será responsável por tais ônus[29].

Portanto, diante da comprovação de perda absoluta da capacidade financeira, em casos excepcionalíssimos, o consumidor tem direito ao desfazimento do negócio, descontadas as perdas e danos decorrentes do rompimento do contrato, se levado ao poder judiciário, cabe ao juiz analisar eventual abusividade em cláusula que estabeleça retenção excessiva para a vendedora, já que os efeitos principais desta mecanismo são: liberar vendedora e devedor consumidor das prestações correspectivas e permitir a restituição das prestações efetuadas, salvo nas exceções já mencionadas.

Esperamos que nossos estudos auxiliem os profissionais do direito, estudantes e a sociedade, não com o intuito de esgotar o tema, mas com a missão de demonstrar que os contratos, mesmo aqueles regidos pelo Código de Defesa do Consumidor, são propulsores da economia e, diante de acontecimentos extraordinários é imprescindível que haja elasticidade dos contratantes e do poder judiciário, pois com o rompimento excessivo e desmotivado dos contratos, quem perde é a sociedade. O consumidor tem sim, o direito de proteção plena contra abusividades, de reajuste e de rescisão dos contratos em situações que lhe coloquem em extrema desvantagem, ou sejam excessivamente onerosas, mas esse direito deve ser exercido com muita sensatez.

4. REFERÊNCIAS BIBLIOGRÁFICAS

ABBAGNANO, Nicola. *Dicionário de Filosofia*. São Paulo: Editora Mestre Jou, 1980.

AGUIAR JR., Ruy Rosado. *Extinção dos contratos por incumprimento do devedor*. 2. ed. São Paulo: Aide Editora, 2003.

ALVIM, Agostinho. *Da inexecução das obrigações e suas consequências*. 4. ed. São Paulo: Saraiva, 1972.

AZEVEDO JR., José Ozório de. *Compromisso de compra e venda*. 6. ed. São Paulo: Malheiros, 2013.

BECKER, Anelise. A doutrina do adimplemento substancial no direito brasileiro e em perspectiva comparativista. *Revista da Faculdade de Direito da UFRGS*. v. 9, n. 1. Porto Alegre: Livraria do Advogado Editora, nov. 1992, p. 70.

---

28. AGUIAR JR., Ruy Rosado. *Extinção dos Contratos por Incumprimento do Devedor*. 2. Edição. São Paulo: Aide Editora, 2003. p. 261.
29. Nesse sentido, o C.STJ:"A efetiva posse do imóvel, com a entrega das chaves, define o momento a partir do qual surge para o condômino a obrigação de efetuar o pagamento das despesas condominiais" (STJ, REsp 489.647/RJ, rel. Min. Luís Felipe Salomão, 2ª Turma, j. 25.11.09, DJ 12.12.09).

BONATTI, Tatiana. *Lei do Inquilinato comentada artigo por artigo*: visão atual na doutrina e jurisprudência. 2. ed. Rio de Janeiro: Forense, 2017.

CORDEIRO, Antonio Menezes. *Introdução à obra de Claus-Wilhem Canaris,* Pensamento Sistemático e Conceito de Sistema na Ciência do Direito. Lisboa: Fundação Calouste Gulbenkian, 1989, p. IX-CXIV, p. XXIII-XXXIV.

FACHIN, Luiz Edson. *Estatuto jurídico do patrimônio mínimo*. Rio de Janeiro: Renovar, 2001.

GOMES, Orlando. *Contratos*. 18. ed. Rio de Janeiro: Forense. 1998.

MARTINS-Costa, Judith. *A boa-fé no direito privado*. 2. ed. São Paulo. 2018.

MEDINA, José Miguel Garcia. *Novo Código de Processo Civil comentado*. 5. Ed. São Paulo: Ed. RT, 2017.

NEGREIROS, Teresa. *Teoria do contrato*: novos paradigmas. 2. ed. Rio de Janeiro: Renovar, 2006.

PONTES DE MIRANDA. *Tratado de direito privado*. v. 26. Parte Especial. Campinas: Bookseller, 2003.

CAPÍTULO 2
É POSSÍVEL A APLICAÇÃO DO ARTIGO 53 DO CÓDIGO DE DEFESA DO CONSUMIDOR AOS CONTRATOS DE FINANCIAMENTO IMOBILIÁRIO GARANTIDOS POR ALIENAÇÃO FIDUCIÁRIA?

Rafael Tocantins Maltez

Doutor em Direito Ambiental pela Pontifícia Universidade Católica de São Paulo (PUC-SP). Mestre em Direito do Consumidor pela Pontifícia Universidade Católica de São Paulo (PUC-SP). Especialista em Direito Público pela Escola Paulista da Magistratura. Juiz de Direito. Professor e autor de diversos livros e artigos jurídicos. Láurea do Mérito Docente, pela destacada atuação no exercício do Magistério Superior no país. Prêmio "Homens de Destaque", pela contribuição para o engrandecimento da Cidade de São Paulo e por relevantes serviços prestados à sociedade. Líder do grupo temático de pesquisa "Governança Ambiental e Urbanística", vinculado ao Projeto de Pesquisa Cidadania e Controle Social no Estado Democrático de Direito do Programa de Mestrado em Direito da FMU, área de concentração Direito na Sociedade da Informação. Currículo completo disponível em: http://lattes.cnpq.br/6319688356544163

Sumário: 1. Introdução – 2. Conceito e características da alienação fiduciária – 3. A alienação fiduciária de bens imóveis – Lei n. 9.514/1997 – 4. A aplicação do CDC aos contratos de alienação fiduciária de imóveis – 5. O art. 53 do CDC e a Lei 9.514/1997 – 6. Considerações finais – 7. Referências bibliográficas.

1. INTRODUÇÃO

No âmbito do mercado de consumo, a exigência de pagamento à vista dificulta ou até impossibilita a aquisição de bens de valor expressivo. A constatação dessa realidade foi determinante para o desenvolvimento de alguns mecanismos que pudessem não só facilitar o pagamento parcelado, como as diversas formas de financiamento, mas também dinamizar o comércio e fomentar a atividade econômica. No caso das operações de mútuo, a grande preocupação do mutuante com o fôlego econômico do mutuário até a quitação da dívida é traduzida nas diversas formas de garantias de pagamento disponíveis no mercado.

Até a edição da Lei n. 9.514/1997, a alienação fiduciária só era possível em relação a bens móveis. Esta lei foi responsável por introduzir a alienação fiduciária de bem imóvel no nosso ordenamento jurídico com o objetivo de facilitar a execução da garantia e, assim, permitir uma maior facilidade de acesso ao crédito. Devido aos benefícios dados ao credor, como a possibilidade de transferência da propriedade resolúvel do imóvel para si e o leilão extrajudicial, a alienação fiduciária acabou por superar a hipoteca em termos de preferência quando o assunto é garantia.

Ocorre que alguns sistemas de contratos relacionais e complexos transbordaram, legitimando, via negócio jurídico, cláusulas desproporcionais, iníquas, abusivas e incompatíveis até mesmo com a boa-fé. Essas práticas colocam o consumidor em desvantagem exagerada na medida em que a garantia, que inicialmente consistia na necessidade de dar segurança ao mutuante, passa a representar meio de espoliação contra o consumidor.

O campo minado de ocorrências do fenômeno são os contratos de consumo com financiamento via alienação fiduciária como garantia para aquisição de imóvel destinado à moradia, por meio da qual o consumidor (fiduciante) transfere a propriedade de imóvel que lhe pertence ao credor (fiduciário).

Diante da possibilidade de desfazimento (distrato) ou descumprimento do negócio jurídico – por culpa do fiduciante, do fiduciário, ou de ambos – e da compreensão de que esse tipo de relação jurídica pode caracterizar-se como de consumo, surge a necessidade de saber qual lei regerá a matéria: a Lei n. 9.514/1997, a Lei n. 8.078/1990, ou ambas.

Com o intuito de jogar luz sobre a questão, o presente estudo analisará a natureza jurídica do Código de Defesa do Consumidor (CDC) e da Lei n. 9.514/1997 para, a partir daí, perquirir a compatibilidade entre ambas as normas e a existência de eventual conflito, especificamente sobre a aplicação do art. 53 daquele Código aos contratos com garantia de alienação fiduciária de imóvel entabulados conforme a Lei n. 9.514/1997, considerando entendimento do Superior Tribunal e Justiça (STJ) em sentido negativo.[1]

2. CONCEITO E CARACTERÍSTICAS DA ALIENAÇÃO FIDUCIÁRIA

A alienação fiduciária é espécie do gênero negócio fiduciário. Chalhub define negócio fiduciário como "negócio jurídico inominado pelo qual uma pessoa (fiduciante) transmite a propriedade de uma coisa ou a titularidade de um direito a outra (fiduciário), que se obriga a dar-lhe determinada destinação e, cumprido esse encargo, retransmitir a coisa ou direito ao fiduciante ou a um beneficiário indicado no pacto fiduciário".[2]

---

1. "Descaracterizado o inadimplemento, não se cogita da aplicação do art. 53 do Código de Defesa do Consumidor ao caso dos autos, diante da incidência do art. 27, § 4º, da Lei 9.514/1997, que disciplina de forma específica a aquisição de imóvel mediante garantia de alienação fiduciária." BRASIL. Superior Tribunal de Justiça (4. Turma). AgInt nos EDcl no AREsp 975829/SE, Agravo Interno nos Embargos de Declaração no Agravo em Recurso Especial 2016/0230085-3. Relatora Ministra Maria Isabel Gallotti, Brasília-DF, 26.09.2017.

2. CHALHUB, Melhim Namem. *Alienação fiduciária*: negócio fiduciário. 6. ed. Rio de Janeiro: Forense, 2019. p. 30.

APLICAÇÃO DO ART. 53 DO CDC E ALIENAÇÃO FIDUCIÁRIA **301**

A alienação fiduciária pode ser entendida como direito acessório e tem a finalidade de assegurar o cumprimento de uma obrigação, consistente, em regra, na satisfação de um direito de crédito, considerado principal. Trata-se de negócio jurídico de transmissão condicional por meio do qual o fiduciante (devedor) transfere, em garantia, ao fiduciário (credor) a propriedade resolúvel de determinado bem.

O revogado art. 66 da Lei n. 4.728/1965, com a redação que era dada pelo Decreto n. 911/1969, apresentou as características da alienação fiduciária nos seguintes termos: "A alienação fiduciária em garantia transfere ao credor o domínio resolúvel e a posse indireta da coisa móvel alienada, independentemente da tradição efetiva do bem, tornando-se o alienante ou devedor em possuidor direto e depositário com todas as responsabilidades e encargos que lhe incumbem de acordo com a lei civil e penal".

O Código Civil (CC) considera fiduciária a propriedade resolúvel de coisa móvel infungível que o devedor, com escopo de garantia, transfere ao credor, conferindo direito real de aquisição ao fiduciante, seu cessionário ou sucessor. Essa modalidade está regulada nos artigos 1.361 a 1.368-B. As demais espécies submetem-se à disciplina específica das respectivas leis especiais,[3] só se aplicando as disposições do diploma civil naquilo que não for incompatível com a legislação especial (art. 1.368-A do CC). Dessa forma, não há reflexo, em regra, da regulamentação da propriedade fiduciária do diploma civil sobre as normas de regência específicas, ressalvadas as hipóteses de incidência expressa e quando a lei específica for omissa e a respectiva aplicação não importar em violação a seus princípios orientadores.

A propriedade fiduciária é constituída com o registro do contrato, celebrado por instrumento público ou particular, que lhe serve de título, no Registro de Títulos e Documentos do domicílio do devedor, ou, em se tratando de veículos, na repartição competente para o licenciamento, quando se procederá à anotação no certificado de registro. Com a constituição da propriedade fiduciária, dá-se o desdobramento da posse, tornando o devedor o possuidor direto da coisa (art. 1.361, §§ 1º e 2º, do CC).

Nos termos do art. 1.367 do CC, a propriedade fiduciária em garantia de bens móveis e imóveis sujeita-se às disposições gerais dos institutos jurídicos do penhor, da hipoteca e da anticrese (artigos 1.419 a 1.430 do CC), no que for compatível com a legislação especial, não se equiparando à propriedade plena.[4]

Tradicionalmente, o objeto da garantia consistia em bens móveis. Contudo, em 1997, houve alteração significativa em sua regulação jurídica por meio da Lei n. 9.514, a qual introduziu a alienação fiduciária de bens imóveis e, entre outros pontos polêmicos, o leilão extrajudicial.

---

3. Pode-se destacar o contrato de alienação fiduciária celebrado no âmbito do mercado financeiro e de capitais, bem como em garantia de créditos fiscais e previdenciários, conforme art. 66-B e respectivos parágrafos da Lei 4.728/1965.
4. Propriedade plena é aquela que confere ao respectivo titular o direito real de uso, gozo e disposição, bem como o direito de reavê-la do poder de quem quer que injustamente a possua ou detenha (art. 1.228 do Código Civil).

302 RAFAEL TOCANTINS MALTEZ

3. A ALIENAÇÃO FIDUCIÁRIA DE BENS IMÓVEIS – LEI 9.514/1997

A Lei n. 9.514/1997 dispôs sobre o Sistema de Financiamento Imobiliário (SFI) e instituiu a alienação fiduciária de coisa imóvel, modalidade antes inexistente no ordenamento jurídico brasileiro.

A alienação fiduciária de bem imóvel é negócio jurídico pelo qual o devedor (fiduciante), com o escopo de garantia, transfere ao credor (fiduciário), via contrato, a propriedade resolúvel de coisa imóvel.[5] Aplicam-se à propriedade fiduciária, no que couber, as disposições dos artigos 1.359 e 1.360 do CC, que tratam da propriedade resolúvel.[6]

A alienação fiduciária de coisa imóvel é uma das formas possíveis de garantia das operações de financiamento imobiliário em geral, além da hipoteca, da cessão fiduciária de direitos creditórios decorrentes de contratos de alienação de imóveis e da caução de direitos creditórios ou aquisitivos decorrentes de contrato de venda ou promessa de venda de imóveis. Com exceção da hipoteca, essas garantias constituem direito real sobre os respectivos objetos.[7]

A lei em comento inovou ao ampliar o espectro de sujeitos habilitados a contratar a alienação fiduciária, estendendo-a à pessoa física ou jurídica que não opere no SFI, podendo ter como objeto, além da propriedade plena: a) bens enfitêuticos, hipótese em que será exigível o pagamento do laudêmio, se houver a consolidação do domínio útil no fiduciário; b) direito de uso especial para fins de moradia; c) direito real de uso, desde que suscetível de alienação; e d) propriedade superficiária.[8]

A propriedade fiduciária de coisa imóvel é constituída mediante registro do contrato que lhe serve de título no Registro de Imóveis competente. Não é exigida a escritura pública[9] e, portanto, não se aplica o art. 108 do CC, podendo o instrumento ser público ou particular.[10]

O registro do contrato de alienação fiduciária tem o condão de dar publicidade ao negócio jurídico e de constituir a propriedade do credor fiduciário, considerando que a propriedade do bem imóvel só ocorre com o registro do respectivo título.[11] O art. 24 da Lei 9.514/1997, a propósito, apresenta o rol dos requisitos do contrato.[12]

---

5. Art. 22 da Lei 9.514/1997.
6. Art. 33 da Lei 9.514/1997.
7. Art. 17 da Lei 9.514/1997.
8. Art. 22, § 1º, da Lei 9.514/1997.
9. Artigos 23 e 24 da Lei 9.514/1997.
10. Art. 38 da Lei 9.514/1997.
11. Art. 1.245 do CC.
12. "Art. 24. O contrato que serve de título ao negócio fiduciário conterá:

   I – o valor do principal da dívida;

   II – o prazo e as condições de reposição do empréstimo ou do crédito do fiduciário;

   III – a taxa de juros e os encargos incidentes;

   IV – a cláusula de constituição da propriedade fiduciária, com a descrição do imóvel objeto da alienação fiduciária e a indicação do título e modo de aquisição;

APLICAÇÃO DO ART. 53 DO CDC E ALIENAÇÃO FIDUCIÁRIA **303**

Os efeitos decorrentes da constituição da propriedade fiduciária são: em relação ao fiduciante, a posse direta e a titularidade do direito real de aquisição; em relação ao fiduciário, a posse indireta e a propriedade fiduciária resolúvel do bem.

O implemento da condição resolutiva ocorre com o pagamento integral da dívida.[13] Neste caso, o fiduciário deve dar o termo de quitação, no prazo de trinta dias, sob pena de multa de meio por cento ao mês, ou fração, sobre o valor do contrato. À vista do termo de quitação, o oficial do competente Registro de Imóveis efetuará o cancelamento do registro da propriedade fiduciária.[14]

Por outro lado, se vencida e não paga, no todo ou em parte, a dívida, e constituído em mora o fiduciante, consolidar-se-á a propriedade do imóvel em nome do fiduciário.

A constituição em mora ocorre mediante notificação pessoal do fiduciante inadimplente, seu representante legal ou procurador regularmente constituído, a requerimento do fiduciário, pelo oficial do competente Registro de Imóveis, para que no prazo de quinze dias satisfaça: (i) a prestação vencida e as vincendas até a data do pagamento; (ii) os juros convencionais; (iii) as penalidades e os demais encargos contratuais; (iv) os encargos legais, inclusive tributos; (v) as contribuições condominiais imputáveis ao imóvel; e (vi) as despesas de cobrança e de notificação.

O contrato do negócio fiduciário definirá o prazo de carência após o qual será expedida a notificação. A notificação pode ser promovida, por solicitação do oficial do Registro de Imóveis, por oficial de Registro de Títulos e Documentos da comarca da situação do imóvel ou do domicílio de quem deva recebê-la, ou pelo correio, com aviso de recebimento. Preenchidos os requisitos legais, poderá ocorrer a notificação por hora certa ou por edital.

Purgada a mora no Registro de Imóveis, convalescerá o contrato de alienação fiduciária com as mesmas condições. O oficial do Registro de Imóveis, nos três dias seguintes à purgação da mora, entregará ao fiduciário as importâncias recebidas, deduzidas as despesas de cobrança e de notificação.

Decorrido o prazo de quinze dias sem a purgação da mora, o oficial do Registro de Imóveis, certificando este fato, promoverá a averbação da consolidação da propriedade na matrícula do imóvel, em nome do fiduciário, à vista da prova do pagamento por este do imposto de transmissão *inter vivos* e, se for o caso, do laudêmio. Uma vez consolidada a propriedade em seu nome, o fiduciário, no prazo de trinta dias, con-

---

V – a cláusula assegurando ao fiduciante, enquanto adimplente, a livre utilização, por sua conta e risco, do imóvel objeto da alienação fiduciária;

VI – a indicação, para efeito de venda em público leilão, do valor do imóvel e dos critérios para a respectiva revisão;

VII – a cláusula dispondo sobre os procedimentos de que trata o art. 27."

13. Art. 1.359 do CC: "Resolvida a propriedade pelo implemento da condição ou pelo advento do termo, entendem-se também resolvidos os direitos reais concedidos na sua pendência, e o proprietário, em cujo favor se opera a resolução, pode reivindicar a coisa do poder de quem a possua ou detenha.".

14. Art. 25, §§ 1º e 2º, da Lei 9.514/1997.

tados da data do registro da consolidação da propriedade, promoverá leilão público para a alienação do imóvel.[15]

A lei instituiu o leilão extrajudicial e dispôs sobre o respectivo procedimento. No primeiro leilão público, se o maior lance oferecido for inferior ao valor do imóvel estipulado contratualmente na forma do inciso VI e do parágrafo único do art. 24 será então realizado o segundo leilão nos quinze dias seguintes. No segundo leilão, será aceito o maior lance oferecido, desde que igual ou superior ao valor da dívida, acrescido das despesas, dos prêmios de seguro, dos encargos legais, inclusive tributos, e das contribuições condominiais. Arrematado o imóvel, o fiduciário deverá pagar ao fiduciante o valor excedente ao débito, nos cinco dias seguintes ao leilão, importando em recíproca quitação. Se, no segundo leilão, o maior lance oferecido não for igual ou superior ao valor da dívida e consectários, considerar-se-á extinta a dívida. Nesta hipótese, o fiduciário, no prazo de cinco dias a contar da data do segundo leilão, dará ao fiduciante quitação da dívida, mediante termo próprio.[16]

4. A APLICAÇÃO DO CDC AOS CONTRATOS DE ALIENAÇÃO FIDUCIÁRIA DE IMÓVEIS

A doutrina acena com a aplicabilidade das *normas gerais* do CDC aos contratos objeto da Lei 9.514/1997, resguardadas as especificações desta lei. Chalhub, por exemplo, apesar de conceber a prevalência de leis especiais novas em face do CDC, alerta para a necessidade de observância dos princípios gerais do diploma consumerista, inclusive a função social do contrato, a boa-fé objetiva e a equidade, os quais, aliás, na ótica do autor, são aplicáveis a toda espécie de contrato.[17]

No âmbito jurisprudencial, o STJ já manifestou entendimento de que a Lei 9.514/1997 é posterior e especial e, portanto, prevalece sobre o CDC.[18] Mas há outro campo de visão que merece ser definido e analisado.

---

15. Art. 26 da Lei n. 9.514/1997.
16. Art. 27 da Lei n. 9.514/1997.
17. CHALHUB, Melhim Namem. *Alienação fiduciária*: negócio fiduciário. 6. ed. Rio de Janeiro: Forense, 2019. p. 362, 365.
18. BRASIL. Superior Tribunal de Justiça. *Recurso Especial n. 1.535.926 DF (2015/0131141-9)*. Recorrente: Brasal Incorporações e Construções de Imóveis Ltda. Recorrido: Maria da Conceição Cunha Martins. Relatora Ministra Nancy Andrighi, Brasília-DF, 17.08.2018. "Processual civil. Recurso especial. Ação de rescisão contratual cumulada com restituição. Dissonância entre o acórdão recorrido e a jurisprudência do STJ. Contrato de compra e venda de imóvel. Alienação fiduciária em garantia. Aplicação. Código de defesa do consumidor, art. 53. Não incidência. Devolução das parcelas pagas. Impossibilidade. 1. Ação de rescisão contratual cumulada com restituição de valores pagos devido à impossibilidade de quitação das prestações do contrato de compra e venda de imóvel, gravado com cláusula de alienação fiduciária, firmado entre as partes. 2. A Lei 9.514/1997, que instituiu a alienação fiduciária de bens imóveis, é norma especial e também posterior ao Código de Defesa do Consumidor – CDC. Em tais circunstâncias, o inadimplemento do devedor fiduciante enseja a aplicação da regra prevista nos arts. 26 e 27 da lei especial. 3. Recurso especial conhecido e provido."

APLICAÇÃO DO ART. 53 DO CDC E ALIENAÇÃO FIDUCIÁRIA **305**

De início, é importante destacar que o CDC incide *obrigatoriamente* em todas as hipóteses em que se verificar a existência de relação jurídica de consumo. Existindo relação de consumo, aplica-se o CDC; não havendo, não se aplica. Desta feita, uma vez presentes como elementos subjetivos, de um lado, um *consumidor* (artigos 2°, *caput* e parágrafo único, 17 e 29), de outro, um *fornecedor* (art. 3°, *caput*), e como elemento objetivo um *produto* e/ou *serviço* (art. 3°, §§ 2° e 3°), aplicar-se-á, obrigatoriamente, o CDC.[19]

Não há fundamento jurídico para se deixar de aplicar o CDC na existência de uma relação jurídica de consumo. Isso porque, tendo o CDC origem constitucional (art. 48 do ADCT) e alçada a defesa do consumidor a direito fundamental (art. 5°, inc. XXXII, da CF) e a princípio da ordem econômica (art. 170, inc. V),[20] não pode ser afastada a sua incidência em nenhuma hipótese ou circunstância. Em respeito a sua natureza de direito fundamental e de cláusula pétrea, deve-se observar o princípio da vedação de retrocesso, vale dizer, não pode ser suprimido ou mitigado direito do consumidor, deixando-se um vazio legislativo. Ademais, suas normas são de ordem pública[21] e de interesse social[22] (art. 1° do CDC), portanto, de observância e de aplicação obrigatórias na tutela da parte frágil e vulnerável da relação que é o consumidor (art. 4°, inc. I, do CDC), o qual é tutelado por lesão em seus interesses de forma individual e coletiva (art. 81 do CDC), cabendo as respectivas ação individual e coletiva (artigos 91 e ss. do CDC e art. 1°, inc. II, da Lei 7.347/1985).

A Lei 9.514/1997 certamente não apresenta a mesma envergadura do CDC. Neste início de análise, seria um tanto frágil, para não dizer inusitado, admitir que uma lei infraconstitucional de direito disponível, que se resume unicamente a proteger interesses meramente econômicos individuais corporativos de potências

---

19. MALTEZ, Rafael Tocantins. *Manual de direito do consumidor*. Brasília: Sê-lo, 2016.
20. Ao fixar os parâmetros da ordem econômico-financeira a Constituição Federal estabelece expressamente que esta ordem somente terá legitimidade se for observado o *princípio* da defesa do consumidor.
21. Normas de ordem pública são aquelas cogentes, de observância obrigatória, não podendo ser derrogadas ou limitadas pela vontade das partes ou do intérprete da lei. Não incide o princípio dispositivo. Nas lides de consumo, o juiz poderá apreciar, decidir e reconhecer, inclusive de ofício, independentemente de requerimento da parte, os direitos do consumidor. Ademais, não há preclusão, podendo ser conhecidas a qualquer tempo e grau de jurisdição (art. 2.035, parágrafo único, do Código Civil: "Nenhuma convenção prevalecerá se contrariar preceitos de ordem pública, tais como os estabelecidos por este Código para assegurar a função social da propriedade e dos contratos.").
22. Significa que têm função social, caracterizando-se por estabelecer novas noções valorativas que devem orientar a sociedade, disciplinando o campo das relações sociais desiguais. As decisões decorrentes das relações de consumo não se limitam às partes envolvidas em litígio. A aplicação efetiva das normas do CDC interessa a toda a coletividade e não apenas ao consumidor padrão que adquiriu determinado produto/ serviço como destinatário final, considerando que eventual defeito pode atingir a segurança, a saúde e a vida, mesmo daqueles que não adquiriram ou não utilizaram o produto ou serviço. Ademais, eventual cláusula abusiva em contrato de adesão pode atingir quantidade expressiva de consumidores e também terceiros. Por exemplo, um carro com defeito nos freios pode causar danos mesmo para aquele que não tem carro, um remédio consumido por uma gestante pode causar danos mesmo para aquele que não optou por tomá-lo (nascituro), um avião que cai pode causar danos mesmo para aqueles que nunca compraram uma passagem aérea, o contrato de adesão pode atingir a família do consumidor que não o assinou, como aqueles relativos a plano de saúde ou para aquisição da casa própria.

empresariais – vale dizer, de uma parte nada vulnerável –, pudesse ter prevalência sobre uma lei da estatura do CDC, que tem origem e fundamento na ordem constitucional, é princípio da ordem econômica e veicula normas de defesa de um direto fundamental. Portanto, as normas do CDC não podem ser afastadas por outra lei, especial ou geral; do contrário, anular-se-ia a proteção do consumidor – sustentada por cláusula pétrea e vedação de retrocesso – traduzida em normas de ordem pública e de interesse social, protetivas da parte frágil e vulnerável da relação de consumo.

A defesa segura do consumidor não suscita opção, preferência, conveniência política ou econômica na decisão de se aplicar ou não o CDC, tampouco implica busca para se saber se o regime especial de determinada lei já contempla ou não a tutela do consumidor de maneira específica: o critério de aplicação será sempre puramente técnico-jurídico-constitucional-legal de proteção do vulnerável.

Dessa forma, para se determinar a aplicação ou não do CDC aos contratos de alienação fiduciária de imóveis, não é relevante a existência ou não de lei específica, mas sim a verificação da natureza da relação jurídica: se é civil, empresarial ou de consumo. Em outras palavras, é essencial saber se a relação de direito material tem ou não como sujeitos *consumidor* e *fornecedor* (artigos 2º e 3º do CDC) e se seu objeto é a prestação de *serviço*, consistente em qualquer atividade de natureza bancária, financeira, de crédito e securitária, salvo as decorrentes das relações de caráter trabalhista (art. 3º, § 2º, do CDC), assim considerados sob a luz do CDC.

A partir dessa análise, três hipóteses avultam.

1. Não há em um dos polos da relação jurídica a figura do consumidor. Há relação recíproca entre fornecedores ou pessoas que participam de cadeia de fornecimento, seja na forma de incorporador/construtor, seja na forma de fornecedor do crédito ou financiamento. Neste caso, não há destinatário final, pois a finalidade é comercializar determinado bem a terceiros. Pode haver uma relação empresarial, por exemplo, a compra de imóvel para incorporar ou construir; empresa do ramo imobiliário que compra dez andares de um empreendimento residencial para revenda. Nesta hipótese, não se aplica o CDC.

2. O vendedor é pessoa física ou jurídica que não se enquadra em uma das situações previstas no art. 3º do CDC, pois não explora atividade imobiliária e está apenas se desfazendo de um bem de seu patrimônio, havendo, do outro lado, um sujeito que adquire o bem para sua própria moradia ou para eventualmente comercializá-lo. Não há relação jurídica de consumo, mas sim operação jurídica fora do mercado de consumo entre sujeitos individuais, tratando-se de uma relação de direito civil. Nesta hipótese, não se aplica o CDC.

3. O sujeito que comercializa imóveis e/ou fornece crédito/financiamento para aquisição de imóvel, caracterizando a figura de fornecedor como define o art. 3º do CDC. O adquirente do imóvel, por outro lado, enquadra-se no conceito do consumidor como destinatário final (art. 2º, *caput*, do CDC). A hipótese de existir prestação de serviço de natureza bancária, financeira, de crédito (art. 3º, § 2º, do CDC), configura

típica relação de consumo, aplicando-se *obrigatoriamente* o CDC aos contratos de alienação fiduciária regidos pela Lei 9.514/1997.

A Súmula 297 do STJ corrobora quando esclarece que o "Código de Defesa do Consumidor é aplicável às instituições financeiras".

O entendimento de Cláudia Lima Marques acena no mesmo sentido quando faz a seguinte afirmação: "Incluídos no campo de aplicação do CDC estão também os contratos concluídos no novo sistema financeiro imobiliário, criado pela Lei 9.514, de 20.11.1997, que institui uma alienação fiduciária de bem imóvel."[23]

A propósito, é pertinente destacar que não se colocou aqui uma discussão que vem a lume quando se estuda o conflito (aparente ou não) entre as normas do CDC e aquelas da Lei 9.514/1997, procurando estabelecer qual seria geral e qual especial, e qual delas deve prevalecer, sem embargo do entendimento de que (i) o CDC teria duas faces: uma de lei especial na medida em que impõe regras para relações contratuais ou extracontratuais exclusivamente entre pessoas definidas como consumidores e fornecedores; outra com envergadura de lei geral, ao prever que os princípios da boa-fé e do equilíbrio sempre regerão toda e qualquer relação jurídica, sem discriminar espécies de contratos,[24] ou de que (ii) o CDC se comporta como lei especial subjetivamente quanto aos sujeitos, aos consumidores, e como lei geral materialmente porque se aplicaria a todas as relações contratuais e extracontratuais do sujeito consumidor no mercado de consumo.[25]

A respeito, não há como discordar do entendimento esposado por Nelson Nery Junior e Rosa Maria de Andrade Nery, para quem o CDC é um microssistema de natureza *principiológica*, não sendo, portanto, nem lei geral nem lei especial. Para os autores, lei principiológica é aquela que fixa os princípios fundamentais de determinada situação ou relação jurídica, aos quais devem submeter-se todas as demais leis, inclusive as especiais que regulam matérias específicas relacionadas ao consumidor.

Às leis principiológicas não se aplica o critério da especialidade porque não são nem especiais nem gerais. A legislação consumerista, não sendo lei geral (mas lei principiológica), fixa as diretrizes para as demais leis setorizadas, atingindo toda e qualquer relação jurídica que possa ser caracterizada como de consumo e prevalece sobre todas as demais (exceto, por óbvio, sobre a Constituição Federal), mesmo sobre as leis especiais que com ela colidirem.[26]

---

23. MARQUES, Claudia Lima. *Contratos no Código de Defesa do Consumidor*: o novo regime das relações contratuais. 7. ed., rev., atual. e ampl. São Paulo: Ed. RT, 2014. p. 488.
24. CHALHUB, Melhim Namem. *Alienação fiduciária*: negócio fiduciário. 6. ed. Rio de Janeiro: Forense, 2019. p. p. 361.
25. BENJAMIN, Antônio Herman V. In: BENJAMIN, Antônio Herman V.; MARQUES, Claudia Lima; BESSA, Leonardo Roscoe. *Manual de Direito do Consumidor*. 6. ed. rev. atual. e ampl. São Paulo: Ed. RT, 2014. p. 138 e 140.
26. Nas exatas palavras de Nelson Nery Junior e de Rosa Maria de Andrade Nery, os quais esclarecem à perfeição: "O microssistema do CDC é lei de natureza principiológica. Não é nem lei geral nem lei especial. Estabelece os fundamentos sobre os quais se erige a relação jurídica de consumo, de modo que toda e qualquer relação de consumo deve submeter-se à principiologia do CDC. Consequentemente, as leis especiais setorizadas

O CDC foi estruturado como lei principiológica justamente para afastar a interpretação de que seria lei geral em relação a eventual lei especial posterior e, por isso, deveria esta prevalecer e aquela ceder, justificando, assim, retrocessos e violações aos direitos do consumidor.

Dessa concepção decorre a certeza de que o CDC é um importante e fundamental freio a investidas, inclusive legislativas, que venham a atender interesses de poderosos grupos econômicos em detrimento de direito do consumidor, o qual é, por definição, vulnerável (art. 4, inc. I, do CDC). Caso contrário, seria fácil burlar a proteção de origem constitucional, de direito fundamental e princípio da ordem econômica, com a edição de sucessivas leis especiais sobre matérias consumeristas, podendo até culminar em revogação tácita, quase total, do CDC, ante a forte tendência legislativa de setorização, por exemplo, lei dos planos de saúde, lei das telecomunicações, lei do arrendamento mercantil, lei do parcelamento do solo urbano, lei da alienação fiduciária, lei sobre o condomínio em edificações e das incorporações imobiliárias, lei do patrimônio de afetação, lei sobre o valor total das anuidades escolares, lei da aeronáutica, lei das atividades das agências de turismo, lei do torcedor, lei do desporto, lei de seguro, lei de consórcios, entre outras. E não é demais acrescentar que as grandes e principais questões, aquelas em relação às quais o consumidor mais sente a sua fragilidade e precisa de proteção, estariam fora do alcance do CDC, restando-lhe, quando muito, regular somente questões menores. Obviamente a lei especial tem a utilidade de regular especificidades da matéria tratada, mas jamais pode afastar o CDC, norma de origem constitucional, de direito fundamental e princípio da ordem econômica, de ordem pública e de interesse social.

Em relação a todas as leis mencionadas linhas atrás, se há uma relação jurídica de consumo, não é porque existem essas leis específicas regulando as respectivas matérias que se deixa de aplicar o CDC em todos esses casos. Com a Lei 9.514/1997 não poderia ser diferente, pois nada difere quando comparada a todas as outras leis setorizadas.

De todo modo, mesmo que se entenda que a Lei 9.514/1997, por ser especial deva prevalecer – em outras palavras, priorizar a lei especial naquilo que tem de peculiar – sobre o CDC (que se consideraria lei geral), só será possível aplicá-la se seus dispositivos não violarem ou não agredirem direitos do consumidor. Os argumentos são claros: havendo contradição entre normas, deve prevalecer a mais protetiva, no caso, o CDC, conforme se verá. O direito do consumidor, por sua natureza de direito fundamental, veda qualquer hipótese de retrocesso e não admite nenhuma mudança legislativa tendente a apequená-lo, muito menos suprimi-lo.

(v.g. seguros, bancos, calçados, transportes, serviços, automóveis, alimentos etc.) devem disciplinar suas respectivas matérias em consonância e em obediência aos princípios fundamentais do CDC [...]. Como o CDC não é lei geral, havendo conflito aparente entre suas normas e a de alguma lei especial, não se aplica o princípio da especialidade (lex specialis derogat generalis): prevalece a regra principiológica do CDC sobre a lei especial que o desrespeitou." (*Código Civil anotado e legislação extravagante*. 2. ed., rev. e ampl. São Paulo: Ed. RT, 2003. p. 906).

APLICAÇÃO DO ART. 53 DO CDC E ALIENAÇÃO FIDUCIÁRIA

Assim, eventual singularidade do objeto que trata a "lei especial" não é justificativa para atingir direito fundamental e princípio da ordem econômica estabelecidos em lei de ordem pública. Não se quer dizer com isso que o CDC possa descaracterizar novo tipo contratual estabelecido por lei "especial" posterior; ao revés, lei especial posterior não pode descaracterizar o sistema de proteção e defesa do consumidor.

Não há razão para afirmar que o CDC é genérico ou contrário à natureza da alienação fiduciária. Explica-se. O diploma consumerista, além de não ser genérico (como visto, não é lei geral nem especial, mas sim lei principiológica aplicável a todas as relações de consumo), não pode ser contrário à natureza da alienação fiduciária (pode e deve ser contrário à espoliação por vezes praticada por alguns fornecedores no mercado de consumo), pois regula expressamente esta modalidade de contrato (art. 53 do CDC) (não é possível a lei ser contra aquilo que regula, em tese[27]).

Analisando a questão por outro prisma, e apenas em tom provocativo, para fins de especulação intelectual, poder-se-ia entender, no limite, que a Lei 9.514/1997 é genérica em matéria de alienação fiduciária de imóveis porque se aplica a relações civis, empresariais e consumeristas. Por sua vez, o CDC, como lei especial, é aplicável aos contratos de alienação fiduciária de imóveis *somente* quando há relação jurídica de consumo, devendo, portanto, suas normas prevalecer. Em todo caso, conforme o art. 2º, § 2º, da Lei de Introdução às Normas do Direito Brasileiro (Lindb), lei nova que estabeleça disposições gerais ou especiais a par das já existentes não revoga nem modifica lei anterior.

Em suma, existindo relação jurídica de consumo, o fornecedor, que pode ser o incorporador, o construtor ou quem comercializa e/ou concede o crédito/financiamento para aquisição de bem imóvel – neste caso, a instituição financeira ou pessoa física/jurídica que optar pela alienação fiduciária de imóvel em garantia – terá o seu contrato regido não só regido pela Lei 9.514/1997, mas interpretado sistemática e harmoniosamente com o CDC, este prevalecendo se for mais favorável ao consumidor no caso de conflito de normas.

5. O ART. 53 DO CDC E A LEI 9.514/1997

O objeto de análise neste ponto do estudo é a situação de mútuo efetuado para compra de imóvel, com alienação fiduciária em garantia, conforme a Lei 9.514/1997, e estabelecido no ambiente de uma relação jurídica de consumo, vale dizer, para a aquisição de imóvel pelo consumidor como destinatário final.

O art. 53, aplicável aos contratos de alienação fiduciária de bens imóveis regidos pela Lei 9.514/1997, por ser um dispositivo inserido no CDC e mais benéfico ao consumidor, sobrepõe-se àquela lei. De mais a mais, é norma específica de aliena-

---

27. Em tese porque o sistema jurídico brasileiro apresenta situações curiosas de leis contra aquilo que regulam, a exemplo do Código Florestal, que em sua essência é um Código Rural Des(florestal), o qual prevê, inclusive, anistias a degradadores ambientais.

ção fiduciária em relação jurídica de consumo, devendo prevalecer sobre a norma genérica do art. 27 da citada Lei 9.514/1997.[28] O fato de o mutuante eventualmente não ser o construtor, o incorporador ou o vendedor originário do imóvel, em nada altera a situação em análise porque ao conceder ou receber o crédito em cessão, o fez com todas as vantagens e todas as obrigações, inclusive constitucionais e legais dela decorrentes.

Dispõe o art. 53, *caput*, do CDC que: "Nos contratos de compra e venda de móveis ou imóveis mediante pagamento em prestações, bem como nas alienações fiduciárias em garantia, consideram-se nulas de pleno direito as cláusulas que estabeleçam a perda total das prestações pagas em benefício do credor que, em razão do inadimplemento, pleitear a resolução do contrato e a retomada do produto alienado".

De início, já se depreende que o CDC – lei de ordem pública, a qual tem fundamento constitucional, de direito fundamental (portanto, vedado o retrocesso) e princípio da ordem econômica – proíbe *expressamente* a cláusula de decaimento (a que prevê a perda total ou substancial das prestações já pagas, em caso de inadimplemento do devedor) nos contratos de alienação fiduciária em garantia quando há relação jurídica de consumo. Não cabe, portanto, nem ao intérprete nem à lei posterior excluir a incidência da norma, ou seja, permitir a perda total das prestações pagas em benefício do credor. Ressalte-se que há previsão não de devolução total das parcelas pagas; a proibição é de perda total das prestações pagas.

Rizzatto Nunes, dissertando sobre o assunto, assevera que o fundamento primeiro do *caput* do art. 53 do CDC é o do não enriquecimento sem causa. Para o autor, é inadmissível que alguém adquira um bem por certo preço, pague parte dele – por vezes grande parte – e, por não poder mais pagar, fique sem o bem e sem o dinheiro que adiantou. Sustenta que essa modalidade de cláusula fere o princípio da boa-fé e do equilíbrio contratual, além de trazer desvantagem exagerada para o consumidor.[29]

A Lei 9.514/1997, pode-se afirmar, não regula a matéria de que trata o art. 53 do CDC de maneira coerente com os princípios que inspiraram este dispositivo legal, não resguardando os direitos do consumidor e não mantendo conformidade com a teoria do contrato.

O art. 27 da Lei 9.514/1997 estabelece o procedimento do leilão extrajudicial. Após a constituição em mora do consumidor e não havendo pagamento, atendidas as formalidades da lei, e com o objetivo de o fornecedor receber rapidamente o seu crédito, mesmo atropelando direito do consumidor, terá lugar a realização dos lei-

---

28. Não se referindo especificamente aos contratos entabulados sob a égide da Lei n. 9.514/1997, Nelson Nery Junior entende que "as vendas feitas com garantia de alienação fiduciária, que torna resolúvel a propriedade do consumidor, também estão abrangidas pelo art. 53 do CDC", não sendo permitida "a perda total das prestações pagas no caso de retomada do bem ou resolução do contrato pelo credor, por inadimplemento do consumidor". GRINOVER, Ada Pellegrini et al. *Código Brasileiro de Defesa do Consumidor comentado pelos autores do anteprojeto*: direito material e processo coletivo. 12. ed. Rio de Janeiro: Forense, 2019. p. 628-629.

29. NUNES, Rizzatto. *Curso de direito do consumidor*. 6. ed., rev. e atual. São Paulo: Saraiva, 2011. p. 762.

lões extrajudiciais para transformar em dinheiro o imóvel dado em garantia. Se no primeiro leilão público o maior lance oferecido for inferior ao *valor do imóvel* estipulado contratualmente será realizado o segundo leilão nos quinze dias seguintes. No segundo leilão, será aceito o maior lance oferecido, desde que *igual ou superior ao valor da dívida*, acrescido das despesas, dos prêmios de seguro, dos encargos legais, inclusive tributos, e das contribuições condominiais. Nos cinco dias que se seguirem à venda do imóvel neste leilão, o credor entregará ao devedor a importância que sobejar, nela compreendido o valor da indenização por benfeitorias realizadas, depois de deduzidos os valores da dívida, as despesas e os encargos. Se, no segundo leilão, o maior lance oferecido *não for igual ou superior ao valor da dívida*, considerar-se-á extinta, *exonerado o fornecedor da obrigação de entregar qualquer valor ao consumidor*, cabendo ao fiduciário, no prazo de cinco dias a contar da data do segundo leilão, dar ao devedor a quitação da dívida, mediante termo próprio.

O CDC, como se viu, prevê a nulidade da cláusula que estabelece a perda total das prestações pagas nos contratos de compra e venda de imóveis com alienação fiduciária em garantia. Em outras palavras, independentemente de qualquer situação fática, o consumidor deve sempre receber de volta, pelo menos parte, as parcelas pagas. A Lei 9.514/1997, por sua vez, não prevê a devolução de parcela paga em nenhuma hipótese (o que equivale à perda total das prestações pagas), ao dispor que se no segundo leilão o maior lance oferecido não for igual ou superior ao valor da dívida, o fornecedor, além de consolidar a propriedade do imóvel, não deverá entregar qualquer valor ao consumidor. Vê-se, claramente, aqui, uma agressão à norma de ordem pública e de interesse social, de direito fundamental e princípio da ordem econômica, um verdadeiro desrespeito ao princípio da vedação de retrocesso, ao se suprimir o direito à devolução de pelo menos parte das prestações pagas, antes assegurada no art. 53 do CDC. Este código representou uma conquista do consumidor, após muitos abusos em relação à cláusula de decaimento, reintroduzida, por via transversa, pela Lei 9.514/1997, havendo, portanto, retrocesso.

O leilão extrajudicial previsto no artigo 27 da Lei 9.514/1997, ao permitir que o imóvel seja vendido por preço igual ao valor da dívida (ou que seja recebido pelo fornecedor contra a pura e simples quitação da dívida remanescente) dá margem à venda a qualquer preço, por meio de uma execução extrajudicial, pode-se dizer totalitária, sem contraditório ou defesa, além de subtrair do devedor a possibilidade de ser reembolsado de qualquer valor pago, não importa por quanto tempo tenha cumprido o contrato, não importa o valor que já tenha sido pago, não importa o valor real do imóvel: o que importa é o valor da dívida com os acréscimos, a venda do imóvel mesmo que por preço vil, ou a consolidação da propriedade plena em mãos do fornecedor, ou seja, o que importa é a defesa da parte forte da relação, o fornecedor.

Na prática, o que tem acontecido amiúde é a dação em pagamento ou a adjudicação do imóvel pelo credor, vale dizer, situação na qual o fornecedor fica com o imóvel (que poderá ser posteriormente revendido) e com todas as prestações até então pagas pelo consumidor, mesmo que em valor superior ao imóvel.

A Lei 9.514/1997 acaba legitimando o pacto comissório, além de não prever a restituição de valores ao consumidor nessas situações (o § 5° do art. 27 permite a simples consolidação da propriedade e o § 8° do art. 26 permite a dispensa do leilão extrajudicial mediante a dação do imóvel em pagamento da dívida; em ambas as hipóteses sem leilão, sem processo judicial e sem qualquer restituição de parcelas). A mesma lei não considera uma situação recorrente no mercado: a do consumidor que pagou valor muito próximo ao devido pelo imóvel, ou mesmo superior (em razão de juros e encargos escorchantes), mas não tem condições de continuar pagando o restante das prestações, que aumentam exageradamente. Então, ao abrigo desta lei, consolida-se a propriedade do imóvel para o fornecedor, que não devolverá o que recebeu, vale dizer, o consumidor perde o imóvel e todo o valor que já pagou. Nesse caso, o fornecedor fica em situação de extrema vantagem, ou seja, fica com o imóvel e com todo o valor até então recebido.[30]

A cláusula de decaimento expôs um abuso praticado por incorporadoras, construtoras, companhias de securitização e instituições financeiras. A prática, de tão grave, abusiva, iníqua, extorsiva e espoliadora, mereceu destaque no CDC, em artigo próprio (art. 53), não fazendo parte do rol genérico do art. 51. De fato, essa cláusula beneficia de forma desproporcional o fornecedor, parte mais forte da relação de consumo, que impõe índices, encargos, correções, juros e taxas unilateralmente em contratos de adesão. É abusiva porque coloca o consumidor em desvantagem exagerada na medida em que não é submetido a suportar os prejuízos que eventualmente causou, mas perde o total das prestações pagas e o próprio imóvel, sem apuração da existência e do valor efetivo dos danos. O fornecedor, por seu lado, terá uma vantagem excessiva porque receberá, mesmo que não na integralidade, duas vezes pela mesma operação financeira.

Outra questão que suscita análise é a pertinente ao consumidor que periodicamente paga, além das parcelas do financiamento, as despesas (algumas inusitadas, como Tarifa de Abertura de Crédito (TAC) e Tarifa de Emissão de Carnê/Boleto (TEC), típicas do capitalismo parasitário que nada produz), os tributos, o seguro e pesada remuneração ao fornecedor. Em outras palavras, a cada parcela paga, o fornecedor é compensado e obtém lucro pelo serviço prestado na forma de juros (diga-se em patamares dificilmente encontrados em países civilizados) e de outros acréscimos duvidosos, como encargos e taxas, algumas vezes de caráter enigmático, embutidos no valor da prestação e apresentados por meio de complexas fórmulas, códigos, índi-

---

30. Exemplo hipotético de situação sem considerar encargos, despesas, oscilações de mercado etc.: o imóvel objeto da alienação fiduciária em garantia é avaliado em R$80.000,00. O consumidor tomou emprestado R$37.000,00 para pagamento em 12 prestações de R$3.535,46, totalizando no fim de um ano R$42.425,52. O consumidor deixou de efetuar o pagamento das duas últimas parcelas, as quais, somadas, perfazem R$7.070,92. O imóvel pode ser vendido por R$7.072,92, que é o valor da dívida, apesar de valer R$80.000,00. Pela sistemática da Lei n. 9.514/1997, o consumidor perde um imóvel de R$80.000,00 e todas as parcelas que pagou (R$35.354,60). Se não houver lance que atenda aos requisitos da lei, o fornecedor consolida a propriedade plena do imóvel e fica com todas as prestações pagas, ou seja, com um bem de R$80.000,00 e o valor de R$35.354,60 em pagamento de uma dívida inicial de R$37.000,00.

ces, siglas, termos técnicos, nomenclaturas específicas, que muitas vezes os próprios gerentes de banco não entendem, necessitando da ajuda de contadores e de outros profissionais para esclarecer dúvidas do cliente ou mesmo do juízo. Essa pesada remuneração dificilmente é levada em consideração e, amiúde, esvai-se quando se analisa a Lei 9.514/1997 e se sustenta que o devedor está por ela devidamente protegido. Ao consumidor, parte fraca, além do pagamento do principal, juros, correção e demais encargos legais e contratuais, transferem-se todos os riscos[31] e outros encargos do negócio que cabem ao fornecedor[32], parte forte, como seguro (que não cabe ao consumidor, uma vez que já há garantia e o risco da atividade é do fornecedor e não do consumidor), despesas de cobrança e de intimação para constituição da mora, custas relativas ao leilão, anúncios e comissão do leiloeiro.[33]

Esses procedimentos, vale dizer, asseguram ao fornecedor o recebimento do seu crédito, com acréscimo do lucro, dos encargos e das despesas, imunizando-o de qualquer risco, notadamente com a transferência da propriedade do imóvel em seu favor, mesmo que resolúvel, no valor ao menos equivalente ao da dívida. Esta é a garantia que tem, para, em caso de inadimplemento do consumidor, poder levar o bem rapidamente a expedito leilão extrajudicial, ou revertê-lo ao patrimônio próprio por meio de dação em pagamento ou adjudicação, além de reter todas as parcelas pagas.

Essas distorções do mercado, quando somadas todas as prestações pagas (com incidência de juros, correção, encargos etc.) e o valor do imóvel (que no início equivalia ao valor da dívida), podem resultar em valor não suficiente ao pagamento do restante da dívida (o todo e mais um tanto não chega a equivaler à parte), circunstância que claramente indica situação iníqua, abusiva, desproporcional e coloca o consumidor em desvantagem exagerada, incompatível com a boa-fé, a equidade, e com preceitos essenciais de qualquer contrato equilibrado de consumo. Como se vê, a violação ao CDC (art. 51, inc. IV) é certa.

---

31. "No Brasil, em razão da insuficiência de poupança privada e das dificuldades de crédito ao consumidor, submete-se o interessado em adquirir um bem imóvel ou um bem móvel de elevado valor a contratos elaborados unilateralmente pelo fornecedor, prevendo na maioria das vezes alienação fiduciária do bem adquirido, a reserva do seu domínio, a sua hipoteca e uma série de outras cláusulas assecuratórias da posição do credor. Tais contratos, em verdade promessas, costumam concentrar os riscos naturais do negócio na parte contratante mais fraca, o aderente. O desequilíbrio daí resultante e a insegura realidade econômica do País, muitas vezes, tornam insustentável a manutenção do vínculo negocial. A consequência é, então, a frustração das expectativas do comprador-poupador, geralmente um consumidor, e a proteção prima facie daquele que elaborou o contrato, o fornecedor, e assegurou para si uma posição contratual vantajosa, que poderíamos denominar de posição dominante (Machtposition) do fornecedor de tais produtos no mercado." MARQUES, Claudia Lima. *Contratos no Código de Defesa do Consumidor*: o novo regime das relações contratuais, 7. ed., rev., atual. e ampl., p. 488, 1100-1101.
32. Exemplo de "taxa" repassada ilegalmente ao consumidor é a "taxa" de especificação de condomínio.
33. Não parece corresponder ao CDC e ao sistema capitalista a retenção, pelo fornecedor, de parte das prestações pagas como forma de indenizá-lo por despesas administrativas realizadas com a divulgação, a comercialização e a corretagem, pois devem ser suportadas pelo fornecedor, o qual é remunerado pelos juros das parcelas pagas e pelos encargos. Como é sabido, no sistema capitalista, o consumidor não é sócio do fornecedor e este não pode socializar perdas e custos e concentrar lucros. De fato, é lícito ao fornecedor auferir lucro, mas deve arcar com os custos de sua atividade.

Bom exemplo da impropriedade da Lei 9.514/1997 e da iniquidade que produz, demonstrando flagrante violação a direito fundamental do consumidor, depreende-se do processo que tramitou na 29ª Vara Cível do foro central da Comarca de São Paulo.[34] Os autores pagaram a importância de R$184.875,59 – o valor do imóvel, como constava no contrato firmado, era de R$179.874,00 e o valor real de mercado R$130.000,00. Em consequência do aumento contínuo e desenfreado do valor das prestações, os autores não estavam conseguindo pagar o financiamento. Pretendia o réu ficar com os valores pagos (R$184.875,59) e com o imóvel avaliado em R$130.000,00 (a ser provavelmente vendido após valorização). A Lei 9.514/1997, *in casu*, protegeu os interesses da parte forte da relação, o fornecedor, e não conseguiu resguardar o direito da parte vulnerável, o consumidor, que precisou ajuizar ação e pedir a intervenção do Poder Judiciário para ver o seu direito resguardado à luz do CDC e, consequentemente, reestabelecer o equilíbrio contratual e econômico que a citada lei não protegeu. Esse não é um caso isolado, pois se cogita que possa existir um mercado não de venda de imóveis com financiamento garantido por alienação fiduciária do próprio bem, mas de resolução contratual, já que o fornecedor pode auferir mais vantagens com o inadimplemento do consumidor do que com a respectiva quitação da dívida. O sentido do CDC foi justamente evitar esse descompasso, essa desarmonia, ao não permitir que aquele deixe de restituir parte dos valores que recebeu deste.

Dessa forma, havendo desfazimento ou resolução do contrato de financiamento de bem imóvel garantido por alienação fiduciária, aplica-se o CDC, o qual estabeleceu como paradigmas a boa-fé objetiva, a equidade, o equilíbrio contratual, a proibição de vantagem excessiva (artigos 4º, inc. III, 6º, inc. II, e 51, inc. IV) e a expressa proibição da cláusula de decaimento. Nesse caso, o consumidor tem o direito de reaver pelo menos parte da quantia que pagou, em respeito à norma de natureza cogente do art. 53 do CDC. O fornecedor tem o imóvel dado em garantia e quando compensado com a adjudicação ou dação poderá vendê-lo, com as vantagens da valorização imobiliária. De fato, o bem imóvel, ao contrário de boa parte dos bens móveis, raramente sofre processo de desvalorização/depreciação com o tempo, ao contrário, valoriza-se amiúde. Eventual desvalorização alude ao risco da atividade, próprio do capitalismo, a ser suportado pelo fornecedor. Dessa maneira, firma-se o objetivo principal do CDC, que é a proteção da parte mais frágil. O fornecedor faz jus à eventual indenização por perdas e danos se comprovados e se houver inadimplemento por culpa do consumidor, uma vez que já foi bem-remunerado com o pagamento de juros e acréscimos pelo consumidor.

Luiz Antonio Scavone Junior, no artigo intitulado "Alienação fiduciária de bem imóvel e art. 53 do Código de Defesa do Consumidor – aplicabilidade", afirma que

---

34. BEZERRA FILHO, Manoel Justino. Sentença. Ação de rescisão de contrato. Alienação fiduciária de imóvel em garantia de contrato de financiamento. Lei 9.514/97: inconstitucionalidade reconhecida. Procedência parcial. *Cadernos Jurídicos da Escola Paulista da Magistratura*, São Paulo, ano 4, n. 16, p. 29-34, julho-agosto 2003.

o art. 53 do CDC se aplica integralmente às alienações fiduciárias de bens imóveis e adverte:

> O que não se admite, de acordo com a Lei 8.078/90, é o fato do credor fiduciário agir como se apenas seu crédito existisse, ignorando o art. 53 e ignorando cristalino direito do devedor. Demais disso, com os juros abissais que normalmente são praticados, não é incomum o valor do imóvel permanecer estável e o saldo devedor se acumular, suplantando o valor do próprio bem financiado, o que se traduz pela perda total, pelo fiduciante (devedor), dos valores pagos. Esse risco é do credor, não do devedor, de tal sorte que o valor da dívida não pode ser considerado.[35]

Em julgamentos recentes, o Egrégio Tribunal de Justiça do Estado de São Paulo, de forma precisa e acertada, já decidiu pela *aplicabilidade* do art. 53 do CDC aos contratos de alienação fiduciária de imóvel regulados pela Lei 9.514/1997, conforme se depreende das ementas a seguir colacionadas:

> Apelação Cível – Interposição contra sentença que julgou improcedente ação de rescisão contratual cumulada com restituição de valores pagos. Contrato Particular de Compra e Venda de Lote Urbano com Pagamento Parcelado do Preço, com Alienação Fiduciária em garantia e outras avenças. Inaplicabilidade do artigo 26 da Lei 9.514/97, posto que não comprovada a inadimplência. Código de Defesa do Consumidor que também se aplica às leis especiais. Precedente do Colendo Superior Tribunal de Justiça. Rescisão contratual com restituição dos valores pagos que caracteriza direito do consumidor, à luz dos artigos 6°, V, in fine e 53, do Código de Defesa do Consumidor. Súmula 543 do Superior Tribunal de Justiça. Procedência dos pedidos que se impõe. Inversão do ônus da sucumbência. Sentença reformada.[36]

> Ação de rescisão contratual cumulada com devolução de valores pagos. Contrato particular de venda e compra de imóvel, com alienação fiduciária em garantia e outras avenças. Pretensão do comprador adimplente. Sentença de procedência em parte para declarar a resilição do contrato havido entre as partes e condenar a ré a devolver 80% dos valores pagos pelo autor. Apela a ré sustentando a inaplicabilidade do CDC e a existência de legislação específica que trata da alienação fiduciária (Lei 9.514/97). Descabimento. Comprador adimplente pretende desistir do contrato. Inexiste a hipótese de inadimplemento, consolidação da propriedade em poder da fiduciária e consequente solução mediante realização de leilão extrajudicial. Inaplicabilidade dos art. 26 e 27 da Lei 9.514/97. Impossibilidade de sustentar a irretratabilidade ou a irrevogabilidade em desfavor do consumidor. Parte do preço pendente de pagamento. Propriedade ainda não está consolidada em benefício de nenhum dos contratantes. Incidência do art. 53 do CDC. Recurso improvido.[37]

> "Rescisão contratual – Restituição de valores – Solidariedade entre as rés corretamente reconhecida pela sentença – Apelante Sanca Desenvolvimento Urbano que integra a relação na qualidade de empreendedora e credora fiduciária – Participação no contrato juntamente com as demais rés que evidencia a existência de cadeia de fornecedores – Aplicabilidade do CDC – Observância do art. 7°, p. ú., do CDC – Alienação fiduciária em garantia – Cláusula que não impede o desfazimento do negócio – Contrato que previu a possibilidade de sua resolução – Aplicabilidade do art.

---

35. SCAVONE JUNIOR, Luiz Antonio. *Alienação fiduciária e art. 53 do Código de Defesa do Consumidor.* São Paulo, [s.d.]. Disponível em: [http://www.scavone.adv.br/alienacao-fiduciaria-de-bem-imovel-e-art-53-do-codigo-de-defesa-do-consumidor-aplicabilidade.html]. Acesso em: 23.05.2019.
36. SÃO PAULO. Tribunal de Justiça (33ª Câmara de Direito Privado). *Apelação 1032630-57.2016.8.26.0576.* Relator Mario A. Silveira. Comarca de São José do Rio Preto-SP, julgamento em 07.11.2016.
37. SÃO PAULO. Tribunal de Justiça (5ª Câmara de Direito Privado). *Apelação 1016287-83.2016.8.26.0576.* Relator James Siano. Comarca de São José do Rio Preto-SP, julgamento em 08.02.2017.

53, do CDC – Cláusula de alienação fiduciária que não mais vigora perante o apelado uma vez rescindidos os contratos – Retenção de valores – Impossibilidade em vista da rescisão por culpa das apelantes – Rescisão que importará o efetivo retorno das partes ao 'status quo ante', com a devolução do imóvel às vendedoras – Sucumbência recursal – Majoração dos honorários não determinada, em razão de sua não fixação pela sentença – Recurso improvido.[38]

Ação de rescisão contratual com pedidos de cobrança e de reparação por perdas e danos – Sentença de parcial procedência – Recurso – compra e venda de lote de terreno – Direito da autora à rescisão com devolução de valores aos quais faz jus – Art. 53 do CDC – Não incidência dos artigos 26 e 27 da lei 9514/97, sequer realizada a consolidação pela credora – recurso desprovido.[39]

Por fim, é oportuno pôr em debate a pertinência ou não da destinação do imóvel financiado e objeto da alienação fiduciária para saber se é fato irrelevante, ou seja, a não ser considerado na respectiva análise jurídica ou, ao contrário, deve ser ponderado na interpretação contratual. Em outros termos, significa indagar se faria diferença a alienação fiduciária garantir mútuo direcionado à aquisição de imóvel destinado à moradia do consumidor, bem tão importante e fundamental.

A questão ganhou relevo com a vigência da Emenda Constitucional n. 26/2000, que incluiu o direito à moradia no rol dos direitos sociais consagrados no art. 6º. A partir daí, os contratos de financiamento de imóveis com alienação fiduciária em garantia passaram a ser considerados como meio de realização deste direito fundamental constitucional.

Segundo Tereza Negreiros, a caracterização do bem contratado como *essencial*, *útil* ou *supérfluo* é um fator determinante da disciplina contratual, influindo sobre a forma como deverão ser conciliados os novos princípios do contrato, de índole intervencionista, e os princípios clássicos destinados à proteção da liberdade contratual. À luz do denominado *paradigma da essencialidade*, propõe a autora que a utilidade existencial do bem contratado passe a ser um *critério juridicamente relevante* no exame das questões contratuais. O *paradigma da essencialidade* sintetiza uma mudança no modo de se conceber os princípios do contrato, traduzindo a superação de uma concepção predominantemente patrimonialista e socialmente neutra do fenômeno contratual. Como tal, o paradigma da essencialidade proporciona instrumentos e conceitos que permitem tratar os problemas sociais como problemas a serem enfrentados também pelo direito contratual. A releitura da dogmática civil à luz da Constituição, com base na sua vocação para promover valores existenciais, sugere que a utilidade dos bens seja considerada em função do proveito que terá a pessoa que deles necessita.[40]

A Constituição Federal é alvissareira ao estabelecer como fundamento da República Federativa do Brasil a *dignidade* da pessoa humana (art. 1º, inc. III) e ao inserir

---

38. SÃO PAULO. Tribunal de Justiça (2ª Câmara de Direito Privado). *Apelação 1003454-28.2018.8.26.0361*. Relator José Joaquim dos Santos. Comarca de Mogi das Cruzes-SP, julgamento em 20.05.2019.

39. São Paulo. Tribunal de Justiça (14ª Câmara de Direito Privado). *Apelação 1033766-21.2018.8.26.0576*. Relator Carlos Abrão. Comarca de São José do Rio Preto-SP, julgamento em 23.05.2019.

40. NEGREIROS, Teresa. *Teoria do contrato*. 2. ed. Rio de Janeiro: Renovar, 2006. p. 388, 391.

APLICAÇÃO DO ART. 53 DO CDC E ALIENAÇÃO FIDUCIÁRIA **317**

no rol de seus objetivos a construção de uma sociedade *justa* e *solidária* (art. 3º, inc. I), signo da almejada solidariedade social, a partir da qual o contrato é concebido em termos de relação de cooperação, representando uma parceria por meio da qual as partes devem promover os interesses recíprocos e não servir como instrumento para o mais forte espoliar, pilhar, saquear, despojar a parte mais fraca.

A cláusula geral de tutela da dignidade da pessoa humana, anota Teresa Negreiros, certamente abrange a proteção de um nível mínimo de subsistência, como proclamado na Declaração Universal dos Direitos do Homem, aprovada pela Assembleia Geral da Organização das Nações Unidas (ONU), em 1948: "Toda pessoa tem direito a um nível de vida suficiente para assegurar a sua saúde, o seu bem estar e o de sua família, especialmente para a alimentação, o vestuário, *a moradia*, a assistência médica e para os serviços sociais necessários [destaques nossos]".[41] Entre as necessidades humanas, existem aquelas que são elementares, fundamentais, essenciais a uma vida digna, como moradia, alimentação, educação, saúde, lazer, vestuário, transporte e previdência social (art. 7º, inc. IV, da CF). De acordo com a política do *minimal welfare*, a intervenção nos contratos é progressiva em função de uma gradação identificada nas necessidades humanas. São alcançados por políticas intervencionistas aqueles contratos que põem em jogo as condições mínimas de dignidade e bem-estar dos contratantes, reservando-lhes um regime específico, caracterizado pela índole tutelar. Ao contrário, contratos que não interfiram sobre essas condições mínimas são regidos por uma disciplina menos ou não intervencionista, sendo aí ampliada a liberdade contratual.[42]

Ao aceitar financiar um imóvel para a moradia do consumidor, o fornecedor tem ciência das peculiaridades e das limitações do contrato em função da essencialidade de seu objeto, daí resultando que não poderá dar tratamento comum como se fosse um contrato ordinário de compra e venda, com conteúdo meramente patrimonial e disponível, abstraindo a presença humana e sua dignidade.

No caso de contrato de financiamento para aquisição de imóvel destinado à moradia, com garantia fiduciária do próprio bem, reforça-se a aplicação do art. 53 do CDC, considerando que a quantia paga periodicamente pelo consumidor abarca a satisfação do direito fundamental à moradia, concretizador da dignidade, não podendo ser objeto de especulação, lucro fácil, álea, com a simples solução de perda do imóvel e de todas as prestações pagas.

6. CONSIDERAÇÕES FINAIS

Diante do exposto, pode-se afirmar que o CDC, lei principiológica, de origem constitucional, consagradora do direito fundamental de defesa do consumidor e princípio da ordem econômica, tem aplicação obrigatória na alienação fiduciária de

---

41. Apud NEGREIROS, Teresa. *Teoria do contrato*. 2. ed. Rio de Janeiro: Renovar, 2006. p. 402.
42. NEGREIROS, Teresa. *Teoria do contrato*. 2. ed. Rio de Janeiro: Renovar, 2006. p. 402, 404, 418.

bem imóvel regida pela Lei 9.514/1997, que é de categoria legislativa inferior, pois seu objeto é resguardar direito individual, patrimonial, disponível de potentes grupos econômicos, ou seja, da parte forte da relação.

Em consequência, quando presente uma relação jurídica de consumo, a disciplina específica do art. 53 do CDC deve prevalecer sobre a regra geral do art. 27 da Lei 9.514/1997. De fato, o CDC, no inciso IV do artigo 51, define como nulas de pleno direito cláusulas contratuais que estabeleçam obrigações consideradas iníquas, abusivas, que coloquem o consumidor em desvantagem exagerada ou que sejam incompatíveis com a boa-fé e a equidade.

O artigo 27 da Lei 9.514/1997 possibilita a venda por preço vil ou que seja consolidada a propriedade do imóvel ao fiduciário sem considerar o montante já pago e sem verificar se o imóvel serve de moradia ao fiduciante. A circunstância de se permitir que o bem seja vendido por preço igual ao do saldo devedor existente – ou que seja recebida contra a pura e simples quitação da dívida remanescente –, subtraindo do devedor a possibilidade de receber qualquer valor das prestações pagas, demonstra iniquidade, violação da boa-fé e do equilíbrio contratual e econômico, e inobservância da função social do contrato.

Um dos sentidos do direito é a proteção do vulnerável, em respeito ao princípio da isonomia, segundo o qual deve-se dar tratamento igual ao igual e tratamento desigual ao desigual, na exata medida de sua desigualdade. Com base nesse preceito, pode-se dizer que não aplicar o CDC às situações abrangidas pela Lei 9.514/1997 quando a relação jurídica é de consumo significa tratar igualmente partes desiguais. Esse desequilíbrio contratual viola a ordem constitucional em vigor, com a circunstância agravante de concessão de prerrogativas ao mais forte (leilão extrajudicial com a dificuldade de se possibilitar questionamentos antes da venda do imóvel, ante o rito expedito e sem contraditório ou defesa). Em suma, a lei fortalece o mais forte e enfraquece o mais fraco, ferindo preceitos constitucionais e legais de proteção ao vulnerável.

O CDC é sensível à disparidade de poder negocial entre os contratantes e procura compensá-la por meio da imposição de um regime de proteção da parte vulnerável, primando pelo equilíbrio contratual e econômico e pela proteção ao contratante em estado de inferioridade.

Certo que o objeto da alienação fiduciária é a garantia do pagamento do mútuo, não o próprio objeto do mútuo, e que o bem serve para dar mais eficácia ao recebimento do crédito inadimplido, não substituindo o objeto do contrato, que é dinheiro. Contudo, não se deve descurar que o imóvel dado em garantia corresponde, no mínimo, ao valor emprestado, do contrário não cumpriria o papel de garantia. Dessa forma, viola o art. 53 do CDC, os princípios da boa-fé, da proporcionalidade e da equivalência das prestações contratuais a situação de adjudicação ou dação do imóvel e a perda para o credor de todas as prestações pagas, tanto mais se a operação foi realizada para aquisição de imóvel para moradia.

7. REFERÊNCIAS BIBLIOGRÁFICAS

BENJAMIN, Antônio Herman V. In: BENJAMIN, Antônio Herman V.; MARQUES, Claudia Lima; BESSA, Leonardo Roscoe. *Manual de Direito do Consumidor.* 6. ed. rev. atual. e ampl. São Paulo: Ed. RT, 2014.

BEZERRA FILHO, Manoel Justino. Sentença. Ação de rescisão de contrato. Alienação fiduciária de imóvel em garantia de contrato de financiamento. Lei 9.514/97: inconstitucionalidade reconhecida. Procedência parcial. *Cadernos Jurídicos da Escola Paulista da Magistratura.* São Paulo, ano 4, n. 16, p. 29-34, julho-agosto 2003.

BRASIL. Superior Tribunal de Justiça (4. Turma). *AgInt nos EDcl no AREsp 975829/SE,* Agravo Interno nos Embargos de Declaração no Agravo em Recurso Especial 2016/0230085-3. Relatora Ministra Maria Isabel Gallotti, Brasília, DF, 26.09.2017.

BRASIL. Superior Tribunal de Justiça. *Recurso Especial n. 1.535.926 DF (2015/0131141-9).* Recorrente: Brasal Incorporações e Construções de Imóveis Ltda. Recorrido: Maria da Conceição Cunha Martins. Relatora Ministra Nancy Andrighi, Brasília, DF, julgamento em 17.08.2018.

CHALHUB, Melhim Namem. *Alienação fiduciária:* negócio fiduciário. 6. ed. Rio de Janeiro: Forense, 2019.

GRINOVER, Ada Pellegrini et al. *Código Brasileiro de Defesa do Consumidor comentado pelos autores do anteprojeto:* direito material e processo coletivo. 12. ed. Rio de Janeiro: Forense, 2019.

MALTEZ, Rafael Tocantins. *Manual de direito do consumidor.* Brasília: Sê-lo, 2016.

MARQUES, Claudia Lima. *Contratos no Código de Defesa do Consumidor:* o novo regime das relações contratuais. 7. ed., rev., atual. e ampl. São Paulo: Ed. RT, 2014.

NEGREIROS, Teresa. *Teoria do contrato.* 2. ed. Rio de Janeiro: Renovar, 2006.

NERY Junior, Nelson; NERY, Rosa Maria de Andrade. *Código Civil anotado e legislação extravagante.* 2. ed., rev. e ampl. São Paulo: Ed. RT, 2003.

NERY Junior, Nelson; Nery, Rosa Maria de Andrade. *Instituições de direito civil:* contratos. São Paulo: Revista dos Tribunais, 2016. v. III.

NUNES, Rizzatto. *Curso de direito do consumidor.* 6. ed., rev. e atual. São Paulo: Saraiva, 2011.

SÃO PAULO. Tribunal de Justiça (5ª Câmara de Direito Privado). *Apelação 016287-83.2016.8.26.0576.* Relator James Siano. Comarca de São José do Rio Preto-SP, julgamento em 08.02.2017.

SÃO PAULO. Tribunal de Justiça (2ª Câmara de Direito Privado). *Apelação 1003454-28.2018.8.26.0361.* Relator José Joaquim dos Santos. Comarca de Mogi das Cruzes-SP, julgamento em 20.05.2019.

SÃO PAULO. Tribunal de Justiça (14ª Câmara de Direito Privado). *Apelação 1033766-21.2018.8.26.0576.* Relator Carlos Abrão. Comarca de São José do Rio Preto-SP, julgamento em 23.05.2019.

SÃO PAULO. Tribunal de Justiça (33ª Câmara de Direito Privado). *Apelação 1032630-57.2016.8.26.0576.* Relator Mario A. Silveira. Comarca de São José do Rio Preto-SP, julgamento em 07.11.2016.

SCAVONE JUNIOR, Luiz Antonio. *Alienação fiduciária e art. 53 do Código de Defesa do Consumidor.* São Paulo, [s.d.]. Disponível em: [http://www.scavone.adv.br/alienacao-fiduciaria-de-bem-imovel-e-art-53-do-codigo-de-defesa-do-consumidor-aplicabilidade.html]. Acesso em: 23.05.2019.

CAPÍTULO 3
A ALIENAÇÃO FIDUCIÁRIA FIRMADA ENTRE A CONSTRUTORA E O AGENTE FINANCEIRO, ANTERIOR OU POSTERIOR À CELEBRAÇÃO DA PROMESSA DE COMPRA E VENDA, TEM EFICÁCIA PERANTE OS ADQUIRENTES DO IMÓVEL?

Thiago Rodovalho

Doutor e Mestre em Direito Civil pela Pontifícia Universidade Católica de São Paulo – PUC/SP, com estágio pós-doutoral no Max-Planck-Institut für ausländisches und internationales Privatrecht. Professor Titular da PUC-Campinas (Graduação e Mestrado). Membro do Corpo Docente Permanente do Programa de Pós-Graduação Stricto Sensu em Direito (PPGD). Na Graduação, é Professor das Disciplinas Direito Processual Civil e Arbitragem e Mediação.

Lucas Gomes Mochi

Professor de Direito Civil da Universidade Federal de Mato Grosso do Sul – UFMS (2016-2017). Professor da Pós-graduação *lato sensu* em Direito Empresarial da Universidade Católica Dom Bosco (2017). Professor convidado da Escola Superior da Advocacia de Mato Grosso do Sul. Advogado.

Sumário: 1. Introdução – 2. Estrutura Axiológica do Direito dos Contratos – Função Social do Contrato e Boa-Fé Objetiva (Deveres Anexos – Informação, Cooperação e Probidade) – 3. Alienação Fiduciária em Garantia e Hipoteca. – Conceitos e Extensões de seus Efeitos – 4. Equiparação da Instituição de Gravame sobre Bens de Terceiros e Equiparação dos Efeitos à Chamada Venda *A Non Domino* – 5. Considerações finais. – 6. Referências Bibliográficas.

---

1. INTRODUÇÃO

O presente artigo tem como núcleo a análise dos efeitos da constituição da garantia fiduciária perante terceiros quando constituída *antes* ou *depois* do compromisso de venda e compra de imóvel entre o agente financeiro e a construtora, bem como a incidência da Súmula 308 do Superior Tribunal de Justiça em casos tais.

Ab initio, necessária se faz a abordagem acerca do conceito de garantia fiduciária, de sua aplicabilidade em estruturas contratuais já consolidadas pelo tráfego econômico-social, além do cotejo com as premissas axiológicas consagradas no âmbito do direito das obrigações com a moderna sistemática civilista-constitucional pautada pela função social do contrato e da boa-fé objetiva e seus desdobramentos.

Por fim, analisaremos os efeitos da constituição da garantia fiduciária sobre bens de terceiros e a possibilidade de equiparação de tal estrutura eficacial com aquela, fruto da chamada venda a *non domino*, concluindo-se, após, o quê de mister.

2. ESTRUTURA AXIOLÓGICA DO DIREITO DOS CONTRATOS – FUNÇÃO SOCIAL DO CONTRATO E BOA-FÉ OBJETIVA (DEVERES ANEXOS – INFORMAÇÃO, COOPERAÇÃO E PROBIDADE)

Qualquer estudo ou análise que envolva obrigações pessoais oriundas de contratos celebrados entre sujeitos de direito deve, necessariamente, perpassar pela estrutura valorativa consagrada com a promulgação do Código Civil de 2002 derivada, por óbvio, de um longo itinerário iniciado, em nosso sentir, com a promulgação da Constituição Mexicana de 1917 e com a Constituição de Weimar de 1919, ambos diplomas consagradores da chamada funcionalização dos institutos de direito privado.

As estruturas perdem espaço à função, de sorte que o atendimento de interesses privados, conquanto sejam protegidos, cedem prioridade ao interesse coletivo e aos ditames de justiça e equilíbrio social consagrados, sobretudo, com as cláusulas gerais da função social e da boa-fé objetiva.

Nesse passo, falar em autonomia privada é falar necessariamente em limites e circunstâncias balizadoras de sua aplicabilidade, cuja atenção se volta à realização de melhor equilíbrio social com atuação política na circulação dos bens dentro do regime da economia de mercado, observando-se, bem por isso, a realização de interesses à luz dos postulados econômicos da estrutura de poder vigorante num dado contexto histórico-social.[1]

Nota-se, pois, que a liberdade de contratar, o *pacta sunt servanda* e outros primados que norteavam a concepção liberalista dos contratos vem passando por mitigações em festejo aos vetores da *eticidade, socialidade* e *operabilidade*, lastros à promulgação do vigente Código Civil fruto do Projeto Reale.[2]

Tal mudança de paradigma de análise fez surgir deveres aos integrantes das relações obrigacionais até então renegados ou tidos como de menor importância, deveres estes capazes de ensejar verdadeiro inadimplemento contratual quando não observados, os quais, inclusive, já eram ventilados por doutrina de vanguarda como objetos de proteção jurídica.[3]

---

1. FACHIN, Luiz Edson. *Direito Civil – Sentidos, Transformações e Fim*. Rio de Janeiro: Renovar, 2015. p. 98.
2. A esse respeito, cfr. RODOVALHO, Thiago. Obrigações e Riscos. In: MIRANDA, Jorge (Dir.). *O Direito*, Lisboa: Almedina, 2014. v. IV, p. 866-875.
3. À guisa de exemplificação, nesse sentido era o escólio de Pontes de Miranda que lecionava quanto à tutela da confiança no âmbito contratual: "o que em verdade se passa é que todos os homens têm de portar-se com honestidade e lealdade, conforme os usos do tráfico, pois daí resultam relações jurídicas de confiança, e não só relações morais. O contrato não se elabora a súbitas, de modo que só importe a conclusão, e a conclusão mesma supõe que cada figurante conheça o que se vai receber ou o que vai dar. Quem se dirige a outrem, ou invita outrem a oferecer, expõe ao público, capta a confiança indispensável aos tratos preliminares e à

Especificamente quanto à cláusula geral de boa-fé objetiva inserida na sistemática civil pelo teor do art. 422 do Código Civil, fruto direto do vetor da eticidade já mencionado,[4] sabe-se que sua carga eficacial enseja a imposição de observância dos chamados deveres anexos, entre os quais se inserem os de cooperação, informação e probidade.

Destarte, ao se falar em celebração de contratos e, por consequência, na criação de obrigações para ambas as partes que nele figuram, há que se falar, necessariamente, na observância de certos *standards* valorativos consagrados com a sistemática posta em vigor pela Código Civil de 2002.

Assim, reforçando o quanto já dito, diante da inequívoca ausência de conceituação exaustiva acerca do conceito de boa-fé, a doutrina direciona seu foco para os chamados deveres de informação, assistência, colaboração, cooperação e ajuda mútua, traduzindo-se, bem por isso e nas palavras de Ghestin, em uma boa-fé que se apresenta "(...) comme la consécration générale d'une exigence de loyauté (....)".[5]

Justamente nesse sentido é que se espera que toda relação contratual entabulada guarde observância ao princípio da boa-fé objetiva, sobretudo quanto ao dever de informar e, por consequência, à transparência.

Mencionado dever erige-se como verdadeira salvaguarda da liberdade de autodeterminação, porquanto a manifestação de vontade pautada pela má-informação converte-se, inequivocamente, em abuso e avilte ao contratante que assim se posicionou tendo em conta uma conjuntura descompassada da realidade.

Nem se argumente que tal princípio deve incidir somente em relações em que se presuma ou em que de fato haja hipossuficiência de uma das partes, visto que, consectário que é da cláusula-geral da boa-fé objetiva, o dever de informação deve, inclusive, se fazer presente em relações paritárias.[6]

Vê-se, pois, quanto aos contratos bancários que importem na outorga de crédito mediante a prestação de garantias, sejam elas fidejussórias ou não, bem como em contratos em que haja desdobramentos subjetivos, sobretudo no que toca à constituição de garantia perante terceiros, ganha relevo e vulto a observância dos referidos

---

conclusão do contrato." In: PONTES DE MIRANDA, Francisco Cavalcanti. *Tratado de Direito Privado*. 3. ed. Rio de Janeiro: Borsoi, 1972. t. XXXVIII, p. 321.

4. No mesmo sentido na doutrina Italiana pontifica Francesco Gazzoni, in verbis: "La giurisprudenza ha chiarito che il principio di correttezza è violato non solo quando la parte agisce con il proposito doloso di recare pregiudizio ala controparte ma anche quando il comportamento della essa tenuto non sai stato comunque improntato ala schiettezza e al senso di solidarietà sociale che integrano il contenuto della buona fede." In: GAZZONI, Francesco. *Manuale di Diritto Privato*. Nápoles: ESI, 1996. p.531.

5. GHESTIN, Jacques. *Traitè de droit civil* – la formation du contrat. Paris: LGDJ, 1993, p. 239.

6. A esse respeito Francesco Saja aponta que: "buona fede, correttezza, transparenza debbono valere nell'ambito civilistivo, allorquando il rapporto sai formamente paritário". SAJA, Francesco. Discorso introdutivo del seminário su transparenza e legimittà dele condizioni generali di contratto. In: MARINE, Annibale; STOLFI, Caterina (Coord). *Transparenza e Legittimità dele Condizioni Generali di Contratto*. Nápoles: ESI, 1992. p. 9-14.

deveres anexos decorrentes da boa-fé objetiva, sendo que seu descumprimento ou sua inobservância podem importar, inclusive, em imposições punitivas contra a parte que o desconsidera.

Tendo se firmado ponto na estrutura axiológica que entorna a lógica obrigacional hodierna, passar-se-á à análise específica do instituto da alienação fiduciária, comparando-o com a garantia hipotecária, avaliando-se, com isso, a possibilidade de equiparação ou aproximação hermenêutica para aplicação de dispositivo sumular consagrado quanto à garantia hipotecária.

Pois bem.

3. ALIENAÇÃO FIDUCIÁRIA EM GARANTIA E HIPOTECA – CONCEITOS E EXTENSÕES DE SEUS EFEITOS

Relações obrigacionais exsurgidas de negociações feitas entre as partes figurantes do contrato, na prática, podem ou não ser cumpridas, de modo que o inadimplemento sempre deve ser posto como perspectiva, nada obstante a existência de postulados de conduta que impõem a necessidade de prática da probidade e da cooperação que se espera sejam observados.

Nessa conjuntura, determinadas relações, porquanto onerosas sob o ponto de vista econômico-financeiro, atribuem à parte credora a necessidade de se estipular medidas protetivas, de cautela, que assegurem ou ao menos reforcem o adimplemento das prestações previstas contratualmente.

Assim, podem as partes entabular contratos direcionados à outorga de direito real para o credor, direito este cujo conteúdo volta-se tão somente a lastrear sua pretensão, são os chamados direitos reais *de* garantia e os direitos reais *em* garantia.

Nesse sentido, leciona Luciano de Camargo Penteado que "os direitos reais de garantia compõem-se de parte do poder de disposição sobre a coisa (penhor e hipoteca) ou do poder de fruir (anticrese), um dos quais é alienado ao credor de uma obrigação". Ao passo que os direitos reais em garantia são aqueles "direitos reais típicos, que em vista de determinadas operações econômicas, apesar de terem outra função (a típica), podem assumir outros papéis".[7]

Segundo o teor do art. 1.419 do Código Civil,[8] os direitos reais de garantia tem por eficácia própria a vinculação de um determinado bem ao cumprimento de uma determinada obrigação, de modo que tal submissão aponta para um verdadeiro ônus para a coisa, que acompanhará para qualquer direção, mesmo quando

---

7. CAMARGO PENTEADO, Luciano. *Direito das Coisas*. São Paulo: Ed. RT, 2014. p. 149.

8. "Art. 1.419. Nas dívidas garantidas por penhor, anticrese ou hipoteca, o bem dado em garantia fica sujeito, por vínculo real, ao cumprimento da obrigação."

inserida em plexo patrimonial de terceiros, tal como no patrimônio dos sucessores de seu instituidor.

Tal distinção classificatória mostra-se necessária, sobretudo, para fins de distinção ou analogia aplicativa de dispositivos normativos e sumulares que tenham afeição com a matéria.

A esse passo, tem-se como hipoteca a garantia real pela qual um crédito torna-se preferente e ambulatorial, permitindo-se, bem por isso, em circunstância de evidente inadimplemento, a realização da garantia sobre o aludido bem.

Nota-se que o devedor hipotecário pode livremente alienar o bem dado em garantia, recebendo-se o adquirente com o ônus que sobre ele recai, desde que inscrito. Sendo direito real de garantia, sua constituição depende, inequivocamente, do ato registral.

Fato incontroverso é que, nada obstante sua relevância para o crescimento do mercado imobiliário, a hipoteca vem aos poucos perdendo espaço, sobretudo em virtude do elevado custo para recuperação do crédito por ela garantido, realçando-se, com isso, a garantia fiduciária sobre imóveis, cuja tutela do crédito mostra-se mais célere e efetiva.

Assim, pontuando-se que consiste a propriedade fiduciária no domínio que se aliena ao credor para fins de garantia de dívida pecuniária, assegurando-se, mediante o translado propriedade, o cumprimento de uma obrigação,[9] aponta-se que é justamente por meio do contrato de alienação fiduciária que se atribui ao devedor ou terceiro garante bem de sua propriedade ao credor, de sorte que a este se outorga, por via de consequência, posse indireta, reservando-se ao devedor a posse direta e o direito de se utilizar do bem.

Se de um lado ao credor se atribui a propriedade do bem, tal propriedade é resolúvel, de sorte que a implementação de evento futuro e incerto há de implicar na resolução de tal direito real que há de ser transferido ao devedor, cujo direito expectativo mantinha-se até então. E o evento futuro e incerto mencionado é justamente o adimplemento *in totum* da obrigação assumida pelo devedor.

Vale dizer, no momento do pagamento integral da dívida, opera-se o chamado efeito resolutivo, retornando-se, a partir de então, o domínio do bem ao plexo patrimonial do devedor.

De se constatar que sendo o devedor fiduciário titular de direito expectativo,[10] integra posição jurídica ativa presente em seu patrimônio, extraindo-se, pois, como conclusão inerente a possibilidade da prática de atos de constrição judicial, bem como de negócios jurídicos de alienação, ou ainda de sucessão *causa mortis*.

---

9. PENTEADO, Luciano Camargo, Op. cit., p. 554.
10. A esse respeito cf. PONTES DE MIRANDA, Francisco Cavalcanti. *Tratado de Direito Privado*. São Paulo: Ed. RT, 1989. t. V, p. 282-313

Pelas características brevemente apontadas acerca da propriedade fiduciária, somada à necessidade de mobilidade creditícia exigida pelo mercado, vem se admitindo, como instrumento para alcance da referida circulação creditícia, a cessão e a cartularização do crédito garantido por propriedade fiduciária, o que se percebe em cotejo entre o art. 1.486 do Código Civil com os dispositivos da Lei do Sistema Financeiro Imobiliário.

Destarte, existe a possibilidade de cessão fiduciária de direitos creditórios de causa final imobiliária para a obtenção de novos créditos por parte do fiduciário original. Fato incontroverso é que tais cessões para obtenção de novos aportes financeiros têm gerado inúmeros questionamentos, sobretudo quando feito pela incorporadora junto à instituição financeira sem a ciência do devedor fiduciário, caso, inclusive, objeto do presente estudo.

Quanto à garantia hipotecária, o Colendo Superior Tribunal de Justiça já possui entendimento sumulado, afastando-se questionamentos sobre tais imbróglios.

Cita-se, para tanto, o teor do enunciado da Súmula 308 do Superior Tribunal de Justiça:

"Súmula 308: A hipoteca firmada entre a construtora e o agente financeiro, anterior ou posterior à celebração da promessa de compra e venda, não tem eficácia perante os adquirentes do imóvel".

Quanto à garantia fiduciária, remanescem dúvidas sobre a aplicabilidade do enunciado sumular em questão.

Pois bem. A finalidade *prior* do preceito sumular em questão foi justamente o de proteger os adquirentes de boa-fé cumpridores dos contratos de compra e venda de imóveis, afastando-se quaisquer riscos oriundos de negócios jurídicos entabulados entre construtora e agente financeiro e dos quais ele não participou.

Não poderia ser diferente com a garantia fiduciária, porquanto o que se leva em questão é justamente a proteção do tomador de crédito que busca a aquisição de bem imóvel, cujo pagamento se deu na legítima expectativa de que a construtora há de adimplir suas obrigações com o agente financiador, entregando, ao fim e ao cabo, a unidade autônoma objeto da garantia fiduciária.

Nesse contexto, levando-se em conta que, de um lado, o devedor fiduciário é titular de direito expectativo ao retorno do bem objeto da garantia fiduciária ao seu patrimônio, o que há de ocorrer com a finalização do pagamento e, de outro, o credor posiciona-se como titular de propriedade sujeita à eficácia resolutiva que há de se operar com o pagamento das parcelas pelo devedor, não há como se admitir que no meio do fluxo de tal operação a construtora ceda à instituição financeira tais créditos, sujeitando o devedor às consequências daí advindas.

Mas há mais.

ALIENAÇÃO FIDUCIÁRIA FIRMADA ENTRE CONSTRUTORA E AGENTE FINANCEIRO | **327**

4. EQUIPARAÇÃO DA INSTITUIÇÃO DE GRAVAME SOBRE BENS DE TERCEIROS E EQUIPARAÇÃO DOS EFEITOS À CHAMADA VENDA *A NON DOMINO*

Impede salientar que em se tratando a garantia fiduciária de hipótese de constituição de propriedade resolúvel, a análise do fator temporal da constituição da mencionada garantia, bem como de sua extinção, ganha foros de relevância, sobretudo quando considerada a possibilidade de verdadeira configuração de venda *a non domino*.

Explica-se. Sabe-se que a propriedade fiduciária consiste exatamente no domínio que se aliena ao credor para fins de garantia de dívida em pecúnia, assegurando, bem por isso, por meio do translado da propriedade, o adimplemento da obrigação outrora assumida.[11]

Nessa seara, de se notar que a propriedade do bem imóvel garantido fiduciariamente é, inequivocamente, do credor, desde o efetivo do registro do contrato no cartório de registro de imóveis até a implementação da condição resolutiva, qual seja, o pagamento integral da dívida.

Se de um lado o credor possui a propriedade até que o adimplemento da dívida contraída pelo devedor efetivamente se conclua, este último possui o direito expectativo[12] de vir a se tornar proprietário quando do pagamento da obrigação em sua integralidade.

Vê-se, pois, que quanto à alienação fiduciária de bem imóvel implica na necessária oscilação de patrimônio de devedor e credor a depender de uma variável que é justamente o adimplemento integral da dívida.

Extrai-se, assim, que a depender do patrimônio em que efetivamente se encontra a propriedade fiduciária, cuja verificação depende do pagamento da dívida garantida, haverá a possibilidade de que se opere, quando alienado ou dado em garantia, fenômeno chamado de venda *a non domino* que tenha por objeto o bem objeto do imbróglio.

Isso porque ao se falar em venda *a non domino* fala-se, necessariamente, em venda de coisa alheia, vale dizer, em operação de alienação de bem que não está, quando da contração obrigacional em causa, no patrimônio de quem o aliena.

Nada obstante a divergência doutrinária acerca das consequências de tal operação,[13] entende-se que eventuais negócios que importem na alienação de coisa que

---

11. PENTEADO, Luciano Camargo. Op. cit., 2014, São Paulo: Ed. RT, p. 554.
12. Acerca de tal conceito, convém trazer a lume lição de Pontes de Miranda, para quem: "A segurança que advém da probabilidade é menor do que a resultante de posição jurídica que constitui degrau jurídico para a aquisição (...) A expectativa enche-se com o fato de já estar no patrimônio do expectante o degrau para aquisição do direito. Há direito a adquirir direito." In: PONTES DE MIRANDA, Francisco Cavalcanti. Op. cit., p. 283.
13. A doutrina diverge quanto às consequências oriundas da venda de coisa alheia. Assim, nota-se que parte da doutrina, diferente do que aqui se sustenta, pende ora para a nulidade do negócio que enseja a venda *a non domino*, ora para a anulabilidade. Silvio Rodrigues sustenta a hipótese de *nulidade*, chegando a sustentar a

não se encontra no patrimônio do vendedor encontram-se no plano da eficácia, i.e., podem eventualmente resultar em sua ineficácia. Assim se afirma em virtude do fato de que eventual contrato que importe na alienação de coisa fora do patrimônio do vendedor é existente e válido, atribuindo-se, contudo, a obrigação, implícita, ao vendedor de adquirir a coisa objeto da negociação.

Aplicando-se tal raciocínio no plexo de incidência das especificidades da garantia fiduciária, se há operação de alienação do bem objeto da garantia pelo credor fiduciário depois do pagamento integral da dívida, verifica-se evidente venda de coisa alheia. Tal conclusão pode ser alcançada também na hipótese em análise, ou seja, quando a incorporadora institui gravame sobre bem que seria entregue ao adquirente.

Em casos tais, perante o adquirente a instituição da garantia fiduciária não opera eficácia alguma, justamente em virtude de possuir ele o direito expectativo à aquisição de propriedade, cuja inserção no patrimônio do adquirente é evidente, o que se reforça, inclusive, pela possibilidade de manejo de ação de adjudicação compulsória em desfavor da incorporadora para fins de escrituração do bem garantido.

5. CONSIDERAÇÕES FINAIS

Conclui-se, pelos argumentos aqui expostos, que, em nosso sentir, a Súmula 308 deve, sim, ser aplicada por analogia em casos em que se está diante de garantia fiduciária e não somente de hipoteca.

Seja pela necessária observância da boa-fé objetiva, sobretudo no que tange ao cumprimento do dever anexo de informação, seja pela ineficácia perante o adquirente que possui verdadeiro direito expectativo à aquisição de propriedade se e quando adimplida sua obrigação na integralidade, aplicando-se, assim, em casos tais, o teor da Súmula 308 do Superior Tribunal de Justiça.

6. REFERÊNCIAS BIBLIOGRÁFICAS

CAMARGO PENTEADO, Luciano. *Direito das Coisas*. São Paulo: Ed. RT, 2014.

FACHIN, Luiz Edson. *Direito Civil – Sentidos, Transformações e Fim*. Rio de Janeiro: Renovar, 2015.

GAZZONI, Francesco. *Manuale di Diritto Privato*. Nápoles: ESI, 1996.

GHESTIN, Jacques. *Traité de droit civil – la formation du contrat*. Paris: LGDJ, 1993.

---

possibilidade de convalidação do ato se, porventura, desde que o vendedor adquira a propriedade da coisa antes que comprador experimente as consequências de eventual evicção, tese que soa incoerente justamente pelo fato de que o nulo não produz efeito algum e inadmite convalidação. Já Caio Mário da Silva Pereira, demonstrando mais sistematicidade em sua tese, sustenta, em virtude da admissão da possibilidade de convalidação, que o ato, em casos tais, é *anulável*. Conferir, acerca das teses mencionadas, RODRIGUES, Silvio. *Direito Civil – Dos Contratos e das Declarações Unilaterais de Vontade*. São Paulo: Saraiva, 1997. p. 132. e SILVA PEREIRA, Caio Mario da. *Instituições e Direito Civil*. Rio de Janeiro: Forense, 2004. v. 3, p. 178.

MARINE, Annibale; STOLFI, Caterina (Coord.). *Transparenza e Legittimità dele Condizioni Generali di Contratto*. Nápoles, ESI, 1992.

PONTES DE MIRANDA, Francisco Cavalcanti. *Tratado de Direito Privado*. São Paulo: Ed. RT, 1989. t. V.

PONTES DE MIRANDA, Francisco Cavalcanti. *Tratado de Direito Privado*. 3. ed. Rio de Janeiro, Borsoi, 1972. t. XXXVIII.

RODOVALHO, Thiago. Obrigações e Riscos. In: MIRANDA, Jorge (Dir.). *O Direito*. Lisboa: Almedina, 2014. v. IV.

RODRIGUES, Silvio. *Direito Civil – Dos Contratos e das Declarações Unilaterais de Vontade*. São Paulo: Saraiva, 1997.

SILVA PEREIRA, Caio Mario da. *Instituições e Direito Civil*. Vol.3. Rio de Janeiro: Forense, 2004. v. 3.

Capítulo 4
A PROBLEMÁTICA DA PRECIFICAÇÃO DOS JUROS REMUNERATÓRIOS NA ALIENAÇÃO FIDUCIÁRIA EM GARANTIA

Thiago Ferreira Cardoso Neves

Mestre e doutorando em Direito Civil pela Universidade do Estado do Rio de Janeiro – UERJ. Professor dos Cursos de Pós-Graduação e Extensão da Escola da Magistratura do Estado do Rio de Janeiro – EMERJ. *Visiting researcher no Max Planck Institute for Comparative and International Private Law* – Hamburgo-ALE. Vice-Presidente Administrativo da Academia Brasileira de Direito Civil – ABDC. Membro efetivo do Instituto dos Advogados Brasileiros – IAB. Membro do Instituto Brasileiro de Direito Civil – IBDCIVIL. Advogado.

Sumário: 1. Introdução – 2. A regulamentação dos juros remuneratórios no direito brasileiro – 3. Os juros nos contratos de financiamento imobiliário garantidos por alienação fiduciária – 4. Conclusão – 5. Epílogo: os impactos da Covid-19 sobre as relações contratuais de consumo e os juros nos contratos de financiamento – 6. Referências bibliográficas.

1. INTRODUÇÃO

"Juro que não falarei mais de juros". Promessa feita por mim há alguns anos atrás, após longo tempo discorrendo sobre tema tão relevante, quão dramático. Falar sobre juros, muitas vezes, é desgastante, pois carrega consigo sentimentos vários, até mesmo indignação, quando a matéria envolve a ainda pulsante discussão da limitação da sua cobrança no âmbito do Sistema Financeiro Nacional e, mais particularmente, na relação entre consumidores vulneráveis e instituições financeiras.

De todo modo, não poderia recusar o carinhoso convite recebido dos coordenadores desta obra sobremaneira relevante, a quem agradeço particularmente no nome da Profa. Tatiana Bonatti Peres, querida amiga de longa data, por quem nutro profunda admiração pela extensa carreira dedicada ao estudo e ao ensino de institutos jurídicos tão importantes e dominados por poucos, assim colaborando para o aprofundamento e desenvolvimento do Direito em nosso país.

A reticência inicial, contudo, logo foi superada pela instigante temática que me foi proposta, que é a da análise do montante dos juros remuneratórios nos financiamentos garantidos por alienação fiduciária de bens imóveis, sob o enfoque do direito do consumidor.

Para o enfrentamento da questão, é preciso fazer uma importante observação. Os juros nos contratos de empréstimo garantidos por alienação fiduciária de bens imóveis não têm sua incidência restrita aos financiamentos imobiliários, nos quais, induvidosamente, são essenciais para a remuneração do capital concedido pelos seus agentes financiadores na venda de imóveis. A incidência de juros nos contratos de financiamento imobiliário por certo é um estímulo aos atores do referido sistema, na medida em que remuneram o capital posto por eles à disposição da população, viabilizando e fomentando a compra de imóveis, de modo que sua análise tem uma importância ímpar, não apenas jurídica, mas também social.

Contudo, e embora isso possa soar estranho, a alienação fiduciária de bens imóveis não se limita às relações de financiamento imobiliário. Isso porque a transferência de um bem imóvel ao credor, para assegurar a satisfação do seu crédito no caso de inadimplemento da obrigação, pode ser feita em qualquer operação de crédito que reclame a constituição de uma garantia, de modo que essa operação tem uma aplicação muito mais ampla, a qual também precisa ser examinada.

Sem prejuízo, e para que possamos enfrentar a incitante questão da precificação, ou taxação, dos juros nos contratos de mútuo garantidos por alienação fiduciária, é preciso estabelecer uma importante premissa, que é a do regime dos juros remuneratórios no ordenamento pátrio, o que faremos a partir de uma análise evolutiva da legislação, como veremos a partir de então.

2. A REGULAMENTAÇÃO DOS JUROS REMUNERATÓRIOS NO DIREITO BRASILEIRO

A história legislativa dos juros no Brasil não é uma estória, como nos contos de fada, com um final feliz. Ao menos para os consumidores do crédito. Ela se inicia com uma regulamentação expressa na segunda década do século XX, com a entrada em vigor do Código Civil de 1916. A viagem no tempo é longa, é verdade, mas a narrativa promete ser tão curta quanto necessária.

Com a edição do Código Bevilaqua tivemos a primeira normativa propriamente brasileira sobre juros.[1] Sob forte influência do liberalismo, o Código trazia um regime peculiar: estabelecia-se um limite de juros, o qual apenas incidia no caso de as partes não convencionarem, no contrato, a taxa que seria aplicável à relação.

Quanto aos juros moratórios, previam os arts. 1.062 e 1.063 do Código Civil de 1916 que uma vez não convencionados expressamente no negócio, seriam eles de 6% ao ano, sendo essa também considerada como a taxa legal para os casos em que partes previssem no contrato a incidência de juros, mas não fixassem o seu percentual.[2]

---

1. A remuneração do capital já era admitida em nosso país em período anterior, mas por legislação não originariamente nacional, como nas Ordenações Filipinas, por exemplo.
2. Art. 1.062. A taxa dos juros moratórios, quando não convencionada (art. 1.262), será de seis por cento ao ano.
   Art. 1.063. Serão também de seis por cento ao ano os juros devidos por força de lei, ou quando as partes os convencionarem sem taxa estipulada.

Já no tocante aos juros remuneratórios, previa o art. 1.262 do Código Civil que era permitida a sua cobrança nos contratos de empréstimo de dinheiro ou de outras coisas fungíveis, juros esses que poderiam ser fixados abaixo ou acima da taxa legal[3] prevista no mencionado art. 1.063, a saber, 6% ao ano.

O que se percebe da regulamentação trazida pelo Código de Civil de 1916 é que havia uma ampla liberdade para as partes, que só era limitada se elas não convencionassem os juros que pretendiam fazer incidir, de modo que, não estipulando os sujeitos do contrato uma taxa de juros, esta seria necessariamente de 6% ao ano.

Essa liberdade, contudo, embora parecesse benéfica, não o era. Isso porque a experiência humana nos revela que toda liberdade, quando ausentes os limites necessários, leva inexoravelmente ao abuso. E isso não seria diferente nas relações negociais, especialmente envolvendo capital. Em verdade, onde há dinheiro envolvido aflora-se o maniqueísmo, e foi isso que se viu nesses casos. Os donos do capital passaram a abusar da sua posição e a exigir juros extorsivos e usurários, colocando os indivíduos que necessitavam de recursos em posição de absoluta submissão.

Sensível aos abusos perpetrados pelo mercado, o então Presidente Getúlio Vargas, Chefe do Governo Provisório e com poderes de legislador, editou o Decreto 22.626/1933, com força de lei, que ficou conhecido como *Lei da Usura*.[4]

A Lei da Usura foi um verdadeiro marco no tocante à limitação dos juros no Brasil, estabelecendo um percentual máximo que serviu de parâmetro para diversas legislações subsequentes. Seu caráter marcante se revela logo no artigo inaugural, que prevê que "É vedado, e será punido nos termos desta lei, estipular em quaisquer contratos taxas de juros superiores ao dobro da taxa legal (Código Civil, art. 1.062)".[5]

Então, já em seu art. 1º, o Decreto 22.626/1933 previu que a taxa de juros não poderia exceder, em nenhuma hipótese, o montante de 12% ao ano, percentual esse

---

3. Art. 1.262. É permitido, mas só por cláusula expressa, fixar juros ao empréstimo de dinheiro ou de outras coisas fungíveis. Esses juros podem fixar-se abaixo ou acima da taxa legal (art. 1.062), com ou sem capitalização.

4. Luiz Antonio Scavone Junior levantou outra importante questão que também levou à edição do referido Decreto. Segundo ele, "em virtude da crise econômica do café, sob o argumento de que a remuneração exacerbada do capital implicava em impedimento do desenvolvimento da produção e do emprego – o que é verdade –, contrariando os interesses do país, seguindo tendência das legislações alienígenas, que passavam a afastar o liberalismo econômico do século XIX, surgiu o Decreto 22.626, de 07.04.1933, também denominado 'Lei da Usura', que limitou os juros a 1% e vedou o anatocismo com periodicidade inferior à anual". SCAVONE JUNIOR, Luiz Antonio. *Juros no direito brasileiro*. 5. ed. Rio de Janeiro: Forense, 2014. p. 40.

5. Decreto 22.626/1933. Art. 1º É vedado, e será punido nos termos desta lei, estipular em quaisquer contratos taxas de juros superiores ao dobro da taxa legal (Código Civil, art. 1.062). § 1º Essas taxas não excederão de 10% ao ano se os contratos forem garantidos com hipotecas urbanas, nem de 8% ao ano se as garantias forem de hipotecas rurais ou de penhores agrícolas. § 2º Não excederão igualmente de 6% ao ano os juros das obrigações expressa e declaradamente contraídas para financiamento de trabalhos agrícolas, ou para compra de maquinismos e de utensílios destinados à agricultura, qualquer que seja a modalidade da dívida, desde que tenham garantia real. § 3º A taxa de juros deve ser estipulada em escritura pública ou escrito particular, e não o sendo, entender-se-á que as partes acordaram nos juros de 6% ao ano, a contar da data da propositura da respectiva ação ou do protesto cambial."

correspondente ao dobro da taxa de 6% prevista nos arts. 1.062 e 1.063 do Código Civil de 1916.

Assim, a partir da sua edição, a tão festejada liberdade das partes estava limitada, pois ainda que quisessem não poderiam fixar juros acima do limite imposto pela lei, sob pena de cometerem crime de usura, posteriormente tipificado no art. 4º da Lei 1.521/51.

A referida limitação perdurou por mais de 40 anos, até o advento da Lei 4.595/1964, que regulamenta o Sistema Financeiro Nacional. A partir dela, a estipulação de limites às taxas de juros, particularmente no âmbito do sistema financeiro, passou a ficar a cargo do Conselho Monetário Nacional, na forma do seu art. 4º, IX. Este órgão, através do Banco Central do Brasil, editou em 1976 a Resolução 389, a qual previa em seu inciso I que às operações ativas dos bancos comerciais aplicar-se-ia a taxa do mercado. Assim, com a edição da norma regulamentadora, os juros seriam livremente fixados pelo mercado, não havendo limitação legal para a sua cobrança, de modo que não seria mais aplicável às instituições financeiras os limites da Lei da Usura.

Tal entendimento se reforçou com a edição, no ano de 1977, do enunciado 596 da súmula de jurisprudência do STF, cuja redação dispõe que "As disposições do Decreto 22.626/1933 não se aplicam às taxas de juros e aos outros encargos cobrados nas operações realizadas por instituições públicas ou privadas, que integram o Sistema Financeiro Nacional". Assim, segundo entendimento firmado pelo Supremo Tribunal Federal, não era possível submeter às instituições financeiras, em suas operações creditícias, os limites impostos pela Lei da Usura.

Deste modo, conjugando-se a legislação, as normas regulamentadoras desta e as decisões do Poder Judiciário, chegou-se à conclusão de que os juros remuneratórios, especialmente no âmbito das relações envolvendo instituições financeiras, não tinham limites legais para sua cobrança, sendo livremente fixados pelo mercado.

A situação permaneceu nestes termos até a promulgação da Constituição Federal de 1988. Esta, com um viés protetivo dos indivíduos, estruturando o Estado sob o pilar da dignidade da pessoa humana, estabeleceu no § 3º do seu art. 192 que as taxas de juros reais, nelas incluídas comissões e quaisquer outras remunerações direta e indiretamente referidas à concessão de crédito, não poderiam ser superiores a 12% ao ano. Previa-se ainda, no mesmo dispositivo, que a cobrança acima deste limite tipificaria crime de usura, punido, em todas as suas modalidades, nos termos que a lei determinasse. Então, com o advento da Constituição, surgiu uma luz no fim do túnel e um fio de esperança para os indivíduos, especialmente os milhões de consumidores de crédito de nosso país.

No entanto, a alegria do tão sofrido povo brasileiro, que convivia, à época, com uma inflação galopante que ultrapassava os três dígitos percentuais ao ano, durou pouquíssimo. Isso porque o então Presidente da República José Sarney, no dia seguinte à promulgação da Constituição, aprovou parecer encomendado à Consultoria Geral da República que afastava a aplicação plena e imediata do § 3º do art. 192 da própria Constituição. O Parecer SR-70, aprovado com caráter normativo por força do art. 22, § 2º e do art. 23 do Decreto 92.889/1986, concluiu pela não auto aplicabilidade do art. 192, § 3º da Constituição Federal, de modo que sua plena eficácia dependia da edição de lei.

Tal conclusão decorria da regra do art. 192, *caput*, da Constituição, segundo a qual o Sistema Financeiro Nacional deve ser regulado por lei complementar. Assim, em que pese o § 3º do art. 192 previsse expressamente que a taxa de juros reais era de 12% ao ano – norma, portanto, de eficácia plena[6] –, concluiu-se no referido parecer que esta previsão não poderia se descolar da regra do *caput* que exige lei complementar para a regulamentação do SFN.

Mas, a atribuição de força normativa ao referido parecer abriu margem para a discussão de sua constitucionalidade. Tendo ele a natureza de ato normativo, acabou por ser atacado por uma das primeiras ações diretas de inconstitucionalidade propostas sob a égide da atual Constituição.

Foi assim que no dia 12/10/1988, apenas 06 dias após a publicação do Parecer SR-70, e 05 dias após a publicação do ato atribuindo-lhe caráter normativo, o Partido Democrático Trabalhista – PDT, então sob a presidência de Leonel Brizola, ajuizou perante o Supremo Tribunal Federal a ADI 4.

---

6. Na clássica lição de José Afonso da Silva, as normas constitucionais de eficácia plena se caracterizam pela completude, isto é, "será a norma que contenha todos os elementos e requisitos para a sua incidência direta. Todas as normas regulam certos interesses em relação a determinada matéria. Não se trata de regular a matéria em si, mas de definir certas situações, comportamentos ou interesses vinculados a determinada matéria. Quando essa regulamentação normativa é tal que se pode saber, com precisão, qual a conduta positiva ou negativa a seguir, relativamente ao interesse descrito na norma, é possível afirmar-se que esta é completa e juridicamente dotada de plena eficácia, embora possa não ser socialmente eficaz. Isso se reconhece pela própria linguagem do texto, porque a norma de eficácia plena dispõe peremptoriamente sobre os interesses regulados" (SILVA, José Afonso da. *Aplicabilidade das normas constitucionais*. 7. ed. São Paulo: Malheiros, 2007. p. 99). No caso da norma prevista no art. 192, § 3º, da Constituição Federal, assim dispunha o texto constitucional: "As taxas de juros reais, nelas incluídas comissões e quaisquer outras remunerações direta ou indiretamente referidas à concessão de crédito, não poderão ser superiores a doze por cento ao ano; a cobrança acima deste limite será conceituada como crime de usura, punido, em todas as suas modalidades, nos termos que a lei determinar". O que se percebe, é que o texto constitucional dispunha, de modo direto e objetivo, acerca do comportamento, não impondo qualquer condição. A disposição da Constituição era expressa ao afirmar que a taxa de juros "não poderá ser superior a doze por cento ao ano", sob pena de ser "conceituada como crime de usura". Tinha-se, portanto, preceito e sanção, a caracterizar completude da norma jurídica de eficácia plena e imediata. Nesse sentido, e como observa Norberto Bobbio, o que diferencia uma norma jurídica de uma norma meramente científica é a previsão de uma sanção, isto é, "o expediente por meio do qual se busca, em um sistema normativo, salvaguardar a lei da erosão das ações contrárias; é, portanto, uma consequência do fato de que em um sistema normativo, diferentemente do que ocorre em um sistema científico, os princípios dominam os fatos, em vez de os fatos, os princípios. Essa diferença, aliás, reconduz-nos ao que tivemos ocasião de afirmar outras vezes, isto é, que sistema científico e sistema normativo diferenciam-se pelo critério diverso, com base no qual se estabelece a pertinência das proposições no sistema, valendo, no primeiro caso, o critério da verificação empírica e, no segundo caso, o princípio da autoridade" (BOBBIO, Norberto. *A teoria da norma jurídica*. Tradução de Ariani Bueno Sudattti e Fernando Pavan Baptista. São Paulo: Edipro, 2016. p. 151).

A referida Ação Direta, após longa discussão, foi julgada, no dia 07/03/1991, improcedente por maioria de votos no Pleno do STF,[7] reconhecendo-se, assim, a constitucionalidade formal e material daquele Parecer e, consequentemente, a não auto aplicabilidade do § 3º do art. 192 da Constituição, de modo que se fazia necessária a previsão, em lei complementar, daquele limite de juros já expressamente previsto no texto constitucional.[8]

Com isso, o debate acerca do limite de juros nas operações envolvendo instituições financeiras se enfraqueceu, e praticamente desapareceu com a edição da Emenda Constitucional 40/2003, que revogou o § 3º do art. 192 da Constituição, suprimindo a previsão constitucional da taxa de juros reais a 12% ao ano.

Ainda assim, mesmo posteriormente à revogação do texto original da Constituição, o STF voltou a se manifestar sobre a matéria, desta vez editando o enunciado 648 de sua súmula de jurisprudência, datado de 13/10/2003, cuja redação dispõe que "A norma do § 3º do art. 192 da Constituição, revogada pela EC 40/03, que limitava a taxa de juros reais a 12% ao ano, tinha sua aplicabilidade condicionada à edição de Lei Complementar". A mesma redação foi repetida na súmula vinculante 7, editada em 20/06/2008, que resultou da conversão da súmula 648.

De tudo isso, é possível concluir que não temos, hoje, um limite legal sobre a taxa de juros remuneratórios cobrados no âmbito do Sistema Financeiro Nacional e, particularmente, nas operações envolvendo instituições financeiras.

Sem prejuízo, a jurisprudência do Superior Tribunal de Justiça, por razões de justiça social, tem caminhado no sentido de estabelecer um limite de juros às referidas operações, o qual, por certo, não pode ser um percentual predeterminado, ante a ausência de previsão legal. Este limite, em verdade, deve ser aferido concretamente, em cada caso, e leva em consideração a prática do mercado, de modo que se firmou, na Corte Superior, o entendimento de que os juros remuneratórios praticados pelas instituições financeiras estão limitados à taxa média do mercado.[9]

---

7. Ver ADI 4/DF. Rel. Min. Sydney Sanches. Tribunal Pleno. *DJ* 25/6/1993.

8. A interpretação dada pelo Supremo Tribunal Federal ao parecer CRG fez assombrar, logo após a entrada em vigor da nova Constituição, o já conhecido fantasma da *insinceridade normativa*, que permeava nossas constituições anteriores, com disposições fantasiosas e não dotadas de sinceridade, na medida que asseguravam direitos que nunca foram cumpridos. Sobre o fenômeno, assim leciona Luís Roberto Barroso: "Não é incomum a existência formal e inútil de Constituições que invocam o que não está presente, afirmam o que não é verdade e prometem o que não será cumprido. [...] Todas essas normas, que ressoam preciosamente inócuas, padecem de um mesmo mal: não são eficazes na prática, não se realizam efetivamente no dia-a-dia da vida das pessoas. O ideário constitucional torna-se, assim, vazio e vão" (BARROSO, Luís Roberto. *O direito constitucional e a efetividade de suas normas*: limites e possibilidades da Constituição brasileira. 7. ed. Rio de Janeiro: Renovar, 2003. p. 61-61.

9. Nesse sentido ver, exemplificativamente, o enunciado 530 da súmula de jurisprudência do STJ, cuja redação dispõe que "Nos contratos bancários, na impossibilidade de comprovar a taxa de juros efetivamente contratada – por ausência de pactuação ou pela falta de juntada do instrumento aos autos –, aplica-se a taxa média de mercado, divulgada pelo Bacen, praticada nas operações da mesma espécie, salvo se a taxa cobrada for mais vantajosa para o devedor", bem como o Recurso Especial Repetitivo 1.112.880/PR. Relatora Ministra Nancy Andrighi. Segunda Seção. DJe 19/05/2010. E, mais recentemente, o AgInt no AREsp 1.591.428/RS. Rel. Ministro Marco Aurélio Bellizze. Terceira Turma. DJe 06/04/2020. Ementa: AGRAVO INTERNO NO AGRAVO EM RECURSO ESPECIAL. CONTRATO BANCÁRIO. TAXA DE JUROS REMUNERATÓRIOS. REVISÃO.

PRECIFICAÇÃO DOS JUROS REMUNERATÓRIOS NA ALIENAÇÃO FIDUCIÁRIA EM GARANTIA **337**

Tal entendimento está, em verdade, em plena consonância com alguns princípios e garantias legais, como o princípio do equilíbrio econômico financeiro dos contratos, que impõe um equilíbrio nas prestações econômicas dos contratos, de modo que estas estejam, se não absolutamente paritárias, ao menos não em posições diametralmente opostas, de vantagem exagerada para uma das partes. Já em se tratando de uma relação de consumo, enfoque deste estudo, a proibição de juros acima da taxa média de mercado atende ao disposto no art. 51, IV, do Código de Defesa do Consumidor, que fulmina de nulidade as cláusulas contratuais que imponham obrigações abusivas e que coloquem o consumidor em desvantagem exagerada.

Com essas observações, temos o panorama geral do regime atualmente aplicável aos juros remuneratórios no âmbito das relações envolvendo as instituições financeiras.

Tal regime, no entanto, será distinto quando a relação se der fora do âmbito do Sistema Financeiro Nacional. Na hipótese de não ser uma instituição financeira a mutuante, a taxa de juros será limitada pelo Código Civil e pela Lei da Usura. Segundo o disposto no art. 591 do Código Civil, os juros remuneratórios em contrato de mútuo não poderão exceder a taxa prevista no art. 406. Este último dispositivo trata da taxa legal dos juros moratórios, dispondo que ela será aquela em vigor para a mora do pagamento de impostos devidos à Fazenda Nacional, ou seja, a taxa legal de juros é aquela estipulada para dívidas com a Fazenda Nacional. A referida taxa está prevista no art. 161, § 1º, do Código Tributário Nacional, segundo o qual a taxa de juros é de 1% ao mês. Então, nas relações em que não for credora uma instituição financeira, a lei estabelece um limite de juros, que é o mesmo imposto à Fazenda Nacional, que é de 1% ao mês ou 12% ao ano.

Essa é, pois, a evolução legislativa e jurisprudencial sobre a fixação da taxa de juros remuneratórios no Brasil. Como dito no início, não se trata de uma estória com um final dos mais felizes, particularmente para os consumidores do crédito, mas diante das circunstâncias que se apresentam, o cenário poderia ser bem pior.

3. OS JUROS NOS CONTRATOS DE FINANCIAMENTO IMOBILIÁRIO GARANTIDOS POR ALIENAÇÃO FIDUCIÁRIA

Vista a questão, de um modo mais amplo, da taxa dos juros remuneratórios cobrada pelas instituições financeiras, bem como nas relações não inseridas no âmbito

---

SITUAÇÃO EXCEPCIONAL VERIFICADA NO CASO CONCRETO. POSSIBILIDADE. SÚMULA 83/STJ. ABUSIVIDADE CONSTATADA. REEXAME. SÚMULAS 5 E 7/STJ. AGRAVO INTERNO DESPROVIDO. 1. Nos termos da jurisprudência firmada no Superior Tribunal de Justiça, a taxa de juros remuneratórios que exceda a 12% ao ano, por si só, não caracteriza abusividade, a qual, por sua vez, só se evidencia quando discrepante da média de mercado estabelecida pelo Banco Central, impondo-se a análise da ilegalidade em cada caso concreto. Súmula 83/STJ. 2. No caso em exame, ficou assentado pelo acórdão recorrido que a taxa de juros acordada no contrato celebrado entre as partes mostrou-se abusiva, conclusão que não pode ser alterada por este Tribunal de Uniformização, ante a necessidade de revolvimento de fatos e provas, bem como das disposições contratuais, o que é vedado pelas Súmulas 5 e 7/STJ. 3. Agravo interno desprovido.

do Sistema Financeiro Nacional, cumpre agora examinar a aplicabilidade desta aos contratos garantidos por alienação fiduciária de bens imóveis.

O contrato de alienação fiduciária de bens imóveis é regulado de modo expresso e exaustivo na Lei 9.514/1997 a partir do seu art. 22. A referida lei tem como propósito dispor sobre o Sistema de Financiamento Imobiliário, e em seu bojo cuida desta específica modalidade de garantia imobiliária, consistente em um negócio jurídico através do qual o devedor-fiduciante transfere a propriedade do bem imóvel ao credor-fiduciário com a finalidade de garantir o adimplemento de um contrato de mútuo.

O SFI, conforme disposição do art. 1º da Lei 9.514/97, tem por finalidade promover o financiamento imobiliário em geral, mediante o oferecimento de condições para o desenvolvimento, de modo amplo, do mercado de financiamento de imóveis, através da criação de diversos instrumentos de captação de recursos para investimento no setor.[10]

Dentre essas ferramentas, trouxe o legislador a figura da alienação fiduciária em garantia de bens imóveis, como uma eficaz forma de garantir a satisfação do crédito, sepultando uma severa controvérsia existente acerca da possibilidade de se ter como objeto dessa garantia os bens imóveis.

Sem prejuízo, o próprio legislador destacou que essa modalidade de garantia imobiliária não se limita às operações celebradas no âmbito do Sistema de Financiamento Imobiliário, dispondo, no § 1º do referido art. 22, que "A alienação fiduciária poderá ser contratada por pessoa física ou jurídica, não sendo privativa das entidades que operam no SFI".

A abertura dada pelo legislador se deve ao fato de que esta modalidade de garantia, em que pese ter sido criada no âmbito da lei que instituiu o SFI, não se limita às hipóteses em que se celebra um contrato de mútuo para a aquisição financiada de um imóvel, dando-se o próprio bem objeto da compra e venda como garantia do adimplemento do contrato de crédito. Em verdade, em qualquer relação em que haja

---

10. A criação do Sistema de Financiamento Imobiliário teve como propósito dar uma solução à crise instalada no âmbito do Sistema Financeiro de Habitação após a extinção do Banco Nacional de Habitação. O Sistema Financeiro de Habitação foi criado em 1964 através da Lei 4.380 com o propósito de implantar uma política habitacional, viabilizando a aquisição financiada de imóveis, particularmente a chamada "casa própria" e, assim, facilitando o acesso a tais bens. O SFH, portanto, tem um caráter nitidamente social, pois visa dar meios mais facilitados para a aquisição de imóveis. Quando da instituição do SFH, criou-se também o Banco Nacional de Habitação – BNH, que tinha funções de orientação, disciplina e controle do SFH, mediante a fixação de diretrizes e regras gerais operacionais dos órgãos e agentes do Sistema Financeiro de Habitação, além do estabelecimento de normas gerais acerca de encargos, taxas de juros e captação e aplicação de recursos. O BNH, contudo, foi extinto 22 anos depois da sua criação pelo Decreto-lei 2.291/86, o qual transferiu as atribuições e competências do banco habitacional para o Banco Central do Brasil, que não conseguiu exercer adequadamente as funções atribuídas ao BNH, fazendo com que o fomento à concessão dos créditos para habitação se reduzisse, encolhendo o setor. Após muitos debates e estudos que objetivavam retomar os rumos de crescimento do setor imobiliário e, particularmente, o acesso ao crédito para a aquisição de imóveis, criou-se o Sistema de Financiamento Imobiliário – SFI através da Lei 9.514/97. Para um aprofundamento do tema, ver CHALHUB, Melhim Namem. *Incorporação imobiliária*. 5. ed. Rio de Janeiro: Forense, 2019. p. 285-290.

a concessão de crédito é possível dar um imóvel em garantia através de alienação fiduciária, de modo que ela não pode se limitar, por conclusão lógica, às operações celebradas no âmbito do Sistema de Financiamento Imobiliário e, consequentemente, aos contratos de financiamento para a compra de bens imóveis.[11]

Então, a título de exemplo, podemos citar o caso de um consumidor que busca uma instituição financeira para a contratação de um empréstimo pessoal. Sem renda suficiente para comprovar a capacidade econômica de adimplir com as parcelas, ele oferece um imóvel de sua propriedade como garantia da obrigação, e assim o aliena fiduciariamente à instituição financeira.

Do mesmo modo, pode uma pessoa, necessitando de um empréstimo, procurar um amigo para a obtenção de crédito. Este pode exigir, como garantia, um imóvel do devedor, o que poderá ser feito através de um contrato de alienação fiduciária, mesmo não estando inserido em uma relação com uma instituição financeira.

Ambas as hipóteses são corriqueiras e revelam a amplitude deste contrato de garantia, que não se limita, portanto, às operações no âmbito do SFI, ou mesmo do SFN, o que se justifica pelo propósito fomentador do legislador ao mercado imobiliário, dotando este de inúmeras ferramentas de facilitação e estímulo às operações imobiliárias.[12]

---

11. No mesmo sentido, SAAD, Renan Miguel. *A alienação fiduciária sobre bens imóveis*. Rio de Janeiro: Renovar, 2001. p. 184-185. Tal entendimento também já sedimentou na jurisprudência do STJ, como se infere do seguinte precedente: AGRAVO INTERNO NO AGRAVO EM RECURSO ESPECIAL – AÇÃO REVISIONAL DE CONTRATO – DECISÃO MONOCRÁTICA QUE NEGOU PROVIMENTO AO RECLAMO. INSURGÊNCIA DOS DEMANDADOS. 1. Conforme já decidiu esta Corte Superior, será presumido o benefício gerado à entidade familiar nas hipóteses em que a dívida for contraída por empresa cujos únicos sócios são marido e mulher, ou quando se tratar de firma individual, salvo nos casos em que o proprietário do bem objeto da constrição comprovar que o benefício não foi revertido para a família. Incidência da Súmula 83/STJ. 1.1. Rever questão decidida com base no exame das circunstâncias fáticas da causa esbarra no óbice da Súmula 7 do Superior Tribunal de Justiça. 2. A previsão no contrato bancário de taxa de juros anual superior ao duodécuplo da mensal é suficiente para caracterizar a expressa pactuação e permitir a cobrança da taxa efetiva anual contratada. 2.1 Para o acolhimento da tese dos insurgentes no sentido de que não estaria em questão a capitalização mensal de juros, mas sim a cobrança de capitalização diária, seria imprescindível revisitar os termos do contrato estabelecido entre as partes, providência inviável em sede de recurso especial ante os óbices das Súmulas 5 e 7/STJ. 3. *Muito embora a alienação fiduciária de imóveis tenha sido introduzida no ordenamento jurídico pela Lei 9.514/1997, que dispõe sobre o Sistema Financiamento Imobiliário, seu alcance ultrapassa os limites das transações relacionadas à aquisição de imóvel. A lei não exige que o contrato de alienação fiduciária de imóvel se vincule ao financiamento do próprio bem, de modo que é legítima a sua formalização como garantia de toda e qualquer obrigação pecuniária.* Precedentes. 4. Agravo interno desprovido. AgInt no AREsp 1307645/MS. Relator Ministro Marco Buzzi. Quarta Turma. DJe 26/04/2019 (Grifamos).

12. Como observa Melhim Chalhub, ao comentar o amplo rol de legitimados à celebração do contrato de alienação fiduciária de bens imóveis, "Com a generalização, o legislador deixa clara sua intenção de dotar o setor imobiliário, em toda a sua amplitude, de importante instrumento de dinamização de suas atividades, sobretudo mediante o funcionamento do mercado secundário de créditos imobiliários". CHALHUB, Melhim Namem. *Alienação fiduciária*: negócio fiduciário. 6. ed. Rio de Janeiro: Forense, 2019. p. 268-269. Compartilhando destas mesmas lições, Afranio Camargo Dantzger in DANTZGER, Afranio Carlos Camargo. *Alienação fiduciária de bens imóveis*. 3. ed. São Paulo: Método, 2010. p. 57.

Tais premissas são importantíssimas para o exame da questão da limitação da taxa de juros no âmbito das relações de crédito garantidas por alienação fiduciária de bens imóveis.

De tudo o que se disse anteriormente, é possível estabelecer como premissa que a alienação fiduciária em garantia de bens imóveis pode ser instituída sob dois regimes distintos: (i) financeiro ou mercadológico e (ii) civil, comum ou paritário.

A alienação fiduciária de bens imóveis sob o regime financeiro ou mercadológico é aquela celebrada como garantia dos contratos travados no âmbito do Sistema de Financiamento Imobiliário, ou fora deste, mas com a intervenção de uma instituição financeira, enquanto a alienação fiduciária de bens imóveis civil ou comum é aquela celebrada fora do mencionado sistema ou nos casos em que não há a intervenção de uma instituição financeira.

No primeiro caso, duas hipóteses são possíveis: celebra-se um contrato de alienação fiduciária com o propósito de garantir um contrato de financiamento de imóvel no âmbito do SFI; ou contrata-se a garantia fiduciária de imóvel para garantir empréstimo não imobiliário celebrado com instituição financeira.

No primeiro caso, o contrato de alienação para a instituição da garantia deve observar as peculiaridades do SFI. Uma delas é das pessoas legitimadas a operar no Sistema.

Segundo o disposto no art. 2º da Lei 9.514/1997, "Poderão operar no SFI as caixas econômicas, os bancos comerciais, os bancos de investimento, os bancos com carteira de crédito imobiliário, as sociedades de crédito imobiliário, as associações de poupança e empréstimo, as companhias hipotecárias e, a critério do Conselho Monetário Nacional – CMN, outras entidades".

Ao examinar o rol de sujeitos legitimados a atuar no SFI, e confrontá-lo com o rol das espécies de instituições financeiras previsto na Lei do Sistema Financeiro Nacional – Lei 4.595/64, é possível perceber uma nítida identidade entre essas figuras, de modo a concluir que as pessoas autorizadas a operar no Sistema de Financiamento Imobiliário são, essencialmente, instituições financeiras que operam no SFN.

Para corroborar o que se disse, basta examinar o que dispõe o § 1º do art. 18 da Lei 4.595/64. Segundo o mencionado dispositivo, são instituições financeiras os estabelecimentos bancários oficiais ou privados, as sociedades de crédito, financiamento e investimentos e as caixas econômicas e as cooperativas de crédito ou a seção de crédito das cooperativas.

Como podemos ver, as figuras são notadamente idênticas ou assemelhadas, de modo que as pessoas autorizadas a atuar no SFI são, fundamentalmente, instituições financeiras.

Assim, e como conclusão lógica, as relações travadas no âmbito do Sistema de Financiamento Imobiliário observarão, no que toca à remuneração do capital, as mesmas regras aplicáveis às instituições financeiras regidas pela Lei 4.595/64.

Isso significa que, conforme examinamos no item 2 deste capítulo, nessas operações não há um limite legal para a taxa de juros, podendo as partes pactuarem livremente o percentual da verba remuneratória do capital, como autoriza o art. 5º, II, da Lei 9.514/97. Observe-se que, particularmente no que toca ao contrato de alienação fiduciária em garantia, tais juros também devem estar previstos no instrumento contratual instituidor da garantia, por exigência do art. 36, III, da Lei 9.514/1997, dispositivo esse que traz os requisitos obrigatórios do contrato de alienação fiduciária em garantia, e dentre eles está a previsão da taxa de juros e seus encargos.

Por certo, tal conclusão, do ponto de vista do fomento à aquisição de imóveis pelos indivíduos, causa estranheza. Isso porque, se um dos objetivos da Lei 9.514/1997 também é estimular a compra de imóveis pela população, a fixação de altas taxas de juros afugenta os interessados em adquirir tais bens.

No entanto, e como já vimos, a jurisprudência se sedimentou no sentido de que nas operações de crédito celebradas por instituições financeiras não há limite legal de juros, de modo que estes devem observar a taxa média de mercado, o que se aplica aos financiamentos imobiliários celebrados com instituições financeiras.[13]

Também não se poderá falar em limite legal à taxa de juros nos casos em que é contratada a alienação fiduciária de bem imóvel para garantir mútuo celebrado com instituição financeira, ainda que não seja destinado à aquisição de um bem imóvel, mas para outras finalidades.

Como vimos anteriormente, a alienação fiduciária em garantia de bem imóvel pode ser contratada no âmbito de qualquer relação de crédito, inclusive aquelas que não se destinem à aquisição de um imóvel. Assim, pode uma pessoa, por exemplo, dar um imóvel em garantia de um empréstimo pessoal celebrado com instituição financeira.

Também nesse caso, à toda evidência, não se poderá falar em limitação de juros, por todos os fundamentos já expostos, uma vez que a relação envolverá uma instituição financeira.

Tal raciocínio, contudo, merece uma especial atenção quando a alienação fiduciária for celebrada sob o regime civil, comum ou paritário, isto é, fora do âmbito do Sistema de Financiamento Imobiliário ou do Sistema Financeiro Nacional.

Isso porque, duas situações devem ser observadas: aquelas em que a alienação fiduciária em garantia é celebrada com o fim de garantir um empréstimo para a compra de um bem imóvel sem a intervenção de uma instituição financeira na operação, como nos casos de compra financiada diretamente com o vendedor; e a alienação fiduciária em garantia contratada para garantir um mútuo não atrelado à aquisição de um bem imóvel, e também sem a intervenção de uma instituição financeira.

---

13. AgInt no AREsp 1353105/SC. Relator Ministro Luis Felipe Salomão. Quarta Turma. DJe 04/06/2019.

No primeiro caso, sendo a alienação fiduciária em garantia contratada para garantir a compra e venda parcelada de um bem imóvel, ainda que sem a intervenção de um agente integrante do Sistema Financeiro Nacional, as partes poderão estabelecer livremente as suas condições, inclusive no tocante aos juros.

Isso porque, em que pese não tenhamos, na referida hipótese, a intervenção de uma instituição financeira, a lei assegura ao agente financiador essa liberdade. Segundo o disposto no art. 5º da Lei 9.514/1997, "As operações de financiamento imobiliário em geral, no âmbito do SFI, serão livremente pactuadas pelas partes, observadas as seguintes condições essenciais: [...] II – remuneração do capital emprestado às taxas convencionadas no contrato".

Em complemento, prevê o § 2º do mesmo art. 5º que "As operações de comercialização de imóveis, com pagamento parcelado, de arrendamento mercantil de imóveis e de financiamento imobiliário em geral poderão ser pactuadas nas mesmas condições permitidas para as entidades autorizadas a operar no SFI".

O que se depreende da leitura dos mencionados dispositivos é que estando a alienação fiduciária atrelada ao financiamento ou compra e venda parcelada de um imóvel, mesmo que celebrado o contrato aquisitivo e de crédito com pessoa que não integre o SFI, poderão ser aplicadas as mesmas regras atinentes às relações celebradas no âmbito do Sistema de Financiamento Imobiliário, inclusive no que toca aos juros remuneratórios, os quais serão livremente pactuados pelas partes.[14]

Deste modo, se tivermos, exemplificativamente, uma compra e venda financiada de imóvel celebrada diretamente pela incorporadora e o comprador, dando-se o imóvel como garantia em alienação fiduciária, a taxa de juros não estará submetida ao limite legal previsto no Código Civil e na Lei da Usura, podendo ser pactuada em percentual superior a 12% ao ano.

Situação diversa é aquela em que é celebrado contrato de empréstimo garantido por alienação fiduciária de imóvel, tendo como mutuante uma pessoa que não se caracterize como instituição financeira, e que não esteja atrelado à compra e venda de um bem imóvel.

Neste caso, tratando-se o mutuante de pessoa que não ostente a natureza de instituição financeira, e não havendo relação com o Sistema de Financiamento Imobiliário, por certo deverá ser observada a taxa legal de juros, nos termos do Código Civil e da Lei da Usura.

Isso porque, tratando-se de relação travada fora do âmbito do SFI, seja diretamente, seja por extensão, ou que não tenha a participação de uma instituição financeira, não estarão as partes autorizadas a pactuar livremente os juros, devendo observar os limites impostos pela legislação, sob pena de usura.

---

14. No mesmo sentido, TERRA, Marcelo. *Alienação fiduciária de imóvel em garantia (Lei 9.514/97, primeiras linhas)*. Porto Alegre: Sergio Antonio Fabris, 1998. p. 94.

O que se percebe, de tudo o que dissemos, é que na maioria dos casos envolvendo alienação fiduciária de bens imóveis, o contrato de mútuo a ela atrelado não sofrerá as limitações impostas por lei à cobrança de juros, sendo excepcionais as situações em que haverá essa limitação.

Em que pese lamentemos este fato pela ótica do adquirente do crédito e, mais particularmente, do consumidor, que terá uma prestação mais onerosa, esse regramento, por certo, visa estimular a concessão de crédito.

Como se sabe, em nosso país vigora o *Risco Brasil*, que decorre inequivocamente da dificuldade que um credor ou investidor tem de recuperar seu crédito. Isso justifica os juros mais elevados, pois sua cobrança diminui os riscos do credor, que se ressarce mais rapidamente dos investimentos feitos através da cobrança de juros. Nesse cenário, a exigência de garantias é fundamental, e a garantia imobiliária é uma das mais seguras, dado o menor risco de perecimento e desvalorização da coisa.

Assim, a abertura dada pelo legislador para a livre cobrança de juros nas operações de concessão de crédito com a alienação fiduciária em garantia de bens imóveis é um verdadeiro estímulo ao concedente do crédito. Daí porque, embora se torne mais onerosa a operação para o devedor, do ponto de vista mercadológico a opção legislativa é favorável, pois há estímulo para a oferta de crédito, atendendo melhor aos anseios e interesses da população de um modo geral.

4. CONCLUSÃO

Nem tudo são flores, diz a sabedoria popular. Trata-se de uma expressão que significa que, na vida, nem tudo acontece como gostaríamos. Faz parte. Mas, devemos sempre buscar o lado bom das coisas.

Aplicando esse raciocínio ao caso dos juros em operações de alienação fiduciária em garantia de bens imóveis, podemos imaginar que o cenário ideal seria o da ampla oferta de crédito a juros baixos. No entanto, essa é uma utopia que dificilmente se tornará realidade, especialmente quando se percebe, historicamente, a instabilidade econômica de nosso país.

Em um ambiente em que os riscos são elevados, o credor busca mecanismos para se resguardar, sendo papel do Estado não apenas buscar a tutela do consumidor contra abusos, mas também oferecer condições para que não haja escassez de crédito, fato este que o tornaria ainda mais caro e restrito.

Por isso, mesmo diante de situações em que parece haver um permissivo legal para os excessos, a intervenção estatal pode ser ainda mais prejudicial, devendo ela se dar excepcionalmente e, preferencialmente, através do Judiciário em situações concretas, como aquela defendida na jurisprudência do STJ, em que se impõe a limitação dos juros à taxa média do mercado.

Não se trata, por óbvio, de uma tarefa fácil. Encontrar o equilíbrio é sempre mais difícil do que pender a balança para um dos lados. Por certo, e ainda uma vez, destacamos que, a nosso sentir, este não é o cenário ideal. À toda evidência, deve-se buscar mecanismos que possam satisfazer ambos os lados. No entanto, e enquanto isso não acontece, parafraseando outra expressão popularmente empregada, é isso o que temos para hoje.

5. EPÍLOGO: OS IMPACTOS DA COVID-19 SOBRE AS RELAÇÕES CONTRATUAIS DE CONSUMO E OS JUROS NOS CONTRATOS DE FINANCIAMENTO

Após o esgotamento da 1ª edição desta obra, o Brasil e o mundo foram surpreendidos por um inimigo invisível: a COVID-19, doença causada pelo vírus cientificamente batizado de Sars-COV-2, popularmente chamado de Coronavírus. A sua propagação, transformando a enfermidade em uma verdadeira pandemia, impactou a sociedade de modo global, trazendo consequências sobre a economia e as relações jurídicas contratuais, nelas abrangidas as relações de consumo.

Por conta disso, inúmeros países editaram atos normativos visando estabelecer normas excepcionais e transitórias, a fim de regular diversas relações jurídicas durante o período da crise epidêmica, cumprindo um importante papel de estabilização dos vínculos, em observância à segurança jurídica, uma vez que o risco de decisões conflitantes e até mesmo arbitrárias, diante dos inúmeros conflitos que eclodirão, poderá levar à *barbárie jurídica*.

No caso particular do Brasil, foi editado, em caráter emergencial e transitório, o Regime Jurídico Emergencial e Transitório das relações jurídicas de Direito Privado – RJET, que em seu art. 7º regulou importante questão atinente aos impactos que a COVID-19 produzirão nas relações econômicas e contratuais, que é a da possibilidade, ou não, de revisão dos contratos diante do inevitável desequilíbrio econômico-financeiro sobre suas bases econômicas, em decorrência de um fato inequivocamente extraordinário e imprevisível. Tratou, o referido dispositivo, da já profundamente debatida e conhecida *teoria da imprevisão*.

Segundo o disposto no art. 7º do RJET, "Não se consideram fatos imprevisíveis, para os fins exclusivos dos arts. 317, 478, 479 e 480 do Código Civil, o aumento da inflação, a variação cambial, a desvalorização ou substituição do padrão monetário".

A teoria da imprevisão é uma decorrência da consagrada cláusula *rebus sic stantibus*, segundo a qual se subentende que as partes, no momento da celebração do negócio, o fazem segundo as condições fáticas e econômicas existentes e conhecidas quando do nascimento do vínculo, obrigando-se a cumprir com o contrato enquanto as condições permanecerem as mesmas. Entretanto, caso essas condições se alterem por um fato superveniente, extraordinário e imprevisível, que leve a uma excessiva onerosidade para uma das partes e uma extrema dificuldade para o cumprimento da obrigação, poderá o devedor postular a extinção do vínculo, mas, preferencialmente, a sua revisão, em prestígio ao princípio da preservação dos contratos.

Então, a teoria da imprevisão é um importante instrumento da justiça contratual e um corolário do princípio do equilíbrio econômico-financeiro dos contratos, que impõe que as relações contratuais devem ser equânimes e proporcionais, de modo a existir um equilíbrio entre as prestações, a fim de assegurar uma isonomia real entre as partes.

Não obstante, embora essencial a sua observância em uma relação contratual, o RJET prevê, como foi exposto, que não se consideram imprevisíveis determinadas situações taxativamente nela previstas, a saber, o aumento da inflação, a variação cambial e a desvalorização ou substituição do padrão monetário, sendo vedada a revisão dos contratos nessas hipóteses.

Sobre a referida disposição, uma primeira observação é a de que a imprevisibilidade é elemento essencial para a aplicação da teoria que leva o seu nome e, consequentemente, para a revisão dos contratos que sofreram o impacto de eventos extraordinários e supervenientes. Isso porque, se o fato era previsível às partes, presume-se que elas o aceitaram e concluíram o contrato, nos termos como dispostos, não apenas cientes da possibilidade de alteração fática e econômica das condições, mas assumindo os riscos de elas virem a ocorrer. Por essa razão, e em princípio, não é legítimo o pleito revisional quando do advento de uma circunstância que estava no âmbito da previsibilidade das partes.

Nesses termos, o legislador, ao editar o RJET, destacou que a teoria da imprevisão somente será aplicável aos contratos, durante o período da pandemia do COVID-19, em decorrência daquelas circunstâncias que, em seu entender, são verdadeiramente imprevisíveis e que diretamente acarretem um desequilíbrio da balança econômica da relação, como, por exemplo, no caso de perda de empregos e cessação de atividades econômicas (levando a cabo a fonte de renda das pessoas) em virtude dos efeitos da pandemia ou das medidas de ordem sanitária adotadas pelas autoridades públicas. Nesses casos, haverá uma inequívoca alteração financeira no patrimônio de uma ou de ambas as partes, por um fato verdadeiramente extraordinário e imprevisível, conferindo assim o direito a postular judicialmente a revisão do contrato.

Desse modo, quanto às causas previstas no RJET, como o aumento da inflação, a variação cambial e a desvalorização ou substituição da moeda, estas são, na visão do legislador, reflexas e, durante o período da pandemia da COVID-19, previsíveis, afetando toda a coletividade de pessoas uniformemente, de modo que compete a todos suportar eventual desequilíbrio.

Embora seja justificável as razões econômicas que levam à aludida previsão, que tem como nítido propósito obstar a enxurrada de ações judiciais que visem revisar os contratos, evidencia-se certa falta de técnica na análise da teoria da imprevisão na redação do dispositivo do RJET. Primeiro porque, em que pese possa se entender que esses efeitos são previsíveis diante de um colapso causado pela pandemia, a própria pandemia, que produz esses efeitos, é um evento imprevisível. É certo que nenhuma pessoa que tenha celebrado um contrato de trato sucessivo ou de execução diferida, por exemplo, em dezembro de 2019 (ou seja, há seis meses atrás), poderia prever que haveria uma epidemia de proporções mundiais que afetasse, por exemplo, drasticamente o câmbio. A imprevisibilidade, como analisado anteriormente, deve ser vista pela ótica das partes no momento da contratação, e sobre as circunstâncias fáticas e econômicas naquele momento existentes, e não no decorrer do contrato sobre os efeitos de um evento inesperado.

Além disso, a impossibilidade de revisão nas hipóteses expressamente previstas no RJET poderá trazer situações de extrema dificuldade e sofrimento para alguns indivíduos que, à toda evidência, não deram causa à pandemia, e se verão obrigados a suportar os efeitos devastadores dela, em evidente violação à justiça contratual.

Vejamos, neste sentido, a própria alteração cambial, que acarreta fortes impactos sobre as relações bancárias, na medida em que as instituições financeiras buscam, comumente, recursos no mercado para a concessão de crédito a empresários e consumidores, valendo-se, para isso, já conhecida cláusula mandato, a qual é inserida em seus contratos com o fim de angariar, em nome dos clientes, os referidos recursos.

Portanto, a vedação legal trará graves prejuízos para as relações contratuais e, no nosso caso em particular, sobre as operações bancárias, que serão fortemente atingidas pelos efeitos da pandemia, como já se tem visto na prática. Apenas como ilustração, no momento da atualização deste texto, feita no pico da crise epidêmica no Brasil, o preço do dólar sobe em disparada, com um aumento superior a 30% (trinta por cento) neste curto período de 03 (três) meses.

Sem prejuízo, a disposição do art. 7º, do REJT, interpretada *a contrario senso*, a fim permite concluir que é plenamente possível a aplicação da teoria da imprevisão e, consequentemente, promover a revisão dos contratos, por outras causas que não aquelas previstas na lei excepcional. Assim, tendo ocorrido o desequilíbrio por fato diverso daqueles previstos no art. 7º do RJET, será possível à parte requerer o reequilíbrio da base econômica de seu contrato.

Mas, para além da referida disposição, o legislador, atento às particularidades das relações de consumo, que se caracterizam pela vulnerabilidade de uma das partes, previu no § 1º do art. 7º do RJET, que as circunstâncias previstas no *caput* do próprio dispositivo, que impedem a revisão dos contratos naquelas hipóteses expressamente nele previstas, não afastam a aplicação das regras dispostas no Código de Defesa do Consumidor que a autorizam.

Assim, permanece incólume, por exemplo, a previsão do art. 6º, V, do CDC, que prevê como direito básico do consumidor a revisão dos contratos por fatos supervenientes que as tornem excessivamente onerosas. No presente caso, não poderia ser diferente a solução dada, e isso porque, no referido art. 7º do RJET, afirma-se que não se consideram *imprevisíveis* o aumento da inflação, a variação cambial e a desvalorização ou substituição do padrão monetário. E a impossibilidade de se dar solução diversa decorre do fato de que, a regra que autoriza, no diploma consumerista, a revisão contratual por fato superveniente não exige a imprevisibilidade, tendo dado o legislador de consumo tratamento diverso daquele dado, por exemplo, no art. 478 do Código Civil.

O Código de Defesa do Consumidor, então, e diferentemente do que fez o legislador, no Código Civil, não exigiu para a revisão dos contratos que o evento superveniente que afete a relação seja imprevisível, tratando com evidente diferença os regimes civis e consumeristas no que toca à possibilidade de reequilíbrio econômico-financeiro dos contratos.

Com efeito, em se tratando de relação de consumo, tais eventos enumerados no art. 7º do REJT podem autorizar a revisão contratual, tutelando-se, desta forma e de modo pleno, a parte mais vulnerável da relação, inclusive nos contratos de financiamento bancário.

O estado de calamidade instalado pós-pandemia pode acarretar, inequivocamente, uma alteração substancial nas bases econômicas dos contratos bancários, inclusive aqueles de financiamento para a aquisição de imóveis ou outros de empréstimos em que se tenha dado um bem imóvel como garantia fiduciária do adimplemento da obrigação.

Veja-se, como exemplo, o também regime excepcional trazido pela MP 936/2020 sobre os contratos de trabalho, a qual admite, em seu art. 3º, III, a suspensão temporária do contrato de trabalho, que assegura, nos termos do art. 5º, II, da referida Medida Provisória, a percepção, pelo empregado, do Benefício Emergencial de Preservação do Emprego e da Renda, que terá como base de cálculo o valor do seguro-desemprego a que ele faria jus em caso de dispensa (art. 6º da MP 936/2020), podendo ser limitado até 70% deste montante.

Em casos tais, assim como em outras hipóteses, como as de empresários que se viram obrigados a encerrar suas atividades, dada a edição de atos normativos estaduais e municipais determinando o fechamento de lojas de rua e de *shopping centers*, a parte contratante sofrerá um inequívoco abalo em sua renda, por força de um evento que se caracteriza inequivocamente como de caso fortuito ou de força maior, cujos efeitos são impossíveis de ser impedidos.

Trata-se, por certo, de um fato extraordinário que poderá levar à uma insuportabilidade das prestações, impondo-se, consequentemente, uma revisão, ainda que transitória, do contrato, como, por exemplo, a redução momentânea das taxas de juros e de outros encargos, sem prejuízo da possibilidade de isenção do pagamento de multas, juros moratórios e correção monetária no caso de não pagamento das parcelas.

Sobre este último aspecto, é importante destacar que o evento fortuito ou de força maior não levará, propriamente, à suspensão da exigibilidade do cumprimento da obrigação. Em verdade, e nos termos do art. 393 do Código Civil, poderá o devedor, caso demonstrado o nexo de causalidade entre a pandemia e o não pagamento das parcelas do empréstimo ou financiamento, isentar-se do pagamento dos consectários da mora e de eventuais perdas e danos sofridos pelo credor.

Então, o que se percebe é que a COVID-19 poderá levar à real necessidade de revisão contratual, em favor do consumidor cuja situação econômico-patrimonial tenha sido profundamente alterada pelo estado de crise, a fim de restabelecer o equilíbrio contratual, sem prejuízo de, ainda que não revisto o contrato, poder isentar-se do pagamento dos consectários da mora, caso não possa pagar as parcelas em seu vencimento.

Pensamos, ainda, que durante o período da pandemia, e diante da excepcionalidade da situação, caso comprovada a impossibilidade de pagamento das parcelas em decorrência da COVID-19, não deverá ser admitida a adoção das medidas drásticas que levem à rescisão contratual, com o vencimento antecipado da dívida e a consequente consolidação da propriedade do bem dado em garantia ao patrimônio do credor, o que seria possível pela aplicação do art. 26 da Lei 9.514/1997 no caso de alienação fiduciária de bens imóveis, que é o objeto específico do nosso presente estudo.

A referida vedação, por nós proposta, e isso é preciso destacar, não é objeto do REJT, não estando nele previsto. Não obstante, isso não significa que no âmbito da intervenção estatal, plenamente admitida nos contratos, visando o cumprimento da justiça social e contratual, asseguradas nos arts. 3º, I e 170, *caput*, da Constituição Federal, não possa o magistrado adotar todas as medidas necessárias visando não apenas a revisão equânime do contrato, mas também a sua preservação.

A omissão legislativa no sentido de não proibir, e também não autorizar, a referida medida revisional, não significa uma proibição à adoção das regras já previstas no ordenamento para tal, como ressaltado na exposição de motivos do Projeto de Lei 1.179/2020, convertido no RJET. Assim, autoriza-se que cada julgador, no caso concreto, avalie a situação e, demonstrado que a mora decorreu, inequivocamente, de uma impossibilidade financeira ocasionada pela pandemia, obste a adoção dessas medidas drásticas, cujas consequências não decorreram de uma conduta culposa do devedor, de modo que não lhe pode ser imputada nenhuma responsabilidade.

6. REFERÊNCIAS BIBLIOGRÁFICAS

BARROSO, Luís Roberto. *O direito constitucional e a efetividade de suas normas*: limites e possibilidades da Constituição brasileira. 7. ed. Rio de Janeiro: Renovar, 2003.

BOBBIO, Norberto. *A teoria da norma jurídica*. Tradução de Ariani Bueno Sudattti e Fernando Pavan Baptista. São Paulo: Edipro, 2016.

CHALHUB, Melhim Namem. *Alienação fiduciária*: negócio fiduciário. 6. ed. Rio de Janeiro: Forense, 2019.

CHALHUB, Melhim Namem. *Incorporação imobiliária*. 5. ed. Rio de Janeiro: Forense, 2019.

DANTZGER, Afranio Carlos Camargo. *Alienação fiduciária de bens imóveis*. 3. ed. São Paulo: Método, 2010.

SAAD, Renan Miguel. *A alienação fiduciária sobre bens imóveis*. Rio de Janeiro: Renovar, 2001.

SCAVONE JUNIOR, Luiz Antonio. *Juros no direito brasileiro*. 5. ed. Rio de Janeiro: Forense, 2014.

SILVA, José Afonso da. *Aplicabilidade das normas constitucionais*. 7. ed. São Paulo: Malheiros, 2007.

TERRA, Marcelo. *Alienação fiduciária de imóvel em garantia (Lei 9.514/97, primeiras linhas)*. Porto Alegre: Sergio Antonio Fabris, 1998.

CAPÍTULO 5

DA RESOLUÇÃO DE COMPROMISSO DE COMPRA E VENDA COM ALIENAÇÃO FIDUCIÁRIA POR PERDA DA CAPACIDADE ECONÔMICA E DA APLICAÇÃO DO CÓDIGO DE DEFESA DO CONSUMIDOR AOS INVESTIDORES

Paulo Roberto Athie Piccelli

Professor de Direito Civil e Direito do Consumidor no Curso Damásio Educacional. Mestrando em Direito Civil PUC-SP. Especialista em Direito Imobiliário pela Fundação Getúlio Vargas. Especialista em Direito Civil pelo Grupo IBMEC-Damásio. Especialista em Direito Empresarial pelo Grupo IBMEC-Damásio. Presidente da Comissão de Direito Imobiliário da 101ª Subseção da OAB-SP (2019). Advogado.Site: www. aepadvogados.com.br

Sumário: 1. Introdução – A importância do estudo aprofundado do tema – 2. O atual panorama das resoluções dos compromissos de compra e venda – 3. A aplicação do código de defesa do consumidor aos investidores nas resoluções judiciais – 4. Da resolução do compromisso de compra e venda com alienação fiduciária por perda da capacidade econômica – 5. Referências bibliográficas.

1. INTRODUÇÃO – A IMPORTÂNCIA DO ESTUDO APROFUNDADO DO TEMA

Nesse capítulo, trataremos sobre a possibilidade jurídica, por parte do compromissário comprador, de resolução judicial de compromisso[1] de compra e venda com alienação fiduciária por perda da capacidade econômica. Apresentaremos também decisões do Tribunal de Justiça do Estado de São Paulo, que foi o primeiro Tribunal a editar Súmula[2] pacificando o entendimento da possibilidade de desistência do compromisso de compra e venda pelo compromissário comprador. Imperioso destacar

---

1. A terminologia "compromisso de compra e venda" engloba também os termos "promessa de compra e venda" e "contrato preliminar", uma vez que para o autor não há diferença substancial, partilha desse entendimento o Professor José Osório de Azevedo Jr., em AZEVEDO Jr., José Osório. *Compromisso de Compra e Venda.* 6. ed. rev., ampl. e atual. São Paulo: Malheiros 2013. p. 17.

2. A Súmula 1 do Tribunal de Justiça de São Paulo foi editada em 06/12/2010 e prevê que o compromissário comprador de imóvel, mesmo inadimplente, pode pedir a rescisão do contrato e reaver as quantias pagas, admitida a compensação com gastos próprios de administração e propaganda feitos pelo compromissário vendedor, assim como com o valor que se arbitrar pelo tempo de ocupação do bem. ([http://www.tjsp.jus. br/Download/SecaoDireitoPrivado/Sumulas.pdf]. Acesso em: 18.07.2018.)

que o Estado de São Paulo é utilizado como termômetro do mercado imobiliário nacional pelo Sindicado da Habitação (SECOVI SP)[3] e pela Associação Brasileira das Incorporadoras Imobiliárias (ABRAINC),[4] motivo pelo qual foi escolhido como alicerce para essa obra.

Outro ponto de fundamental apreciação é a aplicação do Código de Defesa do Consumidor[5] aos compradores investidores, nos casos de resolução judicial de compromissos de venda e compra, que será tratado no segundo tópico deste capítulo, uma vez que nem sempre aquele que adquire um imóvel age como destinatário final, motivo pelo qual é importante a refletir se os investidores merecem a mesma tutela que aqueles que retiram o imóvel da cadeia de consumo.

A Súmula 543 do Superior Tribunal de Justiça, publicada em 31 de agosto de 2015[6], pacificou a possibilidade dos compromissários compradores de resolverem seus compromissos e venda, tanto por falta de condições financeiras para a manutenção dos compromissos de compra e venda (culpa do(s) adquirente(s)), como por inadimplemento da vendedora (nessa última hipótese devem ser devolvidos 100% dos valores pagos):

Na hipótese de resolução de contrato de promessa de compra e venda de imóvel submetido ao Código de Defesa do Consumidor, deve ocorrer a imediata restituição das parcelas pagas pelo promitente comprador – integralmente, em caso de culpa exclusiva do promitente vendedor/construtor, ou parcialmente, caso tenha sido o comprador quem deu causa ao desfazimento.

Aliás, antes da edição da Súmula 543, Ruy Rosado de Aguiar Júnior[7] já defendia a possibilidade dos promitentes compradores incapacitados financeiramente de cumprirem o contrato tomarem a iniciativa de sua extinção:

O devedor pode propor a demanda quando fundamentar o pedido na superveniente modificação das circunstâncias, com alteração da base objetiva do negócio. É o que tem sido feito com muita intensidade relativamente a contratos de longa duração para aquisição de unidades habitacionais, em que os compradores alegam a insuportabilidade das prestações reajustadas por índices superiores aos adotados para a atualização dos salários.[8]

---

3. SECOVI SP – O Sindicato da Habitação. *Pesquisa de Mercado Imobiliário. Maio/2018.* Disponível em: [http://www.secovi.com.br/downloads/pesquisas-e-indices/pmi/2018/arquivos/201805-pmi.pdf]. Acesso em: 04.06.2018.

4. ABRAINC – Associação Brasileira de Incorporações Imobiliárias. *Indicadores Abrainc-Fipe mostram alta nos lançamentos e ligeira queda nas vendas.* 21.02.2017. Disponível em: [https://www.abrainc.org.br/releases/2017/02/21/indicadores-abrainc-fipe-mostram-alta-nos-lancamentos-e-ligeira-queda-nas-vendas/]. Acesso em: 04.06.2018;

   ABRAINC – Associação Brasileira de Incorporações Imobiliárias. *Indicadores Abrainc-Fipe. Informe de Maio/2018. Análise de Março de 2018.* Disponível em: [https://www.abrainc.org.br/wp-content/uploads/2018/06/Release_Indicadores_201805_maio18.pdf]. Acesso em: 04.06.2018.

5. BRASIL. Lei 8.078, de 11 de setembro de 1990. Dispõe sobre a proteção do consumidor e dá outras providências. Disponível em: [http://www.planalto.gov.br/CCivil_03/Leis/L8078.htm].

6. STJ – Superior Tribunal de Justiça. Promessa de Compra e Venda de Imóvel. *Súmula 543.* 31/08/2015. Disponível em: [http://www.stj.jus.br/SCON/sumanot/toc.jsp]. Acesso em: 23.06.2018.

7. Ruy Rosado de Aguiar Júnior foi Ministro do Superior Tribunal de Justiça de 1994 até 2003.

8. AGUIAR JR., Ruy Rosado. *Extinção dos Contratos por Incumprimento do Devedor.* 2. ed. São Paulo: Aide, 2003. p. 165.

Com o enorme número de processos e a veloz evolução da jurisprudência para se adequar ao mercado imobiliário e, principalmente à economia, em 27 de dezembro de 2018 foi publicada a chamada "Lei dos Distratos"[9] cuja aplicação passa por momento de grande discussão[10] (ponto que será tratado adiante).

Em paralelo à inovação legislativa nos compromissos de compra e venda, outro negócio jurídico que merece atenção é a alienação fiduciária,[11] pois quando presente no compromisso de compra e venda exige profunda técnica daquele que avaliará o caso.

O operador do direito necessita acompanhar as mudanças na mesma velocidade que acontecem, sem deixar de primar pela técnica. Assim, com o intuito de contribuir com a reflexão de estudantes, advogados, investidores e todo público que atua nesta ceara é fundamental se aprofundar, aplicando a técnica à melhor prática, nas perguntas: é possível resolver compromisso de venda e compra com alienação fiduciária sob o fundamento de perda da capacidade econômica? E ainda: o Código de Defesa do Consumidor se aplica aos adquirentes investidores?

Naturalmente, não temos a pretensão de esgotar os temas, mas sim de provocar a meditação sobre matérias essenciais no cotidiano imobiliário.

Por meio de pesquisa jurisprudencial no site do Tribunal de Justiça do Estado de São Paulo, de 31.08.2015 até 01.07.2019, utilizando-se as expressões: "compromisso de compra e venda", "aplicabilidade do código de defesa do consumidor", "não aplicabilidade do código de defesa do consumidor", "investidor imobiliário", "distrato investidor", "ação proposta por investidor", "investidor consumidor", "compromisso de compra e venda com alienação fiduciária", "promessa de compra e venda alienação fiduciária", "distrato alienação fiduciária", "rescisão alienação fiduciária", "resolução alienação fiduciária", "resilição alienação fiduciária", foram encontrados 217 julgados a respeito destes temas.

Após estudo dos julgados acima, conclui-se que o ponto nevrálgico para que o Tribunal de Justiça do Estado de São Paulo entenda pela possibilidade ou não da resolução do compromisso de compra e venda com alienação fiduciária proposta pelo compromissário comprador, é a constituição da alienação que se dá mediante registro do contrato preliminar na matrícula do imóvel,[12] enquanto a pedra angular para aplicação ou não do CDC aos investidores, são: o número de imóveis adquiridos e a atividade exercida pelos promitentes compradores, o que será demonstrado nos capítulos adiante.

---

9. A Lei 13.786/18, a qual sugerimos a leitura integral, alterou significativamente as leis 4.591/64 e 6.766/79 a resolução do contrato por inadimplemento do adquirente de unidade imobiliária em incorporação imobiliária e em parcelamento de solo urbano.

10. Atualmente discute-se se a Lei 13.786/18 deve ser aplicada aos contratos firmados antes de sua vigência.

11. Regulada pela Lei 9.514/97, a alienação fiduciária de imóveis é o negócio jurídico pelo qual o devedor, fiduciante, a fim de garantir o adimplemento da obrigação, contrata a transferência da propriedade resolúvel do credor ou fiduciário.

12. Conforme, por exemplo: TJSP; Apelação Cível 1004193-13.2018.8.26.0066; Relator (a): Marcia Dalla Déa Barone; Órgão Julgador: 2ª Câmara de Direito Privado; Foro de Barretos – 3ª Vara Cível; Data do Julgamento: 28/05/2012; Data de Registro: 19.06.2019.

2. O ATUAL PANORAMA DAS RESOLUÇÕES DOS COMPROMISSOS DE COMPRA E VENDA

Com o advento da Súmula 543[13] do Superior Tribunal de Justiça em 2015 aliada à dificuldade econômica vivenciada pelo Brasil,[14] o número de ações judiciais de resolução de compromissos de compra e venda aumentou drasticamente.[15]

Assim, com a abertura legal conferida pela súmula, fato é que nem todos os compromissários compradores utilizavam a resolução por fato superveniente ou onerosidade excessiva,[16] na verdade, grande parte dos adquirentes se valeram do dispositivo legal para requerer o desfazimento do compromisso de compra e venda por ter sido, à época, um mal investimento diante do esfriamento do mercado imobiliário, como será tratado adiante.

Ao nosso viés, cabe explanar que a resolução de compromissos de compra e venda de imóveis, com exceção dos loteados[17] (com a todas as *vênias* a posicionamentos divergentes),[18] deve sempre ser judicial, tendo em vista que se opera com eficácia *ex tunc*[19] e, por isso, as partes devem ser transportadas ao estado anterior ao da contratação.

Portanto, se as partes devem ser repostas ao *status quo ante,*[20] o compromissário comprador deve restituir ao compromitente vendedor a posse e/ou os demais direitos sobre o imóvel (dependendo quais direitos tenha recebido), enquanto o último deve

---

13. Súmula 543: Na hipótese de resolução de contrato de promessa de compra e venda de imóvel submetido ao Código de Defesa do Consumidor, deve ocorrer a imediata restituição das parcelas pagas pelo promitente comprador – integralmente, em caso de culpa exclusiva do promitente vendedor/construtor, ou parcialmente, caso tenha sido o comprador quem deu causa ao desfazimento. (Súmula 543, Segunda Seção, julgado em 26.08.2015, DJe 31.08.2015).

14. Fontes nacionais de informação a respeito da economia nacional em 2015: [https://economia.uol.com.br/noticias/redacao/2016/03/03/pib-2015.htm]. [https://www.valor.com.br/brasil/4464918/em-2015-economia-brasileira-retrocedeu-ao-nivel-de-comeco-de-2011]; [http://g1.globo.com/economia/noticia/2015/12/economia-em-2015-o-ano-em-que-o-brasil-andou-para-tras.html].

15. Conforme noticiou a Associação Brasileira das Incorporadores, no ano de 2015, a cada 100 imóveis adquiridos 41 eram devolvidos: [https://www.abrainc.org.br/abrainc/2016/01/11/de-cada-100-imoveis-vendidos-41-foram-devolvidos-as-construtoras-em-2015/].

16. O Código Civil Brasileiro prevê a possibilidade de resolução do contrato por onerosidade excessiva no Art. 478: "Art. 478. Nos contratos de execução continuada ou diferida, se a prestação de uma das partes se tornar excessivamente onerosa, com extrema vantagem para a outra, em virtude de acontecimentos extraordinários e imprevisíveis, poderá o devedor pedir a resolução do contrato. Os efeitos da sentença que a decretar retroagirão à data da citação."

17. O Decreto Lei 58/37 dispõe que: *Vencida e não paga a prestação, considera-se o contrato rescindido 30 dias depois de constituído em mora o devedor.* Portanto, existem firmes posicionamentos de que não é necessário o pronunciamento judicial para resolução deste tipo de contrato, muito embora os Professores Waldemar Ferreira e Serpa Lopes discordem com veemência.

18. Remetemos o leitor à FERREIRA, Waldemar. *O Loteamento e a venda de terrenos em prestações.* São Paulo: Ed. RT, 1938. p. 378.

19. PONTES DE MIRANDA, Pontes de. *Tratado de Direito Privado,* §1.486. Rio de Janeiro: Borsoi, 1971. v. 24, p. 489.

20. Súmula 3 do Tribunal de Justiça de São Paulo: Reconhecido que o compromissário comprador tem direito à devolução das parcelas pagas por conta do preço, as partes deverão ser repostas ao estado anterior, independentemente de reconvenção.

restituir o compromissário de parte dos valores pagos (descontando-se a penalidade pelo desfazimento),[21] situação que é quase impraticável extrajudicialmente pois quase sempre haverá divergência entre os contratantes a respeito do *quantum* a ser restituído e, em outras situações o compromisso pode ter sido firmado por adesão o que exige um exame sob a ótica do CDC.[22]

Partilha desse raciocínio o professore José Osório de Azevedo Júnior:

> Também por um outro motivo o sistema de resolução do contrato sem a intervenção do Poder Judiciário deve ser afastado: operando a resolução com eficácia ex tunc, cada parte deve restituir o que recebeu por força do contrato, sendo impossível na esfera administrativa e limitada do Registro de Imóveis apurar-se o quantum da devolução. Na verdade, o cancelamento do registro faz com que, de ordinário, nada seja devolvido ao compromissário.[23]

Do mesmo modo e, estendendo aos loteamentos, o Professor Orlando Gomes:[24]

> nessa linha de pensamento, a dissolução do contrato de compromisso de compra e venda obedece às mesmas regras. Não se rompe unilateralmente sem intervenção judicial. Nenhuma das partes pode considerá-lo "rescindido", havendo inexecução da outra. Há de pedir a resolução. Sem a sentença resolutória, o contrato, por outras palavras, não se dissolve, tenha como objeto imóvel loteado ou não, sem embargo das disposições do Decreto-lei 58.

Com o excesso de processos, em 27 de dezembro de 2018 foi publicada a Lei 13.786 que alterou relevantemente às leis 4.591/1964 (Incorporação Imobiliária) e 6.766/1979 (Parcelamento do Solo Urbano), regulamentando a resolução dos compromissos de venda e compra.

A respeito das alterações trazidas no que cerne aos percentuais e prazos remetemos o leitor ao capítulo seguinte deste livro, mas sobre qualidade da alteração legislativa não podemos deixar de registrar nossa crítica ao legislador que pecou pelo excesso ao tentar cerrar a abertura causada pela jurisprudência, nesse alamiré citamos o ilustre Alexandre Gomide,[25] "nesse sentido foi promulgada a Lei 13.786/2018. A medida atende à boa técnica jurídica? Acreditamos que não. A medida era necessária? Na realidade, parece-nos que a medida era desnecessária a

---

21. A respeito da cláusula penal, com enfoque no presente tema, dispõe o Código Civil: Art. 412. O valor da cominação imposta na cláusula penal não pode exceder o da obrigação principal; Art. 413. A penalidade deve ser reduzida equitativamente pelo juiz se a obrigação principal tiver sido cumprida em parte, ou se o montante da penalidade for manifestamente excessivo, tendo-se em vista a natureza e a finalidade do negócio.

22. A respeito da penalidade em contrato regido pelo Código de Defesa do Consumidor, além do Art. 51 que contém o rol de cláusulas abusivas, cabe destacar o teor do Art. 53: Nos contratos de compra e venda de móveis ou imóveis mediante pagamento em prestações, bem como nas alienações fiduciárias em garantia, consideram-se nulas de pleno direito as cláusulas que estabeleçam a perda total das prestações pagas em benefício do credor que, em razão do inadimplemento, pleitear a resolução do contrato e a retomada do produto alienado.

23. AZEVEDO JR., José Ozório de. *Compromisso de Compra e Venda*. 6. ed. São Paulo: Malheiros, 2013. p. 144.

24. GOMES, Orlando. *Direitos Reais*. 8. ed. Rio de Janeiro: Forense, 1983. p. 464.

25. Alexandre Junqueira Gomide é estre e Doutorando em Direito Civil pela Faculdade de Direito da Universidade de São Paulo. Especialista e Mestre em Ciências Jurídicas pela Faculdade de Direito da Universidade de Lisboa, em Portugal. Professor de cursos de Pós-Graduação de diversas instituições.

considerar os instrumentos já previstos no Código Civil, que autorizam e regulam a extinção contratual. De todo modo, a partir de uma interpretação inadequada dos tribunais, acreditamos ter sido medida salutar. A lei tem um principal objetivo: realinhar a interpretação do contrato de promessa de venda à irretratabilidade prevista na Lei 4.591/1964.[26]

É ululante que, dada a recentíssima inovação legislativa, são inúmeras as discussões a respeito da norma, dentre as quais destaca-se a aplicação da Lei 13.786/18 aos compromissos firmados antes de sua publicação, uma vez que conforme se depreende da própria regra, sua vigência se iniciou simultaneamente à sua publicação.

O Tribunal de Justiça de São Paulo (utilizado como referência em nossos estudos) atualmente tem posicionamento consolidado[27] de que a "lei dos distratos"[28] não se aplica aos compromissos firmados antes de sua publicação, prestigiando a Constituição Federal[29] e a Lei de Introdução às Normas do Direito Brasileiro.[30]

Destacam-se palavras hodiernas do Desembargador Giffoni Ferreira – 26.03.2019, no julgamento da Apelação 1016248-22.2017.8.26.0004 pelo Tribunal de Justiça de São Paulo, "Da novel legislação não se lobriga de caráter processual o que autorizaria a imediata eficácia da norma, como bem apontado na manifestação com relação ao Código de Processo Civil. O que se retira da nova Lei é de natureza unicamente material, vinculada aos efeitos do soçobro da avença por culpa do comprador. Desta feita, ante o Princípio da Irretroatividade, disposto no Artigo 6º, da Lei de Introdução ao Código Civil, e ainda tendo em vista que o pacto fora celebrado em 15 de março de 2015 (fls. 52), torna incabível a aplicação da Lei 13.786/18 na hipótese, já que celebrado o contrato antes da vigência da legislação tempus regit actum, já se ouvia em Roma."

Assim, no atual panorama, os compromissos de compra e venda firmados antes da publicação da Lei 13.786/18 consideram-se atos jurídicos perfeitos, ou seja, foram manifestações de vontades livres de vícios de consentimento à época, motivo pelo qual não devem ser atingidos pelo novo regulamento.

---

26. GOMIDE, Alexandre Junqueira. *Primeiras impressões a respeito da extinção da relação contratual.* Site Migalhas: São Paulo, 2019. [https://www.migalhas.com.br/Edilicias/127,MI294366,31047Lei+137862018+Lei+dos+-Distratos+Primeiras+impressoes+a+respeito+da].

27. *Por exemplo as recentíssimas decisões:* TJSP; Embargos de Declaração: 1029971-14.2017.8.26.0100; Data do Julgamento: 26;02.2019; TJSP; Apelação: 1014276-79.2018.8.26.0554; Data do Julgamento 09.04.2019; TJSP; Apelação: 1035998-06.2018.8.26.0576; Data do Julgamento: 03.04.2019; TJSP; Embargos de Declaração:1054838-08.2016.8.26.0100; Data do Julgamento: 04.04.2019.

28. A Lei 13.786/18 durante sua fase de aprovação ficou popularmente conhecida como "lei dos distratos" embora o termo seja tecnicamente errôneo uma vez que a norma regulamenta as resoluções.

29. Art. 5º, inciso XXXVI, da Constituição Federal: "a lei não prejudicará o direito adquirido, o ato jurídico perfeito e a coisa julgada".

30. Art. 6º do Decreto Lei 4.657/42 – Lei de Introdução as Normas do Direito Brasileiro: "A Lei em vigor terá efeito imediato e geral, respeitados o ato jurídico perfeito, o direito adquirido e a coisa julgada."

3. A APLICAÇÃO DO CÓDIGO DE DEFESA DO CONSUMIDOR AOS INVESTIDORES NAS RESOLUÇÕES JUDICIAIS

Com o aumento dos "distratos", surge a seguinte dúvida: "Aplica-se o Código de Defesa do Consumidor às ações de resolução propostas por adquirentes de imóveis cujo destino não seja de moradia?"

O Código de Defesa do Consumidor (CDC) (Lei 8.078/1990)[31] deixa claro o conceito de fornecedor em seu Art. 3°, enquanto o Art. 2° define o conceito de consumidor, respectivamente: "Art. 2° Consumidor é toda pessoa física ou jurídica que adquire ou utiliza produto ou serviço como destinatário final, [...] Art. 3° Fornecedor é toda pessoa física ou jurídica, pública ou privada, nacional ou estrangeira, bem como os entes despersonalizados, que desenvolvem atividade de produção, montagem, criação, construção, transformação, importação, exportação, distribuição ou comercialização de produtos ou prestação de serviços. (Lei 8.078/1990)."

Para José Osório de Azevedo Júnior[32] o Código de Defesa do Consumidor é aplicável aos compromissos de compra e venda, todavia a devolução dos valores pagos em casos de resolução não é absoluta:

> O código de defesa do consumidor aplica-se aos compromissos de compra e venda relativos às incorporações imobiliárias e aos loteamentos, consoante se vê dos termos amplos do Art. 3°. A expressão "contratos de compra e venda" envolve, por certo, o compromisso que é a forma usual utilizada pelo consumidor naquelas operações, ou seja, na aquisição, por oferta pública, de unidades autônomas de lote de terreno. Cremos que o limite de 1/3 previsto no Art. 35 da Lei 6.766/1979 já não vigora, incompatível que é com as disposições legais de proteção aos consumidores. O direito do compromissário ao reembolso das importâncias pagas não é absoluto, no seguinte sentido: o valor do reembolso é um dos componentes para apuração da indenização, além de outros, como o do valor de eventual de fruição do bem, prejuízos comprovados que o compromissário tenha ocasionado, valorização do imóvel etc. Lembre-se de que o Código de Defesa do Consumidor veda e perda total das prestações pagas, admitindo-se, portanto, em tese, uma perda parcial.[33]

Nas ações de resolução de compromisso de venda e compra, o Tribunal de Justiça de São Paulo, em harmonia com o C. Superior Tribunal de Justiça, atualmente utiliza dois critérios para aplicar o CDC aos casos em que os imóveis foram adquiridos com a finalidade de investimento: o número de imóveis adquiridos e a atividade exercida pelos promitentes compradores.

A visão adotada pelo Tribunal é decorrente de duas teorias: Teoria Finalista e Teoria Finalista Mitigada (ou aprofundada) do Destinatário Final, para fins de aplicação do Código de Defesa do Consumidor.

---

31. BRASIL. Lei 8.078, DE 11 DE SETEMBRO DE 1990. Dispõe sobre a proteção do consumidor e dá outras providências. Disponível em: [http://www.planalto.gov.br/CCivil_03/Leis/L8078.htm]. Acesso em: 18.06.2018.

32. José Osório de Azevedo Júnior é Desembargador aposentado do Tribunal de Justiça de São Paulo e foi professor de Direito Civil da Pontifícia Universidade Católica de São Paulo (PUC/SP) por 35 anos.

33. AZEVEDO JR., José Ozório de. *Compromisso de Compra e Venda*. 6. ed. São Paulo: Malheiros, 2013, p. 216.

Na esteira da interpretação da Teoria Finalista Mitigada,[34] aplica-se o Código de Defesa do Consumidor (LEI 8.078/1990) mesmo quando o adquirente não é, na prática, o destinatário final, considerando-se como ponto crucial a vulnerabilidade do adquirente no caso concreto.

Trata-se, na verdade, da suavização da restrição da Teoria Finalista de forma que considera até mesmo as pessoas jurídicas como consumidoras, desde que exista vulnerabilidade no caso específico.

Nesse sentido, a Ministra Nancy Andrighi no julgamento do Recurso Especial 1.173.060 – CE (2010/0002426-5)[35] assevera:

> Contudo, mais recentemente, esta Corte tem notado a necessidade de abrandar os seus rigores em algumas situações nas quais fique evidenciada a existência de clara vulnerabilidade da pessoa física ou jurídica adquirente de produto ou serviço, mesmo que, do ponto de vista técnico, ela não possa ser considerada destinatária final. Assim, esta 3ª Turma já reputou ser consumidora a pequena costureira que adquire máquina de bordar para utilização em seu ofício profissional (REsp 1.010.834/GO, de minha relatoria, DJe de 13.10.2010); o caminhoneiro que adquire veículo essencial para o trabalho que desempenha em sustento de sua família (REsp 716.877/SP, Rel. Min. Ari Pargendler, DJ de 23.04.2007) e o pequeno agricultor que adquire sementes para o plantio em sua propriedade (AgRg no REsp 1.200.156/RS, Rel. Min. Sidney Beneti, DJe de 14.10.2010).

Para Felipe Peixoto Braga Netto[36] a vulnerabilidade também é o cerne da relação consumerista: "Embora a vulnerabilidade seja absoluta (todo consumidor é vulnerável, segundo presunção legal), é possível analisar a existência ou não de vulnerabilidade para fins de determinar a aplicação do CDC. Ou seja, *ausente a vulnerabilidade, pode ser que estejamos diante de uma relação empresarial, e não diante de uma relação de consumo* [...]."

O Artigo 4º, inciso I, do Código de Defesa do Consumidor (Lei 8.078/1990) reconhece que o consumidor é vulnerável.[37] Neste ponto, pede-se vênia ao leitor para breve análise da distinção entre vulnerabilidade e hipossuficiência a fim de que não haja confusão entre os conceitos.

A vulnerabilidade significa fraqueza, fragilidade em determinado aspecto, assim, o consumidor, por ser vulnerável, precisa de tutela específica (Lei 8.078/1990).

Já a hipossuficiência é tema intrinsecamente processual, isso porque durante o processo deve ser comprovado que o consumidor não tem capacidade processual de produção das provas, embora grandes nomes do direito, como a professora Ada

---

34. A Teoria Finalista Mitigada foi criada pelo Superior Tribunal de Justiça.
35. No Acórdão do Recurso Especial 1.173.060 – CE (2010/0002426-5), a Ministra Nancy Andrighi destacou a importância da vulnerabilidade aos olhos do STJ para que a elasticidade ao conceito de consumidor seja aplicada. Disponível em: [http://www.stj.jus.br/SCON]. Acesso em: 23.06.2018.
36. BRAGA NETTO, Felipe Peixoto. *Manual de direito do consumidor*: à luz da jurisprudência do STJ. 10. ed., revisada, ampliada e atualizada. Salvador: Editora JusPodivm, 2015. p. 48.
37. Presume-se que o leitor do presente estudo saiba que a vulnerabilidade pode ser técnica, jurídica, política, biológica, econômica ou ambiental e já tenha os conceitos básicos de hipossuficiência e vulnerabilidade.

Pellegrini Grinover (a quem prestamos nossa homenagem), divirjam deste conceito: "O conceito de hipossuficiência é o constante do Art. 2º, Parágrafo Único, da Lei 1.060/50 [...] a suposição do legislador é de que o consumidor hipossuficiente não terá condições de suportar os gastos com as provas."[38]

A jurisprudência, atualmente utiliza o conceito de vulnerabilidade e a teoria da boa-fé objetiva, aliados às teorias finalista mitigada e finalistas, aplicar ou não CDC aos adquirentes de imóveis sem a finalidade residencial, mas em ambos os casos, a leitura social, econômica e aplicação da hermenêutica aos princípios e normas, adequando-as aos casos concretos.

Os conceitos de vulnerabilidade utilizados pelos julgadores têm sido, em primeiro lugar, de ordem técnica e, em segundo, de ordem econômica, pois nos julgamentos têm se considerado que, apesar do intuito de investir e auferir lucro com a aquisição dos imóveis, os adquirentes, muitas vezes não tinham conhecimento do mercado imobiliário e nem expertise em incorporação, construção e venda de imóveis, ou ainda, são economicamente inferiores às vendedoras.[39]

Contudo, ressalta-se fenômeno que merece ponderação: mesmo nos casos onde há aplicação do Código de Defesa do Consumidor aos investidores, aplicando-se, portanto, a teoria finalista mitigada e considerando-se a vulnerabilidade dos adquirentes, essa vulnerabilidade, muitas vezes, é tratada de forma diferente pelos julgadores, que apesar de reconhecerem a figura do consumidor investidor, aumentaram a percentagem de retenção na devolução dos valores pagos pelos adquirentes:

> Assim, dadas as peculiaridades do caso concreto, há que se dar provimento em parte à apelação, para, julgando parcialmente procedente a ação, manter a rescisão dos contratos e determinar que sejam observadas as cláusulas contratuais referentes às condições de devolução de quantias pagas, permitida a retenção de 30%. O montante, contudo, diferentemente do que prevê o contrato, deve ser devolvido em 10 (dez) parcelas. Os valores pagos a título de personalização (kit acabamento) deverão ser devolvidos nas mesmas condições (retenção de 30%), juntamente com as parcelas do montante do preço. As parcelas devem ser atualizadas monetariamente desde o ajuizamento da ação e acrescidas de juros de mora de 1% a partir do trânsito em julgado até o pagamento de cada parcela (TJSP. Apelação 1116739-74.2016.8.26.0100; Relator (a): Teixeira Leite; Órgão Julgador: 4ª Câmara de Direito Privado; Foro Central Cível, 4ª Vara Cível; Data do Julgamento: 10.08.2017; Data de Registro: 15.08.2017)

No que toca à boa-fé, observamos que quando o número de imóveis excede o consumo mediano esperado, a jurisprudência tem se inclinado pela inaplicabilidade

---

38. GRINOVER, Ada Pellegrini. *Código Brasileiro de Defesa do Consumidor comentado pelos Autores do Anteprojeto*. 3. ed. São Paulo: Forense Universitária, 1993. p. 494.

39. Salientamos que a relação aqui estabelecida é de consumo, os termos do artigo 2º e 3º, do Código de Defesa do Consumidor, pois os apelados, na condição de compradores de bem imóvel, são vulneráveis na relação contratual estabelecida com a apelante, a qual, por outro lado, a empresa comercial e incorporadora imobiliária, atua objetivando lucro, sendo assim, fornecedora sujeita às normas consumeristas (TJSP. Apelação 1004953-84.2017.8.26.0554; Relator (a): Miguel Brandi; Órgão Julgador: 7ª Câmara de Direito Privado; Foro de Santo André – 1ª Vara Cível; Data do Julgamento: 27.04.2018; Data de Registro: 27.04.2018).

do CDC, onde, em tese, teria se de que constituído infração ao referido princípio a conduta dos adquirentes de se comprometerem a adquirirem unidades autônomas sem a condição financeira para honrarem os contratos.[40]

Ao tratar da boa-fé é imprescindível, em primeiro lugar, distinguir a boa-fé objetiva da boa-fé subjetiva, como faz de forma brilhante Judith Martins-Costa:

> A expressão boa-fé subjetiva indica um estado de fato, traduzindo a ideia naturalista da boa-fé, aquela que, por antinomia, é conotada à má-fé, razão pela qual essa acepção comumente é expressada com agir de boa-fé, o contrário a agir de má-fé. Diz-se subjetiva a boa-fé compreendida como estado psicológico, isto é: estado de consciência caracterizado pela ignorância de se estar a lesar direitos ou interesses alheios, como na hipótese prevista pelo Art. 686 do Código Civil; ou a convicção de estar agindo em bom direito [...]. Diferentemente, a expressão boa-fé objetiva designa não uma crença subjetiva, nem um estado de fato, mas aponta, concomitantemente, a um instituto ou modelo jurídico (estrutura normativa alcançada pela agregação de duas ou mais normas); a um standard ou modelo comportamental pelo qual os participantes do tráfico internacional obrigacional devem ajustar seu mútuo comportamento (standard direcionador de condutas, a ser seguido pelos que pactuam atos jurídicos, em especial, os contratantes); e a um princípio jurídico (norma de dever ser que aponta, imediatamente, a um estado ideal de coisas).[41]

Interessante ressaltar que ainda que fosse aplicado o CDC, para a mesma autora, a conduta deve ser pautada pela boa-fé:

> A conduta do consumidor deve, por igual, pautar-se segundo a boa-fé objetiva. Se, não obstante informado pelo fornecedor dos riscos de determinado produto, age, mesmo assim, de modo a acentuar esses riscos, ou a criar riscos desnecessários, ou se contradiz legítimas expectativas que o seu comportamento gerou, estará o consumidor incorrendo em comportamento contrário à boa-fé objetiva.[42]

Portanto, à luz da jurisprudência é perfeitamente aplicável o Código de Defesa do Consumidor aos adquirentes de unidades autônomas com o fito de investimento, uma vez que o que define o investidor como consumidor ou não é sua vulnerabilidade no negócio imobiliário. Contudo, quando o número de unidade excede os limites do razoável e demonstra comportamento contraditório é de salutar que a jurisprudência não permita que o mecanismo da resolução seja utilizado como "uma última

---

40. Compromisso de venda e compra de bem imóvel – Rescisão contratual – Ação ajuizada pelo compromissário comprador, que desistiu da aquisição de três unidades, sob o fundamento de impossibilidade financeira – Pedido de majoração do percentual de retenção – Cabimento, mas não no percentual exigido pela ré, dada a abusividade – Redução das cláusulas penais autorizadas pelo artigo 413 do Código Civil – Autor que, na qualidade de investidor, também deve observar os princípios da probidade e boa-fé, assumindo os riscos do negócio que restou frustrado por sua culpa. (TJSP. Apelação 1007354-08.2015.8.26.0625; Relator (a): Luis Mario Galbetti; Órgão Julgador: 7ª Câmara de Direito Privado; Foro de Taubaté – 3ª Vara Cível; Data do Julgamento: 21.02.2018; Data de Registro: 22.02.2018).

41. MARTINS-COSTA, Judith. *A boa-fé no direito privado*: critérios para sua aplicação. São Paulo: Marcial Pons, 2015. p. 261-263.

42. MARTINS-COSTA, Judith. *A boa-fé no direito privado*: critérios para sua aplicação. 2. ed. São Paulo: Marcial Pons, 2018. p. 307.

esperança para desfazer um mal negócio", motivo pelo qual, sob a ótica da boa-fé objetiva, nesses últimos casos, não se aplica o CDC.

Da nossa parte, entendemos que as decisões, em sua maioria, têm sido escorreitas, ensinando à sociedade que os contratos devem ser levados com seriedade, todavia, sem deixar de amparar, nos casos específicos, aqueles que dependem da justiça para ter reequilibrada sua relação contratual.

Concordamos que muitas das ações propostas são desnecessárias, pois seus autores são mais que investidores, são pessoas com expertise na aquisição de imóveis e movem o poder judiciário valendo-se do direito conferido pela jurisprudência e pelas súmulas abordadas neste estudo.[43]

Contudo, aqueles que adquirem imóveis sem a finalidade de moradia, muitas vezes são pessoas que não detém experiência imobiliária, mas buscam, em sua maioria, a segurança financeira (cultura que está enraizada na nossa sociedade) que um imóvel pode proporcionar e estes adquirentes não podem suportar as mesmas penalidades daqueles que possuem profundo conhecimento do mercado e dos negócios imobiliários.

Por fim, deixamos aqui, a título de reflexão jurídica, uma ressalva: *os únicos que podem deliberar pela prestação ou não da utilidade são os credores, ao poder judiciário cabe adequar os fatos à melhor interpretação e aplicação da norma.*

4. DA RESOLUÇÃO DO COMPROMISSO DE COMPRA E VENDA COM ALIENAÇÃO FIDUCIÁRIA POR PERDA DA CAPACIDADE ECONÔMICA

Com o aumento das ações judiciais de resolução de compromisso de venda e compra, surge a seguinte dúvida: "É possível resolver compromisso de compra e venda com alienação fiduciária com fundamento na perda da capacidade econômica do compromissário comprador?".

Em primeiro lugar precisamos chamar atenção do leitor para o termo "perda da capacidade econômica", que é justamente a mudança da realidade financeira do compromissário comprador de imóvel que já não tem outra opção que não seja pleitear o desfazimento do negócio.

---

43. Outro ponto a ser levado em conta é que nem todo comprador adquire o imóvel para nele residir. Muitas pessoas adquiriram imóveis residenciais ou comerciais, no período de aquecimento do mercado, como investimento, esperando vendê-lo com ganhos após a conclusão das obras. Como a valorização que se esperava não ocorreu (em comparação com outros ativos financeiros), esse grupo de consumidores-investidores simplesmente desiste da compra, equiparando-se ao adquirente da casa própria que eventualmente não tenha condição de saldar seu débito. Contudo, da forma como estão sendo julgados, atualmente, os pedidos de distratos, tais consumidores-investidores se equiparam aos demais, mais uma vez em evidente prejuízo do adquirente da "casa própria" que quer se manter no empreendimento. BICALHO, Rodrigo Cury; LOPES, Nathália Lima Feitosa. Incentivo a distratos de imóveis afeta coletividade de consumidores. *Revista Consultor Jurídico*, 2017. Disponível em: [https://www.conjur.com.br/2017-abr-23/incentivo-distratos-imoveis-afeta-coletividade-consumidores]. Acesso em: 18.07.2018.

Sem dúvida, é de extrema importante ter a exata dimensão do que significa a "perda" supramencionada para que se possa concluir que a culpa pela resolução do compromisso de venda e compra, nesses casos, é do adquirente e não da vendedora, a fim de que não haja resquício de dúvida com a figura do inadimplemento, consubstanciada no Art. 475, segundo Araken de Assis: "Existirá esse estado quando faltar a prestação devida, isto é, quando o devedor não a cumprir voluntária ou involuntariamente".[44]

Antes de ingressarmos à prática, é pertinente destacar que em se tratando da resolução e da alienação fiduciária podemos encontrar um ponto em comum de ambos institutos jurídicos recorrendo à uma das fontes do direito civil: o direito romano.

O termo "fiduciária" vem de "fidúcia", que em latim lat. *fiducĭa,ae* , significa confiança, enquanto a figura da resolução está intimamente ligada com o conceito de confiança, fidúcia, nesse sentido ensina Antonio Menezes de Cordeiro, aludindo à máxima "quid enim tam congruum fidei humanae quam e aquae inter eos placuerunt servare":[45] "Esta primeira noção, muito geral, foi elaborada ao longo de séculos. Na verdade, sendo o contrato o produto de duas vontades, não se vê como uma delas pôr-he cobro: isso iria contundir com a fides".

De acordo com Melhim Chalhub, "a fidúcia tem origem mais remota no direito romano, com a concepção de venda fictícia, ou provisória: era a convenção pela qual uma das partes (o fiduciário), tendo recebido de outra (o fiduciante) a propriedade sobre uma coisa, obrigava-se a restituí-la uma vez alcançado determinado fim, estipulado em pacto adjeto (pactum fiduciae).[46]

Em muitos casos, ao invés de se utilizar o compromisso de venda e compra de unidade ou fração ideal de terreno em concomitância com o contrato de construção, tem-se optado pela utilização do compromisso com alienação fiduciária (inclusive quando o financiamento ocorrer pela própria vendedora).

Por meio desse contrato transmite-se a propriedade plena ao adquirente e, em ato continuo, o adquirente aliena fiduciariamente ao incorporador que se tornará credor dos valores e do preço, tendo como garantia a propriedade. Na hipótese do financiamento ocorrer por meio de instituição financeira, a fração ideal e os bens, por meio da alienação fiduciária, serão transferidos à instituição.

Conforme ensina Arnaldo Rizzardo:

---

44. ASSIS, Araken de. *Resolução do Contrato Por Inadimplemento*. 4. ed. São Paulo: Ed. RT, 2004. p. 17.938
45. *[O que corresponde mais à fides humana do que manter o que se combinou?]* – Ulpiano. D. 2.13.1.pr = Okko Behrends e outros, Corpus iuris civilis cit., II, 224. CORDEIRO, Antonio Menezes de. *Tratado de Direito Civil IX*. Direito das Obrigações. 3. ed. Coimbra: Almedina, 2017. p. 938.
46. CHALHUB, Melhim Namem. *Alienação Fiduciária, Negócio Fiduciário*. 6. ed. São Paulo: Forense, 2019. p. 362.

A transmissão para o credor se dará em caráter fiduciário, o que significa uma transferência temporária e em confiança, perdurando enquanto se está solvendo uma obrigação. Daí se diz que a propriedade fiduciária do credor é uma propriedade resolúvel, que se extingue em se operando a condição a que está ligada, e que consiste, no caso, do pagamento. Realmente, completado o pagamento ao credor, resolve-se seu direito de propriedade, sem a intervenção judicial e, efetuando-se a mera averbação do pagamento e da quitação. Fidúcia, pois, vem a ser o contrato pelo qual o adquirente aparente de um bem e obriga a restituí-lo ao alienante, depois de cessadas as causas que motivaram a venda ao fim de tempo certo.[47]

O advento da lei 9.514/97[48] foi de motivo de comemoração, uma vez que pela previsão de procedimento mais célere para recuperação do bem e do crédito nos casos de inadimplência, houve aumento de investimentos no mercado imobiliário pois os investidores sentiram que havia segurança para o aporte.[49]

Apesar de tantos pontos positivos desta lei, fato é que existe enorme polêmica quanto à sua aplicabilidade, especificamente dos Arts. 26 e 27, respectivamente:[50] "Art. 26. Vencida e não paga, no todo ou em parte, a dívida e constituído em mora o fiduciante, consolidar-se-á, nos termos deste artigo, a propriedade do imóvel em nome do fiduciário.", "Art. 27. Uma vez consolidada a propriedade em seu nome, o fiduciário, no prazo de trinta dias, contados da data do registro de que trata o § 7º do artigo anterior, promoverá público leilão para a alienação do imóvel.".

A discussão é motivada pelos que entendem que o adquirente não pode, em nenhuma hipótese, perder a totalidade das prestações pagas (que dependerá do valor da dívida, do tempo de fruição, da quantia paga, dentre outras variáveis) e, portanto, defendem a resolução com recomposição das partes ao estado anterior da contratação, com devolução imediata de parte dos valores pagos (descontando-se eventual penalidade).

Tais linhas de raciocínio têm como alicerce o artigo 53[51] do Código de Defesa do Consumidor, que veda a perda total das parcelas pagas, e reconhecem o direito de restituição à parte das parcelas pagas ao promitente/compromissário comprador, onde não seria o caso de aplicar os artigos 26 e 27 da Lei 9.514/97.[52]

---

47. RIZZARDO, Arnaldo. *Condomínio Edilício e Incorporação Imobiliária*. 5. ed. São Paulo: Forense, 2017. p. 466.

48. Lei 9.514, de 20 de novembro de 1997.Dispõe sobre o Sistema de Financiamento Imobiliário, institui a alienação fiduciária de coisa imóvel e dá outras providências.

49. Eduardo Chulam assim explana: "A grande maioria dos autores entende que a Lei n.9.514/97 surgiu com vistas a viabilizar um maior ingresso de investimentos no setor imobiliário, dada a previsão de um rito mais célere de recuperação do bem e do crédito no caso de inadimplência, Com isso, juntamente com os mecanismos de certificações e securitizações (Seções IV e V da Lei, 9.514/07, conjugados com a Lei n. 10.931/2004), o setor se tornaria mais dinâmico e atraente ao capital, inclusive estrangeiro." CHULAM, Eduardo. *Alienação Fiduciária de Bens Imóveis*. São Paulo: Almedina Brasil, 2019. p. 40.

50. Sugerimos que o leitor leia os artigos por completo, uma vez que colacionamos apenas o *caput* de cada um.

51. "Código de Defesa do Consumidor. Art. 53. Nos contratos de compra e venda de móveis ou imóveis mediante pagamento em prestações, bem como nas alienações fiduciárias em garantia, consideram-se nulas de pleno direito as cláusulas que estabeleçam a perda total das prestações pagas em benefício do credor que, em razão do inadimplemento, pleitear a resolução do contrato e a retomada do produto alienado."

52. [https://www.conjur.com.br/2018-fev-15/paulo-piccelli-possivel-revolver-contrato-alienacao-fiduciaria].

Com o máximo respeito às opiniões divergentes, ousamos delas discordar, pois a Lei. 9.514/97 regulamente um tipo específico de contrato em situação absolutamente exclusiva, sendo, portanto, lei especial de maneira que deve prevalecer sobre qualquer outra norma.

Nesse mesmo sentido Melhim Chalhub:

> Da outra parte, em relação as leis especiais, como, por exemplo, a Lei 9.514/1997, que institui a alienação fiduciária de bens imóveis, o CDC é lei geral, devendo ser vista sob a perspectiva dos princípios da equidade e boa-fé, que incidem sobre quaisquer relações contratuais, e não sob a perspectiva de norma peculiar sobre determinada espécie de contrato. A Lei 9.514/1997 dispõe sobre determinada espécie de contrato, com disciplina própria; sabendo-se que, em caso de antinomias, prevalece a norma especial sobre a norma geral, é a Lei 9.514/1997 que deve prevalecer sobre o CDC naquilo que é especifico da modalidade de contrato por ela disciplinada(...).[53]

Contudo, situação que divide o posicionamento jurisprudencial é a respeito do registro da alienação, uma vez que haveria possibilidade de resolução do compromisso de compra e venda quando não tivesse ocorrido o registro da alienação fiduciária.

De fato, nos parece a melhor solução, uma vez que nosso ordenamento pátrio adotou o sistema romano-germânico, pelo qual a propriedade de bens móveis só se transfere mediante o registro do título translativo, nos termos do Art. 1.245 do C.C.[54]

Ora, ainda que resolúvel por conta da alienação fiduciária, se não houver o registro não houve transmissão da propriedade, motivo pelo qual o contrato não seria perfeito o que possibilitaria a resolução por incapacidade financeira do compromissário. Ao contrário, se já tivesse havido o registro, não há que se falar em resolução uma vez que não existe mais compromisso, mas sim contrato.

Interessante analisar o voto do Desembargador Francisco Eduardo Loureiro, na Apelação 1005929-70.2018.8.26.0291 que tramitou no Tribunal de Justiça de São Paulo:[55]

> Inicialmente, cumpre salientar que a ação versa sobrea resolução de contrato de venda e compra com alienação fiduciária em garantia, e não sobre resolução de compromisso de compra e venda. O recurso comporta provimento, respeitado o entendimento do MM. Juiz de primeiro grau. Dúvida não resta, diante da posição absolutamente tranquila de nossos tribunais, que a resolução de contrato de compromisso de venda e compra produz efeito *ex tunc* e faz nascer

---

53. CHALHUB, Melhim Namem. *Alienação Fiduciária, Negócio Fiduciário*. 6. ed. São Paulo: Forense, 2019. p. 360.

54. Art. 1.245 do Código Civil: "Transfere-se entre vivos a propriedade mediante o registro do título translativo no Registro de Imóveis.§ 1º Enquanto não se registrar o título translativo, o alienante continua a ser havido como dono do imóvel.§ 2º Enquanto não se promover, por meio de ação própria, a decretação de invalidade do registro, e o respectivo cancelamento, o adquirente continua a ser havido como dono do imóvel."

55. TJSP; Embargos de Declaração Cível 1005929-70.2018.8.26.0291; Relator (a): Francisco Loureiro; Órgão Julgador: 1ª Câmara de Direito Privado; Foro de Jaboticabal – 1ª Vara Cível; Data do Julgamento: 19.06.2019; Data de Registro: 19.06.2019.

pretensão de liquidação: o promissário comprador devolve a coisa e o promitente vendedor devolve o preço recebido, abatidas as perdas e danos decorrentes do inadimplemento. Não é, porém, o caso dos autos. Não há compromisso de compra e venda, mas sim contrato de compra e venda com financiamento do preço mediante alienação fiduciária em garantia (cf. fls. 33/48). A garantia fiduciária se encontra devidamente registrada na matrícula do lote (fls. 56/57). Não se resolve referido contrato, mas sim se executa a garantia, o que é estruturalmente distinto. Pelo que consta dos autos a corré CCG Empreendimentos Imobiliários cumpriu integralmente a sua prestação, pois entregou o imóvel e celebrou contrato definitivo de compra e venda. Financiou o preço e tornou-se credora fiduciária, com propriedade resolúvel sobre a unidade autônoma. (fls.56/57). Disso decorre não mais existir contrato bilateral de compromisso de venda e compra, a ser resolvido por iniciativa de qualquer das partes. Existe agora apenas e tão somente contrato unilateral de mútuo garantido por propriedade fiduciária. O inadimplemento do comprador/mutuário, na qualidade de devedor fiduciante, não mais acarreta a resolução do contrato de compra e venda, perfeito e acabado. Cabe ao credor fiduciário apenas e tão somente a execução do preço financiado, mediante excussão do imóvel vinculado ao crédito garantido por propriedade fiduciária.3. Assiste, assim, parcial razão às apelantes ao afirmar que o Código de Defesa do Consumidor não se aplica à demanda em análise. Na realidade a relação é de consumo, mas o artigo 53 do CDC não incide ao caso concreto, uma vez que não há contrato bilateral a ser resolvido, mas sim garantia a ser executada. Eis o que estabelece o referido dispositivo legal [...] O que desejou o legislador consumerista foi temperar a aplicação da cláusula de decaimento, ou de perdimento, pela qual o comprador perde a favor do vendedor todas as parcelas pagas, se resolvido o contrato. A ideia foi a de evitar que lucrasse o vendedor com o inadimplemento alheio, retomando a coisa vendida e se apoderando das parcelas do preço pagas. O caso concreto é diferente. O contrato de venda e compra se encontra acabado e não mais comporta resolução por inadimplemento. Resta apenas ao credor fiduciário, se o caso, executar a garantia real e levar o imóvel gravado a leilão extrajudicial, nos exatos termos da Lei n. 9.514/97, com o propósito único e exclusivo de recuperar o seu crédito. Como os direitos reais de garantia não admitem cláusula comissória (art. 1.428 CC), o credor não tem como se apoderar do bem dado em garantia e do preço já pago. Eventual arrematação por valor superior ao do crédito fará com que o saldo seja restituído aos devedores. Caso os leilões sejam negativos e a credora fiduciária tome para si o imóvel, deverá restituir aos devedores fiduciantes a diferença entre o valor de avaliação do imóvel, estipulado consensualmente entre as partes, e o valor do crédito. Antes, porém, de eventual arrematação/adjudicação, não há como determinar a devolução de parcelas pagas aos autores, pois são inconfundíveis as figuras do compromisso de venda e compra e da propriedade fiduciária.4. Em suma, não há como os autores inadimplentes pleitearem o simples desfazimento do contrato e a devolução das parcelas pagas, em face das peculiaridades do caso concreto. Eventualmente, poderão os demandantes receber de volta parte do que pagaram, após a excussão do imóvel dado em garantia fiduciária, na forma da L. 9514/97.5. Diante de todo o exposto, a ação de resolução contratual proposta pelos autores deve ser julgada improcedente.

Assim, não havendo o registro da alienação, não há transferência da propriedade e, portanto, não há que se falar em contrato perfeito e acabado, mas ainda em compromisso que é passível de ser resolvido. Contudo, após o registro é impossível a resolução, frisando que, em hipótese de não pagamento de parcela (dívida) vencida e constituído em mora o fiduciante aplica-se o Art. 26 da Lei 9.154/1997 e não há que se falar em aplicação do Código de Defesa do Consumidor e/ou das Súmulas aqui tratadas, uma vez que se consolida a propriedade e, inicia-se o procedimento específico da lei supra.

O Superior Tribunal de Justiça também já se deparou com o tema:

> O Tribunal de origem admitiu a pretensão de desfazimento do negócio com restituição parcial dos valores pagos sem necessidade de alienar o bem dado em garantia, como alegado pela construtora com amparo na Lei n. 9.514/1997, porque o contrato não teria sido levado a registro no Registro de Imóveis. A alegação deduzida no recurso especial, de que não seria necessário levar o contrato a registro para que ele tivesse eficácia entre as partes, vem amparada na indicação de ofensa a dispositivos legais que, pelo seu conteúdo, não servem para dar sustentação a essa tese [...] A jurisprudência desta Corte, em casos análogos, de resolução do compromisso de compra e venda por culpa do promitente comprador, entende ser lícito ao vendedor reter entre 10% e 25% dos valores pagos.[56]

Por fim, lembramos que o inadimplemento do comprador fiduciante faz com que a propriedade ao vendedor fiduciário, sendo que restituição dos valores, se houver, ocorrerá com a realização de leilão conforme Art. 27 da Lei. 9.154/1997. Ainda, antes da restituição (se é que ocorrerá), deve haver o abatimento de eventuais despesas e dívidas não quitadas pelo comprador fiduciante que, só então, deve ser restituído de seu eventual crédito.[57]

5. REFERÊNCIAS BIBLIOGRÁFICAS

AGUIAR JR., Ruy Rosado. *Extinção dos Contratos por Incumprimento do Devedor.* 2. ed. São Paulo: Aide, 2003.

ASSIS, Araken de. *Resolução do Contrato Por Inadimplemento.* 4. ed. São Paulo: Ed. RT, 2004.

AZEVEDO JR., José Ozório de. *Compromisso de Compra e Venda.* 6. ed. São Paulo: Malheiros, 2013.

BRAGA NETTO, Felipe Peixoto. *Manual de direito do consumidor*: à luz da jurisprudência do STJ. 10. ed., rev., ampl. e atual. Salvador: JusPodivm, 2015.

CHALHUB, Melhim Namem. *Alienação Fiduciária, Negócio Fiduciário.* 6. ed. São Paulo: Forense, 2019.

CHULAM, Eduardo. *Alienação Fiduciária de Bens Imóveis.* Editora Almedina Brasil. São Paulo, 2019.

CORDEIRO, Antonio Menezes de. *Tratado de Direito Civil IX. Direito das Obrigações.* 3. ed. Coimbra: Almedina, 2017.

FERREIRA, Waldemar. *O Loteamento e a venda de terrenos em prestações.* São Paulo: Revista dos Tribunais, 1938.

GOMES, Orlando. *Direitos Reais.* 8. ed. Rio de Janeiro: Forense, 1983.

GOMIDE, Alexandre Junqueira. *Primeiras impressões a respeito da extinção da relação contratual.* Site Migalhas. São Paulo. 2019. [https://www.migalhas.com.br/Edilicias/127,-MI294366,31047Lei+137862018+Lei+dos+Distratos+Primeiras+impressoes+a+respeito+da].

GRINOVER, Ada Pellegrini. *Código Brasileiro de Defesa do Consumidor comentado pelos Autores do Anteprojeto.* 3. ed. São Paulo: Forense Universitária, 1993.

---

56. AgInt no REsp 1361921/MG, Rel. Ministro Marco Aurélio Bellizze, Terceira Turma, julgado em 23.06.2016, DJe 01.07.2016
57. Recente decisão a respeito do tema, corroborando o raciocínio: TJSP; Apelação Cível 1004193-13.2018.8.26.0066; Relator (a): Marcia Dalla Déa Barone; Órgão Julgador: 2ª Câmara de Direito Privado; Foro de Barretos, 3ª Vara Cível; Data do Julgamento: 28.05.2012; Data de Registro: 19.06.2019.

MARTINS-COSTA, Judith. *A boa-fé no direito privado: critérios para sua aplicação*. 2. ed. São Paulo: Marcial Pons, 2018.

MARTINS-COSTA, Judith. *A boa-fé no direito privado: critérios para sua aplicação*. São Paulo: Marcial Pons, 2015.

PONTES DE MIRANDA. *Tratado de Direito Privado*, §1.486. Rio de Janeiro: Borsoi, 1971. v. 24.

RIZZARDO, Arnaldo. *Condomínio Edilício e Incorporação Imobiliária*. 5. ed. São Paulo: Forense, 2017.

CAPÍTULO 6
A RESOLUÇÃO POR INADIMPLEMENTO E A ALIENAÇÃO FIDUCIÁRIA EM GARANTIA DE BENS IMÓVEIS[1]

Everaldo Augusto Cambler

Graduado em Direito pela Pontifícia Universidade Católica de São Paulo. Mestre e Doutor em Direito pela mesma universidade. Professor-assistente doutor do programa de graduação em Direito da Pontifícia Universidade Católica de São Paulo. Professor e cocoordenador do Curso de Especialização em Direito Imobiliário no curso de extensão e especialização em Direito do COGEAE da Pontifícia Universidade Católica de São Paulo. Professor Titular da Faculdade Autônoma de Direito de São Paulo – FADISP dos cursos de Graduação e Pós-Graduação (Mestrado e Doutorado). Autor de diversos artigos e livros. Presidente da Comissão de Direito Imobiliário do Instituto dos Advogados de São Paulo – IASP. Advogado, consultor jurídico e parecerista nas áreas de Direito Civil, Obrigações, Contratos, Responsabilidade Civil, Direito das Coisas.

Sumário: 1. Prolegômeros – 1.1. A impropriedade da designação "Lei do distrato" e o caráter parcialmente dispositivo do diploma legal – 1.2. Os regimes jurídicos distintos da incorporação imobiliária e do loteamento – 1.3. Formas negociais dos contratos incorporativos – 2. Exame de um caso concreto – 2.1. O caráter constitutivo do registro imobiliário brasileiro – 2.2. A responsabilidade civil do adquirente e a retenção de valores pagos – 3. Considerações finais – 4. Referências bibliográficas.

1. PROLEGÔMENOS

1.1 A impropriedade da designação "Lei do distrato" e o caráter parcialmente dispositivo do diploma legal

A Lei 13.786, de 27 de dezembro de 2018, alterou as Leis 4.591, de 16 de dezembro de 1964, e 6.766, de 19 de dezembro de 1979, objetivando disciplinar a resolução do contrato por inadimplemento na aquisição de unidades imobiliárias oriundas de incorporação imobiliária ou parcelamento de solo urbano.

Como é evidente, a designação popular "Lei do distrato", conferida à lei, mostra-se inadequada, porquanto, de acordo com o sistema jurídico brasileiro, expresso no Código Civil, o distrato se nos apresenta como espécie de resilição contratual, ao lado da denúncia, não de resolução contratual oriunda do inadimplemento, *in verbis*:

---

1. O presente trabalho contou com o incentivo do programa de fomento à pesquisa da FUNADESP – Fundação Nacional de Desenvolvimento do Ensino Superior Particular.

"Art. 472. O distrato faz-se pela mesma forma exigida para o contrato. Art. 473. A resilição unilateral, nos casos em que a lei expressa ou implicitamente o permita, opera mediante denúncia notificada à outra parte. (...)". Nesse sentido, Silvio Luís Ferreira da Rocha ensina que "Denomina-se resolução a extinção do contrato por causa de inexecução, que se classifica em falta de cumprimento ou inadimplemento stricto sensu, mora e cumprimento defeituoso. (...) Resilição significa o modo de extinção dos contratos por vontade de um ou dos dois contratantes. Etimologicamente, do latim *resilire*, significa voltar atrás."[2]

Como contraponto à atecnia pública, o texto da lei bem distingue os modos de extinção do contrato, determinando, como elemento informador dos quadros-resumo, tanto no âmbito das incorporações imobiliárias como no dos loteamentos, a inclusão de referências às consequências do desfazimento do contrato, seja por meio de distrato, seja por meio de resolução contratual motivada por inadimplemento de obrigação do adquirente, do incorporador ou do loteador.[3]

Além disso, quando as partes efetivamente pretenderem a resilição bilateral do contrato, poderão estabelecer condições diferenciadas daquelas estabelecidas na lei, como podemos observar nos seguintes artigos:

> Poderão as partes, em comum acordo, por meio de instrumento específico de distrato, *definir condições diferenciadas das previstas nesta Lei* (art. 67-A, § 13, da Lei 4.591/64 – destaque nosso); A obrigação de comprovação prévia de pagamento da parcela única ou da primeira parcela como condição para efetivação de novo registro, prevista no caput deste artigo, *poderá ser dispensada se as partes convencionarem de modo diverso e de forma expressa no documento de distrato por elas assinado* (art. 35, §3°, da Lei 6.766/79 – destaque nosso).

Isso evidencia o caráter dispositivo de parte da Lei 13.786/18. Ao tratar das normas injuntivas e dispositivas, o escólio de José de Oliveira Ascensão é o seguinte: "Regras dispositivas são as que só se aplicam se as partes suscitam ou não afastam a sua aplicação. Tem portanto entre os seus pressupostos uma posição de vontade das partes quanto à sua aplicação. (...) Às regras dispositivas se chama também por vezes facultativas. A terminologia deve ser afastada, por ambígua".[4]

---

2. ROCHA, Silvio Luís Ferreira da. In: CAMBLER, Everaldo Augusto (Coord.). *Curso avançado de Direito Civil*: contratos. n. 6.2.1, 6.3., v. 3. São Paulo: Ed. RT, 2002. p. 106-107, 118.

3. Os textos normativos são os seguintes: "Os contratos de compra e venda, promessa de venda, cessão ou promessa de cessão de unidades autônomas integrantes de incorporação imobiliária serão iniciados por quadro-resumo, que deverá conter: (...) VI – as consequências do desfazimento do contrato, *seja por meio de distrato, seja por meio de resolução contratual* motivada por inadimplemento de obrigação do adquirente ou do incorporador, com destaque negritado para as penalidades aplicáveis e para os prazos para devolução de valores ao adquirente" (art. 35-A, da Lei 4.591/64 – destaque nosso); "Os contratos de compra e venda, cessão ou promessa de cessão de loteamento devem ser iniciados por quadro-resumo, que deverá conter, além das indicações constantes do art. 26 desta Lei: (...) V – as consequências do desfazimento do contrato, *seja mediante distrato, seja por meio de resolução contratual* motivada por inadimplemento de obrigação do adquirente ou do loteador, com destaque negritado para as penalidades aplicáveis e para os prazos para devolução de valores ao adquirente" (art. 26-A, da Lei 6.766/79 – destaque nosso).

4. ASCENSÃO, José de Oliveira. *O Direito*: introdução e teoria geral. n. 298. 13. ed. refundida. Coimbra: Almedina, 2011. p. 520-521.Como exemplo da possibilidade, pelas partes, da fixação de um regime jurídico

A tendência pós-contemporânea da prevalência da conquista humana do Estado de Direito e dos direitos humanos em face do absolutismo do Estado, fez ressuscitar o valor da dignidade da pessoa humana, não mais tratada como ser acéfalo e necessitada de apascentamento, mas pessoa natural, dotada de personalidade e capacidade de exercício de direitos, deveres e obrigações. O Código de Processo Civil, ao tratar do negócio jurídico processual, parece conduzir a essa realidade pós-contemporânea: "Art. 190. Versando o processo sobre direitos que admitam autocomposição, é lícito às partes plenamente capazes *estipular mudanças no procedimento* para ajustá-lo às especificidades da causa *e convencionar sobre os seus ônus, poderes, faculdades e deveres processuais, antes ou durante o processo*" (destaques nossos).

Arruda Alvim, a propósito do estabelecimento de uma cláusula geral sobre negócios processuais pelo Código de Processo Civil, assim doutrina: "(...) O CPC2015, quanto a isso, traz uma grande novidade, estabelecendo, no art. 190, uma cláusula geral que permite às partes entabularem negócios processuais atípicos, isto é, cujo conteúdo não está previsto ou elencado legislativamente".[5]

Ainda como reflexo desse novo momento de alento à dignidade da pessoa humana, a Lei 13.874, de 20 de setembro de 2019, conversão da Medida Provisória 881/2019, instituiu a Declaração de Direitos de Liberdade Econômica e, dentre outras alterações, modificou o art. 421 do CC e estabeleceu, para as relações civis, além do princípio da intervenção mínima do Estado, por qualquer de seus poderes, a excepcionalidade da revisão contratual de forma externa às partes, *in verbis*: "Art. 421. A liberdade de contratar será exercida em razão e nos limites da função social do contrato. Parágrafo único. Nas relações contratuais privadas, prevalecerão *o princípio da intervenção mínima e a excepcionalidade da revisão contratual*" (destaques nossos).

1.2 Os regimes jurídicos distintos da incorporação imobiliária e do loteamento

De modo particularmente didático, a Lei 13.786/18 prevê, em seu art. 2º, a inclusão dos arts. 35-A, 43-A e 67-A na Lei 4.591/64 e, em seu art. 3º, o acréscimo dos arts. 26-A e 32-A e as alterações aos arts. 34 e 35 da Lei 6.766/79, a demonstrar que os regimes jurídicos, estabelecidos por esses diplomas legais, são absolutamente distintos e não podem ser aplicados de maneira arbitrária e "híbrida". Como advertem Vicente Celeste Amadei e Vicente de Abreu Amadei, mostra-se absolutamente vital a adequada percepção do regime jurídico a que está subordinado o empreendimento: "Aliás, é fundamental ao proprietário da gleba, ao empresário do setor e a todo operador deste seguimento da indústria imobiliária conhecer as diversas modalidades de

---

diverso, o autor aponta o art. 582 do Código Civil português: "1. *Na falta de convenção em contrário*, a cessão do crédito importa a transmissão, para o cessionário, das garantias e outros acessórios do direito transmitido, que não sejam inseparáveis da pessoa do cedente" (destaque nosso). Em nosso sistema, o art. 425 do CC, a nosso sentir, bem espelha a prevalência da autonomia da vontade em relação à expressão normativa: "É lícito às partes estipular contratos atípicos, observadas as normas gerais fixadas neste Código".

5. ALVIM, Arruda. Novo contencioso cível no CPC/2015. n. 5.2. Revisora: Thereza Alvim. São Paulo: Thomson Reuters – Revista dos Tribunais, 2016, p. 136.

empreendimentos a que uma gleba pode, a princípio, sujeitar-se, sabendo distinguir as legais das ilegais, e dentre as legais, *qual o regime jurídico a que está subordinada*" (destaque nosso).[6]

Diante disso e da opção legislativa pela inclusão do denominado "condomínio de lotes" como espécie de condomínio edilício, pensamos que o regime jurídico a ser aplicado é aquele que permeia esse gênero de condomínio (o condomínio edilício), não sendo juridicamente sustentável a existência de um regime jurídico "hibrido", que misture o tratamento dado ao parcelamento do solo urbano com aquele previsto nos artigos 1.331 e seguintes do Código Civil, combinado com os artigos da Lei 4.591/64.

Nessa linha de pensar, confira-se a ponderação feita por Rubens Carmo Elias Filho: "Como se aplicam as regras do condomínio edilício ao condomínio de lotes, para efeito da própria idealização do empreendimento, serão aplicáveis as normas da incorporação imobiliária previstas nos artigos 27 e seguintes da Lei 4.591/64 (..)".[7] A definição do regime jurídico aplicável ao condomínio de lotes, contudo, não significa que a legislação não possa estabelecer limitações administrativas a essa especial forma de condomínio edilício, como, aliás, expressamente prevê o atual §4º, do art. 4º, da Lei 6.766/79, incluído pela Lei 13.465/17, *in verbis*: "No caso de lotes integrantes de condomínio de lotes, poderão ser instituídas limitações administrativas e direitos reais sobre coisa alheia em benefício do poder público, da população em geral e da proteção da paisagem urbana, tais como servidões de passagem, usufrutos e restrições à construção de muros".

Aliás, o condomínio de lotes, introduzido no sistema jurídico pela Lei 13.465/17, deverá fazer corresponder, como é próprio ao condomínio edilício, para cada unidade autônoma, uma fração ideal, que "poderá ser proporcional à área do solo de cada unidade autônoma, ao respectivo potencial construtivo ou a outros critérios indicados no ato de instituição" (art. 1.358-A, § 1º, do CC).

1.3 Formas negociais dos contratos incorporativos

Tivemos a oportunidade de propor a seguinte definição para o negócio jurídico incorporativo:

> Negócio jurídico coligado – pois dimana da combinação de outros contratos de tipo determinado, com uma finalidade única –, resultante da manifestação de vontade dos sujeitos principais (incorporador, adquirente da unidade autônoma) e, eventualmente, dos sujeitos secundários, integrantes da atividade incorporativa, objetivando a produção de unidades condominiais vincu-

---

6. AMADEI, Vicente Celeste e AMADEI, Vicente de Abreu. *Como lotear uma gleba*: o parcelamento do solo urbano em seus aspectos essenciais (loteamento e desmembramento). 4. ed., rev. e atual. Campinas: Millennium, 2014. p. 12.

7. ELIAS Filho, Rubens Carmo. Condomínio de lotes, após a vigência da Lei 13.465/2017. In: CAMBLER, Everaldo Augusto; BATISTA, Alexandre Jamal; ALVES, André Cordelli (Coord.). *Estatuto Fundiário Brasileiro: Comentários à Lei 13.465/17*. Obra coletiva em homenagem ao Prof. José Manoel de Arruda Alvim. São Paulo: Editora IASP, 2018. p. 504.

A RESOLUÇÃO POR INADIMPLEMENTO E A ALIENAÇÃO FIDUCIÁRIA EM GARANTIA DE BENS IMÓVEIS **373**

ladas a frações ideais, negociadas antes ou durante a fase construtiva, com a consequente criação do direito real de aquisição da propriedade ou com a própria transferência da propriedade ao adquirente (alienação fiduciária), conforme o caso, cumpridas as exigências registrárias prescritas em lei, responsabilizando-se o incorporador pela entrega das obras concluídas.[8]

Essa definição parte do pressuposto de que a incorporação imobiliária em sentido estrito tem por traço característico a reunião de relações jurídicas típicas, complementares umas das outras, formando um negócio jurídico unitário, resultante da manifestação de vontade do incorporador (quando proprietário ou não do imóvel incorporável), do adquirente da unidade incorporada e, eventualmente, de outros participantes envolvidos, objetivando a promoção e a realização da construção para posterior alienação das unidades formadoras da edificação ou conjunto de edificações, produzindo-se o fenômeno do nascimento do direito de propriedade sobre esses bens e a consequente eficácia jurídica real.

As partes, então, realizam um acordo que abrange, ao menos, os seguintes ajustes: a) de alienação, ainda que potencial, da fração ideal do terreno ou da unidade autônoma; b) de promoção e coordenação da construção do edifício; c) de instituição do condomínio e entrega da unidade condominial pronta e acabada. Além dos ajustes mencionados, o contrato incorporativo pode compreender, ainda, prestações características de outros contratos típicos, como a prestação de serviços, o mandato, e de contratos atípicos, como a organização de condomínio com destinação especial.

Ao indicar as formas negociais mais utilizadas para os negócios incorporativos, Melhim Namen Chalhub aponta as seguintes como as mais utilizadas para a comercialização de unidades imobiliárias: contrato de promessa de compra e venda, contrato de construção e contrato de compra e venda com pacto adjeto de alienação fiduciária.[9] Esses contratos – promessa de venda e compra, cessão ou promessa de cessão de unidades autônomas condominiais, venda e compra com pacto de alienação fiduciária em garantia de coisa imóvel – são passíveis de registro, nos termos do art. 167, I, n. 18 e 35, da LRP.

O registro das promessas de venda e compra confere aos promitentes-adquirentes o direito real de aquisição, previsto no § 2.º, do art. 32, da LCI, *in verbis*: "Os contratos de compra e venda, promessa de venda, cessão ou promessa de cessão de unidades autônomas são irretratáveis e, uma vez registrados, conferem direito real oponível a terceiros, atribuindo direito a adjudicação compulsória perante o incorporador ou a quem o suceder, inclusive na hipótese de insolvência posterior ao término da obra" (redação dada pela Lei 10.931/2004), passando o negócio a ser oponível *erga omnes.*

---

8. CAMBLER, Everaldo Augusto. *Responsabilidade civil na incorporação imobiliária*. 2. ed., rev., atual. e ampl. São Paulo: Thomson Reuters, 2014, n. 1.2.3.1, p. 54.

9. CHALHUB, Melhim Namen. *Incorporação imobiliária*. 4. ed. rev., atual. e ampl. Rio de Janeiro: GEN – Forense, 2017, n. 6.1, p. 187.

A tipificação do direito real resultante do registro da promessa de compra e venda está hoje prevista nos arts. 1.417 e 1.418 do CC/2002.[10] Desse regime jurídico resulta que, com o registro da promessa de venda e compra, o adquirente e promitente comprador passa a titular um direito real à aquisição do imóvel, desde que não pactuado o arrependimento, hipótese em que qualquer das partes poderá denunciar o contrato, resilindo-se a avença e compondo-se os interessados nos termos previamente ajustados.[11]

De maneira diversa, a tipificação do direito real de garantia resultante do registro da venda e compra com pacto de alienação fiduciária em garantia de coisa imóvel está prevista nos artigos 17 e 22 e seguintes da Lei 9.514/97. A alienação fiduciária de coisa imóvel se consubstancia por intermédio de negócio jurídico, segundo o qual o devedor, ou fiduciante, com o escopo de garantia, contrata a transferência ao credor, ou fiduciário, da propriedade resolúvel de coisa imóvel (art. 22, *caput*, da Lei 9.514/97), sendo certo que a garantia fiduciária imobiliária poderá abonar, não só as obrigações pactuadas no âmbito do Sistema Financeiro Imobiliário, mas, também, obrigações em geral, aproveitando-se, inclusive, aquela oferecida por terceiros (art. 51 da Lei 10.931/04).

Constituída a propriedade fiduciária da coisa imóvel mediante registro do contrato, que lhe serve de título, junto ao competente Oficial de Registro de Imóveis (art. 23, *caput*, da Lei 9.514/97), ocorre o desdobramento da posse, tornando-se o devedor ou o fiduciante possuidor direto da coisa e o credor fiduciário possuidor indireto (art. 23, parágrafo único, da Lei 9.514/97).[12]

2. EXAME DE UM CASO CONCRETO

A partir das premissas antes articuladas, passemos ao exame de um caso concreto, objeto de decisão do Superior Tribunal de Justiça:

> Agravo interno no recurso especial. Contrato de compra e venda de imóvel com garantia de alienação fiduciária sobre esse mesmo bem. Inadimplemento dos compradores. Rescisão do negócio. Devolução dos valores pagos. Necessidade de alienação do imóvel para quitação da dívida. Inaplicabilidade da lei n. 9.514/1997. Agravo improvido.

---

10. "Art. 1.417. Mediante promessa de compra e venda, em que se não pactuou arrependimento, celebrada por instrumento público ou particular, e registrada no Cartório de Registro de Imóveis, adquire o promitente comprador direito real à aquisição do imóvel. Art. 1.418. O promitente comprador, titular de direito real, pode exigir do promitente vendedor, ou de terceiros, a quem os direitos deste forem cedidos, a outorga da escritura definitiva de compra e venda, conforme o disposto no instrumento preliminar; e, se houver recusa, requerer ao juiz a adjudicação do imóvel."

11. Cf. texto de nossa lavra: CAMBLER, Everaldo Augusto. O registro da incorporação imobiliária: pontos estratégicos e problemáticos, in Direito notarial e registral avançado. Coordenadores: Consuelo Yatsuda Moromizato Yoshida, Vicente de Abreu Amadei. São Paulo: Thomson Reuters, 2014, n. 2.3, p. 391 e ss.

12. Cf. texto de nossa lavra: CAMBLER, Everaldo Augusto. O regime jurídico da alienação fiduciária em garantia após o advento da Lei 10.931/04. In: In: ARRUDA ALVIM, Angélica; CAMBLER, Everaldo Augusto (Coord.). *Atualidades de Direito Civil*. Curitiba: Juruá, 2006, n. 3 e ss., p. 247 e ss.

A RESOLUÇÃO POR INADIMPLEMENTO E A ALIENAÇÃO FIDUCIÁRIA EM GARANTIA DE BENS IMÓVEIS **375**

1. Não há falar em negativa de prestação jurisdicional, pois o Tribunal de origem decidiu a matéria controvertida de forma fundamentada, ainda que contrariamente aos interesses da parte.

2. O Tribunal de origem admitiu a pretensão de desfazimento do negócio com restituição parcial dos valores pagos sem necessidade de alienar o bem dado em garantia, como alegado pela construtora com amparo na Lei 9.514/1997, porque o contrato não teria sido levado a registro no Registro de Imóveis. A alegação deduzida no recurso especial, de que não seria necessário levar o contrato a registro para que ele tivesse eficácia entre as partes, vem amparada na indicação de ofensa a dispositivos legais que, pelo seu conteúdo, não servem para dar sustentação a essa tese.

3. A jurisprudência desta Corte, em casos análogos, de resolução do compromisso de compra e venda por culpa do promitente comprador, entende ser lícito ao vendedor reter entre 10% e 25% dos valores pagos.

4. Agravo interno a que se nega provimento (STJ, 3ª Turma, AgInt no REsp 1361921/MG, j. em 23.06.2016, relator Ministro Marco Aurélio Bellizze).

2.1 O caráter constitutivo do registro imobiliário brasileiro

Os atos jurídicos geradores de direitos reais sobre móveis, mas não essenciais à sua constituição em face da tradição, são suscetíveis de registro no Registro de Títulos e Documentos. No âmbito do sistema jurídico brasileiro, ao invés, os direitos reais sobre imóveis, constituídos ou transmitidos por atos entre vivos, somente surgem para o Direito após serem registrados no Registro de Imóveis. Esse o teor do art. 1.227 do CC: "Os direitos reais sobre imóveis constituídos, ou transmitidos por atos entre vivos, só se adquirem com o registro no Cartório de Registro de Imóveis dos referidos títulos (arts. 1.245 a 1.247), salvo os casos expressos neste Código".

O registro é, portanto, nessas circunstâncias, indispensável para a produção de efeitos reais. O registro dá vida ao direito real, antes simplesmente potencializado no negócio *inter vivos* translativos da propriedade imóvel (art. 1.245 do CC). O título aparece como condição para ser feito o registro, de modo que o direito real não preexiste nem está consubstanciado no próprio título, dependendo sua existência da realização do registro no registro de imóveis. Em contrapartida, o registro nunca é suficiente para determinar a titularidade absoluta dos imóveis, possibilitando o Código Civil, inclusive, se o teor do registro não expressar a verdade, a sua retificação ou anulação pelo interessado (art. 1.247).[13]

A propósito, na lição de Arruda Alvim, "No que diz respeito aos direitos reais, pela letra do art. 1.227 do CC (anterior art. 676 do CC de 1916), estes somente resultam adquiridos com o registro *que é genuinamente constitutivo* e é por sua causa que decorre a publicidade. A regra geral do referido art. 1.227 do CC, a seu turno, é objeto de especificações, em relação aos diversos direitos reais existentes no sistema".[14] No mesmo sentido, Luiz Guilherme Loureiro doutrina que "O registro é o modo

---

13. Cf. ASCENSÃO, José de Oliveira. Eficácia do registro imobiliário sobre os direitos substantivos. *Revista Forense*. v. 293. p. 31-42. Rio de Janeiro: Forense, jan.-mar. 1986, p. 31-33.

14. ALVIM, José Manoel de Arruda. Princípios gerais do Direito e do Direito Civil, especialmente do Direito das Coisas e registro de imóveis (sua correspondência). In: ARRUDA ALVIM, CLÁPIS, Alexandre Laizo;

de adquirir o direito real, *tem efeito constitutivo*, mas não sana eventuais defeitos do título, nem em relação ao terceiro de boa-fé" (destaque nosso).[15] Destarte, na esfera do Direito brasileiro, não há que se falar em constituição do direito real de garantia, consubstanciado na alienação fiduciária de bem imóvel, sem o correspondente registro junto ao Oficial de Registro Imobiliário competente.

Em sendo assim, a lei de resolução do contrato por inadimplemento não se aplica à alienação fiduciária, seja porque ausente o registro do contrato junto ao Oficial de Registro de Imóveis competente, seja porque a lei expressamente exclui de sua incidência as situações em que o procedimento de solução do inadimplemento estiver regulado em lei especial (v.g., alienação fiduciária, leilão extrajudicial previsto no art. 63 da Lei 4.591/64).

Deveras, a atual redação do art. 67-A da Lei 4.591/64 prevê, em seu § 14 o seguinte: "Nas hipóteses de leilão de imóvel objeto de contrato de compra e venda com pagamento parcelado, com ou sem garantia real, de promessa de compra e venda ou de cessão e de compra e venda com pacto adjeto de alienação fiduciária em garantia, realizado o leilão no contexto de execução judicial ou de procedimento extrajudicial de execução ou de resolução, *a restituição far-se-á de acordo com os critérios estabelecidos na respectiva lei especial* ou com as normas aplicáveis à execução em geral" (destaque nosso).

Por sua vez, o § 3º, do art. 32-A, da Lei 6.766/79 dispõe: "O procedimento previsto neste artigo *não se aplica* aos contratos e escrituras de compra e venda de lote sob a modalidade de alienação fiduciária nos termos da Lei 9.514, de 20 de novembro de 1997" (destaque nosso).

A decisão, ora sob exame, andou bem, portanto, ao reconhecer a necessidade de registro para a constituição do direito real de garantia, previsto na Lei 9.514/97:

> O Tribunal de origem admitiu a pretensão de desfazimento do negócio com restituição parcial dos valores pagos sem necessidade de alienar o bem dado em garantia, como alegado pela construtora com amparo na Lei 9.514/1997, porque o contrato não teria sido levado a registro no Registro de Imóveis. *A alegação deduzida no recurso especial, de que não seria necessário levar o contrato a registro para que ele tivesse eficácia entre as partes, vem amparada na indicação de ofensa a dispositivos legais que, pelo seu conteúdo, não servem para dar sustentação a essa tese* (destaque nosso).

2.2 A responsabilidade civil do adquirente e a retenção de valores pagos

Como já tivemos a oportunidade de aludir, ao lado da responsabilidade civil do empreendedor imobiliário, devem ser consideradas as obrigações do adquirente

---

CAMBLER, Everaldo Augusto (Coord.). *Lei dos Registros Públicos comentada*. 2. ed. rev., atual. e ampl. Rio de Janeiro: GEN – Forense, 2019. p. 501.

15. LOUREIRO, Luiz Guilherme. *Registros públicos*: teoria e prática. 5. ed., rev., atual. e ampl. São Paulo: GEN – Forense, 2014, n. 7.2, p. 302.

A RESOLUÇÃO POR INADIMPLEMENTO E A ALIENAÇÃO FIDUCIÁRIA EM GARANTIA DE BENS IMÓVEIS **377**

ou candidato à aquisição da unidade imobiliária, genericamente lastreadas no dever geral de cumprimento a todas as obrigações contratadas (*pacta sunt servanda*, boa-fé objetiva) e, especialmente, naquela correspondente ao pagamento das prestações que se obrigou a solver, devidamente corrigidas monetariamente.[16]

Da natureza bilateral dos contratos imobiliários deriva a cláusula expressa ou tácita que estabelece o efeito resolutório decorrente do inadimplemento culposo do adquirente, seguindo a regra geral do art. 475 do CC/02, caso não se prefira a alternativa de exigir a prestação inadimplida, ou mesmo o vencimento antecipado da dívida, caso exista expressa disposição nesse sentido.[17]

Tratando especificamente da cláusula resolutiva tácita, Caio Mário da Silva Pereira acresce que o princípio[18] – consagrado em todos os Códigos – em razão do qual a inexecução da obrigação, por uma das partes, faz surgir para a outra a faculdade de pretender a resolução do contrato ou, se preferir, reclamar a prestação, permite que essa faculdade possa estar ou não expressamente prevista no contrato "e, sendo a incorporação um contrato bilateral, tem cabimento a condição resolutiva tácita, cujo efeito seria então este: mesmo na falta de convenção expressa, o incorporador lesado pela inexecução das prestações por parte do adquirente pode promover a resolução do contrato".[19]

No entanto, a cláusula resolutiva, seja ela expressa ou tácita, é própria dos contratos imobiliários que assumem o perfil de uma promessa de venda e compra ou promessa de cessão de direitos e resultam na resolução do contrato na hipótese de descumprimento das obrigações acordadas, em especial diante do inadimplemento no pagamento das prestações a que o adquirente tenha se obrigado. Nos contratos de compra e venda com pacto adjeto de garantia fiduciária, por força do sistema de aplicação da garantia prevista em lei, o contrato, que serve de título ao negócio fiduciário, ficará resolvido caso não purgada a mora no Registro de Imóveis competente, consolidando-se a propriedade do imóvel em nome do credor-fiduciário (art. 26 da Lei 9.514/1997).[20]

Além da resolução do contrato, sanções podem ser estabelecidas contratualmente, como a multa e os juros moratórios contratuais. Essas sanções prescindem de interpelação, operando *pleno iure* após o vencimento da obrigação. De fato, para além da multa decorrente da mora, o empreendedor poderá exigir o cumprimento de cláusula penal compensatória.

---

16. CAMBLER, Everaldo. *Responsabilidade civil na incorporação imobiliária*, L. II, Parte IV, p. 267.
17. Cf. CAMBLER, Everaldo Augusto e THAMAY, Rennan Faria Kruger. Aspectos da responsabilidade civil do adquirente de imóvel incorporável. *Temas de Direito Imobiliário*, p. 210.
18. Sobre a aplicação dos princípios como normas imediatamente finalísticas, veja-se o estudo de Humberto Ávila *Teoria dos princípios*: da definição à aplicação dos princípios jurídicos.
19. PEREIRA, Caio Mário da Silva. *Condomínio e incorporações*, n. 147, p. 270.
20. CAMBLER, Everaldo Augusto. *Responsabilidade civil na incorporação imobiliária*. 2. ed., rev., atual. e ampl. São Paulo: Thomson Reuters, 2014, L. II, Parte IV, p. 268.

Antes do advento do Código de Defesa do Consumidor, nos contratos imobiliários que assumiam o perfil de uma promessa de venda e compra ou promessa de cessão de direitos, diante da inadimplência do promitente-comprador, era considerada lícita a inclusão de cláusula prevendo a perda total das prestações já pagas em benefício do promitente-vendedor.[21]

Com a entrada em vigor da lei protetiva, somente a cláusula que prevê a perda parcial das prestações pagas passou a ser tolerada, sem prejuízo da possibilidade de estipulação de cláusula que permita a opção pela efetiva cobrança das perdas e danos, quando estes ultrapassarem em muito o valor estabelecido previamente, ressarcindo-se o incorporador da vantagem econômica de fruição obtida pelo devedor (cobrança de aluguel pela utilização do imóvel), bem como dos lucros cessantes, despesas gerais decorrentes do inadimplemento, encargos, despesas e benefícios realizados para a comercialização e desenvolvimento do empreendimento (*v.g.*, despesas relativas à corretagem e publicidade etc.).[22]

Vale gizar que para a incidência da cláusula penal compensatória faz-se necessária a caracterização culposa da *mora debitoris* (art. 396 do CC), defluindo não do mero retardamento, mas sim da persistência do retardamento após a interpelação válida feita pelo empreendedor.

A decisão, ora sob exame, adotou como critério, para os casos assemelhados de resolução do compromisso de compra e venda por inadimplemento do adquirente (porquanto, de alienação fiduciária não se trata), a retenção, pelo vendedor, entre 10% a 25% dos valores pagos: "A jurisprudência desta Corte, em casos análogos, de resolução do compromisso de compra e venda por culpa do promitente comprador, entende ser lícito ao vendedor reter entre 10% e 25% dos valores pagos".

De fato, em casos análogos, o Superior Tribunal de Justiça firmou posição pela licitude da retenção, pelo vendedor, entre 10% a 25% dos valores pagos, como, por exemplo, nos seguintes julgados: AgInt no AgRg no AREsp 816.434/DF, Rel. Ministro Marco Aurélio Bellize, Terceira Turma, julgado em 27.09.2016, DJe 06.10.2016; AgInt no REsp 1361921/MG, Rel. Ministro Marco Aurélio Bellize, Terceira Turma, julgado em 23/06/2016, DJe 01.07.2016.[23]

---

21. Neste sentido, *STJ*, REsp 50.871-1, rel. Min. Costa Leite, 16.08.1994, *BDI*, 2.º decêndio, fev. 1995, p. 22; *JTJ* (*Lex* 151/46-48; 157/38-52; *Lex* 159/41-44 e 44-45; *Lex* 160/32-36 e 45-51; *RT* 631/248-255; 664/69; 679/202-204; 694/92-94; *RJTJESP* 128/353.

22. Cf. PEREIRA, Caio Mário da Silva. Código de Defesa do Consumidor e as incorporações imobiliárias. Revista dos Tribunais. v. 712. p. 102-111. São Paulo: Ed. RT, fev. 1995; *Doutrinas Essenciais de Direito do Consumidor*. São Paulo: Ed. RT, 2001. v. 4. p. 1.165; *Doutrinas Essenciais Obrigações e Contratos*. São Paulo: Ed. RT, 2011. v. 6. p. 1.221, p. 105. Sobre o abatimento de um percentual por sobre o montante a ser restituído, a título de ressarcimento por despesas de corretagem, propaganda e administração, veja-se TJSP, Ap 218.020-2/3, rel. Des. Pereiras Calças, 21.12.1993, *BDI*, 2.º decêndio, abr. 1994, p. 16-18.

23. Confira-se, a propósito, a Súmula 543 do Superior Tribunal de Justiça: "Na hipótese de resolução de contrato de promessa de compra e venda de imóvel submetido ao Código de Defesa do Consumidor, deve ocorrer a imediata restituição das parcelas pagas pelo promitente comprador - integralmente, em caso de culpa exclusiva do promitente vendedor/construtor, ou parcialmente, caso tenha sido o comprador quem deu causa ao desfazimento" (aprovada em 26.08.2015).

A Lei 13.876/2018 estabeleceu critérios distintos para a apuração dos valores, a serem restituídos ao adquirente, em caso de desfazimento do contrato por inadimplemento dele, adquirente, celebrado com o incorporador ou com o loteador.

Diante do empreendimento idealizado segundo o regime jurídico da Lei 4.591/64, a redação de seu art. 67-A prevê, em face do inadimplemento absoluto de obrigação do adquirente, a restituição das quantias que houver pago diretamente ao incorporador, atualizadas com base no índice contratualmente estabelecido para a correção monetária das parcelas do preço do imóvel, delas deduzidas, cumulativamente: a integralidade da comissão de corretagem; a pena convencional, que não poderá exceder a 25% (vinte e cinco por cento) da quantia paga, mas que poderá chegar a 50% (cinquenta por cento) caso a incorporação estiver submetida ao patrimônio de afetação;[24] e, no período em que o adquirente teve disponibilizada a unidade imobiliária, as quantias correspondentes aos impostos reais incidentes sobre o imóvel, as cotas de condomínio e contribuições devidas a associações de moradores, o valor correspondente à fruição do imóvel, equivalente à 0,5% (cinco décimos por cento) sobre o valor atualizado do contrato, *pro rata die*, os demais encargos incidentes sobre o imóvel e despesas previstas no contrato.

De maneira diversa, idealizado o empreendimento segundo o regime jurídico da Lei 6.766/79, a redação de seu art. 32-A estipula, diante da resolução contratual por fato imputado ao adquirente, respeitado o disposto no § 2º desse artigo, a restituição das quantias que houver pago, atualizadas com base no índice contratualmente estabelecido para a correção monetária das parcelas do preço do imóvel, podendo ser descontados dos valores pagos: as quantias correspondentes à eventual fruição do imóvel, até o equivalente a 0,75% (setenta e cinco centésimos por cento) sobre o valor atualizado do contrato, cujo prazo será contado a partir da data da transmissão da posse do imóvel ao adquirente até sua restituição ao loteador; o montante devido por cláusula penal e despesas administrativas, inclusive arras ou sinal, limitado a um desconto de 10% (dez por cento) do valor atualizado do contrato; os encargos moratórios relativos às prestações pagas em atraso pelo adquirente; os débitos de impostos sobre a propriedade predial e territorial urbana, contribuições condominiais, associativas ou outras de igual natureza que sejam a estas equiparadas e tarifas vinculadas ao lote, bem como tributos, custas e emolumentos incidentes sobre a restituição e/ou rescisão; a comissão de corretagem, desde que integrada ao preço do lote.

Portanto, a Lei 13.876/2018, ao precisar critérios distintos para a apuração dos valores, a serem restituídos ao adquirente, em caso de desfazimento do contrato por

---

24. Prevê o § 5º, do art. 67-A, da Lei 4.591/64: "Quando a incorporação estiver submetida ao regime do patrimônio de afetação, de que tratam os arts. 31-A a 31-F desta Lei, o incorporador restituirá os valores pagos pelo adquirente, deduzidos os valores descritos neste artigo e atualizados com base no índice contratualmente estabelecido para a correção monetária das parcelas do preço do imóvel, no prazo máximo de 30 (trinta) dias após o habite-se ou documento equivalente expedido pelo órgão público municipal competente, admitindo-se, nessa hipótese, que a pena referida no inciso II do *caput* deste artigo seja estabelecida até o limite de 50% (cinquenta por cento) da quantia paga".

inadimplemento dele, adquirente, celebrado com o incorporador ou com o loteador, preencheu lacuna jurídica importante, no que concerne à fixação desses critérios.

3. CONSIDERAÇÕES FINAIS

Com fulcro nas reflexões, antes levadas a efeito, podemos apontar as seguintes conclusões:

1. A "Lei dos Distratos" aplica-se a contratos não registrados?

A lei de resolução do contrato por inadimplemento é aplicável a contratos registrados ou não. Contudo, não abrange a alienação fiduciária, seja porque ausente o registro do contrato junto ao Oficial de Registro de Imóveis competente, elemento essencial para a constituição do direito real de garantia, seja porque a lei expressamente exclui de sua incidência as situações em que o procedimento de solução do inadimplemento estiver regulado em lei especial.

2. Qual valor pode ser retido em caso de resolução por culpa do compromissário comprador?

A Lei 13.876/2018, ao precisar critérios distintos para a apuração dos valores, a serem restituídos ao adquirente, em caso de desfazimento do contrato por inadimplemento dele, adquirente, celebrado com o incorporador ou com o loteador, preencheu lacuna jurídica importante, no que concerne à fixação desses critérios.

Diante do empreendimento idealizado segundo o regime jurídico da Lei 4.591/64, a redação de seu art. 67-A prevê, diante do inadimplemento absoluto de obrigação do adquirente, a restituição das quantias que houver pago diretamente ao incorporador, atualizadas com base no índice contratualmente estabelecido para a correção monetária das parcelas do preço do imóvel, delas deduzidas, cumulativamente: a integralidade da comissão de corretagem; a pena convencional, que não poderá exceder a 25% (vinte e cinco por cento) da quantia paga, mas que poderá chegar a 50% (cinquenta por cento) caso a incorporação estiver submetida ao patrimônio de afetação;[25] e, no período em que o adquirente teve disponibilizada a unidade imobiliária, as quantias correspondentes aos impostos reais incidentes sobre o imóvel, as cotas de condomínio e contribuições devidas a associações de moradores, o valor correspondente à fruição do imóvel, equivalente à 0,5% (cinco décimos por cento) sobre o valor atualizado do contrato, *pro rata die*, os demais encargos incidentes sobre o imóvel e despesas previstas no contrato.

---

25. Prevê o § 5º, do art. 67-A, da Lei 4.591/64: "Quando a incorporação estiver submetida ao regime do patrimônio de afetação, de que tratam os arts. 31-A a 31-F desta Lei, o incorporador restituirá os valores pagos pelo adquirente, deduzidos os valores descritos neste artigo e atualizados com base no índice contratualmente estabelecido para a correção monetária das parcelas do preço do imóvel, no prazo máximo de 30 (trinta) dias após o habite-se ou documento equivalente expedido pelo órgão público municipal competente, admitindo-se, nessa hipótese, que a pena referida no inciso II do *caput* deste artigo seja estabelecida até o limite de 50% (cinquenta por cento) da quantia paga".

De maneira diversa, idealizado o empreendimento segundo o regime jurídico da Lei 6.766/79, a redação de seu art. 32-A estipula, diante da resolução contratual por fato imputado ao adquirente, respeitado o disposto no § 2º desse artigo, a restituição das quantias que houver pago, atualizadas com base no índice contratualmente estabelecido para a correção monetária das parcelas do preço do imóvel, podendo ser descontados dos valores pagos: as quantias correspondentes à eventual fruição do imóvel, até o equivalente a 0,75% (setenta e cinco centésimos por cento) sobre o valor atualizado do contrato, cujo prazo será contado a partir da data da transmissão da posse do imóvel ao adquirente até sua restituição ao loteador; o montante devido por cláusula penal e despesas administrativas, inclusive arras ou sinal, limitado a um desconto de 10% (dez por cento) do valor atualizado do contrato; os encargos moratórios relativos às prestações pagas em atraso pelo adquirente; os débitos de impostos sobre a propriedade predial e territorial urbana, contribuições condominiais, associativas ou outras de igual natureza que sejam a estas equiparadas e tarifas vinculadas ao lote, bem como tributos, custas e emolumentos incidentes sobre a restituição e/ou rescisão; a comissão de corretagem, desde que integrada ao preço do lote.

4. REFERÊNCIAS BIBLIOGRÁFICAS

ALVIM, José Manoel de Arruda. Novo contencioso cível no CPC/2015. Revisora: Thereza Alvim. São Paulo: Thomson Reuters – Revista dos Tribunais, 2016.

ALVIM, José Manoel de Arruda. Princípios gerais do Direito e do Direito Civil, especialmente do Direito das Coisas e registro de imóveis (sua correspondência). In: ARRUDA ALVIM, CLÁPIS, Alexandre Laizo, CLAMBER, Everaldo Augusto (Coord.). Lei dos Registros Públicos comentada. 2. ed. rev., atual. e ampl. Rio de Janeiro: GEN – Forense, 2019.

AMADEI, Vicente Celeste e AMADEI, Vicente de Abreu. Como lotear uma gleba: o parcelamento do solo urbano em seus aspectos essenciais (loteamento e desmembramento). 4. ed., rev. e atual. Campinas: Millennium, 2014.

ASCENSÃO, José de Oliveira O Direito: introdução e teoria geral. 13. ed. refundida. Coimbra: Almedina, 2011.

ASCENSÃO, José de Oliveira. Eficácia do registro imobiliário sobre os direitos substantivos. Revista Forense. v. 293. p. 31-42. Rio de Janeiro: Forense, jan.-mar. 1986.

ÀVILA, Humberto. Teoria dos princípios: da definição à aplicação dos princípios jurídicos. 11. ed. rev. São Paulo: Malheiros, 2010.

CAMBLER, Everaldo Augusto. Responsabilidade civil na incorporação imobiliária. 2. ed., rev., atual. e ampl. São Paulo: Thomson Reuters, 2014.

CAMBLER, Everaldo Augusto. O registro da incorporação imobiliária: pontos estratégicos e problemáticos, In: YOSHIDA, Consuelo Yatsuda Moromizato; AMADEI, Vicente de Abreu (Coord.). Direito notarial e registral avançado. São Paulo: Thomson Reuters, 2014.

CAMBLER, Everaldo Augusto. O regime jurídico da alienação fiduciária em garantia após o advento da Lei 10.931/04. In: ARRUDA ALVIM, Angélica; CAMBLER, Everaldo Augusto (Coord.). Atualidades de Direito Civil. Curitiba: Juruá, 2006. CAMBLER, Everaldo Augusto e THAMAY, Rennan Faria Kruger. Aspectos da responsabilidade civil do adquirente de imóvel incorporável. In: CAMBLER, Everaldo

Augusto; BATISTA, Alexandre Jamal e ALVES, André Cordelli. *Temas de Direito Imobiliário*. Obra em homenagem ao Prof. José Osório de Azevedo Jr. São Paulo: Editora IASP, 2017.

CHALHUB, Melhim Namen. *Incorporação imobiliária*. 4. ed. rev., atual. e ampl. Rio de Janeiro: GEN - Forense, 2017.

ELIAS Filho, Rubens Carmo. Condomínio de lotes, após a vigência da Lei 13.465/2017. In: CAMBLER, Everaldo Augusto; BATISTA, Alexandre Jamal; ALVES, André Cordelli (Coord.). *Estatuto Fundiário Brasileiro*: Comentários à Lei 13.465/17. Obra coletiva em homenagem ao Prof. José Manoel de Arruda Alvim. São Paulo, Editora IASP, 2018.

LOUREIRO, Luiz Guilherme. *Registros públicos*: teoria e prática. 5. ed., rev., atual. e ampl. São Paulo: GEN – Forense, 2014.

PEREIRA, Caio Mário da Silva. *Condomínio e incorporações*. Atual. Sylvio Capanema de Souza e Melhim Namem Cabul. 11. ed. rev., atual. e ampl. Rio de Janeiro: GEN - Forense, 2014.

PEREIRA, Caio Mário da Silva. Código de Defesa do Consumidor e as incorporações imobiliárias. *Revista dos Tribunais*. v. 712. p. 102-111. São Paulo: Ed. RT, fev. 1995. *Doutrinas Essenciais de Direito do Consumidor*. São Paulo: Ed. RT, 2001. v. 4. p. 1.165; *Doutrinas Essenciais Obrigações e Contratos*. São Paulo: Ed. RT, 2011. v. 6. p. 1.221.

ROCHA, Silvio Luis Ferreira da. *Curso avançado de Direito Civil*: contratos. In: CAMBLER, Everaldo Augusto (Coord.). São Paulo: Ed. RT, 2002. v. 3.

PARTE 6
OUTRAS GARANTIAS

PARTE 6
OUTRAS GARANTIAS

Capítulo 1
ALIENAÇÃO FIDUCIÁRIA DE BEM MÓVEL

Augusto Jorge Cury

Mestre em Direito pela Pontifícia Universidade Católica de São Paulo (PUC-SP). Advogado. Professor universitário. Autor e coautor de diversos livros e artigos jurídicos.

Currículo completo disponível em: http://lattes.cnpq.br/3965227531955169

Sumário: 1. Introdução. – 2. Noções conceituais sobre a alienação fiduciária de bem móvel no Direito brasileiro. – 3. Alienação fiduciária de bem móvel enquanto geradora de uma garantia real: resposta à insuficiência do penhor. – 4. A estrutura da alienação fiduciária de bem móvel. 5. Particularidades da alienação fiduciária de bens móveis infungíveis. – 5.1 Normas especiais sobre o registro e a baixa da alienação fiduciária de veículo automotor. – 6. Particularidades da alienação fiduciária de bens móveis fungíveis. – 7. A extinção da alienação fiduciária de bem móvel pelo adimplemento e pelo inadimplemento da obrigação garantida. – 7.1 A extinção pelo adimplemento. – 7.2 A extinção pelo inadimplemento e a ação de busca e apreensão. – 8. A alienação fiduciária de bem móvel em garantia diante do inadimplemento motivado pela ocorrência de fatos jurídicos extraordinários – 9. A influência da economia nos contratos de alienação fiduciária de bem móvel: a alienação fiduciária em garantia e a possibilidade de sua revisão diante do desequilíbrio econômico do contrato. – 9.1 A alienação fiduciária e a regra geral de revisão contratual por desequilíbrio econômico do contrato e onerosidade excessiva: a teoria da imprevisão – 9.2 A revisão do contrato de alienação fiduciária de bem móvel em garantia, por desequilíbrio econômico, no âmbito das relações de consumo. – 10. Considerações finais. – 11. Referências bibliográficas.

1. INTRODUÇÃO

Nos capítulos anteriores desta obra, tratou-se precipuamente da alienação fiduciária que tem por objeto bem imóvel, abordando-se, com a maestria característica dos nobres colegas que os redigiram, vários aspectos do tratamento jurídico deferido pelo Direito brasileiro a essa modalidade de negócio jurídico acessório, enquanto instrumento gerador de garantia real.

E, uma vez que devidamente realizadas as análises acerca da alienação fiduciária de bem imóvel, volta-se a presente parte desta obra ao tratamento de outras modalidades de alienação fiduciária – dentre elas, a alienação fiduciária de bem móvel –, bem como de outras modalidades de garantia do cumprimento de obrigações.

Nessa toada, o atual capítulo, que inaugura, então, a corrente parte deste livro, destina-se, de modo direto, à análise da alienação fiduciária que tem por objeto bens móveis (infungíveis e fungíveis), com o exame de suas particularidades diante do regramento que lhe é conferido pelo Direito pátrio.

Para tanto, explanam-se neste capítulo: (a) as considerações gerais acerca da alienação fiduciária de bens móveis, desde suas noções conceituais e classificatórias até sua estrutura, sua forma e sua razão de ser enquanto meio de garantia de obrigações; (b) as características próprias da alienação fiduciária de bens móveis infungíveis, inclusive com análise das vigentes regras para o registro da alienação fiduciária de veículos automotores; (c) as particularidades da alienação fiduciária de bens móveis fungíveis; (d) a extinção da alienação fiduciária de bem móvel, com a verificação dos instrumentos judiciais colocados à disposição das partes; (e) a alienação fiduciária de bem móvel em garantia diante do inadimplemento motivado por fatos jurídicos extraordinários; e (f) os reflexos da economia nos contratos de alienação fiduciária de bem móvel em garantia e os regimes para a sua revisão judicial em decorrência de desequilíbrio econômico contratual.

2. NOÇÕES CONCEITUAIS SOBRE A ALIENAÇÃO FIDUCIÁRIA DE BEM MÓVEL NO DIREITO BRASILEIRO

A alienação fiduciária, considerada em seu sentido amplo, consiste na transmissão, por um sujeito – denominado *fiduciante* –, da propriedade de um bem a outro sujeito – chamado de *fiduciário* –, formando-se, assim, propriedade fiduciária destinada a atender a determinada finalidade, por certo período de tempo ou até a implementação de alguma condição resolutiva, após o que deve o domínio do bem ser restituído ao patrimônio do fiduciante ou, se assim eventualmente se convencionar, ao patrimônio de um terceiro – nominado como *beneficiário* –.[1]

A melhor compreensão dessa ideia conceitual necessita da percepção de que a alienação fiduciária, do modo como é conhecida hodiernamente, encontra suas raízes históricas remotas no Direito Romano, especificamente nos contratos de *fiducia*, ou seja, nos negócios fiduciários romanos.

Não se está, com isso, a afirmar que a alienação fiduciária brasileira seja cópia fiel dos contratos de *fiducia* do Direito Romano, senão somente que é inegável que aquele contemporâneo instituto encontra nesses institutos romanos sua mais forte inspiração, inclusive com relação às estruturas e aos modos de funcionamento.[2]

---

1. Nessa esteira, o conceito formulado por Enzo Roppo: "com o negócio fiduciário, na verdade, uma parte (o fiduciante) transfere à outra parte (o fiduciário) a propriedade de uma coisa, e o fiduciário assume contextualmente a obrigação, perante o fiduciante, de retransferir-lhe aquela mesma coisa depois um certo tempo, ou de retransferi-la a terceiros, ou então de fazer um uso determinado dela" (ROPPO, Enzo. *O contrato*. Tradução de Ana Coimbra e M. Januário C. Gomes. Coimbra: Edições Almedina SA, 2009, p. 217). Na doutrina pátria, é exato o magistério de Orlando Gomes, para quem "em sentido lato, a alienação fiduciária é o negócio jurídico pelo qual uma das partes adquire, em confiança, a propriedade de um bem, obrigando-se a devolvê-la quando se verifique o acontecimento a que se tenha subordinado tal obrigação, ou lhe seja pedida a restituição. (...) Ao alienante denomina-se fiduciante. Ao adquirente, fiduciário" (GOMES, Orlando. *Alienação fiduciária em garantia*. São Paulo: Revista dos Tribunais, 1970, p. 18).

2. Aliás, como afirma Glauber Talavera, "a fidúcia romana traz, desde os rudimentos de suas primeiras concepções, a quase totalidade das características da fidúcia contemporânea" (TALAVERA, Glauber Moreno et alii. In: FUJITA, Jorge Shiguemitsu; SCAVONE JR., Luiz Antonio; CAMILLO, Carlos Eduardo Nicoletti e TALAVERA, Glauber Moreno (Org.). *Comentários ao Código Civil* – artigo por artigo. 2. ed. São Paulo: Ed. RT, 2009. p. 1.663).

Existem, é verdade, algumas particularidades nos negócios fiduciários que não se observam na alienação fiduciária brasileira,[3] mas que são insuficientes a afastar a pertinência de uma inicial análise desta à luz das estruturas daqueles institutos.

E os contratos de *fiducia* do Direito Romano apresentam-se sob duas modalidades, a saber: a *fiducia cum amico* e a *fiducia cum creditore*, que se diferenciam, basicamente, por suas respectivas finalidades e pelos interesses preferenciais que visam a tutelar.[4]

A *fiducia cum amico* caracteriza-se por ser uma espécie de alienação fiduciária voltada à administração do bem cuja propriedade é transferida. A alienação fiduciária, quando segue o modelo da *fiducia cum amico*, perfaz-se em benefício do fiduciante, tendo o fiduciário a obrigação de conservação e de administração do bem, segundo o interesse do fiduciante, até que se implemente condição ou termo resolutivo, momento em que deve o fiduciário restituir o domínio do bem ao fiduciante (ou a um terceiro beneficiário, se houver).[5]

É o caso, *verbi gratia*, do sujeito que, sendo proprietário de um veículo de imenso valor afetivo e necessitando ausentar-se do país por determinado período para fins profissionais, contrata com alguém de sua confiança a transmissão do domínio do veículo, para que, durante o período de ausência daquele fiduciante, esse fiduciário, então titular da propriedade resolúvel do veículo, mantenha-o cuidado e conservado, até o regresso do fiduciante, momento em que a propriedade do veículo deve ser restituída a esse.

---

3. Tendo-se como exemplo a circunstância de que os negócios fiduciários de modelo romano têm por característica fundamental a desproporção, na medida em que o meio escolhido pelas partes é excessivo em relação à finalidade prática por elas desejada, como bem salientam Díez-Picazo e Antonio Gullón, ao afirmarem que *"el negocio jurídico fiduciario se caracteriza, ante todo, por una desproporción entre el medio jurídico empleado y el fin práctico que las partes pretenden alcanzar"* (DÍEZ-PICAZO, Luis; GULLÓN, Antonio. *Sistema de derecho civil*, v. I – introducción, derecho de la persona, autonomía privada, persona jurídica. 11. ed. Madrid: Editorial Tecnos, 2003, p. 518). Em tradução livre: "o negócio jurídico fiduciário se caracteriza, em primeiro lugar, por uma desproporção entre o meio jurídico empregado e o fim prático que as partes pretendem alcançar". Ora, a alienação fiduciária brasileira não engloba essencialmente essa desproporção, razão por que parcela da doutrina pátria defende que a alienação fiduciária não se confunde com os negócios fiduciários de modelo romano, embora se reconheça a translúcida influência desses em relação àquela (v.g. ALVES, José Carlos Moreira. *Da alienação fiduciária em garantia*. 2. ed. Rio de Janeiro: Forense, 1979, p. 18-24).
4. DÍEZ-PICAZO, Luis; GULLÓN, Antonio. *Sistema de derecho civil*, v. I – introducción, derecho de la persona, autonomía privada, persona jurídica. 11. ed. Madrid: Editorial Tecnos, 2003, p. 518.
5. Conforme leciona Vincenzo Roppo, *"il contratto fiduciario è quello con cui il fiduciante trasferisce un bene al fiduciario, che si obbliga a conservarlo e/o amministrarlo secondo certi criteri, e a ritrasferirlo successivamente allo stesso fiduciante o a un terzo"*, hipótese em que *"la funzione del contratto è essenzialmente servire l'interesse del fiduciante, secondo il modello della fiducia cum amico"* (ROPPO, Vincenzo. *Il contratto*. Seconda edizione. Milano: Giuffrè Editore, 2011, p. 637). Em tradução livre: "o contrato fiduciário é aquele pelo qual o fiduciante transfere um bem ao fiduciário, que se obriga a conservá-lo e/ou a administrá-lo, conforme determinados critérios, e a retransferí-lo sucessivamente ao mesmo fiduciante ou a um terceiro", hipótese em que "a função do contrato é, essencialmente, atender ao interesse do fiduciante, segundo o modelo da fiducia cum amico".

De outro lado, a *fiducia cum creditore* é uma espécie de alienação fiduciária destinada à garantia de uma obrigação do devedor fiduciante, por meio da transmissão da propriedade do bem ao credor fiduciário.[6] Portanto, a alienação fiduciária, quando segue o modelo da *fiducia cum creditore*, ocorre em benefício e no interesse precípuo do fiduciário, que tem na propriedade fiduciária uma garantia real, até o implemento do completo cumprimento da obrigação do devedor fiduciante, ocasião em que o credor fiduciário fica obrigado a lhe restituir – ou transferir a um terceiro beneficiário, se assim se convencionar – o domínio do bem dado em garantia.[7]

É a hipótese, por exemplo, do sujeito que, adquirindo um veículo automotor mediante financiamento bancário, contrata a transmissão do domínio do veículo à instituição financeira responsável pelo financiamento, a fim de que a propriedade fiduciária desse bem sirva à referida instituição credora como garantia real da obrigação assumida pelo devedor fiduciante, até que tal obrigação seja satisfeita por completo, momento em que se finda a alienação fiduciária e o veículo deve retornar ao patrimônio do fiduciante.

Seguindo a tônica da presente obra, no presente capítulo apenas se tratará dessa segunda modalidade de alienação fiduciária, ou seja, da que, inspirada na *fiducia cum creditore*, se destina a instituir uma garantia (ou seja, a propriedade fiduciária) em favor de um credor fiduciário.

E, como já adiantado, interessa-nos aqui tão somente a alienação fiduciária em garantia que tem como objeto bens móveis,[8] assim entendidos os bens que podem ser deslocados de um lugar a outro sem que, com isso, sofram modificação em sua substância ou em sua destinação econômico-social,[9] valendo ainda esclarecer que

---

6. Salienta Massimo Bianca que uma das situações tradicionais de constituição da propriedade fiduciária é justamente aquela derivada "*di alienazione a causa di garanzia*" (BIANCA, C. Massimo. *Diritto civile*, v. VI – la proprietà. Milano: Giuffrè Editore, 1999, p. 200), ou seja, de alienações com o objetivo de garantia do cumprimento de alguma obrigação do fiduciante.

7. Novamente segundo a lição de Vincenzo Roppo, "il contratto può anche servire in prevalenza l'interesse del fiduciario, e in particolare garantire un suo credito, nel qual caso ricorre il modello della fiducia cum creditore: X, debitore di Y, gli transferisce un suo bene che Y s'impegna a restituirgli non appena X gli avrà pagato il debito" (ROPPO, Vincenzo. *Il contratto*. Seconda edizione. Milano: Giuffrè Editore, 2011, p. 637). Em tradução livre: "o contrato pode também servir precipuamente ao interesse do fiduciário e, em particular, garantir um crédito seu, caso em que se utiliza o modelo da fiducia cum creditore: X, devedor de Y, transfere-lhe um bem seu que Y se obriga a lhe restituir assim que X lhe houver pagado a dívida".

8. Afinal, no Brasil, a alienação fiduciária em garantia pode ter por objeto bens imóveis (caso em que regulada especificamente pela Lei 9.514/1997) e bens móveis (cujo regramento se encontra nos artigos 1.361 a 1.368-B do Código Civil, no artigo 66-B da Lei 4.728/1965 e no Decreto-Lei 911/1969) – tudo, claro, sem prejuízo da admissibilidade da cessão fiduciária de direitos de crédito.

9. É essa, aliás, a noção conceitual de bens móveis adotada pelo Código Civil brasileiro, consoante se verifica de seu artigo 82, segundo o qual "são móveis os bens suscetíveis de movimento próprio, ou de remoção por força alheia, sem alteração da substância ou da destinação econômico-social". Nos termos de nossa legislação vigente, consideram-se também bens móveis, por equiparação legal, aqueles listados no rol do artigo 83 do Código Civil, a saber: (a) as energias que tenham valor econômico (por exemplo, a energia elétrica fornecida às residências); (b) os direitos reais sobre objetos móveis e as ações correspondentes (a exemplo do direito de uso); e (c) os direitos pessoais de caráter patrimonial (ou seja, os direitos de crédito) e suas respectivas ações.

ALIENAÇÃO FIDUCIÁRIA DE BEM MÓVEL | **389**

são bens móveis tanto os que assim se movimentam por força própria (os chamados *semoventes*, a exemplo dos animais[10]), como os que podem ser deslocados por forças alheias (ou seja, os bens móveis por excelência, como veículos, livros, eletrodomésticos, entre outros).[11]

Desse modo, diante de todo o até agora exposto e para os fins do presente capítulo, entende-se por alienação fiduciária de bem móvel a transmissão, pelo fiduciante, da propriedade e da posse indireta de um bem móvel ao fiduciário, formando-se, assim, propriedade fiduciária e resolúvel destinada a funcionar como garantia real do cumprimento de uma obrigação que tem o fiduciante perante o fiduciário, ficando esse último, após a completa satisfação do débito garantido, obrigado a restituir o bem móvel ao fiduciante ou, se assim ficar convencionado, a um terceiro beneficiário.[12]

Conceituada essa modalidade contratual, proceder-se-á, nos tópicos seguintes, ao detalhamento de suas características gerais e de suas particularidades.

3. ALIENAÇÃO FIDUCIÁRIA DE BEM MÓVEL ENQUANTO GERADORA DE UMA GARANTIA REAL: RESPOSTA À INSUFICIÊNCIA DO PENHOR

Questão que desde os remotos tempos se coloca como problemática é a relativa à garantia do cumprimento das obrigações. Deveras, no Direito Romano já se concebiam institutos jurídicos destinados a servir ao credor como garantia do recebimento de seu crédito,[13] sendo, aliás, a própria *fiducia cum creditore* o mais antigo de que se tem notícia.[14]

Após séculos de evolução no tratamento do tema, os ordenamentos jurídicos contemporâneos reconhecem, em suma, dois gêneros de garantias obrigacionais, quais sejam: (i) as garantias fidejussórias (também denominadas garantias pessoais); e (ii) as garantias reais.

Garantias fidejussórias ou pessoais são aquelas pelas quais um terceiro assume a responsabilidade solidária ou subsidiária pelo cumprimento total ou parcial da obrigação de um devedor, em relação a um credor. Nesse caso, o devedor, por inicia-

---

10. Muito embora exista posicionamento, defendido por parcela da doutrina – agudamente minoritária, é fato –, no sentido de se entenderem os animais não como meros bens móveis semoventes, mas como autênticos sujeitos de direitos, seja como entes despersonalizados, seja inseridos mesmo no conceito de "*pessoa*" (vide: LOURENÇO, Daniel Braga. *Direito dos animais*: fundamentação e novas perspectivas. Porto Alegre: Sérgio Antonio Fabbris Editores, 2008, p. 488).

11. BEVILÁQUA, Clovis. *Teoria geral do direito civil*. Atualização de Caio Mário da Silva Pereira. 2. ed. Rio de Janeiro: Editora Francisco Alves, 1976, p. 182.

12. Orlando Gomes, ao tratar da alienação fiduciária de bem móvel em garantia, explicita que "por via desse contrato, o devedor transfere ao credor a propriedade de bens móveis, para garantir o pagamento da dívida contraída, com a condição de, ao ser liquidada, voltar a ter a propriedade do bem transferido" (GOMES, Orlando. *Alienação fiduciária em garantia*. São Paulo: Ed. RT, 1970, p. 20).

13. CORRÊA, Alexandre Augusto de Castro. Introdução ao direito romano das obrigações, aplicado ao direito civil. *Revista da Faculdade de Direito da Universidade de São Paulo*, São Paulo, v. 68/1973, n. 02, p. 45-66, Jan – Dez 1973.

14. VENOSA, Silvio de Salvo. *Código Civil interpretado*. 2. ed. São Paulo: Atlas, 2011, p. 1.414.

tiva própria ou por exigência do credor, apresenta um terceiro que se compromete a garantir a satisfação da obrigação com seu próprio patrimônio, caso o devedor reste inadimplente.[15] Cria-se, pela garantia pessoal, um vínculo obrigacional entre o credor e o terceiro garantidor. O Direito brasileiro admite, como modalidades de garantia fidejussória, a fiança e o aval.

Por outro lado, as garantias reais são aquelas pelas quais o devedor oferece ao credor, em garantia de uma obrigação, um bem determinado (ou determinável, como muito excepcionalmente se admite) de seu próprio patrimônio, a fim de que, na hipótese de inadimplemento por parte do devedor, possa o credor alienar tal bem ou valer-se de seus frutos ou rendimentos para, com os valores aí alcançados, obter a satisfação total ou parcial de seu crédito. Cria-se, para o credor, um direito real – e, pois, oponível *erga omnes* – sobre a coisa dada em garantia.[16]

No Direito brasileiro, três são as modalidades tradicionais de garantia real: (i) a hipoteca, pela qual o devedor concede ao credor um bem imóvel em garantia, assim gravando-o, a fim de que, em caso de inadimplemento, o credor aliene o bem e utilize o valor obtido com a venda para a satisfação de seu crédito; (ii) o penhor, pelo qual o devedor concede ao credor um bem móvel em garantia, também para que o credor, em sendo inadimplente o devedor, satisfaça seu crédito pela alienação do bem empenhado; e (iii) a anticrese, pela qual o devedor elege de seu patrimônio um bem móvel ou imóvel frugífero – ou seja, capaz de gerar frutos ou rendimentos –, dando-o em garantia ao credor, que pode ter seu crédito satisfeito justamente pela obtenção de tais frutos ou rendimentos.

Nessas três modalidades tradicionais de garantia real não há a transmissão da propriedade do bem ao credor, mantendo-se o domínio, portanto, com o devedor. O credor torna-se titular apenas de um direito real de garantia sobre coisa alheia. O penhor e a anticrese são direitos reais que geram a transmissão da posse direta do bem ao credor. Na hipoteca, por outro lado, sequer a posse é transmitida.

Todavia, ao lado dessas três espécies clássicas de garantias reais, hodiernamente insere-se a propriedade fiduciária, então também reconhecida pelo ordenamento jurídico brasileiro como um direito real de garantia. Aliás, a tipificação da alienação

---

15. Segundo a lição de Silvio Rodrigues, uma garantia é fidejussória "quando terceira pessoa se propõe a pagar a dívida do devedor, se este não o fizer" (RODRIGUES, Silvio. *Direito civil*, v. 3 – dos contratos e das declarações unilaterais da vontade. 30. ed. São Paulo: Saraiva, 2004, p. 357).

16. Nesse sentido, o conceito apresentado por Díez-Picazo e Antonio Gullón, para quem "las garantías reales son las que recaen sobre cosas determinadas y tienen como uno de sus efectos la oponibilidad erga omnes. Su esencia se hace radicar tradicionalmente en que permiten al acreedor dirigirse contra la cosa gravada a fin de realizar su valor y de esta manera satisfacer su interés" (DÍEZ-PICAZO, Luis; GULLÓN, Antonio. *Sistema de derecho civil*, v. III, derecho de cosas y derecho inmobiliario registral. 7. ed. Madrid: Editorial Tecnos, 2001, p. 424). Em tradução livre: "as garantias reais são as que recaem sobre coisas determinadas e têm como um de seus efeitos a oponibilidade erga omnes. Sua essência é baseada tradicionalmente em se permitir ao credor direcionar-se contra a coisa gravada, a fim de realizar seu valor e, desse modo, satisfazer seu interesse". No mesmo sentido, na doutrina pátria: VENOSA, Silvio de Salvo. *Código Civil interpretado*. 2. ed. São Paulo: Atlas, 2011, p. 1.416.

ALIENAÇÃO FIDUCIÁRIA DE BEM MÓVEL **391**

fiduciária de bens móveis em *Terrae Brasilis* tem como principal motivação a insuficiência dos meios tradicionais de garantia real.[17]

Não se fará, aqui, comparativo entre a efetividade da alienação fiduciária e a efetividade da hipoteca e da anticrese – quanto à hipoteca, por referir-se a bens imóveis, fugindo do objeto deste capítulo; quanto à anticrese, pois, embora possa ter como objeto bens móveis, sua ineficácia social é já histórica no Brasil, como há décadas aponta a doutrina[18] (inclusive criticando a manutenção desse instituto pela atual legislação), dispensando-se, desse modo, maiores divagações –. Pertinente, porém, é realizar um singelo cotejo analítico em relação ao penhor.

Deveras, o penhor apresenta algumas características estruturais e de funcionamento que, já há tempos, se mostram inconvenientes tanto aos credores quanto aos devedores. Destacam-se, nesse sentido, duas particularidades do penhor: (i) a necessidade de efetiva entrega do bem móvel ao credor quando da contratação do penhor; (ii) a não transmissão da propriedade do bem móvel ao credor.

De início, a necessidade de efetiva entrega ao credor da coisa móvel dada em garantia é, no mais das vezes, prejudicial ao devedor,[19] na medida em que, ao não mais ter a posse direta da coisa, resta o devedor impedido de dela fazer uso, o que torna inoportuno o penhor sempre que o bem a ser dado em garantia for de uso profissional do devedor (ou seja, quando empregado na atividade que lhe confere condições para adimplir adequadamente a obrigação garantida), bem como quando se tratar de bem adquirido com o próprio crédito que por ele é garantido (a exemplo dos contratos de financiamento), hipótese essa em que se afigura um contrassenso a aquisição a crédito de uma coisa que não poderá ser incontinenti utilizada pelo devedor.

Igualmente inconveniente, porém em relação ao credor, é a circunstância de que pelo estabelecimento do penhor não há a transmissão da propriedade do bem, que permanece no domínio do devedor, situação que, para além de tornar mais morosa a execução da garantia em caso de inadimplemento por parte do devedor, ainda mantém a coisa dada em garantia sujeita a ser empregada para a satisfação de outras obrigações assumidas pelo devedor perante credores dotados de privilégios creditórios que se sobrepõem ao penhor[20] (a exemplo dos créditos trabalhistas e dos créditos tributários, ambos preferenciais em relação a quaisquer créditos, inclusive aos com garantia real[21]).

---

17. A lição é de José Carlos Moreira Alves, para quem "a partir, precipuamente, do século passado, se tem sentido, cada vez mais, a necessidade da criação de novas garantias reais para a proteção do direito de crédito. As existentes nos sistemas jurídicos de origem romana – e são elas a hipoteca, o penhor e a anticrese – não mais satisfazem a uma sociedade industrializada, nem mesmo nas relações creditícias entre pessoas físicas, pois apresentam graves desvantagens" (ALVES, José Carlos Moreira. *Da alienação fiduciária em garantia*. 2. ed. Rio de Janeiro: Forense, 1979, p. 03).

18. RODRIGUES, Silvio. *Direito civil*, v. 5 – direito das coisas. 27. ed. São Paulo: Saraiva, 2002, p. 383-385.

19. ALVES, Vilson Rodrigues. *Alienação fiduciária em garantia*. Campinas: Millenium, 1998, p. 28-29.

20. ALVES, José Carlos Moreira. *Da alienação fiduciária em garantia*. 2. ed. Rio de Janeiro: Forense, 1979, p. 03.

21. A situação máxima de privilégio dos créditos tributários e trabalhistas está consignada no artigo 186 do Código Tributário Nacional, que preceitua que "o crédito tributário prefere a qualquer outro, seja qual for sua natureza ou o tempo de sua constituição, ressalvados os créditos decorrentes da legislação do trabalho ou do acidente de trabalho".

Tais inconvenientes levaram a concluir pela necessidade de uma modalidade de garantia real sobre bens móveis que se efetivasse com a transmissão da propriedade do bem ao credor – para que, saindo a coisa do domínio do devedor, não mais fique sujeita a penhora por credores mais privilegiados – e, ao mesmo tempo, dispensando-se a efetiva tradição da coisa – a fim de que, mantendo-se a posse direta com o devedor, possa ele utilizá-la. De fato, uma garantia real que atenda a essas modernas exigências mostra-se muito mais efetiva, favorecendo a obtenção de crédito.[22]

E a alienação fiduciária de bem móvel cumpre bem esse propósito, por preencher adequadamente as lacunas do penhor, uma vez que, como se detalhará no tópico seguinte deste capítulo, por ela estabelece-se mera *traditio ficta* da coisa, não impedindo que o devedor fiduciante permaneça utilizando-a, bem como por ela há a transferência do domínio e da posse indireta da coisa ao credor fiduciário, bastando simples ação de busca e apreensão para satisfazer seu eventual direito à execução da garantia para satisfação da obrigação principal.[23]

A alienação fiduciária de bem móvel, portanto, é instituto que, relativizando certos dogmas presentes nas modalidades clássicas de garantia real – em especial, no penhor – e mostrando-se adaptada às necessidades da sociedade contemporânea, se coloca na vanguarda do Direito brasileiro.

Vale, contudo, por amor à didática e à boa técnica, esclarecer que, muito embora se fale corriqueiramente em *alienação fiduciária em garantia*, a alienação fiduciária não é, ela mesma, a garantia real, visto que é mero negócio jurídico bilateral, ou seja, um contrato. A garantia real propriamente dita é a propriedade fiduciária, então gerada por meio da alienação fiduciária, em favor do credor fiduciário.[24]

---

22. Afinal, como leciona José Carlos Moreira Alves, "para facilitar a obtenção do crédito, é indispensável garantir, da maneira mais eficiente possível, o credor, sem, em contrapartida, onerar o devedor a ponto de que fique, por causa da garantia, impedido de pagar o que deve, ou de se utilizar, de imediato, do que adquiriu a crédito", razão pela qual o Direito moderno tem modelado "garantias reais que decorrem da conjugação da transferência da propriedade com o não desapossamento da coisa que era do devedor e que serve para garantir o pagamento do débito" (ALVES, José Carlos Moreira. *Da alienação fiduciária em garantia*. 2. ed. Rio de Janeiro: Forense, 1979, p. 2).

23. Conforme o preciso magistério de Luciano de Camargo Penteado, "o contrato de alienação fiduciária em garantia tornou-se, na evolução histórica do crédito para aquisição de bens o meio mais seguro de tutelar o credor por conta de que ao devedor, na duração da relação contratual reserva-se a mera posse do bem, sem qualquer direito real. A garantia efetiva do cumprimento da obrigação é a ação de busca e apreensão satisfativa regulada no DL 911/1969, com as alterações que recebeu" (PENTEADO, Luciano de Camargo. *Direito das coisas*. 3. ed. São Paulo: Ed. RT, 2014, p. 554). Na mesma esteira: GONÇALVES, Carlos Roberto. *Direito civil brasileiro*, v. 5 – direito das coisas. 7. ed. São Paulo: Saraiva, 2012, p. 433-434.

24. Bem pontua Silvio Venosa que "a alienação fiduciária, o ato de alienar em si, é negócio contratual. Trata-se de instrumento, negócio jurídico, que almeja a garantia fiduciária, esta sim direito real" (VENOSA, Silvio de Salvo. *Código Civil interpretado*. 2. ed. São Paulo: Atlas, 2011, p. 1.362). Na mesma esteira, afirma José Carlos Moreira Alves que "a alienação fiduciária em garantia é, tão somente, o contrato que serve de título à constituição da propriedade fiduciária, que – esta, sim – é a garantia real" (ALVES, José Carlos Moreira. *Da alienação fiduciária em garantia*. 2. ed. Rio de Janeiro: Forense, 1979, p. 32-33).

4. A ESTRUTURA DA ALIENAÇÃO FIDUCIÁRIA DE BEM MÓVEL

Verificada a atual relevância da alienação fiduciária de bem móvel, enquanto geradora do direito real de garantia consistente na propriedade fiduciária, é mister que se analise a estrutura desse negócio jurídico, especialmente seu modo de constituição, seus sujeitos, suas características funcionais e seu objeto.

Subjetivamente, por ser negócio jurídico bilateral, a alienação fiduciária apresenta, ao menos, duas partes, sendo, de um lado, o *fiduciante*, assim entendido aquele que, figurando como devedor da obrigação principal, aliena o bem em garantia, e, de outro lado, o *fiduciário*, então credor da obrigação principal e que recebe o domínio da coisa como garantia, tornando-se o titular da propriedade fiduciária.[25]

Excepcionalmente, porém, pode ocorrer de fiduciante e fiduciário estabelecerem que, após o cumprimento integral da obrigação principal pelo fiduciante, a propriedade do bem dado em garantia deva ser transmitida pelo fiduciário a um terceiro, ou seja, a pessoa distinta do fiduciante. Nesse caso, a alienação fiduciária envolve uma figura adicional, que se denomina *terceiro beneficiário*. Ainda de modo excepcional, é possível que a alienação fiduciária se perfaça de modo subjetivamente mais complexo também nas hipóteses em que a coisa objeto da garantia é bem de terceiro, ou seja, quando a coisa não é alienada propriamente pelo devedor fiduciante, mas por um terceiro em seu favor. Tal figura, pois, recebe o nome de *terceiro garante*.[26]

O contrato de alienação fiduciária, como a própria nomenclatura indica, tem a fidúcia como elemento,[27] uma vez que há, entre o fiduciante e o fiduciário (envolvendo-se, eventualmente, terceiro beneficiário ou garante), uma relação de confiança voltada à restituição (ou à transferência a terceiro) do domínio da coisa assim que cumprida integralmente a obrigação garantida.[28]

Quanto à forma, o Direito brasileiro exige que a alienação fiduciária de bem móvel se convencione por contrato escrito (conforme o artigo 1.361, § 1º do Código Civil[29]), afastando, assim, a possibilidade de pacto tácito entre fiduciante e fiduciário,

---

25. GOMES, Orlando. *Alienação fiduciária em garantia*. São Paulo: Ed. RT, 1970, p. 18.

26. CHALHUB, Melhim Namem. *Direitos reais*. 2. ed. São Paulo: Ed. RT, 2014, p. 250.

27. Vale mencionar, porém, posicionamento de parcela da literatura jurídica no sentido de que a alienação fiduciária não teria a fidúcia como elemento próprio, uma vez que, como afirmam algumas vozes doutrinárias, a alienação fiduciária não se basearia em uma relação de confiança, mas, sim, em mera relação de interesse na transmissão da propriedade. Nesse sentido: PENTEADO, Luciano de Camargo. *Direito das coisas*. 3. ed. São Paulo: Ed. RT, 2014, p. 555.

28. Segundo bem leciona Orlando Gomes, "do negócio de alienação fiduciária nasce uma relação jurídica entre fiduciante e fiduciário, que se distingue pelo fator confiança. O fiduciante confia em que voltará a ser dono da mercadoria no momento em que pagar a dívida" (GOMES, Orlando. *Alienação fiduciária em garantia*. São Paulo: Ed. RT, 1970, p. 21). Em igual sentido: DÍEZ-PICAZO, Luis; GULLÓN, Antonio. *Sistema de derecho civil*, v. I – introducción, derecho de la persona, autonomía privada, persona jurídica. 11. ed. Madrid: Editorial Tecnos, 2003, p. 518.

29. "Art. 1.361. (...) § 1º Constitui-se a propriedade fiduciária com o registro do contrato, celebrado por instrumento público ou particular, que lhe serve de título, no Registro de Títulos e Documentos do domicílio do devedor, ou, em se tratando de veículos, na repartição competente para o licenciamento, fazendo-se a anotação no certificado de registro."

razão pela qual se pode considerá-la um negócio jurídico de caráter formal. Nada obstante, e respeitada a forma escrita, a lei deixa aos contratantes a restrita liberdade para escolher se o farão por instrumento público ou por instrumento particular.[30]

De todo modo, tendo em vista que a propriedade fiduciária de bem móvel é um direito real de garantia, sua constituição depende, necessariamente, de o respectivo contrato de alienação fiduciária ser submetido a registro público, como também preceitua o § 1º do artigo 1.361 do Código Civil. Sem que se dê tal publicidade ao negócio, não se estabelece ao credor um direito oponível *erga omnes*, não se configurando, destarte, o direito real de propriedade fiduciária.

E, diferentemente do que ocorre na alienação fiduciária de bem imóvel – cujo registro deve realizar-se em Cartório Registro de Imóveis – a alienação fiduciária de bem móvel necessita, via de regra, ser levada a registro perante Cartório de Registro de Títulos e Documentos do domicílio do fiduciante.

Excepcionam-se dessa regra apenas as alienações fiduciárias que tiverem como objeto veículos automotores, uma vez que, conforme relevante precedente do Plenário do Supremo Tribunal Federal oriundo do julgamento do Recurso Extraordinário 611.639/RJ,[31] por comportarem os veículos automotores registro em órgãos públicos próprios para seu licenciamento, basta que perante esses mesmos órgãos seja realizado o registro do contrato de alienação fiduciária,[32] dispensando-se, pois, para a constituição da propriedade fiduciária, o registro do instrumento negocial no Cartório de Registro de Títulos e Documentos.

Quanto ao modo de funcionamento da alienação fiduciária de bem móvel, interessantes características se notam.

De início, vale constar que a alienação fiduciária em garantia é sempre negócio jurídico acessório em relação ao contrato principal em que instituído o crédito que

---

30. É o magistério de Ramagem Badaró: "nossa alienação fiduciária em garantia, face a exigência de forma prescrita, tem evidente caráter formal. O que acontece por depender de forma especial (...). Sendo o escrito imprescindível para a substância do ato; independente do valor quantitativo do negócio. Cabendo às partes o direito à escolha da forma do instrumento do contrato. Se por instrumento público ou particular" (BADARÓ, Ramagem. *Fisionomias civil, processual e penal da alienação fiduciária em garantia*. São Paulo: Editora Juriscredi LTDA., 1972, p. 47).

31. Ementa do julgado: "RECURSO EXTRAORDINÁRIO – PREQUESTIONAMENTO. O recurso extraordinário pressupõe o prequestionamento da matéria versada nas razões, sendo indispensável tenha havido debate e decisão prévios. RECURSO EXTRAORDINÁRIO – MATÉRIA LEGAL. O recurso extraordinário não é meio próprio à interpretação de normas estritamente legais. PROPRIEDADE FIDUCIÁRIA – VEÍCULO AUTOMOTOR – REGISTRO. Surge constitucional o § 1º do artigo 1.361 do Código Civil no que revela a possibilidade de ter-se como constituída a propriedade fiduciária com o registro do contrato na repartição competente para o licenciamento do veículo" (RE 611639, Relator(a): Min. MARCO AURÉLIO, Tribunal Pleno, julgado em 21/10/2015, PROCESSO ELETRÔNICO REPERCUSSÃO GERAL, MÉRITO DJe-070 DIVULG 14-04-2016 PUBLIC 15-04-2016). Aliás, no próprio dispositivo de tal acórdão, o Plenário da Corte Constitucional cristaliza sua interpretação "no sentido de assentar a desnecessidade do registro, em cartório, do contrato de alienação fiduciária de veículos".

32. Sobre o procedimento para o registro da alienação fiduciária de veículos automotores, tratar-se-á com maior detalhamento no tópico n. 5 deste capítulo, subtópico 5.1.

ALIENAÇÃO FIDUCIÁRIA DE BEM MÓVEL **395**

a propriedade fiduciária visa a garantir.[33] A alienação fiduciária em garantia apenas existe em virtude da avença principal, razão por que a extinção desta – por exemplo, pelo pagamento ou pelo reconhecimento de sua nulidade – resulta no término daquela, conforme o princípio *accessorium sequitur principale*.[34]

Cumpre também anotar que a alienação fiduciária é modalidade de negócio jurídico que produz, concomitantemente, efeitos reais e efeitos obrigacionais, com a peculiaridade de que todos esses efeitos relacionam-se ao mesmo objeto, qual seja, o bem alienado fiduciariamente.[35]

Isso porque o contrato de alienação fiduciária em garantia engloba, ao mesmo tempo, a geração de uma garantia real em favor do credor fiduciário, consubstanciada na propriedade fiduciária da coisa alienada fiduciariamente, e a sujeição do credor fiduciário a uma obrigação, qual seja, a de restituir, ao devedor fiduciante (ou a um terceiro beneficiário, caso assim se convencione) o domínio dessa mesma coisa alienada em garantia, tão logo satisfeita pelo devedor fiduciante a obrigação garantida pelo direito real de propriedade fiduciária.

Desse modo, o negócio jurídico de alienação fiduciária não consiste em mero contrato real ou de direito das coisas.[36] Ingressa, mesmo, na classe dos chamados contratos obrigacionais-reais.[37]

Também já é possível perceber que o negócio jurídico de alienação fiduciária em garantia consiste em um contrato de execução diferida no tempo, uma vez que a obrigação do fiduciante (transferência ao fiduciário da propriedade resolúvel do

---

33. ALVES, José Carlos Moreira. *Da alienação fiduciária em garantia*. 2. ed. Rio de Janeiro: Forense, 1979, p. 65-66.

34. CHALHUB, Melhim Namem. *Direitos reais*. 2. ed. São Paulo: Ed. RT, 2014, p. 250.

35. Assim aponta Enzo Roppo, para quem "é também muito frequente que um contrato produza conjuntamente efeitos reais e efeitos obrigacionais (...). A peculiaridade do negócio fiduciário, deste ponto de vista, consiste no facto de os efeitos reais e os efeitos obrigacionais produzidos terem, digamos, um mesmo objecto: a coisa que constitui objecto de transferência" (ROPPO, Enzo. *O contrato*. Tradução de Ana Coimbra e M. Januário C. Gomes. Coimbra: Edições Almedina SA, 2009, p. 217).

36. Deveras, parcela da doutrina enxerga na alienação fiduciária a simples geração de efeitos reais, sem qualquer efeito obrigacional, classificando tal negócio jurídico como um mero contrato real ou contrato de direito das coisas. Nesse sentido, afirma José Carlos Moreira Alves que a alienação fiduciária em garantia apresenta-se, "em nosso sistema jurídico, também como contrato de direito das coisas", à semelhança dos contratos de penhor, de anticrese e de hipoteca, que "não criam, modificam ou extinguem obrigações", sendo "negócios jurídicos que não se situam no campo do direito obrigacional, mas, sim, no do direito das coisas" (ALVES, José Carlos Moreira. *Da alienação fiduciária em garantia*. 2. ed. Rio de Janeiro: Forense, 1979, p. 38-39). Referido entendimento, como visto, carece de sustentação, uma vez que, como logo acima verificado, o contrato de alienação fiduciária gera, a par de seus efeitos reais, certos efeitos obrigacionais, não podendo, por isso, ser classificado como mero contrato real ou de direito das coisas, sendo mister reconhecer seu encaixe perfeito na categoria dos contratos obrigacionais-reais. Por essa razão, revemos, nesta segunda edição do presente trabalho, o equivocado posicionamento por nós adotado na primeira edição, ocasião em que desacertadamente concordamos com a corrente doutrinária que afirma ser a alienação fiduciária simples contrato de direito das coisas. Registre-se aqui, portanto, nossa humilde retratação.

37. É a terminologia utilizada por Inocêncio Galvão Telles, para quem são contratos "obrigacionais-reais" aqueles contratos reais "que simultaneamente produzem efeitos no campo das obrigações" (TELLES, Inocêncio Galvão. *Manual dos contratos em geral*. 3. ed. Lisboa: Coimbra Editora, 1965, p. 404).

bem alienado em garantia) é, no mais das vezes, cumprida imediatamente, mas a obrigação do fiduciário (restituição do bem à propriedade do fiduciante) deve ser por ele cumprida somente em momento futuro, quando do adimplemento integral da obrigação garantida.

Tem-se que, pela alienação fiduciária, transmite-se ao credor fiduciário a propriedade *pro tempore* da coisa dada em garantia pelo fiduciante.[38] Com isso, torna-se o fiduciário, ainda que temporariamente, o efetivo e único proprietário do bem dado em garantia, não restando qualquer parcela de propriedade ao fiduciante.

Pela alienação fiduciária, portanto, não há desdobramento da propriedade[39] – por exemplo, em *"propriedade formal"* e *"propriedade real"*, como defende parcela da doutrina espanhola[40] ou em *"propriedade legal"* e *"propriedade substancial"*, como ocorre no instituto inglês do *chattel mortgage*, que, segundo se afirma, teria sido uma das inspirações modernas à alienação fiduciária brasileira[41] – e nem ocorre transmissão meramente fática do domínio da coisa,[42] também porque tais figuras não são admitidas pelo Direito brasileiro.

O que há, na realidade, é tão somente o fracionamento da posse em relação à coisa alienada fiduciariamente, de modo que o devedor fiduciante permanece com a posse direta do bem, enquanto ao credor fiduciário é transmitida a sua posse indireta, tudo mediante uma *traditio ficta* por força de lei,[43] como explicita o artigo 1.361, § 2º,

---

38. DINIZ, Maria Helena. *Código Civil anotado*. 18. ed. São Paulo: Saraiva, 2017, p. 1.047.
39. Consoante explicita Massimo Bianca, "proprietario è allora unicamente il fiduciario, e non può quindi parlarsi propriamente di uno sdoppiamento della proprietà" (BIANCA, C. Massimo. *Diritto civile*, v. VI – la proprietà. Milano: Giuffrè Editore, 1999, p. 201). Em tradução livre: "proprietário é, então, unicamente o fiduciário, não se podendo, portanto, falar propriamente de um desdobramento da propriedade".
40. *V.g.* DÍEZ-PICAZO, Luis; GULLÓN, Antonio. *Sistema de derecho civil*, v. I – introducción, derecho de la persona, autonomía privada, persona jurídica. 11. ed. Madrid: Editorial Tecnos, 2003, p. 521.
41. ALVES, José Carlos Moreira. *Da alienação fiduciária em garantia*. 2. ed. Rio de Janeiro: Forense, 1979, p. 29-32.
42. Como aventa, a nosso ver equivocadamente, Ramagem Badaró, para quem "por meio da alienação fiduciária em garantia, transfere-se de fato, sem transferir-se de direito, realmente, um bem", de modo a "faltar, ao mesmo, uma transferência de domínio" (BADARÓ, Ramagem. *Fisionomias civil, processual e penal da alienação fiduciária em garantia*. São Paulo: Editora Juriscredi LTDA., 1972, p. 37).
43. Nesse sentido: ALVES, José Carlos Moreira. *Da alienação fiduciária em garantia*. 2. ed. Rio de Janeiro: Forense, 1979, p. 53; e PEREIRA, Caio Mário da Silva. *Instituições de direito civil*, v. IV – direitos reais. Atualização de Carlos Edison do Rêgo Monteiro Filho. 21. ed. Rio de Janeiro: Forense, 2013, p. 364. Vale notar, nesse ponto, que Orlando Gomes entende tal situação como sendo uma hipótese de constituto possessório presumido decorrente da lei, ou seja, defende haver um "constituto possessório, que até por disposição legal, presume a tradição" do bem ao credor fiduciário (GOMES, Orlando. *Alienação fiduciária em garantia*. São Paulo: Ed. RT, 1970, p. 73-76). No mesmo sentido: RODRIGUES, Silvio. *Direito civil*, v. 3 – dos contratos e das declarações unilaterais de vontade. 30. ed. São Paulo: Saraiva, 2004, p. 182; ALVES, Vilson Rodrigues. *Alienação fiduciária em garantia*. Campinas: Millenium, 1998, p. 36-37. Entretanto, e com a devida vênia, cabe discordar do mencionado posicionamento, uma vez que, no Direito brasileiro, não se concebe a existência de constituto possessório presumido, senão somente expresso (quando há cláusula específica estipulando-o) ou, quando muito, tácito (quando se apresenta como decorrência lógica e necessária de alguma outra cláusula expressa). Assim, aliás, o magistério de Clovis Beviláqua: "a cláusula constituti não se presume; deve ser expressa ou resultar, necessariamente, de cláusula expressa, como quando o vendedor conserva o prédio em seu poder a título de aluguel" (BEVILÁQUA, Clovis. *Código Civil dos Estados Unidos do Brasil comentado*, v. I. Edição histórica. Rio de Janeiro: Editora Rio, 1979, p. 977).

do Código Civil.[44] Aliás, como analisado anteriormente, a inocorrência de tradição real da coisa e a consequente manutenção da posse direta com o fiduciante estão, justamente, entre as principais vantagens da propriedade fiduciária de bem móvel enquanto modalidade de garantia real.

Ainda quanto à propriedade da coisa alienada em garantia, então exclusiva do fiduciário, tem-se que consiste em propriedade resolúvel,[45] já que sujeita a condição resolutiva, qual seja, o pagamento integral do débito, que extingue a garantia e faz retornar o domínio do bem ao patrimônio do fiduciante ou de um terceiro.

E a circunstância de a propriedade fiduciária apresentar-se ao credor como uma propriedade resolúvel, que se extingue pelo integral cumprimento da obrigação principal, gera, na outra ponta da relação fiduciária, uma pretensão restitutória ao devedor fiduciante, que passa a ter também uma expectativa, qual seja, a de receber em retorno o domínio do bem alienado em garantia, expectativa essa que se faz igualmente condicionada, por certo, pelo adimplemento integral da obrigação principal que lhe cabe.[46] Vale anotar que essa expectativa foi elevada à qualidade de efetivo direito real de aquisição pelo artigo 1.368-B, *caput*, do Código Civil,[47] então incluído pela Lei 13.043/2014.

Também por gerar uma propriedade resolúvel, a alienação fiduciária apresenta ponto de semelhança tanto com a venda com reserva de domínio, como com a retrovenda – que são ambas cláusulas especiais do contrato de compra e venda –, visto que envolvem, em seu conteúdo, a alienação de um bem combinada com um direito de propriedade resolúvel: no caso da reserva de domínio, porque o vendedor mantém consigo a propriedade da coisa até que o comprador, a quem é conferida desde logo a posse direta, efetue o pagamento do valor convencionado, momento em que sua propriedade se resolve em favor do comprador; na retrovenda, porque cria ao vendedor a prerrogativa de, dentro de um prazo decadencial convencionado pelas partes (mas não superior a três anos), recobrar do comprador o bem imóvel alienado, caso em que o domínio do comprador se resolve em favor do vendedor.[48]

---

44. "Art. 1.361. (...) § 2º Com a constituição da propriedade fiduciária, dá-se o desdobramento da posse, tornando-se o devedor possuidor direto da coisa."

45. GONÇALVES, Carlos Roberto. *Direito civil brasileiro*, v. 5 – direito das coisas. 7. ed. São Paulo: Saraiva, 2012, p. 433.

46. Nessa esteira: GOMES, Orlando. *Alienação fiduciária em garantia*. São Paulo: Ed. RT, 1970, p. 21; e CHALHUB, Melhim Namem. *Direitos reais*. 2. ed. São Paulo: Ed. RT, 2014, p. 252.

47. "Art. 1.368-B. A alienação fiduciária em garantia de bem móvel ou imóvel confere direito real de aquisição ao fiduciante, seu cessionário ou sucessor."

48. Cirúrgica é a lição de San Tiago Dantas, para quem a cláusula de reserva de domínio "é uma convenção, na qual, o ato de translação da coisa, praticado no limiar do contrato, não tem o efeito de transferir o domínio, mas, apenas, o de transferir a posse, ficando este segundo efeito dependente do pagamento da última prestação do preço convencionado". E o mesmo jurista conceitua a retrovenda como "o direito que tem o vendedor de, posteriormente, recobrar a coisa que vendeu, forçando o comprador a lha devolver, mediante restituição do preço e das despesas que o comprador tenha tido até aquela data com a coisa e com as transações de que foi objeto" (DANTAS, San Tiago. *Programa de direito civil*, v. II – os contratos. Rio de Janeiro: Editora Rio, 1978, p. 238 e 244).

Difere-se a alienação fiduciária da venda com reserva de domínio na medida em que na alienação fiduciária há efetiva transmissão da propriedade de um bem do devedor ao credor, enquanto na venda com reserva de domínio ocorre que a coisa, que já era de domínio do vendedor, simplesmente permanece em sua propriedade até o completo pagamento de seu valor pelo comprador.[49]

Igualmente não se confunde com a retrovenda, pois, na alienação fiduciária, a restituição do bem ao patrimônio do devedor fiduciante se dá em virtude do adimplemento da obrigação garantida pela propriedade fiduciária, ao passo que, na retrovenda, o recobro da propriedade da coisa fundamenta-se em mero direito potestativo do vendedor de, a qualquer tempo dentro do prazo decadencial, exigir do comprador, por manifestação unilateral de vontade, a restituição do bem, mediante o pagamento dos pertinentes valores. Acrescente-se também a circunstância de que a retrovenda apenas é admissível em relação a bens imóveis, ao contrário da alienação fiduciária, que pode ter bem móvel como objeto.[50]

De todo modo, a propriedade fiduciária não se trata de propriedade plena. Isso porque é ilícito às partes que, quando da celebração da alienação fiduciária, convencionem cláusula comissória, ou seja, que pactuem em favor do fiduciário a faculdade de ficar com a coisa para si próprio em caso de inadimplemento por parte do fiduciante. Eventual cláusula nesse sentido é nula *pleno jure*,[51] nos termos do artigo 1.365, *caput*, do Código Civil.[52]

Por conseguinte, sendo inadimplente o devedor fiduciante, não é, via de regra,[53] permitido ao credor fiduciário tomar o bem para si, senão apenas lhe é facultado realizar a garantia pela venda da coisa, utilizando-se do valor obtido com a venda para a satisfação do crédito.[54] Coerentemente, é esse também o exato raciocínio adotado pelo Código Civil, em seu artigo 1.364.[55]

---

49. MARTINS, Fran. *Contratos e obrigações comerciais*. 15. ed. Rio de Janeiro: Forense, 2000, p. 184; BADARÓ, Ramagem. *Fisionomias civil, processual e penal da alienação fiduciária em garantia*. São Paulo: Editora Juriscredi LTDA., 1972, p. 43; VENOSA, Silvio de Salvo. *Código Civil interpretado*. 2. ed. São Paulo: Atlas, 2011, p. 1.363.
50. GOMES, Orlando. *Alienação fiduciária em garantia*. São Paulo: Ed. RT, 1970, p. 28-30.
51. PEREIRA, Caio Mário da Silva. *Instituições de direito civil*, v. IV – direitos reais. Atualização de Carlos Edison do Rêgo Monteiro Filho. 21ª edição. Rio de Janeiro: Forense, 2013, p. 374.
52. "Art. 1.365. É nula a cláusula que autoriza o proprietário fiduciário a ficar com a coisa alienada em garantia, se a dívida não for paga no vencimento."
53. Há exceções, como se verificará com detalhes no tópico n. 7 deste capítulo.
54. É o escólio de José Carlos Moreira Alves, para quem, na alienação fiduciária, "o credor não se torna, por isso, proprietário pleno, uma vez que a propriedade – propriedade fiduciária – que lhe é atribuída se restringe, em última análise, a enfeixar as faculdades jurídicas de entrar na posse plena da coisa e de dispor dela, judicial ou extrajudicialmente, para satisfazer seu crédito" (ALVES, José Carlos Moreira. *Da alienação fiduciária em garantia*. 2. ed. Rio de Janeiro: Forense, 1979, p. 24).
55. "Art. 1.364. Vencida a dívida, e não paga, fica o credor obrigado a vender, judicial ou extrajudicialmente, a coisa a terceiros, a aplicar o preço no pagamento de seu crédito e das despesas de cobrança, e a entregar o saldo, se houver, ao devedor."

Isso significa que, dos quatro poderes da propriedade (listados no artigo 1.228 do Código Civil[56]) – e cuja presença concomitante configura a propriedade plena –, o fiduciário tem apenas a *rei vindicatio* (o direito de reivindicar a coisa) e o *jus abutendi* (direito de dispor da coisa), não sendo a alienação fiduciária capaz de lhe conferir o *jus utendi* (direito de usar a coisa) e o *jus fruendi* (direito de fruição), que permanecem exclusivamente com o fiduciante. Longe, portanto, de ser plena a propriedade fiduciária.

E não por outra razão é que o Código Civil, na parte final de seu artigo 1.367,[57] dispõe que a propriedade fiduciária, seja de bem móvel, seja de bem imóvel, não se equipara, para quaisquer efeitos, à propriedade plena regulamentada enquanto presunção relativa pelo artigo 1.231 do mesmo Código.[58]

Não é difícil perceber, nesse ponto, que, diferentemente das modalidades tradicionais de garantia real (hipoteca, penhor e anticrese), que se consagram como garantias reais sobre coisa alheia – visto que o devedor permanece sendo titular do domínio sobre a coisa dada em garantia –, a propriedade fiduciária é uma garantia real sobre bem próprio[59] (uma "*hipergarantia*", como denomina Luciano de Camargo Penteado[60]), já que a alienação fiduciária faz do credor fiduciário o titular de um direito real de garantia sobre um bem que agora é de sua propriedade.

Por fim, quanto ao aspecto objetivo da alienação fiduciária de bem móvel, admite a atual legislação brasileira que a alienação fiduciária tenha por objeto tanto bens móveis infungíveis – assim entendidos aqueles que não podem ser substituídos, em virtude de alguma qualidade individual sua[61] –, como bens móveis fungíveis – compreendidos, nos termos do artigo 85 do Código Civil, como "*os móveis que podem substituir-se por outros da mesma espécie, qualidade e quantidade*".

Em virtude das particularidades distintivas de cada uma dessas duas modalidades de alienação fiduciária – notadamente da que tem por objeto bens móveis fungíveis, cuja regulamentação contraria, inclusive, algumas das características gerais apresentadas neste tópico –, serão elas assunto para tratamento mais detalhado nos dois próximos tópicos deste capítulo.

---

56. "Art. 1.228. O proprietário tem a faculdade de usar, gozar e dispor da coisa, e o direito de reavê-la do poder de quem quer que injustamente a possua ou detenha."
57. "Art. 1.367. A propriedade fiduciária em garantia de bens móveis ou imóveis sujeita-se às disposições do Capítulo I do Título X do Livro III da Parte Especial deste Código e, no que for específico, à legislação especial pertinente, não se equiparando, para quaisquer efeitos, à propriedade plena de que trata o art. 1.231."
58. "Art. 1.231. A propriedade presume-se plena e exclusiva, até prova em contrário."
59. Nesse sentido: GOMES, Orlando. *Alienação fiduciária em garantia*. São Paulo: Ed. RT, 1970, p. 20; ALVES, Vilson Rodrigues. *Alienação fiduciária em garantia*. Campinas: Millenium, 1998, p. 29; e CHALHUB, Melhim Namem. *Direitos reais*. 2. ed. São Paulo: Ed. RT, 2014, p. 251.
60. PENTEADO, Luciano de Camargo. *Direito das coisas*. 3. ed. São Paulo: Ed. RT, 2014, p. 557.
61. DINIZ, Maria Helena. *Código Civil anotado*. 18. ed. São Paulo: Saraiva, 2017, p. 181.

5. PARTICULARIDADES DA ALIENAÇÃO FIDUCIÁRIA DE BENS MÓVEIS INFUNGÍVEIS

A alienação fiduciária de bens móveis infungíveis é a que encontra, no Direito brasileiro, a mais ampla aplicabilidade, tendo cabimento genérico para a garantia de qualquer modalidade de crédito, hipótese em que é regida pelos artigos 1.361 a 1.368-B do Código Civil, bem como podendo ser realizada no âmbito do Mercado Financeiro e de Capitais, caso em que obedece, principalmente, à regulamentação específica do artigo 66-B da Lei 4.728/1965, sem prejuízo da aplicação subsidiária das disposições do Código Civil, conforme preceitua o artigo 1.368-A do Código Civil.[62]

Trata-se, aqui em *Terrae Brasilis*, da modalidade padrão de alienação fiduciária de bem móvel, razão por que a ela aplicam-se integralmente as considerações até agora consignadas neste capítulo e, no mais, aquelas tecidas logo adiante, no tópico n. 7, a respeito da extinção da alienação fiduciária de bem móvel. Aliás, o próprio conceito de alienação fiduciária constante do artigo 1.361, *caput*, do Código Civil, indica que "*considera-se fiduciária a propriedade resolúvel de coisa móvel infungível que o devedor, com escopo de garantia, transfere ao credor*".

Conforme preceitua o artigo 1.362 do Código Civil,[63] o negócio jurídico da alienação fiduciária de bem móvel infungível, que necessita sempre guardar a forma escrita, deve conter, ao menos, (a) o total da dívida, ou, se o caso, sua estimativa; (b) o prazo, ou a época do pagamento; (c) a taxa de juros, se houver; e (d) a descrição da coisa objeto da transferência, com os elementos indispensáveis à sua identificação.

Contudo, em se tratando de alienação fiduciária de bem móvel infungível realizada no âmbito do Mercado Financeiro e de Capitais ou para a garantia de créditos fiscais e previdenciários, deve seu instrumento escrito indicar também, nos termos do artigo 66-B, *caput*, da Lei 4.728/1965,[64] (a) a cláusula penal; (b) o índice de atualização monetária, se houver; e (c) as demais comissões e encargos.

Na alienação fiduciária de bem móvel infungível, por nela ocorrer o fracionamento da posse, restando a posse direta da coisa com o devedor fiduciante, o ordenamento pátrio confere a ele a condição de depositário do bem alienado em garantia,[65] estabe-

---

62. "Art. 1.368-A. As demais espécies de propriedade fiduciária ou de titularidade fiduciária submetem-se à disciplina específica das respectivas leis especiais, somente se aplicando as disposições deste Código naquilo que não for incompatível com a legislação especial."

63. "Art. 1.362. O contrato, que serve de título à propriedade fiduciária, conterá: I – o total da dívida, ou sua estimativa; II – o prazo, ou a época do pagamento; III – a taxa de juros, se houver; IV – a descrição da coisa objeto da transferência, com os elementos indispensáveis à sua identificação."

64. "Art. 66-B. O contrato de alienação fiduciária celebrado no âmbito do mercado financeiro e de capitais, bem como em garantia de créditos fiscais e previdenciários, deverá conter, além dos requisitos definidos na Lei no 10.406, de 10 de janeiro de 2002 – Código Civil, a taxa de juros, a cláusula penal, o índice de atualização monetária, se houver, e as demais comissões e encargos."

65. Sendo válido esclarecer que a antiga discussão acerca da possibilidade ou não de prisão civil do fiduciante, quando agindo como depositório infiel, perdeu relevância em virtude do atual entendimento do Supremo Tribunal Federal no sentido de não mais ser admissível no Direito brasileiro a prisão civil de qualquer de-

ALIENAÇÃO FIDUCIÁRIA DE BEM MÓVEL **401**

lecendo o Código Civil, em seu artigo 1.363,[66] dois precípuos deveres ao fiduciante, quais sejam, (a) o dever de guarda da coisa, com a observância de todas as cautelas que o bem, por sua natureza, exigir; e (b) o dever de, em inadimplindo a obrigação principal, entregar o bem ao credor fiduciário, para a posterior realização da garantia. E, sem prejuízo desses, há, como pontua a doutrina,[67] ainda outros deveres a que se sujeita o fiduciante, a saber: (c) o dever de custeio dos encargos e das taxas incidentes sobre o bem; e (d) o dever de reparação de eventuais perdas e danos causadas pela utilização da coisa; (e) o dever de manter consigo a coisa, não podendo aliená-la a outrem, seja a título gratuito, seja a título oneroso.

Também direitos assistem ao devedor fiduciante, notadamente: (a) o direito de exercer o *jus utendi* e o *jus fruendi* em relação à coisa móvel, durante o período da alienação fiduciária, podendo manejar ação possessória contra qualquer sujeito – inclusive contra o próprio fiduciário, se o caso – que impossibilite, atrapalhe ou ameace o exercício de sua posse tranquila;[68] (b) o direito de reaver a coisa ao seu patrimônio após o cumprimento integral da obrigação principal, o que engloba, por certo, o direito de receber a quitação, cuja averbação é necessária a dar publicidade à extinção da garantia real.

Igualmente, o fiduciário tem deveres e direitos. Dentre os deveres, estão (a) o de não impossibilitar ou atrapalhar o fiduciante no exercício regular da posse; (b) o de dar quitação e restituir ao fiduciante o bem, assim que totalmente adimplida a obrigação garantida; (c) o de restituir ao devedor o eventual saldo remanescente, na hipótese de realização da garantia. Por outro lado, ao fiduciário são resguardados os seguintes direitos: (a) de consolidar a propriedade e realizar o valor da coisa, em caso de inadimplemento da obrigação principal; (b) de proteger sua propriedade fiduciária e sua posse indireta por meio das ações judiciais adequadas.

5.1 Normas especiais sobre o registro e a baixa da alienação fiduciária de veículo automotor

No Brasil, uma das formas mais comuns de alienação fiduciária de bem móvel infungível em garantia é a celebrada com o objetivo de se garantir obrigação de execução continuada assumida perante uma instituição financeira no bojo de contrato de financiamento obtido para a aquisição de um veículo, caso em que o devedor

---

positário infiel, conforme cristalizado na Súmula Vinculante 25, segundo a qual "é ilícita a prisão civil de depositário infiel, qualquer que seja a modalidade de depósito".

66. "Art. 1.363. Antes de vencida a dívida, o devedor, a suas expensas e risco, pode usar a coisa segundo sua destinação, sendo obrigado, como depositário: I – a empregar na guarda da coisa a diligência exigida por sua natureza; II – a entregá-la ao credor, se a dívida não for paga no vencimento."

67. PEREIRA, Caio Mário da Silva. *Instituições de direito civil*, v. IV – direitos reais. Atualização de Carlos Edison do Rêgo Monteiro Filho. 21. ed. Rio de Janeiro: Forense, 2013, p. 368-369; CHALHUB, Melhim Namem. *Direitos reais*. 2. ed. São Paulo: Ed. RT, 2014, p. 258-259.

68. É o magistério de Luciano de Camargo Penteado: "o fiduciante tem ações possessórias para a garantia da utilização efetiva e plena dos poderes dominiais, ainda em face do fiduciário proprietário" (PENTEADO, Luciano de Camargo. *Direito das coisas*. 3. ed. São Paulo: Ed. RT, 2014, p. 559).

oferece, em propriedade fiduciária, o próprio veículo adquirido a crédito. Nesse tipo de alienação fiduciária, figura o adquirente do veículo (devedor) como fiduciante e a instituição financeira (credora) como fiduciária.

Como analisado em momento anterior, e segundo o atual entendimento do Supremo Tribunal Federal (RE 611.639/RJ[69]), as alienações fiduciárias que têm como objeto veículos automotores não necessitam ser registradas no Cartório de Registro de Títulos e Documentos, sendo suficiente à constituição da propriedade fiduciária o registro de seu instrumento perante o órgão público próprio para o licenciamento do veículo, ou seja, perante o Departamento Estadual de Trânsito (DETRAN), por suas instalações locais.

Nos termos do artigo 6º, *caput*, da Lei 11.882/2008,[70] ademais, a anotação da alienação fiduciária de veículo automotor no respectivo Certificado de Registro de Veículo (CRV)[71] é plenamente suficiente para que se prove perante terceiros (ou seja, para que se faça oponível *erga omnes*) a propriedade fiduciária. No mesmo sentido é a Súmula 92 do Superior Tribunal de Justiça, ao estabelecer que *"a terceiro de boa-fé não é oponível a alienação fiduciária não anotada no Certificado de Registro do veículo automotor"*.

Atualmente, o registro de alienações fiduciárias de veículos automotores é regulamentado pela Resolução 689/2017 do Conselho Nacional de Trânsito (CONTRAN).

Referida resolução institui o subsistema de Registro Nacional de Gravames (RENAGRAV), que integra o sistema de Registro Nacional de Veículos Automotores (RENAVAM), tendo por finalidade a realização do registro de contratos de garantia de alienação fiduciária em operações financeiras ou consórcio, arrendamento mercantil, reserva de domínio ou penhor.

Quanto ao procedimento, primeiramente, cumpre à própria entidade credora fiduciária realizar, perante uma Empresa Credenciada pelo Departamento Nacional

---

69. Eis o trecho pertinente da ementa do julgado: "PROPRIEDADE FIDUCIÁRIA – VEÍCULO AUTOMOTOR – REGISTRO. Surge constitucional o § 1º do artigo 1.361 do Código Civil no que revela a possibilidade de ter-se como constituída a propriedade fiduciária com o registro do contrato na repartição competente para o licenciamento do veículo." (RE 611639, Relator(a): Min. MARCO AURÉLIO, Tribunal Pleno, julgado em 21/10/2015, PROCESSO ELETRÔNICO REPERCUSSÃO GERAL – MÉRITO DJe-070 DIVULG 14-04-2016 PUBLIC 15-04-2016). Aliás, no próprio dispositivo de tal acórdão, o Plenário da Corte Constitucional cristaliza sua interpretação *"no sentido de assentar a desnecessidade do registro, em cartório, do contrato de alienação fiduciária de veículos"*.

70. "Art. 6º Em operação de arrendamento mercantil ou qualquer outra modalidade de crédito ou financiamento a anotação da alienação fiduciária de veículo automotor no certificado de registro a que se refere a Lei 9.503, de 23 de setembro de 1997, produz plenos efeitos probatórios contra terceiros, dispensado qualquer outro registro público."

71. Dispõem os artigos 120 e 121 do Código de Trânsito Brasileiro (Lei 9.503/1997) que "todo veículo automotor, elétrico, articulado, reboque ou semirreboque, deve ser registrado perante o órgão executivo de trânsito do Estado ou do Distrito Federal, no Município de domicílio ou residência de seu proprietário, na forma da lei", sendo que, "registrado o veículo, expedir-se-á o Certificado de Registro de Veículo – CRV de acordo com os modelos e especificações estabelecidos pelo CONTRAN, contendo as características e condições de invulnerabilidade à falsificação e à adulteração".

de Trânsito (ECD), o apontamento da informação do contrato de alienação fiduciária a ser posteriormente registrado.

O apontamento, que deve sempre ser feito no sistema RENAGRAV – sob pena de não ter qualquer validade –, é mera anotação preliminar e provisória da alienação fiduciária, devendo ocorrer sempre anteriormente ao efetivo registro do respectivo contrato. A própria Resolução 689/2017 do CONTRAN, em seu artigo 6º, §§ 3º e 4º, proíbe que o apontamento seja efetuado simultaneamente ao registro do contrato ou posteriormente a ele.

De todo modo, uma vez realizado o apontamento pelo sistema RENAGRAV e por intermédio de uma ECD, caberá à instituição credora fiduciária, no prazo máximo de trinta dias, o registro do contrato diretamente perante a entidade ou o órgão executivo de trânsito de registro do veículo (DETRAN). A ausência do requerimento de registro no referido prazo gera o cancelamento automático do apontamento.

Para o registro, a instituição credora fiduciária deverá informar ao órgão de trânsito: (a) o tipo de operação realizada; (b) o número do contrato; (c) a identificação do credor e do devedor, contendo respectivos endereço, telefone e, quando possível, endereço eletrônico (e-mail); (d) a descrição do veículo objeto do contrato e os elementos indispensáveis à sua identificação nos termos do Código de Trânsito Brasileiro; (e) o total da dívida, ou, ao menos, sua estimativa; (f) o local e a data do pagamento; (g) a quantidade de parcelas do financiamento; (h) o prazo, ou a época do pagamento; e (i) a taxa de juros, as comissões cuja cobrança for permitida, a cláusula penal e a correção monetária, com a indicação dos índices aplicados, se houver.

Estando devidamente registrada a alienação fiduciária no sistema RENAGRAV, passa ela a constar como gravame no campo de observações do Certificado de Registro de Veículos (CRV) e no Certificado de Registro e Licenciamento de Veículos (CRLV), constituindo-se, com oponibilidade *erga omnes*, a propriedade fiduciária em favor da instituição credora.

Em havendo qualquer alteração no contrato de alienação fiduciária do veículo após a efetivação de seu registro, tem a instituição fiduciária o dever de informá-la à ECD ou diretamente ao competente órgão ou entidade executiva de trânsito, cabendo a esses procederem aos devidos registros das alterações perpetradas.

Enfim, uma vez cumprida a obrigação pelo devedor fiduciante, o credor deverá informar a ECD e o competente órgão ou entidade executiva de trânsito, no prazo de 10 (dez) dias, a respeito da quitação da obrigação do devedor. Recebida a informação, têm a ECD e o órgão de trânsito o dever de proceder imediatamente à atualização do RENAGRAV e dos demais registros, averbando-se tal informação ao registro do contrato, a fim de se comprovar o término da garantia real, dando-se baixa ao registro de alienação fiduciária.

6. PARTICULARIDADES DA ALIENAÇÃO FIDUCIÁRIA DE BENS MÓVEIS FUNGÍVEIS

Por muito tempo controversa, mas dotada de interessante individualidade, a alienação fiduciária de bens móveis fungíveis é admitida pelo Direito brasileiro, sendo, porém, permitida apenas no âmbito do Mercado Financeiro e de Capitais, bem como para a garantia de créditos fiscais e previdenciários, regulando-se pelo artigo 66-B da Lei 4.728/1965, sem prejuízo da aplicação subsidiária das disposições do Código Civil, segundo se depreende do artigo 1.368-A do Código Civil.[72]

Aliás, a possibilidade de celebração de alienação fiduciária tendo por objeto bens móveis fungíveis é expressa no § 3º do mencionado artigo 66-B da Lei 4.728/1965, que assim dispõe: "é admitida a alienação fiduciária de coisa fungível e a cessão fiduciária de direitos sobre coisas móveis, bem como de títulos de crédito, hipóteses em que, salvo disposição em contrário, a posse direta e indireta do bem objeto da propriedade fiduciária ou do título representativo do direito ou do crédito é atribuída ao credor, que, em caso de inadimplemento ou mora da obrigação garantida, poderá vender a terceiros o bem objeto da propriedade fiduciária independente de leilão, hasta pública ou qualquer outra medida judicial ou extrajudicial, devendo aplicar o preço da venda no pagamento do seu crédito e das despesas decorrentes da realização da garantia, entregando ao devedor o saldo, se houver, acompanhado do demonstrativo da operação realizada".

Referida disposição, que foi incluída na Lei 4.728/1965 pela Lei 10.931/2004, trata-se de uma clara resposta legislativa à perniciosa inclinação jurisprudencial pela inadmissibilidade ou, ao menos, pela admissibilidade excessivamente limitada da alienação fiduciária de bens móveis fungíveis, a exemplo da tendência decisória do próprio Superior Tribunal de Justiça, que já havia, em algumas oportunidades, se manifestado pela impossibilidade de alienação fiduciária de bens móveis fungíveis quando estes fossem consumíveis, ou integrassem a mercadoria comerciável do devedor ou, ainda, quando se tratassem de matéria prima ou insumo para os produtos fabricados pelo devedor em seu ramo de atividade (vide, nesse sentido, as decisões proferidas no julgamento dos Recursos Especiais 2431/SP[73] e 346.240/SC,[74] ambas anteriores a 2004).

---

72. "Art. 1.368-A. As demais espécies de propriedade fiduciária ou de titularidade fiduciária submetem-se à disciplina específica das respectivas leis especiais, somente se aplicando as disposições deste Código naquilo que não for incompatível com a legislação especial."

73. Ementa do decisório: "ALIENAÇÃO FIDUCIARIA EM GARANTIA. BENS FUNGIVEIS E COMERCIAVEIS. OS BENS FUNGIVEIS QUE CONSTITUEM MERCADORIA COMERCIAVEL DE EMPRESA DEVEDORA, OU MATERIA-PRIMA DE SEUS PRODUTOS COMERCIAVEIS, NÃO PODEM SER OBJETO DE ALIENAÇÃO FIDUCIARIA. INFRINGE A PROPRIA NATUREZA DO INSTITUTO A ALIENAÇÃO EM GARANTIA DE BENS FUNGIVEIS DESTINADOS NECESSARIAMENTE A SERVIR DE INSUMO OU MATERIA-PRIMA NOS PRODUTOS DE SUA FABRICAÇÃO E COMERCIO, NO EXERCICIO NORMAL DO RAMO DE MERCANCIA DO DEVEDOR. RECURSO ESPECIAL CONHECIDO, MAS AO QUAL SE NEGA PROVIMENTO." (REsp 2.431/SP, Rel. Ministro ATHOS CARNEIRO, QUARTA TURMA, julgado em 29/06/1990, DJ 10/09/1990, p. 9130).

74. Ementa do decisório: "Processual Civil e Civil. Recurso Especial. Alienação fiduciária em garantia. Ação de busca e apreensão. Ação de consignação em pagamento. Suspensão do processo. Bens fungíveis e con-

ALIENAÇÃO FIDUCIÁRIA DE BEM MÓVEL **405**

Mencionadas limitações, cristalizadas à época pelo Superior Tribunal de Justiça, praticamente inviabilizavam a realização da alienação fiduciária de bens móveis fungíveis, principalmente em relação aos comerciantes, que, no mais das vezes, apenas têm disponível para dar em garantia, por exemplo, lotes dos produtos que fornecem ou, em se imaginando o mercado do agronegócio, uma dada quantidade de cabeças de gado. A limitação, nesses casos, contraria a própria finalidade da alienação fiduciária de bens móveis, enquanto nova modalidade de garantia real, que é, como anteriormente verificado,[75] a de facilitar a obtenção de crédito.

Deveras, o que realmente deve importar quanto à possibilidade ou não de se celebrar uma alienação fiduciária de bens móveis fungíveis não é exatamente o caráter consumível do bem dado em garantia ou o fato de ele ser produto comerciável ou matéria prima, mas sim a possibilidade de o bem ser capaz de durar pelo tempo necessário à alienação fiduciária, bem como a possibilidade de ser ele individualizado por suas características.

Em outras palavras: deve-se admitir a alienação fiduciária de bens móveis fungíveis sempre que o bem dado em garantia, sendo ao menos determinável, não seja perecível, considerando-se, para tanto, as peculiaridades da situação concreta.[76] Daí o acerto da redação aberta do § 3º do artigo 66-B da Lei 4.728/1965.

Quanto à forma, em se tratando de modalidade de alienação fiduciária realizada exclusivamente no âmbito do Mercado Financeiro e de Capitais ou para a garantia de créditos fiscais e previdenciários, deve seu instrumento escrito indicar, nos termos do artigo 66-B, *caput*, da Lei 4.728/1965 e do o artigo 1.362 do Código Civil: (a) o total da dívida, ou, se o caso, sua estimativa; (b) o prazo, ou a época do pagamento; (c) a taxa de juros, se houver; e (d) a descrição da coisa objeto da transferência, com os elementos indispensáveis à sua identificação; (e) a cláusula penal; (f) o índice de atualização monetária, se houver; e (g) as demais comissões e encargos.

O que, entretanto, particulariza sobremaneira a alienação fiduciária de bens móveis fungíveis é a circunstância de que, conforme dispõe o mesmo artigo 66-B, §

---

sumíveis (comerciáveis). – Hipótese em que a comprovação da mora ou do inadimplemento do devedor – imprescindível à determinação da busca e apreensão do bem objeto de alienação fiduciária em garantia (art. 3º, do Decreto-lei 911/69) – está na dependência do julgamento da ação de consignação em pagamento. Não há que se falar, na espécie, em extinção do processo da ação de busca e apreensão, mas na suspensão deste. – Aplica-se o direito à espécie para manter, por fundamento diverso, a extinção do processo da ação de busca e apreensão, tendo em vista que, em se tratando de bens fungíveis e consumíveis (comerciáveis), é inadmissível a alienação fiduciária e tampouco a ação de busca e apreensão e de depósito a que se refere o Decreto-lei 911/69." (REsp 346.240/SC, Rel. Ministra NANCY ANDRIGHI, TERCEIRA TURMA, julgado em 30/08/2002, DJ 04/11/2002, p. 198).

75. Vide tópico n. 3 deste capítulo.

76. Nesse sentido, leciona Vilson Rodrigues Alves que "se o bem móvel, fungível ou não, consumível ou não, pode ser identificado pelos sinais que o caracterizam, não há óbice à transmissão fiduciária de sua propriedade ao credor, para garantia de pagar-se. (...) Em se tratando de bens consumíveis e a consumibilidade há que ser de plano, há inalienabilidade fiduciária se ocorrer impossibilidade física de assegurar-se o crédito no devir" (ALVES, Vilson Rodrigues. *Alienação fiduciária em garantia*. Campinas: Millenium, 1998, p. 81-82).

3º, da Lei 4.728/1965, não há, por meio dessa modalidade de alienação fiduciária, via de regra, o fracionamento da posse da coisa entre o fiduciante e o fiduciário.

Portanto, ao credor fiduciário, que recebe a propriedade fiduciária, transmite-se integralmente também a posse do bem, não restando o devedor fiduciante com a posse direta e, por conseguinte, nem com o *jus utendi* e o *jus fruendi* em relação à coisa – salvo, vale dizer, se as partes expressamente convencionarem o contrário, como permite o texto legal.

E, como decorrência do não fracionamento da posse na alienação fiduciária de bem fungível, eliminam-se, nela, certas obrigações então inerentes à alienação fiduciária de bem infungível, tais como as obrigações do devedor fiduciante de conservar diligentemente a coisa e de entregá-la ao fiduciário em caso de inadimplemento. Facilita-se também a realização da garantia pelo credor fiduciário, que, já estando na posse direta da coisa, não terá a eventual necessidade de persegui-la mediante ação de busca e apreensão, podendo simplesmente aliená-la.

7. A EXTINÇÃO DA ALIENAÇÃO FIDUCIÁRIA DE BEM MÓVEL PELO ADIMPLEMENTO E PELO INADIMPLEMENTO DA OBRIGAÇÃO GARANTIDA

Por fim, é necessário que se expendam algumas observações a respeito da extinção da alienação fiduciária de bem móvel quando decorrente do pagamento total do débito pelo devedor fiduciante (adimplemento integral) e também quando resulta da ausência do referido pagamento no prazo convencionado (inadimplemento).

7.1 A extinção pelo adimplemento

De início, em ocorrendo o adimplemento total da obrigação principal por parte do devedor fiduciante, basta a averbação da quitação perante o órgão em que registrado o contrato de alienação fiduciária para que a propriedade fiduciária se resolva automaticamente – ou seja, sem a necessidade da prática de qualquer outro ato –, constituindo-se novamente a propriedade plena em favor do fiduciante[77] e cessando, imediatamente, a posse indireta do fiduciário[78] (ou a sua posse plena, quando se tratar de alienação fiduciária de bem móvel fungível, em que, via de regra, não se opera o fracionamento da posse).

Pode ocorrer de o credor fiduciário recusar-se indevidamente a fornecer ao devedor fiduciante a quitação a que esse faz jus. Apresentam-se, então, duas situações: (a) se o fiduciário tiver efetivamente recebido o pagamento integral e, por alguma

---

77. Salienta Carlos Roberto Gonçalves que "a recuperação da propriedade plena opera-se pela averbação da quitação do credor no cartório em que registrado o contrato" (GONÇALVES, Carlos Roberto. *Direito civil brasileiro*, v. 5 – direito das coisas. 7. ed. São Paulo: Saraiva, 2012, p. 438).

78. PEREIRA, Caio Mário da Silva. *Instituições de direito civil*, v. IV – direitos reais. Atualização de Carlos Edison do Rêgo Monteiro Filho. 21. ed. Rio de Janeiro: Forense, 2013, p. 371.

razão, apenas se recusar a prover a quitação, assiste ao fiduciante o direito de manejar ação de execução de obrigação de fazer, a fim de tão somente forçar o fiduciário a lhe conceder a quitação a que faz jus;[79] de outro lado, (b) se o fiduciário sequer houver aceitado o correto pagamento e seja essa a razão do não fornecimento da quitação, a medida judicial adequada ao fiduciante será a ação de consignação em pagamento, a fim de compelir o fiduciário a receber o pagamento e, ainda, a dar a devida quitação.[80]

De todo modo, qualquer que seja a hipótese de recusa injusta no fornecimento da quitação, pode o devedor fiduciante, sempre que tal conduta lhe causar dano (material, moral ou de outra natureza), exigir do credor fiduciário a reparação civil cabível, mediante ação de indenização.[81]

7.2 A extinção pelo inadimplemento e a ação de busca e apreensão

A alienação fiduciária de bem móvel pode extinguir-se também mediante o inadimplemento da obrigação principal pelo devedor fiduciante. Tal inadimplemento gera, ao credor fiduciário, o direito à realização do valor do bem dado em garantia para a satisfação da dívida.

Via de regra, por força da vedação ao pacto comissório no âmbito da alienação fiduciária (artigo 1.365, *caput*, do Código Civil[82]), não pode o fiduciário, diante do inadimplemento do fiduciante, tomar para si a propriedade plena da coisa. Cabe-lhe, pois, tão somente, aliená-la – judicial ou extrajudicialmente (artigo 2°, *caput*, do Decreto Lei 911/1969[83]) – e, com o valor obtido na venda, satisfazer seu débito. E, vale dizer: em sobrando saldo, deve esse ser restituído ao devedor, consoante disposição do artigo 1.364 do Código Civil.[84]

---

79. PENTEADO, Luciano de Camargo. *Direito das coisas*. 3. ed. São Paulo: Ed. RT, 2014, p. 559.

80. Certamente sobre essa hipótese é que se refere Carlos Roberto Gonçalves, ao afirmar que a quitação "pode ser obtida, em caso de recusa, por meio da ação de consignação em pagamento" (GONÇALVES, Carlos Roberto. *Direito civil brasileiro*, v. 5 – direito das coisas. 7. ed. São Paulo: Saraiva, 2012, p. 438). Em igual esteira: PEREIRA, Caio Mário da Silva. *Instituições de direito civil*, v. IV – direitos reais. Atualização de Carlos Edison do Rêgo Monteiro Filho. 21. ed. Rio de Janeiro: Forense, 2013, p. 371.

81. É como leciona Caio Mario da Silva Pereira, que vai ainda mais além, afirmando a sempre existência do dano em tal caso, por entender ser "curial que a subsistência do direito real após a liquidação do débito acarreta prejuízo ao devedor" (PEREIRA, Caio Mário da Silva. *Instituições de direito civil*, v. IV – direitos reais. Atualização de Carlos Edison do Rêgo Monteiro Filho. 21. ed. Rio de Janeiro: Forense, 2013, p. 371).

82. "Art. 1.365. É nula a cláusula que autoriza o proprietário fiduciário a ficar com a coisa alienada em garantia, se a dívida não for paga no vencimento."

83. "Art. 2° No caso de inadimplemento ou mora nas obrigações contratuais garantidas mediante alienação fiduciária, o proprietário fiduciário ou credor poderá vender a coisa a terceiros, independentemente de leilão, hasta pública, avaliação prévia ou qualquer outra medida judicial ou extrajudicial, salvo disposição expressa em contrário prevista no contrato, devendo aplicar o preço da venda no pagamento de seu crédito e das despesas decorrentes e entregar ao devedor o saldo apurado, se houver, com a devida prestação de contas."

84. "Art. 1.364. Vencida a dívida, e não paga, fica o credor obrigado a vender, judicial ou extrajudicialmente, a coisa a terceiros, a aplicar o preço no pagamento de seu crédito e das despesas de cobrança, e a entregar o saldo, se houver, ao devedor."

Nada impede, porém, que o fiduciante, após o inadimplemento e a automática constituição em mora, opte por ceder ao fiduciário seu direito eventual sobre o bem, como dação em pagamento do débito, hipótese em que o fiduciário, em aceitando o modo indireto de pagamento, será constituído na propriedade plena da coisa, nos termos da regra do parágrafo único do artigo 1.365 do Código Civil.[85]

Referida permissão legal, embora incompreendida por parcela da doutrina,[86] encontra fundamento no fato de que a vedação à cláusula comissória limita-se à livre vontade das partes quando da celebração da alienação fiduciária, não impedindo que os direitos sobre a coisa eventualmente titularizados pelo devedor fiduciante sejam dados em pagamento ao credor fiduciário após o vencimento da dívida.[87]

Na hipótese, em se tornando o fiduciário proprietário pleno da coisa, passa ele a ser responsável pelo pagamento de todos os tributos e demais encargos, públicos ou de natureza privada, incidentes sobre o bem após a data que passar a exercer a posse direta sobre a coisa, conforme o artigo 1.368-B, parágrafo único, do Código Civil.[88]

De todo modo, diante do fato de que a alienação fiduciária é um contrato acessório e a propriedade fiduciária serve como garantia de uma obrigação principal, se o valor obtido com a venda do bem for insuficiente à satisfação do crédito do fiduciário, permanece a dívida em relação ao valor restante, podendo o credor fiduciário, consoante dispõe o artigo 1.366 do Código Civil,[89] mover ação de execução contra o devedor fiduciante para obter, então pelo normal atingimento do patrimônio do devedor, a satisfação do montante remanescente[90] – ou, ainda, em tendo a realização da garantia ocorrido no bojo de ação de busca e apreensão, requerer a simples conversão do procedimento para o rito executório.

---

85. "Art. 1.365. (...) Parágrafo único. O devedor pode, com a anuência do credor, dar seu direito eventual à coisa em pagamento da dívida, após o vencimento desta."

86. *V.g.* TALAVERA, Glauber Moreno et alii. *Comentários ao Código Civil* – artigo por artigo. Organização de Jorge Shiguemitsu Fujita, Luiz Antonio Scavone Jr., Carlos Eduardo Nicoletti Camillo e Glauber Moreno Talavera. 2. ed. São Paulo: Ed. RT, 2009, p. 1.678.

87. É o escólio de Orlando Gomes, para quem a proibição da cláusula comissória "dirige-se à autonomia das partes. Não podem inserir, no contrato, cláusula que autorize o credor a se tornar proprietário definitivo, se a dívida não for paga no vencimento, nem lhes é lícito fazê-lo posteriormente. Em outras circunstâncias, porém, a conversão pode ocorrer. (...) Nada impede, por outro lado, que, vencida a dívida, o próprio devedor se proponha a saldá-la mediante dação em pagamento, que tenha como objeto a entrega, em caráter definitivo, da própria coisa que alienara fiduciariamente" (GOMES, Orlando. *Alienação fiduciária em garantia.* São Paulo: Ed. RT, 1970, p. 113).

88. "Art. 1368-B. (...) Parágrafo único. O credor fiduciário que se tornar proprietário pleno do bem, por efeito de realização da garantia, mediante consolidação da propriedade, adjudicação, dação ou outra forma pela qual lhe tenha sido transmitida a propriedade plena, passa a responder pelo pagamento dos tributos sobre a propriedade e a posse, taxas, despesas condominiais e quaisquer outros encargos, tributários ou não, incidentes sobre o bem objeto da garantia, a partir da data em que vier a ser imitido na posse direta do bem."

89. "Art. 1.366. Quando, vendida a coisa, o produto não bastar para o pagamento da dívida e das despesas de cobrança, continuará o devedor obrigado pelo restante."

90. PEREIRA, Caio Mário da Silva. *Instituições de direito civil*, v. IV – direitos reais. Atualização de Carlos Edison do Rêgo Monteiro Filho. 21. ed. Rio de Janeiro: Forense, 2013, p. 370; CHALHUB, Melhim Namem. *Direitos reais*. 2. ed. São Paulo: Ed. RT, 2014, p. 260.

ALIENAÇÃO FIDUCIÁRIA DE BEM MÓVEL **409**

Quanto ao inadimplemento, e conforme se abstrai do texto do artigo 2º, § 3º, do Decreto-Lei 911/1969,[91] importante regra incidente no âmbito da alienação fiduciária em garantia de bem móvel é a de que o não pagamento de uma ou mais prestações da obrigação principal é suficiente a se considerarem antecipadamente vencidas todas as demais prestações, o que se justifica pelo fato de que a dívida, embora fracionada em prestações, é uma, sendo que o não pagamento de qualquer das prestações resulta na quebra de confiança quanto ao pagamento do restante.[92]

Nesse sentido, aliás, o Superior Tribunal de Justiça, em precedente oriundo de acórdão proferido, no ano de 2017, por sua Segunda Turma no julgamento do Recurso Especial 1.622.555/MG,[93] afastando a aplicação da teoria do inadimplemento

---

91. "Art. 2º. (...) § 3º A mora e o inadimplemento de obrigações contratuais garantidas por alienação fiduciária, ou a ocorrência legal ou convencional de algum dos casos de antecipação de vencimento da dívida facultarão ao credor considerar, de pleno direito, vencidas todas as obrigações contratuais, independentemente de aviso ou notificação judicial ou extrajudicial."

92. GOMES, Orlando. *Alienação fiduciária em garantia*. São Paulo: Ed. RT, 1970, p. 97-98.

93. Ementa do julgado: "RECURSO ESPECIAL. AÇÃO DE BUSCA E APREENSÃO. CONTRATO DE FINAN-CIAMENTO DE VEÍCULO, COM ALIENAÇÃO FIDUCIÁRIA EM GARANTIA REGIDO PELO DECRETO-LEI 911/69. INCONTROVERSO INADIMPLEMENTO DAS QUATRO ÚLTIMAS PARCELAS (DE UM TOTAL DE 48). EXTINÇÃO DA AÇÃO DE BUSCA E APREENSÃO (OU DETERMINAÇÃO PARA ADITAMENTO DA INICIAL, PARA TRANSMUDÁ-LA EM AÇÃO EXECUTIVA OU DE COBRANÇA), A PRETEXTO DA APLICAÇÃO DA TEORIA DO ADIMPLEMENTO SUBSTANCIAL. DESCABIMENTO. 1. ABSOLUTA INCOMPATIBILIDADE DA CITADA TEORIA COM OS TERMOS DA LEI ESPECIAL DE REGÊNCIA. RECONHECIMENTO. 2. REMANCIPAÇÃO DO BEM AO DEVEDOR CONDICIONADA AO PAGAMENTO DA INTEGRALIDADE DA DÍVIDA, ASSIM COMPREENDIDA COMO OS DÉBITOS VENCIDOS, VINCENDOS E ENCARGOS APRESENTADOS PELO CREDOR, CONFORME ENTENDIMENTO CONSOLIDADO DA SEGUNDA SEÇÃO, SOB O RITO DOS RECURSOS ESPECIAIS REPETITIVOS (REsp n. 1.418.593/MS). 3. INTERESSE DE AGIR EVIDENCIADO, COM A UTILIZAÇÃO DA VIA JUDICIAL ELEITA PELA LEI DE REGÊNCIA COMO SENDO A MAIS IDÔNEA E EFICAZ PARA O PROPÓSITO DE COMPELIR O DEVEDOR A CUMPRIR COM A SUA OBRIGAÇÃO (AGORA, POR ELE REPUTADA ÍNFIMA), SOB PENA DE CONSOLIDAÇÃO DA PROPRIEDADE NAS MÃOS DO CREDOR FIDUCIÁRIO. 4. DESVIRTUAMENTO DA TEORIA DO ADIMPLEMENTO SUBSTANCIAL, CONSIDERADA A SUA FINALIDADE E A BOA-FÉ DOS CONTRATANTES, A ENSEJAR O ENFRAQUECIMENTO DO INSTITUTO DA GARANTIA FIDUCIÁRIA. VERIFICAÇÃO. 5. RECURSO ESPECIAL PROVIDO. 1. A incidência subsidiária do Código Civil, notadamente as normas gerais, em relação à propriedade/titularidade fiduciária sobre bens que não sejam móveis infugíveis, regulada por leis especiais, é excepcional, somente se afigurando possível no caso em que o regramento específico apresentar lacunas e a solução ofertada pela "lei geral" não se contrapuser às especificidades do instituto regulado pela lei especial (ut Art. 1.368-A, introduzido pela Lei n. 10931/2004). 1.1 Além de o Decreto-Lei n. 911/1969 não tecer qualquer restrição à utilização da ação de busca e apreensão em razão da extensão da mora ou da proporção do inadimplemento, é expresso em exigir a quitação integral do débito como condição imprescindível para que o bem alienado fiduciariamente seja remancipado. Em seus termos, para que o bem possa ser restituído ao devedor, livre de ônus, não basta que ele quite quase toda a dívida; é insuficiente que pague substancialmente o débito; é necessário, para esse efeito, que quite integralmente a dívida pendente. 2. Afigura-se, pois, de todo incongruente inviabilizar a utilização da ação de busca e apreensão na hipótese em que o inadimplemento revela-se incontroverso, desimportando sua extensão, se de pouca monta ou se de expressão considerável, quando a lei especial de regência expressamente condiciona a possibilidade de o bem ficar com o devedor fiduciário ao pagamento da integralidade da dívida pendente. Compreensão diversa desborda, a um só tempo, do diploma legal exclusivamente aplicável à questão em análise (Decreto-Lei n. 911/1969), e, por via transversa, da própria orientação firmada pela Segunda Seção, por ocasião do julgamento do citado Resp n. 1.418.593/MS, representativo da controvérsia, segundo a qual a restituição do bem ao devedor fiduciante é condicionada ao pagamento, no prazo de cinco dias contados da execução da liminar de busca e apreensão, da integralidade da dívida pendente, assim compreendida como as parcelas vencidas e não pagas, as parcelas vincendas

substancial aos contratos de alienação fiduciária, fixou o entendimento de que, para a realização da garantia mediante ação de busca e apreensão, não importa a extensão do inadimplemento por parte do devedor – se de grande monta ou de pequena parcela –, sendo suficiente que o inadimplemento exista e seja incontroverso.

Ainda, aplicam-se à alienação fiduciária todas as hipóteses de vencimento antecipado de dívida previstos no artigo 1.425, *caput* e incisos, do Código Civil,[94] dispositivo que, embora constante do regramento geral dos direitos reais de garantia sobre coisa alheia (ou seja, das garantias reais tradicionais: penhor, hipoteca e anticrese), é aplicável ao tratamento da alienação fiduciária em garantia por força da expressa e cogente disposição do artigo 1.367 do mesmo Código.[95]

---

e os encargos, segundo os valores apresentados pelo credor fiduciário na inicial. 3. Impor-se ao credor a preterição da ação de busca e apreensão (prevista em lei, segundo a garantia fiduciária a ele conferida) por outra via judicial, evidentemente menos eficaz, denota absoluto descompasso com o sistema processual. Inadequado, pois, extinguir ou obstar a medida de busca e apreensão corretamente ajuizada, para que o credor, sem poder se valer de garantia fiduciária dada (a qual, diante do inadimplemento, conferia-lhe, na verdade, a condição de proprietário do bem), intente ação executiva ou de cobrança, para só então adentrar no patrimônio do devedor, por meio de constrição judicial que poderá, quem sabe (respeitada o ordem legal), recair sobre esse mesmo bem (naturalmente, se o devedor, até lá, não tiver dele se desfeito). 4. A teoria do adimplemento substancial tem por objetivo precípuo impedir que o credor resolva a relação contratual em razão de inadimplemento de ínfima parcela da obrigação. A via judicial para esse fim é a ação de resolução contratual. Diversamente, o credor fiduciário, quando promove ação de busca e apreensão, de modo algum pretende extinguir a relação contratual. Vale-se da ação de busca e apreensão com o propósito imediato de dar cumprimento aos termos do contrato, na medida em que se utiliza da garantia fiduciária ajustada para compelir o devedor fiduciante a dar cumprimento às obrigações faltantes, assumidas contratualmente (e agora, por ele, reputadas ínfimas). A consolidação da propriedade fiduciária nas mãos do credor apresenta-se como consequência da renitência do devedor fiduciante de honrar seu dever contratual, e não como objetivo imediato da ação. E, note-se que, mesmo nesse caso, a extinção do contrato dá-se pelo cumprimento da obrigação, ainda que de modo compulsório, por meio da garantia fiduciária ajustada. 4.1 É questionável, se não inadequado, supor que a boa-fé contratual estaria ao lado de devedor fiduciante que deixa de pagar uma ou até algumas parcelas por ele reputadas ínfimas, mas certamente de expressão considerável, na ótica do credor, que já cumpriu integralmente a sua obrigação, e, instado extra e judicialmente para honrar o seu dever contratual, deixa de fazê-lo, a despeito de ter a mais absoluta ciência dos gravosos consectários legais advindos da propriedade fiduciária. A aplicação da teoria do adimplemento substancial, para obstar a utilização da ação de busca e apreensão, nesse contexto, é um incentivo ao inadimplemento das últimas parcelas contratuais, com o nítido propósito de desestimular o credor – numa avaliação de custo-benefício – de satisfazer seu crédito por outras vias judiciais, menos eficazes, o que, a toda evidência, aparta-se da boa-fé contratual propugnada. 4.2. A propriedade fiduciária, concebida pelo legislador justamente para conferir segurança jurídica às concessões de crédito, essencial ao desenvolvimento da economia nacional, resta comprometida pela aplicação deturpada da teoria do adimplemento substancial. 5. Recurso Especial provido." (REsp 1622555/MG, Rel. Ministro MARCO BUZZI, Rel. p/ Acórdão Ministro MARCO AURÉLIO BELLIZZE, SEGUNDA SEÇÃO, julgado em 22/02/2017, DJe 16/03/2017).

94. "Art. 1.425. A dívida considera-se vencida: I – se, deteriorando-se, ou depreciando-se o bem dado em segurança, desfalcar a garantia, e o devedor, intimado, não a reforçar ou substituir; II – se o devedor cair em insolvência ou falir; III – se as prestações não forem pontualmente pagas, toda vez que deste modo se achar estipulado o pagamento. Neste caso, o recebimento posterior da prestação atrasada importa renúncia do credor ao seu direito de execução imediata; IV – se perecer o bem dado em garantia, e não for substituído; V – se se desapropriar o bem dado em garantia, hipótese na qual se depositará a parte do preço que for necessária para o pagamento integral do credor."

95. "Art. 1.367. A propriedade fiduciária em garantia de bens móveis ou imóveis sujeita-se às disposições do Capítulo I do Título X do Livro III da Parte Especial deste Código e, no que for específico, à legislação especial pertinente, não se equiparando, para quaisquer efeitos, à propriedade plena de que trata o art. 1.231."

E, seja pelo não pagamento no prazo, seja em virtude da incidência das hipóteses de vencimento antecipado constantes da legislação, o vencimento da dívida, por si só, é suficiente a constituir, automaticamente, em mora o devedor fiduciante (artigo 2º, § 2º, do Decreto Lei 911/1969[96]). A mora, portanto, é *ex re*,[97] o que bem atende ao dever de boa-fé contratual.[98]

Todavia, exclusivamente para a propositura da ação judicial de busca e apreensão do bem, o artigo 3º, *caput*, do Decreto Lei 911/1969[99] torna imperioso ao fiduciário comprovar a constituição em mora do fiduciante, o que, enfim, deve fazer mediante notificação por carta registrada com aviso de recebimento ou, se preferir, pelo protesto do título ou da carta registrada, expedida pelo Cartório de Títulos e Documentos,[100] sendo que, em qualquer caso, não é necessário que o credor fiduciário indique o valor do débito.[101]

Em síntese, tem-se que a notificação do devedor não serve para a constituição da mora do devedor fiduciante, que é *ex re*, decorrendo automaticamente do não pagamento no prazo ou da ocorrência de alguma das situações de vencimento antecipado. É tal notificação, pois, mera exigência formal da lei para a comprovação da mora no âmbito exclusivo da ação de busca e apreensão, nada impedindo que, para outros fins, a mora do fiduciante seja demonstrada por meios de prova diversos.[102]

Mencionada conclusão, vale dizer, havia já sido adotada pelo Superior Tribunal de Justiça e depreendia-se de sua Súmula 72, segundo a qual "*a comprovação da mora é imprescindível à busca e apreensão do bem alienado fiduciariamente*". Ainda assim, o mesmo tribunal, recentemente, corroborou a tese, em decisão proferida no julgamento do Recurso Especial 1.592.422/RJ.[103]

---

96. "Art. 2º. (...) § 2º A mora decorrerá do simples vencimento do prazo para pagamento e poderá ser comprovada por carta registrada com aviso de recebimento, não se exigindo que a assinatura constante do referido aviso seja a do próprio destinatário."
97. ALVES, José Carlos Moreira. *Da alienação fiduciária em garantia*. 2. ed. Rio de Janeiro: Forense, 1979, p. 154-155.
98. TARTUCE, Flávio. *Manual de direito civil*, volume único. 8. ed. São Paulo: Método, 2018, p. 1.282 e 1.283.
99. "Art. 3º O proprietário fiduciário ou credor poderá, desde que comprovada a mora, na forma estabelecida pelo § 2º do art. 2º, ou o inadimplemento, requerer contra o devedor ou terceiro a busca e apreensão do bem alienado fiduciariamente, a qual será concedida liminarmente, podendo ser apreciada em plantão judiciário."
100. PEREIRA, Caio Mário da Silva. *Instituições de direito civil*, v. IV – direitos reais. Atualização de Carlos Edison do Rêgo Monteiro Filho. 21ª edição. Rio de Janeiro: Forense, 2013, p. 372.
101. "Súmula 245, STJ – A notificação destinada a comprovar a mora nas dívidas garantidas por alienação fiduciária dispensa a indicação do valor do débito."
102. ALVES, José Carlos Moreira. *Da alienação fiduciária em garantia*. 2. ed. Rio de Janeiro: Forense, 1979, p. 154-155.
103. Ementa do julgado: "RECURSO ESPECIAL. BUSCA E APREENSÃO DE BEM OBJETO DE ALIENAÇÃO FIDUCIÁRIA EM GARANTIA. MORA EX RE. NOTIFICAÇÃO. NECESSÁRIA APENAS À COMPROVAÇÃO PARA AJUIZAMENTO DA AÇÃO E DEFERIMENTO DA LIMINAR. DOMICÍLIO. ATUALIZAÇÃO, EM CASO DE MUDANÇA. DEVER DO DEVEDOR. BOA FÉ-OBJETIVA. ENVIO DE NOTIFICAÇÃO PARA O ENDEREÇO CONSTANTE DO CONTRATO. FRUSTRAÇÃO, EM VISTA DA DEVOLUÇÃO DO AVISO DE RECEBIMENTO, COM ANOTAÇÃO DE MUDANÇA DO NOTIFICADO. DOCUMENTO, EMITIDO PELO TABELIÃO, DANDO CONTA DO FATO. CUMPRIMENTO PELO CREDOR DA PROVIDÊNCIA PRÉVIA AO AJUIZAMENTO DA AÇÃO DE BUSCA E APREENSÃO, QUE PODERIA SER-LHE EXIGÍVEL.

Uma vez verificado o inadimplemento, o devedor fiduciante, enquanto depositário que é da coisa sobre a qual incide a propriedade fiduciária, tem o dever de entregá-la ao credor fiduciário (artigo 1.363, II, do Código Civil[104]), a fim de que esse tome as medidas necessárias à alienação da coisa a terceiro e à realização de seu valor.

Cumpre notar, nesse ponto, que o referido dever de entrega do bem, então plenamente aplicável às alienações fiduciárias de bem móvel infungível, não existe, como regra, para o devedor fiduciante no âmbito de alienação fiduciária de bem móvel fungível, pois nela não ocorre, via de regra, o fracionamento da posse, que se mantém integralmente com o credor fiduciário, não restando o fiduciante como depositário da coisa. Excepciona-se apenas a hipótese, legalmente permitida, de se convencionar expressamente na alienação fiduciária de bem móvel fungível o fracionamento da posse, situação em que o devedor fiduciante, mantendo-se como possuidor direto da coisa, fica normalmente sujeito aos deveres de depositário.

Pode ocorrer, entretanto, que o devedor fiduciante, em estando sujeito ao dever de entrega do bem, ainda assim se recuse a fazê-lo espontaneamente. Para tal situação, o Decreto-Lei 911/1969 estabelece, em favor do credor fiduciário, a ação de busca e apreensão, que se trata de ação judicial de rito especial, autônoma e independente de qualquer procedimento anterior ou posterior (consoante o artigo 3°, § 8°, do referido Decreto[105]) – não consistindo, desse modo, em mero procedimento cautelar[106] –, e cujo rito é todo delineado no referido Decreto.[107]

---

1. A boa-fé objetiva tem por escopo resguardar as expectativas legítimas de ambas as partes na relação contratual, por intermédio do cumprimento de um dever genérico de lealdade e crença, aplicando-se a aos os contratantes. Destarte, o ordenamento jurídico prevê deveres de conduta a serem observados por ambas as partes da relação obrigacional, os quais se traduzem na ordem genérica de cooperação, proteção e informação mútuos, tutelando-se a dignidade do devedor e o crédito do titular ativo, sem prejuízo da solidariedade que deve existir entre eles. 2. A moderna doutrina, ao adotar a concepção do vínculo obrigacional como relação dinâmica, revela o reconhecimento de deveres secundários, ou anexos, que incidem de forma direta nas relações obrigacionais, prescindindo da manifestação de vontade dos participantes e impondo ao devedor, até que ocorra a extinção da obrigação do contrato garantido por alienação fiduciária, o dever de manter seu endereço atualizado. 3. Por um lado, embora, em linha de princípio, não se deva descartar que o réu possa, após integrar a demanda, demonstrar ter comunicado ao autor a mudança de endereço, não cabe ao Juízo invocar a questão de ofício. Por outro lado, não há necessidade de que a notificação extrajudicial, remetida ao devedor fiduciante para comprovação da mora, em contrato garantido por alienação fiduciária, seja recebida pessoalmente por ele. 4. A mora decorre do simples vencimento, devendo, por formalidade legal, para o ajuizamento da ação de busca e apreensão, ser apenas comprovada pelo credor mediante envio de notificação, por via postal, com aviso de recebimento, no endereço do devedor indicado no contrato. Tendo o recorrente optado por se valer do Cartório de Títulos e Documentos, deve instruir a ação de busca e apreensão com o documento que lhe é entregue pela serventia, após o cumprimento das formalidades legais. 5. Recurso especial provido." (REsp 1592422/RJ, Rel. Ministro LUIS FELIPE SALOMÃO, QUARTA TURMA, julgado em 17/05/2016, DJe 22/06/2016).

104. "Art. 1.363. Antes de vencida a dívida, o devedor, a suas expensas e risco, pode usar a coisa segundo sua destinação, sendo obrigado, como depositário: (...) II – a entregá-la ao credor, se a dívida não for paga no vencimento."

105. "Art. 3°. (...) § 8° A busca e apreensão prevista no presente artigo constitui processo autônomo e independente de qualquer procedimento posterior."

106. CASSETTARI, Christiano. *Elementos de direito civil*. 2. ed. São Paulo: Saraiva, 2013, p. 380.

107. Vale esclarecer que a existência legal dessa ação de busca e apreensão não obsta que o fiduciário, a fim de alcançar a coisa, opte por mover ação possessória. Essa, entretanto, é medida menos eficiente que a

Embora não caiba aqui uma análise exaustiva do procedimento da ação de busca e apreensão prevista no Decreto-Lei 911/1969, é mister que se examinem algumas individualidades rituais dessa demanda.

De início, uma vez proposta a ação de busca e apreensão, mediante a comprovação da mora pela juntada da notificação do devedor fiduciante anexa à petição inicial, o próprio *caput* do artigo 3° do Decreto-Lei 911/1969 permite a concessão liminar da medida de busca e apreensão pleiteada, liminar essa que apresenta clara feição de tutela antecipatória de evidência, uma vez que não exige comprovação do *periculum in mora*, bastando, para seu deferimento, a adequada comprovação da mora constituída, que integra o *fumus boni juris*.

Efetivada a busca e apreensão do bem então deferida liminarmente, inicia-se, a um só tempo, a contagem de dois prazos ao devedor fiduciante: (a) o prazo de 15 (quinze) dias para que apresente sua defesa; e (b) o prazo de 05 (cinco) dias para que, caso queira, exerça a faculdade de pagar integralmente o valor do débito liquidado pelo credor na exordial, hipótese em que a propriedade fiduciária se resolve em seu favor, retornando a propriedade plena do bem ao seu patrimônio e restituindo-se sua posse.

Nesse ponto, relevante questão é a relativa à possibilidade de purgação da mora na ação de busca e apreensão.

A redação original do artigo 3° do Decreto-Lei 911/1969 trazia, em seu § 1°,[108] a possibilidade, então consagrada como direito subjetivo do devedor fiduciante, de esse, no mesmo prazo de 03 (três) dias reservado à contestação e desde que já tivesse pago o mínimo de 40% (quarenta por cento) do valor da obrigação principal, requerer a purgação da mora, a fim de satisfazer as prestações em atraso e, em seguida, dar normal continuidade à alienação fiduciária.

Ocorre que a Lei 10.931/2004, alterando o texto do mencionado artigo 3° do Decreto-Lei 911/1969 e de seus parágrafos, removeu dele a previsão expressa relativa ao direito de purgação da mora, passando a prever, tão somente, na nova redação de seus §§ 1° e 2°,[109] o direito do fiduciante de, no prazo de 05 (cinco)

---

específica ação de busca e apreensão, razão por que, na prática, é pouco utilizada para tal fim. Conforme leciona Melhim Namem Chalhub, "a par da ação de busca e apreensão, tem o fiduciário legitimidade para ajuizar ação possessória. Essa ação é raramente utilizada, já que a ação de busca e apreensão é eficaz para a recuperação do bem" (CHALHUB, Melhim Namem. *Direitos reais*. 2. ed. São Paulo: Ed. RT, 2014, p. 261).

108. "Art. 3°. (...) § 1° Despachada a inicial e executada a liminar, o réu será citado para, em três dias, apresentar contestação ou, se já tiver pago 40% (quarenta por cento) do preço financiado, requerer a purgação de mora."

109. "Art. 3°. (...) § 1° Cinco dias após executada a liminar mencionada no caput, consolidar-se-ão a propriedade e a posse plena e exclusiva do bem no patrimônio do credor fiduciário, cabendo às repartições competentes, quando for o caso, expedir novo certificado de registro de propriedade em nome do credor, ou de terceiro por ele indicado, livre do ônus da propriedade fiduciária; § 2° No prazo do § 1°, o devedor fiduciante poderá pagar a integralidade da dívida pendente, segundo os valores apresentados pelo credor fiduciário na inicial, hipótese na qual o bem lhe será restituído livre do ônus."

dias após a execução da tutela liminar, efetuar o pagamento integral do débito pendente. Como se percebe, a nova redação buscou consonância com a regra de vencimento antecipado das prestações ainda vincendas, no caso de mora em relação a alguma prestação.

Com essa modificação redacional, passou-se a discutir se, mesmo suprimida a previsão legal expressa, ainda teria o devedor fiduciante direito à purgação da mora. Ganhou adeptos na doutrina, aliás, o posicionamento pela preservação do direito de purgação da mora, com fundamento na função social dos contratos, no princípio da conservação dos negócios jurídicos e, ademais, na autonomia privada contratual.[110]

O Superior Tribunal de Justiça, porém, seguiu a via contrária e, em precedente oriundo do julgamento do Recurso Especial 1.418.593/MS,[111] então processado sob o rito dos recursos repetitivos, firmou o entendimento de que não mais é cabível a purgação da mora no bojo da ação de busca e apreensão, em relação às alienações fiduciárias celebradas após o início da vigência da Lei 10.931/2004, tendo o fiduciante, nesses casos, tão somente o direito de proceder à satisfação integral do valor da dívida, nos termos do novo § 2º do artigo 3º do Decreto-Lei 911/1969, resolvendo o contrato com a restituição do bem ao seu patrimônio.

Todavia, embora a purgação da mora não mais seja um direito subjetivo do devedor fiduciante, não há, a nosso ver, qualquer óbice a que tal medida se estabeleça por meio de acordo celebrado entre o próprio devedor fiduciante e o credor fiduciário, inclusive sob o incentivo do juiz da causa – e, se da vontade das partes, com a realização de audiência de mediação ou de conciliação –, o que, além de prestigiar o princípio da continuidade dos negócios jurídicos e a autonomia privada das partes, atende também à atual necessidade de estímulo e de priorização da

---

110. Seguindo esse entendimento, afirma Flávio Tartuce que "a impossibilidade de purgação da mora não está em sintonia com o princípio da conservação dos negócios jurídicos, segundo o qual a extinção dos pactos deve ser a última medida a ser tomada, mormente diante de sua inegável função social, preservando-se ao máximo a autonomia privada" (TARTUCE, Flávio. *Manual de direito civil, volume único*. 8. ed. São Paulo: Método, 2018, p. 1.291).

111. Ementa do decisório: "ALIENAÇÃO FIDUCIÁRIA EM GARANTIA. RECURSO ESPECIAL REPRESENTATIVO DE CONTROVÉRSIA. ART. 543-C DO CPC. AÇÃO DE BUSCA E APREENSÃO. DECRETO-LEI N. 911/1969. ALTERAÇÃO INTRODUZIDA PELA LEI N. 10.931/2004. PURGAÇÃO DA MORA. IMPOSSIBILIDADE. NECESSIDADE DE PAGAMENTO DA INTEGRALIDADE DA DÍVIDA NO PRAZO DE 5 DIAS APÓS A EXECUÇÃO DA LIMINAR. 1. Para fins do art. 543-C do Código de Processo Civil: 'Nos contratos firmados na vigência da Lei n. 10.931/2004, compete ao devedor, no prazo de 5 (cinco) dias após a execução da liminar na ação de busca e apreensão, pagar a integralidade da dívida – entendida esta como os valores apresentados e comprovados pelo credor na inicial –, sob pena de consolidação da propriedade do bem móvel objeto de alienação fiduciária'. 2. Recurso especial provido" (REsp 1418593/MS, Rel. Ministro LUIS FELIPE SALOMÃO, SEGUNDA SEÇÃO, julgado em 14/05/2014, DJe 27/05/2014).

solução consensual dos litígios,[112] reconhecida, inclusive, pelo Código de Processo Civil de 2015, notadamente em seu artigo 3º.[113]

Superada a questão relativa à purgação da mora, prossigamos.

Decorrido o prazo de 05 (cinco) dias do artigo 3º, § 2º, sem que o devedor fiduciante proceda à satisfação integral do valor pendente, ocorre a consolidação da propriedade da coisa no patrimônio do credor fiduciário. Ou seja, o fiduciário torna-se proprietário pleno da coisa dada em garantia, estando livre das limitações incidentes sobre a propriedade fiduciária e, desse modo, enfim investido em todos os poderes inerentes à propriedade (*jus utendi, jus fruendi, jus abutendi* e *rei vindicatio*).

Consiste, como se percebe, em mais uma hipótese que foge ao alcance da vedação à cláusula comissória, que, por limitar-se à livre vontade das partes quando da celebração da alienação fiduciária, não obsta que, após o vencimento da dívida, a propriedade plena da coisa se consolide no patrimônio do credor fiduciário por força de determinação legal ou de ato judicial[114] (ou ainda, como verificado anteriormente, por dação em pagamento ofertada pelo fiduciante).

Uma última e interessante particularidade da ação de busca e apreensão é a de que, consoante o artigo 3º, § 6º, do Decreto-Lei 911/1969,[115] a improcedência da demanda, sempre que antes da respectiva decisão de mérito a coisa apreendida houver já sido alienada, gera, ao credor fiduciário, a condenação ao pagamento de multa, em favor do devedor fiduciante, no valor de 50% (cinquenta por cento) do valor inicial da obrigação principal, acrescida, por certo, da devida atualização monetária.

Tal condenação em multa, entretanto (e como categoricamente prevê o § 7º do artigo 3º do mesmo Decreto[116]), não obsta a responsabilização do credor fiduciário pela reparação dos efetivos prejuízos porventura sofridos pelo devedor fiduciante em decorrência da conduta daquele, o que permite concluir que a referida multa não tem natureza indenizatória, mas autêntico caráter sancionatório, em face da patente litigância de má-fé por parte do credor fiduciário.

---

112. Sobre o tema relativo à importância de uma maior aplicação dos meios consensuais para a obtenção de uma mais efetiva solução dos conflitos, convidamos à leitura de trabalho anteriormente publicado por nós, em coautoria: CURY, Augusto Jorge; MUNHOZ, Rhonny Petherson. Estímulo e educação quanto à mediação e à conciliação: por uma política pública de inclusão à solução eficaz dos conflitos de interesses. In: GOMES, Camila Paula de Barros; GOMES, Flávio Marcelo; FREITAS, Renato Alexandre da Silva (Org.). *Ensaios sobre políticas públicas*. Birigui: Boreal, 2016, p. 419-446.

113. "Art. 3º Não se excluirá da apreciação jurisdicional ameaça ou lesão a direito. § 1º É permitida a arbitragem, na forma da lei. § 2º O Estado promoverá, sempre que possível, a solução consensual dos conflitos. § 3º A conciliação, a mediação e outros métodos de solução consensual de conflitos deverão ser estimulados por juízes, advogados, defensores públicos e membros do Ministério Público, inclusive no curso do processo judicial."

114. GOMES, Orlando. *Alienação fiduciária em garantia*. São Paulo: Ed. RT, 1970, p. 113.

115. "Art. 3º. (...) § 6º Na sentença que decretar a improcedência da ação de busca e apreensão, o juiz condenará o credor fiduciário ao pagamento de multa, em favor do devedor fiduciante, equivalente a cinquenta por cento do valor originalmente financiado, devidamente atualizado, caso o bem já tenha sido alienado."

116. "Art. 3º (...) § 7º A multa mencionada no § 6o não exclui a responsabilidade do credor fiduciário por perdas e danos."

8. A ALIENAÇÃO FIDUCIÁRIA DE BEM MÓVEL EM GARANTIA DIANTE DO INADIMPLEMENTO MOTIVADO PELA OCORRÊNCIA DE FATOS JURÍDICOS EXTRAORDINÁRIOS

Uma vez abordada a extinção da alienação fiduciária de bem móvel em garantia pelo adimplemento e pelo inadimplemento da obrigação garantida, cumpre, nesse momento, analisar a questão relativa à alienação fiduciária em garantia diante de *mora solvendi* motivada pela ocorrência de fato jurídico extraordinário.

Em outras palavras, o que aqui se busca verificar é se há a possibilidade de realização da garantia fiduciária pelo credor fiduciário – e, por conseguinte, se existe interesse de agir para a propositura da ação de busca e apreensão do bem alienado fiduciariamente – na hipótese de a mora do devedor fiduciante no cumprimento da obrigação garantida advir do acontecimento de algum fato jurídico extraordinário.

Apenas para melhor contextualizar, têm-se por fatos jurídicos todos aqueles fatos da vida que ostentam a peculiaridade de lhes ser conferida relevância jurídica pelo ordenamento jurídico, ou seja, de lhes ser concedido gerar consequências no âmbito do Direito, então criando, modificando, extinguindo, declarando ou, mesmo, protegendo direitos ou relações jurídicas.[117]

Dentro da teoria dos fatos jurídicos, observa-se a existência de duas categorias básicas: (i) a dos fatos jurídicos voluntários (também chamados de fatos jurídicos humanos ou de atos jurídicos *lato sensu*), assim compreendidos aqueles cuja prática decorre de conduta humana (ação ou omissão) voluntária; e (ii) a dos fatos jurídicos involuntários (também denominados fatos jurídicos naturais ou fatos jurídicos *stricto sensu*), assim entendidos aqueles que ocorrem independentemente da vontade humana – ingressando aí tanto os fatos causados por forças da natureza, como os acontecimentos humanos involuntários –, mas que, ainda assim, produzem efeitos no âmbito das relações jurídicas.[118]

Esses fatos jurídicos *stricto sensu* (involuntários), aliás, podem ser de duas modalidades: (i) fatos jurídicos ordinários, em que se compreendem todos os acontecimentos naturais comuns, que ocorrem com regularidade na própria normalidade da vida social, e de que resultam efeitos jurídicos (assim são, por exemplo, o nascimento, a morte e o decurso do tempo); e (ii) fatos jurídicos extraordinários, que,

---

117. RUGGIERO, Roberto de. *Instituições de direito civil*, v. III – direito das obrigações; direito hereditário. Tradução de Paolo Capitanio. Campinas: Bookseller, 1999, p. 309-310; BETTI, Emilio. *Teoria geral do negócio jurídico*. Campinas: Servanda Editora, 2008, p. 22.

118. PEREIRA, Caio Mário da Silva. *Instituições de direito civil*, v. I – introdução ao direito civil: teoria geral de direito civil. Atualização de Maria Celina Bodin de Moraes. 26. ed. Rio de Janeiro: Forense, 2013, p. 384-385. Especificamente sobre os fatos jurídicos involuntários, Vicente Ráo conceitua-os como "fatos naturais, ou fatos do mundo exterior, provocados por forças da natureza, ou acontecimentos humanos alheios à vontade dos sujeitos cuja esfera jurídica, no entanto, atingem e dentro da qual produzem o nascimento, a aquisição, a modificação, ou a extinção de direitos ou obrigações. São fatos que agem direta e imediatamente sobre as pessoas, ou sobre as coisas, em certos casos, sobre direitos e obrigações preexistentes" (RÁO, Vicente. *Ato jurídico*. São Paulo: Max Limonad, 1961, p. 21).

ALIENAÇÃO FIDUCIÁRIA DE BEM MÓVEL **417**

como o próprio nome indica, são acontecimentos involuntários excepcionais, ou seja, que fogem à normalidade, sendo espécies suas a força maior, o caso fortuito e o *factum principis*[119] (sendo que esse último, de certo modo, pode-se entender inserto na noção de caso fortuito).

Pelo aspecto prático, não é tão imperioso distinguirem-se conceitualmente a força maior e o caso fortuito, visto que o Direito brasileiro atribui-lhes, no mais das vezes, as mesmas consequências jurídicas, razão pela qual parcela da doutrina opta por compreender tais expressões como sinônimas.[120]

Todavia, não se nos afigura tecnicamente correta a afirmação de que tais termos dizem respeito à mesma situação, uma vez que, conceitualmente, se compreende por força maior o acontecimento extraordinário, involuntário, inevitável e danoso causado pela natureza (sendo exemplos, dentre outros, as tempestades, as enchentes e os terremotos), enquanto o caso fortuito é um acidente danoso, igualmente involuntário e inevitável, de origem desconhecida (a exemplo de um incêndio provocado pelo rompimento inexplicável de um cabo elétrico) ou, mesmo, proveniente de fatos de terceiros (tais como greves ou manifestações públicas).[121]

Podendo ser inserido no conceito de caso fortuito – quando este tiver por causa fato de terceiro –, há ainda o *factum principis*, que tem por peculiaridade a circunstância de consistir em evento danoso derivado de algum ato do Poder Público que limite direitos dos administrados (por exemplo, a determinação de obediência a toque de recolher ou a isolamento social obrigatório) ou que intervenha na propriedade privada (a exemplo da desapropriação).

Deveras, o *factum principis* não se trata de fato acidental, involuntário ou inevitável em relação ao Estado – que pode (ou deve, na maioria dos casos) deixar de praticar o referido ato –, mas, sem dúvidas, o é em relação aos sujeitos atingidos involuntária e inevitavelmente em sua esfera jurídica pelo ato estatal.

De todo modo, como bem se pode perceber, são características comuns entre a força maior, o caso fortuito e o *factum principis* a involuntariedade e a inevitabilidade por parte daqueles que experimentam prejuízos em suas relações jurídicas em virtude da ocorrência de tais fatos jurídicos extraordinários. Não por outra razão o Código Civil, no parágrafo único de seu artigo 393, dispõe que *"o caso fortuito ou de força maior verifica-se no fato necessário, cujos efeitos não era possível evitar ou impedir"*.

---

119. Para Francisco Amaral, os fatos jurídicos involuntários *"são acontecimentos naturais e chamam-se fatos jurídicos em senso estrito. Podem ser ordinários, os mais comuns e de maior importância, por exemplo, o nascimento, a morte, o decurso do tempo, a doença; e extraordinários, como o acaso, nas suas espécies de caso fortuito ou força maior"* (AMARAL, Francisco. *Direito civil* – introdução. 8. ed. Rio de Janeiro: Renovar, 2014, p. 406).

120. Nessa esteira, afirma San Tiago Dantas que "caso, caso fortuito ou força maior são três palavras sinônimas, com as quais se designam estas causas alheias à vontade do devedor e suficientes para tornar impossíveis as prestações" (DANTAS, San Tiago. *Programa de direito civil*, v. II – os contratos. Rio de Janeiro: Editora Rio, 1978, p. 92).

121. DINIZ, Maria Helena. *Curso de direito civil brasileiro*, v. 2 – teoria geral das obrigações. 29. edição. São Paulo: Saraiva, 2014, p. 402.

Isso significa que eventual descumprimento ou atraso no cumprimento de obrigações é ausente de culpa *lato sensu* por parte do obrigado sempre que, tendo sido esse sujeito atingido por um caso fortuito ou de força maior ou, ainda, por um *factum principis*, aquele não cumprimento (ou cumprimento inadequado) decorrer de referidos acontecimentos involuntários e inevitáveis.

E, em não havendo culpa *lato sensu* no descumprimento ou no atraso para o cumprimento de uma obrigação, igualmente não se faz juridicamente presente a mora do devedor, uma vez que um dos requisitos essenciais para a configuração da mora *solvendi* é a inexecução culposa da obrigação.[122]

Desta feita, se o não cumprimento da obrigação no prazo e forma convencionados se dá em virtude da ocorrência de força maior, de caso fortuito ou de *factum principis*,[123] está-se diante de verdadeira impossibilidade não imputável ao obrigado,[124] o que, portanto, afasta a mora e, por conseguinte, a produção de seus efeitos.[125]

É essa, aliás, a solução cristalizada nos artigos 393, *caput*, e 396 do Código Civil, que preceituam, respectivamente, que "*o devedor não responde pelos prejuízos resultantes de caso fortuito ou força maior, se expressamente não se houver por eles responsabilizado*" e que "*não havendo fato ou omissão imputável ao devedor, não incorre este em mora*".

Por essa razão, a existência de fato jurídico extraordinário como efetiva razão para o não cumprimento tempestivo de obrigações, ao descaracterizar a mora e obstar a produção de seus efeitos, torna juridicamente incabível que se efetivem medidas como o protesto da dívida, a inclusão do nome do obrigado em cadastros públicos de inadimplentes, o cumprimento forçado da obrigação, a indenização por perdas e danos, o vencimento antecipado das prestações vincendas (na hipótese de contrato de execução continuada em que esse regime seja aplicável) e a execução de eventual garantia.

---

122. BEVILÁQUA, Clovis. *Direito das obrigações*. Atualização de Achilles Beviláqua. 8. ed. Rio de Janeiro: Livraria Francisco Alves, 1954, p. 94.

123. Nesse sentido, Massimo Bianca indica expressamente o *factum principis* como exemplo de impossibilidade superveniente não imputável ao devedor, inserindo-o na categoria das impossibilidades jurídicas absolutas (BIANCA, C. Massimo. *Diritto civile*, v. IV – l'obbligazione. Milano: Giuffrè Editore, 1993, p. 531).

124. Como salienta Massimo Bianca, "*sussiste impossibilità sopravvenuta non imputabile al debitore ogni qual volta insorge un impedimento non prevenibile né superabile da parte del debitore con lo sforzo diligente cui egli è tenuto*" (BIANCA, C. Massimo. *Diritto civile*, v. IV – l'obbligazione. Milano: Giuffrè Editore, 1993, p. 535). Em tradução: "há impossibilidade superveniente não imputável ao devedor toda vez em que ocorre um impedimento não evitável e nem superável pelo devedor, com o esforço diligente a que está vinculado".

125. É o magistério de Maria Helena Diniz: "para que se tenha a configuração da mora do devedor será preciso que o inadimplemento total ou parcial da obrigação decorra de fato ou de omissão imputável a ele. Os efeitos da mora requerem culpabilidade do devedor. Não haverá *mora solvendi* se o descumprimento da obrigação ocorreu em virtude de força maior ou caso fortuito, hipótese em que o credor não poderá reclamar qualquer indenização, embora possa, se quiser, optar pela rescisão contratual ou pelo cumprimento da prestação, se útil, ainda, lhe for" (DINIZ, Maria Helena. *Código Civil anotado*. 18. ed. São Paulo: Saraiva, 2017, p. 406).

Transpondo-se essas noções para o âmbito da alienação fiduciária em garantia e do respectivo negócio jurídico principal, faz-se possível, então, responder à problemática proposta no início do presente tópico:

Consoante anteriormente verificado,[126] a alienação fiduciária de bem móvel em garantia é negócio jurídico acessório por meio do qual se estabelece direito real de propriedade fiduciária de coisa móvel em favor do credor de um contrato principal, com o objetivo de servir como garantia real do adequado cumprimento da obrigação a que, também nesse negócio principal, está sujeito o devedor.

Segundo igualmente examinado,[127] a realização da garantia real de propriedade fiduciária pelo credor e a eventual propositura de ação de busca e apreensão apenas têm vez em ocorrendo o inadimplemento, por parte do devedor fiduciante, da obrigação garantida pela alienação fiduciária, para o que bastaria a mora em relação a apenas uma das prestações do contrato principal – que é sempre de execução continuada ou diferida no tempo –, a gerar o vencimento antecipado de todas as prestações vincendas.

Ora, uma vez que o descumprimento ou o atraso no cumprimento da obrigação garantida, quando motivado por impossibilidade efetivamente decorrente do advento de fato jurídico extraordinário (ou seja, por força maior, caso fortuito ou *factum principis*), é inimputável ao devedor por ausência de culpa *lato sensu*, inexiste, nessa hipótese, *mora solvendi* (cuja constituição depende da inexecução culpável da obrigação pelo devedor), não se operando também seus efeitos, o que resulta que, além de não ocorrer o vencimento antecipado das prestações vincendas, é de todo incabível a realização da garantia real de propriedade fiduciária pelo credor, inexistindo, em decorrência, interesse de agir para a demanda judicial de busca e apreensão prevista e regulada pelo Decreto-Lei 911/1969.

Tome-se como exemplo recente e concreto a crise instalada em virtude da epidemia de COVID-19 (o novo vírus chinês, também chamado de Sars-CoV ou de novo corona vírus): imagine-se que, durante o período dessa crise, um devedor fiduciante tenha deixado de pagar pontualmente uma ou algumas das prestações da obrigação garantida pela propriedade fiduciária, em virtude (i) de sua internação hospitalar por contaminação (ou suspeita de contaminação) pelo vírus chinês; ou (ii) de impossibilidade de trânsito pelas vias públicas em decorrência de repentinas aglomerações derivadas de histeria coletiva; ou, ainda, (iii) das políticas de isolamento social impostas pelo Poder Público, limitadoras da liberdade de locomoção do devedor fiduciante.

Na primeira hipótese do citado exemplo há força maior, enquanto na segunda há caso fortuito e na terceira há *factum principis*. Em todas, porém, há a ocorrência de fato jurídico extraordinário, de que resulta a ausência de voluntariedade e, pois,

---

126. Vide tópico n. 2 deste capítulo.
127. Vide tópico n. 7 deste capítulo, no subtópico n. 7.2.

de culpa do devedor fiduciante na inexecução do contrato principal, o que impede a constituição da mora e seus efeitos.

Em casos como esse, portanto, por não se implementar a mora, não ocorre o vencimento antecipado das parcelas vincendas do contrato principal, bem como é incabível a realização da garantia real fiduciária pelo credor fiduciário – seja extrajudicialmente, seja mediante ação de busca e apreensão –, enquanto durar a impossibilidade de cumprimento da obrigação por força do acontecimento extraordinário ou de suas consequências.

Importante frisar, porém, que não basta à descaracterização da mora no contrato principal ao negócio de alienação fiduciária em garantia a ocorrência do acontecimento inevitável e involuntário e a existência de meras ilações acerca da impossibilidade no cumprimento da obrigação, sendo imperioso que o evento extraordinário verificado resulte em efetivo obstáculo ao devedor, tornando concretamente impossível ou muito dificultoso a ele o cumprimento adequado da obrigação.

Sem essa real influência do fato extraordinário nas possibilidades do devedor fiduciante, não há que se falar em impossibilidade de realização da garantia real fiduciária ou em falta de interesse de agir para a pertinente ação de busca e apreensão, ainda que abstratamente se pareça razoável obstar os efeitos da mora.

Nesse sentido manifestou-se o Tribunal de Justiça do Estado de São Paulo, já à época da crise da COVID-19, decidindo, no julgamento de agravo de instrumento interposto contra decisão judicial de indeferimento de medida liminar em ação de busca e apreensão de bem móvel fiduciariamente alienado e cuja *mora solvendi* remontava a dois anos antes da instalação da mencionada crise, que "a concessão da liminar é direito do credor, motivo pelo qual não importa a pessoal convicção do Juiz sobre a razoabilidade dessa providência frente à atual situação econômica, máxime se o próprio devedor nada alegou nesse sentido", uma vez que, nos termos do voto proferido pelo relator no mesmo acórdão, "o devedor está a mora desde outubro de 2018, o que impõe reconhecer que sua persistente inadimplência não guarda relação com a crise econômica que se descortina pela quarentena motivada pela pandemia do COVID-19".[128]

---

128. Segue a íntegra da ementa do referido julgado: "Alienação fiduciária. Ação de busca e apreensão. Decisão que indeferiu liminar em face da quarentena decorrente da pandemia por COVID-19. Descabimento. A concessão da liminar é direito do credor, motivo pelo qual não importa a pessoal convicção do Juiz sobre a razoabilidade dessa providência frente à atual situação econômica, máxime se o próprio devedor nada alegou nesse sentido. Recurso provido" (TJSP; Agravo de Instrumento 2066019-56.2020.8.26.0000; Relator (a): Arantes Theodoro; Órgão Julgador: 36ª Câmara de Direito Privado; Foro de Jundiaí, 1ª Vara Cível; Data do Julgamento: 18/04/2020; Data de Registro: 18/04/2020).

9. A INFLUÊNCIA DA ECONOMIA NOS CONTRATOS DE ALIENAÇÃO FIDUCIÁRIA DE BEM MÓVEL: A ALIENAÇÃO FIDUCIÁRIA EM GARANTIA E A POSSIBILIDADE DE SUA REVISÃO DIANTE DO DESEQUILÍBRIO ECONÔMICO DO CONTRATO

9.1 A alienação fiduciária e a regra geral de revisão contratual por desequilíbrio econômico do contrato e onerosidade excessiva: a teoria da imprevisão

Princípio desde sempre regente do Direito Contratual pátrio é aquele segundo o qual os acordos de vontade devem ser observados, estando os contratantes, na execução do contrato, vinculados ao que restou por eles convencionado no instrumento negocial. Trata-se, pois, do princípio da obrigatoriedade ou da vinculatividade das convenções, representado pela máxima latina *pacta sunt servanda*.

Ocorre que esse princípio, embora sendo consequência jurídica da própria autonomia negocial[129] e apresentando-se como elemento essencial à obtenção e à manutenção da segurança jurídica nas relações jurídicas contratuais, não é absoluto, comportando relativização em justificadas hipóteses dotadas de excepcionais particularidades, de forma a se permitir a revisão ou a resolução contratual pelo Poder Judiciário, a requerimento de alguma das partes contratantes.

Isso, aliás, é uma decorrência do fato de que a noção de contrato supera, em muito, o campo do Direito. Ou seja, o contrato não pode ser compreendido puramente à luz da ciência jurídica, uma vez que, nada obstante se apresente, por um prisma, como um instituto jurídico, representa, por outro prisma e em sua própria substância, uma verdadeira operação econômica.[130]

---

129. Sobre o tema, explicita San Tiago Dantas que "os contratos obrigam, portanto, porque a lei precisa assegurar ao homem livres condições para operar, condições de concorrência e condições de colaboração. As de concorrência ela as promove diretamente; as de colaboração, ela assegura, quando alguém, voluntariamente, se dispôs a dá-las, de sorte que, se os contratos não obrigassem, de que modo a vida humana se realizaria?" (DANTAS, San Tiago. *Programa de direito civil*, v. II – os contratos. Rio de Janeiro: Editora Rio, 1978, p. 156).

130. Assim leciona Enzo Roppo, ao explicitar que "o conceito de contrato não se pode ser entendido a fundo, na sua essência íntima, se nos limitarmos a considerá-lo numa dimensão exclusivamente jurídica – como se tal constituísse uma realidade autônoma, dotada de autônoma existência nos textos legais e nos livros de direito. Bem pelo contrário, os conceitos jurídicos – e entre estes, em primeiro lugar, o de contrato – reflectem sempre uma realidade exterior a si próprios, uma realidade de interesses, de relações, de situações económico-sociais relativamente aos quais cumprem, de diversas maneiras, uma função instrumental. Daí que, para conhecer verdadeiramente o conceito do qual nos ocupamos, se torne necessário tomar em atenta consideração a realidade económico-social que lhe subjaz e da qual ele representa a tradução científico-jurídica: todas aquelas situações, aquelas relações, aqueles interesses reais que estão em jogo, onde quer que se fale de contrato (o qual, nesta sequência, já se nos não afigura identificável com um conceito pura e exclusivamente jurídico). As situações, as relações, os interesses que constituem a substância real de qualquer contrato podem ser resumidos na ideia de operação económica. De facto, falar de contrato significa sempre remeter – explícita ou implicitamente, directa ou mediatamente – para a ideia de operação económica" (ROPPO, Enzo. *O contrato*. Tradução de Ana Coimbra e M. Januário C. Gomes. Coimbra: Edições Almedina SA., 2009, p. 7-8).

E, embora se possam distinguir as figuras do contrato enquanto operação econômica e do contrato enquanto conceito jurídico, é inegável que há entre eles íntima relação, na exata medida em que o último não é um fim em si mesmo, mas um instrumento de concretização do primeiro, sendo, nessa esteira, um expediente jurídico construído em função da operação econômica subjacente.[131]

Não é razoável, portanto, pensar os aspectos jurídicos dos contratos sem tomar em consideração a influência de questões econômicas, notadamente quando fatores externos à relação jurídica contratual prejudicam o equilíbrio econômico do contrato, resultando em onerosidade excessiva a alguma das partes contratantes.

Por essa razão é que o atual Código Civil brasileiro, em clara relativização do princípio da obrigatoriedade convencional, estabelece, no corpo de seus artigos 478 a 480,[132] a excepcional possibilidade de resolução contratual com fundamento na onerosidade excessiva decorrente de acontecimentos extraordinários e imprevisíveis, em se tratando de contratos de execução continuada ou diferida no tempo.

De início, vale esclarecer que, nada obstante a redação dos referidos artigos somente faça menção expressa à resolução do contrato e avente a possibilidade de modificação contratual apenas mediante oferecimento do credor-réu, a realidade é que, por força do princípio da conservação dos negócios jurídicos, a resolução contratual deve ter lugar apenas quando for impossível o restabelecimento do equilíbrio econômico do contrato mediante sua revisão judicial.

Destarte, os artigos 478 a 480 do Código Civil devem ser interpretados no sentido de que, diante do desequilíbrio econômico do contrato, a revisão contratual é sempre a medida preferível, podendo ser requerida judicialmente por qualquer

---

131. Novamente pertinente é o magistério de Enzo Roppo: "mas se isto é verdade – e se, consequentemente, se pode e se deve falar do contrato-conceito jurídico, como de algo diverso e distinto do contrato-operação econômica, e não identificável pura e simplesmente com este último – é, contudo, igualmente verdade que aquela formalização jurídica nunca é construída (com seus caracteres específicos e peculiares) como fim em si mesmo, mas sim com vista e em função da operação econômica, da qual representa, por assim dizer, o invólucro ou a veste exterior, e prescindindo da qual resultaria vazia, abstracta, e, consequentemente, incompreensível: mais precisamente, com vista e em função do arranjo que se quer dar às operações econômicas, dos interesses que no âmbito das operações econômicas se querem tutelar e prosseguir. (Neste sentido, como já se referiu, o contrato-conceito jurídico resulta instrumental do contrato-operação econômica)" (ROPPO, Enzo. *O contrato*. Tradução de Ana Coimbra e M. Januário C. Gomes. Coimbra: Edições Almedina SA., 2009, p. 9-10).

132. "Art. 478. Nos contratos de execução continuada ou diferida, se a prestação de uma das partes se tornar excessivamente onerosa, com extrema vantagem para a outra, em virtude de acontecimentos extraordinários e imprevisíveis, poderá o devedor pedir a resolução do contrato. Os efeitos da sentença que a decretar retroagirão à data da citação.

Art. 479. A resolução poderá ser evitada, oferecendo-se o réu a modificar equitativamente as condições do contrato.

Art. 480. Se no contrato as obrigações couberem a apenas uma das partes, poderá ela pleitear que a sua prestação seja reduzida, ou alterado o modo de executá-la, a fim de evitar a onerosidade excessiva."

das partes contratantes (e não apenas oferecida pelo credor-réu), sendo a resolução contratual medida residual.[133]

De todo modo, a redação do Diploma Civil de 2002 indica claramente que para o surgimento concreto do direito à revisão ou à resolução judicial do contrato não basta a simples superveniência de circunstância que prejudique o equilíbrio econômico do contrato.

Isso porque a disposição do referido artigo 478 encampa a chamada teoria da imprevisão, resultando que o cabimento da revisão ou da resolução judicial do contrato por onerosidade excessiva é excepcionalíssimo e depende de o desequilíbrio econômico do contrato ser decorrência de acontecimento superveniente, extraordinário e, ainda, imprevisto – o que, aliás, é limitação louvável, visto se tratar de hipótese de relativização do princípio da vinculatividade convencional.[134]

A ideia de imprevisão, nesse contexto, refere-se à ocorrência de algum fato grave, anômalo e impossível de ser antevisto pelas partes quando da celebração do contrato. Mais ainda: referido acontecimento deve gerar uma repentina e igualmente imprevista alteração da realidade econômica no âmbito social, a resultar em desequilíbrio econômico do contrato que impossibilite ou torne extremamente dificultoso o seu cumprimento por alguma das partes.[135]

Ora, os contratos de alienação fiduciária em garantia, por se tratarem de contratos de execução diferida no tempo – uma vez que a obrigação do fiduciante (transferência ao fiduciário da propriedade do bem alienado em garantia) é, no mais das vezes, cumprida imediatamente, mas a obrigação do fiduciário (restituição do bem à propriedade do fiduciante) deve ser por ele cumprida em momento futuro –, comportam o regramento dos artigos 478 a 480 do Código Civil e, desse modo, podem

---

133. Segundo Roberto Senise Lisboa, "em que pese o presente dispositivo se preocupar com a resolução como forma de extinção do contrato, subsiste o princípio da conservação do negócio jurídico, somente cabendo a ocorrência da terminação do negócio jurídico por inexecução das obrigações quando se afigurar impossível o restabelecimento do equilíbrio contratual" (LISBOA, Roberto Senise et alii. In: FUJITA, Jorge Shiguemitsu; SCAVONE JR., Luiz Antonio; CAMILLO, Carlos Eduardo Nicoletti e TALAVERA, Glauber Moreno (Org.). *Comentários ao Código Civil* – artigo por artigo. 2. ed. São Paulo: Ed. RT, 2009, p. 812). No mesmo sentido, o Enunciado 175 das Jornadas de Direito Civil do Conselho da Justiça Federal, que assim preceitua: "em atenção ao princípio da conservação dos negócios jurídicos, o art. 478 do Código Civil de 2002 deverá conduzir, sempre que possível, à revisão judicial dos contratos e não à resolução contratual".

134. Explicita Orlando Gomes que "na justificação moderna da relatividade do poder vinculante do contrato, a ideia de imprevisão predomina. Exige-se que a alteração das circunstâncias seja de tal ordem que a excessiva onerosidade da prestação não possa ser prevista" (GOMES, Orlando. *Contratos*. Atualização de Antonio Junqueira de Azevedo e Francisco Paulo de Crescenzo Marino. 26. ed. Rio de Janeiro: Forense, 2007, p. 41).

135. A professora Maria Helena Diniz, ao tratar da revisão ou resolução contratual com base na teoria da imprevisão, leciona que é "imprescindível uma radical, violenta e inesperada modificação da situação econômica e social, para que se fixem indenizações, se reduzam equitativamente as prestações ou se tenha revisão do contrato, que se inspira na equidade e no princípio do justo equilíbrio entre os contratantes e no da socialidade" (DINIZ, Maria Helena. *Curso de direito civil brasileiro*, v. 3 – teoria das obrigações contratuais e extracontratuais. 30. ed. São Paulo: Saraiva, 2014, p. 45).

ser revistos ou resolvidos judicialmente em virtude de sua onerosidade excessiva e com base na teoria da imprevisão.

Para tanto, como acima anotado, é imperioso que, supervenientemente à celebração do contrato fiduciário, ocorra fato extraordinário e impossível de ser antevisto pelas partes quando da celebração do contrato, fato esse de que resulte uma violenta alteração da realidade econômica no âmbito social, de que decorra então efetivo desequilíbrio econômico do contrato que impossibilite ou dificulte excessivamente o seu cumprimento por qualquer das partes.

E mais: tendo-se em conta que a alienação fiduciária em garantia é um contrato acessório a negócios de execução diferida ou continuada e que *accessorium sequitur principale*, poderá o negócio fiduciário ser revisto ou resolvido judicialmente em conjunto ao contrato principal, quando esse último tiver seu equilíbrio econômico prejudicado por acontecimento superveniente, extraordinário e imprevisto que onere em demasia a parte cuja obrigação é garantida pela propriedade fiduciária.

Para não se limitar essa análise a um ambiente meramente teórico e abstrato, recorre-se novamente à situação de crise econômica instalada em virtude da epidemia de COVID-19 (o novo vírus chinês, também chamado de Sars-CoV ou de novo corona vírus), que se apresenta como exemplo recente de situação extraordinária e imprevista.

Deveras, em virtude da pandemia do novo vírus chinês, disseminaram-se em *Terrae Brasilis* políticas públicas de isolamento social e de suspensão de grande parcela das atividades de comércio e de prestação de serviços, atingindo diretamente enorme quantidade de empresas, de trabalhadores celetistas, de trabalhadores autônomos, de profissionais liberais, dentre outras categorias profissionais, com isso levando empresas a situações quase insustentáveis de manutenção (ou, mesmo, ao fechamento definitivo), aumentando o desemprego, prejudicando o consumo e reduzindo a circulação da moeda.

Tem-se nesse exemplo, longe de dúvidas, uma severa alteração da situação econômica nacional, derivada de acontecimentos extraordinários e impossíveis de se preverem até poucas semanas antes de sua efetiva ocorrência.

Desse modo, todos os contratos de execução continuada ou diferida no tempo que tiveram seu equilíbrio econômico concretamente prejudicado por mencionada crise econômica e cujas partes não tinham, à época da celebração do negócio jurídico, condições de antever a ocorrência e os efeitos de tal acontecimento extraordinário, podem ser submetidos a revisão pelo Poder Judiciário, contanto que o desequilíbrio econômico contratual resulte efetivamente na excessiva oneração de alguma das partes contratantes.

Isso significa que os contratos de alienação fiduciária cujo equilíbrio econômico tenha porventura sido efetivamente prejudicado pela crise decorrente do novo vírus chinês podem ser revistos ou resolvidos judicialmente, desde que, por certo, tenham sido celebrados quando imprevisível às partes contratantes a ocorrência da mencionada crise e de seus efeitos e, ainda, tenha o desequilíbrio econômico do contrato resultado em onerosidade excessiva a qualquer das partes.

Enfim, em vista do caráter acessório do contrato de alienação fiduciária em garantia, a mesma solução é aplicável quando o negócio jurídico atingido pela crise do vírus chinês for o respectivo contrato principal – novamente, desde que à época de sua celebração não tivessem as partes condições de antever a crise e os seus efeitos –, caso em que o contrato de alienação fiduciária poderá ser revisto ou resolvido judicialmente em conjunto ao contrato principal ou em decorrência da revisão ou da resolução judicial desse.

9.2 A revisão do contrato de alienação fiduciária de bem móvel em garantia, por desequilíbrio econômico, no âmbito das relações de consumo

Conforme verificado logo acima, a legislação civil brasileira estabelece uma regra geral para a revisão ou a resolução judicial dos contratos de execução continuada ou diferida no tempo, em decorrência de desequilíbrio econômico contratual, para o que adota a teoria da imprevisão, que exige que o acontecimento motivador da perda do equilíbrio econômico do contrato seja superveniente à celebração do mesmo, bem como extraordinário e imprevisível.

Ocorre que, muito comumente, os contratos de alienação fiduciária em garantia, notadamente quando têm por objeto bens móveis, são celebrados como acessórios a contratos de consumo, ou seja, a contratos cujas partes são o fornecedor de bens ou serviços e o destinatário final desses bens ou serviços, nos termos dos artigos 2º[136] e 3º[137] do Código de Defesa do Consumidor.

Em hipóteses como essa, uma vez que inseridos em uma relação jurídica de natureza consumerista, igualmente os contratos de alienação fiduciária de bem móvel se apresentam como verdadeiros contratos de consumo, estando submetidos também ao regramento especial do Código de Defesa do Consumidor.

Tem-se como um dos exemplos mais comuns dessa situação a alienação fiduciária de bem móvel celebrada com o objetivo de se garantir obrigação de execução continuada assumida perante uma instituição financeira no bojo de contrato de financiamento obtido para a aquisição de um veículo, caso em que o devedor oferece, em propriedade fiduciária, o próprio veículo adquirido a crédito. Ora, no exemplo

---

136. "Art. 2º Consumidor é toda pessoa física ou jurídica que adquire ou utiliza produto ou serviço como destinatário final. Parágrafo único. Equipara-se a consumidor a coletividade de pessoas, ainda que indetermináveis, que haja intervindo nas relações de consumo."

137. "Art. 3º Fornecedor é toda pessoa física ou jurídica, pública ou privada, nacional ou estrangeira, bem como os entes despersonalizados, que desenvolvem atividade de produção, montagem, criação, construção, transformação, importação, exportação, distribuição ou comercialização de produtos ou prestação de serviços. § 1º Produto é qualquer bem, móvel ou imóvel, material ou imaterial. § 2º Serviço é qualquer atividade fornecida no mercado de consumo, mediante remuneração, inclusive as de natureza bancária, financeira, de crédito e securitária, salvo as decorrentes das relações de caráter trabalhista."

mencionado, o contrato principal cristaliza uma clara relação de consumo,[138] sendo a acessória alienação fiduciária, de igual forma, um contrato consumerista.

E sempre que o negócio jurídico de alienação fiduciária de bem móvel em garantia se apresenta como autêntico contrato de consumo, a possibilidade de sua revisão com base no desequilíbrio econômico contratual – seja do próprio contrato de alienação fiduciária, seja do respectivo contrato principal – submete-se não ao regramento geral do Código Civil, mas ao regramento especial do Código de Defesa do Consumidor.

Aliás, o referido Código do Consumidor, em seu artigo 6º, inciso V,[139] elenca a possibilidade de revisão e modificação contratual como um direito básico do consumidor, aplicável às hipóteses em que exista desproporção ou onerosidade excessiva nas prestações, em decorrência de cláusula contratual.

Similarmente, o artigo 51, IV e § 1º, II e III, desse Estatuto Consumerista estabelece a nulidade das cláusulas que criam obrigações abusivas, incompatíveis com as máximas da boa-fé e da proporcionalidade, ou que expõem o consumidor a desvantagem exagerada, entendendo-se como tal a obrigação que atenta contra o equilíbrio contratual ou que se mostre deveras onerosa ao consumidor.[140]

---

138. As instituições financeiras são sempre fornecedoras, já que sua atividade consiste em disponibilizar para consumo produtos e serviços relacionados à atividade financeira – esses expressamente considerados consumeristas pelo § 2º do artigo 2º do Código de Defesa do Consumidor –, de modo que são consumidores aqueles que se valem, enquanto destinatários finais, dos produtos ou serviços fornecidos pelas instituições financeiras. Resulta daí que os contratos bancários ou financeiros celebrados com esses destinatários finais são contratos de consumo. Nesse sentido, explica Nelson Nery Junior que "o banco se inclui sempre no conceito de fornecedor (art. 3º, caput, CDC, como comerciante e prestador de serviços), e as atividades por ele desenvolvidas para com o público se subsumem aos conceitos de produto e de serviço, conforme o caso (art. 3º, §§ 1º e 2º, CDC)", o que completa ensinando que, sendo a contraparte indivíduo definido como consumidor, "a relação jurídica que o banco celebrou é de consumo e está sujeita ao regime jurídico do CDC" (NERY JUNIOR, Nelson et alii. *Código Brasileiro de Defesa do Consumidor comentado pelos autores do anteprojeto*, v. I – direito material (arts. 1º a 80 e 105 a 108). 10. ed. Rio de Janeiro: Forense, 2011, p. 544-546). No mesmo sentido, estabelece a Súmula 297 do Superior Tribunal de Justiça que "*o Código de Defesa do Consumidor é aplicável às instituições financeiras*". É esse também o entendimento do Supremo Tribunal Federal: "ART. 3º, § 2º, DO CDC. CÓDIGO DE DEFESA DO CONSUMIDOR. ART. 5º, XXXII, DA CB/88. ART. 170, V, DA CB/88. INSTITUIÇÕES FINANCEIRAS. SUJEIÇÃO DELAS AO CÓDIGO DE DEFESA DO CONSUMIDOR. AÇÃO DIRETA DE INCONSTITUCIONALIDADE JULGADA IMPROCEDENTE. 1. As instituições financeiras estão, todas elas, alcançadas pela incidência das normas veiculadas pelo Código de Defesa do Consumidor. 2. "Consumidor", para os efeitos do Código de Defesa do Consumidor, é toda pessoa física ou jurídica que utiliza, como destinatário final, atividade bancária, financeira e de crédito. 3. Ação direta julgada improcedente" (ADI 2591, Relator(a): Min. CARLOS VELLOSO, Relator(a) p/ Acórdão: Min. EROS GRAU, Tribunal Pleno, julgado em 07/06/2006, DJ 29-09-2006).

139. "Art. 6º São direitos básicos do consumidor: (...) V – a modificação das cláusulas contratuais que estabeleçam prestações desproporcionais ou sua revisão em razão de fatos supervenientes que as tornem excessivamente onerosas."

140. "Art. 51. São nulas de pleno direito, entre outras, as cláusulas contratuais relativas ao fornecimento de produtos e serviços que: (...) IV – estabeleçam obrigações consideradas iníquas, abusivas, que coloquem o consumidor em desvantagem exagerada, ou sejam incompatíveis com a boa-fé ou a equidade; (...) § 1º Presume-se exagerada, entre outros casos, a vantagem que: (...) II – restringe direitos ou obrigações fundamentais inerentes à natureza do contrato, de tal modo a ameaçar seu objeto ou equilíbrio contratual; III – se mostra excessivamente onerosa para o consumidor, considerando-se a natureza e conteúdo do contrato, o interesse das partes e outras circunstâncias peculiares ao caso."

Ainda, prevê o artigo 39 do mesmo diploma legal, com a redação que lhe foi dada pela Lei 8.884/1994, como prática abusiva proibida ao fornecedor, a exigência de vantagem exorbitante do consumidor, aí incluído o valor excessivo das prestações de contrato de adesão a serem pagas pelo consumidor.[141]

Percebe-se, do acima exposto, que a legislação brasileira de proteção ao consumidor tem também por princípio fundamental a proporcionalidade das obrigações contratadas, buscando, por isso, proteger o consumidor contra a estipulação de obrigações que lhe onerem excessivamente e confiram vantagem indevida ao fornecedor, inclusive taxando como abusivas as previsões contratuais dessa natureza.

Almeja a Lei Consumerista prestigiar o equilíbrio econômico dos contratos de consumo e a comutatividade das obrigações neles inseridas, visando manter ponderadas as obrigações do consumidor e do fornecedor e evitando-se a prevalência injusta desse último, mormente ante o fato de os contratos de consumo apresentarem-se, em sua quase totalidade, como contratos de adesão.[142]

Com esse espírito é que o Código do Consumidor traz disciplina própria à possibilidade de revisão ou modificação judicial dos contratos de consumo, quando de sua redação constarem cláusulas abusivas, sendo excessivas ou desproporcionais as obrigações impostas ao consumidor como decorrência de referidas cláusulas.[143]

Todavia, é interessante notar que, diferentemente do que ocorre quanto ao regramento geral do Código Civil, a revisão contratual no âmbito do Direito do Consumidor não tem por base a teoria da imprevisão. Em outras palavras: a modificação judicial dos contratos de consumo prescinde da ocorrência de fato imprevisível posterior à celebração do contrato.

Destarte, para que se possa operar a revisão de um contrato consumerista pelo Poder Judiciário, basta a existência de onerosidade excessiva ou de desproporção contratual, não sendo necessário que tal situação decorra de fato superveniente e não previsto pelas partes contratantes quando da celebração do contrato.[144]

---

141. "Art. 39. É vedado ao fornecedor de produtos ou serviços, dentre outras práticas abusivas: (...) V – exigir do consumidor vantagem manifestamente excessiva."

142. Nos dizeres de Claudia Lima Marques, "protegem-se no Código o objetivo e o equilíbrio contratual, assim como se sanciona a onerosidade excessiva (art. 51, § 1º, do CDC), revitalizando a importância da comutatividade das prestações, reprimindo excessos do individualismo e procurando a justa proporcionalidade de direitos e deveres, de conduta e de prestação, nos contratos sinalagmáticos" (MARQUES, Claudia Lima. *Contratos no Código de Defesa do Consumidor – o novo regime das relações contratuais.* 5. ed. São Paulo: Ed. RT, 2005, p. 291).

143. Novamente segundo Claudia Lima Marques, o Código de Defesa do Consumidor "permite que o Poder Judiciário modifique as cláusulas referentes ao preço, ou qualquer outra prestação a cargo do consumidor, se desproporcionais, isto é, se acarretarem o desequilíbrio de direitos e obrigações entre as partes contratantes" (MARQUES, Claudia Lima. *Contratos no Código de Defesa do Consumidor – o novo regime das relações contratuais.* 5. ed. São Paulo: Ed. RT, 2005, p. 915-916).

144. Nesse sentido, preleciona João Batista de Almeida que o Código do Consumidor permite a "revisão decorrente de causas concomitantes à formação do contrato", o que assim explica: "tais causas são ditas contemporâneas ou concomitantes à formação do contrato, porque já existem e contaminam a avença contratual desde o seu nascimento. O contrato já traz em seu conteúdo o germe que pode determinar a modificação

É certo que, mesmo em sede de relação de consumo, a revisão contratual pode também decorrer de fato imprevisto e superveniente ao início da execução do contrato, já que a segunda parte do artigo 6°, V, do Código de Defesa do Consumidor estabelece essa possibilidade, ao estipular a revisão de cláusulas *"em razão de fatos supervenientes que as tornem excessivamente onerosas"*.

Frise-se, entretanto, que nem a imprevisibilidade e nem a superveniência são necessárias à revisão dos contratos de consumo, já que a primeira parte do mesmo artigo 6°, V, é categórica ao disciplinar a possibilidade genérica de modificação *"das cláusulas contratuais que estabeleçam prestações desproporcionais"*, ou seja, daquelas disposições contratuais que se mostram abusivas *ab initio* e sujeitam o consumidor a uma obrigação desproporcional, mormente quando resultando em vantagem excessiva ao fornecedor.

Assim, conforme o sistema do próprio Código do Consumidor, é mister concluir que a revisão de contratos de alienação fiduciária de bem móvel em garantia, quando referido negócio fiduciário estiver inserto em uma relação de consumo, é possível em qualquer hipótese de abusividade, desproporção ou excesso quanto às obrigações do consumidor fiduciante – esteja essa abusividade em disposição do próprio negócio fiduciário, esteja ela em cláusula do contrato de consumo principal a que vinculada a alienação fiduciária em garantia –, não sendo necessário que decorra de fato imprevisto ou superveniente à celebração do contrato.

10. CONSIDERAÇÕES FINAIS

Diante de todo o exposto, conclui-se que a alienação fiduciária de bem móvel, ao originar o direito real de propriedade fiduciária, é instrumento propício a oportunizar uma garantia real mais efetiva da satisfação da obrigação principal, apresentando-se vantajosa a ambas as partes contratantes, seja por suas particularidades voltadas à facilitação da obtenção de crédito, seja pela maior facilidade na execução da garantia e na realização do valor da coisa alienada fiduciariamente.

11. REFERÊNCIAS BIBLIOGRÁFICAS

ALMEIDA, João Batista de. *A proteção jurídica do consumidor*. 7. ed. São Paulo: Saraiva, 2009.

ALVES, José Carlos Moreira. *Da alienação fiduciária em garantia*. 2. ed. Rio de Janeiro: Forense, 1979.

ALVES, Vilson Rodrigues. *Alienação fiduciária em garantia*. Campinas: Millenium, 1998.

AMARAL, Francisco. *Direito civil – introdução*. 8. ed. Rio de Janeiro: Renovar, 2014.

BADARÓ, Ramagem. *Fisionomias civil, processual e penal da alienação fiduciária em garantia*. São Paulo: Editora Juriscredi LTDA., 1972.

---

por ordem judicial. São dessa natureza as cláusulas abusivas e as prestações desproporcionais" (ALMEIDA, João Batista de. *A proteção jurídica do consumidor*. 7. ed. São Paulo: Saraiva, 2009, p. 177).

BETTI, Emilio. *Teoria geral do negócio jurídico.* Campinas: Servanda Editora, 2008.

BEVILÁQUA, Clovis. *Direito das obrigações.* Atualização de Achilles Beviláqua. 8. ed. Rio de Janeiro: Livraria Francisco Alves, 1954.

BEVILÁQUA, Clovis. *Teoria geral do direito civil.* Atualização de Caio Mário da Silva Pereira. 2. ed. Rio de Janeiro: Editora Francisco Alves, 1976.

BEVILÁQUA, Clovis. *Código Civil dos Estados Unidos do Brasil comentado,* v. I. Edição histórica. Rio de Janeiro: Editora Rio, 1979.

BIANCA, C. Massimo. *Diritto civile,* v. IV – l'obbligazione. Milano: Giuffrè Editore, 1993.

BIANCA, C. Massimo. *Diritto civile,* v. VI – la proprietà. Milano: Giuffrè Editore, 1999.

CASSETTARI, Christiano. *Elementos de direito civil.* 2. ed. São Paulo: Saraiva, 2013.

CHALHUB, Melhim Namem. *Direitos reais.* 2. ed. São Paulo: Ed. RT, 2014.

CORRÊA, Alexandre Augusto de Castro. Introdução ao direito romano das obrigações, aplicado ao direito civil. *Revista da Faculdade de Direito da Universidade de São Paulo,* São Paulo, v. 68/1973, n. 02, p. 45-66, Jan – Dez 1973.

CURY, Augusto Jorge; MUNHOZ, Rhonny Petherson. Estímulo e educação quanto à mediação e à conciliação: por uma política pública de inclusão à solução eficaz dos conflitos de interesses. In: GOMES, Camila Paula de Barros; GOMES, Flávio Marcelo; FREITAS, Renato Alexandre da Silva (Org.). *Ensaios sobre políticas públicas.* Birigui: Boreal, 2016.

DANTAS, San Tiago. *Programa de direito civil,* v. II – os contratos. Rio de Janeiro: Editora Rio, 1978.

DÍEZ-PICAZO, Luis; GULLÓN, Antonio. *Sistema de derecho civil,* vol. I – introducción, derecho de la persona, autonomía privada, persona jurídica. 11. ed. Madrid: Editorial Tecnos, 2003.

DÍEZ-PICAZO, Luis; GULLÓN, Antonio. *Sistema de derecho civil,* v. III – derecho de cosas y derecho inmobiliario registral. 7. ed. Madrid: Editorial Tecnos, 2001.

DINIZ, Maria Helena. *Curso de direito civil brasileiro,* v. 2 – teoria geral das obrigações. 29. ed. São Paulo: Saraiva, 2014.

DINIZ, Maria Helena. *Curso de direito civil brasileiro,* v. 3 – teoria das obrigações contratuais e extracontratuais. 30. ed. São Paulo: Saraiva, 2014.

DINIZ, Maria Helena. *Código Civil anotado.* 18. ed. São Paulo: Saraiva, 2017.

GOMES, Orlando. *Alienação fiduciária em garantia.* São Paulo: Ed. RT, 1970.

GOMES, Orlando. *Contratos.* Atualização de Antonio Junqueira de Azevedo e Francisco Paulo de Crescenzo Marino. 26. ed. Rio de Janeiro: Forense, 2007.

GONÇALVES, Carlos Roberto. *Direito civil brasileiro,* v. 5 – direito das coisas. 7. ed. São Paulo: Saraiva, 2012.

LISBOA, Roberto Senise et alii. In: FUJITA, Jorge Shiguemitsu; SCAVONE JR., Luiz Antonio; CAMILLO, Carlos Eduardo Nicoletti e TALAVERA, Glauber Moreno (Org.). *Comentários ao Código Civil* – artigo por artigo. 2. ed. São Paulo: Ed. RT, 2009.

LOURENÇO, Daniel Braga. *Direito dos animais: fundamentação e novas perspectivas.* Porto Alegre: Sérgio Antonio Fabbris Editores, 2008.

MARQUES, Claudia Lima. *Contratos no Código de Defesa do Consumidor* – o novo regime das relações contratuais. 5. ed. São Paulo: Ed. RT, 2005.

MARTINS, Fran. *Contratos e obrigações comerciais.* 15. ed. Rio de Janeiro: Forense, 2000.

NERY JUNIOR, Nelson et alii. *Código Brasileiro de Defesa do Consumidor comentado pelos autores do anteprojeto*, v. I – direito material (arts. 1º a 80 e 105 a 108). 10ª edição. Rio de Janeiro: Forense, 2011.

PENTEADO, Luciano de Camargo. *Direito das coisas*. 3. ed. São Paulo: Ed. RT, 2014.

PEREIRA, Caio Mário da Silva. *Instituições de direito civil*, v. I – introdução ao direito civil: teoria geral de direito civil. Atualização de Maria Celina Bodin de Moraes. 26. ed. Rio de Janeiro: Forense, 2013.

PEREIRA, Caio Mário da Silva. *Instituições de direito civil*, v. IV – direitos reais. Atualização de Carlos Edison do Rêgo Monteiro Filho. 21. ed. Rio de Janeiro: Forense, 2013.

RÁO, Vicente. *Ato jurídico*. São Paulo: Max Limonad, 1961.

RODRIGUES, Silvio. *Direito civil*, v. 3 – dos contratos e das declarações unilaterais da vontade. 30. ed. São Paulo: Saraiva, 2004.

RODRIUES, Silvio. *Direito civil*, v. 5 – direito das coisas. 27. ed. São Paulo: Saraiva, 2002.

ROPPO, Enzo. *O contrato*. Tradução de Ana Coimbra e M. Januário C. Gomes. Coimbra: Edições Almedina SA, 2009.

ROPPO, Vincenzo. *Il contratto*. Seconda edizione. Milano: Giuffrè Editore, 2011.

RUGGIERO, Roberto de. *Instituições de direito civil*, v. III – direito das obrigações; direito hereditário. Tradução de Paolo Capitanio. Campinas: Bookseller, 1999.

TALAVERA, Glauber Moreno et alii. *Comentários ao Código Civil* – artigo por artigo. In: FUJITA, Jorge Shiguemitsu; SCAVONE JR., Luiz Antonio; CAMILLO, Carlos Eduardo Nicoletti e TALAVERA, Glauber Moreno (Org.). *Comentários ao Código Civil* – artigo por artigo. 2. ed. São Paulo: Ed. RT, 2009.

TARTUCE, Flávio. *Manual de direito civil*, volume único. 8. ed. São Paulo: Método, 2018.

TELLES, Inocêncio Galvão. *Manual dos contratos em geral*. 3. ed. Lisboa: Coimbra Editora, 1965.

VENOSA, Silvio de Salvo. *Código Civil interpretado*. 2. ed. São Paulo: Atlas, 2011.

CAPÍTULO 2
QUAIS AS VANTAGENS E DESVANTAGENS DA ALIENAÇÃO FIDUCIÁRIA EM RELAÇÃO À HIPOTECA?

Erik Frederico Oioli

Doutor e Mestre em Direito Comercial pela USP. Professor de pós-graduação do *Insper* e o *CEU Law School*. Advogado em São Paulo.

José Afonso Leirião Filho

Graduado em Direito pelo Mackenzie. LLM em Direito Empresarial pela *CEU Law School*. Advogado em São Paulo.

Carlos Galuban Neto

Graduado em Direito pela USP. Advogado em São Paulo.

Sumário: 1. Introdução – Objeto de estudo – 2. A alienação fiduciária em garantia e a hipoteca– diferenciação conceitual básica entre os institutos – 3. Um breve histórico da alienação fiduciária no ordenamento jurídico brasileiro– 4. A alienação fiduciária de bens imóveis e suas vantagens em relação à hipoteca – 4.1 O procedimento de excussão extrajudicial da garantia fiduciária incidente sobre bens imóveis – 4.2 Ausência de submissão do crédito fiduciário ao processo de recuperação judicial – 4.3 A preferência do crédito fiduciário em relação a créditos de qualquer natureza, inclusive de natureza tributária – 5. A jurisprudência e a alienação fiduciária sobre bens imóveis: um enfraquecimento do instituto? – 5.1 A quitação conferida pelo artigo 27, § 5º, da Lei 9.514/1997 – 5.2 Da constituição de alienação fiduciária sobre imóvel rural em favor de estrangeiro – 5.3 As dificuldades do credor fiduciário no âmbito dos processos recuperacionais – 6. Considerações finais – 7. Referências bibliográficas.

1. INTRODUÇÃO – OBJETO DE ESTUDO

O presente artigo, cujo objetivo principal é a exposição das vantagens e desvantagens na utilização da alienação fiduciária em garantia em relação à hipoteca, é composto por 4 (quatro) capítulos.

O primeiro deles versará sobre o conceito e aspectos gerais tanto da alienação fiduciária em garantia quanto da hipoteca, de modo a delimitar as características dos institutos, exercício essencial à construção dos demais capítulos deste trabalho.

O segundo capítulo, por sua vez, terá como objeto a evolução histórica do instituto da alienação fiduciária em garantia no ordenamento jurídico brasileiro, a partir da edição da Lei 4.728/1964 e do Decreto-Lei 911/1969, passando pela Lei 9.514/1997, que ampliou sua aplicação aos bens imóveis, até o Código Civil de 2002, que expandiu a utilização do instituto para além dos contratos celebrados por instituições financeiras no âmbito do mercado de capitais.

Na sequência, serão abordadas as principais vantagens na utilização da alienação fiduciária em garantia em relação à garantia hipotecária, mormente no tocante à celeridade e segurança jurídica propiciadas pelo primeiro instituto em comparação ao segundo.

Por fim, no quarto e derradeiro capítulo, serão objeto de discussão situações verificadas na jurisprudência que têm enfraquecido parte das virtudes da alienação fiduciária em garantia e que merecem atenção especial por parte dos operadores do direito.

2. A ALIENAÇÃO FIDUCIÁRIA EM GARANTIA E A HIPOTECA – DIFERENCIAÇÃO CONCEITUAL BÁSICA

A alienação fiduciária sobre bens imóveis e a hipoteca são institutos destinados ao preenchimento de uma função principal: permitir que imóveis sejam afetados ao adimplemento de uma obrigação pecuniária específica.

Ao contrário das garantias pessoais, de que são exemplos o aval e a fiança, a hipoteca e a alienação fiduciária, enquanto garantias reais, não colocam à disposição dos credores o patrimônio do devedor em sua integralidade, mas tão somente um bem específico, de natureza imóvel, que servirá como salvaguarda dos credores em caso de descumprimento da obrigação pactuada. A importância dos institutos, em especial no âmbito empresarial, é clara: servem de alternativa aos tomadores de financiamentos com taxas mais competitivas, por intermédio justamente da contratação de garantias fortes e de mecanismos de excussão favoráveis ao credor.

Não obstante integrem juntas o campo das garantias reais previstas no ordenamento jurídico, os dois institutos possuem características bastante distintas entre si, sendo a principal delas o fato de que, no âmbito da constituição da alienação fiduciária, o credor adquire a propriedade resolúvel do bem, enquanto, no tocante à garantia hipotecária, o imóvel permanece na esfera patrimonial do devedor, razão pela qual se costuma definir a primeira como garantia real sobre coisa alheia e a segunda como garantia real sobre coisa própria, distinção esta que, conforme se verá mais adiante, apresenta importantes repercussões na escolha quanto à utilização de um instituto em detrimento do outro.

Antes de adentrar em tais repercussões, faz-se necessária uma incursão sobre o caminho legislativo da alienação fiduciária no ordenamento jurídico brasileiro.

3. UM BREVE HISTÓRICO DA ALIENAÇÃO FIDUCIÁRIA NO ORDENAMENTO JURÍDICO BRASILEIRO

A trajetória da alienação fiduciária em garantia no ordenamento jurídico brasileiro arremete à edição da Lei 4.728/1965, responsável por disciplinar o funcionamento do mercado de capitais brasileiro. Até por isso, a alienação fiduciária prevista pelo diploma legal em questão, relativa tanto a bens fungíveis quanto infungíveis, teve sua incidência limitada a bens móveis e a contratos celebrados no mercado financeiro e de capitais, de modo a se tornar de uso privativo pelas instituições financeiras.

À época, a introdução do instituto no ordenamento teve como objetivo fomentar o mercado de crédito brasileiro, concedendo às instituições financeiras uma nova modalidade de garantia, dotada de maior segurança jurídica no âmbito de operações de empréstimo e financiamento, principalmente quando comparada às garantias então existentes, entre elas a hipoteca, conforme nos ensina Moreira Alves:

> "O que é certo, portanto, é que, a partir, precipuamente, do século passado, se tem sentido, cada vez mais, a necessidade de criação de novas garantias reais para a proteção do direito de crédito. As existentes nos sistemas jurídicos de origem romana – e são elas a hipoteca, o penhor e a anticrese – não mais satisfazem a uma sociedade industrializada, nem mesmo relações creditícias entre pessoas físicas, pois apresentam graves problemas desvantagens pelo custo e morosidade em executá-las, ou pela superposição a elas de privilégio em favor de certas pessoas, em especialmente do Estado".[1]

Esta em tese maior segurança objetiva aumentar o volume de crédito em uma sociedade, bem como facilitar o acesso dos agentes econômicos à obtenção de crédito, propiciando ambiente econômico próspero, haja vista que dota o credor de garantias mais robustas no tocante à recuperação do crédito empregado em operações de empréstimo ou financiamento, o que vem a ser de extrema importância no contexto econômico-financeiro do Brasil, conhecido como um dos países historicamente com as mais elevadas taxas de juros e de *spread* bancário do mundo, de modo que, de acordo com estudo realizado[2] pelo IBRE (Instituto Brasileiro de Economia da Fundação Getúlio Vargas), em 2018, a cada dólar de calote de empréstimos, apenas 0,13 *cents* era recuperado, valor abaixo da média mundial de 0,34 *cents* e infinitamente menor do que o verificado em países com o Japão, que possui o menor spread bancário do mundo e taxa de recuperação de crédito de 0,92 *cents* para cada dólar emprestado.

Entre os motivos apontados para o Brasil encontrar-se em tal situação, aponta-se justamente a enorme dificuldade encontrada pelos credores na excussão de garantias. Assim mesmo, não se pode olvidar que, no mercado bancário brasileiro, as taxas de

---

1. ALVES, José Carlos Moreira; *Da alienação fiduciária em garantia*; 3. ed.; Rio de Janeiro: Forense, 1987; p. 03.
2. https://blogdoibre.fgv.br/posts/parcimonia-com-o-mercado-de-credito; Acesso em: 30/06/2019.

juros para os empréstimos com garantia incidente sobre bens imóveis já são de 3% a 14%[3] menores do que aquelas verificadas para outras modalidades de empréstimo.

Ampliar e tornar mais acessível o mercado de crédito, aliás, foi um dos principais objetivos da Lei 4.728/1965, conforme se denota da Exposição de Motivos de referido diploma legal:

> "É indiscutível a urgência da correção dos desajustes no mercado financeiro e no mercado de capital. A taxa de juros atingiu a níveis que se incompatibilizam com o programa de estabilização de custos e com um clima de estímulo aos investimentos."

Importante também constatar que a criação e o fortalecimento de instrumentos de financiamento privado, como aqueles trazidos pela Lei de Mercado de Capitais, tinham como objetivo contribuir no combate a outro mal brasileiro, o inflacionário, uma vez que, ao atribuírem novos mecanismos de fornecimento de crédito às instituições financeiras privadas, retiram dos órgãos estatais, mormente os bancos públicos, a pressão de serem os únicos entes capazes de movimentar a economia, o que contribui para a redução do gasto público e saneamento das finanças governamentais. Uma vez mais, portanto, o instituto encontra-se em conformidade com o espírito da lei que o criou, como se extrai de novo trecho da Exposição de Motivos:

> "O projeto anexo visa a reorganizar o mercado financeiro e o mercado de capitais que foram fortemente deturpados em sua finalidade e em seu processo de operação pelas repercussões inflacionárias. A inflação não somente provocou nefastas alterações no que deveria ser mantido, como impediu que evoluísse o que deveria ser modificado. As medidas abrangidas pelo projeto são, pois, de recuperação e de substituição."

No mesmo contexto, assim, foi editado o Decreto-Lei 911/1969, o qual, além de introduzir diversas alterações na Lei 4.728/1965, passou a prever modalidade especial de excussão das garantias fiduciárias em caso de inadimplemento contratual pelo devedor fiduciante, que passou a ser realizada mediante a chamada ação de busca e apreensão, procedimento judicial dotado de rito muito mais célere do que os convencionalmente previstos pela legislação processual civil.

A legislação relativa ao instituto da alienação fiduciária permaneceu imune a profundas alterações por décadas, até a edição da Lei 9.514/1997 que, atendendo a antigo anseio dos agentes econômicos, trouxe ao ordenamento a alienação fiduciária sobre bens imóveis, com o intuito de promover o surgimento de novas formas de financiamento no setor imobiliário, mais céleres e seguras do que aquelas até então existentes. A intenção do legislador fica bastante clara, a partir da leitura do trecho a seguir, extraído da Exposição de Motivos de referido diploma legal:

> "Além dessas garantias, o projeto de lei permite a aplicação, na negociação de bens imóveis, do contrato de alienação fiduciária, que já integra nosso ordenamento jurídico quanto aos bens

---

3. Levantamento realizado pela revista Exame: https://exame.abril.com.br/seu-dinheiro/7-mitos-e-verdades-do-emprestimo-com-imovel-de-garantia/; Acesso em: 20.07.2019.

móveis. Reside aí a grande inovação: por oferecer segurança quanto à execução sem delongas da garantia, o contrato de alienação fiduciária constitui poderoso estímulo ao crédito, ao investimento nos Certificados de Recebíveis Imobiliários e portanto à aquisição e produção de imóvel mediante pagamento a prazo. Trata-se de verdadeira pedra angular do novo modelo de financiamento habitacional ora proposto. (...) Essa modalidade de contrato concilia a segurança e celeridade necessárias, superando as formas obsoletas de garantia, que tomam os negócios imobiliários demasiadamente lentos e onerosos, tolhendo o potencial de expansão do setor."

Dentre as novidades trazidas pelo diploma legal em questão, o maior destaque fica por conta da criação de procedimento exclusivamente extrajudicial para a excussão da garantia fiduciária incidente sobre bem imóvel, o qual se tornou ainda mais célere após modificações introduzidas pela Lei 13.465/2017 e que vem a ser o principal diferencial da alienação fiduciária sobre bem imóvel em relação à garantia hipotecária, temas estes que serão objeto de maior detalhamento nos tópicos seguintes.

Finalmente, mediante a percepção de que a alienação fiduciária em garantia era instrumento passível de utilização nos mais diversos setores da economia, o instituto foi objeto de regulação no Código de Civil de 2002, a partir do que deixou de uso exclusivo das instituições financeiras e das operações celebradas no âmbito do mercado de capitais para ser utilizado por agentes econômicos de qualquer natureza.

A despeito disso, a alienação fiduciária celebrada nos termos do Código Civil, ao contrário daquela prevista no âmbito da Lei 4.728/1965, apenas pode ter como objeto bens infungíveis. Além disso, apenas as instituições financeiras estarão autorizadas a fazer uso da Ação de Busca e Apreensão prescrita pelo Decreto-Lei 911/1969, de modo que os demais agentes econômicos deverão lançar mão dos procedimentos convencionais previstos pela legislação processual civil, notadamente menos céleres, conforme entendimento adotado pela doutrina[4]. quanto pela jurisprudência do Superior Tribunal de Justiça[5] acerca do tema.

---

4. "Relevante distinção entre a alienação fiduciária no âmbito do mercado financeiro e de capitais e a propriedade fiduciária regulada pelo direito comum é a forma de excussão da garantia, uma vez que aquela conta com o procedimento mais rápido previsto no Decreto-Lei n. 911/1969, ao passo que esta depende do rito mais lento previsto no Código de Processo Civil (SALOMÃO NETO, Eduardo; *Direito Bancário*; São Paulo: Editora Atlas; p.444)

5. "PROCESSO CIVIL. RECURSO ESPECIAL. ALIENAÇÃO FIDUCIÁRIA EM GARANTIA CELEBRADA ENTRE PESSOA JURÍDICA E PESSOA NATURAL. REGIME JURÍDICO DO CÓDIGO CIVIL. BUSCA E APREENSÃO DE BEM MÓVEL PREVISTA NO DECRETO-LEI N. 911/1969, COM REDAÇÃO DADA PELA LEI N. 10.931/2004. ILEGITIMIDADE ATIVA AD CAUSAM. (...) 3. O art. 8°-A do referido Decreto, incluído pela Lei n. 10.931/2004, determina que tal procedimento judicial especial aplique-se *exclusivamente* às seguintes hipóteses: (i) operações do mercado financeiro e de capitais; e (ii) garantia de débitos fiscais ou previdenciários. Em outras palavras, é vedada a utilização do rito processual da busca e apreensão, tal qual disciplinado pelo Decreto-Lei n. 911/1969, ao credor fiduciário que não revista a condição de instituição financeira lato sensu ou de pessoa jurídica de direito público titular de créditos fiscais e previdenciários. (STJ, Recurso Especial n. 1.101.375/RS, Min. Rel. Luis Felipe Salomão, j. 04.06.2013.)

4. A ALIENAÇÃO FIDUCIÁRIA DE BENS IMÓVEIS E SUAS VANTAGENS EM RELAÇÃO À HIPOTECA

Amplamente utilizada ao longo da história, com origem já no direito romano, a hipoteca, embora não tenha caído em desuso, teve sua adoção reduzida pelos agentes de mercado nos últimos anos, muito por conta do número cada vez maior de adeptos da alienação fiduciária de bens imóveis.

A migração dos agentes econômicos da hipoteca para a alienação fiduciária se dá ante as vantagens em relação à primeira, a começar pelo fato de que a excussão da garantia fiduciária é feita mediante a adoção de procedimento exclusivamente extrajudicial.

Assim, enquanto o credor hipotecário deverá se submeter a rito judicial rígido e extremamente moroso para fins de satisfação de seu crédito, o credor fiduciário terá à sua disposição procedimento mais célere e independente de qualquer providência judicial, o qual terá início a partir do momento em que se verificar a ocorrência de mora por parte do devedor fiduciante, conforme se passa a detalhar a seguir.

4.1 O procedimento de excussão extrajudicial da garantia fiduciária incidente sobre bens imóveis

A partir da mora do devedor fiduciante, este será intimado, mediante provocação do credor fiduciário, pelo oficial do Registro de Imóveis competente, a satisfazer, no prazo de 15 (quinze) dias, a prestação vencida e as que se vencerem até a data do pagamento, bem como juros, penalidades e demais encargos convencionados contratualmente.

A intimação, cabe ressaltar, será preferencialmente efetuada de forma pessoal ao fiduciante ou ao seu representante legal ou procurador constituído, podendo ser ainda promovida pelo correio, com aviso de recebimento.

Contudo, de acordo com alterações introduzidas pela Lei 13.465/2017, em consonância com a sistemática de intimações e citações trazida pelo Código de Processo Civil de 2015, a intimação poderá também ser realizada de formas alternativas, a saber: (i) por hora certa, nas hipóteses em que o oficial de registro de imóveis houver procurado o devedor por duas vezes sem encontrá-lo e sobrevier suspeita de ocultação; (ii) quando se tratar de condomínio edilício com controle de acesso, a comunicação poderá ser feita ao funcionário da portaria responsável pelo recebimento de correspondência e (iii) quando o fiduciante, seu representante legal ou seu procurador estiver em local ignorado, incerto ou acessível, será publicado edital durante 3 (três) dias em um dos jornais de maior circulação local.

A partir da intimação, certo é que o devedor fiduciante terá duas alternativas: (i) purgar a mora, hipótese em que o contrato de alienação fiduciária prosseguirá seu curso normal ou (ii) manter-se inadimplente, hipótese em que o Registro de Imóveis competente promoverá, no prazo de 30 (trinta) dias a partir da expiração do prazo para a purgação da mora, a averbação da consolidação da propriedade em nome do credor fiduciário, após o pagamento do imposto de transmissão *inter vivos* por este último. Até a data de referida averbação, necessário apontar, será conferida ao fiduciante a oportunidade de pagar as parcelas vencidas da dívida, quando também convalescerá o contrato de alienação fiduciária.

Contudo, consolidada a propriedade do imóvel em nome do credor fiduciário, este deverá promover leilão público para a alienação do bem no prazo de 30 (trinta) dias, o qual deverá ser comunicado ao devedor por meio de correspondência dirigida aos endereços constantes do contrato, inclusive ao endereço eletrônico.

Caso o maior lance oferecido em referido leilão seja inferior ao valor do imóvel estipulado em contrato, será realizado o segundo leilão nos quinze dias seguintes, no qual será aceito o maior lance oferecido, desde que igual ou superior ao valor da dívida, das despesas, dos prêmios de seguro, dos encargos legais, dos tributos e das contribuições condominiais.

Entretanto, na hipótese de o valor do lance em questão não atingir os parâmetros legalmente fixados, a Lei 9.514/1997, em seu artigo 27, § 5°, determina que a dívida será considerada extinta, obrigando o credor, no prazo de 5 (cinco) dias a partir da realização do segundo leilão, promover a adjudicação do imóvel e conferir a quitação ao devedor, previsão esta que, conforme será discutido em tópico seguinte, pode apresentar problemas ao credor fiduciário.

Torna-se evidente, a partir do acima descrito, que o procedimento de excussão extrajudicial da garantia fiduciária incidente sobre bens imóveis oferece segurança e celeridade inexistentes no contexto de execução de garantia hipotecária. Neste sentido, é a lição doutrinária fornecida por Melhim Namem Chalhub:

> "Os meios especiais de realização de garantias visam dotar o ordenamento de mecanismos capazes de propiciar rápida recomposição de situações de mora, em prazos compatíveis com as necessidades de manutenção do fluxo de retorno dos empréstimos, com vistas ao interesse coletivo de permanente oferta de crédito, pois os meios tradicionais não mais satisfazem a uma sociedade industrializada, nem mesmo nas relações creditícias entre as pessoas físicas, pois apresentam graves desvantagens pelo custo e morosidade em executá-las".[6]

4.2 Ausência de submissão do crédito fiduciário ao processo de recuperação judicial

No contexto da elaboração da Lei 11.101/2005, diploma legal responsável por instituir no ordenamento jurídico brasileiro o instituto da recuperação judicial, os credores de natureza fiduciária, ao menos na teoria, podem ser considerados privilegiados.

---

6.   CHALHUB, Melhim Namem; *Alienação Fiduciária*: negócio fiduciário; 5. ed.; Rio de Janeiro: Forense, 2017; p. 371.

Explica-se: enquanto os créditos de garantia real, categoria da qual a hipoteca faz parte, passaram a se submeter à recuperação judicial, ao contrário do que ocorria durante a vigência do Decreto 7.661/1945, que regulava a concordata, os créditos de natureza fiduciária foram definidos como extraconcursais pelo artigo 49, § 3°, da Lei 11.101/2005, o que significa dizer que não se sujeitam aos efeitos oriundos dos processos recuperacionais.

Dentre os efeitos do processo recuperacional a que estão imunes os créditos de natureza fiduciária, encontram-se a (i) novação dos créditos concursais operada pelo plano de recuperação judicial e o (ii) chamado *stay period*, período de 180 (cento e oitenta) dias dentro do qual todos os processos judiciais em face da empresa recupe-randa permanecem suspensos, embora, dentro de tal prazo, o credor fiduciário não possa efetuar a retirada do bem dado em garantia caso este seja considerado *"bem de capital essencial"* ao devedor, restrição esta que, conforme se demonstrará mais adiante, tem gerado discussões.

A despeito de tais complicações, fato é que o Superior Tribunal de Justiça tem reconhecido o caráter extraconcursal dos créditos garantidos por alienação fiduciária, de que é exemplo o acórdão a seguir, exarado pelo Ministro Luis Felipe Salomão:

"AGRAVO INTERNO NO AGRAVO EM RECURSO ESPECIAL. AUSÊNCIA DE PREQUESTIONA-MENTO. ART. 535 DO CPC. INEXISTÊNCIA DE OMISSÕES. CRÉDITO RESULTANTE DE ALIE-NAÇÃO FIDUCIÁRIA EM GARANTIA SOBRE IMÓVEL. NÃO SUBMISSÃO À RECUPERAÇÃO. SÚMULA 83 DO STJ. 1. A matéria referente a suposta violação do art. 66 da Lei 11.101/05, não foi objeto de discussão no acórdão recorrido, apesar da oposição de embargos de declaração, não se configurando o prequestionamento, o que impossibilita a sua apreciação na via especial (Súmulas 282/STF e 211/STJ). 2. Não se viabiliza o recurso especial pela alegada violação art. 535 do CPC/73. Isso porque, embora rejeitados os embargos de declaração, a matéria em exame foi devidamente enfrentada pelo Tribunal de origem, que emitiu pronunciamento de forma fun-damentada, ainda que em sentido contrário à pretensão da parte recorrente. 3. O entendimento da Corte estadual encontra-se em harmonia com a jurisprudência consolidada neste Sodalício, no sentido de que o credor titular da posição de proprietário fiduciário ou de crédito garantido por cessão fiduciária não se submete aos efeitos da recuperação judicial. Incidência da Súmula 83 do STJ. 4. Agravo interno não provido."[7]

A principal justificativa, do ponto de vista jurídico, para a imunidade da garantia fiduciária aos efeitos da recuperação judicial vem a ser o próprio fato de que, quando da constituição de alienação fiduciária, opera-se a transferência da propriedade reso-lúvel em favor do credor, mantendo-se o devedor tão somente com a posse do bem, de modo que o bem deixa de integrar o patrimônio do devedor, apenas retornando a este caso a dívida garantida seja completamente adimplida.

Trata-se, portanto, de hipótese completamente distinta daquela verificada no contexto de constituição da garantia hipotecária, em que o bem segue integrando

---

7. STJ, Agravo Interno em Recurso Especial 854.803/SP, Min. Rel. Luis Felipe Salomão, j. 15.02.2017

o acervo patrimonial do devedor, razão pela qual o crédito garantido por hipoteca encontra-se submetido aos efeitos do processo recuperacional.

4.3 A preferência do crédito fiduciário em relação a créditos de qualquer natureza, inclusive de natureza tributária

O fato de a constituição de alienação fiduciária importar em transferência da propriedade resolúvel sobre o bem para o credor fiduciário também garante a este último outra proteção, a de que o bem alienado fiduciariamente não poderá ser atingido por nenhuma medida de constrição patrimonial praticada por outros credores do devedor, uma vez que não se trata mais de ativo pertencente ao patrimônio deste.

Tal proteção ganha especial relevância à medida em que sua aplicação é reconhecida até mesmo em processos de execução fiscal. Isto, porque, conforme já reconhecido pela jurisprudência do Superior Tribunal de Justiça[8], bem como pelo artigo 184 do Código Tributário Nacional, o crédito tributário possui preferência sobre o crédito de garantia real, razão pela qual o Fisco encontra-se autorizado a promover a penhora e arrematação de imóvel ainda que haja hipoteca incidente sobre este.

Não é, evidentemente, como já mencionado, o caso dos imóveis alienados fiduciariamente, que se encontram protegidos de eventuais penhoras efetuadas pelo Fisco, conforme entendimento fixado pelo Superior Tribunal de Justiça em diversas oportunidades:

> "TRIBUTÁRIO E PROCESSO CIVIL. AGRAVO INTERNO NO RECURSO ESPECIAL. EXECUÇÃO FISCAL. FIDEICOMISSO. PENHORA DE BENS DO FIDUCIÁRIO. PROPRIEDADE RESOLÚVEL. IMPOSSIBILIDADE. 1. Inexiste contrariedade ao art. 535, II, do CPC/1973 quando a Corte local decide fundamentadamente todas as questões postas a seu exame. Ademais, não se deve confundir decisão contrária aos interesses da parte com ausência de prestação jurisdicional. 2. O Superior Tribunal de Justiça firmou a orientação no sentido de que, por analogia, o objeto de alienação fiduciária, pertencente à esfera patrimonial de outrem, não pode ser alvo de penhora no processo

---

8. AGRAVO INTERNO NO RECURSO ESPECIAL. PROCESSUAL CIVIL E TRIBUTÁRIO. EXECUÇÃO FISCAL. PENHORA E ARREMATAÇÃO DE BEM OBJETO DE HIPOTECA. POSSIBILIDADE. PREFERÊNCIA DO CRÉDITO TRIBUTÁRIO. INCIDÊNCIA DA SÚMULA 83/STJ. PLURALIDADE DE PENHORAS. PENHORA ANTERIOR. PREFERÊNCIA DO CRÉDITO TRIBUTÁRIO. ARREMATAÇÃO DO BEM EM VALOR SUPERIOR A 50% DE SUA AVALIAÇÃO. PREÇO VIL. INEXISTÊNCIA. DISSÍDIO JURISPRUDENCIAL NÃO DEMONSTRADO. ARREMATAÇÃO DE BEM HIPOTECADO. SUBSISTÊNCIA DO ÔNUS HIPOTECÁRIO. IMPOSSIBILIDADE. AQUISIÇÃO A TÍTULO ORIGINÁRIO. INCIDÊNCIA DA SÚMULA N. 284/STJ. DISSÍDIO JURISPRUDENCIAL NÃO DEMONSTRADO. AGRAVO INTERNO NÃO PROVIDO. 1. Os bens gravados com hipoteca oriunda de cédula de crédito podem ser penhorados para satisfazer o débito fiscal, pois a impenhorabilidade de que trata o art. 57 do Decreto-lei 413/69 não é absoluta, cedendo à preferência concedida ao crédito tributário pelo art. 184 do CTN. Súmula n. 83/STJ. Precedentes. 2. O Superior Tribunal de Justiça possui jurisprudência consolidada no sentido de que "no concurso de credores estabelecem-se duas ordens de preferência: os créditos trabalhistas, os da Fazenda Federal, Estadual e Municipal e os com garantia real, nesta ordem; em um segundo momento, a preferência se estabelece em favor dos credores com penhora antecedente ao concurso, observando-se entre eles a ordem cronológica da constrição" (REsp 594.491/RS, Rel. Ministra ELIANA CALMON, SEGUNDA TURMA, julgado em 02/06/2005, DJ 08/08/2005, p. 258). Súmula n. 83/STJ. Precedentes. (STJ, Agravo Interno no Recurso Especial 1.318.181-PR, Min. Rel. Luis Felipe Salomão, j. 24.08.2018)

de execução fiscal, porquanto o domínio da coisa não pertence ao executado, mas a um terceiro, a quem não se pode atingir. No caso, o fiduciário estará na guarda e propriedade resolúvel quando não ocorra a condição resolutória, manifestação de vontade do fideicomitente (o testador). Precedente. 3. O extinto Tribunal Federal de Recursos editou a Súmula 242, que preceitua: "O bem alienado fiduciariamente não pode ser objeto de penhora nas execuções ajuizadas contra o devedor fiduciário". 4. Por outro lado, a Corte de origem proclamou o entendimento de que, tratando-se de constrição dos direitos do devedor fiduciante, é imprescindível a anuência do credor fiduciário. Tal fundamento não foi impugnado pela recorrente nas razões do apelo especial, o que, por si só, mantém incólume o acórdão combatido. Incide no ponto a Súmula 283 do STF. 5. Agravo interno a que se nega provimento."[9]

5. A JURISPRUDÊNCIA E A ALIENAÇÃO FIDUCIÁRIA SOBRE BENS IMÓVEIS: UM ENFRAQUECIMENTO DO INSTITUTO?

Conforme visto acima, os benefícios gerados pela utilização da alienação fiduciária aos credores, ao menos nos quesitos da celeridade e da segurança jurídica, são inegáveis. Tais benefícios, contudo, têm sido recorrentemente enfraquecidos diante da adoção, pelos tribunais brasileiros, de entendimentos que relativizam aspectos básicos do instituto em questão e que podem, em determinadas situações, tornar a utilização das garantias hipotecárias preferível, conforme se passa agora a explorar.

5.1 A quitação conferida pelo artigo 27, § 5º, da Lei 9.514/1997

Quando da constituição de alienação de fiduciária em garantia, o artigo 24 da Lei 9.514/1997 determina que seja estabelecido pelas partes o valor do imóvel para efeito de venda em hasta pública, a qual deverá ser concretizada em no máximo 2 (dois) leilões, sendo vedada, a exemplo do que ocorre com a hipoteca, a estipulação do chamado pacto comissório, segundo o qual, em caso de vencimento da dívida, o pagamento desta será efetuado com o próprio imóvel dado em garantia.

Contudo, na hipótese de ambos os leilões restarem infrutíferos, a sistemática da Lei 9.514/1997 estabelece que o imóvel deverá ser adjudicado em favor do credor fiduciário, devendo a dívida garantida pelo bem ser considerada extinta, como dispõe o artigo 27, § 5º, de referido diploma legal.

Conforme se denota da redação do dispositivo em questão, nota-se que, qualquer que seja a situação verificada, seja de alienação em leilão ou de adjudicação pelo credor, o devedor será exonerado da dívida, ainda que o valor obtido seja inferior ao valor devido, de modo que não poderá o credor perseguir na cobrança de eventual saldo remanescente.

Trata-se, sem dúvida alguma, de previsão que gera grande polêmica, ante o evidente enfraquecimento da garantia provocado pela possibilidade de extinção da

---

9. STJ, Agravo Interno no Recurso Especial 1.505.398/BA, Min. Rel. OG Fernandes, j. 07.06.2018.

dívida ainda que haja saldo remanescente a ser cobrado. Neste sentido, aliás, tem se posicionado, por exemplo, a jurisprudência do Tribunal de Justiça de São Paulo:

"Ação de reintegração de posse – Contrato de mútuo com cláusula de alienação fiduciária em garantia de imóvel – Inadimplemento dos devedores incontroverso – Notificação para purgar a mora desatendida pelos réus – Imóvel levado a leilão por duas oportunidades, na forma da Lei 9.514/97, sem arrematação – Consolidação da propriedade fiduciária em favor da credora, com quitação dos débitos contratuais, de acordo com o art. 27, §§4° a 6° da referida Lei (...) Recurso negado."[10]

"Ação de obrigação de fazer e indenizatória – Compra e venda de imóvel com alienação fiduciária – Falta de pagamento da dívida – Rito específico prescrito pela Lei 9.514/97 – Inaplicabilidade do artigo 53 do Código de Defesa do Consumidor por ser lei anterior e menos específica – Realização de dois leilões extrajudiciais – Inexistência de licitantes – Consolidação da propriedade ao credor fiduciário com a extinção da dívida – Aplicação dos artigos 26 e 27 da Lei 9.514/97 – Pretensão de recebimento do valor de diferença do produto da alienação extrajudicial, após a quitação do saldo devedor – Inexistência de valor a ser restituído em razão da extinção da dívida – Inteligência do artigo 27, §§5° e 6°, da Lei 9.514/97 – Ação improcedente."[11]

Por tal razão, parte da doutrina frequentemente se insurge contra o dispositivo em questão, sob o entendimento de que tal previsão seria aplicável tão somente aos financiamentos contraídos no âmbito do mercado habitacional, no qual, não raro, se busca a proteção do contratante considerado hipossuficiente.

O fundamento para tanto é do que, quando da elaboração do projeto de lei que culminou na Lei 9.514/1997, a aplicação de referido diploma legal seria destinada apenas às operações de financiamento ocorridas no mercado habitacional. Entretanto, a partir da edição da Lei 10.391/2004, a alienação fiduciária sobre bens imóveis passou a ser utilizada nos mais variados tipos de operação, desde aquelas relacionadas à habitação até aquelas realizadas no âmbito empresarial, em que não se verifica qualquer tipo de hipossuficiência entre os agentes econômicos contratantes.

Não é sem razão, portanto, que frequentemente surgem propostas de alteração do artigo 27, § 5° ora em comento, a fim de restringir a quitação por valor inferior da dívida apenas em situações específicas relacionadas ao mercado habitacional, haja vista a injustificável concessão de perdão da dívida em situações nas quais os agentes econômicos tenham contratado em condição de paridade. Neste contexto, destaca-se o Projeto de Lei 4.714/2016, de autoria do deputado Carlos Bezerra, que busca a introdução de ressalva expressa quanto à limitada aplicação do dispositivo ora discutido:

"Art. 27.

(...)

§ 8° As disposições dos §§ 5° e 6° deste artigo não se aplicam às operações de financiamento não habitacional e às de autofinanciamento realizadas por grupos de consórcio. (NR)"

---

10. TJSP, Apelação 1022443-23.2017.8.26.0007, Des. Rel. Francisco Giaquinto, j. 12.02.2019.
11. TJSP, Apelação 1001388-72.2018.8.26.0071, Des. Rel. Henrique Rodrigo Clavisio, j. 11.03.2019.

A título de ilustração, confira-se trecho da exposição de motivos que acompanha referido Projeto de Lei:

> "Trata-se de perdão de dívida que, se, por um lado, justifica-se para financiamentos habitacionais, não se justifica para operações de crédito destinadas às atividades empresariais em geral. A presente proposição visa excluir do benefício do perdão as operações de financiamento não habitacional em geral e as de autofinanciamento do tipo "consórcio". Com efeito, nos empréstimos destinados a atividades empresariais, não se justifica o perdão caso o produto da venda do bem dado em garantia seja inferior ao valor da dívida."

Além de iniciativas já existentes na atividade legislativa no tocante à alteração da Lei 9.514/1997, a doutrina também traz importantes sugestões, com especial destaque para Melhim Namem Chalhub, que propõe que "o perdão da dívida se restrinja aos financiamentos de imóvel habitacional cujo valor não exceda a setecentos salários mínimos, excluindo-se desse benefício as operações de financiamento não habitacional (...)."[12]

Por fim, destaca-se que o inconveniente gerando pelo perdão da dívida não ocorreria no âmbito da garantia hipotecária, haja vista que, de acordo com o artigo 1.430 do Código Civil, nos casos em que a hipoteca seja executada e "o produto não bastar para o pagamento das dívidas e despesas judiciais, o devedor continuará obrigado pessoalmente pelo restante", inviabilizando, portanto, qualquer hipótese de ser dada quitação ao devedor por quantia inferior ao valor da dívida.

5.2 Da constituição de alienação fiduciária sobre imóvel rural em favor de estrangeiro

Outra questão que historicamente vinha gerando celeuma refere-se à alienação fiduciária em garantia quando constituída em favor de pessoa (jurídica ou física) estrangeira.

Afinal, a Lei 5.709/1971 estabelece uma série de restrições à aquisição de imóveis rurais por estrangeiros, tendo determinado que as propriedades com área superior a 3 (três) módulos somente poderão ser adquiridas mediante autorização do INCRA.

A partir disso, o desafio passou a ser compatibilizar a restrição em questão com o fato de que, na alienação fiduciária, há a consolidação da propriedade do bem em favor do credor no caso de inadimplemento da dívida pelo devedor.

Ora, é inegável que, do ponto de vista teleológico, a intenção do legislador quando da edição da Lei 5.709/1971, em um contexto fortemente marcado pelo nacionalismo propalado pelo regime militar, era a de evitar ao máximo a atuação de estrangeiros em áreas consideradas estratégicas e extremamente relevantes para a defesa da soberania nacional.

---

12. CHALHUB, Melhim Namem; *Alienação Fiduciária*: negócio fiduciário; 5. ed.; Rio de Janeiro: Forense, 2017; p. 292.

QUAIS AS VANTAGENS E DESVANTAGENS DA ALIENAÇÃO FIDUCIÁRIA EM RELAÇÃO À HIPOTECA?   **443**

Neste contexto, não obstante a recepção da Lei 5.709/1971 pela Constituição Federal de 1988 seja posta em dúvida por alguns Tribunais Estaduais[13], com destaque para o Tribunal de Justiça de São Paulo, em entendimento cuja aplicação se encontra suspensa em razão de liminar concedida pelo Ministro do Supremo Tribunal Federal Marco Aurélio Mello no âmbito Ação Cível Ordinário 2463, fato é que a eventual "aquisição" da propriedade rural pelo estrangeiro no âmbito da alienação fiduciária em garantia em nada se assemelha com a situação que referido diploma legal buscava evitar.

Tal decorre do fato de que, no âmbito de uma operação que envolve alienação fiduciária em garantia, a intenção do credor fiduciário não é a de efetivamente adquirir a propriedade do bem de modo a utilizá-lo e explorá-lo de forma definitiva e permanente, mas tão somente a de se resguardar quanto a eventual inadimplemento pelo devedor. Tanto, aliás, que o procedimento previsto pela Lei 9.514/1997 contempla a realização de 2 (dois) leilões do imóvel alienado fiduciariamente, e não a permanência do bem no patrimônio do credor fiduciário. Tal distinção, aliás, é feita por Arruda Alvim:

> "O perfil de direito de propriedade, como consta da Lei 9.514/1997 (alienação fiduciária de bem imóvel) é diferente do direito de propriedade propriamente dito. Aquela é destinada a garantir um débito e, normalmente, não há fruição ou gozo pelo credor fiduciário".[14]

Ademais, é digno de nota que alguns Tribunais Estaduais vinham procurado, ante a vedação da aquisição de propriedade de imóvel rural por pessoa estrangeira, encontrar alternativas para a satisfação do crédito pelo credor estrangeiro.

No caso do Tribunal de Justiça de São Paulo, seria permitido ao credor ajuizar ação de execução e, no curso desta, oferecer o imóvel alienado fiduciariamente à penhora para consequente praceamento em hasta pública, estando vedada apenas a adjudicação ou arrematação pelo próprio credor. Neste sentido, confira-se:

> "AGRAVO DE INSTRUMENTO. Execução de Título Executivo Extrajudicial consistente em Escritura Pública de Confissão de Dívida com garantia de alienação fiduciária sobre imóvel rural. Empresa exequente que detém maioria de seu capital formado por Empresas estrangeiras, que foi impedida de consolidar a propriedade fiduciária da área recebida em garantia, como credora da dívida confessada. Pedido judicial, pela via da Execução, para a penhora do imóvel rural. Deferimento da constrição sobre os direitos do devedor executado sobre o bem. INCONFORMISMO da Empresa exequente deduzido no Recurso. ACOLHIMENTO. Possibilidade de praceamento do imóvel rural em Hasta Pública, com alienação para terceiro e a quitação do saldo devedor contratual com o produto dessa alienação. Penhora almejada que não configura aquisição da propriedade de imóvel

---

13. Em setembro de 2012, a Corregedoria-Geral da Justiça de São Paulo, após julgamento realizado pelo Órgão Especial do Tribunal de Justiça do mesmo estado, elaborou o Parecer 461/2012, no qual estabeleceu a dispensa aos Tabeliães e Oficiais de Registro de São Paulo de observarem as restrições impostas pela Lei 5.709/1971 no tocante à aquisição de imóveis rurais por estrangeiros, em razão da adoção da posição de referido diploma legal não haver sido recepcionado pela Constituição Federal de 1988.
14. Arruda Alvim, José Manuel. Comentários ao Código Civil Brasileiro – Livro Introdutório ao Direito das Coisas e o Direito Civil. Rio de Janeiro: GEN-Forense, 2009; p. 249.

rural pela Empresa exequente, desde que vedada a adjudicação ou arrematação do imóvel pela exequente, "ex vi" da Lei 5.709/71 e do Parecer CGU/AGU 01/2008 RVJ. Decisão reformada, com observação. RECURSO PROVIDO."[15]

Já no âmbito do Tribunal de Justiça de Goiás, a solução dada era a de que o imóvel alienado fiduciariamente deveria ser levado à hasta pública, com prévia consolidação da propriedade em nome do credor, restando vedada, contudo, assim como na solução fornecida pelo Tribunal de Justiça de São Paulo, o registro da propriedade em nome de pessoa estrangeira:

> "Dessa forma, *in casu*, não é possível a consolidação da propriedade do imóvel rural em nome dos credores estrangeiros, por não terem restado satisfeitos os requisitos exigidos pela Lei n. 5.709/71 para tanto, conforme acima explanado, motivo pelo qual impossível a observância do procedimento previsto na Lei n. 9.514/97 em sua integralidade. Contudo, deve ser os presentes embargos de declaração acolhidos para esclarecer que, em caso de inadimplemento da dívida por parte das devedoras, deverá o bem imóvel alienado fiduciariamente ser levado a hasta pública, com a prévia consolidação da propriedade em nome dos credores, nos termos do artigo 26 da Lei n. 9514/97, contudo, é vedado o registro dos imóveis em nome dos credores estrangeiros, caso infrutífero o segundo leilão (artigo 27, §§ 5º e 6º, da Lei 9514/97)."[16]

Tal histórico, felizmente, ganhou recentemente um novo e positivo capítulo: em 07 de abril de 2020, passou a vigorar a Lei 13.986/2020, conversão em lei da amplamente debatida "MP do Agro", que alterou o artigo 1º, § 2º, da Lei 5.709/1971, de modo a dispor que as restrições impostas pelo diploma legal em questão no tocante à aquisição de imóveis rurais por estrangeiros não seria aplicável aos casos de constituição de garantia fiduciária. A título de ilustração, confira-se a alteração promovida à Lei 5.709/1971:

> "Art. 51. O § 2º do art. 1º da Lei 5.709, de 7 de outubro de 1971, passa a vigorar com a seguinte redação:
>
> "Art. 1º
>
> (...)
>
> § 2º As restrições estabelecidas nesta Lei não se aplicam:
>
> I – aos casos de sucessão legítima, ressalvado o disposto no art. 7º desta Lei;
>
> II – *às hipóteses de constituição de garantia real, inclusive a transmissão da propriedade fiduciária em favor de pessoa jurídica, nacional ou estrangeira;*"

Trata-se, sem dúvida alguma, de alteração legislativa da mais profunda relevância, que finalmente adequa o ordenamento jurídico brasileiro a uma ordem econômica globalizada, colocando fim, ao menos no que tange à constituição de garantias, ao atraso que até então marcava a Lei 5.709/1971 e elevando o nível de segurança jurí-

---

15. TJSP, Agravo de Instrumento = 2017960-08.2018.8.26.0000, Des. Rel. Daise Fajardo Nogueira Jacot, j. 22.05.2018.
16. TJGO, Agravo de Instrumento 5166595.48.2018.8.09.0000, Des. Rel. Carlos Alberto França, j. 19.02.2019

QUAIS AS VANTAGENS E DESVANTAGENS DA ALIENAÇÃO FIDUCIÁRIA EM RELAÇÃO À HIPOTECA? **445**

dica dos credores fiduciários que são pessoas jurídicas estrangeiras ou que possuem controle estrangeiro.

Neste ponto, o destaque principal fica por conta da possibilidade de utilização, pelos credores fiduciários em questão, do procedimento extrajudicial de excussão de garantia fiduciária tal qual previsto pela Lei 9.514/1997, o qual, conforme já explicado em tópicos anteriores, vem a ser muito mais célere, flexível e barato do que o ajuizamento de medidas judiciais com vistas à execução da garantia.

Ainda, não há como deixar de mencionar que, ao autorizar os credores fiduciários a utilizarem o procedimento extrajudicial, dispensando-os, consequentemente, da adoção de medidas judiciais, a nova legislação impede que eventual ajuizamento de demandas judiciais seja encarado como renúncia tácita de garantia, de modo a tornar concursal o crédito em caso de recuperação judicial do devedor.

Embora a renúncia tácita de garantia nos pareça um tanto quanto absurda em caso de ajuizamento de demanda judicial por credor fiduciário, vem a ser hipótese já reconhecida em algumas decisões dos tribunais de justiça estaduais, de que é exemplo o de São Paulo[17], o que apenas reforçava a necessidade de se alterar a Lei 5.709/1971, a fim de levantar as restrições até então impostas aos credores estrangeiros no tocante à consolidação da propriedade fiduciária.

5.3 As dificuldades do credor fiduciário no âmbito dos processos recuperacionais

Foi dito acima que, no contexto da Lei 11.101/2005, os credores de natureza fiduciária poderiam, em tese, ser considerados os grandes vitoriosos no âmbito da introdução do instituto da recuperação judicial no ordenamento jurídico brasileiro. Em tese, porque, não obstante os credores em questão restem excluídos dos processos recuperacionais, estando autorizados a efetuar a perseguição de seu crédito de forma independente ao concurso de credores, têm enfrentado complicações na satisfação de seus créditos, gerando, em muitos casos, uma situação de *"ganhou, mas não levou"*, por parte dos credores fiduciários.

A principal complicação atual diz respeito à previsão contida no artigo 49, § 3º, da Lei 11.101/2005, segundo a qual o crédito garantido fiduciariamente não se submeterá aos efeitos da recuperação, "não se permitindo, contudo, durante o prazo

---

17. "Houve, concretamente, a opção pelo ajuizamento da ação de execução com, frise-se, desconsideração da garantia fiduciária e, nestas circunstâncias, deve prevalecer o entendimento de que o credor abriu mão da garantia fiduciária, dada a incompatibilidade manifesta de seu comportamento processual, que afasta a aplicação do artigo 49, § 3º da Lei 11.101/2005 e converte o credor fiduciário num credor quirografário, garantido genericamente pelo patrimônio do devedor" (TJSP, Agravo de Instrumento 2197310-53.2018.8.26.0000, Des. Rel. Fortes Barbosa, j. 07.11.2018).

"Diante de tais circunstâncias, resta evidente, no caso concreto, a renúncia da execução da garantia fiduciária, o que implica na inclusão do crédito, dentro da recuperação judicial das agravantes, na classe dos quirografários, afastada a hipótese de extraconcursalidade prevista no art. 49, § 3º, da Lei 11.101/05" (TJSP, Agravo de Instrumento 2100475-37.2017.8.26.0000, Des. Rel. 26.03.2018, Des. Rel. Alexandre Lazzarini).

a que se refere o § 4º do artigo 6º desta Lei, a venda ou a retirada do estabelecimento do devedor dos bens de capital essenciais a sua atividade empresarial", disposição esta que tem sido objeto de interpretações distintas no âmbito jurisprudencial.

A primeira corrente jurisprudencial sobre o tema, à qual, aliás, o presente trabalho se filia, encara o conceito de *bens de capital* de forma restritiva, de modo a indicar que apenas os bens tangíveis de produção, como máquinas, equipamentos, ferramentas ou assemelhados, poderiam ser enquadrados em referida categoria, posição esta que se mostra coerente, por exemplo, com definições já existentes no ordenamento jurídico, como aquela dada pelo Decreto 2.179/1997, segundo a qual bens de capital seriam "máquinas, equipamentos, inclusive de testes, ferramental, moldes e modelos para moldes, instrumentos e aparelhos industriais e de controle de qualidade, novos, bem como os respectivos acessórios, sobressalentes e peças de reposição, utilizados no processo produtivo e incorporados ao ativo permanente".

De acordo com a vertente em questão, portanto, bens imóveis não poderiam ser considerados bens de capital essenciais, conforme se verifica dos trechos a seguir, extraídos de julgados proferidos pelo Tribunal de Justiça de São Paulo:

> "Não há essencialidade a ser declarada sobre bem de credor titular de propriedade fiduciária de bem imóvel (fl. 72 e ss. neste instrumento), não sujeito à recuperação judicial como é o caso dos autos (LREF, art. 49, § 3º) e, tampouco, pode haver previsão e alienação desse mesmo bem imóvel, não integrante do patrimônio da recuperanda."[18]

De outro lado, contudo, está a vertente que, baseada no alegado princípio da preservação da empresa – verdadeira criação jurisprudencial que tem beneficiado as sociedades em recuperação, muitas vezes em detrimento à lei –, adota interpretação extensiva do conceito de *bens de capital essenciais*, razão pela qual tem aumentado o número de julgados e decisões judiciais fundados na noção de que não seria possível a excussão de imóvel alienado fiduciariamente por se tratar de bem de capital essencial às atividades da sociedade recuperanda.

Neste ponto, destaca-se acórdão do Tribunal de Justiça de São Paulo que vedou a consolidação da propriedade em favor do credor fiduciário mesmo diante do fato de que o imóvel não era de propriedade da recuperanda, mas sim de sua sócia controladora, posição esta que, sem dúvida alguma, favorece a adoção, por pessoas físicas, de manobras de ocultação patrimonial utilizando-se de processos recuperacionais. A título de ilustração, confira-se trecho do julgado em questão:

> "Recuperação judicial. Decisão que indeferiu consolidação da propriedade de imóvel alienado fiduciariamente. Agravo de instrumento interposto pelo credor. Em que pese créditos garantidos fiduciariamente não se sujeitarem aos efeitos da recuperação judicial, bens essenciais à atividade das recuperandas não devem ser retirados (§ 3º do art. 49 da Lei 11.101/05). O imóvel disputado permite a consecução do objeto social de uma das recuperandas, abrigando sua planta de fábrica

---

18. TJSP, Agravo de Instrumento 2249124-07.2018.8.26.0000, Des. Rel. Ricardo Negrão, j. 24.06.2019.

QUAIS AS VANTAGENS E DESVANTAGENS DA ALIENAÇÃO FIDUCIÁRIA EM RELAÇÃO À HIPOTECA? **447**

e sede. A essencialidade do bem não é afetada pelo fato de o imóvel ser titularizado pela sócia controladora da recuperanda. Decisão mantida. Agravo de instrumento desprovido."

Não bastasse a dificuldade enfrentada pelos credores fiduciários no tocante ao enquadramento de imóveis na categoria de bens de capital, verifica-se ainda que os credores em questão têm esbarrado na prolongada duração do chamado *stay period*, período em que é vedada a retirada dos bens de capital essenciais da posse do devedor.

Explica-se: em que pese o período em questão ter duração de 180 (cento e oitenta) dias definida como improrrogável pelo artigo 6º, parágrafo 4º, fato é que o entendimento consolidado do Superior Tribunal de Justiça corre no sentido de que, caso o Plano de Recuperação Judicial não seja aprovado no referido prazo por razão não imputável ao devedor, será autorizada a prorrogação do *stay period*, o que, em determinadas situações, favorece a prática de condutas protelatórias pelos devedores em recuperação judicial, acarretando, no Estado de São Paulo, por exemplo, em cenário no qual o tempo médio necessário para a convocação de Assembleia Geral de Credores, responsável pela deliberação e aprovação dos Planos de Recuperação Judicial, seja de 433 dias nas varas comuns e de 314 dias nas varas especializadas, conforme estudo[19] conduzido pela Associação Brasileira de Jurimetria, por meio da 2ª Fase do Observatório da Insolvência, levantamento que envolveu a análise de 906 processos de recuperações judiciais distribuídas nas Comarcas do Estado de São Paulo entre janeiro de 2010 e julho de 2017.

Ainda, mostra-se necessário mencionar que, ante a pandemia que atualmente acomete nosso país, os credores poderão encontrar em breve novas dificuldades no que se refere à excussão de garantias fiduciárias no âmbito de processos de recuperação judicial.

Trata-se, em especial, do Projeto de Lei 1.397/2020, elaborado no contexto da pandemia do COVID-19 e que deverá seguir rito de urgência na Câmara dos Deputados, que "institui medidas de caráter emergencial mediante alterações, de caráter transitório, de dispositivos da Lei 11.101/2005", o qual estabelece a vedação, pelo período de 120 (cento e vinte) dias, "a realização de excussão judicial ou extrajudicial das garantias reais, fiduciárias, fidejussórias e de coobrigações", independentemente da comprovação, pelo devedor, de se tratar de bem de capital essencial.

Neste contexto, parece certo também que o severo cenário de crise econômica gerado pelo COVID-19 conferirá aos devedores maior poder de barganha em discussões acerca da excussão de garantias fiduciárias pelos credores, o que, indubitavelmente, trará ao Poder Judiciário um desafio e tanto: o de diferenciar, dentre os pleitos de empresas em recuperação judicial, pleitos esses que estão se avolumando no cenário de crise gerado pela pandemia, aqueles efetivamente válidos, uma vez que verdadeiramente fundados em situação de necessidade econômico-financeira,

---

19. O estudo pode ser acessado no link: https://abj.org.br/cases/2a-fase-observatorio-da-insolvencia/.

e aqueles baseados em mero oportunismo, formulados com o exclusivo intuito de postergar a satisfação dos interesses dos credores.

6. CONSIDERAÇÕES FINAIS

Expostos e analisados os prós e contras que envolvem a adoção da alienação fiduciária e da hipoteca, parecem perceptíveis as vantagens em se utilizar a primeira garantia em detrimento da segunda, especialmente no que diz respeito à possibilidade de adoção de procedimento extrajudicial na excussão da garantia fiduciária, reconhecidamente mais célere e simplificado do que aquele verificado na execução judicial da hipoteca, bem como no que se refere à maior proteção gerada ao credor em contextos no qual o devedor fiduciante se encontra em recuperação judicial ou tenha seu patrimônio perseguido em sede de execução fiscal.

Tal predominância da alienação fiduciária sobre bem imóvel, contudo, ao contrário do que pretendia o legislador quando da sua introdução em ordenamento jurídico, não tem sido suficiente para levar o Brasil a condições mais privilegiadas em quesito importantíssimo do ponto de vista da atração de investimentos e recursos para o mercado interno, de que é exemplo importante a 2ª posição ocupada por nosso país no ranking das nações com maiores *spreads* bancários do mundo.

O cenário em questão, como já visto, é fortemente influenciado pelas dificuldades encontradas pelos credores na recuperação de seus créditos, situação esta que vem atingindo especialmente os credores fiduciários, principalmente no que diz respeito às tentativas de excussão de garantia mediante a adoção de procedimento extrajudicial e no tocante à retirada de bens em posse de devedores em recuperação judicial.

Diante de tal panorama, portanto, cabe aos legisladores e aplicadores do direito, mediante a introdução de reformas legislativas ou por meio de alterações nos entendimentos jurisprudenciais atualmente adotados, maximizar as vantagens esperadas pelos agentes econômicos quando da introdução da alienação fiduciária sobre bens imóveis em nosso ordenamento jurídico.

7. REFERÊNCIAS BIBLIOGRÁFICAS

ALVES, José Carlos Moreira; *Da alienação fiduciária em garantia*; 3. Ed.; Rio de Janeiro: Forense, 1987.

ARRUDA ALVIM, José Manuel. *Comentários ao Código Civil Brasileiro* – Livro Introdutório ao Direito das Coisas e o Direito Civil. Rio de Janeiro: GEN-Forense, 2009.

CHALHUB, Melhim Namem; *Alienação Fiduciária*: negócio fiduciário; 5. Ed.; Rio de Janeiro: Forense, 2017.

SALOMÃO, Luis Felipe; *Recuperação Judicial, extrajudicial e falência*: teoria e prática; Rio de Janeiro: Forense, 2007.

Capítulo 3
ALIENAÇÃO FIDUCIÁRIA *VERSUS* FIANÇA

Alessandro Segalla

Mestre em Direito Civil pela USP. Especialista em Direito das Relações de Consumo e Pós-Graduado em Direito Processual Civil pela PUC-SP. Professor do Curso de Direito da Universidade São Judas Tadeu (USJT-SP). Professor dos Cursos de Pós-Graduação da Escola Superior da Advocacia da OAB-SP (ESA) e da Escola Paulista do Direito (EPD). Autor de livros e artigos jurídicos. Advogado e Consultou Jurídico em São Paulo.

Sumário: 1. Introdução – aspectos gerais – 2. A dinâmica da alienação fiduciária de bem imóvel – 2.1. Os leilões extrajudiciais e a extinção das obrigações do devedor-fiduciante – 3. A fiança como garantia complementar das operações garantidas por alienação fiduciária – 3.1. Precedentes que tornaram a fiança uma garantia de alto risco – 4. Referências bibliográficas.

1. INTRODUÇÃO – ASPECTOS GERAIS

Neste trabalho iremos analisar se modalidades de garantia aparentemente antagônicas em sua estrutura e efeitos (alienação fiduciária e fiança) poderiam se harmonizar com a finalidade de proteger os interesses de eventuais credores de obrigações em geral.

Com efeito, a alienação fiduciária de bem imóvel e a fiança são modalidades de contratos de garantia que têm por finalidade proteger os credores do inadimplemento de seus devedores. Aquela tem natureza *real* e esta, *pessoal.*

Em princípio, as garantias reais seriam mais seguras do que as pessoais porque destacariam do patrimônio do garantidor determinados bens e dotariam os credores dos direitos de sequela e preferência na excussão desses bens, além de serem dotadas de eficácia "erga omnes", o que não ocorreria nas garantias pessoais, pois nestas todo o patrimônio do devedor ou responsável seria colocado à disposição dos credores para garantir uma obrigação, salvo se forem considerados impenhoráveis.[1]

Nesse contexto, o contrato de alienação fiduciária de *bem imóvel* se destaca ao ter surgido no direito brasileiro em 1997 em decorrência da promulgação da Lei 9.514/97, enquanto o contrato de fiança, que já havia sido regulado no Código Civil de 1916, continuou a ser prestigiado no Código Civil de 2002 (arts. 818 a 839), cuja utilização como garantia em contratos de locações de imóveis urbanos (Lei nº 8.245/91) ainda é francamente utilizada.

---

1. CPC, Arts. 832 e 833.

Por sua vez, a Lei 9.514/97 é de *natureza especial* por versar exaustivamente sobre uma *garantia específica* (a alienação fiduciária de bem imóvel) aplicável a contratos de aquisição de imóveis, direitos reais imobiliários ou *quaisquer outras obrigações*,[2] enquanto o Código Civil possui *natureza geral* ao ser aplicável, em tese, a *todo e qualquer contrato*, inclusive aos de alienação fiduciária de bem imóvel, no que respeita aos pressupostos, requisitos ou fatores de eficácia contratuais de caráter geral (*v.g.*, regras sobre capacidade, poder de disposição etc.). Além dos citados diplomas legais, destaque-se igualmente a aplicação do Código de Defesa do Consumidor às hipóteses em que estiver presente uma relação de consumo (CDC, arts. 2º e 3º).

Neste particular as *leis especiais* criam microssistemas jurídicos que acabam por alterar as *leis gerais*, muitas vezes sem a declarada intenção de modificá-las ou até mesmo revogá-las, o que por vezes gera dificuldades práticas de interpretação e aplicação do direito. Por conta dessa característica, não é mais possível que os operadores do direito trabalhem sob uma lógica estritamente excludente, como se uma lei posterior sempre revogasse uma lei anterior que já havia versado sobre um mesmo assunto.

Diante dessa constatação será necessário analisar se dispositivos da *lei posterior* são *incompatíveis* com os da *lei anterior* e *em qual medida se apresenta a referida incompatibilidade*. Em outras palavras, só haverá exclusão da *lei anterior* – ou de alguns de seus dispositivos - do sistema jurídico quando a *lei posterior* expressamente declarar a sua revogação, quando for totalmente incompatível com aquela ou quando regular inteiramente a matéria de que tratava a lei anterior (LINDB, art. 2º, § 1º). Em igual medida, a lei posterior que estabelecer disposições gerais ou especiais a par das já existentes não revogará nem modificará a lei anterior (LINDB, art. 2º, § 2º).

Assim sendo, em razão da necessidade de compatibilização e harmonização das normas jurídicas, conclui-se que *uma mesma situação jurídica* poderá ser *regida por leis diversas*, nascendo daí a necessidade de interpretação harmonizadora para que seja preservada a *integridade* do sistema jurídico. Dessa forma, a interpretação sistemática da Lei 9.514/97, do Código Civil e do Código de Defesa do Consumidor se faz necessária, pois uma determinada situação jurídica poderá ser regida por leis diferentes que incidirão apenas e tão-somente na exata medida da sua finalidade. Segundo pensamos, um exemplo será ilustrativo:

imaginemos a seguinte hipótese: o proprietário de um imóvel pretende vendê-lo a outra pessoa natural que não dispõe de recursos suficientes para adquiri-lo à vista. O adquirente recorre a uma instituição financeira para obter um empréstimo que lhe permita comprar o imóvel pretendido. A instituição financeira realiza o emprésti-

---

2. Lei 10.931/04, art. 51: "Art. 51. Sem prejuízo das disposições do Código Civil, as obrigações em geral também poderão ser garantidas, inclusive por terceiros, por cessão fiduciária de direitos creditórios decorrentes de contratos de alienação de imóveis, por caução de direitos creditórios ou aquisitivos decorrentes de contratos de venda ou promessa de venda de imóveis e por alienação fiduciária de coisa imóvel."

mo, mas retém consigo uma garantia real (o próprio imóvel alienado), e o mutuário compra o imóvel pretendido.

Neste caso, entre o proprietário e o adquirente do imóvel foi estabelecida uma relação jurídica regida exclusivamente pelo direito civil (contrato de *compra e venda*). Já entre o adquirente (mutuário) e a instituição financeira (mutuante) haverá uma relação jurídica de direito civil (contrato de *mútuo* ou *empréstimo*), à qual serão aplicáveis regras específicas de direito do consumidor (*v.g.*, multa moratória e cláusulas abusivas), seguidas de outras regras específicas de direito civil relacionadas à alienação fiduciária de bem imóvel (garantia *real*), cada qual respeitando o seu respectivo campo de incidência, sem que o operador do direito deva recorrer à lógica da revogação para aplicar leis diferentes a esta mesma situação jurídica.

Assim sendo, pergunta-se: seria possível que modalidades de garantia previstas em leis diferentes e aparentemente antagônicas (alienação fiduciária e fiança) fossem harmonizadas com a finalidade de proteger os interesses dos credores em uma situação específica?

Essa é a pergunta que nos propusemos a responder nos tópicos seguintes.

2. A DINÂMICA DA ALIENAÇÃO FIDUCIÁRIA DE BEM IMÓVEL

O art. 17 da Lei 9.514/97 estabeleceu que as operações de financiamento imobiliário em geral *poderão* ser *garantidas* por "I – hipoteca; II – cessão fiduciária de direitos creditórios decorrentes de contratos de alienação de imóveis; III – caução de direitos creditórios ou aquisitivos decorrentes de contratos de venda ou promessa de venda de imóveis; IV – alienação fiduciária de coisa imóvel."

Em face da redação adotada pelo legislador, temos defendido que o art. 17 da Lei 9.514/97 é meramente exemplificativo, uma vez que os credores *poderão* pactuar com os devedores as modalidades de garantia ali enumeradas na *lei especial*, sem prejuízo de serem pactuadas outras garantias previstas em *leis gerais*, tais como a fiança disciplinada no Código Civil.

A *alienação fiduciária de coisa imóvel*, por sua vez, segundo o art. 22 da Lei 9.514/97, "é o negócio jurídico pelo qual o devedor, ou fiduciante, com o escopo de garantia, contrata a transferência ao credor, ou fiduciário, da propriedade resolúvel de coisa imóvel."

Dessa forma, por força de lei a *alienação fiduciária de coisa imóvel* é um *contrato de garantia real* que segrega do patrimônio do devedor *coisa imóvel determinada*, colocando-a à disposição do credor que terá direito de sequela oponível "erga omnes" e preferência na sua excussão se e quando ocorrer o inadimplemento do devedor. Para tanto, segundo dispõe o art. 23 da Lei 9.514/97, a garantia fiduciária será constituída mediante o registro do contrato de alienação fiduciária no respectivo Cartório de Registro de Imóvel, o que se encontra em harmonia com o sistema romano-germânico (Lei nº 6.015/73, art. 129, 5º).

Nesta hipótese, uma vez constituída a garantia o titular de uma *coisa imóvel* transfere ao credor a *propriedade temporária* do bem até que a obrigação seja integralmente satisfeita e o credor receba o seu crédito. Pode-se dizer que a propriedade plena de um imóvel sofre uma mutação quando o bem é transferido pelo devedor ao credor com o escopo de garantia, eis que o devedor deixa de ser o proprietário pleno do bem ao ter contratado a transferência da coisa ao credor. Este, por sua vez, não se torna o proprietário pleno do bem dado em garantia, uma vez que adquire apenas a propriedade temporária da coisa (*rectius*, resolúvel) se e enquanto dispuser de crédito em face do devedor. Durante a operação de garantia a propriedade plena se mantém *suspensa*, aguardando o adimplemento total ou o inadimplemento da operação de crédito.

Em síntese, se houver o adimplemento total da operação de crédito o fato jurídico da *suspensão* desaparecerá e o devedor retomará a propriedade plena do bem, pois a garantia fiduciária será extinta[3]. Caso contrário, se houver o inadimplemento da operação de crédito e o devedor, ao ser constituído em mora, não vier a purgá-la no prazo de 15 (quinze) dias,[4] o fato jurídico da *suspensão* desaparecerá por completo ao ocorrer a *consolidação da propriedade*, bem como quando a coisa imóvel vier a ser adquirida pelo próprio devedor ou por terceiro nos leilões previstos na Lei 9.514/97, ou quando o credor se tornar o proprietário da coisa se acaso ambos os leilões resultarem negativos. Nestas hipóteses, o devedor, o terceiro ou o credor adquirirão a propriedade plena do bem.

Neste particular, nos interessa a seguinte situação: de acordo com o art. 5°, incisos I a III, da Lei 9.514/97, o credor-fiduciário tem o direito de receber a *integralidade do valor emprestado* ao devedor-fiduciante, acrescido dos reajustes e das taxas convencionadas pelas partes, calculadas mediante capitalização. Conclui-se, pois, que para o equilíbrio do sistema financeiro imobiliário os valores emprestados deverão ser integralmente restituídos com todos os seus encargos.

Não obstante, parece-nos que o art. 27 e parágrafos da Lei 9.514/97 criaram um mecanismo que colide com as finalidades declaradas no art. 5°, incisos I a III, da Lei 9.514/97, ao permitir a extinção da obrigação contraída pelo devedor-fiduciante ainda que não tenha ocorrido a restituição integral dos valores emprestados pelo credor-fiduciário, situação esta que será analisada no item seguinte.

2.1 Os leilões extrajudiciais e a extinção das obrigações do devedor-fiduciante

Em virtude da contratação da garantia fiduciária de coisa imóvel, a Lei 9.514/97 previu que a realização da garantia ocorreria extrajudicialmente por meio de leilões extrajudiciais que foram disciplinados em seu art. 27 e respectivos parágrafos.

---

3. Lei 9.514/97, "Art. 25. Com o pagamento da dívida e seus encargos, resolve-se, nos termos deste artigo, a propriedade fiduciária do imóvel."

4. Lei 9.514/97, Art. 26, § 1°.

ALIENAÇÃO FIDUCIÁRIA *VERSUS* FIANÇA **453**

Com efeito, se o devedor-fiduciante, após ter sido constituído em mora, não vier a pagar a sua dívida no prazo de 15 (quinze) dias, dívida esta composta pelas prestações vencidas e pelas que se vencerem até a data do pagamento, incluindo os juros convencionais, as penalidades e os demais encargos contratuais, os encargos legais, inclusive tributos, as contribuições condominiais imputáveis ao imóvel, além das despesas de cobrança e de intimação,[5] ocorrerá a *consolidação da propriedade fiduciária* nas mãos do credor,[6] a qual "equivale a uma operação de transferência jurídica patrimonial, já que o credor deixa de ter a propriedade meramente resolúvel, incorporando-a em seu sentido pleno".[7] Em outras palavras, o credor-fiduciário, após a *consolidação da propriedade* se torna um proprietário pleno *sui generis* porque não poderá se apropriar da coisa garantida sem que antes tenha realizado os leilões extrajudiciais disciplinados no art. 27 e parágrafos da Lei 9.514/97.

No Estado de São Paulo, por exemplo, o Provimento 58/89 da Corregedoria Geral da Justiça do TJSP, ao contemplar as *normas de serviço* dos *cartórios extrajudiciais*, estabeleceu o prazo decadencial de 120 (cento e vinte) dias para que o credor-fiduciário recolha e comprove o pagamento do imposto de transmissão "inter vivos" e, se for o caso, do laudêmio, a fim de que a consolidação da propriedade se realize,[8] consolidação esta sem a qual não será possível promover os leilões extrajudiciais previstos no art. 27 e da Lei 9.514/97.

Após a consolidação, o credor-fiduciário deverá promover o primeiro leilão público para a alienação do imóvel objeto da garantia no prazo de 30 (trinta) dias contados da data da averbação da consolidação da propriedade fiduciária em seu favor.[9] Nesse primeiro leilão os lances para arrematação deverão ser iguais ou superiores ao valor do imóvel que fora fixado pelas partes no instrumento da alienação.[10]

---

5. Conforme Lei 9.514/97, Art. 26, § 1°.
6. Conforme Lei 9.514/97, Art. 26, § 7°.
7. Conforme STJ, REsp 1328656/GO, Rel. Ministro Marco Buzzi, 4ª Turma, julgado em 16.08.2012, DJe 18.09.2012.
8. "255. Decorrido o prazo da intimação sem purgação da mora, o Oficial do Registro de Imóveis lançará Certidão de transcurso de prazo sem purgação da mora e dará ciência ao requerente.
   256. A consolidação da plena propriedade será feita à vista da prova do pagamento do imposto de transmissão "inter vivos" e, se for o caso, do laudêmio. Para tais fins, será considerado o preço ou valor econômico declarado pelas partes ou o valor tributário do imóvel, independentemente do valor remanescente da dívida.
   256.1. Decorrido o prazo de 120 (cento e vinte) dias sem as providências elencadas no item anterior, os autos serão arquivados. Ultrapassado esse prazo, a consolidação da propriedade fiduciária exigirá novo procedimento de execução extrajudicial."
9. Conforme Lei 9.514/97, art. 27, caput.
10. Conforme Lei 9.514/97, art. 24, VI, *verbis*: "Art. 24. O contrato que serve de título ao negócio fiduciário conterá: (...)
    VI – a indicação, para efeito de venda em público leilão, do valor do imóvel e dos critérios para a respectiva revisão;". Segundo escreveu Melhim Namem Chalhub, "tar esse valor ao preço de mercado do imóvel, aferido em época contemporânea ao leilão, o valor fixado no contrato deve ser cotejado com a avaliação das autoridades competentes para cálculo do ITBI devido em razão da consolidação da propriedade, prevalecendo o maior dos dois para efeito de oferta no primeiro leilão, nos termos do parágrafo único do art. 24, incluído pela Lei 13.465, de 11.7.2017. Trata-se de critério compatível com o princípio do equilíbrio da execução, seja porque é aferição realizada em data contemporânea à do leilão, seja porque é realizada por um terceiro,

Caso o maior lance seja inferior ao valor da avaliação, será realizado o segundo leilão nos 15 (quinze) dias seguintes.

O segundo leilão público será balizado pelo maior lance oferecido, desde que igual ou superior ao valor da dívida, das despesas, dos prêmios de seguro, dos encargos legais, inclusive tributos, e das contribuições condominiais,[11] bem como da taxa de ocupação do imóvel correspondente a 1% (um por cento) do valor previsto em contrato, computado e exigível desde a data da consolidação da propriedade fiduciária até que ocorra a imissão na posse do imóvel pelo credor-fiduciário ou por seus sucessores (v.g., arrematantes).[12] Todavia, poderá ocorrer de não ser oferecido lance que se iguale ou supere o valor da dívida. Nesta hipótese, se no segundo leilão o maior lance oferecido não for igual ou superior ao valor da dívida acrescido dos encargos citados, considerar-se-á extinta a dívida e exonerado o credor da obrigação de indenizar as benfeitorias porventura realizadas pelo devedor-fiduciante.[13]

Segundo temos defendido, será nesse momento que deverão ser observados o art. 5º, incisos I a III, da Lei nº 9.514/97, pois *o credor-fiduciário tem o direito de receber a integralidade do valor emprestado ao devedor-fiduciante*, acrescido dos reajustes e das taxas convencionadas pelas partes, calculadas mediante capitalização. Portanto, *a extinção da dívida do devedor-fiduciante, nos termos do art. 27, §§ 4º e 5º da Lei 9.514/97, só poderá ocorrer se o valor emprestado for integralmente restituído, acrescido das despesas, dos prêmios de seguro, dos encargos legais, inclusive tributos, das contribuições condominiais e da taxa de ocupação, se o caso.*

Nesta situação, diante inexistência de proibição legal nada obsta que as partes pactuem uma garantia contratual complementar em caso de restar *saldo devedor*, ainda que o imóvel garantido tenha sido transferido definitivamente ao credor-fiduciário, pois o imóvel ofertado em garantia fiduciária se mostrou insuficiente para quitação integral da dívida, hipótese em que o devedor-fiduciante continuará responsável pelo saldo devedor porventura existente. Esta garantia complementar poderá ser a fiança, a fim de que o credor exija o saldo devedor dos fiadores, que necessariamente deverão pessoas diversas do devedor-fiduciante.

À míngua de disciplina legislativa específica, não há qualquer impedimento legal a que as partes pactuem a fiança como garantia complementar, a fim de que o credor-fiduciário consiga receber a integralidade do valor emprestado ao devedor-fiduciante. Nesta hipótese específica a alienação fiduciária terá sido contratada como garantia parcial da dívida.

Em situação análoga o TJSP tem admitido que o credor-fiduciário se valha do processo de execução para exigir o seu crédito, lhe sendo lícito requerer a penhora

---

não comprometido com qualquer das partes" (*Alienação Fiduciária*: negócio fiduciário. 5. ed. rev., atual. e ampl. Forense: Rio de Janeiro, 2017. p. 284).

11. Conforme Lei 9.514/97, art. 27, § 2º.
12. Conforme Lei 9.514/97, art. 37-A.
13. Conforme Lei 9.514/97, art. 27, §§ 4º e 5º.

ALIENAÇÃO FIDUCIÁRIA *VERSUS* FIANÇA

do imóvel ofertado em garantia fiduciária quando este for insuficiente para quitação integral da dívida, prosseguindo com a execução para receber o saldo devedor, *verbis*:

Execução garantida por alienação fiduciária – Imóvel oferecido em garantia fiduciária, cujo valor é inferior ao do crédito perseguido pelo exequente. Considerando que o valor do imóvel ofertado em garantia fiduciária é insuficiente para quitação integral da dívida, a execução, em tese, pode prosseguir visando à satisfação do saldo devedor remanescente, ressalvada a reapreciação desta controvérsia em caso de eventuais embargos Decisão mantida (TJSP – Agi 2059447-31.2013.8.26.0000, Relator: Des. Plinio Novaes de Andrade Júnior, Data de Julgamento: 27.03.2014, 24ª Câmara de Direito Privado, Data de Publicação: 09.04.2014).

No corpo do referido precedente, o Des. Plinio Novaes de Andrade Júnior assim pontuou, *verbis*:

Na cláusula 20 do "Instrumento para Constituição de Garantia de Alienação Fiduciária de Imóvel", celebrado entre a devedora principal e o banco agravante, constou:

20. A garantia ora outorgada não elide, restringe ou elimina os demais direitos e garantias do banco quanto ao instrumento de crédito e/ou às obrigações garantidas. O banco poderá exercer e executar, conjunta ou isoladamente, independentemente de ordem ou preferência, referidos direitos e garantias de acordo com as cláusulas e condições que os disciplinam."

Bem por isso, em caso de inadimplemento das prestações contratadas, ocorre o vencimento antecipado de toda a dívida, independentemente de notificação extrajudicial, nos termos da cláusula 5ª supramencionada. E, o banco credor, a princípio, não poderia ser impedido de perseguir seu crédito contra os demais coobrigados, diante de previsão contratual expressa a respeito.

Outrossim, conforme foi observado na decisão proferida a fls. 221/223, o imóvel dado em garantia, segundo consta do laudo digitalizado a fls. 97/130 deste instrumento, foi avaliado em R$ 17.100.000,00 (dezessete milhões e cem mil reais) e não há, nos autos, outros bens que garantam integralmente a execução.

Por outro lado, há risco de insolvência da agravante e consequente impossibilidade de pagamento de parte substancial do crédito, conforme foi bem justificado na r. decisão agravada.

Nestas condições, considerando que o valor do imóvel ofertado em garantia fiduciária é insuficiente para quitação integral do débito, a execução, em tese, pode prosseguir visando à satisfação do saldo devedor remanescente.

Em outro precedente oriundo do TJSP, o Des. Simões Vergueiro assim decidiu, *verbis*:

Agravo de instrumento interposto contra r. Decisão que determinou penhora "on-line" de ativos financeiros de um dos executados – Alegação de Incorreção – Reforma da r. decisão agravada – Contrato garantido por bem dado em alienação fiduciária, bem este que deve garantir a execução, só se justificando a penhora de outros bens se o bem dado em garantia contar com valor de avaliação inferior ao valor executado – Recurso provido. (TJSP – Agi 0126845-34.2010.8.26.0000 – Relator: Des. Simões de Vergueiro – Comarca: Sumaré – Órgão julgador: 17ª Câmara de Direito Privado – Data do julgamento: 23/06/2010 - Data de registro: 05.08.2010).

No mesmo sentido:

Se o credor optar pelo processo de execução, os bens do contrato de alienação fiduciária em garantia podem ser indicados pelo devedor para a penhora, só se justificando a constrição sobre outros se os bens indicados foram insuficientes REsp 448.489/RJ. 2. Recurso provido (TJSP – AgI 2022079-46.2017.8.26.0000, Rel. Des. Melo Colombi, Data de Julgamento: 09.05.2017, 14ª Câmara de Direito Privado, Data de Publicação: 09.05.2017).

Processual civil. Recurso especial. Alienação fiduciária. Penhora. Bem dado em garantia do contrato. Possibilidade. Recurso parcialmente provido.

I. "Se o credor optar pelo processo de execução, os bens objeto do contrato de alienação fiduciária em garantia podem ser indicados pelo devedor para a penhora" (REsp 448.489/RJ, Rel. Min. Ruy Rosado de Aguiar, Quarta Turma, Unânime, DJ: 19.12.2002, p. 376).

II. Recurso especial conhecido em parte e provido (STJ – REsp 838.099/SP, Rel. Ministro Aldir Passarinho Junior, Quarta Turma, julgado em 26.10.2010, DJe 11.11.2010).

Em síntese, os precedentes reforçam o fundamento de que, à luz do art. 5º, incisos I a III, da Lei 9.514/97, o credor-fiduciário tem o direito de receber a integralidade do valor emprestado ao devedor-fiduciante, acrescido dos reajustes e das taxas convencionadas pelas partes, calculadas mediante capitalização, razão pela qual a extinção da dívida do devedor-fiduciante, nos termos do art. 27, §§ 4º e 5º da Lei 9.514/97 só poderá ser aceita se o valor emprestado for integralmente restituído, acrescido das despesas, dos prêmios de seguro, dos encargos legais, inclusive tributos, das contribuições condominiais e da taxa de ocupação, se o caso.

Todavia, para que o devedor-fiduciante seja responsabilizado pela existência de eventual saldo devedor as partes deverão ter pactuado tal hipótese expressamente no contrato. Caso não haja pactuação expressa sobre a responsabilização pelo saldo devedor, a apropriação definitiva do imóvel objeto da garantia fiduciária pelo credor acarretará a *extinção da dívida*, na esteira do que aponta o art. 27, § 5º da Lei 9.514/97[14] e nada mais poderá ser exigido pelo credor-fiduciário.

Em um profundo estudo sobre os §§ 5º e 6º da Lei 9.514/97, Tatiana Bonatti Peres e Renato Pinheiro Jabur defendem que referidos dispositivos legais instituíram um mecanismo jurídico denominado de quitação recíproca com a finalidade de proteger o tomador de crédito que seria a parte vulnerável do contrato, a fim de impedir aos credores de exigirem o saldo devedor na hipótese de terem se apropriado do objeto da garantia fiduciária.[15]

Segundo os autores, os §§ 5º e 6º da Lei 9.514/97 teriam natureza cogente nos contratos firmados no âmbito do Sistema Financeiro Imobiliário, salvo "(...) na hipótese em que a garantia fiduciária tiver por objeto dívida que não seja decorrente de um financiamento imobiliário (como por exemplo garantia de pagamento do preço de compra e venda de sociedade ou compra e venda de safra futura)".[16]

---

14. "§ 5º Se, no segundo leilão, o maior lance oferecido não for igual ou superior ao valor referido no § 2º, considerar-se-á extinta a dívida e exonerado o credor da obrigação de que trata o § 4º."

15. Alienação fiduciária em garantia de bens imóveis e a quitação sem pagamento prevista nos §§ 5º e 6º do artigo 27 da Lei 9.514/97. In: PERES, Tatiana Bonatti; FAVACHO, Frederico (Coord.). *Agronegócio*. Lisboa: Chiado, 2017. v. 2, p. 121 e ss.

16. Alienação fiduciária em garantia de bens imóveis e a quitação sem pagamento prevista nos §§ 5º e 6º do artigo 27 da Lei 9.514/97. In: PERES, Tatiana Bonatti; FAVACHO, Frederico (Coord.). *Agronegócio*. Lisboa: Chiado, 2017. v. 2, p. 115-116.

ALIENAÇÃO FIDUCIÁRIA *VERSUS* FIANÇA **457**

Apesar de concordarmos com as premissas que nortearam as ideias dos referidos autores, discordamos do argumento de que o mecanismo da quitação recíproca não poderia ser objeto de disposição no âmbito do Sistema Financeiro Imobiliário. Com efeito, os §§ 5º e 6º da Lei 9.514/97 não podem ser interpretados e aplicados com desprezo ao art. 5º, incisos I a III, da mesma lei, uma vez que o equilíbrio do Sistema Financeiro Imobiliário depende da restituição integral dos valores emprestados pelo credor-fiduciário.

A restituição integral dos valores emprestados é o ponto de equilíbrio do sistema, de modo que não poderá ser tolerado o enriquecimento sem causa do devedor-fiduciante nas hipóteses em que a transmissão definitiva do imóvel ao credor-fiduciário diante da ocorrência de leilões negativos não tiver sido apta a gerar o seu pagamento integral, até porque o mecanismo de apropriação da garantia foi criado para permitir ao credor que aliene o imóvel para recuperar o seu empréstimo.

3. A FIANÇA COMO GARANTIA COMPLEMENTAR DAS OPERAÇÕES GARANTIDAS POR ALIENAÇÃO FIDUCIÁRIA

Neste contexto, pois, uma das alternativas disponibilizadas ao credor para receber o saldo devedor quando o imóvel ofertado em garantia fiduciária for insuficiente para a quitação integral do débito é a contratação de fiança como garantia complementar à alienação fiduciária.

A fiança no direito brasileiro é um contrato de *garantia pessoal* porque ostenta, *ex vi legis*, a natureza de negócio jurídico,[17] de modo que é a *pessoa* do fiador e o seu *patrimônio* que prometem, garantem e lastreiam o adimplemento exato e fiel do devedor principal.[18] Eis aí a eventual vantagem da fiança como garantia complementar à alienação fiduciária: o credor poderá buscar o recebimento do seu crédito tendo por lastro todo o patrimônio do fiador, à exceção dos bens considerados impenhoráveis.

Destarte, a fiança foi, no passado, a garantia mais usual e ainda desempenha papel de relevo na vida econômica de hoje;[19] conforme doutrina Manuel Januário da Costa Gomes:[20]

---

17. Nesse sentido: SERPA LOPES, Miguel Maria de. *Curso de direito civil*. 4. ed. Rio de Janeiro: Freitas Bastos, 1993. v. 4, p. 461-462.

18. "A caução é espécie do gênero garantia. A caução pode ser real ou fidejussória (pessoal). Caução real é a que vincula um bem móvel, imóvel ou semovente do devedor ou de terceiro pelo cumprimento da obrigação(...) Caução fidejussória ou pessoal é a dada por uma ou mais pessoas, que assumem o compromisso de pagar a obrigação, se o devedor não o fizer. A fiança é o modelo mais comum desta espécie de caução. A fiança é obrigação eminentemente pessoal. Em consequência, não vincula bens do fiador ao cumprimento da obrigação." (OLIVEIRA, Lauro Laertes de. *Da fiança*. São Paulo: Saraiva, 1981. p. 2-3).

19. PONTES DE MIRANDA, Francisco Cavalcanti. *Tratado de direito privado*. 3. ed. 2. reimp. São Paulo: Ed. RT, 1984. t. XLIV, § 4.78140, p. 93.

20. *Assunção fidejussória de dívida: sobre o sentido e o âmbito da vinculação como fiador.* Coimbra: Almedina, 2000. p. 63.

ALESSANDRO SEGALLA

Dentre as garantias pessoais de cumprimento avulta como estrela de primeira grandeza a fiança, desde logo porque é (...) a única das garantias pessoais regulada no capítulo do CC relativo às "garantias especiais das obrigações". Apesar de a fiança corresponder apenas a uma espécie de garantia pessoal – a garantia pessoal acessória – a sua importância ultrapassa o seu estrito campo de aplicação, já que o seu regime é de referência essencial para o estudo das garantias pessoais, *maxime* daquelas, como a garantia bancária autônoma, que não conhecem regulamentação legal.

Assim, até o vencimento da obrigação a dívida deverá ser exigida do devedor, e não do fiador; este somente poderá ser responsabilizado *se* e *quando* o devedor (*rectius*, afiançado) não efetuar o pagamento prometido, pois desse fato é que nasce a sua responsabilidade.

É por esta razão que o devedor principal e o fiador jamais serão codevedores, pois enquanto a dívida poderá ser exigida do primeiro, o segundo apenas será responsabilizado na hipótese de inadimplemento da obrigação. Mesmo quando o fiador se faz devedor principal, a sua principalização não o torna sujeito passivo na relação entre o credor e o devedor. Não há, na cláusula de devedor principal, assunção de dívida alheia. Por isso, é preciso ter-se todo o cuidado e toda a atenção na invocação de regras jurídicas sobre solidariedade das dívidas quando se cogita de fiador solidário. A solidariedade na fiança é atípica,[21] pois que a sua única finalidade vem a ser a de pré-excluir a faculdade do garante manifestar o *benefício da excussão*.[22]

Em outras palavras, sem que a obrigação se torne exigível não haverá responsabilidade do fiador ao adimplemento, razão pela qual, em boa técnica, o fiador sempre será responsável sem que seja devedor. Segundo afirmava Pontes de Miranda[23] "A obrigação resulta do dever; que é obrigado só o é porque deve. (...) Observe-se que não confundimos a obrigação e a executibilidade do patrimônio."

E especificamente sobre a distinção da *schuld* e da *haftung* na fiança, Pontes de Miranda[24] escreveu:

O fiador não assume a dívida afiançada. Apenas promete que o devedor adimplirá. (...) O fiador responde por seu patrimônio. A sua dívida não é a dívida do devedor afiançado. (...) o fiador promete – portanto, a isso se vincula – o adimplemento pelo devedor; de modo que o adimplemento, por ele, é adimplemento pelo adimplemento do devedor. Adimple a sua dívida, que é dívida do adimplemento pelo devedor principal.

---

21. PONTES DE MIRANDA, Francisco Cavalcanti. *Tratado de Direito Privado*. 3. ed. São Paulo: RT, 1984. t. XLIV, § 4.783, p. 105; o mesmo autor apontava: "A solidariedade fidejussória somente ocorre se foi preestabelecida. Nas dívidas solidárias, há identidade do interesse passivo dos devedores. O interesse passivo do fiador e o que possa ser vantagem para o devedor, mesmo se se trata de fiança da fiança. A assunção de dívida solidária pode ter sido com intuito de garantia, mas, ainda assim, não se confunde com a fiança, nem muda de estrutura. Nas dívidas solidárias, o vínculo de cada devedor é independente; na fiança, depende do vínculo da dívida garantida." (Op. cit., p. 105).

22. Em sentido dúbio, DINIZ, Maria Helena: "*Subsidiariedade*, pois, devido ao seu caráter acessório, o fiador só se obrigará se o devedor principal ou afiançado não cumprir a prestação devida, *a menos que se tenha estipulado a solidariedade. Nessa hipótese, assumirá a posição de codevedor, sem que isso desfigure a fiança.*" (*Curso de direito civil brasileiro*. 17. ed. 3. Vol. São Paulo: Saraiva, 2002. p. 505).

23. *Tratado de direito privado*. 3. ed. 2. reimp. São Paulo: Ed. RT, 1984, § 2.680. t. XXII, p. 24.

24. *Tratado de direito privado*. 3. ed. 2. reimp. São Paulo: Ed. RT, 1984, § 4.781, t. XLIV, p. 93.

ALIENAÇÃO FIDUCIÁRIA *VERSUS* FIANÇA | **459**

Dessa forma, sendo o fiador responsável pelo adimplemento da obrigação principal, porém não codevedor, daí se conclui que do garante não poderá ser exigida a prestação, razão por que será apenas e tão-somente responsabilizado, em conjunto ou separadamente com aquele, se acaso não ocorrer a entrega da prestação de acordo com os termos ajustados entre o credor e o devedor principal.

Em outras palavras, com o alargamento da responsabilidade do devedor-fiduciante, a alienação fiduciária de bem imóvel acabará por se aproximar, em alguns tópicos, da figura da hipoteca, em especial no que diz respeito à responsabilidade do devedor pelo saldo devedor se ao ter sido alienado em leilão judicial ou extrajudicial o valor do bem dado em garantia não for suficiente à satisfação do crédito titularizado pelo credor, nos precisos termos do art. 1.430 do Código Civil, *verbis*: "Art. 1.430. Quando, excutido o penhor, ou executada a hipoteca, o produto não bastar para pagamento da dívida e despesas judiciais, continuará o devedor obrigado pessoalmente pelo restante."

Nesta hipótese, o devedor-fiduciante responderá ainda pelo saldo devedor remanescente, hipótese esta que dever ser expressamente pactuada.

Todavia, ainda que a fiança possa vir a ser contratada com garantia complementar de uma operação de alienação fiduciária de imóvel, a garantia fidejussória não se apresenta invulnerável, o que deverá ser objeto de profunda reflexão pelos credores, conforme será demonstrado.

3.1 Precedentes que tornaram a fiança uma garantia de alto risco

Em remate, em que pese ser juridicamente possível a contratação da fiança como garantia complementar das operações garantidas por alienação fiduciária, há precedentes que tornaram a fiança uma garantia de alto risco para os credores.

O primeiro precedente a ser analisado teve origem em um julgamento proferido pelo TJSP e se encontra assim redigido, *verbis*:

> Locação de imóvel. A impenhorabilidade do bem de família é inoponível em processo movido por obrigação decorrente de fiança concedida em contrato de locação (art. 3º, VII, da Lei 8.009/90). Contudo, no caso vertente, os elementos coligidos evidenciam que a situação econômica dos fiadores é incompatível com a obrigação por eles assumida, pois são pessoas de renda modesta, que não tinham nenhuma condição de garantir uma locação comercial de 36 meses com aluguel mensal ajustado em R$ 5.000,00. Assim, sendo inidônea a garantia prestada pelos fiadores, circunstância que cabia ao locador avaliar quando da celebração do contrato, e em observância ao princípio da função econômica e social do contrato, impõe-se declarar, de ofício, a ineficácia da fiança e, em consequência, a insubsistência da penhora realizada nos autos, devendo a ação prosseguir somente em relação à locatária. Recurso provido (TJSP – AgI 2006402-78.2014.8.26.0000, Relator: Des. Gomes Varjão, Data de Julgamento: 05.05.2014, 34ª Câmara de Direito Privado, Data de Publicação: 05.05.2014).

Com efeito, o principal fundamento do v. acórdão em epígrafe foi o de que a situação econômica dos fiadores era incompatível com a obrigação por eles assumida, incompatibilidade esta que deveria ter sido aferida pelo credor no momento em que aceitou a garantia fidejussória, sob pena de vir a aceitar uma garantia *ineficaz*.

Respeitado o posicionamento adotado no acórdão em análise, percebe-se o elevado grau de subjetividade da decisão ao ter declarado a inidoneidade da fiança e a ineficácia da garantia, conceitos estes que, não tendo sido adotados pelo legislador, dificultam qualquer tentativa de se avaliar, com grau mínimo de segurança, quais seriam os critérios para se qualificar um determinado contrato de fiança como idôneo ou inidôneo, bem como eficaz ou ineficaz sem que antes tenha sido reconhecida a sua existência-inexistência ou a sua validade-invalidade.

Ainda que os elementos de existência, validade e eficácia não se confundam,[25] entendemos que um negócio jurídico só poderia ser declarado ineficaz *per se* se houvesse expressa previsão legal;[26] caso contrário, a categoria da ineficácia só poderia ser reconhecida quando decorresse de negócio jurídico inexistente ou inválido, situação esta que seria óbice ao reconhecimento da ineficácia de um contrato sem que houvesse expressa previsão legal.

Ainda que o precedente analisado tenha por base uma garantia prestada em decorrência de contrato de locação de imóvel urbano, nada impede que, em termos práticos, o fundamento da inidoneidade-ineficácia seja empregado pelo Poder Judiciário em outras situações que envolverem a prestação de fiança.

Portanto, para que os credores fujam deste eventual quadro de insegurança jurídica, o patrimônio do fiador deverá ser detalhado no momento da contratação da garantia fidejussória (*tempus regit actum*), a fim de ser demonstrada a eventual idoneidade ou inidoneidade da fiança em contraste com a obrigação garantida.

O segundo precedente a ser analisado teve origem em um julgamento proferido pelo STF e se encontra assim redigido, *verbis*:

> 1. A dignidade da pessoa humana e a proteção à família exigem que se ponham ao abrigo da constrição e da alienação forçada determinados bens. É o que ocorre com o bem de família do fiador, destinado à sua moradia, cujo sacrifício não pode ser exigido a pretexto de satisfazer o crédito de locador de imóvel comercial ou de estimular a livre iniciativa. Interpretação do art. 3º, VII, da Lei 8.009/1990 não recepcionada pela EC 26/2000.
>
> 2. A restrição do direito à moradia do fiador em contrato de locação comercial tampouco se justifica à luz do princípio da isonomia. Eventual bem de família de propriedade do locatário não se sujeitará à constrição e alienação forçada, para o fim de satisfazer valores devidos ao locador. Não se vislumbra justificativa para que o devedor principal, afiançado, goze de situação mais benéfica do que a conferida ao fiador, sobretudo porque tal disparidade de tratamento, ao contrário do que se verifica na locação de imóvel residencial, não se presta à promoção do próprio direito à moradia.

---

25. AZEVEDO, Antônio Junqueira. *Negócio jurídico*: existência, validade e eficácia. 4. ed. atual. São Paulo: Saraiva, 2002. p. 24.

26. Por exemplo, é o caso da Lei 11.101/05, art. 129. "São *ineficazes* em relação à massa falida, tenha ou não o contratante conhecimento do estado de crise econômico-financeira do devedor, seja ou não intenção deste fraudar credores:(...)" (Grifamos).

ALIENAÇÃO FIDUCIÁRIA *VERSUS* FIANÇA **461**

3. Premissas fáticas distintivas impedem a submissão do caso concreto, que envolve contrato de locação comercial, às mesmas balizas que orientaram a decisão proferida, por esta Suprema Corte, ao exame do tema nº 295 da repercussão geral, restrita aquela à análise da constitucionalidade da penhora do bem de família do fiador em contrato de locação residencial.

4. Recurso extraordinário conhecido e provido. (RE 605709, Relator(a): Min. Dias Toffoli, Relator(a) p/ Acórdão: Min. Rosa Weber, Primeira Turma, julgado em 12.06.2018, Acórdão Eletrônico DJe-032 Divulg 15-02-2019 Public 18-02-2019).

Em síntese, segundo o precedente do STF haveria incompatibilidade da penhora do bem de família do fiador em contrato de locação comercial com o direito fundamental social à moradia (CF, art. 6º, *caput*) e com o princípio constitucional da isonomia (CF, art. 5º, caput).

Igualmente, ainda que o precedente analisado tenha novamente por base uma garantia prestada em decorrência de contrato de locação de imóvel urbano, nada impede que o fundamento da impenhorabilidade seja reconhecido em outras situações que envolverem a prestação de fiança, se a ideia de colisão de direitos fundamentais for utilizada como razão de decidir.

Neste caso específico, se os credores aceitarem a fiança como garantia complementar de uma alienação fiduciária de bem imóvel deverão adotar as seguintes cautelas:

a) não aceitar a garantia se o fiador dispuser de um único imóvel residencial, pois os credores não poderão penhorá-lo por se tratar de bem de família, eis que a penhorabilidade só se aplicaria se o fiador tivesse prestado a garantia a uma locação de imóvel urbano (Lei nº 8.009/90, art. 3º, VII);

b) deverão detalhar o patrimônio do fiador no momento da prestação da garantia, a fim de aquilatarem se haveria ou não idoneidade patrimonial do garante, a fim de evitar que o próprio garantidor se coloque em situação de insolvência e mantenha consigo apena um imóvel residencial para bradar a sua impenhorabilidade como bem de família.[27]

Em ambos os casos, a função da jurisprudência deveria ser a de servir de farol aos jurisdicionados, haja vista que a estabilidade, a integridade e a coerência da jurisprudência representam um dever dos tribunais (CPC, art. 926, *caput)*. Todavia, enquanto a jurisprudência sobre o tema não for sedimentada, só restará aos credores a máxima cautela.

---

27. "1. Não há, em nosso sistema jurídico, norma que possa ser interpretada de modo apartado aos cânones da boa-fé. Ao alienar todos os seus bens, menos um, durante o curso de processo que poderia levá-lo à insolvência, o devedor não obrou apenas em fraude à execução: atuou também com fraude aos dispositivos da Lei 8.009/90, uma vez que procura utilizar a proteção conferida pela Lei com a clara intenção de prejudicar credores.

2. Nessas hipóteses, é possível, com fundamento em abuso de direito, afastar a proteção conferida pela Lei 8.009/90.

3. Recurso especial conhecido e não provido."

(STJ, REsp 1.299.580/RJ, Rel. Ministra Nancy Andrighi, 3ª Turma, julgado em 20.03.2012, DJe 25/10/2012)

4. REFERÊNCIAS BIBLIOGRÁFICAS

AZEVEDO, Antônio Junqueira. *Negócio jurídico*: existência, validade e eficácia. 4. ed. atual. São Paulo: Saraiva, 2002.

PERES, Tatiana Bonatti; JABUR, Renato Pinheiro. Alienação fiduciária em garantia de bens imóveis e a quitação sem pagamento prevista nos §§ 5º e 6º do artigo 27 da Lei 9.514/97. In: PERES, Tatiana Bonatti; FAVACHO, Frederico (Coord.). *Agronegócio*. Lisboa: Chiado, 2017. v. 2.

CHALHUB, Melhim Namem. Alienação Fiduciária: *negócio fiduciário*. 5. ed. rev., atual. e ampl. Forense: Rio de Janeiro, 2017.

Costa Gomes, Manuel Januário da. *Assunção fidejussória de dívida: sobre o sentido e o âmbito da vinculação como fiador*. Coimbra: Almedina, 2000.

DINIZ, Maria Helena. *Curso de direito civil brasileiro*. 17. ed. São Paulo: Saraiva, 2002. v. 3.

OLIVEIRA, Lauro Laertes de. *Da fiança*. São Paulo: Saraiva, 1981.

PONTES DE MIRANDA, Francisco Cavalcanti. *Tratado de direito privado*. 3. ed. 2. reimp. São Paulo: Ed. RT, 1984. t. XXII.

PONTES DE MIRANDA, Francisco Cavalcanti. *Tratado de direito privado.*. 3. ed. 2. reimp. São Paulo: Ed. RT, 1984. t. XLIV.

SEGALLA, Alessandro. *Contrato de fiança*. São Paulo: Atlas, 2013.

SERPA LOPES, Miguel Maria de. *Curso de direito civil*. 4. ed. Rio de Janeiro: Freitas Bastos, 1993. v. 4.

Capítulo 4
PENHOR DE SAFRA
E A EXTENSÃO DOS SEUS EFEITOS

Ivo Waisberg

Livre-Docente em Direito Comercial, Doutor em Direito das Relações Econômicas Internacionais e Mestre em Direito Comercial pela PUC-SP. *Master of Laws* em Regulação pela *New York University*. Professor de Direito Comercial da PUC-SP. Advogado.

Herbert Morgenstern Kugler

Doutor e Mestre em Direito Comercial pela PUC-SP. Advogado.

Sumário: 1. Introdução. 2. Características do penhor. 2.1 O penhor no Código Civil. 2.2 Constituição, extinção e direitos do credor de penhor de safra. 2.2.1 Constituição. 2.2.2 Objeto. 2.2.3 Extinção. 3. Direitos do credor pignoratício. 4. Do penhor de safra e a extensão aos seus subprodutos. 5. Conclusão. 6. Referências bibliográficas.

1. INTRODUÇÃO

O agronegócio tem sido um dos pilares de sustentação da economia brasileira ao longo dos anos, tendo em vista as características físicas que nosso país possui, bem como o empreendedorismo e coragem do empresário do agronegócio.

Dentro desta dinâmica, presencia-se uma intensa utilização dos instrumentos jurídicos voltados ao fomento do agronegócio, inclusive aqueles voltados para o mercado de capitais, como o Certificado de Recebíveis do Agronegócio, o qual, apesar de introduzido em 2004, apenas em 2009 teve sua primeira oferta pública, e a partir de 2013 que começou a ter números expressivos de emissões[1].

Nesta esteira, verifica-se que um elemento necessário para o desenvolvimento do mercado de crédito e fomento do agronegócio consiste, não só no maior dinamismo dos instrumentos de crédito, mas, também, na consolidação dos institutos de garantia que procuram salvaguardar tais operações creditícias.

Tal circunstância se torna ainda mais relevante na medida em que o setor do agronegócio, por carregar dificuldades de toda ordem, tanto de precificação internacional de commodities, quanto climáticas, frequentemente encontra-se em crises

---

1. Conforme o Anuário Uqbar 2018 de CRA, 11. ed. Disponível em http://www.uqbar.com.br/download/UqbarAnuarioCRA2018.pdf. p. 11-12.

econômico-financeiras, não sendo raro a necessidade de se socorrerem de medidas voltadas à reestruturação de seu endividamento.

É com este prisma que voltamos a nossa atenção para um dos mais tradicionais institutos de garantia do direito: o penhor. Ainda, especificamente, nosso intuito é analisar o penhor de safra, o qual, conforme será visto, guarda em si certas peculiaridades que, muito em virtude das características do plantio do qual tem por objeto, trazem novos desafios ao operador de direito.

Em especial, dadas as características do bem objeto do penhor da safra, o qual naturalmente é produzido para corte e colheita, preocupa-nos averiguar até que ponto é possível, ou não, a extensão do penhor a futuras safras ou aos subprodutos da safra.

2. CARACTERÍSTICAS DO PENHOR

2.1 O penhor no Código Civil

O instituto do penhor vem tratado no Código Civil, em primeiro lugar, previsto no art. 1.225, inciso VIII, o qual o coloca como um direito real, de tal sorte que fica claro que o credor pignoratício ganha, com o penhor, um direito real sobre bem alheio.

Em seguida, o diploma civilista trata do tema no Título X, do Livro do Direito das Coisas, na sua Parte Especial, junto com os demais exemplos clássicos de direito de garantia sobre bem alheio, a hipoteca e anticrese.

O Código Civil, neste ponto, elenca algumas regras gerais para os três institutos, sendo que o art. 1.419 é de primordial importância, na medida em que esclarece que "Nas dívidas garantidas por penhor, anticrese ou hipoteca, o bem dado em garantia fica sujeito, por vínculo real, ao cumprimento da obrigação."

Estabelece-se, dessa forma, uma relação além da obrigacional entre credor e devedor, mas um vínculo real, entre o bem empenhado que garante a dívida do devedor e o credor. Conforme aduz Gladstone Mamede:

> "A mensagem é nítida: está-se diante de uma particularidade, de um aspecto relevante e distinto do comum das relações obrigacionais, para as quais vige o princípio segundo o qual o patrimônio econômico da pessoa (nunca seu patrimônio moral, face ao regime específico que se outorga aos direitos da personalidade) garante seus atos jurídicos, seus negócios jurídicos, em última instância, suas obrigações jurídicas. Nos casos de *garantias reais*, não são estabelecidos meros vínculos pessoais entre credor e devedor, considerados como polos ocupáveis por singularidades ou coletividades, mas vínculos de outra natureza, qual seja, vínculos de Direito das Coisas."[2]

Justamente em virtude desta vinculação *real*, o penhor e as demais garantais *reais* são bastante utilizadas, na medida em que o credor vislumbra uma maior segurança neles, dada a preferência que conferem com relação a outros credores. Contudo, o

---

2. *Código Civil Comentado*: XIV. Coord. Álvaro Villaça Azevedo. São Paulo: Atlas, 2003. p. 30.

PENHOR DE SAFRA E A EXTENSÃO DOS SEUS EFEITOS **465**

reverso dessa preferência consiste na necessidade de se observar maiores formalidades, mormente na constituição das garantias reais.

Nesta esteira, Pedro Romano Martinez e Pedro Fuzeta da Ponte afirmam que, "Em confronto com as garantias pessoais, as reais parecem ser mais eficientes, reduzindo o risco, pois o credor é pago, preferencialmente, pelo valor de dados bens; em contrapartida, as garantias reais apresentam-se como menos flexíveis, tanto na sua constituição ou modificação, como relativamente à execução."[3]

Da mesma forma que com as demais garantias reais, rompe-se da regra geral prevista no art. 391 do Código Civil, segundo o qual todos os bens do devedor respondem pelo inadimplemento de suas obrigações. Dissertando sobre tal dispositivo, Renato Buranello esclarece que com base nele se consagra mais uma vez no Brasil o princípio universal de que o patrimônio do devedor constitui garantia de seus credores. Ainda, continua o mesmo autor:

> "Entretanto, no concurso de pretensões excessivas sobre bens do patrimônio do devedor que se revelam insuficientes e a subtração, da parte do devedor, de bens com os quais ele deveria responder aos débitos, reconhece o ordenamento as garantias especiais. As garantias podem ser de natureza pessoal ou real. Sobre a garantia pessoal representada pelo aval e fiança incide sobre todo o patrimônio de quem a presta, ao passo que a garantia real tem lugar quando se vincula um bem a uma obrigação. A vinculação de certo bem a tal relação é, entretanto, de natureza real, por implicar poder direto e imediato do credor sobre a coisa, independente do devedor ou do dono dela. O novo Código não mais utiliza a expressão direitos reais de garantia, em nenhum capítulo ou seção. A inexistência de um rol expresso dos direitos reais de garantia dá ensejo ao entendimento de que negócios diversos, com o escopo de garantia de obrigações, possam ser criados por lei ou pela vontade das partes. As espécies aqui estudadas são, entretanto, direitos reais, conforme definição do NCC, que as põe ao lado das demais (propriedade, superfície, servidões, usufruto, uso, habilitação e direito do promitente comprador), elencadas no seu artigo 1.225."[4]

Sobre qualquer ângulo que se verifique, portanto, no penhor há um vínculo real entre o bem empenhado e a dívida do devedor, de tal forma que o credor prefere a eventuais demais credores, no que tange ao bem empenhado.

Além disso, destacamos as seguintes regras gerais aplicáveis ao penhor do Código Civil que entendemos mais relevantes para o presente estudo de penhor de safra:

> Art. 1.420: apenas quem pode alienar poderá empenhar; só os bens que se podem alienar poderão ser dados em penhor;

> Art. 1.422: o credor pignoratício tem o direito de excutir a coisa empenhada, e preferir, no pagamento, a outros credores;

> Art. 1.424: os contratos de penhor declararão, sob pena de não terem eficácia: I – o valor do crédito, sua estimação, ou valor máximo; II – o prazo fixado para pagamento; III – a taxa dos juros, se houver; IV – o bem dado em garantia com as suas especificações;

---

3. *Garantias de Cumprimento.* 5. ed. Coimbra: Almedina, 2006. p. 167.
4. *Sistema Privado de Financiamento do Agronegócio, Regime Jurídico.* São Paulo: Quartier Latin, 2009. p. 387.

Art. 1.428: é nula a cláusula que autoriza o credor pignoratício a ficar com o objeto da garantia, se a dívida não for paga no vencimento. Após o vencimento, poderá o devedor dar a coisa em pagamento da dívida;

Art. 1.430: quando, excutido o penhor, o produto não bastar para pagamento da dívida e despesas judiciais, continuará o devedor obrigado pessoalmente pelo restante.

Tais regras estabelecem parâmetros necessários para analisarmos mais detidamente a questão do penhor de safra. Antes, contudo, importa esclarecer que a legislação trata de mais de um tipo de penhor.

De fato, o Código Civil de nada menos que cinco tipos de penhor: rural, industrial e mercantil, de direitos e títulos de crédito, veículos e legal. Acrescenta-se, ainda, que os bens suscetíveis de penhor rural podem também constituir penhor cedular, como no caso da Cédula de Produto Rural emitida na forma da Lei 8.929/1994, bem como do Certificado de Depósito Agropecuário – CDA e Warrant Agropecuário – WA, emitidos na forma da Lei 11.076/2004.

O penhor rural, por sua vez, divide-se em penhor agrícola e pecuário, conforme o tipo de objeto sobre o qual recai. No caso do penhor de safra, trata-se de espécie de penhor agrícola, expressamente admitido pelo inciso II, do art. 1.442, o qual autoriza o penhor sobre *"colheitas pendentes, ou em via de formação"*.

No penhor de safra, até pela natureza consumível e, geralmente, fungível, do bem sobre o qual recai a garantia, há novos desafios a serem enfrentados.

De fato, é evidente que uma safra agrícola, qualquer que seja o produto (soja, cana-de-açúcar, milho etc.) será colhida e vendida ou processada, de tal forma que é da essência do penhor de safra que o objeto sobre o qual recai irá ser colhido em algum momento. Não bastasse isso, fatores climáticos ou alheios a vontade do devedor e credor podem afetar, de sobremaneira, a produtividade ou até existência da safra.

Passaremos, a seguir, a analisar as regras aplicáveis ao penhor de safra.

2.2 Constituição, extinção e direitos do credor de penhor de safra

2.2.1 Constituição

De acordo com o art. 1.431, o penhor se constitui "pela transferência efetiva da posse que, em garantia do débito ao credor ou a quem o represente, faz o devedor, ou alguém por ele, de uma coisa móvel, suscetível de alienação."

Contudo, o seu parágrafo único é rápido em esclarecer que, no penhor rural, industrial, mercantil e de veículos, as coisas empenhadas continuam em poder do devedor, que as deve guardar e conservar.

Assim, no penhor de safra, a posse da safra, como não poderia ser diferente, permanece com o devedor, contrariando a regra geral da transferência da posse.

Com relação à constituição da garantia, o penhor de safra ocorre mediante instrumento público ou particular, registrado no Cartório de Registro de Imóveis da circunscrição em que estiverem situadas as coisas empenhadas. A regra difere em muito da regra geral do penhor previsto no art. 1.432, o qual exige apenas o registro do instrumento de penhor, por qualquer dos contratantes, no Cartório de Títulos e Documentos.

A diferença de formalização tem sua lógica, na medida em que a safra está inexoravelmente atrelada à terra sobre a qual plantada, muito embora implique em maiores entraves, sendo comum se encontrar dificuldades em registrar o instrumento de penhor no cartório de registro de imóveis, mormente por problemas afetos à terra, ainda que não ligados à safra em si.

Ainda, a depender do título garantido, podem se fazer necessários outras formalidades ou registros para a perfeição da garantia, como no caso da Cédula de Produtor Rural emitidas a partir de 1º de janeiro de 2021, a qual deverá ser registrada ou depositada, em até 10 dias úteis da data de emissão ou aditamento, em entidade autorizada pelo Banco Central do Brasil a exercer a atividade de registro ou de depósito centralizado de ativos financeiros ou de valores mobiliários, conforme preceitua a Lei 13.896/2020.

É importante ressaltar que a safra e a terra são conceitos distintos, sendo que, inclusive, ainda que a terra estiver hipotecada, tal circunstância não impede que se empenhe a safra sobre ela, sendo dispensada qualquer anuência do credor hipotecário neste sentido – embora isso não acarrete, evidentemente, na exclusão da preferência conferida ao credor hipotecária à terra.

2.2.2 Objeto

Por ser garantia real, o penhor de safra exige cuidados redobrados na descrição precisa de seu objeto. Assim, deve o instrumento de penhor elencar, conforme visto no inciso IV, do art. 1.424, acima, a individualização de seu objeto e suas especificações.

Tal exigência, inclusive, em nada prejudica o caráter fungível de boa parte das safras sobre as quais o penhor venha a recair, de tal forma que a fungibilidade de determinada safra não é impedimento para a constituição do penhor.

Ademais, com relação ao fato da safra ser suscetível a colheita em certo tempo, o qual poderá ser inclusive anterior ao vencimento do débito, o próprio Código Civil estipula, em seu art. 1.443, que o penhor agrícola "recai sobre colheita pendente, ou em via de formação, abrange a imediatamente seguinte, no caso de frustrar-se ou ser insuficiente a que se deu em garantia."

O parágrafo único de citado artigo cria uma regra distinta, caso a safra seguinte não for financiada pelo credor, facultando ao devedor constituir com outrem novo penhor, "em quantia máxima equivalente à do primeiro; o segundo penhor terá preferência sobre o primeiro, abrangendo este apenas o excesso apurado na colheita seguinte."

É importante salientar, ainda, que, caso o devedor prometer pagar em dinheiro a dívida garantida pelo penhor rural, poderá o devedor emitir, em favor do credor, cédula rural pignoratícia, na forma determinada em lei especial.

No caso, a lei especial se trata do Decreto-lei 167, de 1967, o qual regula, dentre outros assuntos, a cédula de crédito rural, consistente na promessa de pagamento em dinheiro, sem ou com garantia real cedularmente constituída. Especificamente, no que tange à cédula rural pignoratícia, o art. 15 de citado decreto-lei determina que podem ser objeto, do penhor cedular os bens suscetíveis de penhor rural e de penhor mercantil.

Ainda, é salutar lembrar que, nos termos dos arts. 61 e 62 do Decreto-lei 167, o prazo do penhor não poderá exceder o prazo da obrigação garantida, sendo que, caso vencida e dívida a garantia permanece enquanto subsistirem os bens que a compõem, o que deverá ser objeto da devida averbação no registro competente.

Na mesma esteira do Código Civil, o Decreto-lei 167/67 determina que os bens apenhados continuam na posse imediata do emitente ou do terceiro prestante da garantia real, que responde por sua guarda e conservação como fiel depositário.

Esse penhor cedular, conforme visto, não altera as características do penhor previsto no Código Civil, inclusive no que tange à possibilidade de recair sobre safra futura, conforme prevê o supramencionado art. 1.443. Tal entendimento, inclusive, já foi consolidado na jurisprudência, acerca da qual destacamos o seguinte acórdão do TJSP:

> "AGRAVO DE INSTRUMENTO Cédula de Produto Rural – Penhor agrícola Complementação do arresto da safra de lavoura de soja ofertada no 2º aditamento da Cédula – Possibilidade – Penhor agrícola que recai sobre a safra do ano 2015/2016 até liquidação do débito em aberto, observando o limite da garantia prestada, podendo atingir as safras dos anos subsequentes Inteligência do art. 1443 do Código Civil Recurso não provido".
>
> (Agravo de Instrumento nº 2058559-23.2017.8.26.0000, Rel. Des. Helio Faria, j. 27/06/2017).

A grande vantagem e atratividade da cédula rural pignoratícia consiste em conferir celeridade e maior circularidade no crédito rural, de forma a fomentar ainda mais a atividade rural.

Nesta toada, outros títulos também foram criados com o mesmo desiderato, possuindo igual ligação com o penhor agrícola de safra, como a Cédula de Produto Rural – CPR, criada pela Lei 8.929, de 1994, e, uma década depois, o Warrant Agropecuário, criado pela Lei 11.076, de 2004.

Tais diplomas não possuem disciplina especial de penhor, mas se utilizam do disposto no Código Civil, inserindo poucas modificações, voltadas a conciliar as questões cambiais ou cedulares inerentes a tais títulos ou cédulas. Certo é que são uma clara demonstração da preocupação do legislador em fomentar o agronegócio,

PENHOR DE SAFRA E A EXTENSÃO DOS SEUS EFEITOS **469**

por meio da criação de títulos e cédulas que confiram maior segurança e agilidade da circulação do crédito rural.

2.2.3 Extinção

Regra geral, o penhor se extingue com: (i) a extinção da obrigação, (ii) o perecimento da coisa; (iii) a renúncia do credor; (iv) a confusão e (v) com a adjudicação judicial, a remissão ou a venda da coisa empenhada, feita pelo credor ou por ele autorizada.

O penhor de safra não é exceção, sendo, evidentemente, as hipóteses mais frequentes a extinção da obrigação e o perecimento da coisa. Especificamente com relação ao perecimento, cumpre lembrar a regra do inciso I, do art. 1.425, segundo o qual a dívida considera-se vencida se, deteriorando-se, ou depreciando-se o bem dado em segurança, desfalcar a garantia, e o devedor (o terceiro garantidor apenas está obrigado mediante convenção expressa), intimado, não a reforçar ou substituir.

Também em caso de perecimento da coisa, o penhor incidirá na indenização do seguro, ou no ressarcimento do dano, em benefício do credor.

Vale mencionar, ainda que diga respeito mais especificamente à obrigação principal e, apenas em decorrência ao penhor, que o art. 11 da Lei 8.929/1994, o qual regula a CPR, determina que, além de responder pela evicção, não pode o emitente da CPR invocar em seu benefício o caso fortuito ou de força maior.

3. DIREITOS DO CREDOR PIGNORATÍCIO

O credor pignoratício de penhor de safra, ao contrário de outras espécies de penhor, não possui direito à posse da safra empenhada, tampouco pode reter ela. Inviável, também, por consequência, que se aproprie dos frutos da coisa empenhada que se encontra em seu poder.

Contudo, possui direito de vistoriar e inspecionar o estado das coisas empenhadas, inclusive por terceiro especializado.

Tal faculdade é bastante utilizada, existindo inúmeras empresas especializadas no monitoramento de garantias rurais, justamente para acompanhar o desenvolvimento e regularidade da safra.

Além disso, o credor pignoratício tem direito ao ressarcimento do prejuízo que houver sofrido por vício da coisa empenhada, bem como de promover a execução judicial, ou a venda amigável, se lhe permitir expressamente o contrato, ou lhe autorizar o devedor mediante procuração.

Entendemos que o credor pode, também, promover a venda antecipada, mediante prévia autorização judicial, sempre que haja receio fundado de que a coisa empenhada se perca ou deteriore, devendo o preço ser depositado, sem prejuízo do devedor impedir a venda antecipada da coisa, substituindo-a, ou oferecendo outra garantia real idônea.

Por fim, importa esclarecer que, regra geral, o devedor pignoratício, nos termos do art. 20 do Decreto-lei 167/67 está impedido de vender o bem empenhado, podendo o credor, neste cenário, buscar o sequestro do bem vendido. O terceiro comprador também ficará sujeito à medida quando o penhor estiver devidamente registrado, vez que de conhecimento público. Contudo, a jurisprudência tem flexibilizado tal entendimento e autorizada a venda, mormente quando a sua não realização equivale no perecimento da safra e da própria garantia. Ainda, a exceção natural ocorre com os bens fungíveis – especialmente de colheitas, acerca dos quais o terceiro comprador não tem como identificar se o produto vendido corresponde à aquela da garantia, tendo em vista sua fungibilidade com qualquer outro.

De modo geral, portanto, pode-se dizer que o credor pignoratício possui todos os direitos de zelar pela sua garantia, de forma a evitar que pereça ou se deteriore de forma injustificada.

4. DO PENHOR DE SAFRA E A EXTENSÃO AOS SEUS SUBPRODUTOS

A questão da extensão do penhor aos subprodutos da safra surge como decorrência natural do fato de que a safra de qualquer que seja o cultivo não é perene, mas plantada para algum dia ser colhida e comercializada ou industrializada de alguma forma.

Exemplo clássico dessa situação encontra-se no cultivo da cana-de-açúcar, a qual dá azo a inúmeros subprodutos, em especial o etanol e o açúcar. Assim, diante de um cenário onde o penhor incide sobre determinada safra de cana-de-açúcar e é realizada a colheita, mormente à revelia do credor pignoratício, poderia o penhor ser estendido aos subprodutos?

Lembramos, neste ponto, que o Código Civil, em seu art. 1.443, visto acima, trata apenas da hipótese do penhor abranger a colheita seguinte, o que não equivale aos subprodutos da colheita já realizada, de tal forma que se pode questionar, inclusive, se poderia o penhor recair sobre os subprodutos se existir colheita seguinte?

A questão já chegou ao Superior Tribunal de Justiça, o qual, em acórdão de relatoria da Min. Nancy Andrighi, decidiu da seguinte forma:

> DIREITO CIVIL. RECURSO ESPECIAL. EXECUÇÃO. ARRESTO. PENHORA. SUBPRODUTO DA CANA DE AÇÚCAR EMPENHADA. POSSIBILIDADE DE TRANSFERÊNCIA. EXCESSIVA ONEROSIDADE NÃO VERIFICADA NA HIPÓTESE. ARTIGOS ANALISADOS: ARTS. 620; 655, §1°; DO CPC E ART. 1.443 DO CÓDIGO CIVIL.
>
> 1. Execução de título extrajudicial, ajuizada em outubro de 2008. Recurso especial concluso ao Gabinete em 12.11.2013.
>
> 2. Discussão relativa à penhora dos subprodutos da lavoura de cana-de-açúcar empenhada para garantia da execução.

PENHOR DE SAFRA E A EXTENSÃO DOS SEUS EFEITOS | 471

3. Inexiste ofensa ao art. 535 do CPC, quando o tribunal de origem pronuncia-se de forma clara e precisa sobre a questão posta nos autos.

4. Se o próprio contrato de penhor agrícola prevê a transferência do encargo ao subproduto da safra, não se pode argumentar com a impossibilidade dessa transferência.

5. Qualquer penhora de bens, em princípio, pode mostrar-se onerosa ao devedor, mas essa é uma decorrência natural da existência de uma dívida não paga. O princípio da vedação à onerosidade excessiva não pode ser convertido em uma panaceia, que leve a uma ideia de proteção absoluta do inadimplente em face de seu credor. Alguma onerosidade é natural ao procedimento de garantia de uma dívida, e o art. 620 do CPC destina-se apenas a decotar exageros evidentes, perpetrados em situações nas quais uma alternativa mais viável mostre-se clara.

6. Transferir o penhor sobre uma safra para safras futuras pode se revelar providência inócua, gerando um efeito cascata, notadamente se tais safras futuras forem objeto de garantias autônomas, advindas de outras dívidas: a safra que garante uma dívida, nessa hipótese, poderia ser vendida livremente pelo devedor (como se sobre ela não pesasse qualquer ônus), fazendo com que a safra futura garanta duas dívidas, e assim sucessivamente, esvaziando as garantias.

7. Recurso especial desprovido.

(Recurso Especial nº 1.417.531 – SP, 10/06/2014).

Conforme destacada pela Ministra Relatora, "a controvérsia a definir se a execução ajuizada para recebimento de crédito garantido por penhor agrícola, fixado em contrato para recair sobre uma determinada safra de cana-de-açúcar, pode ser garantida pela penhora do subproduto dessa safra que, na hipótese dos autos, é o açúcar e o álcool produzidos pela Usina executada."

Em suas razões recursais, a Usina devedora, a qual ajuizou o recurso especial por não concordar com a determinação do tribunal paulista em manter o arresto sobre açúcar e álcool em montante equivalente à cana-de-açúcar por ela colhida, argumentou que decisão que determinou e manteve o arresto de todo o açúcar por ela produzido é ilegal, pois os arts. 655, § 1º, do então Código de Processo Civil e 1.433 do Código Civil são expressos ao dispor que "a penhora deve recair sobre os bens dados em garantia."

Ainda, complementa que "nada impede que a Recorrente faça a colheita das lavouras de cana-de açúcar objeto do penhor, já que o penhor da cana de açúcar não acarreta a sua indisponibilidade, pelo que, uma vez encerrada a safra, ela se renova para a safra seguinte" (e-STJ fls. 66). Nesse contexto, a penhora recairia sobre o álcool ou o açúcar produzidos pela usina somente se não existisse a lavoura de cana de açúcar que garante o cumprimento da obrigação assumida pela requerente."

Contudo, no instrumento de penhor entabulado pelas partes no caso do acórdão comentado, expressamente se convencionou que o penhor abrangesse o açúcar oriundo da safra igualmente empenhada, de tal sorte que, no caso concreto, por certo, o penhor abrange o subproduto por expressa disposição contratual.

Assim, os termos contratuais presentes no caso concreto em comento autorizaram o penhor, e consequente arresto, sobre o açúcar produzido em função da safra de cana-de-açúcar também empenhada.

Oportuno consignar, no entanto, que o acórdão deixa claro que o penhor dos subprodutos, quando não existir pacto expresso não é a regra geral, mas a exceção caso a caso. Conforme aduz a Min. Relatora, "a jurisprudência vem se orientando no sentido de que a penhora sobre bens fungíveis se aperfeiçoa independentemente da tradição dos bens e, na hipótese de recair sobre safra agrícola, não deve impedir a respectiva comercialização, transferindo-se sempre à safra futura, que deverá ser apresentada no momento oportuno."

De fato, parece ser este o desiderato do art. 1.443 do Código Civil, o qual procura conciliar o direito do credor com a realidade do devedor, estipulando que a garantia recairá sobre a safra seguinte e não sobre o subproduto.

Naturalmente que, além da possibilidade das partes pactuarem de forma diversa, a existência de gravames sobre a safra futura podem flexibilizar tal interpretação, na medida em que o credor pignoratício pode se ver numa situação em que as safras futuras já estão empenhadas a terceiros.

5. CONCLUSÃO

Em breve escorço, entendemos que a regra é a impossibilidade da extensão dos efeitos do penhor de safra aos subprodutos, devendo, quando aplicável, a extensão dos seus efeitos às safras futuras.

Apenas em situações excepcionais é que se poderia contemplar a extensão dos efeitos do penhor aos subprodutos, mormente quando atendidos os seguintes requisitos:

(i) previsão contratual expressa neste sentido;

(ii) oneração já existente com relação às safras futuras que inviabilize a extensão do penhor a elas.

6. REFERÊNCIAS BIBLIOGRÁFICAS

ANUÁRIO Uqbar 2018 de CRA. 11. ed. Disponível em: http://www.uqbar.com.br/download/UqbarAnuarioCRA2018.pdf.

BURANELLO, Renato. *Sistema privado de financiamento do agronegócio. Regime jurídico*. São Paulo: Quartier Latin, 2009.

GLADSTONE, Mamede. *Código Civil Comentado*: XIV, Coord. Álvaro Villaça Azevedo. São Paulo: Atlas, 2003.

MARTINEZ, Pedro Romano; PONTE, Pedro Fuzeta da. *Garantias de cumprimento*. 5. ed. Coimbra: Almedina, 2006.

Capítulo 5
PENHOR INDUSTRIAL E A REGULAMENTAÇÃO DADA PELO CÓDIGO CIVIL

Ralpho Waldo de Barros Monteiro Filho

Professor de Direito Civil e de Registros Públicos (Teoria Geral dos Registros Públicos, Registro de Imóveis, Registro Civil de Pessoas Jurídicas e Registro de Títulos e Documentos) do Curso Damásio Educacional (preparatório para concursos e OAB). Professor de Registros Públicos da Uniregistral – ARISP. Professor convidado do Colégio Notarial do Brasil – CNB/SP. Professor de Direito Civil (licenciado) das Faculdades Metropolitanas Unidas – FMU-SP. Professor da Pós-Graduação da Escola Paulista da Magistratura. Professor de Direito imobiliário da Pós-Graduação da Faculdade de Direito de São Bernardo do Campo. Professor convidado do Instituto dos Advogados de São Paulo – IASP. Professor da Pós-Graduação da ESA-SP (Registros Públicos). Membro do Núcleo de Estudos em Direito Civil da Escola Paulista da Magistratura. Membro-Fundador do Instituto Paulista de Ciências Jurídicas Ministro Raphael de Barros Monteiro – IPCJ. Mestre em Direito Civil. Especialista em Direito Civil, Direito Processual Civil, Direito Empresarial e Direito Imobiliário. Juiz de Direito Auxiliar da 1ª Vara de Registros Públicos da Comarca de São Paulo, atualmente em exercício como Assessor da Presidência de Direito Público do TJSP. Ex-Juiz Auxiliar da 2ª Vara de Registros Públicos da Comarca de São Paulo. Instagram: @ralphobarrosmonteiro

Sumário: 1. Introdução – 1.1. Autonomia de uma disciplina de Direito de Garantias. – 1.2. A responsabilidade patrimonial e as garantias reais – 2. O penhor industrial no Código Civil – 2.1. Penhor comum e penhor especial – 2.2. Perfil do penhor industrial – 2.2.1. Constituição e registro – 2.2.2. Vinculação aos negócios empresariais – 2.2.3 – Conservação da coisa em poder do devedor – 2.2.4. Objeto do penhor industrial – 3. Referências bibliográficas.

1. INTRODUÇÃO

1.1 Autonomia de uma disciplina de Direito de Garantias

Ao ensejo destas breves linhas – e tomando por base o escopo desta obra coletiva -, parece de todo oportuno discutir se há, ou não, espaço para se falar em autonomia do Direito de Garantias.

Em regra, as garantias são tratadas de forma esparsa, isto é, esparramadas pelo sistema. Nuclearmente nas disciplinas de Direito das Obrigações e Direitos Reais. Nestas áreas, entretanto, são reguladas em partes. Assim se considera porque as garantias não são apenas aquelas *típicas no Código Civil*, mas um conjunto maior do que a sempre lembrada dicotomia *garantias pessoais / garantias reais*.[1] Veja-se, por

---

1. V., por todos, VASCONCELOS, L. Miguel Pestana de. *Direito das Garantias*. 3. ed. Coimbra: Almedina, 2019. p. 28-29.

exemplo, o uso cada vez mais frequente da titularidade de um direito com função de garantia.

É de se considerar, também, que o estudo das garantias nunca será completo se não for analisada a sua execução.[2] O mesmo se diga da insolvência. É neste sentido que Pestana de Vasconcelos atesta que "a insolvência do devedor é o teste decisivo de qualquer garantia que confira ao credor um 'reforço qualitativo' sobre os bens do devedor (ou terceiro). Incluem-se aqui tanto as garantias reais, como o recurso à titularidade do direito como garantia. Mas não só: haverá que ver igualmente qual o tratamento insolvencial de outras figuras como a compensação."[3]

Em outras palavras, o Direito das Garantias trabalha com institutos extraídos do Direito das Obrigações e com outros direitos reais, mas implicando no conhecimento dos regimes executivos, insolvenciais e empresariais, quando o caso. Seria precisamente este o objeto de uma disciplina de *Direito de Garantias*.

1.2   A responsabilidade patrimonial e as garantias reais

O antigo Direito não conhecia garantias reais. Como lembra a doutrina, o devedor respondia *pessoalmente*, isto é, com seu *próprio corpo*. Em verdade, antes da *Lex Aquilia*, pouca, ou nenhuma diferença existia entre *responsabilidade civil e responsabilidade penal*.[4] Mesmo a Lei das XII Tábuas ainda permitia o encarceramento do devedor pelo credor em caso de inadimplemento. O grande marco, lembrado por Caio Mário,[5] foi a *Lex Poetelia Papiria*, em 326 a. C., que extinguiu a responsabilidade pessoal do devedor, colocando o seu patrimônio como garantia do pagamento (*pecuniae creditae bona debitoris, non corpus abenoxium esse*).

O patrimônio, neste sentido, é *garantia geral* dos credores. Em nosso sistema, o chamado *princípio da imputação civil dos danos* vem estampado nuclearmente em dois dispositivos: art. 391 do Código Civil e art. 789 do Código de Processo Civil.[6]

---

2. No direito português, por exemplo, em tema de processo executivo, grande parte da Doutrina considera a *penhora* como garantia real. Assim leciona CORDEIRO, António Menezes. *Direitos Reais*. Lisboa, v. II, p. 1101, Pestana de Vasconcelos cit., p. 29. No Brasil, a doutrina define a penhora sob o prisma do processo, destacando o ato de *constrição judicial* antes de qualquer coisa. Mas não deixa de ser espécie de garantia, no sentido de que serão apreendidos bens individualizados do devedor – mas sem retirá-los de seu patrimônio -, vinculando-os ao processo, para fins de, eventualmente, satisfazer o credor de maneira compulsória. Nesse sentido afirma Marcelo Abelha que "a penhora é, na execução por expropriação, o ato executivo que torna concreta a responsabilidade executiva, na medida em que individualiza o (s) bem (ns) que será (ão) expropriado (s) para a satisfação do crédito" (*Manual da execução civil*. 6. ed. Rio de Janeiro: Forense, 2016. p. 317).

3. Op. cit., p. 31.

4. Para nós, hoje, a diferença é evidente. Dentro outros aspectos, a responsabilidade penal surge de ofensas à normas de ordem pública; a civil, de ataques à interesses privados, daí poder a vítima escolher se busca, ou não, reparação. Ainda, a responsabilidade penal é *pessoal*, posto recair, em regra, sobre a liberdade do agente; a civil, como bem se sabe, é *patrimonial*.

5. PEREIRA, Caio Mário da Silva. *Instituições de Direito Civil*. 19. ed. Rio de Janeiro: Forense, 2004. v. IV, p. 321.

6. O dispositivo processual é mais completo e faz referência aos bens *presentes* e *futuros* do devedor, ressalvando, ainda, as restrições legais. Limita-se, como se vê, ao seu patrimônio *penhorável*. Ainda sobre o tema, anote-se que mesmo quando é permitida a prisão civil, esta se faz apenas como forma de coagir o devedor ao pagamento (não é, pois, execução *sobre o corpo* do devedor).

PENHOR INDUSTRIAL E A REGULAMENTAÇÃO DADA PELO CÓDIGO CIVIL **475**

A garantia geral, entretanto – e é comum que assim aconteça – pode se mostrar insuficiente. Ao credor, portanto, sempre interessou buscar outras garantias, estas especiais (e, por especiais, entendam-se aquelas que o colocam em patamar de vantagem – prioridade – em relação a outros credores do mesmo devedor).

Costuma-se dividir tais garantias em (i) *pessoais* ou *fidejussórias* e (ii) *reais*. É da tradição da nossa doutrina, muito embora, como já expliquei, tal divisão não abarcar todo o *sistema de garantias*. São pessoais aquelas atreladas ao patrimônio de determinada pessoa (em verdade, ao *patrimônio como um todo* de determinada pessoa). Reais, de outra forma, quando a relação recai, diretamente, sobre coisa (isto é, porção destacada de patrimônio). É fácil constatar, assim, que a garantia real apresenta musculatura maior se comparada com a pessoal. Mostra mais eficaz justamente por vincula certo bem do devedor. São desta natureza o penhor, a hipoteca e a anticrese. A alienação fiduciária também é garantia real. Entretanto, para além de ser garantia, é também espécie de propriedade (mesmo que resolúvel), assim regulada pelo Código Civil de 2002 (em contraste com a Lei 4.728/65).

Clássica é a definição de Orlando Gomes para o direito real de garantia: e o direito que "confere ao credor a pretensão de obter o pagamento da dívida com o valor do bem aplicado exclusivamente à sua satisfação. Sua função é garantir ao credor o recebimento da dívida, por estar vinculado determinado bem ao seu pagamento. O direito do credor concentra-se sobre determinado elemento patrimonial do devedor. Os atributos de sequela e preferência atestam sua natureza substantiva e real."[7]

2. O PENHOR INDUSTRIAL NO CÓDIGO CIVIL

2.1 Penhor comum e penhor especial

Há interessante classificação doutrinária do penhor em que se lhe divide em *comum*, o tradicional, que decorrente da vontade das partes implica a entrega, em garantia, de coisa móvel corpórea, ao credor. Nessa modalidade, já mais antiga, o direito real se constitui por meio da transmissão da posse ao credor pignoratício.[8]

De outro lado, há formas *especiais* de penhor, que não mostram como o padrão tradicional e que se regem por normas específicas. São modalidades que, a bem da verdade, aproximam-se mais da hipoteca do que do próprio penhor comum. Desta categoria faz parte o penhor industrial.

---

7. *Direitos Reais*. 19. ed. Atual. por Luiz Edson Fachin. Rio de Janeiro: Forense, 2004. p. 378.
8. O penhor comum também deverá ser registrado, nos termos do art. 1.432, do Código Civil. O registro é feito no Registro de Títulos e Documentos, como também se retira do art. 127, II, da Lei de Registros Públicos (Lei 6.015/73). O registro é, entretanto, publicitário. O penhor comum, sem registro, é o que se chama de *direito real minimizado*, isto é, um direito real que não atinge todas as suas potencialidades. Neste caso, o direito real já estará constituído, de modo que o credor poderá excutir o bem em caso de inadimplemento. Acontece que, se outros credores aparecerem cobrando o devedor comum, estabelecendo concurso, o titular do direito real não poderá opô-lo em face daqueles porque não havia oponibilidade *erga omnes*.

2.2 Perfil do penhor industrial

2.2.1 Constituição e registro

Como se observa, o penhor industrial nada mais é do que uma forma de penhor que possui regime jurídico específico e por isso é dotado de características que lhe são peculiares.

O art. 1.419 do Código Civil aponta que *"nas dívidas garantidas por penhor, (...), o bem dado em garantia fica sujeito, por vínculo real, ao cumprimento da obrigação."* Como ressaltei, no regime jurídico geral do penhor (penhor comum), surge o direito pela transferência efetiva da posse de uma coisa móvel suscetível de alienação ao credor, ou quem o represente, pelo devedor ou alguém por ele (art. 1.431 do Código Civil).

Por seu turno, o penhor industrial se constitui *"mediante instrumento público ou particular, registrado no Cartório de Registro de Imóveis da circunscrição onde estiverem situadas as coisas empenhadas"* (art. 1.448).

Evidente, pois, a diferença no modo de constituição do penhor comum e do penhor industrial. A norma geral dispõe que a constituição do penhor se dá pela transferência da posse do bem móvel (sendo que o registro torna o direito oponível *erga omnes*), enquanto nesta modalidade industrial ela ocorre *pelo registro* (do instrumento público ou particular devidamente). Este registro é, portanto, *constitutivo de direito*, e não *meramente publicitário*. Neste exato sentido, aliás, já decidiu o TJSP:

> Ação de anulação de contrato de penhor industrial. Procedência na origem porque faltante requisito subjetivo de validade do negócio. Inadmissibilidade. Cerceamento de defesa inexistente. Representação processual regular dos autores. Não obstante, penhor previsto em outro contrato, mas não registrado, ou seja. sem valia. O registro do penhor é constitutivo do direito e não meramente publicitário. Ademais, contrato que se quer anular celebrado regularmente entre a então proprietária da máquina e a corré. Sentença reformada. Apelação provida, para julgar a ação improcedente (36ª Câm. de Direito Privado, Apelação Cível 0002018-52.2007.8.26.0453, Rel. Des. Romeu Ricupero, j. 16.12.2010).

Para além disso, o penhor comum se registra na Serventia de Títulos e Documentos, enquanto o industrial se faz no Registro de Imóveis. A observação é extremamente importante, na medida em que a *territorialidade* em ambas as serventias, é diferentemente tratada. Nos Títulos e Documentos, cite-se, rege a matéria o art. 130 da Lei de Registros Públicos (Lei n. 6.015/73), dispondo que o ato será efetivado na Serventia do domicílio das partes e, quando o domicílio for diverso, em ambas as circunscrições.[9] No âmbito do Registro de Imóveis, será feita na circunscrição do bem dado apenhado (art. 1.448, *caput*).

---

9. A lembrança é interessante. Em primeiro porque, quando as partes residem em circunscrições distintas, demandando o registro em ambas, como tenho apregoado (Registro de Títulos e Documentos e Registro Civil de Pessoas Jurídicas, São Paulo: YK, 2017, *passim*), o que existe é *registro complexo* (genuinamente complexo, e não como aqueles usualmente apontados, tais como o dos sindicatos – que demanda registro

O parágrafo único do art. 1.448 autoriza expedição de cédula do respectivo crédito, desde que a promessa de pagar a dívida (abonada pelo penhor).[10]

2.2.2 Vinculação aos negócios empresariais

Importante frisar que tanto o penhor industrial como o mercantil estão atrelados à garantia de obrigações originadas em negócios jurídicos empresariais.

Junte-se, ainda, que ao tema prende-se, também, as figuras dos *armazéns gerais* (regulados pelo Dec. 1.102 de 1903) e dos *estabelecimentos de empréstimos sobre penhores e montes de socorros* (estes no Dec. 24.427 de 1934).

2.2.3 Conservação da coisa em poder do devedor

É evidente o interesse, neste peculiar caso de penhor, do devedor em conservar a coisa em seu poder. Pela lógica do instituto do penhor industrial, o empresário deve continuar se utilizando de seus ativos para o exercício da atividade industrial. Não haveria qualquer sentido econômico se o próprio devedor que exerce atividade industrial tivesse que transferir a posse de seu ativo para o credor a fim de que se garantisse a dívida, justamente pelo bem ser integrante de seu meio de produção (bem se vê, como acontece nas demais modalidades especiais de penhor, que o instituto não teria qualquer aplicação – e em face da alienação fiduciária já não se aposta mais em outras garantias reais – caso se adotasse a mesma dinâmica ultrapassada do penhor comum).

Aqui há inegável aproximação do penhor em estudo com aquele rural (que se desdobra em *agrícola* e *pecuário*).

É de se indagar, entretanto, que o devedor fica com a posse direta do bem (desdobramento da posse), qual a segurança do negócio para o credor, já que, em tese, poderia se desfazer da coisa? Para *tentar* evitar tal situação, determina o art. 1.449, primeira parte, do Código Civil, que o devedor não pode alterar, mudar a situação ou dispor das coisas empenhadas sem a anuência por escrito do credor. E, veja-se, mesmo que autorizado pelo credor, ao alienar o objeto apenhado fica o devedor obrigado a repô-la por coisa da mesma natureza, que ficará sub-rogada (sub-rogação real, diga-se) no penhor (art. 1.449, *in fine*). Esta última providência não serve apenas para proteger o credor, senão que também para preservar a existência do próprio penhor que, sem objeto, deixaria de servir como garantia. De outra forma e frustrar-se-ia a garantia.

Por fim, e também com o nítido propósito de proteger os interesses do credor, determina o art. 1.450 que tem o credor direito a verificar o estado das coisas empe-

---

no RCPJ e depois no Ministério do Trabalho – e dos partidos políticos – também no RCPJ e depois no Tribunal Superior Eleitoral). Em segundo, porque há exceção a essa regra: quando se registra constituição de alienação fiduciária no âmbito do RTD, basta a pratica do ato na Serventia do domicílio do devedor.

10. V. item 2.2.4.

nhadas, inspecionando-as onde se acharem, por si ou por pessoa que credenciar. Em verdade, repete-se aqui a mesma regra do art. 1.441, prevista para o penhor rural.

Sobre o assunto, parece inequívoco que a recusa injustificada do devedor permite ao credor postular judicialmente a inspeção. Ainda, na esteira do que ensina Francisco Eduardo Loureiro, é certo que as partes podem, também, convencionar que a recusa do devedor provoca o vencimento antecipado da dívida.[11]

2.2.4 Objeto do penhor industrial

Com o objetivo de ampliar as possibilidades de constituição de garantia, mormente analisando-se pelo prisma do empresário devedor, o art. 1.447 determina que podem ser objeto de penhor industrial as "máquinas, aparelhos, materiais, instrumentos, instalados e em funcionamento", além de "animais, utilizados na indústria". O artigo, ainda, possibilita que se dê como objeto "sal e bens destinados à exploração das salinas; produtos de suinocultura, animais destinados à industrialização de carnes e derivados; matérias-primas e produtos industrializados."

A leitura do dispositivo bem demonstra que o objeto será, assim, bem móvel por acessão intelectual, isto é, móveis incorporados à imóveis.

Anoto, entretanto, que o rol é meramente exemplificativo. O Decreto-Lei 413/69 cuida, especificamente, dos títulos de crédito industrial e apresenta maior quantidade de bens empenháveis. Em essência, são equipamentos e produtos industrializados. Há, aqui, pois, importante distinção para com o penhor rural. Nos termos do art. 20 do referido Decreto,

> Podem ser objeto de penhor cedular nas condições deste Decreto-lei: I – Máquinas e aparelhos utilizados na indústria, com ou sem os respectivos pertences; II – Matérias-primas, produtos industrializados e materiais empregados no processo produtivo, inclusive embalagens; III – Animais destinados à industrialização de carnes, pescados, seus produtos e subprodutos, assim como os materiais empregados no processo produtivo, inclusive embalagens; IV – Sal que ainda esteja na salina, bem assim as instalações, máquinas, instrumentos utensílios, animais de trabalho, veículos terrestres e embarcações, quando servirem à exploração salineira; V – Veículos automotores e equipamentos para execução de terraplanagem, pavimentação, extração de minério e construção civil bem como quaisquer viaturas de tração mecânica, usadas nos transportes de passageiros e cargas e, anda, nos serviços dos estabelecimentos industriais; VI – Dragas e implementos destinados à limpeza e à desobstrução de rios, portos e canais, ou à construção dos dois últimos, ou utilizados nos serviços dos estabelecimentos industriais; VII – Toda construção utilizada como meio de transporte por água, e destinada à indústria da revelação ou da pesca, quaisquer que sejam as suas características e lugar de tráfego; VIII – Todo aparelho manobrável em voo apto a se sustentar a circular no espaço aéreo mediante reações aerodinâmicas, e capaz de transportar pessoas ou coisas; IX – Letra de câmbio, promissórias, duplicatas, conhecimentos de embarques, ou conhecimentos de depósitos, unidos aos respectivos "warrants"; X – Outros bens que o Conselho Monetário Nacional venha a admitir como lastro dos financiamentos industriais.

---

11. In: PELUSO, Cezar (Coord.). *Código Civil Comentado*: Doutrina e Jurisprudência. 11. ed. Barueri: Manole, 2017. p. 1.457.

Observo, entretanto, que embora se utilize o Decreto-Lei 413/69 para fins de verificar o objeto material do penhor, o penhor industrial e mercantil não se confunde com o *penhor cedular industrial*, criado pela lei mencionada e que se constitui com base em empréstimos concedidos por instituições financeiras. Como ensinam Nelson Rosenvald e Cristiano Chaves de Farias, esta "demanda, para a sua constituição, a emissão de um título de crédito denominado Cédula de Crédito Industrial – promessa de pagamento em dinheiro, com garantia real –, por intermédio de um banco ou instituição assemelhada que seja autorizada pelo Conselho Monetário Nacional."[12] Diferencia-se da cédula mencionada acima – que se expede com base no art. 1.448, parágrafo único, porque esta pode ser emitida pelo próprio devedor em favor do credor e sua constituição, como mencionado, ocorre por força do seu registro no Registro de Imóveis.

Ainda, é preciso ressaltar que *cédula de crédito* não se confunde com *nota de crédito* (e assim se retira do Decreto-Lei 413/69). A cédula de crédito é assegurada por uma garantia real, tal como hipoteca e o penhor, aqui estudado. A nota, a seu turno, não tem garantia real.[13]

3. REFERÊNCIAS BIBLIOGRÁFICAS

ALTERINI, Jorge Horacio, ALTERINI, Ignacio Ezequiel e ALTERINI, María Eugenia. *Tratado de los derechos reales*, II, Parte Especial. Buenos Aires: La Ley, 2018.

CORDEIRO, António Menezes. *Direitos Reais*. Lisboa: Almedina, 2018. v. II.

KIPER, Claudio. *Manual de Derechos Reales*. 2. ed. Santa Fé: Rubinzal – Culzoni Editores, 2018.

LOUREIRO, Francisco Eduardo. *Código Civil Comentado*: Doutrina e Jurisprudência. 11. ed. Barueri: Manole, 2017.

MONTEIRO FILHO, Ralpho Waldo de Barros Monteiro e PEDROSO, Alberto Gentil de Almeida. *Registro Imobiliário*. São Paulo: Ed. RT, 2017.

MONTEIRO FILHO, Ralpho Waldo de Barros Monteiro. *Registro de Títulos e Documentos e Registro Civil de Pessoas Jurídicas*. São Paulo: YK, 2017.

NERY JUNIOR, Nelson e ANDRADE NERY, Rosa Maria de. *Instituições de Direito Civil*: Direitos Patrimoniais, Reais e Registrários. 2. ed. São Paulo: Ed. RT, 2018.

PEREIRA, Caio Mário da Silva. *Instituições de Direito Civil*. 19. ed. Rio de Janeiro: Forense, 2004. v. 4.

PESTANA DE VASCONCELOS, L. Miguel. *Direito das Garantias*. 3.ed. Coimbra: Almedina, 2019.

RODRIGUES, Marcelo Abelha. *Manual da execução civil*. 6. ed. Rio de Janeiro: Forense, 2016.

ROSENVALD, Nelson e FARIAS, Cristiano Chaves. *Curso de Direito Civil*: Reais. 15. ed. Salvador: JusPodivm, 2019. v. 5.

---

12. *Curso de Direito Civil*: Reais. 15. ed. Salvador: JusPodivm, 2019. v. 5, p. 1003.
13. É esta a dicção do art. 15, do Decreto-Lei: "A nota de crédito industrial é promessa de pagamento em dinheiro, sem garantia real."

Capítulo 6
A REGULAÇÃO DO FIDEICOMISSO DE GARANTIA NO NOVO CÓDIGO CIVIL E COMERCIAL ARGENTINO

Martin Canepa

Advogado formado pela Universidade de Buenos Aires, especializado em Direito Internacional Público. Professor regular de Direito da Integração e Direito Internacional Público na Faculdade de Direito da Universidade de Buenos Aires. Currículo completo disponível em: https://www.linkedin.com/in/canepa-martin-68802619/

Sumário: 1. Introdução – 2. Fideicomisso. Conceito e origens – 3. O fideicomisso sob a Lei 24.441 – 4. O Fideicomisso no novo Código unificado – 4.1. A figura do fideicomisso de garantia em particular – 4.2. Natureza jurídica – 4.3. Objeto – termo – forma – 4.4. Sujeitos – 4.5. Extinção e hipóteses imprevistas – 5. Diferenças com outros tipos de garantias – 6. Considerações finais – 7. Referências bibliográficas.

1. INTRODUÇÃO

O objetivo deste trabalho é apresentar os aspectos gerais e principais características do fideicomisso de garantia no Código Civil e Comercial da República Argentina (doravante denominado CCyCo). Primeiro, será mencionado o conceito de fideicomisso, comentando brevemente suas origens. Em seguida, a regulamentação da figura abordada pela Lei 24.441 e, depois serão analisadas as modificações introduzidas pelo CCyCo. O CCyCo regulamenta expressamente o fideicomisso de garantía no contrato de fideicomisso, de forma que a figura em análise está subsumida em termos de seus aspectos gerais pelas disposições que regulam respeito o fideicomisso. Nesse sentido, será considerada sua natureza jurídica, objeto, sujeitos, conteúdo, termo, forma, formas de extinção e diferenças com outros tipos de garantias.

2. FIDEICOMISSO. CONCEITO E ORIGENS

O fideicomisso é uma das instituições de garantia mais antigas.[1] Os antecedentes regulatórios podem ser encontrados em várias cidades antigas e até mesmo na Idade Média. Roma já conhecia a figura, que se chamava *fiducia cum creditore*. Era uma das formas mais antigas de garantia real regulada pelo *ius civile* romano. Consistia

---

1. CINOLLO, Oscar Agustín. El contrato de fideicomiso de garantía. *Revista de Derecho Privado y Comunitario*. Buenos Aires: Rubinzal Culzoni editores. v. 3, 2001, p.213-214.

na entrega em propriedade ao credor de uma coisa pertencente ao devedor através da *mancipatio*. Simultaneamente, era concluído um pacto chamado *pactum fiduciae*, acordo pelo qual o credor -fiduciário- era obrigado a devolver ao fideicomitente aquele bem que havia sido concedido em garantia no momento em que a obrigação principal foi cumprida. Este instrumento legal era a base do contrato chamado *pignus* – penhor –, que substituiu à *fiducia*.

No antigo direito grego, também é possível encontrar um antecedente. Neste caso, era uma venda que ia acompanhada de um contrato de revenda com o objetivo de garantir o cumprimento das obrigações. Quando surgiu o penhor, tornou-se obsoleto, como aconteceu no modelo romano, e foi finalmente abandonado com a implementação da hipoteca.

Na lei germânica, há também outro antecedente desta figura. Era conhecido pelo nome de *Satzung*. Ao contrário do modelo romano, o credor tinha o direito de dispor da coisa para cobrar o crédito, desde que a preferência do devedor por resgatar o objeto sujeito a garantia seja segura.

Finalmente, na Inglaterra, através da influência do direito romano, após a expansão do Império, é possível observar o antecedente mais direto do trust, conhecido como *uses*.[2] Este consistia numa transferência de bens para um terceiro, a fim de gerenciá-los e entregar seus produtos a um assunto específico. Foi possível transferir os ativos por ato inter vivos ou por via testamentaria. Seu objetivo principal era a terra e, em particular, era realizado por homens que partiam para a guerra.

3. O FIDEICOMISSO SOB A LEI 24.441

Com a promulgação da lei 24.441, o contrato de fideicomisso foi incluído na lista dos chamados contratos "típicos". A definição do contrato de fideicomisso estabelecido no artigo 1666 do Código Civil, fazia referência ao artigo 1º da Lei 24.441. Este último foi parcialmente revogado pela Lei 26.994, que deu efeito ao CCyCo. A definição dada por esses instrumentos do contrato acima mencionado difere para cada caso. O CCyCo estabelece que "Existe um contrato de fideicomisso quando uma parte, denominada fideicomitente, transmite ou se compromete a transferir a propriedade de bens para outra pessoa chamada fiduciário, que se compromete a exercê-la em benefício de outra chamada de beneficiário, que é designada no contrato, e transmiti-la ao cumprimento de um termo ou condição ao fideicomissário".

Por outro lado, a lei 24.441, estabelecia que "Haverá um fideicomisso quando uma pessoa (fideicomitente) transfere a propriedade fiduciária de certos bens para outro (fiduciário), que se compromete a exercê-la em benefício de quem é designado

---

2. AMENDOLA, Manuel Alejandro. Colaboración de ITURBIDE, Gabriela Alejandra. *Régimen de Fideicomiso*. Buenos Aires: Erreius, 2015. p. 5.

A REGULAÇÃO DO FIDEICOMISSO DE GARANTIA NO NOVO CÓDIGO CIVIL E COMERCIAL ARGENTINO

no contrato (beneficiário), e transmiti-la ao cumprimento de um termo ou condição ao fideicomitente, ao beneficiário ou ao fideicomissário".

Segundo Giadas,[3] a diferença mais relevante que pode ser encontrada é sobre a possibilidade de que o contrato tenha existência, mesmo no caso em que a transferência fiduciária de bens ainda não tenha ocorrido. Como aponta Gaibisso,[4] a Lei 24.441 mencionou apenas dois tipos de fideicomisso, o financeiro e o testamentário, mas nada disse sobre o de garantia.

A doutrina estava dividida quanto à legalidade desse tipo de fideicomisso não expressamente regulado. Seguindo o autor supracitado, pode ser observada uma primeira corrente que admite sua existência. Por exemplo, Carregal considera que a figura tem amplas vantagens econômicas, como a redução da constituição e a execução de garantias bancárias. Rodriguez Azuero, por outro lado, também vê custos menores e uma redução no tempo, já que há vantagens em comparação com os tipos mais tradicionais de garantias, como o penhor e a hipoteca, já que o credor está isento de passar por procedimentos judiciais necessários para conseguir o leilão das mercadorias, e nesse sentido, os tempos são mais curtos. Por outro lado, os benefícios não são apenas para o credor, pois o devedor, por sua vez, se beneficia das melhores condições de venda, em contraste com o resultado que seria alcançado em um leilão judicial.

Alguma doutrina estava em uma posição intermediária. Por exemplo, autores como Kiper e Lisoprawski consideram que é necessário, na ausência de regulamentação expressa, que no contrato o procedimento seja claramente estabelecido de modo que, uma vez que a violação tenha sido notificada, o fiduciário receba instruções claras e expressas para dispor do bem que constitui o objeto da garantia. Embora os autores mencionados façam esta reserva, também é certo que eles deixam claro que ja existia um amplo consenso[5] sobre a legalidade do fideicomisso para fins de garantia tanto na doutrina quanto na jurisprudência, figura que finalmente acaba confirmando a reforma.

Finalmente, houve posições que rejeitaram a figura por causa da superposição de sujeitos. Peralta Mariscal, considera que o devedor está desprotegido. Ele argumenta que é uma característica definidora do fideicomisso, que o fiduciário é obrigado a exercer o fideicomisso em benefício de outra pessoa "quem é designado no contrato", que não seria verificada quando o credor tem o papel de fiduciário-beneficiário, o que tornaria nulo o contrato por violar as disposições legais expressas que regem o assunto. O mesmo autor não encontra vantagens para o devedor. Nesse sentido, ele

---

3. GIADAS, Sergio. *Sobre algunas inconsistencias respecto del fideicomiso en el nuevo Código Civil y Comercial de la Nación*. Buenos Aires: el Dial, 2018. p. 1.
4. GAIBISSO, Félix. A. Fideicomiso de garantía. *Revista Argentina de Derecho comercial y de los negocios*. n. 3, 2012, p.6-9. Disponível em: [https://ar.ijeditores.com/articulos.php?idarticulo=48733]. Acesso em: 08.07.2019.
5. KIPER, Claudio. Fideicomiso en el Proyecto de Código Civil y Comercial. Buenos Aires: Rubinzal Culzoni editores. *Revista de Derecho Privado y Comunitario*. v. 3, 2012, p. 381.

considera que devem propiciar mecanismos para garantir melhores resultados nos leilões e não os procedimentos que tendem a evitá-los. Haveria incompatibilidade com a essência do negócio fiduciário. O regime de número fechado de direitos reais que o Código introduz como princípio, seria afetado. Em suma, para o autor, trata-se de um negócio jurídico que contém diferentes causas de invalidez, um ato nulo de nulidade absoluta, cuja declaração poderia ser declarada ex officio por um juiz ou a pedido de qualquer interessado, sendo a ação imprescritível e inalienável.[6]

4. O FIDEICOMISSO NO NOVO CÓDIGO UNIFICADO

Com a revogação da Lei 24.441, que regulamentou o fideicomisso, o contrato foi regulado pelo artigo 1666 do CCyCo e seguintes, dentro da estrutura do Capítulo 30.[7] Nos termos do artigo 1666, o contrato de fideicomisso é constituído quando uma parte, o *fideicomitente*, transmite ou se compromete a transferir a propriedade dos bens para outra pessoa chamada *fiduciário*, que se compromete a exercê-la em benefício de outra, o *beneficiário*, que é designado no contrato e para transmiti-la após o cumprimento de um termo ou condição para o *fideicomissário*. Os sujeitos envolvidos no contrato de fideicomisso são o fideicomitente, o fiduciário, o beneficiário e o fideicomissário.

Carregal define o fideicomisso como o contrato pelo qual uma pessoa recebe uma comissão de outra em relação a um determinado bem, cuja propriedade é transferida para ela por meio de confiança para que, após o cumprimento de um termo ou condição, dê o destino acordado.[8]

Segundo Leiva,[9] podemos definir o fideicomisso como: "Aquele em que um bem é transferido para o fiduciário, de modo que, em caso de violação da obrigação do constituinte, o fiduciário venda e entregue o produto, até o valor do crédito, ao credor em cujo favor foi constituído".

Por outro lado, Grassi,[10] em relação ao fideicomisso de garantia, considera que estamos diante dele quando o fideicomitente transfere a propriedade, precisamente

---

6. PERALTA MARISCAL, Leopoldo L. El negocio fiduciario con fines exclusivos de garantía como acto jurídico ineficaz. Buenos Aires: Rubinzal Culzoni editores. *Revista de Derecho Privado y Comunitario*. v. 3, 2001, p. 254.

7. PADULA, Mariano Andrés. *Contrato de fideicomiso y nuevo Código Civil y Comercial*. Bienes insuficientes para cumplir el objeto. Su liquidación. Buenos Aires: El derecho: Diario de doctrina y jurisprudencia, 2016. p.1.
Disponível em : [http://www.elderecho.com.ar/includes/pdf/diarios/2016/04/22042016.pdf]. Acesso em: 12.07.2019.

8. CARREGAL, Mario. *Fideicomiso: teoría y aplicación a los negocios*. Buenos Aires: Heliasta, 2008. p. 48.

9. LEIVA FERNÁNDEZ, Luis F. P. *Tratado de los contratos*: Parte especial. Buenos Aires: La Ley. 2017. t. VI, p. 408.

10. CURA GRASSI, Domingo C. *Fideicomiso: aclaraciones conceptuales a partir de la sanción del Código Civil y Comercial*. Buenos Aires: El derecho, diario de doctrina y jurisprudencia, n. 14.476. año LVI. ED 279, 2018, p.1-2. Disponível em: [http://www.elderecho.com.ar/includes/pdf/diarios/2018/08/27082018.pdf]. Acesso em: 14.07.2019.

A REGULAÇÃO DO FIDEICOMISSO DE GARANTIA NO NOVO CÓDIGO CIVIL E COMERCIAL ARGENTINO

denominada "fiduciária", de um ou mais bens para um fiduciário, a fim de garantir, com os mesmos, ou com sua produção, o cumprimento de certas obrigações a cargo daquele ou de um terceiro, designado como beneficiário ao credor ou a um terceiro, em favor de quem, em caso de incumprimento, a obrigação garantida será paga, conforme acordado no contrato fiduciário.

4.1 A figura do fideicomisso de garantia em particular

O artigo 1680 do CCyCo regula a fideicomisso de garantia. O fideicomisso é permitido para ser estabelecido para fins de garantia. Neste caso, o fiduciário poderá aplicar as quantias em dinheiro que entrarem no patrimônio, incluindo aquelas que entrarem com cobrança judicial ou extrajudicial dos créditos ou direitos fiduciários, para o pagamento dos créditos que estão garantidos. Em relação a outros bens, para que possam ser aplicados à garantia, o fiduciário poderá aliená-los sob as disposições do contrato. No caso de este último não fornecer nada a esse respeito, pode ser feito de forma privada ou judicial, assegurando um mecanismo que leve em conta a obtenção do maior valor possível dos bens.

Em geral, este tipo de garantia foi definida como uma garantia pessoal,[11] independentemente de estar envolvida no negócio uma transferência de propriedade e a dívida se torna efetiva em uma coisa.

4.2 Natureza Jurídica

É importante deixar claro que, conforme avançado na introdução, o CCyCo não regula o fideicomisso de garantia como uma espécie distinta. Nesse sentido, a figura é incluída nas disposições gerais sobre o contrato de fideicomisso.[12]

Em relação à sua natureza jurídica, como aponta Guerrero,[13] é possível observar que o artigo 1666 afirma sua essência contratualista. É um contrato consensual e mantém todas as quatro posições no negócio. Portanto, o fideicomisso é expressamente regulado, nesse sentido, o artigo 1680 estabelece que, se o fideicomisso é constituído como fideicomisso de garantia, o fiduciário pode aplicar as somas de dinheiro que entram no patrimônio, mesmo por meio de cobrança judicial ou extrajudicial dos créditos ou direitos fiduciários, para pagamento dos créditos garantidos. Desta forma, qualquer discussão doutrinária sobre sua existência e viabilidade é encerrada com motivo de sua não regulamentação sob o regime anterior que contemplou outras modalidades, como of fideicomisso financeiro e testamentário.

---

11. AMENDOLA, Manuel Alejandro. Colaboración de ITURBIDE, Gabriela Alejandra. *Régimen de Fideicomiso*. Buenos Aires: Erreius, 2015. p. 202.

12. ACHARES DI ORIO, Federico. *El fideicomiso de créditos en garantía en el código civil y comercial de la nación, con especial referencia a la situación concursal del fiduciante*. Buenos Aires: ERREPAR, 2016. p.1.

13. GUERRERO, Fabián A. El contrato de fideicomiso en el Código Civil Comercial Unificado. Buenos Aires: *Revista de Derechos Reales*. n. 10, 2015. p. 2. Disponível em: [https://ar.ijeditores.com/articulos.php?idsitio=1&idarticulo=74109]. Acesso em: 09.07.2019.

Quanto à sua natureza contratual,[14] é um contrato consensual. O consentimento das partes é necessário para realizá-lo. Em princípio, é bilateral. É essencial que o fideicomitente e o fiduciário concorram, já que sem sua manifestação de vontade não há contrato, pois um cumpre o mandato e o outro afeta os bens. É formal, em virtude do qual deve ser feito por escrito. É um ato expresso, que implica a manifestação positiva da vontade. Finalmente, não seria possível afirmar que é a priori gratuito ou oneroso, mas será necessário estar nas cláusulas contratuais.

Em relação com o conteúdo do contrato, é essencial a individualização do objeto; a determinação de como outros bens podem ser incorporados ao fideicomisso; o termo ou condição a que a propriedade fiduciária está sujeita; a identificação do beneficiário; o destino dos bens após o término do fideicomisso, com indicação do fideicomissário e, por último, os direitos e obrigações do fiduciário.

4.3 Objeto – termo – forma

Este tipo de fideicomisso pode ter como objeto créditos, o que estão de acordo com o artigo 1670 do CCyCo, que estabelece que "podem ser objeto do fideicomisso todos os bens que estão no comércio", incluindo direitos creditórios.[15]

Na lei argentina, o termo do fideicomisso não pode durar mais de trinta anos a partir da conclusão do contrato. Após trinta anos sem que o contrato seja cumprido, o fideicomisso cessa e os bens devem ser transmitidos pelo fiduciário para a pessoa designada no contrato.

Em relação à forma, a mesma deve ser escrita e a inscrição no Registro Público correspondente é obrigatória. Pode ser realizada tanto por instrumento público quanto privado, exceto no caso de bens cuja transferência deva ser feita por instrumento público.

Um ponto importante a ser resolvido é a questão da aplicabilidade do contrato de fideicomisso de créditos em garantia com terceiros. O artigo 1669 do CCyCo estabelece que o contrato "deve ser inscrito no Registro Público correspondente". No entanto, não indica claramente o caráter do efeito. Se as disposições continuarem a ser analisadas, observa-se que o artigo 1683 do CCyCo, de acordo com o artigo 12 da antiga lei 24.441, estabelece que "a natureza fiduciária da propriedade tem efeito sobre terceiros a partir do momento em que os requisitos exigidos são atendidos, de acordo com a natureza dos respectivos bens". Se, por sua vez, se considera que o artigo 1620 dispõe que "a cessão tem efeito com relação a terceiros desde sua notificação ao designado por instrumento público ou privado de uma determinada data ...", é possível concluir que em relação a

---

14. AMENDOLA, Manuel Alejandro. Colaboración de ITURBIDE, Gabriela Alejandra. *Régimen de Fideicomiso*. Buenos Aires: Erreius, 2015. p. 17.
15. ACHARES DI ORIO, Federico. Op. cit., p. 2.

A REGULAÇÃO DO FIDEICOMISSO DE GARANTIA NO NOVO CÓDIGO CIVIL E COMERCIAL ARGENTINO

terceiros, o domínio fiduciário sobre os respectivos bens será aplicável após a notificação do devedor designado.[16]

4.4 Sujeitos

O artigo 1671 do CCyCo prevê que "podem ser beneficiários o fideicomitente, o fiduciário e o fideicomissário ou administrador". Nesta seção se observa uma sobreposição da figura do *fideicomissário* com a do beneficiário. O novo Código[17] admite expressamente a possibilidade de que o fiduciário seja também beneficiário. O fato de que os dois sujeitos mencionados possam coincidir, acaba por ser objeto de fortes críticas,[18] uma vez que poderia gerar um conflito de interesses devido à singularidade das pessoas. O fiduciário deve proteger o patrimônio fiduciário e, por outro lado, existe o crédito que deve ser garantido.

O fideicomitente é aquele que confere ao fiduciário, através de sua designação, a responsabilidade de administrar o patrimônio fiduciário durante a vigência do fideicomisso no interesse de um terceiro, que poderia ser o próprio fideicomitente, caso em que ele seria mencionado como beneficiário.[19]

O fiduciário será uma pessoa natural ou legal. Por sua vez, pode ocupar o papel de beneficiário. Neste caso, é importante que evite qualquer conflito de interesses e trabalhe, privilegiando os outros dois sujeitos no contrato. Em relação ao seu desempenho, ele deve cumprir as obrigações previstas na lei com a devida prudência e diligência que correspondem a um bom homem de negócios. Se mais de um fiduciário tiver sido designado para atuar simultaneamente, em conjunto ou alternadamente, sua responsabilidade será solidária. A esse respeito, é importante ressaltar que fideicomisso na lei argentina é um contrato fiduciário que implica agir com prudência e diligência do bom homem de negócios e inclui o exercício de todas as ações que tenham por objeto a conservação e a salvaguarda adequada do patrimônio fiduciário.[20]

Ao fiduciário em garantia foi imposto o procedimento de liquidação dos bens sob garantia. Para este fim, deve cumprir as disposições contratuais, na ausência destas, é concedida liberdade de escolha entre os canais privados ou judiciais, optando por aquele que obtenha o maior valor possível dos bens.[21]

Salvo disposição em contrário, o fiduciário tem direito a reembolso das despesas e remuneração. A pessoa responsável será aquela que foi designada no contrato. No caso em que uma pessoa responsável pela remuneração não seja designada, será

---

16. ACHARES DI ORIO, Federico. Op. cit.,.p. 3.
17. Ibidem, p. 2.
18. AMENDOLA, Manuel Alejandro. Colaboración de ITURBIDE, Gabriela Alejandra. *Régimen de Fideicomiso*. Buenos Aires: Erreius, 2015. p. 200.
19. PAPA, G. Rodolfo. *Fideicomiso*. Buenos Aires: Errepar. 2015. p. 2.
20. AMENDOLA, Manuel Alejandro. *Ley de Fideicomiso Comentada*. Buenos Aires: ERREPAR, 2011. p.151.
21. GUERRERO, Fabián A. Op. cit., p. 1.

fixada pelo juiz. Para sua determinação, levará em conta a natureza da atribuição, a relevância das funções e a eficácia na gestão.

O fiduciário cessa suas funções nos seguintes casos: a) remoção judicial por descumprimento de suas obrigações; b) incapacidade, desqualificação, capacidade judicialmente declarada e morte no caso de pessoas singulares; c) dissolução se fosse uma entidade legal; d) falência ou liquidação; e) renúncia, se estivesse expressamente autorizada no contrato. No caso de qualquer uma das causas da rescisão do fiduciário, o substituto indicado no contrato irá substituí-lo. Os bens fiduciários devem ser transmitidos ao novo fiduciário.

O fideicomissário ou administrador é a pessoa para quem a propriedade é transferida na conclusão da relação do fideicomisso. Pode ser o fideicomitente, o beneficiário ou mesmo uma pessoa distinta. O fiduciário não pode ser fideicomissário.

O beneficiário, por outro lado, também pode ser uma pessoa singular ou legal. Podem ser beneficiários, tanto o fideicomitente, o fiduciário ou o fideicomissário. Pode haver vários beneficiários que, a menos que sejam fornecidos de outra forma, se beneficiam igualmente.

Tanto o beneficiário, fideicomitente como o fideicomissário são autorizados a solicitar prestação de contas. Eles devem se render dentro de um período não superior a um ano. Esta obrigação não pode ser renunciada por contrato. Não pode ser dispensado da culpa ou dolo que ele e seus dependentes possam incorrer. A aquisição da propriedade fiduciária é proibida.

4.5 Extinção e hipóteses imprevistas

Seguindo a Améndola,[22] em relação aos termos da rescisão do contrato, observa-se que o fideicomisso se extingue pelo cumprimento do prazo ou condição legal. Se a condição for suspensiva, ocorrerá, quando dentro de um determinado período, o evento esperado não ocorra. Se a condição fosse resolutiva, pelo contrário, a extinção ocorrerá antes da realização do fato que foi indicado.

A rescisão por revogação do fideicomitente só se permite se esta faculdade foi expressamente reservada. Esta hipótese não se aplica no caso de fideicomissos financeiros, uma vez iniciada a oferta pública de títulos de dívida ou certificados de participação.

Finalmente, o caso de extinção é mencionado por qualquer outro motivo previsto no contrato. Uma vez que a extinção tenha ocorrido, o fiduciário é obrigado a entregar os bens fiduciários ao fideicomissário ou seus sucessores.

Por outro lado, existem certos casos não previstos por lei, mas que poderiam apresentar-se com frequência. Assim, se encontra o caso em que o fideicomissário

---

22. AMENDOLA, Manuel Alejandro. Colaboración de ITURBIDE, Gabriela Alejandra. *Régimen de Fideicomiso*. Buenos Aires: Erreius, 2015. p. 165-173.

não cumpre a cobrança imposta, que é um requisito para receber os bens. Ao não cumprir, não terá o direito de aproveitar os bens.

O caso em que o fiduciário faz despesas e estas não são satisfeitas pelo fideicomitente. Estas são as despesas que se destinam a cumprir a ordem e devem ser reembolsadas pelo fideicomitente.

A recusa em receber os bens dos sujeitos designados para esse fim. A solução mais satisfatória seria a entrega por consignação, para que o fiduciário seja liberado da responsabilidade.

No caso de concessão de instrumentos em fideicomisso ao custo. Aqui, o caso comum é os dos fideicomissos de construção de prédios, onde pode ter sido estipulado como uma obrigação do fiduciário de conceder todos os títulos das unidades adjudicadas ou comercializadas. Mesmo quando a construção estiver concluída, até que a última operação seja finalizada, o que pode levar um longo período de tempo, a obrigação permanecerá em vigor.

Finalmente, também pode acontecer que, uma vez terminado o contrato, medidas urgentes sejam necessárias para proteger os bens. Neste caso, o fiduciário deve continuar a comportar-se como o proprietário, com a diligência e prudência de um bom empresário e tomar as medidas necessárias para proteger os ativos, para que os sujeitos designados possam receber os bens.

5. DIFERENÇAS COM OUTROS TIPOS DE GARANTIAS

As garantias são instrumentos que a lei regulamenta para conceder a um certo credor um título de cobrança de dívidas e também, em alguns casos, certa vantagem na obtenção de um crédito.[23]

As garantias podem ser pessoais ou reais dependendo se todos ou parte dos ativos do garantidor são afetados. Nas pessoais, como regra geral, o credor tem o direito de atacar todos os bens do fiador. Por outro lado, nas reais, um direito real é concedido em relação a um objeto, de modo que a responsabilidade é limitada àquilo em que a garantia cai.

O fideicomisso de garantia geralmente é considerado como uma garantia pessoal, de liquidação automática e acessória. É de liquidação automática, pois a realização da coisa e a aplicação de seu resultado ao crédito garantido são realizadas extrajudicialmente e através de um procedimento que assegure sua liquidação de forma imediata. Existe a possibilidade de que alternativamente se permita uma estimação do valor da coisa em virtude do preço de mercado-alvo e automaticamente concedida ao credor pelo preço resultante. A figura tornou-se uma ferramenta útil, pois permite garantir obrigações sem necessidade de recorrer a garantias reais ou pessoais.[24]

---

23. CINOLLO, Oscar Agustín. Op. cit., p.220-221.
24. LEIVA FERNÁNDEZ, Luis F.P. Op. cit., p.409.

É importante fazer a diferença com a transferência de créditos em garantia. No caso do fideicomisso, o contrato constitui um patrimônio separado. A semelhança entre os dois consiste no fato de que ambos têm o propósito de utilizar um direito creditório para garantir o cumprimento de uma obrigação principal.[25] Para alguns autores, como Grassi, o fideicomisso de garantia, seja autônomo ou acessório ao crédito garantido, está dentro dos "direitos reais de garantia", somados aos três clássicos do Código Civil e Comercial, ou seja, hipoteca, anticrese e penhor.[26]

Ao comparar a figura com outros tipos de garantias,[27] é possível observar que, em relação à hipoteca, este direito real de garantia depende de um imóvel para garantir o cumprimento de uma obrigação monetária, que foi contratada pelo mesmo constituinte ou por um terceiro. Por este motivo, a hipoteca só pode cair em certos imóveis, enquanto o fideicomisso também pode cair em bens móveis. Por outro lado, na hipoteca, o credor hipotecário não adquire a propriedade do imóvel.

Em relação ao direito real de penhor, este afeta uma coisa móvel para garantir o cumprimento de um certo crédito. O objeto prometido sofrerá um deslocamento para o credor da segurança, o último tornando-se um detentor legítimo, sendo o constituinte privado de seu uso e desfrute. Por outro lado, os bens fiduciários formam um patrimônio separado do patrimônio do fiduciário. Neste sentido, é importante ressaltar que o bem prometido continua a fazer parte dos ativos do constituinte do penhor.

A diferença com as garantias reais, em geral, é possível afirmar que consiste no fato de que nestas o bem constitui o penhor comum de todos os credores, mostrando algum privilégio. No fideicomisso, os bens que o compõem só responderão àqueles que foram instituídos como credores ou beneficiários do fideicomisso, sem preferência sobre outros credores. Outra diferença que pode ser encontrada é que nas garantias reais, se o crédito se extingue, a garantia também se extingue, enquanto no fideicomisso, uma vez liquidado o crédito, os bens fiduciários podem continuar sendo constituídos como garantia de outros créditos.[28]

Se se compara a figura em estudo com as garantias pessoais, especialmente a fiança, também existem algumas diferenças. No contrato de fiança, o garantidor está vinculado por um terceiro acessório - o devedor da obrigação principal - e o credor deste terceiro aceita sua obrigação acessória. Neste contrato, a relação jurídica é entre um sujeito e todos os bens que compõem o patrimônio do devedor. No fideicomisso de garantia, a relação é estabelecida entre um sujeito e um ou mais objetos específicos.

---

25. ACHARES DI ORIO, Federico. Op. cit., p. 4.
26. CURA GRASSI, Domingo C. Op. cit., p. 1.
27. CINOLLO, Oscar Agustín. Op. cit., p.222-223.
28. AMENDOLA, Manuel Alejandro. Colaboración de ITURBIDE, Gabriela Alejandra. *Régimen de Fideicomiso.* Buenos Aires: Erreius, 2015. p. 202.

A REGULAÇÃO DO FIDEICOMISSO DE GARANTIA NO NOVO CÓDIGO CIVIL E COMERCIAL ARGENTINO **491**

É importante notar que a verificação de um credor[29], cujo crédito foi garantido por um fideicomisso, será quirografário. Pode ser proposta pelo próprio credor-beneficiário e não pelo fiduciário, a menos que seja um ato destinado exclusivamente a salvaguardar os bens fiduciários.

6. CONSIDERAÇÕES FINAIS

O novo CCyCo da República Argentina fez numerosas modificações, muitas das quais já foram discutidas na doutrina e na jurisprudência. Sem dúvida, a inclusão do fideicomisso como modalidade contratual é correta. O CCyCo recolheu expressamente a figura, como garantia de liquidação automática, incorporando algumas novidades, ainda debatidas em doutrina, como a sobreposição da figura do fideicomitente com a do beneficiário.

É adicionada uma formalidade que, como foi oportunamente destacada, consiste na obrigatoriedade de sua inscrição perante o Registro Público, o que é positivo, pois proporciona maior transparência ao negócio.[30] O fideicomisso continua a ser um meio útil para realizar projetos de grande escala, pois fornece uma estrutura de segurança para a afetação de um determinado patrimônio, a fim de obter um objeto específico.[31] É nesse sentido que o fideicomisso de garantia é um instrumento adequado, especialmente para determinados projetos jurídicos, em que a importância é determinada pela necessidade de concluir um trabalho cujo desenvolvimento quer ser protegido.[32]

Finalmente, dentro das vantagens desta modalidade, pode-se ressaltar que, é mais econômico que qualquer outro tipo de contrato, pois constitui uma garantia de liquidação automática, autoriza a utilização de ativos que não estão aptos a garantir dívidas e reduz o risco do crédito garantido.[33]

7. REFERÊNCIAS BIBLIOGRÁFICAS

ACHARES DI ORIO, Federico. *El fideicomiso de créditos en garantía en el código civil y comercial de la nación, con especial referencia a la situación concursal del fiduciante*. Buenos Aires: ERREPAR, 2016.

AMENDOLA, Manuel Alejandro. *Ley de Fideicomiso Comentada*. Buenos Aires: ERREPAR, 2011.

AMENDOLA, Manuel Alejandro. Colaboración de ITURBIDE, Gabriela Alejandra. *Régimen de Fideicomiso*. Buenos Aires: Erreius, 2015.

---

29. Ibidem, p.207.
30. CHERCOLES, Ricardo León. Fideicomiso y relaciones de trabajo: su tratamiento antes y después del nuevo Código Civil y Comercial. *Revista de Derecho Laboral*. Buenos Aires: Rubinzal Culzoni editores. v. 2, 2015, p. 274.
31. GIADAS, Sergio. Op. cit., p.6.
32. CINOLLO, Oscar Agustín. Op. cit., p.227.
33. AMENDOLA, Manuel Alejandro. Colaboración de ITURBIDE, Gabriela Alejandra. *Régimen de Fideicomiso*. Buenos Aires: Erreius, 2015. p. 200.

CARREGAL, Mario. *Fideicomiso*: teoría y aplicación a los negocios. Buenos Aires: Heliasta, 2008.

CINOLLO, Oscar Agustín. El contrato de fideicomiso de garantía. *Revista de Derecho Privado y Comunitario. Buenos Aires*: Rubinzal Culzoni editores. v. 3, 2001, p. 211-228.

CHERCOLES, Ricardo León. Fideicomiso y relaciones de trabajo: su tratamiento antes y después del nuevo Código Civil y Comercial. *Revista de Derecho Laboral*. Buenos Aires: Rubinzal Culzoni editores. v. 2. 2015, p. 247-278.

CURA GRASSI, Domingo C. *Fideicomiso*: aclaraciones conceptuales a partir de la sanción del Código Civil y Comercial. Buenos Aires: El derecho, diario de doctrina y jurisprudencia, n. 14.476. AÑO LVI. ED 279, 2018. Disponível em: [http://www.elderecho.com.ar/includes/pdf/diarios/2018/08/27082018.pdf]. Acesso em: 14.07.2019.

GAIBISSO, Félix. A. Fideicomiso de garantía. *Revista Argentina de Derecho comercial y de los negocios*. N. 3, 2012. Disponível em: [https://ar.ijeditores.com/articulos.php?idarticulo=48733]. Acesso em: 08.07.2019.

GIADAS, Sergio. *Sobre algunas inconsistencias respecto del fideicomiso en el nuevo Código Civil y Comercial de la Nación*. Buenos Aires: el Dial, 2018.

GUERRERO, Fabián A. El contrato de fideicomiso en el Código Civil Comercial Unificado. Buenos Aires: *Revista de Derechos Reales*. N. 10, 2015. Disponível em: [https://ar.ijeditores.com/articulos.php?idsitio=1&idarticulo=74109]. Acesso em: 09.07.2019.

KIPER, Claudio. Fideicomiso en el Proyecto de Código Civil y Comercial. Buenos Aires: Rubinzal Culzoni editores. *Revista de Derecho Privado y Comunitario*. v. 3. 2012, p. 355-396.

LEIVA FERNÁNDEZ, Luis F.P. *Tratado de los contratos*: Parte especial. Buenos Aires: La Ley. t. VI, 2017.

PADULA, Mariano Andrés. *Contrato de fideicomiso y nuevo Código Civil y Comercial*. Bienes insuficientes para cumplir el objeto. Su liquidación. Buenos Aires: El derecho: Diario de doctrina y jurisprudencia, 2016.

Disponível em : [http://www.elderecho.com.ar/includes/pdf/diarios/2016/04/22042016.pdf]. Acesso em: 12.07.2019.

PAPA, G. Rodolfo. *Fideicomiso*. Buenos Aires: Errepar, 2015.

PERALTA MARISCAL, Leopoldo L. El negocio fiduciario con fines exclusivos de garantía como acto jurídico ineficaz. Buenos Aires: Rubinzal Culzoni editores. *Revista de Derecho Privado y Comunitario*. v. 3, 2001, p. 229-254.